中國佛教思想資料選編

（全十冊，附索引）

石　峻　樓宇烈　方立天　許抗生　樂壽明　編

九

近　代　卷

中　華　書　局

目 録

楊　文　會

〔簡介〕　楊文會，字仁山，生於公元一八三七年（清道光十七年），死於公元一九一一年（清宣統三年），石埭（今安徽石臺）人。他是清末著名的佛教居士，積極提倡佛學，對近代一批資産階級政治家、思想家，如譚嗣同、章太炎等都有較大的影響。他早年不喜舉子業，性任俠，好讀奇書，凡音韻、曆算、天文、輿地，以及黃老莊列，無不研讀。同治三年（一八六四年），他於病中反復誦讀大乘起信論，甚有體會，繼而得讀楞嚴經，更對佛學産生濃厚的興趣。由此，他遍見佛典，一心學佛。

同治五年，他在南京與一批朋友研究佛學，深感佛教典籍佚失、經版毀滅嚴重，對於弘揚佛法很有影響，因此發顧恢復刻經事業。他親自議訂了設立刻經處的章程，創立金陵刻經處，重刻方册藏經，並自任校勘。同時，積極贊助刻經事業最有力者爲揚州的鄭學川（後出家，名妙空）。他在揚州創立江北刻經處，與金陵刻經處分工合作。楊文會生前經營金陵刻經處將近五十年，刻經約三千卷，雖然没有能完成一部系統完善的大藏經，但由於他對所刻經典大都作了精審的選擇和校勘，特別是其中包括了許多宋元以後在國內佚失的重要佛教著作，因此金陵刻經處（包括江北刻經處，以及之後陸續創立的北京刻經處、天津刻經處等）所刊刻的一大批佛典是近代一部重要的佛藏版本，具有較高的學術價值。他去世後，將刻經處事務委托給弟子歐陽漸等主持。

楊文會對整理和流通佛經，對發展中國和東南亞各國間佛教

文化的交流，作出了重要貢獻。他一八七八年至一八八六年間曾
兩次隨曾紀澤出使歐洲，考察英法各國政治、工業等。在倫敦期
間，他結識了日本近代著名學僧南條文雄。他託南條文雄在日本
陸續搜得大藏經未收錄的中國高僧著述二百八十餘種，擇要刻印
了出來。同時，他也爲日本編輯續藏經提供了許多重要的注疏和
密教典籍。他還贊同斯里蘭卡佛教組織發起的印度復興佛教的活
動。此外，在光緒二十年（一八九四年），他與英國傳教士李提摩太
合作，將大乘起信論譯成英文，流通於歐美。

　　楊文會積極主張發展佛教教育事業，經過多年的準備，終於在
光緒三十四年（一九〇八年），實現了他的辦學計劃，在金陵刻經
處內設立"祇垣精舍"，招收了十餘名僧俗學生，由他親自任教。由
於缺乏經費，"祇垣精舍"只辦了兩年就停辦了。接着，他又舉辦了
佛學研究會，定期親自講經，在當時都有相當的影響。

　　楊文會自己在佛學上"教宗賢首，行在彌陀"。在教理上，他對
華嚴宗著述有深刻的研究，而在實踐上，則重在淨土法門。他十分
推尊明末四大師（袾宏、真可、德清、智旭），於佛教的各宗以及內外
學，採取調和的立場。對於門下弟子，則各就其所長而引導之，不
强求以一宗一說。他的著作由金陵刻經處彙編成楊仁山居士遺著
彙刻，於一九一九年卽行。

一、十宗略説

　　長白如冠九年伯作八宗二行，自書條幅，刻於武林，予欲
附入禪門日誦之末而未果。項見日本凝然上人所著八宗綱要，
引證詳明，而非初學所能領會，因不揣固陋，重作十宗略説，求

其簡而易曉也。以前之九宗分攝羣機，以後之一宗普攝羣機。隨修何法，皆作淨土資糧，則九宗入一宗；生淨土後，門門皆得圓證，則一宗入九宗。融通無礙，涉入交參，學者愼勿入主出奴，互相頡頏也。

　　律宗－名南山宗，有另立頭陀行者，此宗所攝。

　　佛住世時，以佛爲師，佛滅度後，以戒爲師。戒有大小乘之別，大乘則宗梵網戒本等，小乘則宗十誦四分等。大則七衆同遵，小則專制出家，以出家爲住世僧伽，非嚴淨毗尼，無以起人天皈敬也。唐道宣律師盛弘此宗，著述甚富，時人稱爲南山宗。近代寶華山三昧律師，專以此軌範僧徒，師資相傳，代有聞人。夫戒定慧三學，次第相須，未有不持戒而能驟得定慧者，而學者往往置之，何也？蓋律學檢束身心，持之者違背凡情，隨順聖道，不持者違背聖道，隨順凡情，安見其脫生死關，斷輪迴路耶！楞嚴經中優波離尊者云：我以執身，身得自在，次第執心，心得通達。然後身心一切通利，斯爲第一。後之學者，其以是爲法焉可。

　　俱舍宗－名有宗

　　世親菩薩造俱舍論，在聲聞對法藏內，最爲精妙，專弘有宗，源出毗婆沙論。陳眞諦三藏譯出，倂作疏釋之，佚失不傳。唐玄奘法師重譯三十卷，門人普光作記，法寶作疏，大爲闡揚。當時傳習，有專門名家者，遂立爲一宗焉。後來通方大士，莫不詳覽，及至今日，則無人問津矣。竊以大小二乘，不可偏廢，如此妙典，豈可終祕琅函耶？有志之士，其亦措心焉可耳。

　　成實宗

　　成實論譯於姚秦羅什三藏，其中具明二空，立二種觀，謂空觀、無我觀。有二十七賢聖以攝階位，於小乘中尤爲優長。六朝名德，專習者衆，別爲一宗。至唐而漸衰，後世則無聞焉。夫古人崇尚之典，必有可觀，好學英賢，試取而閱之，亦知一家門徑也。

三論宗一名性空宗

中論、百論、十二門論，是爲三論。破外道小乘，以無所得而爲究竟，正合般若真空之旨，故亦名爲性空宗。文殊師利實爲初祖，馬鳴、龍樹、清辨等菩薩繼之，鳩摩羅什至秦，盛弘此道，一時學者宗之。生、肇、融、叡，並肩相承。生公門下曇濟大師，輾轉傳持，以至唐之吉藏，專以此宗提振學徒，三論之旨，於斯爲盛。天台亦提中論，其教廣行於世，而習三論者鮮矣。吉藏有疏若干卷，今從日本傳來，或者此宗其再興乎」

天台宗一名法華宗

陳隋間，智者大師居天台山，後人因以山名宗，稱爲山家。蓋自北齊慧文禪師悟龍樹之旨，以授南嶽慧思，思傳之智者，而其道大顯。以五時八教，判釋東流，一代聖教，罄無不盡。正宗法華，旁及餘經，建立三止三觀六即十乘等法，爲後學津梁。其著述有三大五小等部，輾轉演暢，不可具述。智者大師親證法華三昧，見靈山一會，儼然未散。其説法之妙，從旋陀羅尼流出，無有窮盡。人問其位居何等，乃曰圓五品耳。臨捨壽時，念佛生西，可見佛果超勝，非思議所及。纔登五品，已不能測其高深，而猶以西方爲歸，世之我慢貢高，不學無術者，其亦稍知愧乎」

賢首宗一名華嚴宗

華嚴爲經中之王，祕於龍宮，龍樹菩薩乘神通力誦出略本，流傳人間。有唐杜順和尚者，文殊師利化身也，依經立觀，是爲初祖。繼其道者，雲華智儼、賢首法藏，以至清涼澄觀，而綱目備舉。於是四法界、十玄門、六相、五教、經緯於疏鈔之海，而華嚴奧義，如日麗中天，有目共視矣。後之學者，欲入此不思議法界，於諸祖撰述，宜盡心焉。

慈恩宗 一名法相宗。奘師雖生兜率，不別立宗，其徒著述仍以極樂爲勝也。

天竺有性相二宗，性宗卽是前之三論，相宗則從楞伽、深密、密嚴等經流出，有瑜伽、顯揚諸論，而其文約義豐，莫妙於成唯識論也。以彌勒爲初祖，無著、天親、護法等菩薩，相繼弘揚。唐之玄奘，至中印度就學於戒賢論師，精通其法，歸國譯傳，是爲慈恩宗。窺基、慧沼、智周，次第相承，論疏流傳日本，今始取回。宋以後提倡者漸希，至明季而大振，著述甚富，皆有可觀。此宗以五位百法，攝一切教門，立三支比量，摧邪顯正，遠離依他及徧計執，證入圓成實性，誠末法救弊之良藥也。參禪習教之士，苟研究此道而有得焉，自不至顢頇佛性，儱侗真如，爲法門之大幸矣。

禪宗 一名心宗

達摩西來，不立文字，直指人心，見性成佛，歷代相傳，人皆稱爲禪宗。其實非五度之禪，乃第六般若波羅密也，觀六祖盛談般若，則可見矣。自釋迦如來付囑迦葉爲第一祖，二十八傳而至菩提達摩，爲東土初祖，又六傳而至慧能，適符衣止不傳、法周沙界之記。厥後，五家鼎盛，各立綱宗。臨濟則提三玄三要，曹洞則傳五位君臣，以至潙仰之九十六圓相，雲門之三句，法眼之六相，門徑雖殊，其勦絕情識，徹證心源，無有異也。嘗考古今參學之徒，開悟有難易，證契有淺深，其言下便徹，立紹祖位者，法身大士，隨機應現也。如臨濟遭三頓痛棒，及見大愚而後悟者，大心凡夫之榜樣也。自宋元至今，莫不窮參力究，經年累月，不顧身命，始得契入者，根器微小故也。或疑禪宗一超直入，與佛祖同一鼻孔出氣，無生死可斷，無涅槃可證，何有淺深之別？不知此宗不立階級，的是頓門，以凡因言之，不無差降，淺深屬人，非屬法也。慨自江河日下，後後遜於前前，卽有真參實悟者，已不能如古德之精純，何況杜撰禪和，於光影門頭，稍得佳境，即以宗師自命，認賊爲子，自誤誤人，豈惟淺深不同，亦乃真僞雜出！蓋他宗依經建立，規矩準繩，不容假借，惟禪宗絶跡空行，縱橫排盪，莫可捉摸。故黠慧者竊其言句而轉換之，鹵魯者仿其規模而強效之，安得大權菩薩，乘願再來，一振頹風也哉！

密宗一名真言宗

如來滅後七百年時，龍猛菩薩開南天竺鐵塔，遇金剛薩埵，受職灌頂，祕密法門，方傳於世。金剛薩埵親承大日如來，即毗盧遮那佛也。龍猛授之龍智。唐初善無畏三藏東來，是爲此方初祖。又有金剛智、不空，及一行、惠果，皆係金剛阿闍黎，大闡密教。此宗以毗盧遮那成佛經、金剛頂經等爲依，立十住心，統攝諸教，建立曼茶羅，三密相應，即凡成聖。其不思議力用，惟佛能知，非因位所能測度。至於祈雨治病等法，其小焉者耳。然此法門，非從金剛阿闍黎傳受，不得入壇行道，此方久已失傳。惠果之道，行於日本，至今不絶。西藏喇嘛，亦崇密乘，今時學者但持誦準提大悲等呪，至心誠懇，亦得密益。欲知其中奧妙，須閱大日經疏釋，及顯密圓通、大藏祕要等便悉。

淨土宗一名蓮宗。有立般舟行者，此宗所攝。

以果地覺，爲因地心，此念佛往生一門，爲圓頓教中之捷徑也。四生六道，蒙佛接引，與上位菩薩同登不退，非佛口親宣，誰能信之！既信他力，復盡自力，萬修萬人去矣。華嚴經末，普賢以十大願王導歸極樂，故淨土宗應以普賢爲初祖也。厥後馬鳴大士造起信論，亦以極樂爲歸。龍樹菩薩作十住智度等論，指歸淨土者，不一而足。東土則以遠公爲初祖，其曇鸞、道綽、善導三師，次第相承。宋之永明，明之蓮池，其尤著者也。以念佛明心地，與他宗無異，以念佛生淨土，惟此宗獨別。古德云：生則決定生，去則實不去者，一往之辭，奪境不奪人也。應作四句料揀：如云去則決定去，生則實不生者,奪人不奪境也;去則實不去,生亦實不生者,人境俱奪也;去則決定去,生則決定生者,人境俱不奪也。依淨土三經,及天親論,應以人境俱不奪爲宗,方合往生二字之義。後人喜提唯心淨土,自性彌陀之說,撥置西方彌陀,以謂心外取法,欲玄妙而反淺陋矣。豈知心外無境,境外無心,應現無方,自他不二。現娑婆而顛倒輪迴,汩沒於四生六道之中;現極樂而清涼自在,解脫於三賢十聖之表。彼修唯心淨土者,直須證法性身,方能住法性土,非入正定聚,登初住位,不可。其或未然,仍不免隔陰之迷,隨業輪轉耳。此宗以觀想持名兼修爲上,否則專主持名,但須信願切至,亦得往生也。

出世三學,以持戒爲本,故首標律宗; 佛轉法輪,先度聲聞,故次之以小乘二宗;東土學者,羅什之徒,首稱興盛,故次以三論宗;建立教觀,天台方備,賢首闡華嚴,慈恩弘法相,傳習至今,稱爲教下三家;拈花一脈,教外別傳,灌頂一宗,金剛密授,故列於三家之後。以上各宗,專修一門,皆能證道。但根有利鈍,學有淺深,其未出生死者,亟須念佛生西,以防退墮,即已登不退者,正好面覲彌陀,親承法印,故以淨土終焉。

(選自金陵刻經處　楊仁山居士遺著　第四冊)

二、佛法大旨

佛法大旨,在引導世人出生死輪迴。蓋世人生不知來,死不知去。靜言思之,何以忽而有我? 未生以前,我在何處? 既死以後,我往何所? 茫茫昧昧,誠可哀也。有智慧者,在自性內體究,破妄顯真,忽如夢覺,六通具足,得知過去世曾經無量生死,或生天上,或生人間，或爲畜生，或墮地獄餓鬼，苦樂千差；未來世中，亦復如是。輪轉無窮，徧觀一切衆生頭出頭没，無有了期，遂發大願，修菩薩道，自度度他，福慧圓滿，得成佛果。所說經法，真實不虛，無論何人，依教修行，皆得成佛。但入門有難易之分，證道有淺深之别，及其成功，一也。如來設教，義有多門，譬如醫師，應病與藥。但旨趣玄奥，非深心研究，不能暢達。何則？出世妙道，與世俗知見大相懸殊，西洋哲學家數千年來精思妙想，不能入其堂奥。蓋因所用之思想是生滅妄心，與不生不滅常住真心全不相應。是以三身四智，五眼六通，非哲學家所能企及也。

近時講求心理學者，每以佛法與哲學相提並論，故章末特爲拈出，以示區别。

三、學佛淺說

先聖設教，有世間法，有出世法。黄帝堯舜周孔之道，世間法也，而亦隱含出世之法；諸佛菩薩之道，出世法也，而亦該括世間之法。世間法局於現生，不脱輪迴；出世法透徹根源，永脱輪迴。兼之世界成壞，羣生變化，凡情所不能測者，佛門修士，朗然大覺，普照無遺，豈不大快乎哉！然則，學佛者當若之何？曰：隨人根器，各有不同耳。利根上智之士，直下斷知解，徹見本源性地，體用全彰，不涉修證，生死涅槃，平等一如。此種根器，唐宋時有之，近世罕見矣。其次者，從解路入，先讀大乘起信論，研究明了，再閱楞嚴、圓覺、楞伽、維摩等經，漸及金剛、法華、華嚴、涅槃諸部，以至瑜伽、智度等論，然後依解起行，行起解絶，證入一真法界，仍須回向淨土，面覲彌陀，方能永斷生死，成無上道。此乃由約而博，由博而約之法也。又其次者，用普度法門，專信阿彌陀佛接引神力，發願往生，隨己堪能，或讀淨土經論，或閱淺近書籍，否則單持彌陀名號，一心專念，亦得往生淨土。雖見佛證道有遲速不同，其超脫生死，永免輪迴，一也。或曰：同一證道，何不概用普度法門，令人省力？答曰：凡夫習氣最重，若令其專念佛名，日久疲懈，心逐境轉，往往走入歧途而不自覺，故必以深妙經論，消去妄情，策勵志氣，勇銳直前，方免中途退墮也。又問：上文所說出世法門，如何能括世間法耶？答曰：佛法要在見性，真性如水，世事如漚，有何漚不由水起，有何事不由法起耶！子但精勤一心，究明佛法，方信予言之不謬矣。

四、金剛經四句偈說

金剛經內，每云四句偈等，後人不達，種種解釋，殊失經旨。予讀法華至一四句偈，恍然曰：此卽極少之說也。金剛之四句偈等，亦獨是也。後閱智者大師疏云：般若第一部，六十萬偈，乃至第八部三百偈，卽此金剛般若。又閱華嚴經序有云：龍樹菩薩誦得下部，歸於竺乾，凡十萬偈四十八品；傳來此土者，四萬五千偈三十九部。乃知西土論經，通以四句爲一偈，二句爲半偈，積若干偈爲一品，若干品爲一經，四句偈等之旨，復何疑哉！

五、藏經字體不可泥古說

東震旦自有佛經，歷代書寫刊印流通，字體皆隨時宜。明萬曆間,始刊書本藏經,間用古字。初學患其難曉，後半遂不復用。近代吳下江鐵君寫刻大乘教典,改從説文字體,好古者賞之。然説文所有之字則改矣,其無者仍聽之,亦何貴乎其改也？嘗試論之,佛經字體,不與説文合者最多。何則？翻梵成華,但取義順,不以文字論古今也。且翻字不翻音者,若此方之字,與彼音未能全符，則加口旁以別之,便知非本字全音矣。如謂説文無有,盡行除去，則密呪正音,無從可得,斷不可也。又顯説中,閒静從閒，中閒從閒,因世俗相承已久,一見而知分別也。楞嚴、楞伽之楞字,説文作棱,他書從之,惟佛經内專用楞字,疑係譯經時所定,當從之,不必更改也。菩薩之薩字,説文無之,今有人改作薛,謂是薛字之假借也,又有寫作殺,更可駭也。考字典從薩,與古經不符,經中從艹從阝從立從生,當是譯經時所撰,良有以也。經中婬字多從女旁,專指男女事也,今人欲依説文改從氵旁,書中淫字訓義甚多,放也,溢也,甚也,邪也,經中專指男女事,故從女爲妥。由此類推,應改與否,從可知矣。

六、鴉片説

世人修善,名曰白業,世人造惡,名曰黑業。鴉片者,黑業之所感也。何以言之？不觀夫雲棲施食儀乎？作滅罪法時，觀餓鬼身中所有罪業,猶如墨汁,以神呪之力,令其墨汁從足心流出,下入金剛際。今時黑業强盛,汲引此汁從地涌出,化作罌粟花,鮮妍可愛,及其漿滿,剖而出之,初見灰白,俄而變色,煮之熬之,則純黑矣,豈非餓鬼足下流出之墨汁乎？所最奇者,吸煙之筒名之曰鎗,不知命名者何所取義也。静言思之,乃怳然曰：鎗者,殺人之具也，舉鎗欲殺人，必以口對人，而火門對己，乃吸煙則反是，誠舉鎗以自殺也。嘗觀世人終日營營，百計千方，莫非損人利己，惟吸鴉片一事，則專以害己，此所謂天壤間至公之道也。往者與英人講論創法之巧，英人曰：熬煙之法，吸煙之具，皆造自華人。益信業力招感，非凡心所能思議者矣。大凡世間毒物，人皆畏而遠之，鴉片之毒，甚於他物，生者爲土，熟者爲膏，少許入口，即時斃命，而嗜之者一見此物，喜形於色，誠不解其何故也！忽憶經中以世人貪瞋癡爲三毒，始知内心之毒，與外物之毒，同類相攝，其力最大，斷無他力足以勝之，雖父母撻楚，妻孥詬屬，至死不改。或問：吸鴉片人應得何報？答曰：觀現在形狀，便可知矣。口鼻之間，臭煙出入，面目焦枯，殆無生氣，命終以後，必墮餓鬼道中，餤口經中所救餓鬼，即此類也。待其墨汁從足流出，又爲後人所吸，展轉相引，無有已時。非遇佛法教導，往生淨土，其能脱此苦海乎？

七、觀未來

世間治亂，莫能預知，然自冷眼人觀之，則有可以逆料者。且就目前世界論之，支那之衰壞極矣，有志之士，熱腸百轉，痛其江河日下，不能振興。然揣度形勢，不出百年，必與歐美諸國，並駕齊驅。何則？人心之趨向，可爲左券也。不變法不能自存，既變法矣，人人爭競，始而效法他國，既而求勝他國，年復一年，日興月盛，不至登峰造極不止也。或問：全救無衰壞之國，可與增劫時世媲美乎？答曰：迥不相侔也。增劫時世，人心純善，金玉棄而不取。今時號爲文明之國者，全仗法律鉗制，人心始能帖然，牟利之徒，機巧百出，非極天下之豪富，不能滿其所欲也。又問：壞極而興，既聞命矣，至於興之極，能永久不壞乎？答曰：不能也。或問：何以知之？答曰：地球各國全盛之日，兵戈不起，生齒日繁。諺云：一人生兩人，十世一千丁。以三十年爲一世，至十世而添人千倍矣。其中不無饑饉疾疫，耗折人口，且減半計之，亦不下五百倍也。歷年三百，而添人五百倍，地不加大，何能容之？彼時先壞商務，繼壞工務。蓋各國齊興，貨物充溢，皆欲阻止他國貨物，不令輸入，而輪船無用矣；貨物既不運售他國，則製造日減，而工人賦閒矣。工商以外，無生業者不計其數，嗁饑號寒，哀聲徧野，豈有不亂者乎？先興者先壞，後興者後壞，統地球各國，壞至不可收拾。所有文學格致歷算工藝一切盡廢，仍變而爲野蠻，向之人民五百倍者，減而賸一分，如現在之數，亂猶不止，必再減一半，而亂事方了。爾時，人民敦樸，如洪荒之世，此爲亂之極，治之始也。久之又久之，而禮樂文章，漸次興起。治亂循環，如是而已。哀哉衆生！營營擾擾，果何爲也！或曉之曰：此夢境也，舉世皆夢也。然則，亦有覺者乎？曰：釋迦彌陀，皆覺者也；十方三世一切諸佛，皆覺者也。菩薩羅漢，高僧上士，覺而未至究竟者也。欲醒此夢，非學佛不爲功。三藏教典具在，苟能用心，無不得入，而要以淨土爲歸，方可醒此大夢也。

八、支那佛教振興策一

中國之有儒釋道三教，猶西洋之有天主耶穌回回等教，東洋之有神道及儒佛二教。東西各國，雖變法維新，而教務仍舊不改，且從而振興之，務使人人皆知教道之宜遵，以期造乎至善之地。我中國何獨不然？今日者，百事更新矣，議之者，每欲取寺院之產業以充學堂經費，於通國民情，恐亦有所未愜也。不如因彼教之資，以興彼教之學，而兼習新法，如耶穌天主教之設學課徒。日本佛寺，亦擴充佈教之法，開設東文普通學堂，處處誘進生徒，近日創設東亞佛教會，聯絡中國朝鮮，以興隆佛法，猶之西人推廣教務之意也。我國佛教衰壞久矣，若不及時整頓，不但貽笑鄰邦，亦恐爲本國權勢所奪。將歷代尊崇之教，一旦舉而廢之，豈不令度世一脈，後人無從沾益乎！爲今之計，莫若請政務處立一新章，令通國僧道之有財産者，以其半開設學堂，分教内教外二班，外班以普通學爲主，兼讀佛書半時，講論教義半時，如西人堂内兼習耶穌教之例；内班以學佛爲本，兼習普通學，如印度古時學五明之例。如是，則佛教漸興，新學日盛，世出世法，相輔而行。僧道無虚廩之産，國家得補助之益，於變法之中，寓不變之意。酌古準今，宜情宜理，想亦留心時務者所樂爲也。

九、支那佛教振興策二

泰西各國振興之法，約有兩端：一曰通商，二曰傳教。通商以損益有無，傳教以聯合聲氣。我國推行商業者，漸有其人，而流傳宗教者，獨付缺如。設有人焉，欲以宗教傳於各國，當以何爲先？統地球大勢論之，能通行而無悖者，莫如佛教。美洲阿爾格爾曾發此議，立佛教學會，從之者十餘萬人。然其所知，僅佛教麤迹，於精微奥妙處，未之知也。故高明特達之士，仍不見信。今欲重興釋迦真實教義，當從印度入手，然後徧及全球，庶幾支那聲名文物，爲各國所器重，不至貶爲野蠻之國矣。然開辦之始，非籌款不爲功，儻得賢士大夫慨然資助，收效於數年之後，不但與西洋各教並駕齊驅，且將超越常途，爲全救第一等宗教，厥功豈不偉歟！

十、釋氏學堂內班課程芻議

　　蓋自試經之例停，傳戒之禁弛，以致釋氏之徒，無論賢愚，概得度牒。於經律論毫無所知，居然作方丈開期傳戒，與之談論，庸俗不堪，士大夫從而鄙之，西來的旨，無處問津矣。今擬乘此轉動之機，由各省擇名勝大剎，開設釋氏學堂，經費由菴觀寺院田產提充，教習公同選舉，酌定三級課程。先令其學習文理，然後教以淺近釋典，約須三年，學成者准其受沙彌戒，是爲初等；再令學習稍深經律論，三年學成，准其受比丘戒，給牒，是爲中等；此後應學深奧釋典，及教律禪淨專門之學，三年之後，能通大意，講解如流者，准其受菩薩戒，換牒，是爲高等。聰慧之流，九年學成，具受三壇大戒，方能作方丈，開堂說法，陞座講經，登壇傳戒，始得稱爲大和尚。僅學得初等中等者，只能當兩序職事，若全不能學，仍令還俗，不得入僧班也。近時宗門學者，目不識丁，輒自比於六祖。試問，千餘年來，如六祖者，能有幾人？擬令此後非學成初等中等者，不得入禪堂坐香，以杜濫附禪宗，妄談般若之弊。尼亦做照此例，略爲變通，學成等第，方准受戒。以上三等，做照小學中學大學之例，能令天下僧尼，人人講求如來教法，與經世之學互相輝映，豈非國家之盛事乎！道家者流，雖人數無多，亦可做此辦理，是在隨時斟酌耳。

十一、佛學研究會小引

　　今時盛談維新，或問佛學研究會維新乎？曰：非也。然則守

舊乎？曰：非也。既不維新，又不守舊，從何道也？曰：志在復古
耳。復古奈何？曰：本師釋尊之遺教耳。方今梵剎林立，鐘磬相
聞，豈非遺教乎？曰：相則是矣，法則未也。禪門掃除文字，單提
念佛的是誰一句話頭，以爲成佛作祖之基，試問三藏聖教有是法
乎？此時設立研究會，正爲對治此病，頓漸權實偏圓顯密種種法
門，應機與藥，淺深獲益，由信而解，由解而行，由行而證。欲一生
成辦，徑登不退，要以淨土爲歸，此係最捷之徑也。

十二、祇洹精舍開學記

　　釋迦如來涅槃後二千八百六十年，摩訶震旦國外凡學人建立
祇洹精舍于大江之南建業城中，興遺教也。夫如來之教，博大精
微，人莫能測，外凡淺智，何足以興之？然當事者不暇計也，輒語人
曰：人皆可以爲堯舜，儒門嘗言之矣，我佛門何獨不然？不見夫心
佛及衆生，是三無差別之偈乎！以剎那三昧消其時量，則靈山一會
儼然未散；以帝網法門融其方域，則舍衛金陵鏡影涉入。契此道
者，超乎象外，何有於華梵，何有於古今，更何有於聖凡耶？然理雖
如是，事須兼盡，以英文而貫通華梵，華梵既通，則古今一致，凡聖
交參，皆不離乎現前一念介爾之心。於是乎振鈴開學。正當光緒
戊申孟冬之月，闔堂大衆，歡喜踊躍，信受奉行。

十三、金陵本願寺東文學堂祝文

　　維光緒二十五年，歲在屠維大淵獻陬月之吉，金陵日本淨土真

宗本願寺特設東文學堂以教華人。一言語學課，二普通學課，誠如蓮經所云：治世言語資生業等，皆順正法也。溯自二十年前，創立本願寺於春申江上，今者大法主現如上人屬其弟勝信公來華，設本願寺於杭，以十人居之，復設本願寺於吳，以三人居之。金陵爲南朝勝地，而北方心泉上人與一柳等五人居焉。上人傳七祖之衣鉢，爲四賢之領袖，知道之所自，在元魏則有曇鸞法師，在唐則有道綽法師、善導法師，三師之著作，不傳於華，而傳於日本，今則復播之於華，豈非時節因緣耶｜留學諸君子，或宣教旨，或受和文，微特出世之良因，抑亦處世之勝緣也。然則大法主之德，其可限量乎｜爰爲之頌曰：

真諦俗諦	如車兩輪	扶桑震旦	齒之與脣
駕車來遊	以道傳薪	方言奇字	奧妙絕倫
彌陀本願	指示當人	人人信受	一入全真
提唱洪名	無間昏晨	十萬億刹	明鏡無塵
大哉釋迦	亙古常新	五洲萬國	一視同仁

十四、般若波羅密多會演說

一

今逢淨土真宗法主爲振興佛教起見，創開般若波羅密多會，鄙人應召前來，理宜演說支那佛教古今流傳之相。溯自漢明帝時，慧光東照，崇信之人，乘願而出。至姚秦時，廣譯經論，佛教大興。迨至有唐，禪教律淨，皆臻元奧。禪則達摩一宗，自六祖以下，五派分立；教則天台、賢首、慈恩，各承家法；律則南山正軌，大小兼弘；淨則善導、懷感，誠懇備至。震旦佛教，於斯爲盛。彼時著述雖多，因刻板未興，類多遺亡。五季之時，佛教稍衰，至宋朝而復興，所出人才，以永明爲巨擘，提唱禪宗，指歸淨土，尤爲古今所未有也。元明二代四百年間，方之唐宋，似遜一籌。本朝初年，禪宗鼎盛，著述家純疵間出。近世以來，僧徒安於固陋，不學無術，爲佛法入支那後第一隳壞之時，欲求振興，惟有開設釋氏學堂，始有轉機。乃創議數年，無應之者，或時節因緣猶未至耶？請以觀諸異日。

二

此會由法主命名般若波羅密多會，今請演說般若之義，爲開會之宗本。夫般若者，根本智也，經稱般若爲諸佛母，一切佛法之所從生，故大藏經以般若爲首。般若在衆生分中，隱而不現，蓋爲無明妄想障蔽故也。衆生思慮之心，內典稱爲生死根本，乃六識分別，念念不停，雖極明利思想之用，徹於玄微，總不能證般若真智。若欲親證，須由三種漸次而入，一者文字般若，即三藏教典，及各宗著述，後學因此得開正見，不至認賊爲子；二者觀照般若，依前正見，作真空觀，及中道第一義觀；三者實相般若，由前妙觀，證得諸法實相，即與般若相應，便是到彼岸，可稱般若波羅密多矣。達摩一宗，專弘此法，六祖稱爲學般若菩薩，此乃以第六度爲禪，非第五度之禪也。近時根器下劣，不能剷絕意識，反以意識之明了處，認爲般若智慧，譬如煮沙，欲成佳饌，豈可得哉╵

三

如來設教，萬別千差，末法修行，難進易退。有一普度法門，速成不退，直趣佛果者，即念佛往生淨土法門也。漢時經已傳至東土，東晉廬山遠公盛弘此道，千百年來，相傳不絕。宋永明大師有萬修萬人去之語，言之不詳，後人未知其方，今請演其說以供衆聽。竊窺永明之意，深有見於淨土三經宗旨。凡具信心發願往生者，臨命終時，皆仗彌陀接引之力，故能萬修萬人去也。然往生雖仗他力，而仍不廢自力，故以修字勉之。蓋生品之高低，見佛之遲速，證道之淺深，受記之先後，皆在自力修行上分別等差。後世有專重自力者，令人疑慮不決，有礙直往之機；又有專重他力者，以致俗緣不捨，空負慈尊之望。二者不可偏廢，如車兩輪，如鳥兩翼，直趨寶所，永脫輪迴矣。

四

立身成己，治家齊國，世間法也；參禪學教，念佛往生，出世法也。地球各國，於世間法日求進益，出世法門，亦當講求進步。支那國中，自試經之例停，傳戒之禁弛，漸致釋氏之徒不學無術，安於固陋。今欲振興，必自開學堂始。五印度境，爲佛教本源，大乘三藏，所存無幾，欲興正法，必從支那藏經，重譯梵文，先須學習語言文字，方可成此大業也。日本佛教，勝於他國，三藏教典，及古今著述，最爲詳備，欲求進益，須以漢語讀漢文，則文義顯發，必有勝於嚮時。蓋漢文簡而明，曲而達，虛實互用，言外傳神，讀誦通利，自能領會。嚮以和語迴環讀之，恐於空靈之致，有所未愜也。

十五、南洋勸業會演說

南洋勸業會，爲從來未有之創舉，至今六箇月會期將滿，各家演說均已齊備，惟宗教一門，尚屬缺典。頃承同志諸君之意，開會演說，以作會場最後之勝緣。鄙人勉承衆志，略爲演說。考各國宗教源流，以婆羅門教爲最古，自佛教出興，而波羅門高尚之士，咸捨本教而學佛，蓋自知其道義之不如也。東漢時傳來東土，至今一千八百餘年矣。佛教所以勝於他教者，在倡明真性不滅，隨染緣而受六道輪迴，世間苦樂境界，皆是過去世中，因起惑而造業，因造業而受報。至受報時，設法救濟，已無及矣，所謂定業難轉也。不如以佛法導之，令其不造惡因，免受苦果，漸漸增進，以至成佛，則久遠大夢，豁然頓醒。自度功畢，度他不休，此乃佛教濟世之方，與世間法相輔而行，非虛無寂滅之談也。更有深妙道理，須久閱內典，潛心體究，方能領會，非一時所能演説。地球各國，皆以宗教維持世道人心，使人人深信善惡果報，毫髮不爽，則改惡遷善之心，自然從本性發現，人人感化，便成太平之世矣。

十六、送日本得大上人之武林

佛法傳至今時，衰之甚矣，必有人焉以振興之。日本真宗教士航海而來，建別院，開學塾，豈非振興之機乎！但格於門户，未能融入大同見解，不無差池耳。然既稱釋迦弟子，總期剖破藩籬，上契佛心，躋羣生於清泰之域，截生死流，登涅槃岸，是則不求同而自同矣。得大上人將赴武林，爲題數言以贈其行，上人其勉之哉！

（以上選自金陵刻經處楊仁山居士遺著第七册等不等觀雜録卷一）

十七、答釋德高質疑十八問

問：誌公、永嘉皆言，恰恰用心時，恰恰無心用，無心恰恰用，常用恰恰無。在吾人空寂之體，以心爲用，夫既曰恰恰用心時，何以又曰無心用？則用者寧非心乎？既無心矣，又言恰恰用，夫心既無，又以何者爲用哉？既常用矣，又曰恰恰無，則常用者復是何物？似此即用即無，不立心相，即無即用，不是無知。此處不明，而言用心不用心，皆是妄作，但其中關捩子，究何所據而爲日用，望詳切指迷，庶明自本心，方可見自本性也。

答：誌公、永嘉均是法身大士，與凡夫相去天淵。觀永嘉答六祖云：分別亦非意，六祖即贊善哉。可見所用之心不但超過凡夫，亦且超過二乘矣。君以現前明了意識爲心，正楞嚴經中所破斥者，無怪乎湊泊不上。當知誌公、永嘉已轉八識成四智，非特近時淺學宗徒不能領會，即宋元以來名重一時者，亦難企及。欲問日用，是罷參以後事，儻關未透，亟須離心意識參，絶凡聖路學，庶本心可明，而本性可見矣！

問：經言真妄同源，忠國師又謂真心妄心，名同體異。究竟真妄之體，是同是異？若言是同，何以有真有妄；若言是異，究於何處異起？況真如性體，乃一真法界，無二無雜，此箇妄心，究從何而生，因何而有？敬求指永端倪，免成鑄錯。

答：真妄二字，皆是假名，因妄言真，妄既非有，真亦不立。若妄有根源，生相可見，則不得謂之妄矣。

問：魏府老洞華嚴云：佛法在喫飯穿衣處，屙屎放尿處，應事接物處，若生心動念即不是。金剛經又云：應無所住而生其心。六祖亦云：不斷百思想，對境心數起。夫應事接物等，若不起心動念，何以能到恰好去？魏府言不是，固爲珍重向上不動尊，但與金經六祖有似相違。學者於中如何取則，始得握住定盤鍼，使動静不至走作？惟望明示指南。

答：三處所説，皆明當體全真之義，以生心動念即乖法體。無住生心者，照體獨立，不涉思惟也。六祖二語，分別亦非意也。魏府言不是，與金剛六祖全不相違。此等語句，須是證到深處，方能親見佛祖機用。

問：根塵相接，能分別，能了明，智與識莫不皆然。當根塵瞥然相值之際，此分別了明者，般若與昭靈混作一起，究竟孰爲智，孰爲識？若辨析不清，即奴郎錯認。望施鵝王擇乳之能，指抉的當，以爲後學明導。

答：根塵相接，能分別明了，智與識大不相同。識則隨物轉，智則能轉物。觀六祖風旛語，便可知矣。般若與業識，從來不相混。衆生迷惑顛倒，隱覆真實，而成妄識；智者徹悟自性，一切施爲，無非般若妙用。豈有纖毫業識與般若作對哉！

問：人死則四大分離，色身變壞，其中並無所謂我者，何以而有中陰之身？此中陰身是我乎？非我乎？究由何而成耶？且既有中陰身，而法身又何在也？請示事理究竟。

答：現前四大色身即是法身所變。經曰：法身流轉五道，名曰衆生，不待壞時方知無我，即強盛時亦無我也。我者，凡夫妄執也，生前既妄執我，死後亦妄執我，猶之生也。若非法身常住不滅，何得有中陰身，又何得有後世耶？

問：生死根本者，業識也，但真如性體，究竟無朕，此箇業識於何地容受？於何處發生？於何時成就？請抉其根源，俾後學知脫生死窠臼。

答：真如在纏，名爲如來藏，不變隨緣，而有無明業識。隨緣不變，雖有無明業識，而體性清淨。經中每稱無始無明，若無明有始，則涅槃有終，與一切經論皆不合。心經云：無無明，亦無無明盡。乃是般若部中究極之談也。

問：空心靜坐，六祖所訶，默照邪禪，妙喜所斥。然則，坐香時

若有心，則帶起亂想，而難得寂靜，若無心，又墮入陰界，爲諸祖所訶。必如何作活計始得，請明示機鍼₁

答：坐禪之法，門徑甚多，有世間禪，有外道禪，有次第禪，有圓頓禪，有祖師禪，有如來禪。若空心靜坐，默照邪禪，皆是外道禪也，離佛法懸遠。僧徒學禪，必揣其根器利鈍，於出世四種禪，隨宜學習。不依古法，能透禪關，無有是處。

問：夫識心達本，明心見性，唯心爲王，卽心是佛，制心一處，聖人求心，乃佛祖語也，心之所以爲貴也；而心是工伎兒，心不是佛，損法財，滅功德，莫不由此心意識，離心意識參，難得無心道人，亦佛祖語也，又視心爲賤矣。是心也，執之，斯結想成色，爲幻妄之根；去之，又蠢然不靈，卽同於木石。必如何不壞身心相，而得見本來？況不有此心，則見性將從何而見？參悟從何而參？所謂取不得，捨不得，不得之中怎麼得，此宗乘之樞紐，體道之奧竅也。此若分疏不下，終必居於惑地。然則，心之所以爲心，究係若何，請指示機括，使後學直下分曉，不至有歧途之泣。

答：心有真有妄，楞嚴經二種根本最爲分明。卽心是佛者，真心也；心不是佛者，妄心也。心、意、識三者，八識、七識、六識也。離此三識，便見本性，所以謂之無心道人。尊意或執或去之心，皆六七二識，於第八阿賴耶識尚未體會，何論如來藏心？初參時用此妄心，參到無知無識田地，妄心不行，憤起根本無明，驀地掀翻，徹見本源性地。非此妄心所見也，乃大死大活，無纖毫障翳，強名爲見也。

問：經云：若能轉物，卽同如來。祇如三門外石法幢，物也，如何轉法，同於如來？請明示法要。

答：古德云：轉得山河歸自己，轉得自己歸山河。又云：老僧轉得十二時，汝諸人被十二時轉。又云：拈一莖草作丈六金身，拈丈

六金身作一莖草。皆轉物之義也。若不明此義，無論門外石幢，卽
手中柱杖拂子均被他轉矣。又，依教義，羅漢得六通時，地水火風
空，皆能轉變自由，菩薩神通過於羅漢，見山河大地皆如幻影，芥納
須彌，毛吞巨海，亦尋常事也。

問：唯識家言，阿賴耶識爲真妄和合。卽今諦思，真如性海，無
二無雜，寂靜如虛空，堅密勝金剛，於何處容受此妄？且妄乃虛幻
之相，於天真佛性又何能和合得入？況和合則真妄角立，第一義中
無此二法。若謂不和合，如來有言：汝一動念，塵勞先起。每於根
塵相接時驗之，當境物倏然值遇，妄卽瞥然而興，舊習宛然，如電光
石火之捷速，不可窮詰。究竟此妄如何而有，如何而來，如何而發，
如何而滅，如何混真如用，如何作生死本，求其根源體性，總屬茫
然。設一辨認不真，則起足下足無非錯也。敬求不吝慈悲，垂語道
破。

答：君言境物值遇時，妄卽瞥然而興，豈知不接物時，妄亦未曾
息滅！如平水暗流，人不能見。古德大徹之後，求絲毫妄念不可
得。所以在婬坊酒肆中遊行，人問之則曰：我自調心，非干汝事。雖
終日應事接物，而不見有動相也。真妄和合之語，依生滅門說也。
若依真如門說，妄本非有，真亦假名。衆生則全真成妄，菩薩則了
妄全真，如來則卽妄卽真，非妄非真。君以容受和合爲疑，乃是凡
情計度，於佛法全無交涉也。

問：身與心是一耶，是二耶？如人身患病，此病到心不到心？
如言到，夫心虛而無相也，四大有形之病，何能害及空寂虛體？若
言不到，當痛深癢劇之時，心卽爲之昏迷顛倒，苦楚欲死，不得謂之
無相干涉也。然則，心之所以爲心，究係如何？身病究竟能否涉入
此心而爲過患？望決所疑，俾知心要。

答：阿賴耶識變起根身器界，山河大地皆是心變，何況自身？妄

心局於身內，真心則非內非外非中間。君所言之心，全是衆生妄心，妄心隨境轉，所以昏迷苦楚，不能自由也。

問：圓覺云：於諸妄心，亦不除息。夫真心本無妄也，有妄卽染汙，實爲真源昚翳，若欲起心除息，則一妄未去，二妄又成，不二門中，無如是事。若總不除息，聽其橫流，卽日在妄中，而業識茫茫，無本可據，則又非也。吾人所以不能返本還源者，妄累之也。除之既增病，任之又成迷，必如何使心得清淨而無障礙？尚望肩荷大法者不吝明晦焉。

答：圓覺經有四句，初句居一切時不起妄念，君略初句而拈二句，所以不能通也。若無初句，則下之三句皆不應理，因初句已證，則下之三句，便如六祖所言不斷百思想等句也。又，初句破妄顯真，十住法也；二句了妄卽真，十行法也；三句回真入俗，十向法也；四句真俗俱融，十地法也。

問：經云：真心徧一切處，謂無知無不知也。如何往昔悟道祖師，居菴內不知菴外事？究竟徧乎不徧乎？望賜以定論。

答：悟道有淺深，淺者初開正見，尚未齊於乾慧，何能知菴外事？須與十信位齊，方能得六根清淨，肉眼觀見大千世界，非近世參禪人所能企及也。

問：古云，無心是道，於心無事。又云：生心卽犯戒，動念卽破齋，此際其嚴乎！故歷代祖師，刻學人多以無心無事爲行履也，然又丁寧告誡，不可入無事甲，居陰界，在鬼窟裏作活計。畢竟如何無心無事，始不入無事甲，不居陰界鬼窟？望大德抽關啟鑰，示以程途。

答：迷悟有別。迷中無心無事，卽入陰界鬼窟；悟後，出息不隨衆緣，入息不落陰界。祇論悟處真僞，不論有事無事也。

問：人於夢中所見人物，紛雜不一，而言論動作宛然秩然，各各不同，似各有靈知自主之相，究竟與我是一是二？若是一，何以夢中彼人言語動作，與夢中之我迥不相侔？若是二，則夢中空洞晦昧，只有一獨頭意識自爲起滅，別無他物也。是彼我一二既難以區分，而知覺是非又雜而不渾，這箇悶葫蘆情形若此。究竟其理若何，請俯賜剖判，以作黑暗夢中明燈之導。

答：醒時夢時所接外境，皆是唯識所變。醒時所見，屬八識相分，報境也；夢時所見，屬六七識妄緣，幻境也。既能變自相，又能變他相，變幻極速，或有條理，或無條理，足徵妄想之無主也。孔子答子路曰：未知生，焉知死。今亦答之曰：未知醒，焉知夢！

問：宗門下有電光石火之機，至捷速親切，歷代祖師傳爲家風，皆執之以爲當場殺活正令。究之此一機也，於何處驗之，於何處見之？學人如何體會，始得腳根點地，而爲超凡入聖張本？古德公案以何者爲最親切捷速？請拈示一二則，以直揭綱宗而益後進。

答：凡夫念念生滅，刹那不停。刹那，極促之時也，喻如石火電光。參學人用功得力時，忽然前後際斷，徹見本來面目，卽名腳根點地，爾時緣心不續，便能保任此事。儻斷而復續，仍須切實用功。大慧禪師所謂大悟十八次，小悟無數者，此也。師家勘驗學人，用石火電光之機，使人不及起念便能知其真僞，稍一涉念，便訶爲思而得，慮而知，鬼家活計。古德公案本無定法，若以定法與人，醍醐變成毒藥。請閱馬祖接人機緣，便不落近時窠臼矣。

問：識有分別，智亦有分別，前人多以有分別屬識，無分別屬智，是否可爲定論？且同一分別，如何是智，如何是識？其分途處、合轍處，究以何爲界限？以何爲著落？更於何地何時證其體性真假，辨其作用是非？設有毫釐之差，卽有千里之謬，具精明眼者，必能決擇的當，使金鍮不相混也。

答：識之分別，凡情計度也；智之分別，性自神解也。根本智無分別,後得智有分別。若未得根本智,則分別全是識,非智也。因其比量與非量相溢,卽名似比量,非真比量也。根本智,現量也,有真現量,便有真比量,決不流入非量,此卽識智之分齊也。

問:心者,性之用也;知覺者,心之官也。故性體空寂,必藉心之靈知以爲作用,所謂須臾不能離者也。乃歷代祖師反貴無心,而又禁其不廢功用,不入斷滅,不同木石,則是無而不無。其密行妙旨究何在也,請示樞要,使參學宗徒,敢於放膽休去歇去也。

答:君之所謂知覺,乃六識緣慮心也,非自性之真知也。真知卽是無知,而無不知。達摩答梁武帝云不識,卽顯示真現量也。孔子曰:吾有知乎哉?無知也。開迹顯本之旨也。到此境界,儒釋同源,諍論都息矣。常用常寂,常寂常用,正當知時,不遺無知,非無知之外,別立有知也。

以上數則,皆學人疑處,大善知識如不吝慈悲,逐條剖示,請筆之於紙,附郵寄示,開我迷雲,俾得稍窺法要,不至錯認定盤鍼,則感荷法施,永誌不忘也。

統觀質疑十八條,其弊有二:一者,錯認六塵緣影爲自心相,以爲現前知覺之心,卽是教外別傳之心。若果此心卽是祖師心印,何待達摩西來始傳二祖,又何待五祖門下七百餘僧衆,獨傳一六祖乎?當知祖師心印,超越常情,非過量英傑,不能領會。近代根器淺薄,動輒以禪宗自命,究其旨趣,茫無所知,何論凡聖情盡,體露真常耶」二者,但閱宗門語録,於經論未曾措心,不分解行,不明淺深,處處扞格,無由通達。欲除前之二弊,須將大乘起信論讀誦通利,深究賢首義記。起信論者,馬鳴菩薩之所作也。馬鳴爲禪宗十二祖,此論宗教圓融,爲學佛之要典。再看楞嚴正脈、唯識述記。楞嚴唯識既通,則他經可讀矣。從前學禪見解一概丟開,俟經論通曉後,再看禪宗語録,自然處處有著落矣。

（選自金陵刻經處本楊仁山居士遺著第八册等不等觀雜錄卷四）

十八、與釋幻人書一

幻人法師出法華經性理會解併或問，見示，書而歸之。

捧讀大著，於古今註釋之外，別出手眼，誠爲希有。但其中不無可商之處，略爲大雅陳之。經中有法說，有喻說，有託事表法，弘經大士不可破事相，但須卽事顯理。或問篇中，六種震動，寶塔高廣，劫日長短等論，均拂事相而談性理，似於教義有違。夫地動之文，處處有之，師言天翻地覆之勢，人何能堪？是專就凡境而言也。楞嚴經中，魔宮隳裂，惟魔有神通，方能見之，凡人不見也。維摩經內，持他方世界置於此土，彼界菩薩知之，凡夫不知也。以此類推，大地六種震動，亦唯得通人乃能知見，世俗凡人不知不覺也。寶塔高廣更無容疑，於一毛端現寶王刹，維摩室內容無量座，芥納須彌等文，均是大小相入之理。至於六十小劫，謂如食頃，亦是延促自由之法。華嚴毘目瞿沙仙人，執善財手，經微塵數劫，亦此義也。大凡諸佛菩薩境界，不可以凡情難信，卽拂事談理，若並無其事，而結集者憑空鋪敍以爲表法，豈非如邱長春之作西遊記乎？且神通亦非虛言，人天二乘菩薩如來，皆有等差。如禪宗所謂神通併妙用，運水及搬柴，乃指當人性德而言，頭頭顯露，法法全彰，在天而天，在人而人，不向人道外別說神通也。其實天道神通，遠勝於人，推而至於妙覺果海，迥非世俗所能思議矣。受持法華經者，卽父母所生清淨六根，遂有六通之用，圓十信位，已能如此，若至初住，便能六根互用。性理會解引恭禪師聞風刺葉聲有省，東坡筆談悟互用之理，是謂六卽中之理卽。此經所說六根清淨，已到相似之極，將入分證位矣，豈恭師、東坡見地所能比擬也哉？現前山河大地盡屬假有，無非唯心所現，時劫遷流，生於行陰，是不相應法。若時量方量不破，欲其超脱輪迴，恐難之又難矣。所以三藏教典，皆非凡夫意言境界，法華所謂深固幽遠，無人能到者，此也。忝承垂問，敢獻蒭蕘，不足當方家一笑。

十九、與釋幻人書二附來書

衲比年來之代諸長老座，弘揚教典，自愧不勝，但依常規，消文釋義，有事談事，有相說相外，始談性理。蓋欲三根普利，共證性天，未嘗拂事相而談也。至或問篇，特爲執事相以詰難者辯耳，若但答以佛菩薩神通境界，非凡人所知等語，誠恐不足取信於人，又何能弘揚大教乎？故開方便門，示真實相，使迂拘之輩，知如來大教，有喻說，托事說，不可執喻昧理，取事爲實，認黃葉以爲真金，捨醇醪而餔糟粕，庶幾佛種不致斷絕。如意寶珠，窮子自得，大教之弘揚，又豈外於是哉！衲於來教，深得一番領悟，敬爲達者陳之。

來教云："經中有法說，有喻說，有托事說。"善哉言乎！來教又云："六種震動，寶塔高廣，劫日長短，以及一毛端現寶王刹，維摩室容無量座，芥納須彌等文，均是大小相入之理。六十小劫，謂如食頃，亦是延促自由之法者。"此即喻說、托事之說歟？經云：普佛世界六種震動，下文即敍爾時會中，四衆八部，人非人、及諸小王、轉輪聖王，是諸大衆，得未曾有，歡喜合掌，一心觀佛。此事相也。佛性人所同具，衆生身心，即佛世界，一會大衆，即普佛世界。大衆見佛入定雨華，有所觀感，歡

喜合掌，一心觀佛，非六根震動而何？會義亦表六根。豈可拂
經中之事相，而誤註家之事相乎？蓋無主見者，是非不辨，故
隨人轉，如來所謂真可憐愍者。又經云：於此經卷，敬視如佛，
種種供養，華香瓔珞，末香塗香燒香，繒蓋幢旛，衣服伎樂，
乃至合掌恭敬。下文又云：若經所在之處，皆應起七寶塔，極
令高廣嚴飾，不須復安舍利。所以者何？此中已有如來全身，
此塔應以一切華香瓔珞，繒蓋幢旛，伎樂歌頌供養。此經中事
也。上文以種種物供經，下文以種種物供塔無異，足見經即塔
矣。又，般若經云：經典所在之處，即爲是塔。比法華經尤屬
顯然。依經之事，表經中之法，有違教義否乎？又經云：六十
小劫，身心不動，聽佛説法，謂如食頃。上文六十小劫，下文身
心不動。身心不動則六用寂然，六識亦不行。劫波，此云時
分。時，識也。依此事相，表經之法。再者，謂如二字，是相似
語，執作實解，有違教義否乎？至維摩丈室容無量座，於一毫
端現寶王刹，芥納須彌等文，是喻心量之廣大，能收能放也。其
可大可小，唯心量能之，物量大小有定，不能也。若謂佛菩薩
境界，非凡情所測。按維摩丈室，毘耶離城，五印度境，一航可
通。五印度之天地，與此土之天地無異，豈可指他方佛土言
之？佛菩薩境界，亦是性土之談，華嚴華藏世界及香水海，蓋表
如來藏性海耳。楞嚴云：如來國土淨穢有無，皆是我心變化所
現。世尊，我了如是唯心識故，識性流出無量如來。如是，非
器界明矣。一毫端現寶王刹，與楞嚴經如來妙覺明心徧十方
界，含育如來十方國土，清淨寶嚴妙覺王刹，是同是別？芥納
須彌，歸宗曾答李翶，載在語録。今人不足信，古人有足徵，非
釋家如是，儒家亦有此。中庸云：始言一理，中教爲萬事，末復
合爲一理。放之則彌六合，卷之則退藏於密。藏於密，芥子

也，彌六合，納須彌也。此理，性理也。誠如來教云："一毛端現寶王刹，芥納須彌等文，均是大小相入之理。六十小劫，謂如食頃，亦是延促自由之法。"此理此法，與經書之理法，遙遙相對，妙哉，妙哉！此等文字，舍理法而作實解，何異世人看西遊記，見孫悟空神通廣大，拔一毛，口中嚼碎噴出，喝聲變，卽變無量孫悟空；耳中定海神針取出，叫大大大，卽盌來麤細。此等文字，通人觀之尚明所喻，何如來大教竟如是觀耶？古人謂，依經講句，三世佛冤，此冤竟不可解耶？豈不令人痛哭流涕哉！誠如來教所云：阿難結集，如邱長春作西遊記矣。來教又云："寶塔高廣，更無容疑。"是對無信根者說，如良醫治病，看證下藥，斷不以板方殺人。菩薩化人，亦復如是，著相者爲說非相，著非相者爲說實相，可謂妙於權矣。夫如來教典，故貴乎信，無信不入；故又不可不疑，無疑不悟。故大疑大悟，小疑小悟，不疑不悟，言從疑後翻成悟也。況信之一字，有邪正之不同耶？來教又云："神通亦非虛言，人天二乘菩薩如來，皆有等差。如禪宗所謂神通併妙用，運水及搬柴，乃指當人性德而言，頭頭露露，法法全彰，在天而天，在人而人，不向人道外別說神通也。"善哉，善哉！如是龐老之運水搬柴是，婆子之拈盞傾茶是，擴而充之，動作云爲，無一不是當人性德神通矣。來教所云：頭頭顯露，法法全彰，豈不善哉！神通有差等者，由智慧有大小故，佛之智慧大，神通故大，菩薩智慧神通不及佛，二乘不及菩薩，天人不及二乘。然佛之神通又不在是。法華云：導師作是念，此輩甚可愍，如何欲退還，而失大珍寶。尋思時方便，當設神通力，化作大城郭。由是觀之，諸佛神通力，方便力也，所謂佛菩薩境界，凡人不知者，此也。著於事相，焉能見性？ 如經云：時諸四衆，計著於法。阿難所集，契經也，不可作傳記史書覩。契合於道也。道卽性也，性卽理也。見性始證道，證道必見性。古人云：離心談法，無有是處。故楞嚴會上，詰責多聞，謂阿難憶持十方如來十二部經，清淨妙理，如恒河沙，祇益戲論。法華經：長者密遣二人，共窮子除糞。皆所以明三藏教乘，乃如來方便，順衆生性而說，不可執也。般若經云：如筏喻者，法尚應捨，何況非法？此中實而權，權而實，三根普濟，共證菩提。是佛菩薩境界，非沙門婆羅門，若天魔梵及餘世間所及。來教云：三藏教典，皆非凡夫意言境界，法華所謂深固幽遠，無人能到者是矣。以上種種，性理會解已詳言之，今因來教有得，重而申之，是一番提起一番新也。

　　捧讀尊示，不憚詳細開導，真可謂老婆心切矣。然鄙人有不能已於言者，謹復約略陳之。

　　尊示，有事談事，有相說相外，始談性理。鄙見，事相卽是性理，事相說透，性理全顯。是尊意分理事爲二途，鄙意融理事爲一致。尊意以大地山河、目前萬物爲實有，鄙意以大地山河、目前萬物唯識所現，了無實體，不過同業妄見，別業妄見耳。若證實相，轉變自由，一一無非真如妙諦，有何相而不破，有何性而不顯耶！不然，雖高談性理，只是第六識上所緣之影，了無實用，欲其橫截生死，不可得矣。大小相入，長短相攝，超情離見之事，最微妙者也。胸藏萬卷，聽法忘倦，尋常意中之事，至淺近者也。尊意以經文所顯微妙之法，爲黃葉，爲糟粕，以後人所談淺近之理，爲真金，爲醇醪，安得謂之不斷佛種乎！尊示所引經云：若經所在之處，皆應起七寶塔，極令高廣嚴飾，不須復安舍利云云，此文顯然以經與塔及舍利爲三事，何曾說塔卽是經耶？起塔之事，三世諸佛法中之常軌，所以供養生身舍利，經典是法身舍利，亦應起塔供養，非是後人無知妄作也。金剛經云：經典所在之處，即爲是塔。令人尊崇經典，如尊崇塔也。若塔即是經，經即是塔，則言塔不必言經，言經不必言塔，何須兩相比儗也哉！大凡同是一物而有二名者，必不將二名互相比論。何以故？原是一物故也。凡有二名可以互相比論者，必非同體。何以故？定是二物故也。又，尊示"時識也"三字，未知出何典，鄙意但知識是心法，時是不相應行法。若時劫不能融通自在，依然被十二時轉，何能轉得十二時耶？尊示可大可小，唯心量能之，物量大小有定，不能也。此真所謂心外有法矣。大而天地日月，小而纖芥微塵，無一不是唯心變現，儻離心之外，實有山河大地，則盡法界衆生，永無出生死之日。何以故？依報不能轉變，正報豈能自由耶？聲聞證無學果，衆僧不信，必令現十八變，若不能現，即須擯逐，因其犯大妄語也。此佛滅度後，初五百歲之通例耳。十八變中，地水火風空皆能互用，菩薩入初住時，旋乾轉坤，又何足怪！至於維摩丈室，在印度境，人人得而知之，豈菩薩神變，能現於他方世界，而不能現於此土耶？即如現前金陵城内大街小巷，屋宅荒野，無一微塵許地，不具十界依正，互攝互入，重重無盡，豈得將此處定作穢土看耶？當日法華會上如來種種神變，惟菩薩大阿羅漢及根熟衆生，方能見之。見相即知法，即悟解，即證入。爾時靈鷲山中牧童樵子，僅見老比丘跏坐說法，有許多比丘居士圍繞静聽而已。即諸天散華，亦不能見，豈能見無量諸佛菩薩同時雲集耶！大師所引中庸云始言一理云云，此非中庸之語，程子之語也。大師於佛經不重註疏，至於儒書，推尊宋人何也？程子就世間理事而言則可，而以此語作出世心法會，引證芥納須彌等文，則大不可。蓋心無形相，云何放卷？若以緣大境爲放，緣細境爲卷者，六識攀緣心也，其退藏於密者，宋儒所謂心要在腔子裏。楞嚴七處徵心，第一執尚未破，焉能見真性？夫真實

見性者，隨機普應而無所在，雖無所在，而隨機普應。所以二祖覓
心了不可得，即蒙初祖印可。後人點胸自許者，皆是執心在內也。
周易所云洗心退藏於密，意在境智俱泯，與此有別。歸宗之語，祇就
李翱能領會處應機答之，若作芥納須彌鐵板註腳，則活句翻成死句
矣。尊示屢提見性二字，見性是因中初步，又提開方便門，示真實
相，此是果位妙用。經云：唯佛與佛，乃能究盡諸法實相，等覺菩薩
尚非其分，而謂參禪見性者能之乎？若云因該果海，果澈因源，直須
善財龍女之儔，頓證圓住，乃能如是。參禪見性者，何能企及？尊
示引楞嚴經內佛斥阿難之語，蓋爲多聞不修者，便呵多聞，爲無聞
盲修者，便呵無聞，應病與藥，豈有定法？除糞喻者，乃令二乘斷見
思惑，非令其除三藏聖教也。見思若盡，即證無學果，便行三百由
旬到化城矣。且就聲聞論之，在華嚴會如聾啞，在阿含會斷惑證
真，在方等會大受呵斥，在般若會轉教菩薩，在法華會授記作佛。如
來教化，皆有次第，由淺而深。禪宗一門，直指人心，見性成佛，雖
云教外別傳，實是般若法門，觀五祖六祖之語則可見矣。所以禪宗
祇須直下見性，不論成佛不成佛。法華會上，諸大弟子授記成佛，
皆須歷久遠劫，惟一龍女，當下成佛。此經之義，不得以禪門見性
概之。蓋禪人見性，大有淺深，晚唐以後，利根漸少，雖云見性，如
暗室中鑽鑿小孔，得一隙之明，若比之太虛空曠，日月星辰旋轉其
中，風雲雷雨變化其際，不可同日而語矣。明雖是同，而大小有異，
以此等語言，證法華深義，何啻初生嬰孩比於成人乎！摩訶迦葉爲
禪宗第一祖，阿難爲第二祖，法華授記成佛，均在久遠劫後，則其他
可知矣。十二祖馬鳴，是八地菩薩，十四祖龍樹，是初地菩薩，可見
禪宗證入深深性海，仍須歷位而修，始臻妙覺極果，不宜儱侗和會。
尊示又引楞嚴云：如來國土淨穢有無，皆是我心變化所現云云，大
師判云：如是非器界明矣。此語聚九州鐵鑄成一大錯，經文既言淨

穢有無，則穢者有者，非器界而何？大師意謂器界必非自心所變，不但不知如來藏性，併不知阿賴耶識見相二分矣。**密嚴**、**深密**等**經**，**瑜珈**、**唯識**等**論**，皆詮此義，此義不明，則一切經論室礙難通，不得不別尋義路以解釋之。**然法華經深**固幽遠，五千比丘尚須退席，機未熟也。移置天人，**寄**於他土，不堪受此大法也。今欲令下愚凡夫亦能見信，專就淺近而說，縱能啓凡愚之信，仍非**法華深義**。儻**法華經義**淺近如此，天乘尚未能達，何論二乘，何論大乘，更何論一佛乘耶？總而言之，經中寶塔出現，諸佛雲集，地涌菩薩等事，當日在佛前聽法之人，曾見此相否？若實未見有此相，則此經非**靈山會**上之經，乃**阿難**筆底之經矣！**阿難**既蒙授記，又證無學，更紹祖位，如欲立言傳世，化度後人，祗須直截痛快，暢會性理，又何必無中生有，憑空結撰，令後人無從摸索耶？**尊示又云**：依經講句，三世佛冤云云，更有離經一字，卽同魔說，須是不觸不背，方免斯過。若只認上句而忘下句，豈但痛哭流涕，直是千佛出世救他不得也。鄙人不避忌諱，作此逆耳之言，非欲爭勝於筆端，實爲報恩於佛祖。此段公案，須俟**彌勒**下生時證明。

（選自**金陵刻經處**本楊仁山居士遺著第九册**等不等觀雜錄**卷五）

二十、與鄭陶齋_{官應}書_{附來書}

伏處海隅，耳盛名久矣。人事牽擾，道遠莫由瞻奉，引領松鶴，我勞如何！下走**嶺南**下士，碌碌因人，船算濫司，愧無建樹。值此國步艱難，翠華遠狩，中原蒿目，痛哭新亭，此海内忠義之士，心所同具者也。竊思兼善之機既阻，獨善之道可爲，下走雖混俗趨塵，然好道之心，童而習之，至衰朽猶如一日。祗以至人未遇，口訣難逢，仰視青霄，每增浩歎。側聽先生，抱道在躬，和光養性，生平心得，定有不凡。問途必於已經，自是求道者第一要義，其祕密藏固不敢妄請賜教，至若授受之陳跡，初終之大旨，正邪之分界，天人之節次，敢乞不棄顓蒙，有以教之，幸甚禱甚。拙作詩草二册，聊用伴函。

頃奉賜函，並大著二册，展誦之餘，莫名欽佩。去聖時遥，人情澆漓，誠心向道，迴出塵凡，非凤具大善根力，曷克臻此﹗承示時務多艱，此皆衆生業力所感，正是菩薩悲願度生之境。修行人常以兼善爲懷，若存獨善之心，則違大乘道矣。鄙人學佛以來，近四十年，始則釋道兼學，冀得長生而修佛法，方免退墮之虞，兩家名宿，參訪多人，證以古書，互有出入，遂捨道而專學佛。如是有年，始知佛法之深妙，統攝諸教而無遺也。蓋道家首重命功，佛家直須命根斷。命根斷，則當下無生，豈有死耶﹗生死既不可得，而假生死以行大願。是以華嚴經中，善財所參善知識，比丘居士，仙人天神，錯雜間出，皆是一真法界所流露也。若認定金丹祕訣修成之仙，或爲仙官，或爲散仙，總不出上帝所統之界，不過高於人界一等耳。雖壽至千萬歲，亦有盡時也。鄙人常以大乘起信論爲師，僅萬餘言，徧能貫通三藏聖教。凡習此論者，皆馬鳴大士之徒。奉贈一册，以備流覽。又，拙作陰符發隱、十宗略説各一册，呈請教正。起信論末提出淨土一門，爲超脱輪迴之捷徑。昔曇鸞法師捨陶宏景所傳之仙訣，專修十六觀法，往生淨土，豈非人傑也哉﹗願與同志者效之。

二十一、與夏穗卿曾佑書附來書

夏間得手書，並起信義記，歡喜無量。觀書目，方知有地論暨識論述記之刻，知仁者弘法度人，本誓無盡。何幸末法有此智燈，當與六道衆生，同作踊躍！弟子十年以來，深觀宗教，流略而外，金頭五頂之書，基督天方之學，近歲麤能通其大義，辨其徑途矣。惟有佛法，法中之王，此語不誣，至斯益信。而此道之衰，則實由禪宗而起。明末，唯識宗稍有述者，未及百年，尋復廢絶。然衰於支那，而盛於日本。近年來書册之東返者不少，若能集衆力刻之，移士夫治經學小學之心以治此事，則於世道人心當有大益。知此理者，其居士乎！述記刻成幾何？其原書論記別行，古書皆爾，然學者頗不便，新刻似可相合。地論文廣理賾，此時讀者恐稀，不如以因明論先之。尊處所刻大疏，尚恐其簡，前見日本人所開現存因明學各家，有七十餘種，直當廣行十數種，使人衍熟其法，則以後可讀慈恩各種書矣。近來國家之禍，實由全國民人太不明宗教之理之故所致，非宗教之理大明，必不足以圖治也。至於出世，更不待言矣。又佛教源出婆羅門，而諸經論言之不詳，卽七十論十句義，亦只取其一支，非其全體。而婆羅門家亦自祕其經，不傳別教。前年英人穆勒，始將四韋馱之第一種譯作英文，近已買得一分，分四册，二梵二英，若能譯之以行於世，則當爲一絶大因緣。又，英人所譯印度教派，與中土奘師所傳者不異，性若提子爲一大宗，我邦言之不詳，不及數論勝論之夥，又言波商羯羅非商羯羅主也源出於雨衆，將佛教盡滅之，而爲今日現存婆羅門各派之祖。此事則支那所絕不知者，附上以廣異聞。

頃接手函，得知公務之暇，備研各教，甚爲希有。金頭五頂之書，未知説何道理，便中祈示一二。基督天方之學，皆以事天爲本，其源出於婆羅門，而變其規模也。婆羅門教最古，以大梵天爲主，或有宗大自在天者，皆從人道而修天道，不出六凡之表。佛教興，而婆羅門之明哲者，多從佛教。利根上智，現證阿羅漢果，即出六凡而爲四聖之初門，可見佛教非出於婆羅門也。西人在印度考求各教，但求形跡可據者載之，謂佛教後出，遂以婆羅門爲其源，信有聲聞法，而不信有菩薩法，以菩薩法係文殊、阿難在鐵圍山結集，諸大菩薩以神通力流傳世間，凡夫始得見聞。西人不明其理，往往疑而不信也。唯識古書，亡於元末，明季諸師，深以不見爲恨。近從日本得來者有十餘種，已將述記合論付梓，現已刻至四分之三，來歲五六月間可出書矣。因明大疏之外，尚有義斷前後記等，皆唐人所作，有款當續刻之。地論百卷，因無巨款，久久未成。尊示云：佛教之衰，實由禪宗，支那固然，而日本則衰於淨土真宗。近閲真宗之書，與經意大相違背，層層辯駁，冀得改正。接得復函，知彼決不能改，亦無可如何耳。

二十二、與桂伯華念祖書一附來書

違教數月，渴想良殷。前者普陀之遊，本可旬日間即返金陵，詎行至寧波舍戚處，得江西家信，言家中用度缺乏，亟須早歸。遂急往普陀，草草遊歷，僅住四日而返。歸途金盡，遂徑溯江而上，不及更詣金陵，趣聆教誨矣。在普陀時，晤後寺法師名印光者，係陝西人，道行深淺，非某下愚所能窺測。然其人亦素知夫子，不知夫子亦知其人，且悉其所造否？日後出家，擬卽求其剃度，師謂何如？自贛返省，見與李澹緣第一書，歡喜無量；自九江還，又見與澹緣第二書，又大歡喜。澹緣勇猛，同輩中實罕其匹，又得吾夫子指示途徑，其造詣寧可限量？今又有黎君端甫者，係豐城人，同輩中聞佛法者，以彼爲最早，氣質亦以彼爲最純。惟入門之始，乃讀鄧厚菴書者，厚菴之學，吾師曾議其穿鑿，故前自普陀回，曾將此意函告。往贛後，彼曾以一書寄某代呈，因亟爲呈覽。此人誠篤異常，若不棄而辱教之，當能荷擔大法，非僅僅作自了漢者。或卽將所賜澹緣二書鈔寄示之，未識可否？江西僻處蠻荒，聞法較晚，然發心向道者，時時有之。近時浮慕佛名，且以己意或世間法附會經義者，亦不乏人。惟李澹緣，與其叔澄字靖瀾，及黎端甫，又九江城內一少年徐子鴻者，宿根最深。若有大善知識如夫子者，時時開示之，策勵之，紹隆三寶，未嘗不在是人。惜緣分淺薄，罣礙輒多，卽賜函中言澹緣若來金陵，可暢談一切者，此事亦大非易。緣其尊人邪見甚深，彼家近在城中，而書疏往返，必由某處轉達者，亦以其父子異性，多所妨礙故也。今若無故專以求法而來金陵，其父必大詫，以爲怪事。欲求如願，勢必假借一事，乃可起身，此非旦夕所能，須緩緩謀之。娑婆濁世，生此者，皆障深業重，信然。卽如某者，識颺神飛，非出家離俗，斷難一心，而家貧親老，又不得不勉彊從俗以博取升斗。然旣已從俗，則目所見、耳所聞、身所接，罔非退道之緣。進退兩難，無計可設。普陀一比丘名真達者，曾勸某一意出家，謂家中諸事，皆有夙因，決不因某之出家而有損益。某知其有理，而未深知可否，敬求吾師爲某決之。何去何從，總以易得一心，而不至增造惡因爲至美。某實愚癡，深恐墮落，惟吾師哀愍而教導之,幸甚!

　　前接正月二十三日手函,備悉一是。普陀印光法師,未曾晤面,不能知其造詣淺深。出家一事,須父母聽許方可,否則違佛制。僕但勸人學佛,而不勸人出家,因出家者雖多,而學佛者甚少也。且投師最難,曾有相識者,為師所拘,反不如在家之得自由也。近時,僧中有負盛名而未達佛意,竟作人天師表,受徒千百,供養禮拜,敬之如佛,而所開導於人者,實未能施對證之藥也。足下嫌俗事為累,難得一心,鄙見當以四弘願為本,時時研究佛法深義,徹見六塵境界,當體空寂,一切煩雜世務,無非菩薩行門,念念回向淨土,信口稱佛一句,孤孤另另,無依無傍,即是往生之捷徑也。若必待屏除萬緣,方能修行,則佛法不普,恐千萬人中難得一二矣。黎端甫從鄧氏書入手,未合大道,今將駁斥鄧氏之言,詳答黎君函內,煩轉寄為荷。黎君若能親到金陵,罄其胸中所欲言,自當為之決擇精麤,指引歸元之正路也。復澹緣二書,可鈔示之。澹緣之父,不信三寶,可勸澹緣持大悲呪以轉之。往者,先母亦不喜學佛,曾以呪力冥熏,數月之間,釋然無事,故以此勉澹緣也。端甫欲得蓮池、尺木著述併拙作,現有雲棲法彙,係功德主施送之書,寄上一部,以備同人觀覽。尺木有一行居集,專談出世法,板在常熟,難得其書。拙作僅有陰符發隱、十宗略說二種,各增五本,以餉同志。欲作論語老莊列四種發隱,尚未脫稿,擬將前人未曾發明者,表而出之,以新人耳目,然不免俗儒之唾罵也。若將孟子評論一番,更為世所訕謗,故祇與人談論,而未曾形諸楮墨耳。九江徐子鴻志趣若何?出世法門能知路否?便中示悉為盼。

　　(以上選自金陵刻經處楊仁山居士遺著第九册等不等觀雜錄卷六)

〔附〕　歐陽漸：楊仁山居士傳

清末，楊仁山居士講究竟學，深佛法，於佛法中有十大功德：

一者、學問之規模弘擴；二者、創刻書本全藏；三者、搜集古德逸書；四者、爲雕塑學畫刻佛像；五者、提倡辦僧學校；六者、提倡弘法於印度；七者、創居士道場；八者、捨女爲尼，孫女外甥女獨身不嫁；九者、捨金陵刻經處於十方；十者、捨科學伎藝之能，而全力於佛事，菩薩於五明求，豈不然哉。

此土思想，涵蓋渾融，善而用之，登峯造極，故曰中土多大乘根器；其不善用，則凌駕顢頇，毫釐千里，亦足傷慧命之源。北魏菩提流支重譯楞伽，大異宋譯，譯籍雖多，歧義屢見，於是起信論出，獨幟法壇，支離儱侗之害千有餘年，至今不熄。蓋起信之謬，在立真如門，而不立證智門，違二轉依。般若説與生滅合者爲菩提，不與生滅合者爲涅槃，而起信説不生不滅與生滅合者爲阿梨耶識。瑜伽熏習是識用邊事，非寂滅邊事，而起信説無明真如互相熏習。賢首、天台欲成法界一乘之勳，而義根起信，反竊據於外魔。蓋體性智用樊亂淆然，烏乎正法？乘教何分而教網設阱，都談一乘胡薄涅槃，天台過也；不明增上皆一合相，圓頓奚殊襲四而五，賢首過也。奘師西返，瑜伽唯識日麗中天，一切霾陰蕩滌殆盡，誠勝緣哉。有規矩準繩，而方圓平直不可勝用，法界一乘建立自無殞越之殊。獨惜後人以唯識不判五法，圓頓甘讓華嚴，而一隔自守。職其法義精審有餘，論其法門實廣大不足耳。

仁山居士，學賢首遵起信論，刻賢首起信論義記及釋摩訶衍論，而集志福等註以作疏。博求日韓，得賢首十疏之六，與藏內十餘卷，都二十種，彙而刊之，曰賢首法集，刻玄文本論，而詳論五位以籠罩一切法門。然其與桂伯華書曰：研究因明唯識期必徹底，爲學者楷模，俾不顢頇瞳侗，走入外道而不自覺。明末諸老，仗宗鏡錄研唯識，以故相宗八要諸多錯謬，居士得唯識述記而刊之，然後圭臬不遺，奘基之研討有路。刻門論、百論等，然後中觀之學有籍，而三論之宗復明。嘗示修禪，曰離心意識參，曰守當前一念，曰中峯廣錄善，然後禪有徹悟之機而宗門可入。與日人論十念往生，而必發菩提心，然後淨土之宗踐實。唯居士之規模弘廣，故門下多材。譚嗣同善華嚴，桂伯華善密宗，黎端甫善三論，而唯識法相之學有章太炎、孫少侯、梅撷芸、李證剛、蒯若木、歐陽漸等，亦云夥矣。然其臨寂遺囑，一切法事乃付託於唯識學之歐陽漸，是亦可以見居士心歟。

居士喜奇書，有老尼贈以金剛，髮逆亂甫定，於皖肆得起信、維摩、楞嚴、循環研索，大暢厥心。因而徧覓經論，又卒不一獲，於是發憤而起，與王梅叔、魏剛己、曹鏡初等謀刻大藏全經。獨江都鄭學川最切至。厥後出家名妙空，創江北刻經處於揚州磚橋雞園，而居士創金陵刻經處於南京。居士在英牛津時，與倭人南條文雄善，後仗其力由海外得古德逸書三百種，抉其最善者刻之。而倭印續藏，居士亦供給多種。然以爲續藏蕪雜，應區別必刊、可刊、不刊三類而重刻之也。

居士嘗謂，刻經事須設居士道場，朝夕丹鉛，感發興致，然後有繼以漸而長。昔年同志共舉刻事，乍成即歇者爲多，雖磚橋刻經不少，而人亡業敗，以故設立學會於金陵刻經處，日事講論不息。今以避難移川，而刻事猶未衰歇者，由是而來也。

居士謂比丘無常識，不通文，須辦學校。當時金陵南郊，揚州、常州，皆設僧學，而金陵刻經處辦祇桓精舍，僧十一人，居士一人，以梵文爲課，以傳教印度爲的，逾年解散。因詢居士何因歇廢，居士以無學生答。意以奘師未遊印時，婆沙諸籍精熟無倫，今欲印遊，須研解固有學義，而後法施資糧不匱。今時印通，若談遊印，非仍居士之説無當耳。

居士於事純任自然，每有水到渠成之妙。嘗謂漸曰：牛應貞女夢中讀左傳全部，以志不遂而夭折，此父母不善處之之過也。故於女圓音任其出家，於孫女葷聽其獨體。辛亥八月十七開護刻經處會，居士問幾鐘，而曰：吾刻事實落，吾可以去。卽右脅而逝。蓋自然如此，生死亦自由矣。

居士於事又復能捨。金陵刻經處經營五十年，刻經三千卷，房室數十間，悉舉而公諸十方，以分家筆據爲據。此猶物貲，而精神亦捨。

居士聰慧嫺科學，從曾惠敏赴英法，又復從劉芝田赴倫敦，廣有製造，悉售於湘時務學校，而以其資創金陵刻經處。

居士善工程，李文忠函聘不往，曾文正密保不就。志在雕塑，先事繪畫，成極樂世界依正莊嚴圖、靈山法會圖，布列數十人無間隙，雕刻則極其精微，而又一本造像度量，使人觀想不誤。

居士名文會，字仁山，石埭人。父樸菴，成進士，官部曹。居士二十七失怙，家貧世亂，跣足荷槍從戎，百鍊險阻以成器，而一趣於佛事，年七十五而卒。著有等不等觀集若干卷，玄文本論略註四卷，佛教初學課本一卷註一卷，十宗略説一卷，觀無量壽略論一卷，闡教編一卷，陰符道德南華冲虛四經發隱四卷，論孟發隱二卷。子自新、自超、福巖，孫庭芬、桂芬、穎芬、智生、緣生、雨生、祥生，曾孫時逢、時中。塔於金陵刻經處，遵居士囑，經版所在靈柩所在也。

贊曰：居士有言，末法有七千餘年，初分時經論不昌，安能延此長久。居士初生，母夢古刹有巨甕，啓笠則一朶蓮花，殆天生居士，昌大教於初分時耶。元明來，書則有缺，倪倪似似以迄清末，居士出而宗風暢。嗚呼！豈偶然哉！

（選自民國三十六年（1947年）鉢水齋藏版學思文粹卷十）

楊仁山居士事略

石埭楊居士文會，生于道光丁酉年十一月十六日丑時。母孫太夫人娠居士時，夢入一古刹，庭有巨甕，覆以箬笠，啓視，則有蓮花高出甕口，旋驚寤，是年居士生。居士父樸庵先生適於是年舉於鄉，先生因是益鍾愛之。明年成進士，授職西部，舉家北上。

居士童時示現游戲，條理秩然。九歲南歸，十歲受讀，甚穎悟。十四能文，雅不喜舉子業。唐宋詩詞，時一瀏覽，間與知交結社賦詩爲樂。性任俠，稍長，益復練習馳射擊刺之術。年十六，夫人蘇氏來歸。次年，洪楊起事，鄉里俶擾，不遑安居。計自樸庵先生以次，老幼幾十人，轉徙徽贛江浙間。往還十年，屢瀕于危，然卒未嘗遭險者，居士部署之力也。里居，襄辦團練，在徽寧，則佐張小浦中丞，周百祿軍門，理軍事。跣足荷槍，身先士卒，日夜攻守不倦。論功，則固辭不受。生平好讀奇書，流離轉徙，异敝篋貯書以隨，凡音韻、曆算、天文、輿地，以及黃老莊列，靡不領會。同治元年壬戌，皖省平，由江西遷居安慶。逾年秋，樸庵先生捐館舍，時居士年二十七，家無儋石儲，曾文正檄委穀米局。甲子，歸葬樸庵公于鄉，事畢回省，感時疫，病久。自是厥後，率爲居士學道之年矣。

先是有不知誰何之老尼，授居士金剛經一卷，懷歸展讀，猝難獲解，覺甚微妙，什襲藏弄。嗣於皖省書肆中，得大乘起信論一卷，閣置案頭，未暇寓目。病後，檢閱他書，舉不愜意，讀起信論，乃不覺卷之不能釋也。賡續五徧，窺得奧旨，由是徧求佛經。久之，于坊間得楞嚴經，就几諷誦，幾忘身在書肆。時日已斂昏，肆主催歸，始覺悟。此後，凡親朋往他省者，必央覓經典，見行脚僧，必詢其從何處來，有何剎竿，有無經卷。一心學佛，悉廢棄其向所爲學。

乙丑，來金陵，得經書數種。明年移居寧，於時董江寧工程之役，同事真定王公梅叔，遂于佛學，相得甚歡。復與邵陽魏剛己、陽湖趙惠甫、武進劉開生、嶺南張浦齋、長沙曹鏡初諸君子遊，互相討論，深究宗教淵源。以爲末法世界，全賴流通經典，普濟衆生。北方龍藏，既成具文；雙徑書本，又燬于兵燹。于是發心刻書本藏經，俾廣流傳。手草章程，得同志十餘人分任勸募。時發心最切者，爲江都鄭學川君，鄭君未幾卽出家，名妙空子，創江北刻經處于揚州東鄉之磚橋雞園，刻經甚夥。居士乃就金陵差次，擘畫刻經事。日則董理工程，夜則潛心佛學。校勘刻印而外，或誦經念佛，或靜坐作觀，往往至漏盡就寢。所辦工程，費省工堅，軼其儕輩，曾、李諸公，咸以國士目之。知其淡于名利，每列保獎，不令前知。凤著勤勞，身兼數事，頗以障礙佛學爲苦。癸酉歲，屏絕世事，家居讀書。北洋李文忠函聘辦工，辭不往。是歲參攷造像量度，及淨土諸經，靜坐觀想，審定章法，延畫家繪成極樂世界依正莊嚴圖，十一面大悲觀音像，並搜得古時名人所繪佛菩薩像，刊佈流通，以資供奉。甲戌，泛舟游歷蘇浙，禮舍利，朝梵音，聞洞庭西山有古刹，度多舊經，隻身獨往，搜求殆徧，迄無所得，而資斧缺乏，幾至不成行。時家計亦艱窘，因復就江寧籌防局差。綜計數年以來所刻之經，漸次增益，擇定金陵北極閣，集資建屋，爲藏庋經板地，延僧住持，供奉香火。旋爲人所覬覦，起争端，乃移藏家中，延友人專司其事。居士後雖暫離金陵，而刻印不輟。光緒元年乙亥，經理漢口鹽局工程。明年，曹君鏡初約赴湘議長沙刻經事，兼受曾惠敏聘，襄辦傳忠書籍，因獲覽南嶽之勝，登祝融峰頂。戊寅，惠敏奉使使歐洲，隨赴英法，考求法國政教生業甚詳，精究天文顯微等學，製有天地球圖，併興圖尺，以備將來測繪之需。期滿假歸，辭不受獎，仍以刻經爲事。壬午，至蘇州，覓藏板之地于元墓山香雪海，經費未集，購地未成，比輟議。丙戌春，應劉芝田星使召，隨往英倫，考察英國政治製造諸學，深明列强立國之原。三年既滿，先行假歸，仍不受保獎。居士時已五十有三，嘗語人曰：斯世競爭，無非學問。歐洲各國政教工商，莫不有學，吾國倣效西法，不從切實處入手，乃徒襲其皮毛。方今上下相蒙，人各自私自利，欲興國，其可得乎？復以世事人心，愈趨愈下，誓不復與政界往還。乃于東瀛購得小字藏經全部，閉戶誦讀。

庚寅夏，走京師，禮旃檀佛像，並求藏外古德逸書。適居士内弟蘇少坡隨使節東渡，則寓書南條文雄君，廣求中國失傳古本。南條學梵文于英國，與居士素稔。厥後由海外得來藏外書籍二三百種，因擇其最善者，亟付剞劂。資不給，則出售西洋賣回之各種儀器充數。甲午，與英人李提摩太君譯大乘起信論，譯成英文，以爲他日佛教西行之漸。乙未，晤印人摩訶波羅于滬瀆，緣其乞法西行，興復五印佛教，志甚懇切，居士於是提倡僧學，手訂課程，著初學課本，俾便誦讀，一以振興佛學，一以西行傳教，庶末世佛法有普及之一日。是時，日本真宗設本願寺于金陵，幻人法師建講席于江南，相與辯論教宗，書牘往來，不憚萬言，期以補偏救弊爲宗。

丁酉年，築室于金陵城北延齡巷，爲存經板及流通經典之所。是夏，孫太夫人壽終。闋服，詔其三子曰，我自二十八歲得聞佛法，時欲出家，徒以有老母在，未獲如願，今老母壽終，自身亦已衰邁，不復能持出家律儀矣。汝等均已壯年，生齒日繁，應各自謀生計，分炊度日，所置房屋，作爲十方公產，此後毋以世事累我也。居士自此得安居樂道，然會釋經疏，維持法教，日無暇晷。嘗語人曰：吾在世一分時，當於佛法盡一分時之力。戊戌夏，患頭風，電召長子自新由滬歸來，囑曰：我病如不起，楞嚴正脈科判可託陳樨庵成之，以完此書。嗣幸醫藥奏效，得以漸痊。

丁未秋，就刻經處開佛學學堂，曰祇桓精舍，冀學者兼通中西文，以爲將來馳往天竺，振興佛教之用。國文、英文，同志任之，佛學，居士自任之。就學者，緇素二十餘人，日有進益。未及兩稔，因經費不給而止。宣統庚戌，同人創立佛學研究會，推居士爲會長，月開會一次，每七日講經一次，聽者多歡喜踊躍。居士憫宗教之頹衰，悲大道之沈淪，非具擇法眼，難免不爲邪見所誤。見日本重印續藏經，多至一萬餘卷，似駁雜，特加以選擇，歸于純正，詳訂書目、編輯提要，以示門徑。志願未遂，慧燈輟照，悲哉！辛亥秋，初示疾，自知不起。回憶往時刻經事，艱苦備嘗，而大藏輯要，未睹成書，心頗憾感，及得同志三人，承認分任，則熙怡微笑。佛學研究會同人，擇于八月十七日開會，集議維持保護金陵刻經處之法，併議舉會長一席。會席未散，居士已于申刻去矣。是日上午，猶與同人詳論刻經諸務，及聞近得古本註釋數種，歡喜不已，曰：予幸得聞此書之存也。午刻，囑家人爲之濯足顤指甲。至時，乃曰：此時會友當已齊集會所矣。須臾小解，身作微寒，向西瞑目而逝，面色不變，肌膚細滑不冰，所謂吉祥而逝者非歟！病中囑其子媳曰：我之願力，與彌陀願力脗合，去時便去，毫無繫累，惟乘急戒緩，生品必不甚高，但花開見佛較速耳，爾等勿悲慘，一心念佛，送我西去，如願已足。

居士弘法四十餘年，流通經典至百餘萬卷，印刷佛像至十餘萬張，而願力之弘，所屬望于將來者，更無有窮盡也。著有大宗地玄文本論略註四卷、佛教初學課本、陰符道德莊列發隱諸書，久已風行海內。又，等不等觀雜錄、論孟發隱各若干卷待梓。居士卒年七十有五。配蘇夫人，先居士十八年卒。子三人，長自新、次自超、次福嚴；孫七人，庭芬、桂芬、穎芬、智生、緣生、雨生、祥生；曾孫，時逢、時中。

（選自金陵刻經處楊仁山居士遺著第一冊）

梁　啓　超

〔簡介〕　梁啓超，字卓如，號任公，又號飲冰室主人，生於公元一八七三年(清穆宗同治十二年)，死於公元一九二九年(民國十八年)，廣東新會人，近代資產階級改良派的代表人物，著名學者。

梁啓超早年卽對佛學有濃厚的興趣，雖說"不能深造，顧亦好焉，其所論著，往往推挹佛教。"(清代學術概論)一九○二年，他寫的論佛教與羣治之關係一文，大肆鼓吹"佛教有益於羣治"，對佛教竭盡贊美之詞。一九○三年，他在近世第一大哲康德之學說一文中，認爲"康氏哲學大近佛學"，以佛學傳播康德思想，以康德哲學抬高佛學。一九二○年他遊歷歐洲回國後，決心編著一部中國佛教史。爲此，他開始系統研讀佛典，一九二二年還帶病到支那內學院去聽歐陽漸講唯識學。在此期間，他陸續寫出了一批佛學研究論文。(後來彙集爲佛學研究十八篇一書)這些論著是中國近代資產階級學者研究佛教史的重要代表作，其中提出了不少有價值的觀點和研究方法。經過這番研究，梁啓超對佛理論愈加推崇了。他認爲："佛教是建設在極嚴密極忠實的認識論之上"的，是"以求得最大之自由解放而達人生最高之目的者也"。(佛陀時代及原始佛教教理綱要，見飲冰室合集·專集之五十四)佛學"對於心理之觀察分析，淵淵入微"，"若論內省的觀察之深刻，論理上施設之精密，恐怕現代西洋心理學大家還要讓幾步哩。"(佛教心理學淺測，見飲冰室合集·專集之六十八)以至聲稱"佛教是全世界文化的最高產品"。(治國學的兩條大路，見飲冰室合集·文集之三十九)

他篤信佛教的"無常"、"無我"、"業報"等宗教理論。晚年，他在給女兒梁令嫻(思順)的一封信中，就認爲佛教所説的"業報"是"宇宙間的唯一真理"，他的宗教觀、人生觀的"根本"，也就在於此。他在佛學方面論著，除佛學研究十八篇這一專著外，散見於其他許多文章中。本書所選錄的只是其中一小部分，以供研究。

附記：近代資産階級改良派的主要代表無不對佛學有濃厚的興趣和研究。康有爲在自編年譜中自稱"讀佛典頗多"，"探儒佛之微者"，但没有較專門的文章流傳下來。譚嗣同從楊文會學佛，深得華嚴要旨，他關於佛學的認識貫串於仁學一書中，這是一部以佛學爲主體，融合中外古今各種思想，並應用於現實的著作，是改良派研究佛學心得的代表作。因譚氏仁學流傳較廣，本書就不再重錄了。

一、論佛教與羣治之關係

吾祖國前途有一大問題，曰："中國羣治當以無信仰而獲進乎？抑當以有信仰而獲進乎"是也。信仰必根於宗教，宗教非文明之極則也。雖然，今日之世界，其去完全文明，尚下數十級，於是乎宗教遂爲天地間不可少之一物。人亦有言，教育可以代宗教。此語也，吾未敢遽謂然也。卽其果然，其在彼教育普及之國，人人皆漸漬熏染，以習慣而成第二之天性，其德力智力，日邁於平等，如是，則雖或缺信仰而猶不爲害。今我中國猶非其時也，於是乎信仰問題，終不可以不講。參觀宗教家與哲學家之長短得失篇。因此一問題，而復生出第二之問題，曰："中國而必需信仰也，則所信仰者當屬於何宗教乎"是也。吾提此問，聞者將疑焉，曰："吾中國自有孔教在，而何容

復商榷焉也？”雖然，吾以<u>孔教</u>者，教育之教也，非宗教之教也。其
爲教也，主於實行，不主於信仰，故在文明時代之效或稍多，而在野
蠻時代之效或反少。亦有心醉西風者流，視<u>歐美</u>人之以信仰景教而
致強也，欲舍而從之以自代，此尤不達體要之言也。無論景教與我
民族之感情，枘鑿已久，與因勢利導之義相反背也。又無論彼之有
眈眈逐逐者楯於其後，數強國利用之以爲釣餌，稍不謹而末流之禍
將不測也。抑其教義，非有甚深微妙，可以涵蓋萬有，鼓鑄羣生者。
吾以疇昔無信仰之國，而欲求一新信仰，則亦求之於最高尚者而
已，而何必惟勢利之爲趨也！　吾師友多治佛學，吾請言佛學。

一、佛教之信仰乃智信而非迷信

<u>孔子</u>曰：“知之爲知之，不知爲不知，是知也。”又曰：“吾有知
乎哉？無知也！”又曰：“及其至也，雖聖人亦有所不知焉。”又曰：
“未知生，焉知死！”蓋<u>孔教</u>本有闕疑之一義，言論之間，三致意焉，
此實力行教之不二法門也。至如各教者，則皆以起信爲第一義。
夫知焉而信焉可也，不知焉而強信焉，是自欺也。吾嘗見迷信者
流，叩以微妙最上之理，輒曰是造化主之所知，非吾儕所能及焉，是
何異專制君主之法律，不可以與民共見！　佛教不然，佛教之最大
綱領曰“悲智雙修”，自初發心以迄成佛，恆以轉迷成悟爲一大事
業，其所謂悟者，又非徒知有佛焉而宣信之之謂也。故其教義云：
“不知佛而自謂信佛，其罪尚過於謗佛者。”何以故？謗佛者有懷疑
心，由疑入信，其信乃真。故世尊説法四十九年，其講義關於哲學
學理者十而八九，反覆辨難，弗明弗措，凡以使人積真智求真信而
已。淺見者或以彼微妙之論爲不切於羣治，試問<u>希臘</u>及近世<u>歐洲</u>
之哲學，其於世界之文明，爲有神乎？爲無神乎？彼哲學家論理之
圓滿，猶不及佛説十之一。今<u>歐美</u>學者，方且競採此以資研究矣，

而豈我輩所宜詬病也！要之，他教之言信仰也，以爲教主之智慧，萬非教徒之所能及，故以强信爲究竟；佛教之言信仰也，則以爲教徒之智慧，必可與教主相平等，故以起信爲法門。佛教之所以信而不迷，正坐是也。近儒<u>斯賓塞</u>之言哲學也，區爲"可知"與"不可知"之二大部，蓋從<u>孔子</u>闕疑之訓，救景教徇物之弊，而謀宗教與哲學之調和也。若佛教，則於不可知之中而終必求其可知者也。<u>斯氏</u>之言，學界之過渡義也，佛説則學界之究竟義也。

二、佛教之信仰乃兼善而非獨善

凡立教者，必欲以其教易天下，故推教主之意，未有不以兼善爲歸者也，至於以此爲信仰之一專條者，則莫如佛教。佛説曰："有一衆生不成佛者，我誓不成佛。"此猶自言之也，至其教人也，則曰："惟行菩薩行者得成佛，其修獨覺禪者永不得成佛。"獨覺者何？以自證自果爲滿足者也。學佛者有二途：其一則由凡夫而行直行菩薩，由菩薩而成成佛者也，其他則由凡夫而證阿羅漢果，而證阿那含果，而證斯陀含果，而證辟支佛果者也。辟支佛果，即獨覺位也，亦謂之聲聞，亦謂之二乘。辟支佛與佛相去一間耳，而修聲聞二乘者，證至此已究竟矣。故佛又曰："吾誓不爲二乘聲聞人説法。"佛果何惡於彼而痛絕之甚？蓋以爲凡夫與謗佛者，猶可望其有成佛之一日，若彼輩則真自絶於佛性也。所謂菩薩行者何也？佛説又曰："己已得度，回向度他，是爲佛行；未能自度，而先度人，是爲菩薩發心。"故初地菩薩之造詣，或比之阿羅漢、阿那含尚下數級焉，而以發心度人之故，即爲此後證無上果之基礎。彼菩薩者，皆至今未成佛者也。其有已成佛而現菩薩身者，則吾不敢知。何以故？有一衆生未成佛彼誓不成佛故。夫學佛者以成佛爲希望之究竟者也，今彼以衆生故，乃並此最大之希望而犧牲之，則其他更何論焉？

故舍己救人之大業,惟佛教足以當之矣。雖然,彼非有所矯強而云然也,彼實見夫衆生性與佛性本同一源。苟衆生迷而曰我獨悟,衆生苦而曰我獨樂,無有是處。譬諸國然,吾既託生此國矣,未有國民愚而我可以獨智,國民危而我可以獨安,國民悴而我可以獨榮者也。知此義者,則雖犧牲虀躬種種之利益以爲國家,其必不辭矣,

三、佛教之信仰乃入世而非厭世

明乎菩薩與獨覺之別,則佛教之非厭世教可知矣。宋儒之謗佛者,動以是爲清淨寂滅而已,是與佛之大乘法適成反比例者也。景教者,衍佛之小乘者也,翹然日懸一與人絶之天國以歆世俗,此寧非引進愚民之一要術,然自佛視之,則已墮落二乘聲聞界矣。佛固言天堂也,然所祈嚮者非有形之天堂,而無形之天堂,非他界之天堂,而本心之天堂。故其言曰:"不厭生死,不愛涅槃。"又曰:"地獄天堂,皆爲淨土。"何以故?菩薩發心當如是故。世界既未至"一切衆生皆成佛"之位置,則安往而得一文明極樂之地?彼迷而愚者,既待救於人,無望能造新世界焉矣;使悟而智者,又復有所歆於他界,而有所厭於儕輩,則進化之責,誰與任之也,故佛弟子有問佛者曰:誰當下地獄?佛曰:"佛當下地獄。不惟下地獄也,且常住地獄;不惟常住也,且常樂地獄;不惟常樂也,且莊嚴地獄。"夫學道而至於莊嚴地獄,則其悲願之宏大,其威力之廣遠,豈復可思議也,然非常住常樂之,烏克有此,彼歐美數百年前,猶是一地獄世界,而今日已驟進化若彼者,皆賴百數十仁人君子住之樂之而莊嚴之也。知此義者,小之可以救一國,大之可以度世界矣。

四、佛教之信仰乃無量而非有限

宗教之所以異於哲學者,以其言靈魂也。知靈魂,則其希望

長，而無，或易召失望以致墮落。雖然，他教之言靈魂，其義不如佛教之完。景教之所揭櫫也，曰永生天國，曰末日審判。夫永生猶可言也，謂其所生者在魂不在形，於本義猶未悖也。至末日審判之義，則謂人之死者，至末日期至，皆從塚中起，而受全知能者之鞫訊？然則，鞫訊者，仍形耳，而非魂也，藉曰魂也，則此魂與形俱生，與形俱滅，而曾何足貴也？故孔教專衍形者也，則曰善不善報諸子孫。佛教專衍魂者也，則曰善不善報諸永劫。其義雖不同，而各圓滿具足者也。惟景教乃介兩者之間，故吾以爲景教之言末日，猶未脫埃及時代野蠻宗教之迷見者也。埃及人之木乃伊術，保全軀屍殼，必有所爲，殆令爲將來再生永生地也。又按，景教雜形以言魂者甚多，卽如所言亞當犯罪，其子孫墮落云云，亦其一端也。如耶氏之教，則吾輩之形雖受於亞當，然其魂則固受諸上帝也，亞當一人有罪，何至罰及其數百萬年以後之裔孫？此殆猶是積善之家有餘慶，不善之家有餘殃之義而已，仍屬衍形教，不可謂之衍魂教也。耶氏言末日審判之義，峭緊嚴悚，於度世法門亦自有獨勝之處，未可厚非，特其言魂學之圓滿，固不如佛耳。夫人生也有涯，而知也無涯，故爲信仰者，苟不擴其量於此數十寒暑以外，則其所信者終有所撓。瀏陽仁學云："好生而惡死，可謂大惑不解者矣！蓋於不生不滅瞢焉。瞢而惑，故明知是義，特不勝其死亡之懼，縮朒而不敢爲。方更於人禍之所不及，益以縱肆於惡，而顧景汲汲，而四方蹙蹙，惟取自心快已爾，天下豈復有可治也！今使靈魂之説明，雖至闇者猶知死後有莫大之事及無窮之苦樂，必不於生前之暫苦暫樂，而生貪著厭離之想；知天堂地獄森列於心目，必不敢欺飾放縱，將日遷善以自兢惕；知身爲不死之物，雖殺之亦不死，則成仁取義，必無怛怖於其衷。且此生未及竟者，來生固可以補之，復何所憚而不亹亹！"嗚呼！此"應用佛學"之言也。西人於學術，每分純理與應用兩門，如純理哲學，應用哲學，純理經濟學，應用生計學等是也。瀏陽仁學吾謂可名爲應用佛學。瀏陽一生得力在此，吾輩所以崇拜瀏陽、步趨瀏陽者，亦當在此。若此者，殆舍佛教末由。

五、佛教之信仰乃平等而非差別

他教者，率衆生以受治於一尊之下者也，惟佛不然，故曰："一切衆生，皆有佛性。"又曰："一切衆生，本來成佛，生死涅槃，皆如昨夢。"其立教之目的，則在使人人皆與佛平等而已。夫專制政體固使人服從也，立憲政體亦使人服從也，而其順逆相反者，一則以我服從於他，使我由之而不使我知之也，一則以我服從於我，吉凶與我同患也。故他教雖善，終不免爲據亂世小康世之教，若佛教則兼三世而通之者也。故信仰他教或有流弊，而佛教決無流弊也。

六、佛教之信仰乃自力而非他力

凡宗教必言禍福，而禍福所自出，恆在他力。若祈禱焉，若禮拜焉，皆修福之最要法門也。佛教未嘗無言他力者，然只以施諸小乘，不以施諸大乘。其通三乘攝三藏而一貫之者，惟因果之義。此義者，實佛教中小大精粗，無往而不具者也。佛說現在之果，卽過去之因，現在之因，卽未來之果。既造惡因，而欲今後之無惡果焉，不可得避也；既造善因，而懼後此之無善果焉，亦不必憂也。因果之感召，如發電報者然，在海東者動其電機，長短多寡若干度，則雖隔數千里外，而海西電機之發露，其長短多寡若干度與之相應，絲毫不容假借。人之熏其業緣於"阿賴耶"識阿賴耶識者，八識中之第八識也，其義不可得譯，故先輩唯譯音焉。欲知之者，宜讀楞伽經及成唯識論。也，亦復如是，故學道者必慎於造因。吾所已造者，非他人所能代消也，吾所未造者，非他人所能代勞也。又不徒吾之一身而已，佛說此五濁惡世者，亦由衆生業識熏結而成。衆生所造之惡業，有一部分屬於普通者,有一部分屬於特別者。其屬於普通之部分,則遞相熏積相結而爲此器世間;佛說有所謂器世間、有情世間者,一指宇宙,一指衆生也。其特別之部分,則各各之靈魂,靈魂本一也,以妄生分別故,故爲各各。自作而自受之。而此兩者,自無始以來,又互相熏焉,以遞引於無窮。故學道者,(一)當急造切實之善因以救吾本身之墮落,(二)當急造宏大之善因以救吾所居之器世間之墮落。何也? 苟器世間猶在惡濁,則吾之一身,未有能達淨土者也。所謂有一衆生不成佛則我不能成佛,是實事也,非虛言也。嘻! 知此義者,可以通於治國矣。一國之所以腐敗衰弱,其由來也非一朝一夕,前此之人,蒔其惡地,而我輩今日刈其惡果。然我輩今日非可諉咎於前人而以自解免也,我輩今日而亟造善因焉,則其善果或一二年後而收之,或十餘年後而收之,或數百年後而收之。造善因者遞續不斷,而吾國遂可以進化而無窮,造惡因者亦然。前此惡因既已蔓茁,而我復灌漑而播殖之,其貽禍將來者,更安有艾也。又不徒一羣爲然也,一身亦然。吾蒙此社會種種惡業之熏染,受而化之,旋復以熏染社會,我非自洗滌之而與之更始,於此而妄曰吾善吾羣,吾度吾羣,非大愚則自欺也! 故佛之說因果,實天地間最高尚完滿博深切明之學説也。近世達爾文、斯賓塞諸賢言進化學者,其公理大例,莫能出此二字之範圍。而彼則言其理,而此則並詳其法,此佛學所以切於人事,徵於實用也。夫尋常宗教家之所短者,在導人以倚賴根性而已,雖有“天助自助者”一語以爲之彌縫,然常橫天助二字於胸中,則其獨立不羈之念,所減殺已不少矣。若佛説者,則父母不能有所增益於其子,怨敵不能有所咒損於其仇,無歆羨,無畔援,無罣礙,無恐怖,獨往獨來,一聽衆生之自擇。中國先哲之言曰:“天作孽,猶可違;自作孽,不可逭。”又曰:“自求多福,在我而已。”此之謂也。特其所言因果相應之理,不如佛説之深切著明耳。佛教洵偉乎遠哉!

　　以上六者，實鄙人信仰佛教之條件也。於戲！ 佛學廣矣大矣，深矣微矣，豈區區末學所能窺其萬一！ 以佛耳聽之，不知以此爲讚佛語耶，抑謗佛語耶！ 雖然，即曰謗佛，吾仍冀可以此爲學佛之一法門，吾願造是因，且爲此南贍部洲有情衆生造是因。佛力無盡，我願亦無盡。

　　難者曰：子言佛教有益於羣治，辯矣！ 印度者，佛教祖國也，今何爲至此？ 應之曰：嘻！ 子何闇於歷史？ 印度之亡，非亡於佛教，正亡於其不行佛教也。自佛滅度後十世紀，全印即已無一佛跡，而婆羅門之餘燄，盡取而奪之，佛教之平等觀念、樂世觀念，悉已摧亡，而舊習之喀私德及苦行生涯，遂與印相終始焉。後更亂以回教，末流遂極於今日。然則印之亡，佛果有罪乎哉？ 吾子爲是言，則彼景教所自出之猶太，今又安在也？ 夫寧得亦以猶太之亡，爲景教優劣之試驗案也？ 雖然，世界兩大教，皆不行於其祖國，其祖國皆不存於今日，亦可稱天地間一怪現象矣！

　　　　　　　　　　（選自中華書局版飲冰室合集文集第四册）

二、近世第一大哲康德之學説（選錄）

發端及其傳略

　　吾昔見日本哲學館有所謂四聖祀典者，吾駭焉。稽其名，則一釋迦，二孔子，三梭格拉底，四康德也。其比擬之果倫與否，吾不敢言，即其不倫，而康德在數千年學界中之位置，亦可想見矣，作康德學説。

　　……

學界上康德之位置

……

以康德比諸東方古哲，則其言空理也似釋迦，言實行也似孔子，以空理貫諸實行也似王陽明；以康德比諸希臘古哲，則其立身似梭格拉底，其説理似柏拉圖，其博學似亞里士多德；其在近世，則遠承倍根、笛卡兒兩統而去其蔽，近擷謙謨、黎菩尼士之精而異其撰，下開黑格兒、黑拔特二派而發其華。二派一主唯心論，一反對唯心論，而皆自謂祖述康德。其政論則與盧梭出入，而爲世界保障自由；其文學則與基特調和，而爲日耳曼大輝名譽。康德者，非德國人，而世界之人也；非十八世紀之人，而百世之人也。吾今請紹介其學説之大略，以貢於我學界。……

康德之"檢點"學派

康德少時，最得力黎菩尼士、倭兒弗之學，後讀謙謨著書，深有所感，以爲前此學者之言哲學，或偏主論定派，或偏主懷疑派，要之皆非其至者也。主論定派者，每談及高遠幽邃之理，則如形與影鬭，引刀欲試，而彼影之刀旋立於我前。懷疑派攻難之，謂其武斷過信，誠哉然也！然彼懷疑派者，遇難決之問題，則以爲此殆終不可得決，則亦非也。苟不能明其所以不可決之證據，則我輩終常亹亹焉求所以決之，此正學者之責也。

故主論定派者，妄擴張吾人智慧所及於過大之域，其失也夸而自欺；主懷疑派者，妄縮減吾人智慧所及於過小之域，其失也暴而自棄。康氏以爲，欲調和此兩派之爭，必當先審求智慧之爲物，其體何若，其用何若，然後得憑藉以定其所能及之界，於是有所謂"檢點"派之哲學出焉。蓋彼二派皆就吾人智慧所觸所受者言之，康氏則直搜討諸智慧之本原，窮其性質及其作用也。質而言之，彼二派則從事於外，康德則從事於內者也。

案，康氏哲學大近佛學，此論即與佛教唯識之義相印證者也。佛氏窮一切理，必先以本識爲根柢，即是此意。康德以爲智慧之作用有二：其一，推理究義，用之以立言者；其一，實際動作，用之以制行者。此二者，能力各殊。其在議論時，則就身外事物下考察之功者，此智慧也；其在實行時，則自動自作，而能造出一切業者，亦此智慧也。康德乃分其檢點哲學爲二大部，著二書以發明之。其一曰：kritik derReinen Vernunft所謂純性智慧之檢點也，東人釋爲純理性批判。其二曰：Kritik der Praktischen Vernunft 所謂實行智慧之檢點也。東人譯爲實理性批判。前者世俗所謂哲學也，後者世俗所謂道學也，而在康氏則一以貫之者也。

論純智（即純性智慧）

一、學術之本原

康德以爲，欲明智慧之諸作用，宜先將外物之相，區爲二種：其一曰現象，其二曰本相。現象者，與吾六根相接而呈現於吾前者。舉凡吾所觸所受之色聲香味皆是也。本相者，吾所觸所受之外，彼物別有其固有之性質存。故吾所知僅爲現象，若云本相吾縣知之，無有是處。

今專以色言，吾人所見之色，特就其呈於吾目者，自我名之而已，使吾有目疾，覆視此物，則不復能如平時。譬之病黃疸者，觸目所見，皆成黃色；又如戴著色眼鏡，則一切之物皆隨眼鏡之色以爲轉移。自餘聲香味等，其理亦復如是。是故當知我之接物，由我五官及我智慧兩相結構而生知覺，非我隨物，乃物隨我也。

案，此義乃佛典所恆言也。楞嚴經云："譬彼病目，見空中華，空實無華，由曰病故，是故云有。＊即其義也。其謂由我五官及我智慧兩相結構而能知物，五官者，楞伽經所謂前五識也：智慧者，所謂第六識也。康德既述此義以爲前提，因言治哲學者，當一變前此之舊法，而別採一新法，如歌白尼之論天體然。歌白尼以前，天文家皆謂日繞地球，及歌氏興，乃反其說。於是衆星之位置雖依舊，而所以觀察之者乃大異。吾之哲學與前此諸家相異者，正在此點。

康德復論，我之智慧，以何因緣而能使物各呈現象？蓋我之於物，初與相接，諸種感覺樊然殽亂，零碎散列，而不聯續。何謂諸感？若色香味，乃至大小輕重堅脆，幢幢紛投，入吾根塵，而皆可爲學問資料。雖然，假使諸感長此擾雜，而吾智慧不能整理而聯接之，則吾一生芒芒如夢，所謂思想，終不得立。惟其不然，兹智慧者，能結此等紛雜感覺，令各就緒，以是能力，思想乃起。有思想故，斯有議論，有議論故，斯有學問。

復次，此等衆多感覺，以何因緣能使就緒？康德以爲，彼諸感者，常有幾分聯續之性，譬如紅色以及熱氣，此二感者，一由眼受，一由身受，其實不過一點之火爲二現象，而吾智慧能聯結之成一思想。二象合并，字之曰火，然後彼復雜始得單一，彼零碎者有聯續性。智慧之力，如是如是。是故，感覺惟對外物有能受性，而彼思念復能進取，總萬爲一。思之云者，綜合而已。

案，佛言受想行識，康氏所謂感覺，即受也，所謂思念，即想也。

康德以爲，吾人智慧所以總彼衆感覺而使就秩序者，其作用有三：一曰視聽之作用，案，此實兼眼耳鼻舌身所受者而言，舉一例餘耳。二曰考察之作用，三曰推理之作用。

智慧之第一作用（即視聽作用）

康德以爲，視聽之作用，主總合宇宙間各事物者也。譬如仰空見日，我何以知其爲日？實由日體所發諸現象，感覺於吾眼簾，而我之智慧能綜合之，乃自向空中畫一圓線曰：此日體也。苟非爾者，則諸種感覺，飛揚流離，不可捉搦，而所謂"日"之一觀念，不可得起。由此言之，吾人智慧之作用，必有賴於"空間"。"空間"者，如畫工之有紙縑，諸種之感覺，則畫工之材料也，視聽之力，則畫工之意匠也。

此專就感覺之屬於外物者言也，此外復有所謂內心之感覺者，如苦也，樂也，思索也，決斷也。以何因緣能聯續此等感覺，使有先後而不相離？於是乎吾人智慧之作用，必有賴於"時間"。"時間"者，實使我智慧能把持諸感覺，而入之於永劫之中者也。

案，空間時間者，佛典通用譯語也。空間以橫言，時間以豎言。佛經又常言橫盡虛空，豎盡永劫，即其義也。依中國古名，則當曰宇曰宙，_{爾雅：上下四方曰宇，往古來今曰宙。}以單字不適於用，故循今名。

然則，空間時間二者，實吾感覺力中所固有之定理，所賴以綜合一切、序次一切者，皆此具也。苟其無之，則吾終無術以整頓諸感覺而使之就緒。亦如畫工之舍紙縑而不能爲繪事也。雖然，紙縑者畫工之所必需，然其所畫之物，未嘗待紙縑以爲用。_{如吾欲畫一草一石，無紙縑則我固不能畫，然彼草石非有賴於紙縑也。何也？無之則彼不出現而已。}_{草石無意識之物也，非自欲出現，不過我取之以爲我用耳。}一切物象與空間時間之關係，其理亦復如是。其在各物，固毫無待於此二者，惟我之智慧，借此以爲感覺力之範圍而已。

康德又曰：空間時間二者，非自外來而呈現於我智慧之前，實我之智慧能自發此兩種形式以被諸外物云爾。質而言之，則此二者皆非真有，而實由我之所假定者也。是故，當知前此學者以五官之力爲窮理之本原，以時間空間二者爲可由實驗以知其情狀，是大誤也。以吾人性中具此實理故，始得從事於諸種實驗，而謂此物自可實驗，無有是處。

案，希臘以來諸學者，常以空間時間二者爲哲學上之問題，以爲萬物皆緣附此二者而存立，因推言空間之何以起，時間之何以成，以此爲窮理之大本原焉，而皆不得其朕，實由迷用以爲體故也。以吾人所賴所假定以觀察事物者，而貿然曰事物之本相全在是焉，混現象於本質，一切矛盾謬見，皆起於是。故康氏首爲此論以破之。

智慧之第二作用（即考察作用）

康德以爲，視聽之作用，雖能整列一切事物，使爲學術之材料，然未可謂之真學術也。真學術者，必自考察之作用始。考察作用者何？觀察庶物之現象，而求得其常循不易之公例是也。如火之遇物，則必焚燬，故知火之現象與焚燬之現象，常相隨而不離，其間有一定之公例存。考察作用者，即所以求得此種公例者也，故亦謂之判斷作用。

欲求此等公例，當憑藉所謂三大原理者以考之：一曰條理滿足之理。謂甲之現象，其原因必存於乙現象之中，彼此因果，互相連屬也。二曰庶物調和之理。謂凡百現象，恆相諧相接，未有突如其來，與他現象無交涉者也。三曰勢力不滅之理。謂凡現象中所有之力，常不增不減也。康德以爲，此三大原理者，百物所共循，萬古而不易，學者苟由是以觀察一切，則見夫樊然殽亂之庶物，實皆相聯相倚，成爲一體。譬猶一大網罟，其孔千萬，實皆相屬，一無或離。世界大勢，如是如是。

　　案，此三大原理者，黎菩尼土所倡，而康德大發明之者也。
其義與華嚴宗之佛理絕相類。所謂條理滿足者，即主伴重重，
十方齊唱之義也；所謂庶物調和者，即事理無礙，相即相入之
義也；所謂勢力不滅者，即性海圓滿，不增減之義也。華嚴以
帝網喻法界，康德所謂庶物如大網罾然，正同此意。考求物理
者，必至此乃爲具足焉。康氏謂樊然殽亂之庶物，實相倚而成
一體，此所以欲自度者必先度衆生，衆生垢而我不能獨淨，衆
生苦而我不能獨樂也。何也？一體故也。橫渠同胞同與之
者，猶近虛言，此則徵諸實驗，哲學之所以有益於人事也。瀏
陽仁學，亦專發此義而已。

　　惟然，故世界庶物皆相紐結相維繫，而無一焉得自肆者，夫是
謂庶物一定不可避之理。康德以爲，惟有此不可避之理以旁羅庶
物也，然後有形之學術乃得立。苟不爾者，庶物而各自肆焉，則其
衆現象相因之理，欲求之而末由，更恃何道以構成此學術耶!

　　此三大原理者，爲庶物現象之所循，固也。若其本相亦循此否
乎？康德曰：是未可知。何以故？以物之本相既不可得知，故使吾
人若能有確見本相之時，則此三定理者，不爲真理亦未可知。且此
三理者，謂舉凡吾人考察所能及之物莫不循之云爾，雖然，我之所
實驗者，未足以盡物之全數，或其所未及者，猶多多焉，亦未可知。

　　然則，所謂不可避之三大理者，果何物乎？康德以爲，是亦不
過吾人智慧中所具有之定理云爾。視聽作用，必賴空間時間二者，
考察作用，必賴此三大理，其事正同。舍吾人心靈以外，則此三大
原理者，亦無所附麗。蓋視聽作用必恃彼兩者，然後見其遠近先後
之別，否則庶物游離紛雜，而非吾之所得受。考察作用必恃此三者，
然後相引而有條理，否則庶物突兀散列，而非吾之所得想。此皆吾

人智慧作用之自然構造者也。若夫事物之本相，其實如是與不如是，是終不可得知。

綜上所言，卽康德哲學之初發軔，所謂就吾人智慧之二作用而細下檢點之功者也。此理既明，則凡學術之關於有形實物者，其基礎可知耳。何也？學固以實驗爲本，而所謂實驗者，自有一定之界，苟不馳於此界之外，則其實驗乃可信憑。界者何？物之現象是也。若貿然自以爲能講求庶物之本相者，則非復學術之界矣。

二、庶物原理學（卽哲學）之基礎
智慧之第三作用（卽推理作用）

視聽、考察兩作用，能整理事物之紛擾，定其次序，使之由複雜以漸入於單純。雖然，猶未能齊萬而爲一，置之於最高最簡之域也。於是，吾人之智慧，更有一高尚之作用，名之曰推理力。以是力故，故我智慧能舉一切而統屬之於其本原。康德以爲，此推理力者，能檢點所序列之事物，自一理進入他理，自一例進入他例，如是層累而升，以求達於極致之處，一日達此極致，則非復如前此之事物有所憑藉，是之謂無限無倚，本原之旨義，於是乎在。

案，朱子補格致傳謂：卽凡天下之物，莫不因其已知之理而益窮之，以求至乎其極。至於用力之久，而一旦豁然貫通焉，則衆物之表裏精粗無不到，而吾心之全體大用無不明，與康德此論頗相類。惟朱子教人窮理，而未示以窮理之界說，與窮理之法門，不如康氏之博深切明耳。

康德以爲，彼二作用所能及者，所謂物理學也；此作用所能及者，所謂庶物原理學，卽哲學也。哲學所言之理，不能如物理學之確乎不易。何以故？考義察理，以推測爲能事，非可徵諸實驗故。

所謂本原之旨義者何？曰：是有三。一曰魂，吾心中諸種現象皆自之出者也。二曰世界，凡有形庶物之全體也。三曰神，魂與世界皆出於神，故神亦名本原之本原。魂也，神也，世界也，皆無限無倚，不可思議，非復視聽、考察之兩作用所得實驗，惟恃推理力以窺測之而已。所謂哲學者，即以研究此本原旨義爲目的者也。

　　案，康德所謂魂者，謂人之精神獨立於軀殼外者也；所謂世界者，如佛説之大千中千小千世界，非專指此地球也；所謂神者，景敎之言造化主也。下文自詳。

論道學爲哲學之本

　　前此學者，皆以哲學與道學謂道德之學劃然分爲二途，不返諸吾人良知之自由，而惟藉推理之力，欲以求所謂庶物原理者。及康德出，乃以爲此空衍之法，不足以建立真學術。舍良知自由之外，而欲求魂之有無，神之有無，世界之是否足乎己而無待於外，是皆不可得斷定，故必以道學爲之本，然後哲學有所附麗。此實康氏卓絶千古之識，而其有功於人道者，亦莫此爲鉅也。

　　康德乃取古來學者研究此三大問題之學説而料揀之。第一大問題則魂是也。吾人諸種感覺思念，果有其所自出之一本原乎? 果有一單純靈慧之本質，號稱靈魂者在乎? 康德以爲，此問題非實驗之所能決也，任如何反觀内照，窮搜極索，欲求見所謂靈魂者，終不可得。何也? 吾人所得見者，不過此意識，若夫意識之所從出，終無可以見之之道也。前此學者以爲，意識者現象也，意識之所從出，本質也。現象爲用，本質爲體，因用推體，覩此現象而斷其必有所自出之本質存。如吾之意識能自見此意識之單純無雜，以是之故，則吾意識所不能及之本質，亦必單純無雜，吾能知之。康德以爲，此不合論理之言也。夫意識之力，自想像以爲單純無雜，是仍意識界之事也，現象中之現象也。藉此一現象，而直以武斷意識以外之本質，次序凌亂，無有是處。然則，使吾身中實有所謂靈魂者存，其狀云何？終非思念之力所可及。何也？思念者既現之作用，靈魂者未現之本體，二者較然非同物也。

第二大問題，則世界之全體是也。康德臚舉諸家之說，其不相容者有八種，而皆持之有故，言之成理。八種之中，據數學之理以樹義者四，據物力學以樹義者四。其據數學之理者，第一問題曰：世界之在空間時間，果有限乎，將無限乎？甲曰，世界者，橫無涯而豎不滅者也；乙說反是。其第二問題曰：世界者，可得分析之而爲若干之單純原質乎，將分析之至於無窮而終不可析乎？甲說主前者，乙說主後者。康德以爲，欲決此兩問題，宜取四說而並捐棄之。何以故？空間時間二者，皆吾智慧中所假定，非物本有故，此四說者，認爲本質無有是處。

其據物力學之理者，第一問題曰：彼世界者，別有無形之自由乎？抑僅循形質上不可避之理乎？甲主前者，乙主後者。其第二問題曰：世界之庶物，自無始以來而自有之乎？抑由於後起造出乎？亦甲主前者，乙主後者。康德以爲，欲決此兩問題，宜取四說而調和之。何以故？其所見雖若各異，實皆論別事，而於理皆有所合故。

康德以爲，此不相容之諸說所由起，皆由自以一己智慧之所見，直指爲事物之本相，此所謂妄念也。而此妄念者，其力極盛，吾人雖或自知其妄，猶不免爲其所束縛。如彼帶著色眼鏡者之視各物，雖明知所見非真色，猶自生分別，而曰某色某色。古來學者之謬誤皆坐是。

康德以爲，以上所舉諸說，其據物力學之理者爲最緊要。何也？其說以辯論自由之有無爲旨趣，正道德之所繫也。康氏既言物之本相與其現象之區別，乃據此義以論自由之有無。蓋以爲此區別既明，則所謂自由之理與不可避之理，可以並行而不相悖，於是乎兩反對之説得以調和。

康德曰：物之現象，其變者也；物之本質，其不變者也。其變焉者，固託生於虛空與永劫之間，有生而不能無滅；至其不變者，則與時間空間了無交涉。凡物皆然，而吾儕儕類亦其一也。人之生命，蓋有二種，其一則五官肉體之生命，被畫於一方域一時代而與空間時間相倚者也，其有所動作，亦不過一現象與凡百庶物之現象同，皆有不可避之理，而不能自肆。案，疲而不得不息，飢而不得不食者，皆所謂不可避之理也。此舉其最粗者，凡百皆如是。雖然，吾人於此下等生命之外，復有其高等生命者存。高等生命者，即本質也，即真我也。此真我者常超然立於時間空間之外，爲自由活潑之一物，而非他之所能牽縛。故曰自由之理，與不可避之理，常並存而不悖者，此也。

案，此論精矣盡矣，幾於佛矣。其未達一間者，則佛説此真我者實爲大我，一切衆生皆同此體，無分別相，而康氏所論未及是。通觀全書，似仍以爲人人各自有一真我，而與他人之真我不相屬也。又，佛説同一真我，何以忽然分爲衆體而各自我？蓋由衆生業識妄生分別，業種相熏，果報互異。苟明此義，則並能知現象之所從出。若康氏，猶未見及此也。雖然，其劃然分出本質現象之二者，按諸百事百物而皆一以貫之，可謂扶經心而握聖權者矣。康氏以自由爲一切學 術人 道之本，以此言自由，而知其與所謂不自由者並行不悖，實華嚴圓教之上乘也。嗚呼，聖矣！

康德又曰：吾儕肉體之生命，既與他現象同被束縛於彼所謂不可避之理，則吾之凡有所爲也，必其受一公例所驅遣，而不能自肆者也。凡物之現象，皆不能自肆。見前論。苟有人焉，爲精密之調查，舉吾人之持論，吾人之情念，一切比較實驗之，尋出其所循之公例，則於吾人將來之欲發何言，欲爲何事，必可以豫知之，不爽毫髮，如天文家之豫測彗星，豫測日月食者然。

案，吾昔讀佛典，佛言一切衆生有起一念者，我悉知之。吾昔以爲誕言，及讀康氏此論，而知其無奇也。何也？衆生之身既落於俗諦，爲物理定例所束縛，則其中所一定之軌道，固無不可以測知者。夫常人不能測日食，而天文家能之。然則，常人不能測衆生之舉動，而佛能之，有何奇乎？不過佛之治物理學，較深於吾輩耳。

然則，吾人之性，果無有所謂自由者存乎？康德曰：不然。現象與本質，初非同物也，見現象之性而以爲本質之性，亦復如是，無有是處。何以故？肉體生命不過現象，以其爲現象故，故受束縛於不可避之理，然吾人生命不獨肉體，復有本質生命爲我所未及見，今以肉體之不能自由，而云本質亦不自由，無有是處。

康德曰：吾人畢生之行爲，皆我道德上之性質所表見也，故欲知吾性之是否自由，非可徒以軀殼之現象論，而當以本性之道德論。夫道德上之性質，則誰能謂其有絲毫不自由者哉！道德之性質，不生不滅，而非被限被縛於空劫之間者也，無過去，無未來，而常現在者也。人各皆憑藉此超越空劫之自由權，以自造其道德之性質。案，康氏之意謂，道德之本原，與軀殼之現象，劃然爲二物。而超越空劫之真我，卽道德之本原所由出，一切道心由真我自造也。故我之真我，雖非我之肉眼所能自見。然以道德之理推之，則見其有儼然迴出於現象之上，而立乎其外者。果爾，則此真我必常活潑自由，而非若肉體之常範圍於不可避之理明矣。所謂活潑自由者何也？吾欲爲善人，欲爲惡人，皆由我所自擇。案，此其所以自由。既已擇定，則肉體乃從其命令以鑄成善人惡人之質格。案，此其所以不自由。由是觀之，則吾人之身，所謂自由性與不自由性，兩者同時並存，其理固較然易明也。

　　案，佛説有所謂"真如"，真如者，即康德所謂真我，有自由性者也；有所謂"無明"，無明者，即康德所謂現象之我，爲不可避之理所束縛，無自由性者也。佛説以爲，吾人自無始以來，即有真如、無明之兩種子，含於性海識藏之中而互相熏。凡夫以無明熏真如，故迷智爲識；學道者復以真如熏無明，故轉識成智。宋儒欲用此義例以組織中國哲學，故朱子分出義理之性與氣質之性。其注大學云：明德者，人之所得乎天，而虛靈不昧，以受衆理而應萬事者也。案，即佛所謂真如也，康德所謂真我也。但爲稟所拘，氣人欲所蔽，則有時而昏。案，即佛所謂無明也，康德所謂現象之我也。然佛説此真如者，一切衆生所公有之體，非一人各有一真如也，而康德謂人皆自有一真我，此其所以爲異也。故佛説，有一衆生不成佛，則我不能成佛，爲其體之爲一也。此其於普度之義較博深切明。康德謂，我苟欲爲善人，斯爲善人，爲其體之自由也。此其於修養之義亦較切實而易入。若朱子之説明德，既未能指其爲一體之相，是所以不逮佛也。又説此明德者爲氣稟所拘，人欲所蔽，其於自由之真我，與不自由之現象我，界限未能明分，是所以不逮康德也。康德之意，謂真我者決非他物所能拘能蔽也，能拘蔽則是不自由也。

　　又案，康德之説甚深微妙，學者或苦索解，法儒阿勿雷脱嘗爲一譬以釋之，云：譬有一光線於此，本單純無雜者也，一旦以凸凹無數之透光物置於其前，此光線透過此物而接於吾眼簾也，則發種種彩色，爲圓錐形，而無量數之部位乃生。空間時間之有許多部位，即同此理。故苟精算者，則能取其圓錐形之相，及其衆多之部位，一一算之，不爽銖黍。何也？以其落於現象，既循不可避之理也；至其所以發此彩色者，由光線之本體使然。光線本體，固極自由，謂其必循不可避之理則非也。

論自由與道德法律之關係

…………

（選自中華書局本飲冰室合集文集之十三）

三、余之死生觀

我可以毋死耶？君可以毋死耶？嘻！前我而生者，億兆京垓無量數不可思議之人則既死；並我而生者，一歲之中，全世界數十兆以上之人則既死，我國內數兆以上之人則既死，我與君其終不能免矣。死既終不能免，一死之後，我與君將澌然以俱盡耶！果爾爾，則我將惟楊朱之言是宗。曰：死則一矣，毋寧樂生？雖然，我見我國若全世界過去之聖哲，皆有其不死者存，我見我國若全世界過去之豪傑，皆有其不死者存，我見我國若全世界過去億兆京垓無量數不可思議之人類，無論智愚賢不肖，皆有其不**死者存**。故知我與君皆有其不死者存，今願與君研究“死學”。

自昔野蠻時代之宗教，皆言靈魂，即號文明宗教，在今世諸文明國中最有勢力如景教者，亦言靈魂。孔教則不甚言靈魂，佛教則反對外道六大論師之言靈魂。近世歐美哲學家，就中如進化論一派，亦反對景教之言靈魂。靈魂之果有果無？若有之，則其狀態當何若？是數千年來學界一最大問題，辯爭至劇烈，而至今未嘗已者也。雖然，無論爲宗教家，爲哲理家，爲實行教育家，其持論無論若何差異，而其究竟必有一相同之點，曰：人死而有不死者存是已。**此不死之物，或名之爲靈魂，或不名之爲靈魂，或語其一局部，或語其**

全體，實則所指同而所名不同，或所證同而所修不同，**此辨爭之所由起也**。吾今欲假名此物，不舉其局義而舉其徧義，故不名曰靈魂而名曰精神。精神之界說明，然後死學可得而講也。

　　佛教之反對<u>印度</u>舊教言靈魂者何也？舊佛言輪迴、言解脫，佛教亦言輪迴、言解脫，獨輪迴解脫之主體，舊教惟屬諸么匿，佛則么匿與拓都並言之，而所重全在其拓都，此其最異之點也。故此主體者，佛教不名之曰靈魂，而名之曰羯磨。舊教言靈魂，雖各各不同，然皆言有一"神我"，我爲所輪迴體，神我爲能輪迴體。佛教以爲，若此沾滯於小我，是求解脫而反繫縛也，故排之而立羯磨義。佛之排舊教說，此不能具徵，余近別著"死不死"一書，當詳言之。 佛說以爲，一切衆生自無始來，有"真如"、"無明"之二種性，在於識藏，而此無明，相熏相習，其業力總體，演爲器世間，是即世界也；其箇體演爲有情世間，即人類及其他六道衆生也。以今義釋之，則全世界者，全世界人類心理所造成；佛說不限人類，今舉狹義耳。一社會者，一社會人之心理所造成；箇人者，又箇人之心理所造成也。今之箇人，由有生以前之心理所造，今之心理，又造成死後之箇人。全世界，乃至一社會，亦復如是。 佛說一切萬象，悉皆無常，刹那生滅，去而不留，獨於其中，有一物焉，因果連續，一能生他，他復生一，前波後波，相續不斷，而此一物，名曰羯磨。 佛說經汗牛充棟，語其指歸，不外發明此義，今舉其最淺顯者一段示證。首楞嚴經云：佛告大王，汝身現在，今復問汝，汝此肉身爲同金剛常住不朽，爲復變壞？世尊！我今此身，終從變滅。佛言大王：汝未曾滅，云何知滅？世尊！我此無常變壞之身，雖未曾滅我觀，現前念念遷謝，新新不住，如火成灰，漸漸消殞，殞亡不息，決知此身當從滅盡。（中略）佛告大王：汝見變化遷改不停，悟知汝滅，亦於滅時知汝身中有不滅耶？<u>波斯匿王</u>合掌白佛：我實不知。佛言：我今示汝不生不滅性，汝年幾時見<u>恒河</u>水？王言：我生三歲，慈母攜我謁耆<u>婆天</u>經過此流，爾時即知是<u>恒河</u>水。佛言大王：如汝所說，二十之時衰於十歲，乃至六十，日月歲時，念念變遷，則汝三歲見此河時，至年十三，其水云何？

王言：如三歲時宛然無異，乃至於今六十有二，亦無有異。佛言：汝今自傷髮白面皺，其面必定皺於童年，則汝今時觀此恒河，與昔童時觀河之見，有童耄不？王言：不也，世尊！佛言大王：汝面雖皺，而此見精性未曾皺。皺者為變，不皺非變；變者受滅，彼不變者原無生滅，云何於中受汝生滅，而猶引彼末伽梨等，都言此身死後全滅！羯磨為物，殆如然電燈者，電雖消去，而其遺漬，緣表筒中，銖黍不爽。今各國然電燈、煤氣燈者，燈局皆置表於然者之室，每月視其表而量其所然之多寡，因以取價。又，如人食物品，品中土性鹽質，除穢洩外，而其餘精，徧灌血管。以上設譬，粗而不類，特舉淺近以示證耳。於是乎有因果之律，謂凡造一業，必食其報，無所逃避。法句一二七偈云：汝雖復至大洋中央，乃至深山洞窟之下，舉此世間，終無能逃汝所造業結果之處。人之肉身所含原質，一死之後還歸四大，固無論已，四大者，謂地水火風也。中國言五行，而印度言四行。圓覺經言：死後骨肉歸土，血唾歸水，勁力歸火，氣息歸風，今此肉身更在何處？就其生前，亦既刻刻變易，如川逝水，今日之我，已非故吾，方見為新，交臂已故。首楞嚴經云：若復令我微細思維其變，寧惟一紀二紀，實為年變；豈惟年變，亦兼月化；何直月化，兼亦日遷。沈思諦觀，刹那刹那，念念之間，不得停住。此其為說，證諸今日，科學所言血輪肌體循環代謝之理，既已確然，無所容駁。故夫一生數十年間，至幻無常，無可留戀，無可寶貴，其事甚明。而我現在，有所行為，此行為者，語其現象，雖復乍起卽滅，若無所留，而其性格，常住不滅，因果相續，為我一身及我同類，將來生活，一切基礎。世界之中，有人有畜，乃至更有其他一切衆生，人類之中，有彼此國，有彼此家，有彼此族，彼此社會。所以者何？皆緣羯磨，相習相熏，組織而成。是故，今日我輩一舉一動，一言一話，一感一想，而其影象直刻入此羯磨總體之中，永不消滅，將來我身及我同類，受其影響而食其報。此佛說之大概也。

吾受其義，而歎其與今日進化論者流之說，若合符契也。侯官嚴氏括引晚近生學家言，謂官品一體之中，有其死者焉，有其不死者焉，而不死者，又非精靈魂魄之謂也。可死者甲，不可死者乙，判然兩物。如一草木，根荄支榦，果實花葉，甲之事也，而乙則離母而轉附於子，緜緜延延，代可微變，而不可死，或分其少分以死，而不可盡死，動植皆然。故一人之身，常有物焉，乃祖父之所有，而託生於其身。蓋自受生得形以來，遞嬗迤轉，以至於今，未嘗死也。天演論下一案語。此所謂乙者，何物乎？其名曰Character，譯言性格。進化論家之說遺傳也，謂一切衆生當其生命存立之間，所受境遇，乃至所造行爲習性，悉皆遺傳於其子孫。今日衆生，其類種種，其族種種，各族類中，各各有其特形特性，千差萬別，殽然不齊。所以者何？即其族類，自無始來，以迄今日，生存競爭之總結果。質而言之，是即既往無量歲月，種種境遇，種種行爲，累積結集全量所搆也。夫所謂遺傳者，固非徒在無形之性格，即有形之肢體，其種種畸異之點，亦皆彙傳焉，而有遞變。顧前體已滅，而後體仍相襲者，故知於粗幻之現體外，必更有其精實之別體存也。夫形體則精中之粗，實中之幻者耳，而遺傳之跡顯然不誣也。則既若是，況更有其精中精，實中實者，其遺傳力之鉅，益可知矣。故至今日而所謂國民心理，社會心理之一科學，日以發明。國民心理者何？社會心理者何？即前此全國全社會既死之人，以不死者貽諸子孫也。

　　遺傳既可識矣，但其傳焉而必遞變者何也？我祖我父之業力我既受之，而我自受胎而出胎而童弱而壯强而耆老，數十年間，其所受現世社會之種種熏習者，我祖父未嘗受也，我兼秉二者，於是乎我復有我之一特性。我數十年間，日日自舉其特性而發揮之，以造出或善或惡，或有意識或無意識之種種事業，還復以熏習現社會。及吾之死也，則舉吾所受諸吾祖父者一，吾所受諸現社會者二，及吾所自具之特性三，和合以傳諸我子。我子之所以傳諸其子，我孫之所以傳諸其孫者，亦復如是。乃至前世現世來世之人，所以傳諸其子孫者，亦復如是。此所以雖不滅而有變也。前引首楞嚴經佛説，謂變者受滅，彼不變者原無生滅，此指能緣之本體也，若所緣之作用，則雖不滅而有變也。彼聖賢豪傑，乃至大罪惡之人，其所以於一國一社會之歷史，皆有大影響，歷千百年而食其果未艾者，皆以此。又不徒彼等爲然也，卽全社會多數之庸人，其微細羯磨，亦相結而浸潤社會之空氣，能以自力屢屢變易之。吾所謂過去億兆京垓無量數不可思議之人類，無論智愚賢不肖皆有其不死者存，蓋謂是也。

　　夫佛説主解脱，將厭離此世間而滅度之，故其教義在不造諸業；進化論主争存，將緣飾此世間而壯嚴之，故其教義在善造諸業，其結論之相反亦甚矣。若其説一切衆生皆死而有不死者存，則其揆若一，而絲毫無所容其疑難也。佛説之羯磨，進化論之遺傳性，吾皆欲名之曰精神。今吾將據此以溝合羣哲微言以縱論死義。

　　景教言靈魂，以視佛及進化論者之説，其義似稍局矣。雖然，景教有最精最要之一言焉，曰三位一體。三位者，此譯聖父聖子聖靈。聖父謂上帝，聖子謂景尊，聖靈卽精神，通於帝與尊與一切人類之間者也。以拓都體言之則曰聖靈，以么匿體言之則曰靈魂。靈魂何以能不死？以其通於帝也。故景教言人類之軀殼爲第二生命，其上更有第一生命者存。雖進化論家極謗景尊者，或未能難也。美國博士占士李者，現代著名之哲學家也，著人生哲學一書，爲景教訟直。原書於一八九三年出版，現已重版四十餘次云。今撮譯其數段。李氏曰：“輓近物質的文明日以進化，質力不滅之説既有定論，而其蔽也，視精神與物質爲同類，乃謂物質之外更無復有精神者存，此大誤也。如赫胥黎在我邦演説（案，指美國），嘗云：‘言語者，變形之牛肉耳’，一時以爲名言，實則其陋甚矣。夫就物質一方面論之，凡物之質與力，其在此世界者，皆不生不滅，不增不減。例如，吾輩所用燃料，自千萬年前叐有大木繁蔭徧地，歷若干歲萎埋土中，化爲石炭，其内更含煤油瓦斯（煤氣之譯音），諸質遞歷年歲，迄於今日人智發達，能利用之運機轉輪，輓車駕舟，或炊食物，或照暗室。實則，我輩所用,非薪非煤,非油非氣,不過間接以用太陽發熱之力。何以故？彼諸物者,其力受自太陽故。今試取一五十年之老松,斷而投諸汽機爐中,其所發運機力之總量,卽此松五十年間所吸受太陽熱力之總量也。故吾輩燃煤,其所燃與五十年之松發力相等者,則知其煤在千萬年前所受於太陽之熱亦正相等。而既燒之後,所損失者並非消滅,還在空間別成他力。以故日光也,松樹也,煤及煤油煤氣也,蒸氣也,皆用物而異形者也,推諸百物,莫不皆然。吾輩軀殼之生命,恃日光空氣,乃至各動植物以爲養,而空氣及動植物,其源皆自日光,故謂地球上只有一物,名曰日光,日光以外,更無他物可也。而日光之形,息息變動,息息循環,今日於彼,明日於此,方爲動物,旋變植物,方爲植物,旋變土石,方爲土石,旋變空氣。以此推之,豈徒卽煤卽松卽蒸汽而已,雖謂卽松卽牛,卽牛既犬,卽犬卽石,卽石卽梅,卽梅卽氣可也。故我之一身謂之我之身也可,謂之並時某甲某乙之身也可,謂之過去或將來某甲某乙之身,例如謂之釋迦之身,孔子之身,基督之身,堯之身,桀之身,華盛頓、拿破侖之身也可。不寧惟是,謂之松也可,煤也可,蒸汽也可,牛也可,犬也可,石也可,空氣也可,日光也可。何以故？息息變遷故,變遷而未嘗滅故。此赫胥黎"言語卽牛肉"之喻所由來也。雖然,此物質界之公例耳,若以應用諸精神界,則大不可。質而言之,則形而上的與形而下的截然不同物,未可糅雜以自亂其例也。夫使此例而可以適用於精神界也,則精神雖云不滅,而其所謂不滅者,不過如煤之然盡而復散爲氣,松之老朽而更轉爲煤,純然爲自然力之所支遣,如一機器。然則,人類者百歲,汲汲爲無意識之循環,塊然與土石奚擇哉？而其實相,實不爾爾。凡人類皆有客觀之我,有主觀之我,質而言之,則主觀者真我也,客觀者物也、原質也、而非我也。非我之我,雖不滅而常遷,真我之我則不滅,而並不遷者也。真我之我,於何見之？於其自覺自決自動者見之。自覺自決自動之情志,常住者也,故吾人一生數十寒暑,其客觀的非我之我,剎那剎那變遷以去,至七八十歲時,身上所含之原質,迥非復童穉時之遺物矣,而其間能常保持一物焉,曰"同一之我"。此"我"者,其知識與經驗日以進,其希望與愛情日以富。八十老翁,圍爐與其子孫誤幼時之經歷,了然無量,此卽其最顯著者也。此物也,無以名之,名之曰靈魂。若夫非我之我,則靈魂暫憩之逆旅而已,逆旅雖易,而主人未嘗易(案,此語與前所引首楞嚴經佛告波斯匿王觀河之見,若合符契矣)。昔博士占士馬爾治那嘗言：‘一串之汽車，驀止於驛場，彼其前此緣軌疾行之勢力未嘗滅也，變相而已。一株之樹，斬而摧之，彼其根幹枝葉之勢力，非頓無也，變形而已。一匹之馬斃焉，彼其負重千里之勢力未嘗亡也，變質而已。彼樹與馬，辭生物界以入於無機界之時，乃變爲與活樹活馬有同量勢力之他體，惟人亦然。人之去活而就死也，化爲塵土及空氣等，其總額適與死骸之筋肉肌骨等總額同量，其運動力，乃至種種，亦復同量。質而言之，則生前一身之總財産，移而之他云爾’。信如是也，則天文學上三大公例，歌白尼總財産之一部分也。歌白尼死，而此物還歸於何原質也？重學攝理，奈端總財産之一部分也，奈端死，而此物還歸於何原質也？故以物質界與精神界同一視者，吾見其不可通矣。一言蔽之，則彼輩認物爲我，而於景尊合體之我，反蔑之而不有焉。其壞社會之道德，損人類之資格，亦甚矣”。此李博士學說之大概也。　惟其爲尋常鈍根衆生說法，則專表其么匿體，不表其拓都體，故不能如佛說之奧達焉。至其精義，則一而已。　佛說之羯磨，通於衆生，景教之靈魂，限於人類，此其大異之點。

　　孔教不甚言靈魂，易繫言“精氣爲物，游魂爲變”，禮記言“焄蒿悽愴”，非不言之，特不雅言耳。顧亦言死後而有不死者存。不死者何？　一曰家族之食報，二曰名譽之遺傳。所謂“積善之家必有餘慶，積不善之家必有餘殃”，又曰“君子疾没世而名不稱焉”是也。此二義者，似彼此渺不相屬，其與佛教景教及近世泰西哲學家言之論死生問題者，更渺不相屬。雖然，吾以爲此所謂不死者，究無二物也。物何名？亦曰精神而已。綜諸尊諸哲之異說，不外將生命分爲兩界：一曰物質界，二曰非物質界。物質界屬於么匿體，箇人自私之；么匿體又非徒有物質界而已，亦有屬於非物質界者。非物質界屬於拓都體，人人公有之。而拓都體復有大小焉，大拓都通於無量數大千世界，小拓都則家家而有之，族族而有之，國國而有之，社會社會而之。拓都不死，故吾人之生命，其隸屬於最大拓都者固不死，即隸屬於次大又次大，乃至最小之拓都者，皆不死。今請以佛說之名詞釋之。佛之言羯磨也，箇人有箇人之羯磨。何以能集數人至十數人以爲家？則以有其家特別同一之羯磨。乃至何以能集千萬人以爲族，集億兆人以爲國，集京垓人以爲世界，則以有其族其國其世界特別同一之羯磨。箇人之羯磨，則箇人食其報；一家之羯磨，則全家食其報；一族一國乃至一世界之羯磨，則全族全國全世界食其報。由此言之，則言家族之餘慶餘殃者，於佛説豈有違異乎？特佛説就其大者言之，極之全世界，乃至他世界；就其小者言之，則專論箇人，而孔教則偏言家族之一方面而已。證以進化論之遺傳説，則孔教更明確而無所容駁。夫以形體畸異之點，不過精神之粗末耳，而猶能遺傳諸其子孫，則祖宗所積善惡諸業，於其子孫必有密切之關係，抑何待言。吾中國因果報應之發表於後代者，據稗乘所載，及鄉愚父老之所傳説，往往有之。近世科學新智識漸輸入，淺嘗者流訝其與學理不相應也，從而排斥之，其鑿鑿有據不能排斥者，則推之不可思議之數而已。其實，何奇之有？祖宗雖死，而以其不死之善業惡業遺傳於子孫，子孫受之而已。今爲淺譬，人之造善業及身不得善報，而子孫得之者，譬猶有資本以營商業，有資本則可以得利，常理也。雖然，營業非必遂，無失敗者，故不獲利者亦有焉。但其資本既傳諸子孫，則子孫有可以利用之而獲利之資格矣。造惡業及身不得惡報，而子孫得之者，譬有人於此常爲盜以終身，以盜之術巧，或終身逃法網者有焉矣，但其爲盜之惡質傳諸其子孫，其子孫終必有以盜覆其宗者。卽子孫不爲盜，然其祖父爲盜時，必有與盜相緣之他種惡質，子孫或受之，而以他道取之者，亦有焉矣。又如淫暴之人，子孫每或多天然之夭折，必其人生時皓齒峨眉，伐性太甚，以脆弱之禀貽諸子孫也。諸如此者，若悉數之，累千萬言而不能盡。但一人之造業太複雜，不能一一調查，旁人觀之，僅知其一，不知其他，故往往覺其不相應。實則，造一果，必有一因，殆如機器。然驟視之，其動作之相雖樊然殺亂，而實有一定之秩序，銖黍無所差忒，人自不能察耳。此種之應報，或言有主之者，此自宗教迷信之言，其信否蓋難驟斷。藉曰有主者，然主者固無取人人而薄之，日日而稽之也。如彼紡績者然，置一機器而團團之綿，根根之線，自能入其中而循其自然之軌，以自組成之。此則無論持造物説，持天演説，而皆可通者也。又，進化論家言，人物之畸異形體性質，亦有其子之代伏而不現，及其孫或再隔數代而後現者，亦有由舅而傅甥，由姑而傅姪者(中國常言外甥似舅，姪女類姑，即同此理)，善業惡業之或隔數代而始見應報，亦由此而已。

一家之善業惡業，餘慶殃於其一家；一羣之善業惡業，餘慶殃於其羣，理無二也。故我族數千年來相傳之家族報應説，非直不能以今世之科學破之，乃正得今世之科學而其壁壘愈堅也。問者曰：孔教言報之身後，佛教言報之後身，寧得云無異？應之曰：不然。佛固言有么匿之羯磨，有拓都之羯磨，則受報者必不僅死後輪迴之么匿體明矣。然則，佛之不廢家族報應説，與家族報應説之不厭於真理，其可以類推也。故謂孔不如佛之備也可，謂孔佛殊別也不可。問者曰：既報之身後，又報之後身，毋乃重乎？應之曰：詗諸遺傳之説，則吾之本體固有傳焉者，有不傳焉者。其傳焉者，則報之於其拓都；拓都與么匿並報，蓋雖傳去，而我身固當有此業存也。其不傳者，則報之於其么匿。報諸么匿之義，此則孔教與進化學家所不言，而佛説逾密者也。若夫名譽之説，其理亦同一源。夫一羣羯磨即遺傳性之總體，亦集其羣中箇人羯磨之別體而成耳。合無量數人同印此羯磨於其羣中，而其間業力較大者，則其印象必較顯，此即所謂名譽也。顯著之印象，以視尋常普通之印象，其影響於總體之變化者，能力必倍蓰焉。故名譽能鑄社會，一聖賢一豪傑出，而千百年後猶受其感化，而社會之幸福賴之，由斯道也。以比例之語説明之，則亦可謂積名之羣，必有餘慶也。孔子以名爲教，所以勸人爲一羣造善業也。

其他諸哲之所以研究此問題者不一端，今不能具徵。要之，與前所論到，無甚差別。吾今乃欲爲下一結論曰：

吾輩皆死，吾輩皆不死。死者，吾輩之箇體也；不死者，吾輩之羣體也。

夫使以箇體爲我也，則豈必死之時而乃爲死！誠有如波斯匿王所言，歲月日時，刹那刹那，全非故我。以今日生理學之大明，知我血輪運輸，瞬息不停，一來復間，身中所含原質全易，如執爲我也，庸詎知今日之我，七日以後，則已變爲松爲煤爲牛爲犬爲石爲氣也。是故，當知彼彼也，而非我。楊朱所謂十年亦死，百年亦死，仁聖亦死，兇愚亦死者，彼也，而非我也。抑彼之死，又豈俟十年百年？歲歲死，月月死，日日死，刻刻死，息息死。若夫至今歸然不死者，我也；歷千百年，乃至千百劫而終不死者，我也。何以故？我有羣體故。我之家不死，故我不死；我之國不死，故我不死；我之羣不死，故我不死；我之世界不死，故我不死；乃至我之大圓性海不死，故我不死。我不死而彼必死者何也？彼之死，非徒生理之公例應然，即道德之責任亦應然也。我有大我，有小我，彼亦有大彼，有小彼。何謂大我？我之羣體是也。何謂小我？我之箇體是也。何謂大彼？我箇體所含物質的全部是也。即軀殼。何謂小彼？我箇體所含物質之各分子是也。則五臟血輪，乃至一身中所含諸質。小彼不死，無以全小我；大彼不死，無以全大我。我體中所含各原質，使其凝滯而不變遷，常住而不蟬脫，則不瞬息而吾無以爲生矣。夫彼血輪等之在我身，爲組成我身之分子也，我軀殼之在我羣，又爲組成我羣之分子也。血輪等對於我身，而有以死利我之責任，故我軀殼之對於我羣，亦有以死利羣之責任，其理同也。頡德曰：死也者，人類進化之一原素也。可謂名言。

抑死以下之死字，皆指恒言所謂死。之責任，非猶夫尋常之責任也。他責任容或可逃，惟此一責任，則斷無可逃。常情莫不貪生而避死，然生終未聞以貪而能常，死終未聞以避而能免，夫亦盡人而知之矣。明知其不能常不能免，而猶貪焉避焉者，則人類志力薄弱之表徵也，要之，於"死後而有不死者存"之一義見之未瑩也。吾之汲汲言此義也，非欲勸人祈速死以爲責任也。蓋惟懵於死而不死之理，故以爲吾之事業之幸福，限於此眇小之七尺，與區區之數十寒暑而已，此外更無有也。坐是之故，而社會的觀念與將來的觀念，兩不發達。夫社會的觀念與將來的觀念，正人之所以異於禽獸者也，苟其無之，則與禽獸無擇也。同爲人類，而此兩觀念之或深或淺，或廣或狹，則野蠻文明之級視此焉，優劣勝敗之數視此焉。今且勿論一國，勿論一族，卽以一家校之，使其家之先輩，漠然不爲子孫將來之計，則家之索可立而待也。雖然，既已謂之人類，則此兩種觀念者，則已自無始以來之羯磨而熏之受之，雖有深淺廣狹，而其本性中無此根器者，未或聞也。故雖有愚不肖之夫，要能知節制其現在快樂之一部分，以求衰老時之快樂，犧牲其本身利益之一部分，以求家族若後代之利益，此種習性，我國人之視他國，尤深原焉。此卽我國將來可以競争於世界之原質也。孟子曰："善推其所爲而已矣"。將來之界，不限於本身社會之界，不限於家族，推之推之，則國之淳焉，可立而待也。

楊度曰："古之仁者，其身雖死，而其精神已宏被於當世與後來之社會。故孔子死矣，而世界儒教徒之精神，皆其精神也；釋迦死矣，而世界佛教徒之精神，皆其精神也。於中國言孔子，則孔子死，於日本言孔子，則孔子生；於印度言釋迦，則釋迦死，於日本言釋迦，則釋迦生。死者其體魄，而生者其精神故耳。由此推之，今世界之言共和者，無一而非華盛頓，言武功者，無一而非拿破侖；言天賦人權者，無一而非盧梭；言人羣進化者，無一而非達爾文。蓋自世有孔子、釋迦、華盛頓、拿破侖、盧梭、達爾文諸傑以來，由古及今，其精神所遞禪所傳播者，已不知有幾萬億兆之孔子、釋迦、華盛頓、拿破侖、盧梭、達爾文矣，而遂以成今日燦爛瑰奇之世界。其餘

聖賢豪傑之士，皆無不如此者。其道何由？則惟有借來人之體魄，以
載去我之精神而已。去我之體魄有盡，而來人之體魄無盡，斯去我
之精神與來人之精神，相貫相襲，相發明相推衍，而亦長此無盡，非
至地球末日，人類絶種，則精神無死去之一日。盛矣哉！人之精神
果可以不死也。”楊氏序拙著中國之武士道。斯言諒矣！顧以吾所綜合
諸尊諸哲之説，則微特聖賢不死，豪傑不死，卽至愚極不肖之人亦
不死。語其可死者，則俱死也；語其不可死者，則俱不死也。但同
爲不死，而一則以善業之不死者遺傳諸方來，而使大我食其幸福；
一則以惡業之不死者遺傳諸方來，而使大我受其苦痛。夫人亦孰
樂使方來之大我受苦痛？然明知之而故蹈之者，必其於此數計量
之法有所未瑩，以爲是可以謀現在小我之快樂，毋寧舍其遠而取其
近也。吾今且與之言小我言現在，彼所謂快樂者，豈不曰鮮衣耳，
美食耳，宮室妻妾之奉耳，游宴歡娛之聚耳？今卽此數者，以中國
人所享之程度，與歐美人所享之程度比較，不待智者而羣知其不如
也。推其所以不如之由，則亦彼國强而我弱，彼國富而我貧爾。而
況乎民窮財盡之今日，將來茹荼嚼蘗之苦，且迫眉睫也。故處貧弱
國而欲謀箇人之快樂，其終無望矣。是謂小我之樂，必與大我之樂
相緣，此一説也。小説家言，昔有富翁，日夕持籌，夜分不得息。其
鄰有製豆腐者，雞鳴而起，磨聲隆隆焉。翁甫交睫，輒聒之不能成
寐。翁乃遣人貸以百金，使改他業。鄰喜受之。則復持籌汲汲，思
所以處分此百金者，竟三夕夜分不能成寐，如翁也。乃急返其金
曰：吾得金之樂，與不寐之苦不能相消，請辭。若是乎，真苦真樂，
必不在唯物的，而在唯心的，至易明也。雖復縱耳目口體之欲，而
其精神界有無量壓制，無量束縛，無量憂疑，無量慚愧，無量恐怖，
是安足云樂也？是謂有形之樂與無形之樂相除，此又一説也。夫
卽持現在小我之主義者，其所以自擇，不可不審也。既若此，而況

乎現在小我者，實彼也，而非我也。我不惜犧牲我以爲彼之奴隸，天下之不智，孰過此也。

然則，吾人於生死之間，所以自處者，其可知矣。亡友康幼博廣仁嘗語余："吾輩不得不一死，又不得再死。死之途萬也，若造物主令我自擇者，吾將何從？吾且勿論公益，先計私利，則爲國民而戰死於槍林彈雨者，最上也。何也？突然而死，毫不感其苦痛也。爲國事而罹刑以流血者次之。何也？如電之刀一揮，若痛者僅剎那頃也。展轉牀蓐，呻病以死，下也。若乃如勞瘵之病，去死期數年，醫者已宣告其死刑，而彌留之際，猶能絮絮處分家人婦子事者，最下也。何也？知必死而不能避，求速死而不能得，苦痛無極也"。此雖似滑稽之言乎，而真理寓焉矣。今吾請壥括前言而纘演之曰：我之軀殼，共知必死，且歲月日時，剎那剎那，夫既已死，而我乃從而寶貴之，罄吾心力以爲彼謀，愚之愚也。譬之罄吾財產之總額，以莊嚴輪奐一宿之逆旅，愚之愚也。我所莊嚴者，當在吾本家。逆旅者何？軀殼是已；本家者何？精神是已。吾精神何在？其一在么匿體，將來經無量劫緣以爲輪迴，乃至入無餘涅槃，皆此物焉。苟有可以爲彼之利益者，雖糜其軀殼，不敢辭也。其一在拓都體，此羣焉，此國焉，此世界焉，我遺傳性所長與以爲緣而靡盡者也。苟有可以爲彼之利益者，雖糜其軀殼，不敢辭也。夫使在精神與軀殼可以兩全之時也，則無取夫戕之，固也。而所以養之者，其輕重大小，既當嚴辨焉。若夫不能兩全之時，則寧死其可死者，而毋死其不可死者。死其不可死者，名曰心死。君子曰：哀莫大於心死。

（選自中華書局版飲冰室合集文集之十七）

四、惟 心

境者心造也，一切物境皆虛幻，惟心所造之境爲真實。同一月夜也，瓊筵羽觴，清歌妙舞，繡簾半開，素手相攜，則有餘樂；勞人思婦，對影獨坐，促織鳴壁，楓葉繞船，則有餘悲。同一風雨也，三兩知己，圍爐茅屋，談今道故，飲酒擊劍，則有餘興；獨客遠行，馬頭郎當，峭寒侵肌，流潦妨轂，則有餘悶。"月上柳梢頭，人約黃昏後"，與"杜宇聲聲不忍聞，欲黃昏，雨打梨花深閉門"，同一黃昏也，而一爲歡愜，一爲愁慘，其境絕異。"桃花流水杳然去，別有天地非人間"，與"人面不知何處去，桃花依舊笑春風"，同一桃花也，而一爲清淨，一爲愛戀，其境絕異。"舳艫千里，旌旗蔽空，釃酒臨江，橫槊賦詩"，與"潯陽江頭夜送客，楓葉荻花秋瑟瑟，主人下馬客在船，舉酒欲飲無管弦"，同一江也，同一舟也，同一酒也，而一爲雄壯，一爲冷落，其境絕異。然則，天下豈有物境哉？但有心境而已。戴綠眼鏡者，所見物一切皆綠；戴黃眼鏡者，所見物一切皆黃。口含黃連者，所食物一切皆苦；口含蜜飴者，所食物一切皆甜。一切物果綠耶，果黃耶，果苦耶，果甜耶？一切物非綠非黃，非苦非甜；一切物亦綠亦黃，亦苦亦甜；一切物即綠即黃，即苦即甜。然則，綠也、黃也、苦也、甜也，其分別不在物而在我，故曰三界惟心。

有二僧因風颺刹幡，相與對論。一僧曰：風動，一僧曰：幡動，往復辨難無所決。六祖大師曰：非風動，非幡動，仁者心自動。任公曰：三界惟心之真理，此一語道破矣。天地間之物，一而萬萬而一者也。山自山，川自川，春自春，秋自秋，風自風，月自月，花自花，鳥自鳥，萬古不變，無地不同。然有百人於此，同受此山此川，此春此秋，此風此月，此花此鳥之感觸，而其心境所現者百焉；千人同受此感觸，而其心境所現者千焉；億萬人乃至無量數人同受此感觸，而其心境所現者億萬焉，乃至無量數焉。然則，欲言物境之果爲何狀，將誰氏之從乎？仁者見之謂之仁，智者見之謂之智，憂者見之謂之憂，樂者見之謂之樂。吾之所見者，即吾所受之境之真實相也。故曰惟心所造之境爲真實。

然則，欲講養心之學者，可以知所從事矣。三家村學究得第一，則驚喜失度，自世胄子弟視之，何有焉；乞兒獲百金於路，則挾持以驕人，自富豪家視之，何有焉；飛彈掠面而過，常人變色，自百戰老將視之，何有焉；一簞食，一瓢飲，在陋巷，人不堪其憂，自有道之士視之，何有焉。天下之境，無一非可樂可憂，可驚可喜者，實無一可樂可憂，可驚可喜者。樂之憂之，驚之喜之，全在人心，所謂天下本無事，庸人自擾之。境則一也，而我忽然而樂，忽然而憂，無端而驚，無端而喜，果胡爲者？如蠅見紙窗而競鑽，如貓捕樹影而跳擲，如犬聞風聲而狂吠，擾擾焉送一生於驚喜憂樂之中，果胡爲者？若是者，謂之知有物而不知有我。知有物而不知有我，謂之我爲物役，亦名曰心中之奴隸。

是以，豪傑之士無大驚，無大喜，無大苦，無大樂，無大憂，無大懼。其所以能如此者，豈有他術哉，亦明三界唯心之真理而已！除心中之奴隸而已！苟知此義，則人人皆可以爲豪傑。

（選自中華書局版飲冰室合集專集之二）

五、說 無 我

佛說法五十年，其法語以我國文字書寫解釋，今存大藏中者，垂八千卷，一言以蔽之，曰：“無我”。

　　佛何故説無我耶？無我之義何以可尊耶？“我”之毒害，在“我愛”、“我慢”，而其所由成立，則在“我見”。何謂我愛？成唯識論卷四云：“我愛者，謂我貪，於所執我，深生耽著”。我愛與兼愛不相容，對於我而有所偏愛，則必對於非我——“他”，而有所不愛。如是，則一切世界不成安立。我身、我妻子、我家族、我財産、我鄉土、我團體、我階級、我國家，如是種種，認爲是即我，或我所有，從而私之；其他身、他家族，乃至他階級、他國家，以非我故，對之而生貪慳、嫉妒、怨毒，欺詐、賊害，鬭争。以是之故，一切世界不成安立。何謂我謾？成唯識論云：“我慢者，謂倨傲，恃所執我，令心高舉。”萬事以我爲中心，以主我的精神行之，謂環乎我者皆宜受我支配，供我匒狗。其淺狹者，如箇人的我慢，階級的我慢，族姓的我慢，國家的我慢，且不必道，其尤普遍而深廣者，則人類的我慢，謂我爲天帝之胤，爲萬物之靈，天地爲我而運行，日月爲我而明照，含生萬類爲我而孳育。以五官所經驗，謂足窮事物之情狀；以意境所幻構，謂足明宇宙之體用。故見自封，習非成是，湮覆真理，增長迷情，我愛我慢，其毒天下如此。至其爲箇人苦惱之根源，更不必論矣。而其所由起，則徒以有我之見存，故謂之“我見”。不破此我見，則我愛與我慢，決末由蕩滌，此佛所以以無我爲教義之中堅也。

　　所謂“無我”者，非本有我而强指爲無也，若爾者，則是爲戲論、爲妄語，佛所斷不肯出。大智度論三十六云：“佛説，諸法性常自空，非以空三昧令法空”。佛之無我説，其所自證境界何若，非吾敢妄談，至其所施設以教吾人者，則實脱離純主觀的獨斷論，專用科學的分析法，説明“我”之決不存在。質言之，則謂吾人所認爲我者，不過心理過程上一種幻影，求其實體，了不可得。更質言之，則此“無我”之斷案，實建設於極隱實、極緻密的認識論之上。其義云何？即有名之"五蘊皆空説"是已。今當先釋五蘊之名，次乃述其與"我見"之關係。

蘊(Khandha)舊譯陰，亦譯聚，亦譯衆。大乘廣五蘊論云：

問：蘊爲何義？案：積聚是蘊義，謂世間相續，品類趣處、差別、色等，總略攝故。如世尊説：所有色，若過去，若未來，若現在，若內，若外，若粗，若細，若勝，若劣，若近，若遠，如是總攝爲一"色蘊"。

（今譯）問：什麼叫做蘊？答：蘊是積聚的意思。將時間的相續不斷之種種差別現象，分出類來，每類作爲一聚，這便是蘊。例如世尊告某比丘説：所有一切物質（色），現在的，過去的，未來的，內的，外的，粗的，細的，勝的，劣的，遠的，近的，總括起來，成爲一箇"色蘊"。

蘊刻積聚，故凡有積聚義者，皆得名蘊。例如，篇名亦謂之蘊。發智論、大毘婆沙，皆分八蘊，即八篇也。舊譯取梵音，名八犍度。此所謂蘊者，專就意識活動過程上之類聚而言，凡分爲五：

一、色蘊(Rupa)　物質物態＝感覺之客觀化……⎫
二、受蘊(Vedana)　感覺……………………⎪所認識
三、想蘊(Sanna)　知覺、聯想、印象…………⎬之對象
四、行蘊(Sankhara)　執意、思維……………⎭

五、識蘊(Ninnana)　了別、集起…………能認識之主體

以上所釋，尚有未明未愜之處，更分釋如下：

（一）、色蘊。增壹阿含經廿八云："此四大身是四大所造色，是故名爲色陰。……所謂色者，寒亦是色，熱亦是色，飢亦是色，渴亦是色。"大乘廣五蘊論云："云何色蘊？謂四大種及大種所造色——無表色等。"色蘊所攝如下：

$$
色一
\begin{cases}
甲四大種 = 地界堅性，水界溼性，火界煗性，風界動性。\\
乙四大所造色 =
\begin{cases}
一、五根 = 眼根、耳根、鼻根、舌根、身根。\\
二、五境 = 色境、聲境、香境、味境，及觸境\\
\qquad 之一部分。\\
三、無表色
\end{cases}
\end{cases}
$$

（説明）四大種指物質，四大所造色指物質之運動，此二者不容混爲一談，最近倡相對論之哀定登（A.S.Eddington）已極言其分別之必要。"所造色"分三類，第一類五根，卽雜阿含所謂四大身，第二類五境，卽五根所接之對境，第三類無表色，分爲極略、極迴、定所生、徧計所起等。極略極迴，皆極微之意。"極略"，謂將木石等有形之物質，分析至極微；"極迴"，謂將聲光等無形之物質，分析至極微，其與現代物理學的分析相似矣。"定所生"，謂用定力變成之幻境，如諸大乘經所説"華嚴樓閣"等。"徧計所起"，謂由幻覺變現，如空華第二月等。合以上諸種，總名色蘊。

　　以吾人常識所計，此所謂色者，全屬物理的現象，除無表色中一小部分。何故以厠諸心理現象之五蘊耶？須知認識之成立，必由主客觀相對待，無主觀則客觀不能獨存。外而山河大地，內而五官百骸，苟非吾人認識之，曷由知其存在？既已入吾識域而知其存在，則知其決不能離吾識而獨立，故佛家之謂此爲識所變。論云："云何色由識變？謂識生時，內因緣力變似眼等、色等相，現卽以此相爲所依緣。"成唯識論卷一。如經又所説寒熱飢渴等，驟視似純屬生理的事實，其實對於此種外界之刺戟，心理的對應先起，而生理的衝射乃隨其後。特此種極微細的心之狀態，素朴思想家未察及耳。故吾總括此諸種"色"，名之曰感覺的客觀化。此義在毘婆沙、俱舍、瑜伽、唯識諸書，剖之極詳，得近世歐美心理學者一部分的證明，更易了解。

　　（二）受蘊。經云：增壹阿含廿八，下同"受者名覺。覺爲何物？覺苦、覺樂、覺不苦、覺不樂。"廣五蘊論云："受謂識之領納。"與色蘊相應之寒熱飢渴等，不過受刺激之一刹那間，爲純任自然之對應，不含有差別去取作用。再進一步,則在並時所應之無數對境中,領受其某部分。例如冬令,圍爐則覺受"熱色"而起樂感,冒雪則覺受"寒色"而起苦感,是之謂受,當心理學書所謂感覺。

(三)想蘊。經云:"云何名想陰?所謂三世共會。……想亦是知,知青黃白黑,知苦知樂。"阿毘曇雜心論云:"想者,謂於境界能取像貌"。此所謂想者,不應解作廣義的"思想",蓋僅能攝取事物之像貌,如照相機而已。然攝取一像貌,必須其像貌能示別於他像貌,則非有聯想的作用不爲功。經言三世共謂者,三謂過去現在未來,共會者,即聯想之義。何以能知青黃白黑?前此本有如何是青的概念,現在受某種"表色",則知其與舊所記憶之青的概念相應,而示區別於其他之黃白黑,此即所謂知覺,而其所得則印象也。

(四)行蘊。經云:"所謂行者,能有所成。……或成善行,或成惡行。"行蘊所含最廣,心理現象之大部分皆屬焉。今依大乘五蘊論及百法明門,以百法中之九十四有爲法,分配五蘊,列爲左表,讀之可以知行蘊內容之複雜焉。

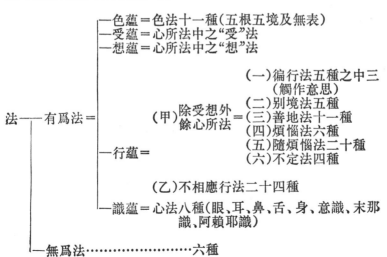

　　(説明)法字按諸今語,可譯爲概念。百法之名,非佛時所有,佛常言一切法,而未舉其數。小乘家如俱舍論等,舉七十五法,大乘家如瑜伽師地論等,舉六百六十法,此所依百法明門,乃天親撮瑜伽爲略數。此皆將心理現象綿密分析,近世歐美斯學專家,當不逮其精審。

　　百法中,除六種無爲法超絶五蘊外,餘九十四種有爲法,大分爲四類:一心法,二心所法,三色法,四不相應法。此中復分爲二系,心法自爲一系,卽能認識之主體,餘三類合爲一系,卽所認識之對象。彼三類中,色法卽物理的對象;心所法者,謂"心之所有",卽心理之對象也;不相應法者,謂與色與心俱不相應,如生命語言文字等皆屬之。

　　此諸法中,心所法與不相應法最爲複雜,共占七十五種,以配五蘊,則除此中兩種分屬受蘊想蘊外,餘七十三種俱屬行蘊,此可見行蘊之内容矣。

　　觀右表,則知行蘊所攝,殆亘心理之現象之全部,欲概括說明,頗極不易。但其中最要者,爲徧行法中之觸、作意、思三種。徧行法有五:一作意、二觸、三受、四想、五思(此據百法明門次第)。受想各分屬其本蘊,餘三屬行蘊,如上表。依廣五蘊論所釋:"觸謂眼色識等三和合分別。"謂眼根、色境、眼識凑會在一處,乃爲成"觸"也。此色字非色蘊之色,此觸字非色聲香味觸之觸,勿混。"作意,謂令心心所法現前警動";卽今語所謂特別注意。"思,謂令心造作意業,猶如磁石引鐵令動"。是知,"行蘊"者,對於想蘊所得之印象加重主觀的分量,經選擇注意,而心境凝集一點,完爲一箇性的觀念也,故曰"能有所成"。

　　(五)識蘊。識蘊,小乘謂有眼耳鼻舌身意六識,大乘加以第七末那識,第八阿賴耶識,是爲八識。廣五蘊論云:"云何識蘊?謂於所緣了別爲性,亦名心,亦名意,此能採集諸行種子。又此行相不可分別,前後一類相續轉。"順正理論卷二云:"識謂了別者,是爲總取境界相義,各各總取彼彼境相,各各了別。謂彼眼識,雖有色等多境現前,然惟取色,不取聲等。……於其自境,惟總取相。"法相宗書數百卷，不外說明一"識"字，繁徵細剖，恐讀者轉增迷惘，且俟下文隨時註釋。今但以極簡單語，略示其概念。"識也者，能認識之自體，而對於所認識之對象，了別其總相，能整理統一箇箇之觀念，使不相撓亂，又能使箇箇觀念繼續集起不斷者也。其實，色受想行皆識所變現，一識蘊即足以包五蘊。所以立五名者，不過施設之以資觀察之便利，謂意識活動之過程，有此五者而已。所謂七十五法、百法，乃至六百六十法，皆不外一種方便的施設，但求不違真理，名數不妨異同。試爲淺譬：如印刷然，色蘊爲字模，受想行則排字之次第經過，逐段遞進，識蘊則紙上之印刷成品，機器一動，全文齊現，此譬雖未悉真，亦庶近之。

> 佛典屢用色名二字，色卽指色蘊，名指受想行識四蘊。因其方便施設之一種名號也。此則前一蘊爲一類，後四蘊爲一類。若就能所區別論，則前四蘊爲一類，後一蘊爲一類。

（選自中華書局版飮冰室合集專集之五十四）

六、佛學時代

第一節　發　端

吾昔嘗論，六朝隋唐之間，爲中國學術思想最衰時代。雖然，此不過就儒家一方面言之耳。當時儒家者流，除文學外，儒學與文學適成反比例。著中國儒學史，當以六朝唐爲最衰時代；著中國文學史，當以六朝唐爲全盛時代。一無所事，其最錚錚於學界者，如王通、陸德明、孔穎達、韓愈之流，其於學術史中，雖謂無一毫之價值焉可也。雖然，學固不可以儒教爲限，當時於儒家之外，有放萬丈光燄於歷史上者焉，則佛教是已。六朝隋唐數百年中，志高行潔，學淵識拔之士，悉相率而入於佛教之範圍。此有所盈，則彼有所絀，物莫兩大，儒教之衰亦宜。

　　或曰：佛學，外學也，非吾國固有之學也，以入中國學術思想史，毋乃不可。答之曰：不然。凡學術苟能發揮之，光大之，實行之者，則此學即爲其人之所自有。如吾游學於他鄉，而於所學者，既能貫通，既能領受，親切有味，食而俱化，而謂此學仍彼之學，而非我之學焉，不得也。一人如是，一國亦然。如必以本國固有之學而始爲學也，則如北歐諸國，未嘗有固有之文明，惟取諸希臘羅馬，取諸猶太者，則彼之學術史，其終不可成立矣。又如日本，未嘗有固有之文明，惟取諸我國，取諸歐西者，則彼之學術史，其更不可成立矣。故論學術者，惟當以其學之可以代表當時一國之思想者爲斷，而不必以其學之是否本出於我爲斷。

　　審如是也，則雖謂隋唐之交，爲先秦以後學術思想最盛時代可也。前乎此者，兩漢之經學，非所及也，而餘更無論也；後乎此者，宋明之理學，非所及也，而餘更無論也。又不惟在中國爲然耳，以其並時擧世界之學術思想界校之，印度自大乘教諸鉅子入滅後，繼法無人，<small>其繼法者，悉在中國。</small>日以萎微。歐洲則中世史號稱黑闇時代，自羅馬滅亡以後，全歐爲北狄所蹂躪，幾陷於無歷史之域。當時所賴以延文明絕續於一線者，惟恃一頑舊專制之天主教而已。印度歐洲如此，而餘更無論也。故謂隋唐之學術思想，爲并時擧世界獨一無二之光榮可也。縱說之則如彼，橫說之則如此。故隋唐學者，其在本論中占一重要之位置也，不亦宜乎！

第二節　佛學漸次發達之歷史

　　中國之受外學也，與日本異。日本小國也，且無其所固有之學，故有自他界入之者，則其趨如鶩，其變如響，不轉瞬而全國與之俱化矣。雖然，充其量不過能似人而已，<small>實亦不能真似</small>終不能於所受者之外，而自有所增益，自有所創造。中國不然，中國大國也，而有數千年相傳固有之學，壁壘嚴整，故他界之思想，入而不易，雖入矣，而閱數十年百年，常不足以動其毫髮。譬猶潑墨於水，其水而爲徑尺之盂，方丈之池也，則墨痕倏忽而徧矣；其在滔滔之江，泱泱之海，則寧易得而染之！雖然，吾中國不受外學則已，苟既受之，則必能盡吸其所長以自營養，而且變其質、神其用，別造成一種我國之新文明，青出於藍，冰寒於水。於戲！深山大澤，實生蛟龍，龍伯大人之脚趾，遂終非僬僥國小丈夫之項背所能望也。謂余不信，請徵諸佛學！

　　佛法之入震旦也，據別史所言，或謂秦時與寶利防等交通，西漢時從匈奴得金人，實爲我國知有佛之嚆矢，真僞第弗深考。其見於正史信而有據者，則東漢明帝永平十年，西印度之攝摩，竺法蘭兩師，應詔齎經典而至，於是佛之教義始東被。雖然，我民族宗教迷信之念甚薄，莫之受也。至桓帝始自信之。興平間，民間亦漸有信者。三國時代，支讖、支亮、支謙皆自印度來傳教，時號，"三支"。魏嘉平二年，曇摩訶羅始以戒律來，象教漸備。雖然，當時道家言極盛，全國爲所掩襲，莫能奪也。而亦有漸認佛教勢力之不可侮，起而與之爲難者。魏明帝時，有費叔牙褚善信二道士，著道佛優劣論。有牟子，作理惑論。而吳主孫皓，亦有廢佛教之議。必其既興，始有辨之，有廢之者矣。及晉代魏，始漸成爲一科學之面目。時則有佛圖澄者，來自西域，專事譯經。東晉以還，偉人輩出，若道安，若惠遠，若竺道潛，若法顯，其尤著也。道安與習鑿齒等游，專闡揚佛教於士辨大夫之間。惠遠開廬山，日夜說法，佛教講壇，實始於此，爲淨土宗之濫觴焉。法顯橫雪山以入天竺，齎佛典多種以歸，著佛國記。我國人之至印度者，此爲第一。法顯三藏者，不徒佛教界之功臣而已，抑亦我國之立溫斯敦也。立溫斯敦，英人之探險於非洲者。而同時北方一大師起，爲佛教史中開一新紀元,曰鳩摩羅什。羅什,龜茲國人,既精法理,且嫻漢語。以姚秦弘始三年始入長安,日夜從事繙譯,一切經論成於其手者,不知凡幾。門徒三千,達者七十,上足四人,道生,道融,僧肇,僧叡,其最顯者也。羅什之功德不一,而其最大者,爲傳大乘教。前此諸僧,用力雖劬,然所討論,僅在小乘耳。至羅什首傳三論宗宗義,譯法華經,又譯成實論,實爲成實宗入中國之始。自兹以往,佛馱跋陀羅譯華嚴,曇無識譯涅槃,而甚深微妙之義,始逐漸輸入,學界壁壘一新矣。

南北朝之際,海宇鼎沸,羣雄四起,而佛教之進路亦多歧。宋少帝時譯五分律,文帝時譯觀普賢經,觀無量壽經,瓔珞經等。又迎求那跋摩於罽賓,築戒壇以聽法,中國之有戒壇自兹始。歷陳涉隋以逮初唐,諸宗並起,菩提流支始倡地論宗,達摩始倡禪宗,真諦三藏始倡攝論宗及俱舍宗,智者大師始倡天台法華宗,南山律師始倡律宗,善導大師始倡淨土宗,慈恩三藏始倡法相宗,賢首國師始倡華嚴宗,善無畏三藏始倡真言宗。萬馬齊奔,百流淘滙,至是逐爲佛學全盛時代。

第三節　諸宗略紀

今請將六朝隋唐間有力之諸宗派,列爲一表,示其統系:

諸宗之教旨,若縷述之,雖數十萬言,猶不能殫,且亦非余之淺學所能及也。是以不論,論其歷史。本論原以中國爲主,不能他及,但各宗起原,多與印度有關係,故不得不追論及之。

（一）　俱舍宗　佛滅後九百年,世親菩薩,依四阿含經,增一阿含經五十一卷,中阿含經六十卷,長阿含經二十二卷,雜阿含經五十卷,皆小乘經也。造俱舍論,三十卷。實爲本宗之嚆矢。時印度自佛家乃至外道,莫不

宗　名	開　祖	印度遠祖	初　起　時	中　盛　時	後　表　時
成實宗	鳩摩羅什	訶梨跋摩	晉安帝時	六朝間	中唐以後
三論宗	嘉祥大師	龍樹、提婆	同　上	同　上	同　上
涅槃宗	曇無讖	世親	同　上	宋、齊	陳以後歸入天台
律　宗	南山律師	曇無德	梁武帝時	唐太宗時	元以後
地論宗	光統律師	世親	同　上	梁陳間	唐以後歸華嚴
淨土宗	善導大師	馬鳴、龍樹、世親	同　上	唐宋明時	明末以後
禪　宗	達摩大師	馬鳴、龍樹、提婆、世親	同　上	同　上	同　上
俱舍宗	真諦三藏	世親	陳文帝時	中唐	晚唐以後
攝論宗	同　上	無著、世親	同　上	陳隋間	唐以後歸法相
天台宗	智者大師	……	陳隋間	隋唐間	晚唐以後
華嚴宗	杜順大師	馬鳴、堅慧、龍樹	陳	唐則天後	同　上
法相宗	慈恩大師	無著、世親	唐太宗時	中唐	同　上
真言宗	不空三藏	龍樹、龍智	唐玄宗時	同　上	同　上

以上十三宗，除涅槃、地論、攝論三家歸併他宗外，自餘十宗，皆經過極光大之時代，互起角立，支配數百年間之思想界者也。今拔其所屬教乘，再示一表：

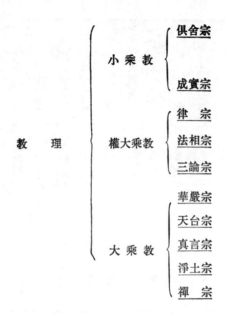

競學，大顯勢力於西域。及陳文帝天嘉四年，印度高僧波羅末那 即真諦三藏、攜梵本，以詣震旦，以五年之功譯成之，名曰阿毗達磨俱舍論，即所謂舊俱舍者是也。陳智愷、唐淨慧皆爲作疏。及唐貞觀間，玄奘法師親赴天竺，從僧伽耶舍論師學俱舍之奧義，歸國後，重譯原本，釐爲三十卷，其弟子神泰普光法寶尊競爲疏記，遂以流通。但此宗本爲法相之初步，故亦名法相宗之附屬宗云。

　　（二）　成實宗　本宗之祖師，即創成實論之訶梨跋摩其人也。生於佛滅後九百年，嘗從"有宗"本師受迦旃延之論，時印度佛派，有"有宗"、"空宗"兩大派。覺有所未慊，乃通覽大小乘，自創此論。然其宗義，不盛於印度。至姚秦弘始十三年，鳩羅摩什始譯之以行於支那，其弟子曇影爲之筆述，僧叡爲之注釋，於是此義遂光。自晉末至唐初二百年間，浸淫一世。齊梁之間，江南尤盛云。但此論本與"三論"並譯，其傳法者率皆兩習，故亦名三論宗之附屬宗云。

（三）　律宗　自佛入滅以後，迦葉尊者與五百羅漢結集大藏，分爲經、律、論之三藏，律之在教中，蔚爲大國矣。其入中國也，始於曹魏嘉平二年，曇摩訶羅始傳所謂"十八受"者，劉宋元嘉十一年，始行"尼受"。謂比丘尼所受戒律。迨姚秦弘始六年，鳩摩羅什始譯十誦律，其後僧祇律等，相續出世，律教漸入震旦矣。其卓然完成一宗者，則自南山律師道宣始。南山生隋開皇間，受戒於智首律師之門，後隱於終南，研精戒律。及奘師西游歸國，開譯壇於長安，南山親爲其書記，譯律數百卷，證明戒律爲圓頓一乘之旨，非小乘所得專有，其有功於佛教實非淺尠。其時與之並起者，復有兩派。一曰相部宗，法礪律師所創，二曰東塔宗，懷素律師所創，並南山宗，統稱律家三宗云。然彼兩宗不光大，獨南山律至元代猶保持宗勢不衰。

（四）　法相宗　法相，天台，華嚴三宗，亦稱教下三家，皆大乘妙諦，而當時佛學中最光大者也。此宗一名唯識宗，以大意明唯識故；又名慈恩宗，以開祖爲慈恩故。本宗印度傳法，最爲分明，佛説大乘經中，華嚴、深密、楞伽經等，闡揚萬法唯識之義，實爲斯學所本。佛滅後九百年，彌勒慈尊應無著菩薩之請，説五部大論，所謂瑜伽師地論、分別瑜伽論、大莊嚴論、辨中邊論、金剛般若論是也。無著承彌勒之旨，復造顯揚論、對法論等，同時有世親菩薩，無著之弟造五蘊論、百法明門論，唯識三十頌等，大弘斯旨。復次，佛滅後十一世紀，有難陀護法尊十大論師，皆注世親三十頌，各有心得。而護法之弟子戒賢論師，所謂傳法大將，冠絶一時，深究瑜伽、唯識、聲明、因明等之蘊奧，五印度中，號稱辯才第一，傳鉢奘師，以惠震旦。自玆以往，西域此學微矣。唐貞觀三年，玄奘三藏求法西行，坊間小説西遊記，即演奘師事蹟也。孑身徧歷五印，得禮戒賢，盡受五大論，即彌勒所造。十二論，即無著以下所造。博通因明、聲明諸學。印度當時有所謂五明者,佛徒外道並學之。其因明,即名學,日本所謂論理學也。歸國以後,弘暢斯旨,實爲法相宗入中國之嚆矢。玄奘高足窺基,號慈恩法師,悉受微言,妙達玄旨,於是述疏證義,確立宗規,本宗大成,實由於是。再傳爲淄州惠沼,著唯識了義燈,三傳爲樸揚智周,著唯識演祕,經此數師,宗義遂日以光大。

（五）三論宗　三論者,一中論,二十二門論,三百論也。前二爲龍樹菩薩造,後一爲提婆菩薩造,故本宗祖龍樹,提婆。或加大智度論,亦名四論宗。鳩摩羅什,實提婆三傳弟子也,傳法東來,專弘此宗,四論翻譯,皆出其手。什師門下,生、道生肇、僧肇融、道融叡、僧叡影、曇影觀、慧觀恒、道恒濟曇濟之八傑,皆大義。曇濟授道朗,道朗授道詮,道詮授法朗,法朗授嘉祥。 至嘉祥大師,名吉藏而此宗全盛。其後玄奘復從印度清辨、智光兩大師,更受微言。復有地婆伽羅者東來,口授宗義於慈恩,慈恩遠承什譯,近稟奘傳,旁參伽説,著十二門宗致義記,而此宗遂以大成。

（六）華嚴宗　我佛世尊從菩提樹下起,即爲深位菩薩文殊、普賢尊說華嚴三十八品十萬偈,實佛乘中甚深微妙,一乘最極之法門也。當時聲聞緣覺,根器未熟者,聽之如聾如啞。佛滅五百年,馬鳴菩薩作大乘起信論,演真如緣起法門, 即本此經。次七百年,龍樹菩薩出現,造大不思議論,以解釋之。次九百年,天親菩薩造華嚴十地論。此三師者,稱本宗印度之列祖。其在支那,東晉義熙十四年,跋陀羅始譯華嚴六十卷。其後諸師,講説流布、製疏撰章者雖不尠,然未能確然成一宗派。陳隋間,杜順禪師始提義綱,標立宗名,著華嚴法界觀門、五教止觀、十玄章等,大暢妙旨,是爲開宗初祖。二祖智儼,作搜玄記,孔目章等。三祖法藏稱賢首國師,作五教章以明本宗之教相,作探玄記二十卷,以解華嚴。其餘著述,尚二十餘部。圓宗宗風,至此大成。故賢首亦稱華嚴太祖。賢首没後，有慧苑者，私逞臆見，刊落師説，宗統將墜。四祖澄觀慨之，作華嚴大疏鈔，破斥異轍，恢復正宗，諸祖心傳，賴以不墜，所謂清涼國師是也。五祖宗密，稱圭峯禪師，紹述清涼，盛弘華嚴，兼通諸宗，斯道益以光大。此五傑者，所謂華嚴五祖也。

（七）天台宗　亦名法華宗，以依法華經立宗故。此宗不上承印度，創始之者，實由我支那，則智者大師其人也。師名智顗，陳隋間人，以居天台山，故此宗得名。時有南嶽慧思禪師，德高一世，自證三昧，智者往謁之，則曰：“昔日靈山同聽法華，宿緣所追，今復來矣！”乃使修法華三昧。越十四日，智者大徹大悟，遂直接佛傳，創立此派。荆溪尊者智者第六代法孫也。止觀義例云：“一家教門所用義旨，以法華爲宗骨，以智論按指大智度論也。爲指南，以大經按指涅槃經也。爲扶疏，以大品按指大品般若經也。爲觀法。引諸經以增信，引諸論以助成，觀心爲經，諸法爲緯。纖成部帙，不與他同”云云。本宗創立之真相，實括於是。次有章安大師，承天台後，廣傳宗風。天台惟散説，章安始結集以成一宗典籍，以作一家綱目。次有智威、慧威、玄朗、妙樂，并稱龍象。中唐以後，荆溪尊者湛然最顯焉。

（八）真言宗　佛教有顯、密二教之別，此宗卽所謂密教也。密教者何，不恃言語以立教者也。據佛家言，佛有三身：一釋迦佛，二大日如來佛，三彌陀佛，實一佛之德所流出之三體也。按，略如耶教三位一體之説。大日者，釋迦之法身，釋迦者，大日之化身也。故後世學者，綜別諸宗，亦分爲釋迦教、大日教、彌陀教三類。今所舉十宗，惟真言宗屬大日教，淨土宗屬彌陀教今婦孺通念南無阿彌陀佛，卽宗彌陀也。餘八宗皆屬釋迦教。相傳金剛薩埵親受法門於大日如來，如來滅後七百年，薩埵以授龍猛菩薩，龍猛授龍智，龍智授善無畏。善無畏始來唐，翻大日經，以授金剛智，金剛智實支那傳法初祖也。其後不空和尚東來，承金剛智之後，復從事翻譯，爲玄宗、肅宗、代宗三代國師,真言宗之確立,實自不空始。雖然,此宗不盛於我國,後經空海即創造日本字母之人。傳諸日本,日本今特盛焉。西藏,蒙古,暹羅亦行之。

（九）淨土宗　此宗所依者三經,無量壽經、觀無量壽經、阿彌陀經一論,往生淨土論,天親菩薩造。以念佛藉他力而求解脫,所謂彌陀教也。印度先師,推天親菩薩,天親入滅後五百年,菩提流支始傳淨土法門於震旦。先是,後漢時,安息國沙門安清高始譯無量壽經二卷。及晉慧遠法師,結白蓮社於廬山,念佛修行,已爲此宗之嚆矢,然法門未備。菩提流支之入中國,實北魏永平元年也。流支以授曇鸞,鸞著往生淨土論註,大弘斯旨。其後隋大業間,有道綽,唐貞觀間,有善導,皆錚錚大師也。禪宗、天台、法相、華嚴等諸宗,雖極盛於當時,然其教理甚深微妙,非鈍根淺學人所能領解,故信奉者僅在士大夫。獨淨土宗,以他力教義,感化愚夫愚婦,凡難解之教理,概置不論,故其勢力廣被,披靡全國。善導禪師在世之時,屠肆殆無過問者,其力量可見一斑矣。今世俗所謂佛教者,大率猶汲此宗之末流也。

（十）禪宗　法相、天台、華嚴,稱教下三家,禪宗稱教外別傳。此四宗者,皆大乘上法,各有獨到,而中國佛學界之人才,亦悉在於是矣。禪宗以不著語言,不立文字,直指本心,見性成佛爲教義,一變佛教之窠臼。後此宋明間儒佛混合,皆自此始。此宗歷史,相傳靈山會上,釋尊拈花,迦葉微笑,正法眼藏,於茲授受。其後迦葉尊者以衣鉢授阿難,中間經歷馬鳴、龍樹、天親等二十七代,密密相傳,不著一字,直至達摩禪師。自迦葉迄達摩,是爲印度二十八祖。達摩承二十七祖之命,東渡震旦,當梁武帝普通七年,始至廣東,後入嵩山,面壁十年,始得傳法之人,傳已,遂入滅。故達摩亦稱震旦禪宗初祖。二祖慧可,三祖僧璨,四祖道信,皆依印度祖師之例，不説法，不著書，惟求得傳鉢之人，即自圓寂。至五祖弘忍，號黄梅大師，始開山授徒，門下千五百人，玉泉神秀爲首座，竟不能傳法，而六祖大鑑慧能，以不識一字之賁春人，受衣鉢焉。後神秀復師六祖，悟大法，於是乎禪宗有南北二派，南慧能，北神秀也。自六祖以後，鉢止不傳，而教外密傳，遂極光大。爾後遂衍爲雲門、法眼、曹洞、溈仰、臨濟之五宗。宋明以來，益滔滔披摩天下。今列禪門五宗表如下。

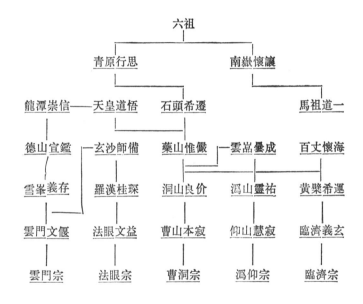

上諸宗傳授之大略也。至各派之長短得失，固非淺學所能言，亦非本論所應及，故從闕如。若我國佛學之特色，及諸哲學説之尤精要者，請於次節試論之。

　　以鄙人雖好學佛，然實毫無心得，凡諸論述，皆貧子説金之類而已。此節所記歷史，據日本人所著八宗綱要、十二宗綱要、佛教各宗綱領等書，獺祭而成，非能自記憶自考證也。但合彼十數萬言之書，撮爲數葉，亦頗劬耳。此等乾燥無味之考據，知爲新學界所不喜，但此亦是我國學術思想一大公案，學者所不可不知也。撮而錄之，亦足以省繙檢之勞云爾。著者識。

第四節　中國佛學之特色及其偉人

美哉我中國﹗不受外學則已，苟受矣，則必能發揮光大，而自現一種特色。吾於算學見之，吾於佛學見之。中國之佛學，乃中國之佛學，非純然印度之佛學也。不觀日本乎﹗日本受佛學於我，而其學至今無一毫能出我範圍者。雖有真宗、日蓮宗爲彼所自創，然真宗不過淨土之支流，日蓮不過天台之餘裔，非能有甚深微妙，得不傳之學於遺經者也。真宗許在家修行，許食肉帶妻，是其特色，但此亦印度所謂優婆塞，中國所謂居士之類耳。若以此爲佛徒也，何如禪宗直指本心，並佛徒之名亦不必有之爲高乎﹗未嘗能自譯一經，未嘗能自造一論，未嘗能自創一派，以視中國，瞠乎後矣﹗此寧非我泱泱大國民可以自豪於世界者乎﹗吾每念及此，吾竊信數十年後之中國，必有合泰西各國學術思想於一爐而治之，以造成我國特別之新文明，以照耀天壤之一日。吾頂禮以祝，吾跂踵以俟。"高山仰止，景行行止"，吾請謳歌隋唐間諸古德之大業，爲我青年勸焉﹗

中國之佛學，其特色有四：

（第一）　自唐以後，印度無佛學，其傳皆在中國。基督生於猶太，而猶太二千年來無景教，乃盛於歐西諸國；釋尊生於印度，而印度千餘年來無佛教，佛教乃盛於亞東諸國。豈不悲哉，豈不異哉﹗佛滅度後數百年間，五印所傳，但有小乘，小乘之中，復生分裂，上座大衆，各鳴異見，別爲二十部。至五世紀，凡世紀皆以佛滅後計，下仿此。外道繁興，大法不絕如縷。至六世紀末，而有馬鳴，七世紀而有龍樹、提婆，九世紀而有無著、世親，十一世紀而有清辨、護法，十二三世紀而有戒賢、智光。其可稱真佛教者，不過此五百年間耳。自玄奘西遊，徧禮戒智諸論師，受法而歸，於是千餘年之心傳，盡歸於中國。自此以往，印度教徒，徒事論戰，怠於布教。而婆羅門諸外道，復有有力者起，日相攻掊，佛徒不支，乃思調和。浸假採用婆羅門教規，念密咒，行加持，開教元氣，銷滅以盡。至十五世紀，而此母國已無復一佛跡。此後再蹂躪於回教，三侵蝕於景教，而佛學遂長已矣。轉視中國，則自唐以來數百年間，大師踵起，新宗屢建，禪宗既行，舉國碩學，皆參圓理，其餘波復披靡以開日本，佛教之不滅，皆中國諸賢之功也。中間雖衰息者二三百年，而至今又駸駸有復興之勢。近世南海、瀏陽，皆提倡佛學，吾意將來必有結果。他日合先秦、希臘、印度，及近世歐美之四種文化，而統一之，光大之者，其必在我中國人矣。此其特色一也。

　　（第二）　諸國所傳佛學皆小乘，惟中國獨傳大乘。佛教之行，西訖波斯，北盡鮮卑，即西伯利亞 南至暹羅，東極日本。凡亞洲中大小數十國，無不徧被。吾深疑耶教爲剽竊印度婆羅門及佛教而成者，其言天主，即韋陀論所謂梵天大自在天，其言永生，即佛教所謂涅槃自餘。天堂地獄之論，禮拜祈禱之式，無一不與小乘法相類。古代希臘、埃及、猶太、印度，既有交通，如希臘大哲德黎，史家亦謂其嘗至印度。然則，印度宗教家言流入猶太，亦非奇事，但未得確據，不敢斷言耳。雖然，彼其所傳，皆小乘耳。日本佛學以中國爲母，不在此論。蓋當馬鳴初興時，而印度本教中人，固已紛紛集矢，謂大乘非佛説，大乘之行於印，實幾希耳。故其派衍於外國者，無不貪樂偏義，謗毀圓乘。即如今日西藏蒙古號稱佛法最盛之地，問其於華嚴法華之旨，有一領受者乎，無有也。獨我中國，雖魏晉以前，象法萌芽，未達精蘊。迨羅什以後，流風一播，全國景從，三家齊興，別傳崛起。隋唐之交，小乘影跡，幾全絶矣。竊嘗論之，宗教者，亦循進化之公例以行者也。其在野蠻時代，人羣智識卑下，不得不歆之以福樂，慴之以禍災，故惟權法得行焉。及文明稍進，人漸識自立之本性，斷依賴之劣根。故由恐怖主義，而變爲解脱主義，由利己主義，而變爲愛他主義，此實法之所以能施也。中國人之獨受大乘，實中國國民文明程度高於彼等數級之明證也。此其特色二也。

（第三）　中國之諸宗派，多由中國自創，非襲印度之唾餘者。試以第三節所列十宗論之，俱舍宗惟世親造一論，印度學者競習之耳，未嘗確然立一宗名也。其宗派之成，實自中國。成實宗則自訶梨跋摩以後，竺國故書雅記，無一道及，其流獨盛於中國。三論宗在印，其傳雖稍廣，然亦不如中國。至於華嚴，其本經之在印度，已沈没於若明若昧之域，據言佛滅後七百年，龍樹菩薩始以神力攝取華嚴經於龍宮，是爲本經流通之始。此等神祕之説，雖不足深信，然華嚴不顯於印度，可想見矣。而宗門更何有焉。在彼惟有大不思議、十地兩論，推闡斯義，餘無所聞。故依華嚴以立教，實自杜順、賢首、清涼、圭峯之徒始也。雖謂華嚴宗爲中國首創焉，可也。又如禪宗，雖云西土有二十八祖，但密之又密，舍前祖與後祖相印接之一刹那頃，無能知其淵源，其真僞固不易辨；卽云真矣，而印度千餘年間舍此二十八人外，更無一禪宗，可斷然也。不寧惟是，後祖受鉢，前祖隨卽入滅，然則千餘年間，不許同時有兩人解禪宗正法者，又斷然也。若是，則雖謂印度無禪宗焉，可也。然則，佛教有六祖而始有禪宗，其猶耶教有路德而始有布羅的士丹也。若夫天台三昧，止觀法門，特創於智者大師一人，前無所承，旁無所受，此又其彰明較著者矣。由此言之，十宗之中，惟律宗、法相宗、真言宗、淨土宗，嘗盛於印度，而其餘則皆中國所產物也。試更爲一表示之。

一　俱舍宗………印度有而不盛………中國極盛

二　成實宗………印度創之而未行……中國極盛

三　律　宗………印度極盛…………中國次盛

四　**法相宗**………印度極盛…………中國亦極盛

五　**三論宗**………印度有而不盛………中國極盛

六　**華嚴宗**………印度無…………中國特創極盛

七　**天台宗**………印度無…………中國特創極盛

八　**真言宗**………印度極盛…………中國甚微

九　**淨土宗**………印度極盛…………中國次盛

十　**禪　宗**………印度無…………中國特創極盛

夫我國之最有功德、有勢力於佛學界者，莫如教下三家之天台、法相、華嚴，與教外別傳之禪宗。自餘則皆支孽附庸而已。而此四派者，其一曾盛於天竺，其三皆創自支那，我支那人在佛教史上之位置，其視印度古德何如哉！竊嘗考之，印度惟小乘時代有派別，佛滅後，小乘派分爲二十部。初分爲"大衆部"，"上坐部"，佛滅一世紀時所分也。次分爲"一説部"，"説出世部"，"雞胤部"，二世紀初葉所分也。次爲"多聞部"，次爲"説假部"，皆二世紀中葉所分也。次爲"制多山部"，"西山住部"，"北山住部"，二世紀末葉所分也。此八派，皆從"大衆部"分出。次爲"説一切有部"，三世紀初葉所分也。次爲"犢子部"。復由"犢子部"，分爲"法上部"，"賢冑部"，"正量部"，"密林山部"。次爲"化地部"。復由"化地部"分爲"法藏部"，皆三世紀中葉所分也。次爲"飲光部"，三世紀末葉所分也。又次爲"經量部"，四世紀初葉所分也。此十派，皆由"上坐部"分出也。四世紀以後，小乘衰熄，大乘未興，佛教幾絶。而大乘時代無派別。大乘之興，分爲三期：第一期，則馬鳴也。六世紀末第二期，則龍樹、提婆也。七世紀第三期則無著、世親也。九世紀。皆本師傳，毫無異論，略似漢初伏生、申公、后蒼等之經學。及其末流，護法、清辨，静空有於依他之上，戒賢、智光，論相性於唇舌之間，壁壘稍新，門户始立，而法輪已轉而東矣。蓋大乘教義，萌芽於印度，而大成於支那，故求大法者，當不於彼而於我，此非吾之夸言也，殆亦古德之所同許也。此其特色三也。

（第四）　**中國之佛學，以宗教而兼有哲學之長。**中國人迷信宗教之心，素稱薄弱。論語曰："未能事人，焉能事鬼。未知生，焉知死"。子墨子謂程子曰："儒以天爲不明，以鬼爲不神。"見墨子公孟篇。蓋孔學之大義，浸入人心久矣，佛耶兩教，並以外教入中國，而佛氏大盛，耶氏不能大盛者何也？耶教惟以迷信爲主，其哲理淺薄，不足以厭中國士君子之心也。佛説本有宗教與哲學之兩方面、其證道之究竟也在覺悟，覺悟者，正迷信之反對也。其入道之法門也在智慧，耶教以爲人之智力極有限，不能與全知全能之造化主比。其修道之得力也在自力，耶教日事祈禱，所謂借他力也。佛教者，實不能與尋常宗教同視者也。中國人惟不蔽於迷信也，故所受者多在其哲學之方面，而不在其宗教之方面。而佛教之哲學，又最足與中國原有之哲學相輔佐也。中國之哲學，多屬於人事上，國家上，而於天地萬物原理之學，窮究之者蓋少焉。英儒斯賓塞嘗分哲學爲可思議，不可思議之二科。若中國先秦之哲學，則毗於其可思議者，而乏於其不可思議者也。自佛學入震旦，與之相備，然後中國哲學，乃放一異彩。宋明後學問復興，實食隋唐間諸古德之賜也。此其特色四也。

（選自論中國學術思想變遷之大勢，據中華書局版飲冰室合集文集之七）

七、與梁令嫻等書（選録）

……思成前次給思順的信説："感覺着做錯多少事，便受多少懲罰，非受完了不會轉過來。"這是宇宙間唯一真理，佛教説的"業"和"報"就是這個真理。我篤信佛教，就在此點，七千卷大藏經也只説明這點道理。凡自己造過的"業"，無論爲善爲惡，自己總要受"報"，一斤報一斤，一兩報一兩，絲毫不能躲閃，而且善和惡是不准抵消的。佛對一般人説輪回，説他（佛）自己也曾犯過什麼罪，因此曾入過某層地獄，做過某種畜生，他自己又也曾做過許多好事，所以亦也曾享過什麼福。……如此，惡業受完了報，才算善業的帳，若使正在享善業的報的時候，又做些惡業，善報受完了，又算惡業的帳。並非有個什麼上帝做主宰，全是"自業自得"；又並不是象耶教説的"到世界末日算總帳"，全是"隨作隨受"；又不是象耶教説的"多大罪惡一懺悔便完事"，懺悔後固然得好處，但曾經造過的惡業，並不因懺悔而滅，是要等"報"完了才滅。佛教所説的精理，大略如此。他説的六道輪回等等，不過爲一般淺人説法，説些有形的天堂地獄，其實我們刻刻在輪回中，一生不知經過多少天堂地獄。即如思成和徽音，去年便有幾個月在刀山劍樹上過活，這種地獄比城隍廟十王殿裏畫出來還可怕，因爲一時造錯了一點業，便受如此慘報，非受完了不會轉頭。倘若這業是故意造的，而且不知懺悔，則受報連綿下去，無有盡時。因爲不是故意的，而且懺悔後又造善業，所以地獄的報受彀之後，天堂又到了。若能絕對不造惡業 而且常造善業——最大善業是"利他"。則常住天堂 這是借用俗教名詞。 佛説是 "涅槃" 涅槃的本意是"清涼世界"。 我雖不敢説常住涅槃，但我總算心地清涼的時候多，換句話説，我住天堂時候比住地獄的時候多，也是因爲我比較的少造惡業的緣故。我的宗教觀、人生觀的根本在此，這些話都是我切實受用的所在。因思成那封信象是看見一點這種真理，所以順便給你們談談。……

（選自上海人民出版社一九八三年版梁啓超年譜長編第一〇四六頁）

八、清代學術概論(選錄)

　　晚淸思想界有一伏流曰：佛學。前淸佛學極衰微，高僧已不多，即有，亦於思想界無關係。其在居士中，清初王夫之頗治相宗，然非其專好。至乾隆時，則有彭紹升羅有高，篤志信仰，紹升嘗與戴震往復辨難。東原集。其後，龔自珍受佛學於紹升，定庵文集有知歸子贊，知歸子卽紹升。晚受菩薩戒；魏源亦然，晚受菩薩戒，易名承貫，著無量壽經會譯等書。龔魏爲"今文學家"所推獎，故"今文學家"多兼治佛學。石埭楊文會少曾佐曾國藩幕府，復隨曾紀澤使，英凤栖心内典，學問博而道行高。晚年，息影金陵，專以刻經弘法爲事，至宣統三年武漢革命之前一日圓寂。文會深通"法相"、"華嚴"兩宗，而以"淨土"教學者，學者漸敬信之。譚嗣同從之遊一年，本其所得以著仁學，尤常鞭策其友梁啓超。啓超不能深造，顧亦好焉，其所著論，往往推挹佛教。康有爲本好言宗教，往往以己意進退佛説。章炳麟亦好法相宗，有著述。故晚清所謂新學家者，殆無一不與佛學有關係。而凡有真信仰者率皈依文會。

　　經典流通既廣，求習較易，故研究者日衆。就中亦分兩派，則哲學的研究，與宗教的信仰也。西洋哲學既輸入，則對於印度哲學，自然引起連帶的興味，而我國人歷史上與此系之哲學因緣極深，研究自較易，且亦對於全世界文化應負此種天職，有志者頗思自任焉。然其人極稀，其事業尚無可稱述。社會既屢更喪亂，厭世思想，不期而自發生，對於此惡濁世界，生種種煩懣悲哀，欲求一安心立命之所，稍有根器者，則必遁逃而入於佛。佛教本非厭世，本非消極；然真學佛而真能赴以積極精神者，譚嗣同外，殆未易一二見焉。

學佛既成爲一種時代流行，則依附以爲名高者出矣。往往有夙昔稔惡或今方在熱中奔競中者，而亦自託於學佛，今日聽經打坐，明日鬻貨陷人。淨宗他力橫超之教，本有"帶業往生"一義，稔惡之輩，斷章取義，日日勇於爲惡，恃一聲"阿彌陀佛"，謂可滌拔無餘，直等於羅馬舊教極敝時，懺罪與犯罪，並行不悖。又，中國人中迷信之毒本甚深，及佛教流行，而種種邪魔外道惑世誣民之術，亦隨而復活。乩壇盈城，圖讖累牘，佛弟子曾不知其爲佛法所訶，爲之推波助瀾，甚至以二十年前新學之鉅子，猶津津樂道之。率此不變，則佛學將爲思想界一大障，雖以吾輩夙尊佛法之人，亦結舌不敢復道矣。

蔣方震曰："歐洲近世史之曙光，發自兩大潮流，其一：希臘思想復活，則'文藝復興'也；其二：原始基督教復活，則'宗教改革'也。我國今後之新機運，亦當從兩途開拓，一爲情感的方面，則新文學新美術也；一爲理性的方面，則新佛教也。"歐洲文藝復興時代史自序。吾深韙其言。中國之有佛教，雖深惡之者終不能遏絶之，其必常爲社會思想之重要成分，無可疑也。其益社會耶，害社會耶，則視新佛教徒能否出現而已。

更有當附論者，曰基督教。基督教本與吾國民性不近，故其影響甚微。其最初傳來者，則舊教之"耶穌會"一派也。明士大夫徐光啓輩，一時信奉，入清轉衰，重以教案屢起，益滋人厭。新教初來，亦受其影響。其後國人漸相安，而教力在歐洲已日殺矣。各派教會在國內事業頗多，尤注意教育，然皆竺舊，乏精神，對於數次新思想之運動，毫未參加，而間接反有阻力焉。基督教之在清代，可謂無咎無譽。今後不改此度，則亦歸於淘汰而已。

（選自上海商務印書館大學叢書本清代學術概論）

楊　　度

〔簡介〕　楊度，字皙子，號虎公，又號虎禪師，生於公元一八七四年(清穆宗同治十三年)，死於公元一九三二年(民國二十一年)，湖南湘潭人。

楊度早年曾從清末著名學者王閩運問學，以後兩度留學日本，主張君主立憲，曾爲袁世凱復辟帝制大造輿論，爲主要籌劃人之一。晚年他轉向進步，積極支持第一次國共合作，而終於在一九二九年秋加入中國共産黨，並且忘我地從事革命工作。

楊度是在袁世凱復辟帝制失敗後，遁入空門，潛心學佛的。他曾自稱民國十年七月夜登廬山，而心忽大徹大悟，從此證道。實則，其時尚是以莊子逍遥思想與佛教萬法皆空思想相比附之語，所以他又説："余於君憲之敗之後，自謂對國家、對主義忠矣，可以已矣。乃不更言經世，而由莊以入佛。"(江亭詞序)

楊度在佛學上主要信奉禪宗的頓悟，但他又認爲在頓悟之前後都必須有漸修。他在對佛教各宗派進行比較分析後，並結合自己學佛的過程和體會，提出建立一種删削一切迷信神祕之説(如靈魂、輪轉、地獄等)，以及違反生理諸戒律的舊佛教，而"一以論理科學爲歸"的，"發明心理相對論，以明本心無我，一切皆空之旨"的"無我宗""新佛教"。(新佛教論)

"無我"本是佛教最初就具有的基本理論，楊度對它作了新的解釋。如他以心理相對論來説明無我論，認爲"此心即物，心理即物理。""物理之現象，即心理之實在。舍現象無實在，舍實在無現象。"所以"但就人類之心理，發明其相對之象，明其本來無我而已"。（同上）又如，他以無我爲達到平等、自由的根本途徑，認爲"準此教旨，以謀改進將來社會，直可普渡衆生，一齊成佛。雖人性智愚不等，而不用於私我之爭，但無對待階級，卽爲平等自由。"（同上）楊度關於佛學的著作，全部搜集在虎禪師論佛雜文及續、二續一書中。

一、逍遙游辭並引

楊子學道十載，未能自明其心。深研於理，理愈博而心愈昏；勤修於事，事愈精而心愈擾。恍兮惚兮，若有物兮，瞻之在前，忽然在後。言近反遠，言易反難，將心用心，心愈不安。民國十年七月，漫游長江，夜登廬山，仰首視天，雲開月出。此心忽然大徹大悟，遇機而通，應緣而解，不思而知，不行而能，無心而悟，自然而得。如罪人之出獄，如游子之還家，如久病之忽瘳，如大夢之已覺。於是，無心於事，無事於心，以無心之心，了無事之事。行無所行，止無所止，作無所作，息無作息，來無所來，去無所去，生無所生，滅無所滅。心無所爲，無所不爲。於是，逍遙而游，拊手而笑曰：異哉異哉！我乃無我，我乃無心，亦無世界。今日之我，譬如睡人，百方求寐，愈不得寐，無心自然，身卽安眠。以此喻道，道在無心。非曰無心於道，乃曰無心卽道。此何以故？我本無我，我本無心，故我卽無心，亦無世界故。是故，心與世界有其三義：一曰心卽世界，二曰無心卽無世界，三曰無心而心，卽無世界而世界。

何謂心卽世界？心由身生，身由物化。世無有體無性之

物質，亦無有性無體之心靈。故一物必有一性，一身必有一心。心者，身之附物，心理即是物理。物生性生，物滅性滅；身生心生，身滅心滅。因緣和合而成，一切都無自性，眼耳鼻舌於身爲根，色聲香味於心爲識。心外無物，物外無心，心物相關，幻成世界。若無眼耳鼻舌，即無此心；若無此心，即無世界。此何以故？色聲香味和成一心故，色聲香味和成世界故。萬物各有世界，不獨人類爲然。眼耳鼻舌不同，色聲香味亦異，其心萬千，其世界亦萬千。故一水一石一世界，一花一草一世界，一鳥一獸一世界，一蟲一魚一世界。即人類眼耳鼻舌構造使用亦各不同，萬人共察一物，而一物萬相。萬眼則有萬色，萬耳則有萬聲，萬鼻則有萬香，萬舌則有萬味。故一眼一色世界，一耳一聲世界，一鼻一香世界，一舌一味世界。總之，一人一世界，一心一世界。由此論之，萬物無數，其世界亦無數，求一共同世界，渺不可得。各以自心成自世界，故知世界外無心，心外無世界，世界即心，心即世界。是故，一切世界，皆心世界。

何謂無心即無世界？世間萬物皆由物化，惟身亦然，惟心亦然。物化有二：一曰幻有，二曰真空。冰化爲水，水化爲氣，氣化爲水，水化爲冰，亘古輪回，此成彼壞，只有變化，並無生死，千萬億身，皆爲同體，流轉循環，不增不減，現象繁然，幻爲萬有，此幻有義。物質化爲電子，電子化爲空虛，本來自無而有，倏忽自有而無，一究其根，物原無物，此真空義。是故，本體雖無，現象則有。舍本體無現象，舍現象無本體。非無非有，即有即無，無始無終，不生不滅。幻有真空，同爲物化，真空即幻有，幻有即真空，非二而一，又復無一。所以，身心世界，雖有而空。心以色聲香味而成，世界亦以色聲香味而立。

色聲香味卽爲幻相，刹那變滅，無可尋求。言世界者，必曰空間時間二義，空間則有十方，時間則有三世，究之十方三世，只在一心。此心實無空間，所以能遍十方；此心實無時間，所以能遍三世。一切萬物，皆備於我。數萬里之河山，指諸掌上；數千年之人物，相對目前。蜃樓海市，常起沒於胸中；滄海桑田，倏存亡於腦際。心外並無十方，心外並無三世，心生則世界生，心滅則世界滅。萬物無動，惟我心動；我亦無動，無心可動。此何以故？空間時間，本來無故，一心所現，亦無心故。是故，二人心中，決無同地同時現一世界。同時則地必有左右，同地則時必有後先。眼耳鼻舌，處處變異，時時變異；色聲香味，處處變異，時時變異。所謂世界，亦卽變異。卽以一人之身，自生至死，眼無同一之色，耳無同一之聲，鼻無同一之香，舌無同一之味。故眼集無數色爲一色世界，而實無一色；耳集無數聲爲一聲世界，而實無一聲；鼻集無數香爲一香世界，而實無一香；舌集無數味爲一味世界，而實無一味。總之，心集無數色聲香味爲一心世界，而實無一色聲香味，亦無一心，亦卽無一世界。此何以故？一切性空故。

何謂無心而心，卽無世界而世界？吾人以無心之心；成無世界之世界，卽以無世界之心，入無心之世界，卽以無心之我，爲無世界之我。世界如影，一心如夢，環顧世間，都成夢裏。於物無可取捨，於心無所愛憎；心無差別，則世界無差別。心無大小遠近，則地無十方；心無先後久暫，則時無三世。推之心無貴賤，則無天子匹夫之夢；心無貧富，則無千駟餓死之夢；心無壽夭，則無彭祖顏回之夢；心無聖凡，則無夷齊盜跖之夢。一切強弱高下，是非得失，恩仇美惡，種種對待之法，皆以差別心自生差別相。我心一掃而空，萬物本來無二，四海皆爲兄弟，滿街都是聖賢。心心與物無違，物物與心無迕，無可比較，無可計算，無可束縛，無可攀援。於是，世界平等，一心自由，遨遊於萬化之表，安步於虛空之域。隨緣作戲，與世相忘。登山臨水，便是功名；吃飯著衣，名爲學問。以夢中身行夢中事，不離色聲香味，不著色聲香味；不離十方三世，不著十方三世。心而無心，無心而心；世界而無世界，無世界而世界；我而無我，無我而我。我以如是心現如是世界，名曰極樂世界。游於極樂世界，名曰逍遙游。故作逍遙游辭以寄其意。其辭曰：

逍遙游兮，世何途而不坦，身何往而不宜？於予懷於宇宙，等萬物而一之。本無於去住，但隨地以游嬉。偶出門而孤往，實無擇乎東西。或杖策於山巓，或泛舟於水湄。臨清流以濯足，凌高岡而振衣。聽春泉之逸響，挹夏木之清暉。枕溪邊之白石，仰樹杪之蒼崖。柳因風而暫舞，猿遇雨而長嗁。翫水深之魚樂，望天空之鳥飛。隨白雲以朝出，乘明月而夕歸。藉蒼苔以憩卧，採松實以療飢。隨所取而己足，何物兢之可疑。伴漁樵以共往，見童叟而依依，肆談笑以適意，信人我之無違。喜山川之寂寞，契遊子之孤懷。境渺渺以愈遠，情悠悠而自知。常蕭然於物外，與一世而長辭。惟賞心之自得，歎同樂之人稀。偶倦游而思返，卽興盡而掩扉。披詩書以自讀，引杯酒而酌之。任出處之自便，何外物之能覊。仰天地之閒暇，覺人事之無爲。欲長歌以寄意，遂援筆而忘詞。

二、新續高僧傳序

衡陽喻子昧庵因北京法源寺道階法師之聘，編輯新續高僧傳。據明季沙門如惺所撰明高僧傳，推而廣之。始於北宋，終於前淸，凡六十六卷，自名之曰四集。而以梁沙門慧皎之高僧傳十六卷爲初集，唐釋道宣之續高僧傳四十卷爲二集，宋釋贊寧之宋高僧傳三十卷爲三集。今所編輯續一二三，故云四集。喻子編輯既已，徵序於虎禪師，且告之曰，取今高僧傳四集，合前三集觀之，中國數千年佛教人物，盡在是矣，求佛法者當觀於此。

虎禪師曰：唯唯否否。今所傳者，名曰高僧，佛所説法，因僧而傳，佛法與僧，同爲三寶。今傳高僧，卽傳佛法，欲求佛法，須識高僧。欲識高僧，有其三義，請略言之：

因能説法，故曰高僧，因能學佛，故曰高僧。所説之法，卽學佛之法，所學之佛，卽説法之佛。説法度人，學佛度己。以學佛爲説法，卽以度己爲度人；以説法爲學佛，卽以度人爲度己。知一切皆由識生，而力求轉識之智；知一切皆由緣起，而力求無緣之慈。戒行圓明，教理通達，如此高僧是第一義。

然而高僧云者，義不止此。此何以故？若以説法而名高僧，則法與不法，邪正殊觀；法見未除，斯法執以起。若以學佛而名高僧，則佛與非佛，聖凡異視；佛見未除，斯我執以起。二見二執，皆爲心障，斯障不淨，何云高僧！是故，高僧云者，必知無法可説，亦無説法之人，始爲高僧；且知無佛可學，亦無學佛之人，始爲高僧。此何以故？所説之法與能説之人，所學之佛與能學之人，皆以一心幻成二相，自心差別，不自外來。善惡相對而成，迷悟相因而至，有則俱有，無則俱無。必須能所盡消，斯爲心境不二。二生於一，一歸於空，既了性空，便知相幻。何者是法？何者是佛？一念不生，萬緣俱寂，必如此者，方爲高僧，是第二義。

然而高僧云者，義不止此。此何以故？一切萬法起於因緣，成於對待。本來無法，因非法而有法；本來無佛，因非佛而有佛。去妄所以顯真，妄去亦無真可顯。明空所以破有，有破亦無空可明。

故高僧者，又必能於無法可說而爲說法，所說者即無可說之法；無佛可學而爲學佛，所學者即無可學之佛。其說法也，因病付藥，隨機應緣，遇相則說無相，遇性則說無性，遇無相則說有相，遇無性則說有性。性相不二，自在通融。謂爲有法也得，謂爲無法也得；謂爲有佛也得，謂爲無佛也得；謂爲非法非佛也得，謂爲即法即佛也得。雖有八萬四千法門，而實無一語言文字。一法都無，而萬法盡有；萬法盡有，而一法都無。實相無相，實性無性，即動即静，即事即理。虛空粉碎之中，隨意建立莊嚴世界。我爲法王，於法自在，是爲高僧之說法。其學佛也，明心見性，當下承擔，我與如來，無二無別，即心是佛，不待他求。佛與非佛，遍立假名，心與非心，現前實相。三世十方，無非一念。三世止於當時，則一切時間何時非佛？十方止於當地，則一切空間何處非佛？時時在祇園中，處處皆靈山會上。樹影山光，觸目皆成佛色；風鳴鳥囀，遇耳盡是佛聲。如此，六根悉成正覺，一切世法何非佛法，一切魔事何非佛事。萬象如如。無欠無缺，無生可度，無佛可成。心佛衆生，三無差別，煩惱即是菩提，生死即是涅槃。極樂淨土，祇在娑婆。學佛之人，心不拒事，事不留心，緣來起幻，緣去還空，任性隨緣，了無擇別，逍遥自在，游戲神通，無去無來，絕無罣礙。是爲高僧之學佛。如此說法，如此學佛，謂之高僧，是第三義。

了此三義，則能透過三關，洞穿末後。一切衆生，齊成佛道，有何分別，可曰高僧？更知僧與佛法，三位一體。一三三一，盡是假名。本無所謂高僧而爲此高僧傳，雖爲此高僧傳而無所謂高僧。以我所觀，如是如是。

虎襌師說已，喻子曰：唯唯。四集既爾，一二三集皆然。因請述之，以爲高僧傳論，以爲高僧傳贊。民國十二年十月一日。

三、我佛偈贈美國貝博士並序

民國十三年三月，美國哲學家貝博士來游吾國，專考佛教，遍訪佛學界諸君子，且來問於楊度。度與談佛教教義，博士信之，度又告以我卽是佛，博士未之信也。

夫使我之與佛，是二非一，則不名爲佛教。此何以故？佛與衆生，本來平等故；或迷或悟，只在一心故；迷時衆生，悟時卽佛故；佛佛相傳，惟傳心法故；心外無佛，心外無法故；心佛衆生，三無差別故。

故知一切佛法，惟明心物關係。心外無物，物外無心，而以萬法惟心爲其要旨。

此何以故？則以世間現象皆由物化，一切物體皆以化學作用而成。萬物紛紛，此生彼滅，滅生生滅，亘古循環，刻刻變遷，輪回不息。在物則爲成壞，在人則爲生死。實則世間物體只有變化，並無死生。無始無終，無生無滅，不增不減，不去不來。物物如是，人亦如是，釋迦牟尼如是，我亦如是。

既以化學和合而物身，一物必有一性，一身必有一心。物生則性生，物滅則性滅；身生則心生，身滅則心滅。舍物求性，無性可求；舍身覓心，無心可覓。吾人此心，依身而有，心卽是物，心理卽是物理，離物論心，無有是處。特因身無生滅，是以心無去留，和合而成，都無自性，是來非來，故曰如來。一切生物如是，人亦如是，釋迦牟尼如是，我亦如是。

心本非有實，以因緣和合而生。佛教有言，假合四大以爲身，心本無生因境有。眼耳鼻舌，與物爲緣，通於腦筋，變成心識。心理作用,全由色聲香味和合而成,若無色聲香味, 即無此心。心本無心,因緣而有,萬緣若息,一念不生,心外無物,亦復物外無心。一切動物如是,人亦如是,釋迦牟尼如是,我亦如是。

色聲香味即吾心識所成,影入吾心,幻立萬千世界。是知,一切世界惟心所現, 世界之成必有時間空間二義, 亦即吾人心理所成。故論空間則曰十方諸佛, 佛遍一切空間; 論時間則曰三世諸佛,佛遍一切時間。即此可知,十方三世, 盡在吾心。雖云上下八方,而十方不離當地; 雖云去來現在,而三世不離當時。比何以故?心無空間,而能遍十方故; 心無時間,而能遍三世故。由此論之,世界只在一心,心外別無世界,心生則世界生,心滅則世界滅。一切諸法無不如是,一切人類無不如是,釋迦牟尼如是,我亦如是。

因有此身,遂有此心,因有此心,遂有世界。心因身有,世界又因心有,身心世界,皆由因緣和合而成。故知世間萬事萬物,皆幻現於吾心,心本無心,亦爲幻有。一切差別之相, 皆以自心差別而成,心若不二,物皆一如。無生無死,無去無來,無聖無凡, 無淨無垢。所有大小遠近,高下久暫,長短廣狹,異同精粗,本末先後, 動靜善惡邪正等等對待之法,一掃而空。無可比較,無可擇別, 無有束縛,無有罣礙,自在游行,了無計較,得大平等, 得大自由。釋迦牟尼如是,我亦如是。

又知佛與衆生,本來同性,衆生心迷,自生煩惱。本無差別,而生差別,失平等心; 本無束縛,而生束縛,失自由心。佛心無爲而無不爲,因以一心幻成萬法,隨其根性,與作因緣。一切諷經念咒,打坐參禪,作觀持名等類,無非廣立方便, 使明自心。千萬法門,都無擇別,乃至行住坐臥,治事接人,溲溺遺矢,吃飯著衣,一切人事,無非佛事,一切世法,無非佛法。一旦此心豁然, 我即是佛。死去活來,大澈大悟,則知衆生無所短欠,佛亦無所增加。迷時衆生同佛,悟後佛同衆生，此時心境，卽與釋迦牟尼無二無別。攜乎同行，相視而笑，若復尚有毫髮異同，卽非佛境。故云：度盡衆生，齊登佛道。釋迦牟尼如是，我亦如是。

是故，佛教云者，非迷信的，而科學的，一切心法，無非物理故；非言論的，而實行的，法門萬千，明心則一故；非避世的，而救人的，萬物備我，無世可出故；非未來的，而現在的，當下承擔，本無三世故。佛教大義如是。釋迦牟尼如是，我亦如是。

故我告具博士，我卽是佛，非此不名佛教。今因博士歸國，卽以此言爲贈。且以廣之美國學界，使知我卽是佛一語，卽爲佛教第一義論。

因作我佛謁一首，重宣此義。偈曰：

我卽是佛	我外無佛	身外無心	心外無物
色聲香味	和成世界	時無先後	地無內外
三世當時	十方當地	時間空間	一念之際
差別相起	名曰心囚	一切掃却	平等自由
此心無爲	而無不爲	天然一佛	無可言思

四、菩提三偈序

一日，虎禪師會衆說法，一切法友皆來會坐。爾時，有一居士起而問曰：昔者印度名僧菩提達磨，來至中國，傳佛心印，特開禪宗，爲其初祖，衣鉢相傳。至於五祖弘忍大師，行化黃梅，將傳心法，令諸弟子各呈一偈。上座神秀禪師乃作偈曰：

身是菩提樹，心如明鏡臺，時時勤拂拭，勿使惹塵埃。五祖觀之曰：未能見性。

時有盧居士惠能者，身在寺中，任春米役，聞之亦呈一偈曰：

菩提本無樹，明鏡亦非臺，本來無一物，何處惹塵埃。五祖評曰：亦未見性。

其夜密召惠能入室，爲説金剛經中，無住生心一義，惠能言下大悟。一心能生萬法，萬法不離一心，何期自性本來清淨，何期自性本自具足，何期自性本無動摇，何期自性本不生滅，遂受衣鉢而爲六祖。此段公案，傳千餘年，世間佛子但知崇信，莫敢疑議。今諦思之，傳法因緣由於一偈，何以五祖云未見性？若未見性，何由傳法？此義難明，願爲開示。

虎禪師曰：善哉！此問能明佛法第一義諦。六祖菩提一偈，但破神秀，本非了義，非究竟義。雖云以空破有，未能卽空卽有；雖云去妄顯真，未能卽妄卽真。六祖呈偈之頃，尚未透過末後一關，故其偈意偏空，未澈圓明實性。其後，夜半入帷，密傳心法，直指本心，頓明自性，非空非有，非妄非真，空有全消，妄真雙泯，衆生無垢，佛亦無淨，衆生無減，佛亦無增。一切衆生，本來是佛，不假修持，自然是道。此時，六祖自見自心，自明自性，生死一關，直超而過，永離三界，立見如來，俄頃之間，卽成佛道。由此而知，菩提一偈，實非了義，非究竟義。

問曰：六祖既聞法要，遂度末後一關。既曰末後，應有幾關？學佛之人，已度未度，差別如何？願聞其説。

虎禪師曰：禪家所謂末後一關，卽爲生死之關。一切佛子，不度此關，不成佛道。詳其次第，則有三關。本來衆生，皆有佛性，自心自迷，遂生魔境。種種色相，種種名目，若美若惡，若高若低，一心所生，還以自擾。一旦與佛爲緣，仍以差別之心求之於佛，理解神通，層層追究，生前死後，步步安排。相有性空，愛憎取舍不能空諸所有，以減少其差別心，反而實諸所無，以增多其差別心。於是，佛與非佛相對成魔，佛因魔生，魔因佛起，佛高一尺，魔高一丈。多一分理解，卽多一分情識，多一層戒行，卽多一層業障。夢中作夢，心裏生心，學道有年，安心無日，將心治心，反成心病。只解漸修，未能頓悟，故其學佛難如登天，而其成佛易如履地。學佛必經多劫，成佛只在須臾；學佛始於漸修，成佛終於頓悟。修爲頓中之漸，悟爲漸中之頓。離頓無漸，不能舍悟而言修；離漸無頓，亦不能舍修而言悟。修時自心是魔，悟後自心是佛；修時凡佛皆魔，悟後凡魔皆佛；修時佛魔對立，悟後魔佛對消。當其一心繫佛，佛是心魔，未及雙空，自然兩有。此乃道所必經，事無可避。如是境界，名第一關。由是而進，則如遍地皆機，忽然而遇，一念回光，大夢立覺。一切心魔，渺無踪影，一切世界，粉碎無餘。多生情識，一旦銷亡，生死命根，一刀兩截。心與外境，兩不相到，當下解脫，如桶脫底，前後際斷，言思路絕。無著力處，無用心處，一了萬了，更無餘事。本來無佛，亦無衆生，一念不生，萬緣俱寂。如是境界，名第二關。由此再進，則如死去活來，別一世界，立地承當，卽我卽佛，心如虛空，無在不在。謂心無住也得，謂心有住也得，謂之無心也得，謂之有心也得。一心超然，無前無後，無內無外，無有時間，無有空間。本無現在，何況過去未來；本無當前，何況東西南北？三世止於當時，十方止於當地，三世十方，備於一念。實相無相，實性無性，舉體全真，如如不動。出世入世，無界可分，煩惱卽菩提，生死卽涅槃。衆生卽佛，佛卽我心，心佛衆生，三無差別。上與諸佛同懷，下與衆生同體，一切平等，一切自由。萬相莊嚴，一心圓寂，馭空而行，神通自在。住性逍遙，隨緣戲樂，不著不離，無牽無絓。一切世法，皆爲佛法，行住坐臥，無非佛土，吃飯著衣，無非佛事，時時皆佛，處處皆佛。惟一真心，應緣而動，動而無動，緣而無緣，無心而心，自然是佛。如是境界，名第三關。此第三關，謂之末後一關。世間佛子，由此三關達究竟地，入佛境界。一切過去現在未來諸佛，所有因緣，所有境界，無不如是。

虎禪師說已，諸法友等皆大歡喜，起而贊曰：昔日黃梅傳法，留此疑案，流傳至今，無人敢議。何期六祖滅後千數百載，祕義始明，佛法再振。乃知六祖當日聞法心悟，突過末關所證境界，如是如是；又知一切諸佛所證境界，如是如是。今日會衆，如聞六祖說法，請於六祖菩提偈後下一轉語，明究竟義，以了禪宗千年公案。

虎禪師曰：善，善！學者當知，神秀一偈，爲相對心，心內有塵，自分淨垢。諸塵非淨，一心無垢，是第一關，名佛子偈。六祖一偈，非相對心，心內無塵，何淨何垢？淨心亦無，垢塵何有？是第二關，名菩薩偈。今作一偈，爲絕對心，心外無塵，衆生佛祖，卽垢卽淨，卽空卽有，是第三關，名佛祖偈。三菩提偈，適應三關，境界雖三，佛法惟一，學子論之，皆成佛道。乃示偈曰：

身是菩提樹，心如明鏡臺，塵埃卽無物，無物卽塵埃。

五、楞　嚴　偈並序

有一法友問於虎禪師，曰：予治楞嚴經有年，此心尚爲五陰所苦，法當如何？虎禪師曰：君心非爲五陰所苦，乃爲妙明真心所苦耳。楞嚴經義釋此二者甚詳。實則五陰而外，別無妙明真心，妙明真心而外，別無五陰。學者翫弄心光，自生差別，一心分二，對待成魔。智者了知，止此一心，如何分二，不加分別，概與掃除。對待相消，卽明自性本無一物，何有二心？既無五陰可空，亦無妙明真心可得。本無生滅，本不動搖，性相如如，無二無一。達此旨者，卽爲無心不二法門。因作楞嚴偈一首以告法友，卽對一切世間治楞嚴者而爲説法偈曰：

何者是五陰，妙明真心是，一心分爲二，對待成差異。悟時並無一，迷時却有二，一二盡掃除，卽入如來地。

六、輪　回　偈並序

乙丑閏月三十日，虎禪師在畸公齋中夜坐，畸公因問佛法中生死輪回一義。虎禪師曰：離心説佛，無有是處，生死靈魂，管他做甚，放下此心，輪回立盡。畸公言下大悟，點首歎曰：天下本無事，庸人自擾之。一切萬法，如是如是。虎禪師撫掌大笑曰：畸公今日成佛了也。既見本心實無一物，一念能空，萬緣皆絶。卽此是佛，更無可疑。我與諸佛，皆爲汝證。自此以後，大事已了，不假修持。悟後之修，惟除習氣。心中無事，事中無心，一切隨緣，卽爲了義，古今諸佛，無不如是。因作輪回偈二首，以誌因緣。　前偈有心有輪，以明心相，後偈無心無輪，以明心體。相體一如，亦無二義。卽因畸公，爲世説法。偈曰：

前偈：心心復心心，一心幻萬輪，輪輪似生滅，非滅亦非生。

後偈：無前亦無後，無去亦無來，本無生滅心，何自有輪回。

（以上據自刻本虎禪師論佛雜文）

七、唯識八偈序

或曰：佛教各派之中，惟法相一宗專言一切唯識，又言轉識成智，此與教外別傳之禪宗，宗旨同異如何？

　　虎禪師曰：佛教之中，惟有禪宗不立語言文字，此外諸宗各敷教旨，枝流萬别，源本全同。其中解剖心理最近科學者，莫如法相一宗。其歸宿雖與禪宗同，其法門則與禪宗異。蓋一切法無我，爲根本之教義，禪宗則謂，法本無我，無可説明，一落言文，即非真實。一切唯識，本爲一心幻相；轉識成智，亦爲一心幻相。智識二相，相對而生，有識即有智，無智即無識，有則俱有，無則俱無。惟有一切不問，概與掃除，對待相消，了無一物，乃爲最上上乘，否則名相繁生，重重剖析，轉迷真義，如數河沙。若謂今日轉識成智，試問當初轉何成識？如曰轉識成識，義既不通；如曰轉智成識，理尤無據。然則，此識從何而來，豈非根本一大疑問？若在禪宗，答此疑問則曰：一切法無我無識亦無智，智識名相，一例對消。蓋以無識無智，即爲一切法無我之真諦。以不説明爲説明，以無方便爲方便，即以不立語言文字爲無心之法門。而法相宗不然，乃於一切法之無我，詳爲解釋，萬法唯識即是萬法無我。本來無我，唯有心識，雖有心識，究竟無我。不明心識之無我者，其識名之爲識；明乎心識之無我者，其識名之爲智。智識一物而有二名，由於迷悟，一心而有二相。究之一心，迷悟亦以對待而名。不醉何醒，不迷何悟？禪宗併此二相而亦掃除，務使一切對待無不掃除。掃無可掃，以極於無，乃至有無亦復掃除，則真虛空粉碎，語言文字俱窮矣。故論相宗禪宗相異之點，相宗以有法門爲法門，禪宗以無法門爲法門；相宗不離語言文字而説法，禪宗不著語言文字而説法；相宗於一切心識用分析法分析之，以明其非有，禪宗於一切心識用掃除法掃除之，以歸於本無。相宗既用分析法，則不得不立智識二假名，而爲相對之分析；禪宗既用掃除法，則不得不破智識二幻相，而爲絶對之掃除。相宗語語皆明現象，禪宗語語皆明本體。究之舍本體無現象，舍現象無本體，二者同而異，亦異而同也。真旨既明，爲設一譬。人之一心，本如白紙，無絲毫之染色，所謂本來無一物者此也，所謂一切法無我者亦此也。徒因眼耳鼻舌所緣，色聲香味所現，映入一心，遂成影相，影相漸深，遂成心習，即所謂習氣也。種子現行，愈熏愈久，習氣亦愈堅牢，乃如一片白紙，加以各種染色，而成青黃紅綠之紙，不見絲毫白底矣。惟人心之染色不同，則其習氣亦異。凡在人類，各有種族，各有地域，各有歷史，各有家庭，各有國家，各有社會，各有教育，各有職業，一有不同，則其習氣必異。習氣既異，則必自執其習以爲本心，彼此相攻，異同相鬥，是青者非黃，是紅者非綠。世間一切之爭，無論爲政論，爲學說，爲宗教，甚而至於衣服飲食之參差，殊風異俗之抵觸，無一不因心習之殊。一言蔽之，青黃紅綠之習氣而已。顧其習氣雖殊，而其一心皆爲染心，皆爲青黃紅綠之心，皆非本來白紙之心，則人人如一。衆生習此而不自覺，悲夫！自古至今，人類之中，惟有一佛自見本心，知爲白紙，本來無色，不著諸染；又見世人心迷，遂發慈悲，爲衆說法，萬偈千經，皆爲此事。佛之主旨，在使衆生各見本心，各明自性，不爲一切諸色所染。其在衆生心中，對於佛說，亦與世法無殊，成爲一種染色，熏習既久，染亦漸深，其色亦非白色，幾與青黃紅綠相同。故世間佛教之徒，當未澈悟以前，所有持名念咒，諷經持論，種種知解，種種功行，亦成一種習氣。甚至爭持宗派，是己非人，更爲習氣最深之象。依此以論，則佛法等於世法，徒增人類染心，究於衆生何益！然而有不然者，則以世法染色爲無藥性之染色，佛法染色乃有藥性之染色，藥性作用在於洗淨一切染色。譬如去垢之胰，其色雖有青黃紅綠之相，其用則非加染，而爲退染。故染心雖同，而效用大異。修佛法者，熏習既久，則於世法所染諸色，自然漸漸減退。惟退染之結果，能否人人回復原底白紙，則爲一大問題。其回復白底之程度，始於一星之白，終於全體之白，亦爲程度問題。禪宗最大關鍵，即在於此。

此何以故？禪宗最要關頭，莫如頓悟，自古佛祖高僧，無不成於一悟。修而不悟，謂之常人，修而能悟，謂之菩薩。所謂悟者，久修之後，忽然機緣湊合，能自見其本心，一時此心自然解脫，如桶脫底，大死大活，前後兩人。往往頓悟之時，大喜大驚，通身汗下，如獲異寶，如登仙界。以譬明之，則常人之心等於染紙，平時說法修心，究竟不知心爲何色，乃因洗刷多年，忽然發現一星之白，不覺驚駭失措，見所未見，今日始知我之本心，原來如此，今日以前，念念俱錯。今所見白，雖止一星，然已確見自心本色，從此明心見性，永不再迷，俄頃之間，即登佛道。常人菩薩之界，由此而分。故世間佛子能否自見本心之白，實爲學佛生死開頭，至於見白之後，尚須逐漸修持，掃除習氣，方能回復本來之心，到佛境界。此如色紙見白，初止一星，漸擴漸大，愈洗愈淨，至於全體皆白，則爲習氣毫無，斯成佛矣。故悟後菩薩尚分九等，即以見白多少爲差，所異於常人者，悟後之修，爲功甚易，習氣即來，無可安著，見白之心，不受染色．不修之修，自然合道，寂照圓明，常如明鏡，此境實非常人所能夢見。且也菩薩入世，與常人殊，隨緣不變，不變隨緣，游戲神通，無可不可。又如電影戲中，白布自身無一色相可現，一切色相而於自身毫無染著．若在常人，則青黃紅綠必與他色相拒不納，處處執著，無一能通者矣。如此，佛果始於一白，故見白者，始於一星；成佛者始於一悟，頓悟之功，其大如是。然此所述，實爲禪宗法門。若以此譬兼明相宗，則相宗所謂一切唯識者，即爲一切唯染，一切唯色；所謂轉識成智者，即爲轉染成淨，轉色成白，其理固與禪宗無異．其所異者，相宗以白爲白色，禪宗以白爲無色；相宗以白與色對立，禪宗以白與色對消；相宗於白色名相，先立後破，禪宗於白色名相，有破無立；相宗說法有智有識，有轉有成，禪宗說法無智無識，無轉無成；相宗尚設智識之名相，禪宗並無無智無識之名相。故相宗爲相對分析法，禪宗爲絕對掃除法。總之，禪宗之旨，有破無立，一切皆無。不僅一切法無我，亦並無一切法；不僅無一切法，亦並無一切心。此何以故？心法二者，亦因對待而生，佛說一切法，爲除一切心，我無一切心，何用一切法！此乃教外別傳之禪宗獨有之義，不僅與法相宗異，且與其他各宗皆異者也。今日世界爲科學之世界，以應緣說法而論，禪宗壁立千仞，無可攀躋，似不如相宗，條理萬千，應於時勢，易使學人得其途徑。然於佛教中求無上上乘，終以禪宗爲歸。無論修習何宗，證果之時必與禪宗無別。學者若非實鍊實修以求一悟，而徒鑽研名相，知解橫生，本欲治心，反爲心障，將心用心，豈不大錯？是犯信心銘之大戒矣！今惟參酌其間，用禪相雙修之法，修習相宗之時，進以禪宗之旨。時時分析，時時掃除；時時相對，時時絕對；時時求轉識之智，時時求無智無識之悟，必於學佛得大方便。因作唯識八偈以明其義。

一偈曰：

我說唯識法，轉識而成智。智識本一心，假名分二諦，迷時智爲識，悟時識爲智。迷時有智識，悟時無識智，智識相對生，有一即有二。聖者悟爲一，凡夫迷作二，只此一二心，演成無數義。

二偈曰：

試問識何來，劈頭一疑義，若知二即一，便知識卽智。智識若非一，如何能轉成？智由識轉成，識由何轉成？若云識轉識，卽是識成識，既無智後智，豈有識前識。若云智轉識，卽是智成識，既無識前智，豈有智後識！智識若非一，此識無由生，轉者無可轉，成者無可成。

三偈曰：

此識從何來，根本一疑問，能破此疑者，立時入佛境。於識得本來，於智得究竟，智識兩空時，衆生真佛性。

四偈曰：

佛性者云何？無二亦無一。世間諸名字，一一皆對立，無名變有名，一二變萬億。相對有萬名，絕對無一物，相對皆虛幻，絕對乃真實。智識從何來，卽從二名出，除却相對名，卽無智與識。

五偈曰：

衆生差別心，被此對名惑，人我與彼此，是非與善惡。於名起愛憎，於心生執著，智識亦如此，二名相對作。由二再分別，六百六十法，因地轉六七，果地轉五八。人人求識轉，人人望智成，不知識與智，時時皆兩存。識因智而起，智因識而生，一滅則兩滅，一生則兩生。滅則無一實，生則有兩名，有智有識妄，無智無識真。

六偈曰：

聖人見本性，無對亦無名，一性而萬相，萬幻而一真。一切法無我，無我卽無人，心無我與法，對相永不生。智識卽對相，一實而二名，轉二而成一，一心之所能。轉名不轉實，成實不成名，雖對亦無對，雖名亦無名。一心亦無心，無所亦無能，無識亦無智，無轉亦無成。

七偈曰：

是故智與識，只是假名字，今就假名字，解釋真實義。識名前五識，智名成所作；識名第六識，智名妙觀察；識名末那識，智名平等性；識名阿賴耶，智名大圓鏡。相對兩假名，絕對一實性，對智名爲識，對識名爲智。究竟智亦識，一切唯識義。

八偈曰：

我用不二法，開此唯識門，不二法門者，對消智識名。對立心卽迷，對消心卽悟，事事皆對消，不爲假名誤。本來無差別，兩邊心不住，莫求一切智，但掃一切識。莫分識與智，但除智與識，有對卽爲識，無對卽爲智。凡對皆掃除，無識卽無智，無識名爲識，無智名爲智。掃除相對識，轉成絕對智，掃除智識名，轉成無名智。轉一切唯識，成一切唯智，轉無識之識，成無智之智。莫問識不識，但問二不二，掃除差別心，卽到如來地。

八、除習偈序答畸道人

畸道人於修道之時，自覺習氣難除，隨起隨滅，欲以一刀直下斬斷命根，而問於虎禪師。並問虎禪師曾於何時下此一刀。虎禪師曰：善哉，善哉！畸道人乃能精心向道，大悟之後，補修補證，至於如此。雖然刀斬命根之說，此未悟者疑問之詞，爲導師者卽當答曰，速斬速斬！更無他語。若畸道人者，聞道大悟之人，虎禪師前次接引之時，曾爲一刀直下斬斷命根，今日何爲復有斯問？既有斯問，則爲菩薩修證問題，而非未悟求悟之比，其理至深，其功至密。虎禪師卽因畸道人之問，而爲菩薩說法。

佛教之中，人有二等，法有二門。對常人言，則曰已悟未悟，名爲二等，修悟名爲二門；對菩薩言，則曰自悟他悟，名爲二等，修而悟，悟而修名爲二門。無師自通，謂之自悟；有人接引，謂之他悟。悟者卽爲菩薩，自悟他悟乃九地中異等之菩薩，而未悟者則爲常人。合而言之，實有三類，三類之人，其修悟不同，其習氣亦異。以歷史人物論之，未悟之人最多，如中國禪宗北派神秀之流皆是也；自悟之人，印度釋迦之外，記傳不詳，中國則傅大士、布袋和尚、寒山、拾得、豐干之流皆是也；他悟之人，印度自迦葉至達磨，中國禪宗諸祖，及其五派皆是也。三類之人，同爲學佛，學佛之道，專在悟心，祇須自見本心，此外別無所事。悟者能見本心，修者欲見本心。一見本心，卽成菩薩，由此九地，以至於佛。其九地之等差，在習氣之多少。由多而少，以至於無，即成佛矣。常人以修求悟，菩薩以修證悟；常人之修惟增習氣，菩薩之修惟減習氣；常人以習氣換習氣，故有增無減，菩薩以本心除習氣，故有減無增。二者皆謂之修，而常人之修在悟前，菩薩之修在悟後。此何以故？一切衆生，本來是佛，常人本由菩薩而來，菩薩又由常人而來。無論何種佛祖，非經盲修瞎鍊，不能復其本心，舍此別無入道之門。釋迦雪山六年，即爲此事。故世間佛子，不務實修，專求空悟者，無有是處。古德教人頓悟漸修，且曰有頓悟無頓修，可謂切矣。然此皆爲常人說法耳，若爲菩薩說法，則尚有一義爲古今所未發者，予今爲明言之。曰：雖有頓悟，終須漸修；雖有他悟，終須自修。此何以故？有頓悟而無頓修故，有他悟而無他修故。悟可偶藉人，緣修必專賴自力故。他悟之人，偶遇因緣，立地大悟，境界即與自悟平等，然而止境雖同，經程則異，比之自悟，究少一段實修工夫。必須補修以證其悟，方爲全修全悟之人，否則片言傳法，立地超凡，天下實無此等便宜之事。即他悟者自心亦必驚疑，何爲驟至於此？必須補證一番，方能親切圓滿，真與自悟無殊。成佛終須自成，不能絲毫假他人力。故其名雖曰頓悟漸修，其實無非漸悟漸修；其名雖曰他悟自修，其實亦無非自悟自修。故余常言，修不澈底者，悟不澈底；悟不澈底者，修不澈底。即修即悟，即悟即修，不僅無頓漸之分，而且無自他之別，更幾乎無修悟之名矣。此理至精，請爲淺譬。今以學佛譬之登山，有無導師而身至絕頂者，有有導師而身至絕頂者，乃自悟他悟之菩薩也；有始終不達絕頂者，乃未悟之常人也。此三人者，其初皆如黑夜登山，孤身盲進，林壑之險，蛇虎之災，經一層險一層，進一步難一步，此中難苦，人所同然。惟達絕頂之人，則爲目見本心，得究竟地，而未悟者不然，終身不達絕頂，不見本心，則一切思維言動，無非習氣爲主。習於儒則執儒，習於佛則執佛，乃至一宗一派亦有所執。此與習淫習殺，了無異同。善惡之名雖殊，習氣之實則一。以一心之染習爲一身之主宰，故其習氣祇有改換而無減少。當其持名念咒諷經作觀之時，偶生幻覺卽自驚奇，以爲得見本心，甚或流爲妖怪。其近道者，則如神秀時勤拂拭，不著塵垢，有如步步躋高，時虞隕越。其操持至矣，止矣！然皆習氣作用，不見本心。至於高山絕頂之上，自然安舒，自然空曠，旣爲心目所無，亦卽無由生此意境。予嘗謂，中國精神界、學藝界有二怪事：一爲禪學，二爲圍棋。力量孰高孰低，絲毫不能假藉，亦絲毫不能強同。在圍棋中若高一著，在禪學中若高一層，其低一格者卽永遠不能相敵。由高視下，無所不知，更無一絲可以欺蔽，而高者心中境界，低者永遠無從測知，有如酒量不可強齊。事之確定而嚴酷者，無過於此，亦學問中之一奇也。故予嘗謂，禪學有一定之標準，可爲科學之一，卽以此故。未悟者對於悟者境界，心旣不知，亦決不信。六祖、神秀二人同師，而一悟一否。神秀終身不測六祖境界，僅以衣鉢在彼，不敢不迷信耳。當時達摩深知此理，特設衣鉢以爲信物。世人所信者物，而非信道，若無信物時，必無人肯師六祖。觀於傳記所載，神秀法徒多於六祖，乃明證也。惟佛乃能知佛。信哉此言！其道愈高，知者愈少，衆生難悟，莫可如何，佛祖於兹，亦惟悲憫。菩薩萬事都了，而不作自了漢，義當傳法度人，誠悲之也。若夫自悟他悟之人，其爲黑夜登山，備嘗艱苦，與未悟同，故曰菩薩亦從盲修瞎鍊而來。惟自悟者則於盲行亂進之時，忽然闖至山頂，無意之中得歇足處。舉目四顧，世界一新，仰首天空，置身世外。眼界自然而大，胸境自然而空。不見有人，豈知有我？卽此一切皆空，斯爲極樂世界。旣見本心虛無一物，若欲叩其所得，實爲一無所得，惟其無得，所以無失。然自悟之人得到此地，旣無接引之人，復無便宜之法，實由四山踏遍，絕頂親臨，實修實悟，全修全悟，親見親聞。

得兹止境，斷非偶然，亦非僥倖，此後大事已了，不假修持，惟養聖胎，漸除習氣，九地漸登，以成佛道，如是而已。虎禪師之入道，由於自悟，所得境界亦卽如是。畸道人知其爲自悟也，疑其昔日已曾下刀自斬，或者今日尚未下刀自斬，因以爲問。此正自悟他悟之分。自悟者因自斬而得覺，他悟者已被斬而不覺也。虎禪師當在廬山悟道之時，實因我爲我困，心極不安，當氣絶心死之餘，爲無可如何之計，一刀直下，斬斷命根，不望再生，祇圖一死。不期一念之間，刀與命根同時失却，無心之境大現於前，此心卽時大澈大悟，有如白日當空，照澈大千世界，立地超然入於佛地，大死大活，前後兩人。此後一心寂照，圓明常如明鏡，卽如六祖所云：惠能一心常生智慧，自見本心。本來無物，習氣一來，照之卽去，旋去旋來，自多而少。他日能否得達於無？釋迦而外，無者幾人？我實不知，不敢誑語。今爲衆生現身説法，自悟境界，我爲實證。至於他悟之人，則如黑夜盲行，已近山頂，中路徘徊，不知所向。此時境地，最爲危險，上之可以立達極巔，下之亦可永淪幽谷。自古真修之士，往往此時千里參師，以求一棒，或則終身不遇，或則一喝而醒，惟視機緣，以爲生死。其緣合者，偶與導師相遇，恰如山頂有人，忽然大聲一呼，遂乃舉足而至，比肩並立，縱目四觀，大笑高呼，如是如是。惟其距離至近，所以接引能行，今既攜手同行，則境界等無差異。所以自古至今，佛佛相傳，心心相印，萬偈千經，同爲一法。然同則同矣，山頂近處傾險深危之象，他悟者實未盡知。驟然達此絶境，若不對景生疑，或又視事太易，勢須白晝下山，重行勘履，以補夜行之所未及。其間蹊徑之曲折，林谷之阻深，雖仍有阻步之時，然永無迷途之日。且於山上山下風物之殊，上山下山路途之別，將一步一點首，證明絶頂之超然。凡前此修道之難，與今日得道之確，一一默證於心，真到不疑之地。是謂補修，亦名爲證。佛

家最後之證，非先覺者不能相證，非已悟者不能自證。此等補修補
證，爲他悟者所獨有。而自悟者無之，非真無也，自悟者之白晝行
山，重尋當日失路迷途之跡，一以自笑，一以憫人，與他悟者心理略
異而已。他悟之後，有此補證，方爲澈底之修，徹底之悟。畸道人
者，因於他悟入菩薩道，惟其悟也，故能自明本心，自見習氣，旋起
旋滅，刹那便休，未悟之人決難見此。惟其他悟也，故有補修補證
之功，其刀斬命根之念，則因白晝行山，又遇荆榛塞路，惡其阻步，
欲與蒯除，此神秀心中忽有塵埃可拂。畸道人習氣忽來，發爲此
問。不知習氣擾人，誠宜掃却，然畸道人此身從空處來，兩手空無
一物，何處得有此刀？且習氣非可由斬而斷，有斬即有不斬，有斷
即有不斷，二者對待相生，決無偏一。今日欲斬欲斷之自憤心，他
日已斬已斷之自喜心，實即不斬不斷之習氣也。習氣無非妄念，斬
斷習氣亦爲妄念。以妄止妄，以心治心，如何而可！不來此心空無
一物，既無習氣可斬，亦無斬斷習氣之刀，但須明鏡一懸，立見刀魔
兩盡。故知悟前之修，以習氣換習氣，所用惟刀；悟後之修，以本心
除習氣，所用惟鏡。常人有刀無鏡，菩薩有鏡無刀，然而真實言之，
常人何嘗有刀，菩薩何嘗有鏡。凡此諸物，皆無有實，執此名詞，亦
爲習氣。今言除習之法，惟有刀也放下，鏡也放下，常人放下，菩薩
放下，習氣本心一齊放下。本自無心，何來諸物？今爲畸道人證
道，答以一偈。偈曰：

習氣即刀，刀即習氣，直下無心，坦然佛地。

〔附來書一〕

維摩丈室，一榻蕭然，夢中或問病在甚麼處，答曰病在命
根不斷。覺而自念，吾輩今日習氣不斷，皆由平生悠忽隨習氣
流轉，不曾下死工夫。當一無感觸時，自謂任性逍遙，隨緣放
曠，一有感觸，習氣便依前暴發。看似隨起隨滅，不過刹那便

休,其實病根永遠存在,不免隨滅隨起,直是無窮無竟。自知此病深在命根,除一刀斬斷外,別無治法,又深信一刀直下,決無不斷之理。然畢竟不能下此一刀,病在甚麼處?凡人處順境易沈溺,處逆境易激發。吾輩遭逢事變,出生入死,所處之境但有激發而無沈溺。未知虎襌曾于何時下此一刀?若鄙自知,最後一刀至今尚未能下,病在甚麼處?又古德云:出家是大丈夫事,非將相之所能爲。一刀直下,斬斷命根,豈不是大丈夫事耶!虎襌我師,何以教我?更呈一偈,偈曰:

　　一室維摩百念無,夢還猶有病身軀,出家將相皆兒戲,未是人間大丈夫。　　　　　　　　　　　　　壽田頓首

〔附來書二〕

　　虎襌我師方丈,得復書,平實作答,語語皆露骨之談。然誦之經句,未卽作報者,則以公能洞知我之境界,而我猶未能洞見公之境界。誠如來示所喻,棋力酒量,非關退讓者也。忽因環境所迫,困苦至不可名言,幾於怨天尤人,無所不至。展轉竟夕,天甫欲明,忽然脱落,不覺狂笑。偶思公在廬山時,我爲我困境象,此身不覺與公泯而爲一。又念古人遇此澈解時,往往夜半捶門打户,驚人渴睡,轉恨公遠在濟南,不能乘飛車一驚清夢也。公可謂廬山得道,鄙可謂龍亭得道,與前此受公印證時,又爲別一境界矣。略而言之,古人有所謂知解依通,略前此略近乎此。再加以緣境持通,鄙今日略近之。此後更當加以修行澈通,則可至刀境兩亡,本心自在之境矣。我師以爲何若?鄙今自命能見公之境界,公以慧力觀之,爲能相知至真實否?若此外友好中,恐道亭尚未能至此境,不過如前此之鄙而已,大海茫茫,何時得與公一椽結夏,領此相視而笑,莫逆於心之況味耶!專此奉問道安!

壽田頓首。

〔附復書一〕

　　畸道人執事，來書敬悉。龍亭悟道，大賀大賀！此如登山
之譬，前既絶頂親臨，今復四山踏遍，補修補證，心愈不疑，仍
爲已悟者之證，而非未悟者之悟也。未悟者之悟，其事爲不可
必；已悟者之證，其事爲至可必。不過補修補證何日竟功，其
期或有遲速而已。此時即無觸發，終必有此一時。此次公爲
環境所逼，忽得鄙人一書，皆爲時節因緣促之使早，否則更須他
日他緣始能如此。今既得之，則大事已了。古人所謂親見一
面，非此不爲親切自得。鄙人他悟自修之説，即指此也。他悟之
人，必須補修補證成功如此，方能真與自悟平等。公謂此後知
我境界，我爲公證，此言不誆。以後工夫，同爲不修之修，所分
別者，習氣多少有無之漸，菩薩九等地位之差而已。我如是，
汝亦如是。善自護持，書不一一。度頓首。

九、真如生滅偈序

　　或問虎禪師曰：大乘起信論者，或謂馬鳴菩薩所作，依一心法
立二種門。一者，心真如門。所謂心性不生不滅，一切諸法唯依妄
念而有差別，若離心念，則無一切境界之相。二者，心生滅門。所
謂不生不滅與生滅和合，非一非異，名爲阿黎耶識。一切衆生，依
此二門，以求佛道。其法如何，願爲開示。

　　虎禪師曰：真如生滅，都是名詞，無有真實。心本無一，況分爲
二？真如外無生滅，生滅外無真如；真如即是生滅，生滅即是真如。
一切對相，相互而生，是一非二，無可分別。世間佛子，因二假名，

妄生差别，妄生對待，以心治心，無有是處。今明其義，作爲一偈，名真如生滅偈。偈曰：

一、若於生滅外，別求真如理，去妄而求真，舍波而尋水。

二、若於生滅中，更求真如理，據妄以作真，認賊以爲子。

三、二者皆外道，將心治心病，皆用生滅心，以求真如境。

四、聖者心了然，不自生差别，何者爲真如，生滅非生滅。

五、本來生滅心，究竟非生滅，雖生亦無生，雖滅亦無滅。

六、本來無此心，生滅不生滅，生滅即真如，真如即生滅。

七、有心是生滅，無心是真如，有心而無心，生滅而真如。

八、至常是真如，無常是生滅，無常而至常，與佛何分别。

十、佛法偈序

或問虎禪師曰：佛家說法常用偈語，能以少文而攝多義。夫佛法無邊，經論繁博，學佛之士，常苦探求，若能作一偈語，總括一切佛法，以示衆生，俾其持守其法甚便，其義如何？

虎禪師曰：以偈説法，自古皆然，歷代佛祖各傳一偈。釋迦以前有七佛偈，釋迦以後有三十三祖師傳法偈。學人任取一偈，皆可總持，以此爲師，無須再作。

或曰：何者爲七佛偈？

虎禪師曰：釋迦以前有其七佛，佛各一偈。

毗婆尸佛偈曰：

身從無相中受生，猶如幻出諸形象，幻人心識本來無，罪福皆空無所住。

尸棄佛偈曰：

起諸善法本是幻，造諸惡業亦是幻，身如聚沫心如風，幻出無根無實性。

毗舍浮佛偈曰：

假借四大以爲身，心本無生因境有，前境若無心亦無，罪福如幻起亦滅。

拘留孫佛偈曰：

見身無實是佛身，了心如幻是佛幻，了得身心本性空，斯人與佛何殊別。

拘那舍牟尼佛偈曰：

佛不見身知是佛，若實有知別無佛，智者能知罪性空，坦然不怖於生死。

迦葉佛偈曰：

一切衆生性清淨，從本無生無可滅，即此身心是幻生，幻化之中無罪福。

釋迦牟尼佛無常偈曰：

諸行無常，是生滅法，生滅滅已，寂滅爲樂。

或曰：何者爲三十三祖師傳法偈？

虎禪師曰：佛教教祖，印度釋迦牟尼釋爲世尊，昔在靈山會上拈花示衆，衆皆默然，唯迦葉尊者破顏微笑。世尊曰：吾有正法眼藏，涅槃妙心，實相無相，微妙法門，不立文字，教外別傳。付囑摩訶迦葉曰：吾以正法密付於汝，汝當護持傳付將來，吾將金縷僧伽黎衣傳付於汝，轉授補處，至慈氏佛出世，勿令朽壞。因説偈曰：

法本法無法，無法法亦法，今付無法時，法法何曾法。

釋迦一偈爲傳法偈之祖，其後印度初祖迦葉，密傳二十八世，至於二十八祖達摩，是爲印度二十八祖。達摩自印度來中國，特開禪宗，又爲中國之初祖，密傳六世，至於六祖惠能，是爲中國六祖。

釋迦以後，自迦葉至惠能，實爲三十三世。傳法之時，世傳一偈，並傳其衣。惟至惠能，傳法衆生，信心已熟，衣止不傳，但傳一偈。惠能而後，偈不皆傳，故傳法之偈止於三十三世，僅有三十三偈。印度得二十七偈，中國得六偈。

或曰：印度二十七世偈語云何？

虎禪師曰：自迦葉至達摩實爲二十八世，今述偈語不及達摩，至般若多羅而止，故爲二十七世，一世一偈，其偈如下：

印度一祖摩訶迦葉尊者傳法偈曰：

法法本來法，無法無非法，何於一法中，有法有不法。

二祖阿難尊者傳法偈曰：

本來付有法，付了言無法，各各須自悟，悟了無無法。

三祖商那和修尊者傳法偈曰：

非法亦非心，無心亦無法，說是心法時，是法非心法。

四祖優波毱多尊者傳法偈曰：

心自本來心，本心非有法，有法有本心，非心非本法。

五祖提多迦尊者傳法偈曰：

通達本法心，無法無非法，悟了同未悟，無心亦無法。

六祖彌遮迦尊者傳法偈曰：

無心無可得，說得不名法，若了心非心，始解心心法。

七祖婆須蜜尊者傳法偈曰：

心同虛空界，示等虛空法，證得虛空時，無是無非法。

八祖佛陀難提尊者傳法偈曰：

虛空無內外，心法亦如此，若了虛空故，是達真如理。

九祖伏馱蜜多尊者傳法偈曰：

真理本無名，因名顯真理，受得真實法，非真亦非偽。

十祖脇尊者傳法偈曰：

真體自然真，因真説有理，領得真真法，無行亦無止。

十一祖富那夜奢尊者傳法偈曰：

迷悟如隱顯，明暗不相離，今付隱顯法，非一亦非二。

十二祖馬鳴大士傳法偈曰：

隱顯即本法，明暗元不二，今付悟了法，非取亦非離。

十三祖迦毗摩羅尊者傳法偈曰：

非隱非顯法，説是真實際，悟此隱顯法，非愚亦非智。

十四祖龍樹尊者傳法偈曰：

爲明隱顯法，方説解脱理，於法心不證，無瞋亦無喜。

十五祖迦那提婆尊者傳法偈曰：

本對傳法人，爲説解脱理，於法實無證，無終亦無始。

十六祖羅睺羅多尊者傳法偈曰：

於法實無證，不取亦不離，法非有無相，内外云何起。

十七祖僧伽難提尊者傳法偈曰：

心地本無生，因地從緣起，緣種不相妨，華果亦復爾。

十八祖伽耶舍多尊者傳法偈曰：

有種有心地，因緣能發萌，於緣不相礙，當生生不生。

十九祖鳩摩羅多尊者傳法偈曰：

性上本無生，爲對求人説，於法既無得，何懷決不決。

二十祖闍夜多尊者傳法偈曰：

言下合無生，同於法界性，若能如是解，通達事理竟。

二十一祖婆修盤頭尊者傳法偈曰：

泡幻同無礙，如何不了悟，達法在其中，非今亦非古。

二十二祖摩拏羅尊者傳法偈曰：

心隨萬境轉，轉處實能幽，隨流認得性，無喜復無憂。

二十三祖鶴勒那尊者傳法偈曰：

認得心性時，可説不思議，了了無可得，得時不説知。

二十四祖師子比邱傳法偈曰：

正説知見時，知見俱是心，當心即知見，知見即于今。

二十五祖婆舍斯多尊者傳法偈曰：

聖人説知見，當境無是非，我今悟真性，無道亦無理。

二十六祖不如密多尊者傳法偈曰：

真性心地藏，無頭亦無尾，應緣而化物，方便呼爲智。

二十七祖般若多羅尊者傳法偈曰：

心地生諸種，因事復生理，果滿菩提圓，華開世界起。

或曰：印度二十七祖傳法如是，中國六世偈語云何？

虎禪師曰：自達摩至惠能共爲六世，一世一偈，其偈如下：

中國初祖菩提達摩大師傳法偈曰：

吾本來兹土，傳法救迷情，一花開五葉，結果自然成。

二祖慧可大師傳法偈曰：

本來緣有地，因地種華生，本來無有種，華亦不曾生。

三祖僧璨大師傳法偈曰：

華種雖因地，從地種華生，若無人下種，華地盡無生。

四祖道信大師傳法偈曰：

華種有生性，因地華生生，大緣與性合，當生生不生。

五祖弘忍大師傳法偈曰：

有情來下種，因地果還生，無情既無種，無性亦無生。

六祖惠能大師傳法偈曰：

心地含諸種，普雨悉皆生，頓悟華情已，菩提果自成。

或曰：六祖惠能以後，至今千有餘年，傳法者多，何爲無偈？

虎禪師曰：六祖以後，佛法大行，非復一師一弟密授單傳，枝葉繁茂，分爲五宗，所謂潙仰、法眼、臨濟、曹洞、雲門是也。支分派別，各有流傳，傳法既紛，偈繁難述，比之三十三祖，形式殊矣。

或曰：七佛三十三祖，人各一偈，得四十偈，詞義各殊，惠能以後偈語更繁，學子欲求少文能攝多義，仍將迷惑不知所從。今願得一偈語，總持佛法，包括七佛三十三祖諸傳法偈，將四十偈並於一偈，其法如何，願師開示。

虎禪師曰：善哉，善哉！能爲衆生求佛法要。汝今諦聽，今爲汝說所謂佛法，有其三義，一切十方三世諸佛同一佛法，一切十方三世諸佛所傳佛法同一心法，一心以外別無佛法。此何以故？一切衆生不能離心而有世界。眼耳鼻舌所觸，色聲香味所成，覺于一心，成爲世界。雖衆生世界各各不同，而備於一心，則衆生如一，故離心法更無佛法。衆生不覺，離心執身以求佛法，無有是處。此第一義。一切世界既根於心，若無眼耳鼻舌，卽無色聲香味，卽無世界，亦無此心，所謂心法，等于虛空，實無一物，並無一心，更無一法。既無心法，焉有佛法？衆生不覺，卽執諸塵緣影，謂爲自心，以求佛法，無有是處。此第二義。本無此心，亦無世界，皆由眼耳鼻舌幻爲色聲香味，因緣假合而成名相，遂成幻心，成幻世界。種種名相皆以對待而生，既爲對立，卽可對消，故知一切萬事萬物，皆無實體，僅有假名與其幻相。衆生不覺，顚倒於一切假名幻相之中，卽顚倒於幻世界中，卽顚倒于自己幻心之中。聖者了知一切，解脫所有生死善惡，種種對待差別名相一掃而空，得大平等，得大自由。遂以幻心游幻世界，卽以無心游無世界。所謂心法云者，心爲無心之心，法爲無法之法，心爲無法之心，法爲無心之法。以夢中身行夢中事，隨緣度世，游戲神通，吃飯著衣，無非佛事。無一是心，無一非心，無一是法，無一非法。離文字相，離語言相，無可思議，是爲佛法。衆生不覺，於世間法外，別談出世間法，以求佛法，無有是處。此第三義。更申言之，心法卽是佛法，爲第一義；無心無法卽是佛法，爲第二義；無法之心，無心之法，卽是佛法，爲第三義。如此三義，皆爲心法。今卽以此心法，總括一切佛法，隨作一佛法偈，總括一切佛祖諸傳法偈。乃説偈曰：

佛佛傳心法，無心亦無法，心心無法心，法法無心法。

十一、江亭詞序

蓋人生哀樂全由心境，境既生心，心復生境。於境若有愛憎，於心卽有哀樂。實則，哀卽是樂，樂卽是哀，境卽是心，心卽是境，對待相消，了無一物。自非聖人，不能悟此。予與午貽交三十年，同游湘綺門下，既聞莊子逍遥之旨，更治春秋經世之學。光緒戊戌同赴京師應禮部試，午貽以一甲第二人及第，入翰林，而予落第南歸。將出京時，偶游城南江亭，卽陶然亭也，依百字令題詞亭壁，有"西山王氣黯然"之語，午貽和之則曰，"碧水明霞相照"，詞意皆言朝政。其時政局可安可危，見危則哀，見安則樂。境以心成，心由境轉，自心自境，自哀自樂，故同一江亭，而二人哀樂相反如此。其後政變起，拳禍出，午貽侍其父巡撫公持節贛陝，繼又歸隱桂陽。予則浪迹東南，飄零湖海。中經特科之舉，臺諫之劾，名捕之禍，遂避地於日本。見國勢之日危，仍倡君憲救國論。光宣之間，張袁當國，舉予於朝，兩宮召予還京，以布衣授京堂，使主憲政。天下以爲將治，然王公擅國，政事日非，予知憲政必敗，革命之期近矣。午貽時復來京，暇則同游江亭，更續前詞。午貽詞云："廢苑菰蒲風又雨，作得秋聲不了"；予詞乃云："昨夜東風吹夢遠，夢裏江山更好。"彼則樂極而哀，似哀仍樂；我則哀極而樂，似樂

仍哀，心境又殊，幻相復變。有昔時之哀樂，卽有今日之樂哀，
對待相生，非二而一，相雖二相，心實一心。故同一江亭，而二
人哀樂前後相反又如此。未幾而淸室亡，共和成，予仍堅持
君憲主義不變。一敗於前淸，再敗於洪憲，三敗於復辟。洪憲之
役，午貽與焉。予於君憲三敗之後，自謂對國家、對主義忠矣，
可以已矣，乃不更言經世，而由莊以入佛。數載修心，遂有廬
山悟道之事。午貽相與參修，亦成大覺。丁卯重會京師，時民
國十六年春，距戊戌三十年矣。世變愈亟，人心愈擾，午貽復
續江亭詞示予索和，其詞則曰：“聽唱菰蒲新曲子，洗盡從前懊
惱”；予詞亦曰：“一自廬山看月後，洞澈身心俱了。”詞意全同，
與前盡異，蓋皆悟後之辭矣。午貽言曰：今日乃無哀樂可言。
予曰：然哉! 哀卽是樂，樂卽是哀。只有一心，並無二境，境卽
是心，心卽是境。並無一境，亦無一心，無心無境，卽無哀樂。
心無哀樂，名曰哀樂無心，哀樂無心，名曰極樂世界。諸佛境
界，如是如是。故同一江亭，而二人哀樂前後有無、相反相同
又復如此。於是，午貽與予各爲詞序。彼序其事，我序其心。
此如寒山拾得之詩，遊戲人間，偶然唱和。詞耶，偈耶，非所問
矣! 詞曰：

一亭無恙，賸光宣、朝士重來醉倒。城郭人民今古變，不變西
山殘照。老憩南湖，壯游瀛海，少把瀟湘釣。卅年一夢，江山
人物俱老。　　自古司馬文章，臥龍志業，無事尋煩惱。一自
廬山看月後，洞澈身心俱了。處處滄桑，人人歌哭，我自隨緣
好。江亭三歎，人間哀樂多少。

〔附夏午貽原詞〕

　　西山晴黛，閱千年、興廢依然蒼好。豎子英雄都一例，付
與斷煙荒草。一勺南湖，明霞碧水，未覺風光少。不堪回首，

酒徒詞客俱老。　　休問滄海桑田，龍爭虎戰，閑事何時了。
聽唱菰蒲新曲子，洗盡從前懊惱。隨分題襟，等閑側帽，一角
江亭小。不辭盡醉，明朝花下來早。

十二、六根偈序答妹莊

予妹莊，字叔姬，爲王湘綺師弟四子婦。少有文才，上師魏晉，
文學范蔚宗，詩學謝靈運，兼好老莊，深研玄理，湘綺師傳其家學，
稱爲才女。昔曾從予遊學日本，歸而置身社會教育，因病閒居，始
治佛學。初習淨土，繼持密宗，修業至勤，用心彌苦。予自廬山悟
道後，屢寄書啓導之，機緣未熟，莫能投契。而同學夏君午貽，發心
在後，明心在先，時時問予叔姬悟否。蓋知其勤修，而訝其遲悟也。
民國十七年春，予客北京，妹居長沙，忽以書來，附寄一詞一跋。詞
爲百字令，依韻和予及午貽江亭之作，中有句云：“頓覺妙圓清淨
性，即是六根煩惱。”跋云：“春日課餘，讀虎禪師論佛雜文楞嚴偈
序，忽啓予心，因知世出世間，無二無別。心生境生，心滅境滅，更
無餘事，煩惱菩提，在人自取。以心求心，以佛求佛，捨法尋法，
頭上安頭，無有是處。古德棒喝，教人當下承擔，義即在此耶！因和
詞寄意，敬呈伯兄虎禪師，兼呈畸公大覺”。畸公者，午貽也。予讀
而笑曰：叔姬悟矣。以示午貽。午貽曰：一人發真歸原，十方虛空
悉皆殞滅。因作答詞賀其成佛。其詞有云：“除却六根煩惱外，那
有淨明心妙。”即叔姬語爲補足之，無二義也。予曰：奇哉，妙哉！妙
圓清淨之心，如何忽作六根煩惱？衆生根性，盡於此語，諸佛教旨，
亦盡於此語矣。蓋因萬法不離一心，一心分爲二，對待成差異。悟
時並無一，迷時却有二。予於楞嚴偈中曾明其義。從本以來，六根

清淨，本無煩惱，安事修持？本性既明，一了萬了。三祖信心銘曰：
"六塵不惡，還同正覺，智者無為，愚人自縛。"祖師所證亦即在此。
能了此者，斯為成佛。叔姬此言，儼然菩薩說法，即妄即真，即空即
有。既知世出世間無二無別，則知一切眾生齊成佛道。諸佛境界
如是如是。叔姬既由六根悟入，予遂作六根偈為之證道。偈曰：

> 六根六塵，清淨圓明，即心即境，無境無心。
>
> 所謂成佛，即見本心，汝心既見，汝佛斯成。
>
> 自成自佛，自見自心，一幻萬幻，一真萬真。
>
> 離垢無淨，離妄無真，如來所在，眼耳色聲。
>
> 當下解脫，當下擔承，三無差別，心佛眾生。

（以上據自刻本虎禪師論佛雜文續）

十三、新佛教論答梅光羲君

民國十七年八月，法友梅光羲君致書於虎禪師曰："昨蒙開示，
拜領感謝。並讀大著論佛雜文，直與六祖壇經、傳法心要等書無二
無別，真與從上諸祖把臂同行，同一鼻孔出氣，而文字尤切今世之
用，誠至寶也。欽佩之至。惟光羲尚有請者：我公廬山悟道之最初
方便，及中間之經過歷程，尚懇明白宣示。非但光羲得所遵循，即
後之盲修瞎鍊者，亦可同霑法雨。我公老婆心切，定當作此法施
也。"虎禪師曰：善哉善哉！梅君佛學至深，今乃能為眾生請求法
要。予因梅君為眾說法，自述學佛次第，及其原因結果如下：

一、無我主義。予因半生經歷多在政治，深歎今世社會不自
由，不平等。一切罪惡，無非我見，反身自問，亦無一事而非我見。
今欲救人，必先救己，其法惟有無我主義。不知中外古今，各家學

説，誰符此旨，予願師之。因取<u>中國</u>舊有諸説，以相參究。私覺儒家孔氏修己安人之説，仍爲妄念。己欲立而立人，己欲達而達人，人我二相，顯然對立，何名無我？<u>莊子</u>齊是非，一生死，僅能等視外物，無擇無爭，處於材與不材之間，保全一身小我，仍非無我之義。<u>老氏</u>以無爲爲有爲，言用而不言體，純爲政治家言，故成法家、兵家、陰謀家之祖，實與身心之學無關。<u>墨子</u>舍身以愛人，<u>楊子</u>縱欲以爲我，一則偏於義務，一則偏於權利，合之卽爲今世西洋學説，義皆粗淺，不足深究。至於舍<u>中國</u>各家，以求外國學術，則其學派甚繁，主張各異。所同一者，無論惟物惟心，皆僅言用而不言體，僅明現象，不明本體。科學固然，哲學亦然。科學以一事一物之現象爲其對象，哲學以宇宙全體之現象爲其對象，因而求此對象之原理原則，及其應用之原理原則而已。其學雖精，對於人類僅能增加知識能力，或且助成社會之不自由、不平等，而不能增加人類受用。此非人生安身安心切己之學，尤不足言無我。由此論之，中外古今各家學術，無一足稱無我主義。竊思<u>印度</u>佛法久傳<u>中國</u>，昔曾淺嘗，未得深究，欲求無我主義，盡於佛法求之？於是發心學佛而爲修行。

二、四不法門。予於學佛修行中，經過迷途者四，初迷後悟，次第棄捨。今於事後追思，各得消極之用，以告學者，亦可覺迷，故命曰四不法門。略述如下：

（一）不離身以求心。予初學佛，以爲生死事大。有生有死者身，無生無死者心；心體清淨，獨立常存，無始無終，不來不去。佛家遺棄軀殼，存此本心。法相宗云：一切唯識。去後來先作主公。淨土宗云：往生淨士。其餘鳳根之説，轉世之説，輪回之説，皆然。禪宗常言，來從來處來，去從去處去，皆言此心有來去，無生死也。學佛之旨，在使無生無死之心，不隨有生有死之身輪回轉世。然此心欲免輪回，必須盡去貪嗔癡念。一念未淨，卽墮輪回。耶教佛教，皆言地獄。耶教言天堂，佛教言天，言淨土。耶教言靈魂，佛教言識，言中陰身。此類異名同實，皆爲心無生死之徵，卽爲身有靈魂之據。予因研究淨宗，知其教義圓妙，普攝三根。其對上根衆生，則曰：惟心淨土，自性彌陀，隨其心淨，卽佛土淨；而對下根衆生則否。心頗怪詫，以爲法門可異，教旨必同，究竟靈魂有無，此事必須明決。修淨土者何以決此？自心來去尚未分明，何能解脱？若謂見有卽有，見無卽無，此語模糊，不能覺世。予心遂起第一次之大疑，以爲此一問題應作數層研究：（一）問靈魂究竟有無。世人皆無死之經驗，誰能確答？今既未得死人報告，但據生人代表立言，其何能信。（二）問靈魂卽有，是否展轉輪回？世又無人能記前生，證明轉世。（三）問輪回若有，是必物理自然，人不能逃，佛與菩薩，以何能力，獨能違反物理？如曰能之，憑何爲據？理既不通，事尤無證。（四）問靈魂輪轉之事，究爲動物所同，抑爲人類所獨？或同或獨，理由何在？事證何在？（五）問靈魂所至之淨土地獄，如其果有，設在何處？到者何人？此五問者，若以科學眼光觀之，皆如夢囈，神鬼之說亦然。古宗教家設教愚民，既欲騙其生前行善去惡，必須誑以死後得福免禍。此大誑語，雖至人類絶種之日，必無死尸説話之時，永無對證證明，亦無反證證倒，故可迷多數人，歷數千載，爲大宗教。今以物理繩之，有性無體，世無此物；有心無身，世無此人。礦植動物皆然，人類何能獨異？舍體求性，無性可求；離身覓心，無心可覓。欲求無身之心，如覓無形之影，人非至愚，決不爲此。是知靈魂純爲妄説，淨宗亦病模稜，似是而非，易生誤解，非善法門。予自有第一次之大疑，乃悟靈魂説爲外道，而非佛法。離身求心，無有是處。予遂超出第一迷途。

（二）不著身以求心。予知離身求心之非，乃守戒律，以律爲師，並習静坐。以爲持戒可以禁欲，静坐可以安心，修心之法，自修身始。古今言静坐者，法門至多，而以天台宗之止觀法較爲明備，予略師之。每夕坐二小時，正身趺坐，存心丹田。丹田者，臍下氣穴，道家名詞也。坐之既久，自覺氣達丹田，轉趨尾骨，上緣背脊，以貫於頂；復下，直注面門鼻口胸腹，而至丹田。周而復始，如圓環然。環路既通之後，其氣常如大珠一顆，環轉不停。初惟静坐時然，繼乃無時不然，道家所謂通三關者卽此。此第一現狀也。此後静坐之時，手足自動，異狀甚多，身亦上騰，幾播牀下，枕移被揭不可制止。四肢動畢，遂及他部，或齒牙上下自叩，或眼球左右自轉，或耳筋自掣，或面筋自動，作種種喜怒哭笑狀；或舌本上轉抵喉，或頭頸反紐及背，每種怪狀，各數十百次不等。繼乃及於內臟，心肺肝腸等部，次第微動，惟其地位模糊，默揣知爲何部而已。每夕静坐，數分鐘後，動作卽起，曰以爲常。坐後身極舒適，遠勝按摩等法。初猶任其自動，後遂能以己意運用，命動何部。此第二現狀也。自後周身氣益流通，可以自由命其周轉。久之，遂能及於他人。以手觸於人身，則氣亦可隨注而入，遍達四肢各臟，閒或爲人醫疾，亦頗有效。惟所醫限於氣分諸疾，他則不能。此第三現狀也。予因静坐得此三效，初頗自喜以爲祕異。久而圓珠自轉之狀，漸漸隱失，惟二三現狀，至今猶能爲之，偶以却疾，不爲常課。蓋予静坐既久，深覺此法養身則優，治心則拙。心中妄念，坐時暫去，坐後仍來，與諸戒律相等，效用止於當時，不能及於前後。此身既不能時時拘束，此心卽不能刻刻修存。所行甚苦，而所得甚微。予心又起第二次之大疑。疑久而悟，一切身心，不宜强制。卽以戒律而論，食色等戒，未盡合理；肉食蔬食，何者衛生？此與一切飲食問題相連，須待他日物理化學大明，方能爲科學的決定。卽舍衛生而言戒殺，亦尚有理。至於男女肉欲，源於生物本能，以之傳種，非人類所獨有。若以絕慾爲戒，無異禁佛教之普行。設使世間一切男女，皆奉佛教而爲僧尼，人種且絕，何有於教？或謂不必戒慾，但須戒淫，以防癡亂。其説似是，然淫慾二者，界限如何劃分？條教如何規定？且藉謹身以防心，亦非治心之本，不如解放僧尼，同於居士。此種肉慾之戒，有損於身，無益於心，違反生理，決須掃除。惟靜坐一法，源出道家，殊多祕妙，實行不怠，必能老壽而康。目明可以察微，耳聰可以聽遠，雖非天眼天耳之説，決可超越常人，乃至豫測身命，能知死期，其理亦爲科學所許，不必矜爲詭異。今世西洋衛生學，及中國武術等，僅有動的衛生，而無靜的衛生，此法以靜代動，功效特殊，本爲道家祕傳，可稱特別衛生法，並可列入科學範圍。至於道家誑世，謂依特別衛生法，可成長生不死之仙，創爲尸解物化諸説，則殊荒誕，不值一辨。佛教各宗，本無此義，惟天台宗略似之。天台宗創自中國智者大師與賢首之創華嚴宗同，皆與印度傳來各宗殊異。華嚴宗乃八股式文字，無組織、無發明，天台宗則有組織、有發明，別成面目。竊取道家之材料，飾以佛家之學理，援道入佛，性命雙修，幾成變相神仙之説，實應屏諸佛教以外。天台所傳道家特別衛生法，可以據此養生，而不可以依此學佛。六祖惠能有言：“住心觀淨，是病非禪，長坐拘身，於理何益？”且作一偈專斥坐禪，偈曰：“生來坐不臥，死後臥不坐，原是臭骨頭，何爲立功過。”是知學佛全在求心，不在求身。卽心是佛，身上決無半點工夫。卽令長生不死，亦不爲佛。靜坐既然，拜跑禁睡，面壁閉關等事皆然。故予棄捨靜坐等法，且刪諸戒，惟持一不妄語戒。不問善惡，但問真僞，凡真皆善，凡僞皆惡。身心皆取自然，一切不加强制。三祖信心銘云：“執之失度，必入邪路，放之自然，體無去住”，卽是理也。予自有第二次之大疑，乃悟害身之戒律，及利身之特別衛生法，或爲外道，或爲科學，而非佛法。著身求心，無有是處，予遂超出第二迷途。

（三）不積極以求心用。予知修行之要不在於身，認定卽心是佛，專事求心。以爲佛乃全知全能，能盡一心之用，故有各種神通。雖學佛者不以神通爲因，而成佛者必有神通之果。可於神通之有無，判其佛學之高下。人但一心自盡其用，則精神界必有不可思議之現象發生。儒家有言：能盡其性，則能盡人之性，盡物之性，上下與天地參，卽此理也。予因求此，乃取今世東西洋精神學而研究之，如催眠術、靈子術等。又以精神治病法與予之運氣治病法相較，我法屬身體，屬氣，爲唯物的；彼法屬精神，屬心，爲唯心的，常取以相參證。兼及<u>中國</u>之祝由醫科，<u>苗</u>蠻巫蠱，與夫佛教密宗之呪術，<u>蒙古西藏</u>喇嘛教之各種法門。研求既久，諸術或驗或否，現象不同。惟可怪者，術者之人格學識優劣不齊。劣者乃在常人以下，貪嗔癡念至深，惡習亦重，且或以術欺人。彼等雖亦苦修，但爲修術，而非修心，卽或修心，亦爲迷信果報，而非明心見性，然而其身偏有神通如此。予心又起第三次之大疑，以爲佛者覺也，求佛卽爲求覺，究竟心覺神通二者有無關係？如曰有關，則二者程度必等，心覺高者神通亦高，心覺低者神通亦低，應如寒暑表與冷熱度，不許絲毫有差，方合科學論理。今也不然，神通高者心覺低，心覺高者神通低。然則，最低之心覺，可得最高之神通，最低之神通，可得最高之心覺。今將最高神通，假名爲神，最高心覺，假名爲佛，神學佛學，二者殊途，截然兩事，毫不相涉。求神不必心覺，學佛不必神通。今之所謂神通者，實皆科學所未發明之事，將來心理學發達後，神學必成科學。一切神通皆有原理原則，可以分科列級，設校教人，如今世之催眠學。彼時人類精神作用日益發舒，世間百怪千奇，必非今人所能夢及，然終不出科學範圍。譬如人觸電死，今曰電力，古曰雷神，是以電爲神也。若更神佛不分，以神爲佛，則將一誤再誤。一誤以電爲神，再誤以電爲佛矣，豈不謬哉！今於科學未解之事目爲神通，又目神通爲佛，學佛以求神通。此如認電爲佛，以學佛爲學電，寃哉佛矣，更寃哉學佛矣！是知學佛之士，但求心覺，何取神通。談密宗者，不研佛理，專尚神祕，一心求用，妄念滋多，實足誤人，陷於左道。予自有第三次之大疑，乃悟神通說爲神學，而非佛法。積極以求心用，無有是處。予遂超出第三迷途。

（四）不消極以求心體。予於修心，既不積極以求心用，遂乃消極以求心體。初習世俗所謂禪宗，行其觀心之法。偶讀禪門語錄，有詰觀心者曰：心是何物？觀者何人？爽然自失。遂棄此法。更欲息心以求止念，以爲此心萬念皆妄，必須止此妄念，始能自見真心。西洋學說亦分意識爲二，謂上意識全停，下意識始動，可爲理證。佛家有法名禪定者，入定狀態非睡非死，若干時內心念全停，可爲事證。此外禪家公案所載，有問父母未生以前，我在何處者；有問睡中無夢之時，主人何在者，無非勘求無念之心也。予曾苦行諸法，以求無念，終無效果，偶或止念，不過須臾，未能常住。其後見人傷腦成疾，一部心念驟止，他部心念猶存，有念無念，一人二狀。予心又起第四次之大疑，以二問題自問自答。人心能否無念？無念是否成佛？久之決然答曰：人斷不能無念，無念亦不爲佛。蓋念者，腦之作用，無念者，腦之作用全停。人雖病腦，念不全停，必待身死始停全念。身死然後心死，心死然後念死。若以無念爲佛，世惟死人無念，豈得爲佛？凡屬生人，此心念念相續不斷，決無刹那無念之時。予嘗細察自心，不僅平日無時無念，即在入定睡夢之頃亦然。予曾修習禪定之法，枯坐入定至若干時，不飢不渴，無見無聞，寂寂惺惺，頗似睡時無夢狀態。初竊自幸能達無念境界，繼乃知爲變相之睡，非無念也。習定之時，繫心一念，念念相續，純壹細微，幾無思慮，是爲入定。定者，定於一念，極似無念，而非無念。出定之後，一切如前。百法明門述心不相應行法二十四種，有無想定，有滅盡定。無想定作出離想，爲凡定; 滅盡定作止息想，爲聖定。二者皆爲外道厭心。定仍作想，卽非無念。六祖門徒常詰空定者曰: 定有出入，卽非大定，定中爲佛，定後如何？六祖教人，第一不可著空。且曰: 迷人空心靜坐，百無所思，是爲著無記空。此一輩人，不可與語。中論曰:"若有不空法，則應有空法，實無不空法，何得有空法？大聖説空法，爲離諸見故，若復見有空，諸佛所不化。"由此論之，空定並非無念，且非學佛正宗。至於睡中無夢，昔人所矜，故有至人無夢之説，以爲夢必有念，無夢卽爲無念。然據予所自察，亦覺不然。無睡無夢，無夢無念，人但細檢，皆必自知。凡人睡著，無論久暫，當其醒覺之初，一刹那頃，必有最後夢影一二餘片，猶懸於腦，一瞬而逝，渺不可追，全無記憶。每睡如此，則知睡中時在夢，並無間斷。初眠欲寐之頃，模糊於心，似夢非夢，亦可證知。故知凡睡必夢，凡夢必念。怪夢惡夢，激刺者重，喜怒紛紜，顯而易覺，故知有夢。若夫感情不動，夢影甚微，無警於心，則夢亦如無夢。至人非能無夢，但無動心之夢而已。蓋夢者，心習之影。心習深者夢濁，心習淺者夢清，可於夢影，自測心習。習貪癡者，夢亦貪癡; 修心之士，夢中常多妙悟; 文士詩人，往往夢中有作。此因夢中之念，卽爲念中之習，夢中材料，無非習中材料。凡百事物，畫不經心，夜不入夢。人身決無獸夢，男身決無女夢。人在何國、何種、何社會、何階級，則夢亦如之。平日映腦，留爲腦影，睡時自由表現，卽爲夢境。故一切夢皆爲腦影，卽一切夢皆爲心夢。世之愚人，謂夢可示未來預兆，此言大謬。凡夢所影，皆爲過去心習，斷無未來現象。蓋夢之材料，卽法相宗所謂第八識儲藏種子現行者是，而第七識搬運之。種子本如一堆影片，雜亂無序，故其現象奇幻，全不條理。至於耳聞車而夢雷，身觸物而夢壓，又涉於前五識。惟第六意識，則爲獨頭意識而非五俱明了意識，緣夢中境，唯是非量。唯識三十頌曰:"意識常現起,除生無想天,及無心二定,睡眠與悶絕。"在心理上,醒夢不同之點,即在於此。凡識皆念,夢中既有諸識,即非無念。謂夢爲無完全意識則可,謂夢爲無念則不可。故知一切識成一切念,一切念成一切習,一切習成一切夢。由此論夢,夢非無念;由此論佛,佛非無夢。所謂至人無夢,及睡時無夢,主人何在等語,實皆無此問題也。黃梅五祖傳法之際,六祖呈一偈曰:"本來無一物,何處惹塵埃。"五祖評曰:"未能見性。"其夜密傳心法,爲説金剛經義:"無所住而生其心。"六祖言下大悟,遂傳衣鉢。明言生心,斷非無念,但須無住,不須無念,義甚明了。其後,六祖教人無念爲宗,又謂無念並非止念,且常戒人切莫斷念。有僧舉臥輪禪師偈曰:"臥輪有伎倆,能斷百思想,對境心不起,菩提日日長。"六祖聞之曰:"此偈未明心地,若依而行之,是加繫縛。"因示一偈曰:"惠能沒伎倆,不斷百思想,對境心數起,菩提作麼長。"此爲世俗禪徒痛下一針,以排止念無念之説。夫求止念無念者,在息妄心,以求真心,是名心外求心,又名心內求心,皆有二心之病。三祖信心銘斥之曰:"將心用心,豈不大錯?"此心無二,即體即用,即心即念。舍用求體,無體可求,去念見心,無心可見。此種禪宗法門,與達摩、六祖一派之禪大異,非最上乘。予自有第四次之大疑,乃悟空定等法爲外道之禪,而非佛法之禪。消極以求心體。無有是處。予遂超出第四迷途。

　　以上四者,乃予經過之四迷途,分而配之,則爲淨、律、密、禪四宗。以印度傳入中國佛教八宗論之,實行者四:淨、律、密、禪,皆有修行法門;理論者四:三論、法相爲大乘教,俱舍、成實爲小乘教,皆無修行法門。最上乘之禪宗,則既無理論,亦無修行法門。予於淨、律、密、禪四宗,既無所得,而俱舍、成實二小乘教又無可觀,乃不得已取三論、法相二宗,合最上乘之禪宗而參究之,其後由此竟以悟道。反觀前習四宗,亦皆明其本義:淨宗非離身以求心，律宗非著身以求心,密宗非積極以求心用,禪宗非消極以求心體，根本教義,原與三論、法相、最上禪宗無二無別。所謂歸元無二路,方便有多門是也。予之未得悟入,乃因予心不明,而非四宗之過。但四宗之修行法門,實未盡善,世間學者多誤迷途。予身麼此四程,幸而至岸,迴憶當時,一一尋搜,層層洗剝,亦得消極之用,深知四不之理。後來佛子,若能守此四不以習四宗,亦可掃除枝葉,免入歧途。則此四者,亦成非法門之法門,故予命爲四不法門云。

三、無我論及無我法門。予既舍淨、律、密、禪四宗之實行法門,而就最上乘禪宗,兼及三輪、法相二宗,乃合三者究其異同。三論言性,法相言相,純乎理論,禪宗無性無相,一切皆空，並理論而無之,是其所異。三宗皆無實行法門,是其所同。予思融匯三宗,求其一貫,困而學之,久無所得。一日,忽聞人教小兒識字,提筆一畫,呼曰:一字,予心忽然大悟。基此大悟,加以研究,繼以組織,遂於心理學上發明一種科學的新學說,名曰"無我論"，即心理相對論。於是依此理論,求其實行之法,更於佛學上發明一種論理的新法門,名曰"無我法門",一名一心無二法門,一名自由平等法門。此法門者,實以心理相對論爲根據,包括三論宗之性,法相宗之相,以及最上禪宗之無性無相。融三爲一,成此論理的科學的法門,即爲性相合一之法門,即爲理論與實行合一之法門。此於佛教各法門外,實爲別樹一幟,獨開一徑。予既創造之,即依據之,以此自修,以此自悟,遂成佛道,而廬山悟道之事。乃益信此法門,能包一切,能掃一切。於是,無我之理論,與其法門,遂以成立。今試述其大要如下:

(一)無我論即心理相對論。此論之旨,在明心理相對,即爲本心無我,一切皆空。因説法之方便,設爲六義。何謂六義?一切唯心，一切唯念，一切唯習，一切唯假，一切唯對，一切唯我。以此六義，包一切義。心念習爲性，假對我爲相。合而言之，一切心念習，無非假對我；分而言之，一切心皆假心，一切念皆對念，一切習皆我習。自迷言之，一切假心，皆爲對念，一切對念，皆爲我習；自悟言之，一切我習，皆爲對念，一切對念，皆爲假心。此何以故？因此六者，實通於一。凡心皆念、皆習、皆假、皆對、皆我；凡念皆心、皆習、皆假、皆對、皆我；凡習皆心、皆念、皆假、皆對、皆我；凡假皆心、皆念、皆習、皆對、皆我；凡對皆心、皆念、皆習、皆假、皆我；凡我皆心、皆念、皆習、皆假、皆對。因此六義相通，遂成心理相對。其對有三：自心言之，則心念心習爲對，念爲我念，習爲我習，念爲全我，習爲半我，全我固假，半我亦假；自念言之，則能念所念爲對，能爲我能，所爲我所，我能固假，我所亦假；自習言之，則習我不習我爲對，習我者爲我的，不習我者爲非我的，我的固假，非我的亦假。因此之故，心理相對，即爲無我，無我仍爲我心。六者又統於一。一者云何？一切唯心是也。凡人本心，空無所有，先天絕對，復天相對。絕對者心，相對者念。本心無念，是爲絕對，每一念起，即成對待。起必對起，消必對消，一念分二，一能一所。能爲我能，所爲我所，能所相對，以我對我。念念能所，念念即我，凡念皆對，凡對皆我。念生對生，念滅對滅，對生我生，對滅我滅。因念成對，名曰對念；因對成我，名曰對我。念中有念，對中有對，我中有我，名曰我習。何謂我習？因我成習。對念之中，又分二半，半習於我，則爲我的，半不習我，則非我的。所謂我者，對我半習；所謂習者，對習半習。以此論我，我有二重，全我爲念，半我爲習。我既重我，對亦重對，究竟念習，皆爲我心。對者固我，半者亦我，我的固我，即非我的，亦仍是我。我止一我，如何有二？忽對忽半，此我非真。我爲假我，念亦假念，習亦假習，對亦假對，半亦假半，所謂我者，止有名相，並無體性。名爲假名，相爲假相。假名有二，真名無一，假相有二，真相無一。念生我生，念滅我滅，我生習生，我滅習滅，生滅在心，一切皆假。智者見假，愚者見真。假名假相，迷以爲真。以我迷我，以心迷心，一迷我習，卽失本心。欲復真心，須除假習。迷因對迷，悟因對悟；迷因半迷，悟因半悟；迷因假迷，悟因假悟；迷因我迷，悟因我悟。迷曰對習，轉念成習；悟曰對念，轉習成念，迷悟一念，習念一心，心迷則假，心悟則真。二我則假，一我則真；半我則假，全我則真；有我則假，無我則真。假去真來，心無虛僞，雖對不對，雖習不習，雖二不二，雖我不我。無對平等，無習自由；無二平等，無我自由。平等自由。一心無二。心無二我，卽爲無我，絕對無我，亦卽無心。一切皆空，是先天佛。故心理相對論，卽無我論。今因敍述之便，變六義之次序：心、念、對、假、我、習。分釋如下：

一者，一切唯心。 一切世界，全在一心，一心以外，別無世界。究竟世界，是何真象，非我所知。我但依我眼、耳、鼻、舌、身等根，幻爲色、聲、香、味、觸等塵，映入腦中，成爲心影，卽成世界。世界現象，託於根塵，若無根塵，卽無世界。盲者無色世界，聾者無聲世界，香、味、觸等亦然。人與動物，根塵各異，則世界異；我與他人，根塵各異，則世界異。心有百千萬億，世界卽有百千萬億，各各不同，各以自心，成自世界。心生則世界生，心滅則世界滅。所謂世界，卽爲心界，故曰一切唯心。

二者，一切唯念。 凡人本心，空無所有。先天絕對，後天相對。絕對者心，相對者念。本心無念，是爲絕對，絕對自由，絕對平等，是爲先天之心。然人有身必有心。有心必有念，身死而後心死，心死而後念死。心未死時，念念相續，雖欲斷念止念，而決不能。所謂心者，心外無念，念外無心，卽心是念，卽念是心，故曰一切唯念。

三者，一切唯對。 一切心念，皆成對待，若無對待，不能成念，起必對起，消必對消。今試强人發一無對之言，作一無對之念，皆不可能，幾如言語道斷，心行處滅。心之不能無念，念之不能無對，乃心理之必然，亦人類之同然。所謂對者，凡人心念，必有二端，一能一所，相對而立，若缺其一，卽不成念。佛經有云："假借四大以爲身，心本無生因境有，前境若無心亦無，起滅如幻起亦滅。"是知心不自生，緣境而起，心境相對，卽爲能所。故法相宗謂第八識爲能藏所藏，又分見分相分。見分爲能，相分爲所。眼、耳、鼻、舌、身等所現，色、聲、香、味、觸等所成，見聞覺知，皆成心識。既有能見，卽有所見，既有能聞，卽有所聞，推之愛憎苦樂等念皆然。是名能所，卽名對念。法相宗言：種識以展轉力，能生種種分別。眼識耳識，從親種子變生現行，而能分別色聲，故眼分黑白，耳分喧寂，推之鼻分香臭，舌分甘苦，身分痛癢，諸所成識，亦爲對待。世間萬事萬物不離心念，凡念皆對，則世間萬事皆對，萬物皆對。<u>中國哲學莫先於易</u>，<u>易</u>義囊括宇宙，不外乾坤，盡於陰陽二義。道家作太極圖，以明太極兩儀之理，說亦甚精。三論宗以二諦爲宗，二諦卽爲不二，卽爲中道。所謂四對八不，卽以不生不滅一對，總括不常不斷、不一不異、不來不出三對。又以此四對，總括世間一切諸對。例如大小、長短、輕重、方圓之類，乃至一身之生死，一心之迷悟，空間之東西南北上下中，時間之過去未來現在等等，皆因對待而成差別。凡念皆對，無念不對。既有對念，卽有對相，既有對相，卽有對名。一切名相，千差萬別，無一非對。一切心念，皆託於對，一切對念，皆託對名對相。心念既對，故其名相亦對。除却對待，並無名相；除却對名對相，並無對念；除却對念，並無一念。一切事物，對對相生，對對相滅，故曰一切唯對。

四者，一切唯假。　凡念皆對，所以凡對皆假。對卽能所之分，乃自心所假設。心境相對，一心幻爲二心，同時同地，雙雙俱備。<u>求</u>

其證例，莫如夢境。夢中所幻一切世界，即爲心境兩現，能所對立。以能見所，自見自心，即以現在之能，見現在之所。且見過去之能，過去之所，實以現在之我，見現在之我，及過去之我。自喜自怒，自哀自樂，自生幻戲，還擾自心，平心察之，豈非顚倒？不知一切心念，無不如此，夢時固爾，醒後亦然。平日見見聞聞，似較夢時眞實，然一細按，何非自分能所，見分相分，自見自相，自見自心。惟以現在之能，見現在之所，此層不與夢同。此外過去現在，能所互現，與夢無異。究之一切過去未來，皆爲現在，且無現在，夢醒如一，毫無異同。世間萬事如夢，醒時皆如夢時，常人不覺，反於夢中作夢，惟菩薩慧眼知之。佛經有云："覺來觀世間，猶如夢中事。"此語並非譬喻，而爲實境。蓋以能所二者相因，不能獨立，有此即有彼，無彼亦無此，自念自對，盡假非眞。一切對名對相，皆爲假名假相，因假而對，因對而假，有如方位數目之類，並無眞體，亦無眞性。故假有二義：一曰假二眞一，二曰假有眞無。例如數學等式，正負對立，二數相等，實止一數。因其一數，所以相等，是謂假二眞一。又如數學等式，正負二數，對等相消，則等於零，直爲無數，是謂假有眞無。此二假義，包括世間一切事物。金剛經云："凡所有相，皆是虛妄。"即明此理。凡對皆假，無對不假，雖似二而實一，雖似有而實無。例如，陰極陽生，陽極陰生；無陰非陽，無陽非陰；禍兮福倚，福兮禍伏；利害一原，是非一理；愛憎一見，苦樂一情，無非能所之對，即無非能所之假，故曰一切唯假。

　　五者，一切唯我。　　凡對皆假，所以凡對皆我。對爲假對，我亦假我。此心念念皆對，亦即念念皆我。所謂我者，我能我所。法相宗言，人無我，法無我，爲二無我。是即能非我能，所非我所，本來無我，因對念而有我。對能則成我所，對所則成我能，於是能爲我能，所爲我所。能所遍於一切心念，我即遍於一切心念。能所外更無我，我外亦無能所。例如，能見所見，皆爲我見，能聞所聞，皆爲我聞，愛憎苦樂等念皆然。一切知皆我知，一切情皆我情，故知一切對念，皆爲對我，皆爲我念。因有我念，遂有我習，習於我者爲我的，不習於我者爲非我的。一我幻爲二我，全我幻爲半我，我的與非我的爲對，遂有彼我、汝我、人我、物我，以及我所非我所，我有非我有等等名相。然而，彼汝人物等類，皆爲我之別名，我之變相，因我而生，因我而滅。自念自對，以我對我，全屬自心，並無外物。凡念皆對，凡對皆我，我爲一切對待差別之總名總相。法相宗謂，第七識常執第八識爲我，卽此是也，故曰一切唯我。

六者，一切唯習。　凡對皆我，所以凡我皆習。所謂習者，習我之謂。習我爲因，我的爲果。一切事物假名假相，習於我者，爲我所有，而成我的，不習於我者，非我所有，而成非我的。故我的之習，必由漸習而成，因空間之接觸者近，與時間之繼續者常，第八識中，遂成異熟。種生現行，現行熏種，乃於不知不覺之間，成一我的觀念。一心之中，我的與非我的爲對，遂由對念轉成對習　卽由我念轉成我習。念習二者，皆爲對我，然又不同：念爲一重之對，一重之我，習爲二重之對，二重之我。故念爲天然的全我，習爲人爲的半我。此何以故？因念生我，因我生習，念之我生於念後，習之我生於習前，先有念而後有我，先有我而後有習。故此我者，於念爲果，於習爲因，二者大異。蓋念念皆有所能二端，卽爲念念皆我，此乃天然全我，無可分別。今因空間時間之習，忽於二端之中又生二端，天然全我之中加以人爲之別，自將全體心念劈分二半。一半爲我的，一半爲非我的；習於我能我所者爲我的，不習於我能我所者爲非我的。以此爲習，實爲念中之念，對中之對，我中之我，變一重而爲二重，變天然的全我而爲人爲的半我。念之我相，隱而不明，雖對不覺其對，雖我不覺其我，至此轉念成習，習外尚有非習，我外尚有非我，兩相反映，對相至明，故其我見亦顯，念念皆然。在念以我爲果，在習以我爲因，習本因我而成故也。故論念習異點有二：一爲空間的，卽偏圓異。全體皆我，範圍本大而圓，半我則反縮小而偏，謂一部分爲我，餘者皆謂非我。二爲時間的，卽常變異。我能我所，無念不然，其事至常。習則不然，在一切念中，忽而我的變爲非我的，忽而非我的變爲我的，昨空今有，昨有今空，變動無常，全由於習。念習之異如此，一爲天然，一爲人爲。以法相言，一爲現量，一爲非量。至二者之同點，則現量非量皆屬一心。全念固爲我心，半習亦爲我心；我的固爲我心，非我的亦爲我心。二者亦因對待而生，有此半卽有彼半，有我的卽有非我的。非我的既與我的對待成習，則非我亦我，非習亦習，我與非我，並成我習。無習非我，無我非習，故曰一切唯習。

　　以上六者，皆明心理相對，卽爲無我。統於一切唯心，此心卽物，心理卽是物理，自然物理，實在無心，故爲無我。假我相對，對生對滅，無生無滅，乃物理之現象，卽心理之實在。舍現象無實在，舍實在無現象，故自人類言之，一切唯心，而自宇宙言之，一切唯物。人生哲學應爲唯心，宇宙哲學應爲唯物，心統於物，故無二元之説。方今世界哲學，唯心唯物，二派對立，皆以研究宇宙真理爲事。然予所謂心理，所謂一切唯心，則與此派唯心哲學大異。以爲一切人類以及動物，對於宇宙萬物，一心所現，各各不同，無自得有同一世界；且其所謂宇宙萬物，限於一心所現，無自得有全體世界。予今身爲人類，但就人類之心理，發明其相對之象，明其本來無我而已。

　　(二)無我法門，一名一心無二法門，一名自由平等法門。蓋無我卽佛，一心無二卽佛，自由平等卽佛。此法門者，其名雖三，其實則一。我卽對習，二卽對習，無我無二，卽無對習。無習自由，無對平等，自由平等，心爲絶對，絶對之心，本來無我。究竟無我，本來無二；究竟無二，本來自由；究竟自由，本來平等；究竟平等，但除假習，即見真心；一見真心，斯爲成佛。故此法門，爲佛法門；此佛法門，根據心理相對論。本心無我，一切皆空之旨，依其六義而成四諦。何謂四諦？昔者釋迦牟尼説法，曾説四諦：苦集滅道，以偈明之。曰："諸行無常，是生滅法，生滅滅已，寂滅爲樂。"此十六字，分配四諦，名無常偈。今倣其例，亦設四諦，亦爲苦集滅道。一我果諦，爲苦諦；二我因諦，爲集諦，三無我因諦，爲滅諦；四無我果諦，爲道諦。是名我無我因果四諦，亦名佛非佛因果四諦。一非佛果諦，即我果諦，二非佛因諦，即我因諦；三佛因諦，即無我因諦；四佛果諦，即無我果諦。二者相當，我佛相對，非佛即我，非我即佛，有我即無佛，有佛即無我，如欲成佛，必須無我。舊教雖言四諦，未言所滅爲何，今爲明言。生滅皆習，轉佛成我，則爲集習成苦；轉我成佛，則爲滅習成道。苦爲習生果，集爲習生因，滅爲習滅因，道爲習滅果。不言集苦滅道，而言苦集滅道者，爲説法覺迷計，先就果以明因，後即因以求果。今作一偈，以總四諦。偈曰："一心自二，假我非真，對消假習，直悟真心。"此十六字，名真心偈，四語分配四諦。四諦以滅爲主，蓋以滅即不集，未滅爲苦，已滅爲道。苦集爲迷，滅道爲悟，道爲悟果，滅爲悟因。我生佛滅，我滅佛生，無我法門，即爲滅我。滅我之法，分爲二部：曰修，曰悟。修爲漸修，悟爲頓悟。漸修之法，取一我字，或無我二字，爲默念之符號，如淨土宗之佛號，如密宗之呪語，時時心口默念，以爲對消假習之具。此與淨密二宗修行形式相似，然有大相反者。此法門中，入世出世，無二無別，心無世習，即爲出世。無世無心，何有出入？故其修行，不在静時，而在動時，不在獨處，而在羣處。即於每日行住坐臥，言論行爲，接人處事之際，我習作用之時，時以口號自警，念念不息，無時不然。修行既久，因修得悟，即爲無我，即爲成佛。此二種之口號，分爲積極消極。其用一我字者，因欲滅二爲一，變非我的爲我的，變半我爲全我，以明無一非我，卽我是佛，是爲積極法門。其用無我二字者，因欲滅有爲無，變我的爲非我的，變有我爲無我，以明無一是我，無我卽佛，是爲消極法門。此二法門，卽於對我半我之中，任滅其一，卽滅其對，既滅其對，卽滅其我。無一非我，則成我念，無一是我，則滅我習。滅我卽爲成佛，滅我之後，我卽爲佛，故無我法門，卽爲滅我法門，亦卽爲佛法門。今以我無我四諦，苦集滅道，依次序述如下：

一者，我果諦，一心自二，卽爲苦諦。　苦者，習生之果。心習既成，一心自分二半，對於事事物物，無在不有我的一念爲其心主，卽無在不有非我的一念爲其心敵。二者對立，自擾於心，互相排斥，互相衝突，全由自心自對，原與外界無涉。人生自幼而壯而老，心中所習，何止萬萬。習習皆我，卽集無數之我與非我，組成兩方大敵，隨時隨地交戰於心。於是，内則有苦有樂，極不自由，外則有愛有憎，極不平等。因而推之，對人則有親疏厚薄之不平等，對物則有精粗美惡之不平等，對事則有利害得失之不平等，對理則有是非可否之不平等。於外既不平等，於内卽不自由。差別之習，深入於心，比較擇別，計算安排，觸念卽是，習慣自然，愈演愈多，愈久愈固。我習既成，本心卽昧，一切煩惱，於以發生。實則，我習純在我心，念中生念，二中生二。故曰一心自二，是爲苦諦。

二者，我因諦，假我非真，卽爲集諦。　集者，習生之因。人心本來無二，因習而二，自一之二，自無之有。試以小兒識字爲例，小兒之心，無念無對，一旦有人教以一字，其心卽生此是彼非之界。一與非一對待，字與非字對待，一字與非一字對待，識一字與非識一字對待，種種對待名相，差別名相，紛然並起，日益繁滋，遂由一切差別念，轉成一切差別習。而能識一字，所識一字之我，卽普遍於一切對待差別名相，而爲其根，卽爲一切心習之根。此一字者，遂爲小兒腦中所有，成爲我的一字，而我習對習成矣。法相宗謂，弟八識爲一切種子識，有熏習義。舊種生現行，現行生新種，舊習、現行、新種三法，熏成一切之習，卽此理也。此時若有人言，世間一切語言文字，無非假設符號，皆可自由造作，不必拘執。一字不必一畫，式壹多畫，亦同於一；一畫不必平橫，西文 1 字直豎，亦同於一。以此爲教，小兒必疑，以爲我的一字，乃不如是。習之稍久，又亦不疑。而此我的一字，印腦最先，一日聞教，終身不忘，此後無論用何方法洗刷腦影，去此一字，欲令不識，終不可能。我習對習，深染於心，其力之大如此，其根之深如此。又如，有二小兒，心皆無習，一置之白人社會，一置之黑人社會，各習其習，成爲我的，一旦長成相遇，心習兩不相入，必如水火仇讐。若欲改之，惟變其習，以新習換舊習，亦可使其前後之我，自相反對，習之常變不定又如此。凡人心中所有萬事萬物，皆由一事一物漸集而成，有如小兒一字之例。一例如此，一切例亦如此，全由我心，自生差別。今日我的，明日又非我的，今日非我的，明日又爲我的，全視所習以爲移轉。一切皆假，無一而眞，對習之假，亦如對念之假。假二眞一，假有眞無。眞爲全我，假爲半我，是爲由一而二；眞爲無我，假爲有我，是爲由無而有。雖二雖有，實爲假我自對。經云：凡夫之人，以爲有我，迷假爲眞，內外相對。內者爲我，外者非我，其我愈眞，其習愈固。古稱浮屠不三宿桑下，恐生愛戀，卽懼其成習也。凡習由集而成，故曰假我非眞，是爲集諦。

　　三者，無我因諦，對消假習，卽爲滅諦。　　滅者，習滅之因，四諦之主。先明迷悟，次明修悟，次明修悟之三級次序。所謂明迷悟者，我的非我之習，本皆人爲，而非天然。由我心生，卽可由我心絨,若人心一旦豁然,則我境即時解脫。故迷悟全由--念,念習皆爲一心。此心可迷,亦即可悟;因何而迷,即可因何而悟。知病即藥,即病即藥。龐居士曰:"但須空諸所有,切莫實諸所無。"對習我習,本心所無,乃於無者有之,空者實之,其心即迷。若於有者無之,實者空之,其心即悟。故實諸所無即迷,空諸所有即悟;實諸所無之習即迷,空諸所有之習即悟;實諸所無之我的非我的即迷,空諸所有之我的非我的即悟。然則,佛與衆生,只争一念。迷時衆生,悟時即佛;有習衆生,無習即佛;有我衆生,無我即佛。學佛之道無他,惟在轉迷成悟,轉習成念。予之論佛,不在無念,而在無習,不在無全我之對念,而在無半我之對習。變詞明之,不在無念而在轉念。金剛經云:"應無所住而生其心,"又云:"應生無所住心。"所謂無住生心云者,不住於習而生其心。禪宗密傳心法,即此是其心法。蓋以心必有念,念必有對,乃心理之自然,欲求無念無對,雖佛亦所不能,只須心無對習,即爲心無我習。無習云者,無我的非我的之别,即無對我半我。心無對我,即無半我,心無半我,即爲全我,心爲全我,即爲無我。此何以故?全體皆我,更無對待,盡去小我,成一大我,此即儒家所謂萬物皆備於我。佛經常樂我淨,是爲圓教,亦指此我。故曰,心無半我,即爲全我。全我無對,此與無我何異?既無一而非我,即無一而是我。金剛經云:"我相即是非相。"故曰,心爲全我,即爲無我。我心如此,則念如無念,對如無對,我如無我。無我之心,即名爲佛。如上所言,是明迷悟。所謂明修悟者,無我法門分爲二部,曰修曰悟,皆滅我習。修爲滅習之因,悟爲滅習之果,修必漸修,悟必頓悟,修於千日,悟在一朝。修不離悟,悟不離修。不取無悟之修,亦不取無修之悟。世人必疑心理相對之論,對我半我之說。一語可明,即爲頓悟,何須悟後再修,更何須悟後再悟?不知明此理論,不爲頓悟。心習未除,我見如故,雖有知解,而無受用。諺有之曰："看得破，忍不過。"有知無行，必坐此病。學佛之人，僅得知解，不務實行，此於見性明心，全無用處。故最上乘之禪宗，仍須修悟並重。漸修所以除假，頓悟所以復真，二者皆不屬知而屬行，不屬理而屬事，不屬知解而屬受用。此爲最上乘禪宗特異之點，亦卽佛法最精之義。所謂漸修云者，理可驟明，事難卽達，習以漸來，還須漸去。既以半生之力實諸所無，何能一日之功空諸所有？漸修第一要義，在知畢生所習無一而是，凡習皆非，無可去取。自爲小兒以至今日，所有諸習，概須澈底掃除，不許餘留點滴。第八識中一切種識，盡須根本滅却，絲毫無可顧惜，是卽空諸所有之義。修行之法，惟在以習換習，以佛習換我習，佛習言滅，故不爲害。唯識三十論云："大乘二種種性，一爲本性住種性，二爲習所成種性。"所謂習所成種性者，謂聞法界等流法已，聞所成等，熏習所成。具此二性，方能悟入，可見學佛亦因於習。以習換習，以對去對，我習固對，佛習亦對，我我固對，佛我亦對。我以漸修而滅，佛以漸修而成，一旦我習盡除，佛習亦隨而盡。若仍有佛，卽仍有我，先爲我佛對立，後爲我佛對消，是漸修之要旨也。所謂頓悟云者，頓悟卽爲實驗，故亦名證，含有昔聞今見，乍臨常住二義。偏於昔聞曰悟，偏於今見曰證；偏於乍臨曰悟，偏於常住曰證。故悟證云者，並非悟何空理，乃謂證得實境。百聞不如一見，今乃親到不疑之地，古人所謂親見一面，身心得有真實受用，方名悟證。此因漸修既久，我習漸除，一旦機熟，忽將對我半我之根全行拔去，自見本心，了無一物，徹底圓明，有如明鏡，自此以復，常住此境，不再推移，乃爲真到悟境。是因去妄之後，自然見真，實諸所無之障既除，空諸所有之境自到。去半我而爲全我，去有我而爲無我，此時始信無我二字，並非空理，而爲實事。一切世界，無非我心，但有假名假相，並無真事真物。此我亦假，此心亦假，對影自幻，自起自滅，並

無真我，亦無真心。徹底言之，實在無我，實在無心。頓悟之人，實
到此境，一切皆空，毫無一法。故佛經云："佛於法無所得。"又云：
"無智亦無得。"豈惟無得，反似有失。所失者何？對習是也。前者
自無而有，極似有得，今者自有而無，極似有失，究之無得無失，本
心依然。涅槃經所謂："本無今有，暫有還無"是也。禪宗語録所
載，人問："頓悟之時，境界何似？"答曰："正如賊入空室"，可謂妙
譬。以此而論，頓悟實非理想，而爲事實。惟其如此，故其真實境
界，只能默證於心。如人飲水，冷暖自知，既非言思擬議所能形容，
更非語言文字所能表示，所謂言語道斷，心行處滅。此種頓悟境
界，最上乘之禪宗，以此爲成佛之一大生死總關，即爲末後一關。世
間佛子，不度此關，不成佛道。予之廬山悟道，指此頓悟而言。學者
非經實地修行，不能到此。故漸修頓悟，二者相因，不可缺一。如上
所言，是明修悟。所謂明修悟之三級次序者，即漸修頓悟之次序，有
其三級。第一級，常人漸修，至於菩薩；第二級，菩薩頓悟；第三級，
菩薩漸修，以至於佛。第一級爲悟前之修，第三級爲悟後之修，第二
級爲修前修後之悟。此無我法門，通貫三級，即修即悟，次第並進。
在第一級常人漸修之時，應取我無我二種口號，時時自警，喚起對
念，先令對起，後令對消。此何以故？常人心習雖對，必著一偏，但
見我的，而不見非我的，或但見非我的，而不見我的，忘其爲對，忘
其爲半，止見其一，不見其二。"不入祖師室，茫然趣兩頭"，此之謂
也。故以二號自喚，念念必求其對，使知自心念念皆對，習習皆半，
二名二相，在在對立，事事有二，物物有二，此心不可記一忘一，明
一昧一。當知有愛即有憎，有苦即有樂，一切利害禍福，善惡是非
等等皆然，乃至生死亦然。六祖教其弟子，説法度人，當以五陰、十
二入、十八界爲三科法門，動用三十六對，説一切法，莫離自性。有
人問法，出語盡雙，皆取對法。所謂三十六對者，以天地、日月、明

暗、陰陽、水火爲外境無情五對，以語法、有無、有色無色、有相無相、有漏無漏、色空、動靜、清濁、凡聖、僧俗、老少、大小爲法相語言十二對，以長短、邪正、癡慧、愚智、亂定、慈毒、戒非、直曲、實虛、險平、煩惱菩提、常無常、悲害、喜嗔、捨慳、進退、生滅、法身色身、化身報身爲自性起用十九對。此三十六對法，能貫一切經法，出入即離兩邊，外於相離相，內於空離空。問有以無對，問無以有對，問凡以聖對，問聖以凡對。二道相因，生中道義。六祖此法，可謂修行妙訣。惟止言説法必對，而未言心念本對，且未言念爲全我之對，習爲半我之對，言其然，不言其所以然，尚非探本之論也。三論宗言，諸佛依二諦爲衆生説法，二諦實爲佛母。二諦即對，理亦相同。故無我法門，必先喚起其對，而後消滅其對。所謂對消假習，亦有假二真一，假有真無二義。每念必對，即二即一，愛即是憎，苦即是樂，一切美惡、智愚、强弱、高下等類皆然。此即心經“色不異空，空不異色，色即是空，空即是色”之義，所謂假二真一是也。即二即一，即有即無，對起雖似有二，對消實爲無一，無愛即無憎，無苦即無樂，一切對習，既可對起，即可對消，此即三論宗之四對八不，不生不滅，不常不斷，不一不異，不來不去之義，所謂假有真無是也。此法門之要點，在以我無我爲二種口號，任行其一，不分念習，遇對即除，遇我即除。未悟以前，凡念皆習，凡習皆對，凡對皆我，凡我皆半，無可分別，概與掃除，時時實行，處處實行，久必自知。平時念念皆偏，等於著色眼鏡，止見一色，不見其他，止見其我，不見非我；今則念念皆見其對，皆見其半，平生結習，自然搖動。我的範圍漸狹漸小，非我的範圍漸廣漸大，久之久之，工夫益密，刹那無間，愈逼愈緊，最後逼枒至急，心極苦惱之時，則去頓悟一關愈近愈速。一旦瓜熟蒂落，如桶脫底，乃將一切對習半習總根之我，忽然斬掉，根本掃除，了無障礙。我與非我，同時失却，此心豁然開朗，皎如白日，照徹三千大千世界。無一切習，得大自由；無一切對，得大平等。大死大活，前後兩人，此種境界，名爲頓悟。此法門中所謂無我，所謂一心無二，所謂自由平等，前僅明其空理，今得證其實境。一念回光，大地震動，此身遂入別一世界，而成菩薩。經云："明心號菩薩"，又云："通達無我法者，真是菩薩。"此頓悟級，爲第二級，過此又爲菩薩之修矣。學者必疑，悟後菩薩，對習盡去，何事再修？是又不然，菩薩我根雖除，餘習未淨，仍須拂拭，勿使停留，故菩薩等位，仍分十地。自初地至十地，以餘習之多少爲分位之高低，十地以上，直到本心無我，一切皆空之極地，心習全無，斯爲成佛。唯識三十論論五位，有修習位，謂爲菩薩所住修道。修習位中，如實見理，數數修習，可知菩薩亦貴熏習。五祖傳法六祖之後，五祖謂曰："今者是吾度汝。"六祖答曰："迷時師度，悟了自度。蒙師付法，今已得悟，只合自性自度。"遂隱獵場一十五載，潛修聖業，迄至果滿功圓，始行説法度世，此卽菩薩自性自度之證。但菩薩悟後之修，與常人悟前之修，其事大異。常人漸修，如逆水行舟，菩薩漸修，如順水行舟；常人漸修，如身在暗處，時或見明，雖暫明而常暗；菩薩漸修，如身在明處，時或見暗，雖暫暗而常明。常人常住有我之習，一切言行全憑我習作主，不由本心管事，鞭辟須嚴，少縱卽逝；菩薩常住無我之心，清淨妙圓，了無罣礙，神通游戲，自在逍遙，舊習卽來，旋來旋去，漸來漸少，漸久漸無。悟後之心，不再着習，有如紅爐之上，不能着一點雪，故菩薩修行，全不着力，不假修持，自然合道，但有精進，而無退轉，只須長養聖胎，別無事事，按步徐行，以至於佛。此種漸修爲第三級。如上所言，是明修悟之三級次序。三級既明，則知常人菩薩修悟之異，實爲一心迷悟之分。迷爲對習半習之生，悟爲對習半習之滅。修居二者之間，使其由迷而悟，由生而滅，故曰對消假習，是爲滅諦。

四者，我果諦，直悟真心，卽爲道諦。　道者，習滅之果。常人菩薩，心境大異，一假一真。常人全假，菩薩全真。迷於假對故假，悟於假對故真；假二假有故假，真一真無故真；**實諸所無故假**，空諸所有故真；有習故假，無習故真；有對故假，無對故真；半我故假，全我故真；有我故假，無我故真。假者虛僞，真者真實，常人墮落假中，念念皆僞，念念皆虛，僞以欺人，虛以欺己。學者必疑，欺人尚顯，欺己甚微，僞念易除，虛念難掃。此實不然。一假一切假，一真一切真，我習未除之人，決難心口如一，**必須心無妄念，方能口無誑語**。虛念一去，僞念自除，否則念念皆我，一片私心，**患得患失**，自瞞自騙，自慰自戚，自慶自弔。卽如財產祕密，人之常習，皆由我的一念使然；又如，好利之人智，好名之人愚，智者多僞，愚者多虛。此因方法不同，目的則一。死生未了之人，不得名利，無以樂生，以名代利，名亦是利，故好利者雖智仍愚，好名者既虛必僞。有一我的之念，卽有假而無真，欺人卽是自欺，人我無二，理則然也。若夫菩薩之心，我與非我，無復差別。我念一淨，萬事全空，心如小兒，赤顆顆的，爛漫天真，應緣而動，毫無造作，更不安排，無愛無憎，無苦無樂，自然自由，自然平等，惟一真心，絕無虛僞。經云：“直心是道場。”六祖云：“心若險曲，卽佛在衆生中；一念平直，卽是衆生成佛。”又云：“變魔成佛真無假。”**馬祖**曰：“皮膚脫落盡，惟餘一真實。”假去真來，自然如此。予持不妄語戒，前難後易。悟前爲強行，悟後爲安行；悟前欲求真實而不可得，悟後欲求虛僞而不可能。虛妄一空，僞情自去，不期然而自然，六祖**真假動靜**偈云：“無假卽心真”是也。人有問予，佛心境界如何？予以一字答之曰：“真。”一真以外，更無餘義。古人有以空字詮佛者，非空不真；空者其因，真者其果。二假爲魔，一真爲佛，空以去假，真以復真。言空則於消極有疑，言真則於積極無病。經言真如，無爲爲如，意卽真空，兼二義也。或者疑予以小兒心比佛，真則真矣，然有二過：一者嫌於無知無情，二者除習未盡，但及後天，不及先天，佛教除習，義不止此。予謂，二者皆不然也。常人對習在心，知識愈增，差別愈甚，我見愈重，虛僞愈多，欲人無僞，莫如無知。惟佛不然，有智無愚，有誠無僞。常人之智，人我對爭，佛智則超乎我，滅盡主觀，純爲客觀，盡知衆生心理，雖我無我，雖心無心。凡屬有爲，都如幻夢，一切世界，如如不動，無內無外，無古無今。其視社會人事，等於自然物質，當然因果，無可是非，如科學家一切皆準原理原則而行，無自發生我見，決無喜怒爲用之事，亦無愛憎苦樂之情，知識雖繁，不爲心病。由此而論，佛非無知，且爲無上之知。以言無情，常人心被習染，好惡皆私，自佛觀之，人人皆有心病，盡失本心，故經云："衆生皆病。"惟佛自心已了，無可悲歡，隨緣入世，滿目瘡痍，除救世外無事，除慈悲外無心，願作醫王，遍醫衆疾。由此而論，佛非無情，且爲無上之情。然則，佛知爲科學家之知，佛情爲醫學家之情，知爲真知，情爲真情，一真以外，仍無他義。以言去習，但去後天，不去先天，予亦以爲當然。凡人先天之習，一爲生理本能，一爲遺傳氣質。氣質之害，因其染習，若無我習，氣質亦復無爲。至於生理本能，則如小兒生而能食、能眠、能啼、能溺之類，此皆人類生存條件，由於生物初祖積習而成，欲變此習，當並變其物質之身。世人不知無我爲佛，妄以佛爲超絕人羣，學佛幾如變種，此事實非人類所能，卽今能之，亦復何益？世間礦植動物，以及人類，各有其身，卽各有其習，平等平等，並無高下。今變人類之習，使如金石無知，草木無情，不衣不食，與礦植同，充其極量，至於不可思議，與太陽等，仍爲宇宙間生滅之一物，有何貴異？此種妄想高論，無可實行，於心無益，不如平實切己，盡其可能，反得真實現前受用。受用爲何？卽菩薩之小兒心，亦卽先天無習之心。儒家有言："大人者，不失其赤子之心",亦卽此理。蓋其對習盡除,天眞無我,雖對不對,雖念不念,雖爲相對之念,卽爲絶對之心。古語有云:"恰恰用心時,恰恰無心用,無心恰恰用,用心恰恰無。"一切無心,其象如此。佛經有云:"諸心皆爲非心,是名爲心。"又云:"能善分別諸法相,於第一義而不動。"又云:"一切聖賢,皆以無爲法而有差別。"六祖云:"常應諸起用,而不起用想,分別一切法,不起分別想,眞空卽幻有,幻有卽眞空。"斯爲無我極則矣,學佛至此,直到本心無我,一切皆空之地,乃由實修實悟,全修全悟,達此最後境界。此法門中,所謂無我卽佛,一心無二卽佛,自由平等卽佛,義亦如是。予之依此法門,自修自悟,所證境界亦卽如是,故曰直悟眞心,是爲道諦。

以上四諦,皆明無我法門。予以自身經歷,深信此法門者。卽修卽悟,卽體卽用,卽理卽事,卽知卽行,卽方便卽究竟。取三論宗之中道二諦,不二教門,與其四對八不等法,以明平等無對;取法相宗之諸法無我,轉識成智,與其第八識能所執我,儲藏熏習種識等法,以明自由無習,平等卽平等性智,自由卽大圓鏡智;取最上乘禪宗之無性無相,直指本心,以明本來無我,自由平等之心。合三爲一,成此論理的科學的法門,而所根據者,則爲心理相對論。此理與方法,中外古今諸心學家及佛學家,實皆未及發明,卽偶及之,亦未澈底,故數千年中國佛教,既分性相二派,又分教宗二派。三論宗屬性,法相宗屬相,性相分而爲二;性相皆教,偏於理論,最上乘禪宗爲宗,偏於實行,理論之教,實行之宗,又分爲二,門戶各殊,不相通貫。今此法門,以一對字包括三論宗,以一習字包括法相宗,對習卽二,故以無二二字,包括三論、法相二宗;無二卽爲直指本心,故以一心無二四字,包括三論、法相、最上乘禪宗三宗。以一合二,以二合三,以三合一,於是此無我法門,又成爲性相合一,教宗合一之法門,所有從前佛教一切難決問題,今皆一時解決,實於佛學界開一新紀元。今日世界爲科學之世界，如欲將東洋固有之佛法，介紹於世界學者，普及於世界衆生，則非有論理的科學的法門，不能隨緣應機，説法度世。今有此無我論，及無我法門，誠可爲未來世界發心成佛者，敷一至平之路，開一至大之門。惟與佛教舊有各宗，皆有同異，無可歸納，只能別立一宗，名無我宗。此無我宗所立教義，一切合於論理科學，所有迷信神祕之説，如靈魂輪回等義，以及違反生理之諸戒律，概與掃除，若與舊義相比，直爲佛教革命。昔者德人路得革新耶教，分爲舊教新教，以此爲例，則予所論既爲佛教革新，應卽命曰新佛教論。

　　予因自述學佛次序，及其原因結果，遂述無我主義，及四不法門，又述無我論，及無我法門等等。始以尋求無我主義而習佛法，終以創造無我法門而入佛道；發明心理相對論，以明本心無我，一切皆空之旨，成爲無我宗，名曰新佛教。此新佛教，實統四不法門、無我論、無我法門等義，一切舊教迷信神祕之説，如靈魂、輪轉、地獄、神通、空定等，以及違反生理諸戒律，全行删削，一以論理科學爲歸。佛教自此以後，始有明確之宗旨，平坦之法門。人人本來是佛，人人皆可成佛。一切經論所稱，卽心是佛，衆生卽佛，心佛衆生，三無差別等語，乃非理論，而爲事實，人人復其小兒心，卽爲成佛。準此教旨，以謀改進將來社會，直可普度衆生，一齊成佛。雖人性智愚不等，而不用於私我之争，但無對待階級，卽爲平等自由。人人去其我的，卽成無我世界，無我世界，卽佛世界。今爲重宣其義，因説一偈，名無我偈。偈曰：

佛教諸宗	門户各立	實行者四	禪淨密律
理論者二	三論唯識	我則四不	通二爲一
先天者心	後天者習	絶對者心	相對者習
本心無對	無念無習	念必對念	習必對習

因念成對	因對成習	凡對皆我	凡我皆習
一能一所	二我對立	我又分二	轉念成習
對我半我	皆爲我習	對半有二	本心無一
凡對皆假	念習同一	念爲假念	習爲假習
凡假皆對	迷悟同一	悟爲對念	迷爲對習
若悟本心	無對無習	平等無對	自由無習
假有真無	假二真一	假去真來	有念無習
對者三論	習者唯識	無二者禪	一三三一
三論無對	唯識無習	禪宗無心	一三三一
我立法門	教宗合一	直悟真心	對消假習
一心無二	無我爲極	平等自由	無二無一
事理無礙	知行合一	了此真心	佛家事畢

（以上據自刻本虎禪師論佛雜文二續）

章　炳　麟

〔簡介〕　章炳麟,初名學乘,後改名絳,字枚叔,號太炎,生於公元一八六八年(清穆宗同治七年),死於公元一九三六年(民國二十五年),浙江餘杭人,近代資産階級民主革命家,著名思想家。

章炳麟早年治經史諸子之學,"不好宋學,尤無意於釋氏。"三十歲時,在友人宋恕(平子)的影響下,始讀佛典,然尤"未有所專精也"。(自述學術次第)一九○三年因蘇報案,與鄒容一起下獄,始專心研讀大乘有宗瑜伽師地論、成唯識論等著作,由此,"乃達大乘深趣"(菿漢微言),認爲"釋迦玄言,出過晚周諸子,不可計數。"(同上)一九○六年,章氏出獄後東渡日本,即鼓吹要以佛教來發起國民信心,增進國民道德,並先後發表長篇論文無神論、建立宗教論、人無我論等,闡發大乘唯識"一切唯識"的理論,宣稱佛教爲無神教,認爲世界繼起之宗教必爲釋放無疑。在日本期間,他又進一步研讀楞伽經和密嚴經等,並與康德等西方哲學加以比較,從而"益信玄理無過楞伽,瑜伽者"。(自述學術次第)

一九一○年,章炳麟著齊物論釋,全書以唯識學釋齊物論,以齊物論發明唯識學。他認爲這兩者義有相徵,而非傅會。章炳麟視此作爲生平最得意之作,他説:"中年以後,著纂漸成,雖兼綜故籍,得諸精思者多,精要之言,不過四十萬字。……若齊物論釋、文始諸書,可謂一字千金矣。"又説:"既爲齊物論釋,使莊生五千言,字字可解,日本諸沙門亦多慕之。"(同上)以後,經過修訂,又寫成齊物論釋定本。這是研究章氏佛學的最主要著作。此外,在菿漢微言、菿漢昌言中,他還以唯識學與易、論語、孟子、中庸等融會起來，佛學思想成了章炳麟思想中的重要組成部分。

章氏闡發佛學思想的論著，尚有國故論衡中的明見、辯性以及一些序、論、書信等。

一、　建立宗教論

大空之鳥跡，可以構畫乎？繪事之所窮也；病眼之毛輪，可以行車乎？輿人之所困也。然則，以何因緣而立宗教？曰：由三性。三性不爲宗教説也。白日循虛，光相煖相徧一切地，不爲祠堂叢社之幽寒而生日也，而百千微塵，卒莫能逃于日外。三性亦然。云何三性？一曰徧計所執自性，二曰依佗起自性，三曰圓成實自性。第一自性，惟由意識周徧計度刻畫而成。若色若空，若自若佗，若内若外，若能若所，若體若用，若一若異，若有若無，若生若滅，若斷若常，若來若去，若因若果，離于意識則不得有此差別。其名雖有，其義絶無，是爲徧計所執自性。第二自性，由第八阿賴耶識，第七末那識，與眼耳鼻舌身等五識，虛妄分別而成。卽此色空是五識了別所行之境，卽此自佗是末那了別所行之境，卽此色空、自佗、内外、能所、體用、一異、有無、生滅、斷常、來去、因果是阿賴耶了別所行之境。賴耶惟以自識見分緣自識中一切種子以爲相分，故其心不必見行，而其境可以常在；末那惟以自識見分緣阿賴耶以爲相分，卽此相分便執爲我，或執爲法，心不見行，境得常在，亦與阿賴耶識無異；五識惟以自識見分緣色及空以爲相分，心緣境起，非見行則不相續，境依心起，非感覺則無所存，而此五識對色及空不作色空等想。末那雖執賴耶以此爲我，以此爲法，而無見行我法等想；賴耶雖緣色空、自佗、内外、能所、體用、一異、有無、生滅、斷常、來去、因果以爲其境，而此數者各有自相，未嘗更互相屬其緣。此自相者，亦惟緣此自相種子而無見行，色空、自佗、內外、能所、體用、一異、有無、生滅、斷常、來去、因果等想。此數識者，非如意識之周徧計度執著名言也，卽依此識而起見分相分二者，其境雖無，其相幻有，是爲依佗起自性。第三自性，由實相真如法爾_{猶云自然}而成，亦由阿賴耶識還滅而成。在徧計所執之名言中，卽無自性；離徧計所執之名言外，實有自性，是爲圓成實自性。夫此圓成實自性云者，或稱真如，或稱法界，或稱涅槃，而柏拉圖所謂伊跌耶者，亦往往近其區域。佛家以爲正智所緣乃爲真如，柏拉圖以爲明了智識之對境爲伊跌耶，其比例亦多相類，乃至言哲學創宗教者無不建立一物以爲本體，其所有之實相雖異，其所舉之形式是同。是圓成實自性之當立，固有智者所忍可也。若徧計所執自性，佛家小乘有諸法但名宗，而大乘般若經中亦謂：我但有名，謂之爲我，實不可得，以不可得故空，但隨世俗假立客名，諸法亦爾。是其爲説，亦不止法相一家，卽歐洲中世學者，如鹿塞梨尼輩，亦皆尋取通性，以爲惟有其名。是徧計所執自性之當遣，亦有智者所忍可也。惟此依佗起自性者，介乎有與非有之閒，則識之殊非易易。自來哲學宗教諸師，其果于建立本體者，則于本體之中復爲之構畫内容，較計差别，而不悟其所謂有者，乃適成徧計所執之有，于非有中起增益，執其本體，卽不成本體矣。其果于遮遣空名者，或以我爲空，或以十二範疇爲空，或以空閒時閒爲空，獨于五塵則不敢毅然謂之爲空，顧以爲必有本體，名曰物如。物如云者，猶淨名所謂色如耳。_{色兼五塵言。}此則計五塵爲不空，而計法塵爲空。彼以此五塵者，亦有能詮，亦有所詮，此法塵者，惟有能詮，絶無所詮。有所詮者，必有本體，無所詮者，惟是空名。不悟離心而外，卽不能安立五塵，是則五塵之安立，亦無異于法塵之安立。五塵固幻有也，而必有其本體，法塵亦幻有也，寧得謂無本體？于幻有中起損減執，其空名亦無由爲空名矣。此二種邊執之所以起者何也？由不識依佗起自性而然也。損減執者，不知五塵法塵同是相分，此諸相分，同是依識而起。由有此識，而有見分，相分依之而起，如依一牛上起兩角。故意識見分親緣法塵以爲相分之時，此法塵者，未嘗離于意識之外，卽五識見分正緣五塵以爲相分之時，五識亦未嘗自起分別，以爲此五塵者離于五識之外。然則，法塵在意識中，五塵在五識中。若云五塵之名有所詮者，則法塵之名亦有所詮，若云法塵之名無所詮者，則五塵之名亦無所詮。所以者何？其所詮者，皆不在外，惟爲見行之相分而已。今者排擯意識，以爲所見法塵惟是妄想，而無外境，又取此五識所見之外境，在五識中本不分別以爲外境者，卻從意識所分以爲外境。於彼則排擯意識，於此則又不得不借資於意識，矛盾自陷，尚可通乎？且法塵中所謂十二範疇者，與彼五塵，猶各自獨立，不必互爲緣起也。若空間，則於五塵之靜相有所關係矣；若時間，則於五塵之動相亦有所關係矣。關係者何也？所謂觀待道理也。馬鳴有言：虛空妄法，對色故有，若無色者，則無虛空之相。由此言之，亦可云色塵妄法對空故有，若無空者，則無色塵之相。假令空是絕無，則物質於何安置？假令時是絕無，則事業於何推行？故若言無空間者，亦必無物而後可；若言無時間者，亦必無事而後可。彼其所以遮撥空時者，以前此論空間者，或計有邊，或計無邊；論時間者，或計有盡，或計無盡，互爲矛矟，糾葛無已。於此毅然遮撥爲無，而靜論爲之杜口，此不可謂非孤懷殊識也。雖然，有邊無邊，有盡無盡之見，豈獨關於空間時間而已邪？若以物言，亦可執有邊無邊之見。所以者何？見見六十四種極微，積爲地球，推而極之，以至恒星世界，此恒星世界極微之量，果有邊際乎，抑無邊際乎？若以事言，亦可執有盡無盡之見。所以者何？見見單細胞物，復生單細胞物，經過鄔波尼殺曇數層絫階級而爲人類，由此人類復生人類，此一切衆生之流注相續者，果有始終乎，抑無始終乎？然則，破空而存物，破時而存事者，終不能使邊盡諸見一時鉗口結舌明矣。果欲其鉗口結舌邪？則惟取物質事業二者，與空間時間同日而遮撥之可也。夫彼亦自知持論之偏激也，故於物質中之五塵，亦不得不謂其幻有，而歸其本體於物如。若爾，則空間時間何因不許其幻有邪？物有物如，空間時間何因不許其有空如、時如？貝爾巴陀氏繼康德後，建立列夏爾説，已云有睿智之空間，睿智之時間矣。不識此義，而謂惟有空名，都無實性，生人心識，豈於空無所依而起此覺？故曰：損減執者，不知依佗起自性也。而彼增益執者，則又反是。説神我者，以爲實有丈夫，不生不滅。其説因於我見而起，乃不知所謂我者，捨阿賴耶識而外，更無佗物。此識是真，此我是幻，執此幻者，以爲本體，是第一倒見也。説物質者，歐洲以爲實有阿屯，印度以爲實有鉢羅摩怒，執爲極細，而從此細者剖之，則其細至于無窮。名家所謂，一尺之捶，日取其半，萬世不竭者，彼不能辭其過矣。執爲無厚，無厚，即非延長，謂其本無形式，非粗非細。離於色聲香味觸等感覺所取之外，惟其中心力存，此雖勝於極細之説，然未見有離於五塵之力，亦未見有離力之五塵。力與五塵，互相依住，則不得不謂之緣生，既言緣生，其非本體可知。然則，此力此五塵者，依於何事而能顯見？亦曰心之相分，依於見分而能顯見耳。此心是真，此質是幻，執此幻者以爲本體，是第二倒見也。説神教者，自馬步諸述而上，至于山川土穀，稍進則有祠火與夫尊祀諸天之法，其最高者乃有一神汎神諸教，其所崇拜之物不同，其能崇拜之心不異，要以藐爾七尺之形。飢寒疾苦，輻凑交迫，死亡無日，樂欲不恒，則以爲我身而外，必有一物以牽逼我者，於是崇拜以祈獲福，此其宗教，則煩惱障實驅使之。或有山谷之民，出自窟穴，至於高原大陸之上，仰視星辰，外觀河海，而爽然自哀其形之小，所見所聞不出咫尺，其未知者乃有無量恒河沙數，且以萬有襟袾梦不可理，而循行規則未嘗愆於其度，必有一物以鈴轄而支配之，於是崇拜以明信仰，此其宗教，則所知障實驅使之。不能退而自觀其心，以知三界惟心所見，從而求之於外，於其外者，則又與之以神之名，以爲亦有人格。此心是真，此神是幻，執此幻者以爲本體，是第三倒見也。故曰增益執者，亦不知依佗起自性也。若爾，則二種邊執者，固不知有依佗起自性矣。亦有能立本體，能遣空名，而卒之不得不密邇於依佗者，特無此依佗之名以爲權度，雖其密意可解，而文義猶不得通。如柏拉圖，可謂善説伊跌耶矣。然其謂一切個體之存在，非卽伊跌耶，亦非離伊跌耶；伊跌耶是有，而非此則爲非有，彼個體者，則兼有與非有。夫有與非有之不可得兼，猶水火相滅，青與非青之不相容也。伊跌耶既是實有，以何因緣不徧一切世界，而令世界尚留非有？復以何等因緣令此有者能見景於非有，而調合之以爲有及非有？若云此實有者，本在非有以外，則此非有亦在實有以外，既有非有可與實有對立，則雖暫名爲非有，而終不得不忍其爲有，其名與實適相反矣。若云此實有者，本無往而非實有，特人不能以明了智識觀察，橫於實有之中妄見非有，復於此妄見非有之中，微窺實有，更相盤錯，然後成此個體之有與非有，是則成此個體者，見相二分之依識而起也，非説依佗起自性，則不足以極成個體也。又如希臘上世，哀梨牙派有犍諾摩者，以爲一切皆無異相，亦無流轉，雖以鏃矢之疾，一剎那閒則必不動。自此第一剎那，積而至於十百剎那，初既無動，則後亦不能更動。此其爲説，豈不近於方實不轉，心實不動之義邪？乃謂見其有動者，出於迷妄，此則所謂雲駛月運，舟行岸移之説也。然未能説此迷妄是誰，復以誰之勢力而能使之迷妄，故非説依佗起自性，則不足以極成妄動也。又如康德，既撥空間時間爲絶無，其於神之有無，亦不欲遽定爲有存，其說於純粹理性批判矣。逮作實踐理性批判，則謂自由界與天然界範圍各異，以修德之期成聖，而要求來生之存在，則時間不可直撥爲無；以善業之期福果，而要求主宰之存在，則神明亦可信其爲有。夫使此天然界者固一成而不易，則要求亦何所用？知其無得，而要幸於可得者，非愚則誣也。康德固不若是之愚，亦不若是之誣，而又未能自完其說，意者於兩界之相擠，亦將之憒意亂，如含蒜齧邪。欲爲解此結者，則當曰：此天然界本非自有，待見識要求而有，此要求者，由於渴愛，此渴愛者，生於獨頭無明。縱令有純紫之天然界，而以衆生業力，亦能變爲純青之天然界。此渴愛者云何？此獨頭無明者云何？依於末那意根而起，故非說依佗起自性，則不足以極成未來，亦不足以極成主宰也。以此數者證之，或增依佗，或減依佗，或雖密邇，而不能自說依佗。偏執者則論甘忌辛，和會者則如水投石，及以是說解之，而皆冰解凍釋，然後知三性之說，是名了義言教，則如毗溼縛藥，一切散藥仙藥方中皆應安處；則如畫地，徧於一切彩畫事業，或青或黃，或赤或白，皆同一味，復能顯發彩畫事業；則如孰酥，傾置一切珍羞諸餅果内，更生勝味。吾既舉此諸例，於是復持三性以衡宗教。

宗教之高下勝劣，不容先論，要以上不失真，下有益于生民之道德，爲其準的。故如美洲之摩門，印度之溼婆章紐，西藏之蓮華生教，專以不律儀爲務者，無足論矣。反是，雖崇拜艸木龜魚、徽章呪印者，若于人道無所陵藉，則亦姑容而並存之。彼論者以爲動植諸物，于品庶爲最賤，今以人類而崇拜之，則其自賤滋甚。若自衆生平等之見觀之，則大梵、安荼、耶和瓦輩，比於動植諸物，其高下竟未有異也。然而不可爲訓者何也？彼以偏計所執自性爲圓成實自性也。言道在稊稗屎溺者，非謂惟此稊稗屎溺可以爲道；言牆壁瓦礫咸是佛性者，非謂佛性止於牆壁瓦礫。執此穄稗屎溺、牆壁瓦礫，以爲道祇在是，佛祇在是，則徧計所執之過也。非特下劣諸教爲然也，高之至於吠陀、基督、天方諸教，執其所謂大梵耶和瓦者，以爲道祇在是，神祇在是，則亦限於一實，欲取一實以概無量無邊之實，終不離於徧計矣。不得已而以廣博幽玄之說附之，謂其本超象外，無如其有對之色爲之礙也。非特神教爲然也，釋教有無量壽佛之說，念之者得生淨土，永不退轉。其始創此易行道者，固以徧教僧俗，使隨順法性而得之爾，而拙者震於功德莊嚴，恍忽如聞鈴網之聲，如見曼陀羅華之色，由其欣羨三界之心，以欣淨土。淨土本淨，而以所欣者垢之，則何以異於人天諸教？是故，以徧計所執而橫稱爲圓成實者，其疵砧則既然矣。然則，居今之世，欲建立宗教者，不得於萬有之中，而橫計其一爲神，亦不得於萬有之上，而虛擬其一爲神。所以者何？諸法一性即是無性，諸法無性即是一性，此般若精眇之悉檀，亦近世培因輩所主張也。執一實以爲神者，其失固不勝指，轉而謂此神者，冒世界萬有而爲言，然則此所謂有，特人心之概念耳。以假立依佗言之，概念不得不說爲有，以遮撥徧計言之，概念不得不說爲無。從其假立而謂概念惟在自心，當以奢摩佗法，灑埽諸念，令此概念不存而存；亦奚不可從其徧計，而謂吾此概念必有一在外者與之相應，從而葆祠之、祈禱之，則其愚亦甚矣。又復從此概念而寫其形質材性，謂其無不能成，無不能壞，如計羝羊之有乳者，所計已謬，猶以爲少，復計今日之乳爲甘，明日之乳爲苦，則其誣抑又甚矣！雖然，執箸諸法一性即是無性之言，而謂神者固無，非神亦無，則又所謂損減執者。所以者何？由彼故空，彼實是無，於此而空，此實是有。謂此概念法塵，非由彼外故生，由此阿賴耶識原型觀念而生，拙者以彼外界爲有，而謂法塵爲空，實則外界五塵尚不可不說爲無，況於法塵而可說爲非無？若即自此本識原型言之，五塵法塵無一非空，而五塵法塵之原型，不得不說爲有。人之所以有此原型觀念者，未始非迷，迷不自迷，則必託其本質，若無本質，迷無自起。馬鳴所謂迷東西者，依方故迷，若離於方，則無有迷。衆生亦爾，依覺故迷，若離覺性，則無不覺。以有不覺妄想心，故能知名義爲說真覺，若離不覺之心，則無真覺自相可說。是故，概念雖迷，迷之所依則離言而實有，一切生物徧在迷中，非因迷而求真，則真無可求之路。由此，故知冒萬有者，惟是概念。知爲概念，卽屬依佗；執爲實神，卽屬徧計。於概念中，立真如名，不立神名，非斤斤於符號之差殊，由其有執無執異爾。

萬有皆神之說，未成宗教，而有建立宗教之資。自曼布輪息、斯比諾沙、海格爾輩，積世修整，漸可愜心。然近世汎神教之立說，則亦有可議者。彼其言曰：以一蟻子之微而比于人，人之大不知幾千萬倍也，然此幾千萬倍者，要必有量；若人之比華臧世界，其大小則無有量。朝菌不知晦朔，惠蛄不知春秋，晦朔春秋與朝菌惠蛄所經之修短，猶有量也；而永劫之來，不知其始，其去也不知其終。人之壽量比于永劫，又巧歷者所不能計也。以此器界時間之無量，而一切布列其間者，取捨屈伸，生住異滅無時而或愆于法，孰主張是？孰維綱是？吾輩覩此，安得不自愧其形之細，其時之促，其知之劣邪？設于巴黎市中而有一甌之花，於花蕚間而有微蟲，微蟲在花，安知其市之方圓面積，與其市中之人所經營者？人之比于華臧世界，復不可以此相校，而欲知其體相用三，必不可得！是故，其崇拜也，非以爲有一主宰，恐怖佞媚而事之也，以彼無量而比于我之有限，以彼有法而比于我之不知，則宜其歸敬矣！今辨無量之說曰：所以知無量者，由于心起分別，先以大小長短相形至不可形，而立無量之名。此無量之名未顯見時，則阿賴耶識中之原型觀念耳；若自心見分不緣同聚同體之相分，則無量之名亦無。然則，無量者，自心中之無量，非在外之無量。彼希臘古德之建立阿貝輪者，甚無謂也。縱令有其外界，物物而數之，事事而檢之，其簡閱則無窮極，若但思無量二字，則以一刹那頃可以概括而知。是知其内容則難，而知其外延則易。若云止知外延，不知内容者，不足以稱如實了知，若爾，吾身以内，爪生髮長，筋轉脈移，吾亦不自知也，而固自知有我。能知我之外延，而不知我之内容，雖不知亦無害爲知矣。如實知其無量者，根本智之事也；如實知其部分者，後得智之事也。待根本智成而起後得智時，無患其不知也。且彼所謂無量者，謂其至大無外，至長無際耳。然至大者極于無量，而取最小之微塵遞分析之，其小亦無有量；至長者極于無量，若取最短之一刹那爲之分析，則復有其短者。遞析遞短，而其短亦無有盡。以吾形而比于華藏，以吾壽而比于永劫，其細且短不可以量計也。若復取吾形而比于遞分之微塵，取吾壽而比于遞析之刹那，其大且長，又不可計其量矣。夫以吾形吾壽而比于華藏永劫，猶云以定量比無量，無相擬之理也。而吾形吾壽本是細且短者之積，細者短者既無量，則吾形吾壽亦自無量。以吾形吾壽之無量，比于華藏永劫之無量，均此無量，則不得云孰勝孰劣矣。由此言之，量與無量，本由自心分別而起分別所依，依于吾形吾壽以爲權度，于其本無量者而强施以有量之名。果離我見，安取量與無量之説爲？若猶不了，則更取其離于外界者而言之。夫一二三四之數，本非外界所有，而惟是内識之範疇，此立敵所共許也。然若取此一數遞加遞乘，自十百千萬億兆，以至不可紀極之數，則雖以超過永劫之壽，無一刹那而不僂指以計，猶不能盡其邊際也。夫以心所自造之數，其無量亦如外界，然則無量固在自心，不在外界明矣。辨有法之説曰：凡取一物一事而斷其合法與否，此亦惟在自心，非外界所能證也。而人心之斷其合法與否者，有時亦無一成之規則。今有四時辰表，甲者密合晷景，無所差忒，乙者遞行則遞遲，丙者遞行則遞速，丁者乍速乍遲，各有定齊。自世俗言之，則必以甲者爲合法，乙者丙者爲不合法，而丁者則不合法之尤甚者也。然甲者誠合法矣，其次三者，雖不與晷景相應，而亦自循其法，未嘗踰越。乃若地球之自轉也，子午圈亦每日不同，此與丁者何異？而人未嘗以爲不合法也。若云彼有常度可以推測，故謂之合法者，則時辰表之乍遲乍速，亦自有法常度可以推測知之。于此則被以不合法之名，于彼而被以合法之名，此特人心之自爲高下，而于物何與焉？且合法者對不合法而言耳。有生之物以有自由，而舉止率多踰法，彼無生者既無自由，則不得不由佗物相牽而動。萬物相支，互爲推盪，合法亦奚足羨？若使有生之物，一日跼手瞑目而死，青瘀變爛，亦事事合法矣。其不合法者，特生時一細分也，而細分固不能動全部。如彼地水火風之屬，亦寧知無細分之不合法者，將可引繩切墨以求之乎？大風起於土囊之口，震電激於玄雲之下，朝隮於西，崇朝其雨，其雨其雨，杲杲出日，是雖無生之物，而亦不能以定法限之。就彼人類可推之率，則以爲合法云爾。由是觀之，心精圓徧，含裹十方。云何無量？心表之無量；云何合法？心之合法。與其歸敬於外界，不若歸敬於自心。不知其心，而怖特於外，以爲窮大至精，譬之心有憂者，聞鳥鳴而謂鳥亦有憂心，有樂者覩艸色而謂艸亦有樂。於彼外界起增益執，於此自心起損減執，實惟不了依佗之故。

　　復次，以爲宇宙至大，非人類所能推測者，此亦於宇宙起增益執，於自心起損減執。宇宙本非實有，要待意想安立爲有。若衆生意想盡歸滅絕，誰知有宇宙者？於不知中證其爲有，則證據必不極成。譬如無樹之地證有樹影，非大愚不靈之甚邪？雖然，此但足以遮有，而不足以立無。有無皆不敢定，則墮入懷疑之說。是故，爲說夢喻，如人夢時，見有種種山川城郭、水火雲物，既覺寤已，決定知爲非有。**由此**可知，覺時所見種種見象，亦如夢象，決定非有。既大覺已，如實知無，今之以意想知其爲無者，但爲比知，非如實知。正如夢時，亦有自知爲夢者，然非於知爲夢時，遂能消滅種種夢境。故但説爲比知，不説爲如實知，雖然此誠足以遮境，而亦足以遮心。境緣心生，心仗境起，若無境在，心亦不生。譬如生盲，素未見有黑白，則黑白之想亦無，如是遮境爲無者，亦不能立心爲有。是故，爲説證量，如人起心，疑境爲無，或起勝解，決定遮境爲無，如是於此自心亦疑爲無，亦決定遮撥爲無。然於疑境遮境之時，境已粉碎，無可安立，而此疑心遮心之時，非以佗物而能疑心遮心，要卽此心方能疑心遮心，卽此疑心遮心之心，亦卽是心。是故，前心雖在可疑可遮之列，而此心則無能疑能遮之理。雖然，此但可以見起之心還成此心，而不能以不見起心成此自心。如人以心遮心爲無，其後則并不起心遮心爲無，亦不起心立心爲有。當爾所時，心尚不起，寧能説爲有無邪？是故，爲説有種子識。種子識者，卽阿賴耶。凡起心時，皆是意識，而非阿賴耶識。然此意識，要有種子，若無種子，當意識不起時，識已**斷滅**，後時何能再起？若爾，悶絶執眠等位，便當與死無異，云何得有覺寤？云何覺寤以後還復起心？由此證知，意雖不起，非無種子識在，如隔日瘧，瘧不起時，非無瘧種，若瘧種**滅斷**者，云何隔日以後，瘧復見起？夫五識者，待有五塵爲其對境，**然後識得見起**，意雖猛利於境，不見前時，亦得目起獨頭意識。然此獨頭意識，亦非無端猝起，要必先有五俱意識，與五識同取對境。境既謝落，取境之心不滅，雖隔十年，獨頭意識獨得見前。是故，五識與意識者，卽以自造之境與自識更互緣生。喻如色相與大空相依俱有，空依色住，色依空住，若去其一，餘則不存。又如黑白二線交紐爲結，黑線之結以白線成，白線之結以黑線成，若去其一，餘一則不成結。亦如生人皆有兩足，左足能立以有右足，右足能立以有左足，若去其一，餘一則亦傾倒。如是法喻，但可執是以説六識，不能執是以説阿賴耶識。阿賴耶識無始時來，有種種界，如蜀黍聚。卽此種種界中，有十二範疇相，有色空相，有三世相，乃至六識種子，皆在阿賴耶中，自有親緣，故無起盡，亦無斷絶，非如六識之緣境而起，離境而息。是故，心雖不起，而心非無其義成立。雖然，此但可説有種子之集相，而不能説無種子之滅相。諸漏既盡，證得二空，是時種子既斷，此識復何所在？是故爲説菴摩羅識，菴摩羅者，譯言無垢，卽此阿賴耶識永離垢染而得此名。如手五指，屈而見影，欲捉此影，遽握成拳，手爲能握，影爲所握。阿賴耶識執持見識及彼見相，亦復如是。若在暗處，卽以此手自握成拳，卽此能握卽是所握。阿賴耶識執持種子，亦復如是。若卽此手還自解拳，既無所握，亦無能握，而此手力，非不能握。菴摩羅識無所執持，亦復如是。由此故知，明了識性，無時斷絶，解此數事，則此心爲必有，而宇宙爲非有。所謂宇宙卽是心之礙相，卽以此心還見此心，夫何不可推測之有！

　　上來所説，諸事神者，皆起於增益執。汎神之説雖工，而由不了依佗，故損減自心而增益外界，其可議者猶在。今之立教，惟以自識爲宗。識者云何？真如卽是惟識實性，所謂圓成實也。而此圓成實者，大沖無象，欲求趣入，不得不賴依佗，逮其證得圓成，則依佗亦自除遣。故今所歸敬者，在圓成實自性，非依佗起自性。若其隨順而得入也，則惟以依佗爲方便，一切衆生，同此真如，同此阿賴耶識。是故，此識非局自體，普遍衆生，惟一不二。若執著自體爲言，則惟識之教，卽與神我不異；以衆生同此阿賴耶識，故立大誓願，盡欲度脱等衆生界，不限劫數，盡於未來。若夫大圓星界，地水火風，無生之物，則又依衆生心而生幻象，衆生度盡，則無生之物自空。是故，有度衆生，無度四大。而世之議者，或執釋教爲厭世，或執釋教爲非厭世，此皆一類偏執之見也。就俗諦而言之，所謂世者，當分二事：其一，三界，是無生物，則名爲器世間；其一，衆生，是有生物，則名爲有情世間。釋教非不厭世，然其所謂厭世者，乃厭此器世間，而非厭此有情世間。以有情世間墮入器世間中，故欲濟度以出三界之外。譬之同在漏舟，波濤上浸，少待須臾卽當淪溺，舟中之人誰不厭苦此漏舟者？於是尋求木筏，分賦浮匏，期與同舟之人共免淪陷。然則，其所厭者爲此漏舟，非厭同在漏舟之人明矣。與彼蜚遯甘節之夫，所志正相反對。彼所厭者，實圓顱方趾之人羣也，若夫神皋大澤，浩博幽閒，則反爲其所樂。是爲厭有情世間，而不厭器世間，二者殊途，如冰與炭。彼徒知厭世之名，而不能分世爲二，執厭非厭，以擬釋教。如彼盲人，相聚捫象，得其一體而以爲象之全形，其見嗤于明目者審矣。惟其如是，故大乘有斷法執而不盡斷我執以度脫衆生之念，卽我執中一事，特不執一己爲我，而以衆生爲我。如吠息特之言曰：由單一律觀之，我惟是我；由矛盾律觀之，我所謂我，卽彼之佗，我所謂佗，卽佗之我；由充足律觀之，無所謂佗，卽惟是我。此以度脫衆生爲念者，不執單一律中之我，而未嘗盡斷充足律中之我，則以隨順法性，人人自證有我，不得舉依佗幻有之性，而一時頓空之也。夫依佗固不可執，然非隨順依佗，則無趣入圓成之路。是故，善見問世尊言，若有情際卽是實際，云何大士以不懷實際法，安立有情於實際中？若安立有情於實際中者，則爲安立實際於實際；若安立實際於實際者，則爲安立自性於自性。然不應安立自性於自性，云何可說以不壞實際法安立有情於實際中？佛言以方便善巧，故能安立有情於實際中，而有情際不異實際。般若經不可動品。有情際卽實際者，圓成實自性也。以方便善巧故，安立有情於實際中者，隨順依佗起自性，令證圓成實自性也。順此依佗，故一切以利益衆生爲念，其教以證得涅槃爲的，等而下之，則財施無畏施等，亦與任俠宋墨所爲不異，乃有自捨頭目腦髓以供衆啖者。此義少衰，則厭器世閒者，并與有情世閒而亦厭之，緇衣之士惟有消極之道德，更無積極之道德可以自見。而宗密之匡李訓，紫柏之忤奄黨，月照之覆幕府，載在史册者，惟此三數而已。

問者曰：立教以惟識爲宗，識之實性，卽是眞如，旣無崇拜鬼神之法，則安得稱爲宗教？答曰：凡崇拜者，固人世交際所行之禮，故諸立神教者，或執多神，或執一神，必以其神爲有人格，則始可以稽首歸命之禮行之，其崇拜誠無可議，然其神旣非實有，則崇拜爲虛文爾。若以別有本體而崇拜之，本體固無人格，于彼無人格者而行人世交際之禮，比之享爰居以九韶者，蓋尤甚焉。是故，識性眞如，本非可以崇拜，惟一切事端之起，必先有其本師，以本師代表其事，而施以殊禮者，宗教而外，所在多有。士人之拜孔子，胥吏之拜蕭何，匠人之拜魯般，衣工之拜軒轅，彼非以求福而事之，又非如神教所崇拜者，本無其物而事之，以爲吾之學術出于是人，故不得不加尊禮，此於諸崇拜中，最爲清潔。釋教亦爾。諸崇拜釋迦者，固以二千六百歲前，嘗有其人應身見世，遺風緒教流傳至今，沐浴膏澤，解脱塵勞，實惟斯人之賜，於是尊仰而崇拜之，尊其爲師，非尊其爲鬼神。雖非鬼神，而有可以崇拜之道，故于事理皆無所礙。此亦隨順依佗則然，若談實相，則雖色身見量具在目前，猶且不可執爲實有，而況滅度之後邪？若夫偶像之應去與否，則猶未有定論。執此偶像而以爲眞，則偶像不得不毀。彼摩西之力破偶像者，以彼猶大種族，執箸心多，視此金人桃梗以爲有無上之靈明，於徧計所執之中又起徧計，則其自誣實甚。故非特專信一神者，不得不禁偶像。若佛教而行于彼族，則造像亦不可行矣。若其無執箸者，以爲人心散亂，無所附麗，要有一物以引其莊敬震動之情，非謂卽此偶像卽是眞實。如觀優者，具見漢官威儀，與其作止進退，成敗興廢，則感情之興奮必百倍于讀書論世，然而非卽以此優人爲方册所載之人。東方民族，執箸之心本少，雖在至愚，未有卽以偶像爲神靈者。在昔周廟鑄金以爲愼言之人，句踐命工以寫朱公之像，皆由心有感慕，以此寄形，固未嘗執爲實事。既無執箸，則隨順依佗起性而爲之，無不可也。彼依傍神教者，多謂宜毁偶像，雖然相之與名，無所異也。今見神教諸師而語之曰：神卽是猿，則必有怫然怒者。究之，説神之名，非神之實，説猿之名，非猿之實，名固不足以當實。然而怫然怒者，以爲名雖非實，且可以代實也。然則，偶像者，是其相耳，相固非實，而亦可以代實，與名之代實何異！名之非實，莊周稱爲"化聲"，執名爲真，斥相爲假，其持論豈足以自完邪？若夫沙門之破偶像者則有矣！禪宗丹霞，嘗燒木佛，此固箸在耳目。而今之叢林規則，起于百丈，百丈固言惟立法堂，不建佛殿，則無造像之事可知也。至雲門之訶佛，則非特破相，而亦破名。文偃誦經，見有佛初降世經行七步之説，書其後曰：我若看見，一棒杕殺與狗子喫，今立教儀，不得如雲門之猖狂，亦不可效天祠之神怪，若百丈所建立，庶幾可乎！

述此既終，則又得一疑事。或舉赫爾圖門之説，以爲宗教不可專任僧徒，當普及白衣而後可。若是，則有宗教者，亦等於無宗教，自我觀之，居士沙門，二者不可廢一。宗教雖超居物外，而必期於利益衆生，若夫宰官吏人之屬，爲民興利，使無失職，此沙門所不能爲者，乃至醫匠陶冶，方技百端，利用厚生，皆非沙門所能從事。縱令勤學五明，豈若專門之？善於此，則不能無賴於居士。又況宗教盛衰，亦或因緣國事。彼印度以無政之故，而爲回種所侵，其宗教亦不自保，則護法之必賴居士明矣。雖然，居士者果足以爲典型師表邪？既有室家，亦甘肉食，未有卓厲清退之行，足以示人；至高不過陳仲、管寧，至仁不過大禹、墨翟，猥鄙汙辱之事，猶不盡無，其於節行，固未備也。以彼其人，而説無生之達摩，講二空之法印，言不顧行，誰其信之？夫以洛閩儒言至爲淺薄，而營生厚養之士昌言理學，猶且爲人鄙笑，況復高於此者？宗教之用，上契無生，下教十善，其所以馴化生民者，特其餘緒，所謂塵垢秕糠，陶鑄堯舜而已，而非有至高者在，則餘緒亦無由流出。今之世，非周秦漢魏之世也，彼時純樸未分，則雖以孔老常言，亦足化民成俗。今則不然，六道輪迴、地獄變相之説，猶不足以取濟，非説無生，則不能去畏死心；非破我所，則不能去拜金心；非談平等，則不能去奴隸心；非示衆生皆佛，則不能去退屈心；非舉三輪清淨，則不能去德色心。而此數者。非隨俗雅化之居士所能實踐，則聒聒者亦無所益。此沙門居士，所以不得不分職業也。借觀科學諸家，凡理想最高者，多不應用，而應用者，率在其次之人，何獨於宗教而不然邪？嘗試論之，世間道德率自宗教引生，彼宗教之卑者，其初雖有僧侶祭司，久則延及平民，而僧侶祭司亦自廢絶，則道德普及之世，即宗教消鑠之世也。於此，有學者出，存其德音，去其神話，而以高尚之理想經緯之，以成學説，若中國之孔老，希臘之瑣格拉底柏拉圖輩，皆以哲學而爲宗教之代起者。瑣氏柏氏之學，緣生基督，孔子老子之學，遷爲漢儒，則哲學復成宗教。至於今，斯二教者，亦駸駸普及於國民矣。中國儒術經董仲舒而成教，至今陽尊陰卑等説，猶爲中國通行之俗。一自培庚、笛加爾輩，一自程朱陸王諸儒，又復變易舊章，自成哲學。程朱陸王固以禪宗爲其根本，而晚近獨逸諸師，亦於內典有所摭拾，則繼起之宗教，必釋教無疑也。佗時釋迦正教，普及平民，非今世所能臆測。然其無上希有之言，必非常人所喻，則沙門與居士，猶不得不各自分途。赫氏所言，但及人天小教，此固可以家説戶知者，然非所論於大乘。後之作者，無納滄海於牛蹄可也。

（選自浙江圖書館校刊章氏叢書本太炎文錄初編）

二、人 無 我 論

於縱生兩足之假相，而界以人之假名。何者謂之人？云何謂之人？以何因緣而有此人？精者則有十二緣生之說，粗者則有自然淘汰之義，皆略能明其故矣。獨至一切衆生無不執持有我，而欲下一定論以判決我之有無，則必非淺識常言所能喻。我有二種：一者常人所指爲我。自嬰兒墮地已有順違哀樂之情，乃至一期命盡，無刹那而不執有我見，雖善解無我者，亦隨順世俗以爲言說之方便。此爲俱生我執，屬於依他起自性者，非熟習止觀，以至滅盡，則此見必不能去，固非言詞所能遮撥。二者邪見所指爲我。卽與常人有異。尋其界說，略有三事：恆常之謂我，堅住之謂我，不可變壞之謂我。質而言之，則我者卽自性之別名。此爲分別我執，屬於徧計所執自性者，乃當以種種比量，往覆徵詰而破之。近世惟物論者，亦能知第二我執爲謬，而或以多種原質互相集合爲言，或以生理單位異於物質爲言。此雖能破人我，乃擧其所謂自性者以歸諸他種根力，又墮法我之謬論。先師無著大士善破我執，最爲深通。然其文義奧衍，或不適於時俗。余雖寡昧，竊聞勝義，閔末俗之沈淪，悲民德之墮廢，皆以我見纏縛，致斯劣果。曲明師說，雜以己意，爲人無我論一首。

計我論者，以爲有有情我，命者、生者、有養育者，數取趣者，如是等諦實常住。此其爲說，由尋思觀察而得之，略有二因：一、先不思覺，率爾而得有情想故；二、先已思覺，得有能作所作故。彼如是思：若無我者，方見五事，不應遽起五有我想。一、見形色已，惟應起形色想，不應起有情想；二、見領納苦樂諸心行已，惟應起領受想，不應起勝者劣者各種有情想；三、見言説名號已，惟應起言説名號想，不應起支那人、日本人、印度人等想；四、見造作染淨諸業已，惟應起造作事業想，不應起愚者智者，善人惡人等想；五、見轉識隨境變遷已，惟應起心識想，不應起有我能見，有我能取等想。如上五事，皆由先不思覺，以瞬息間而起五種有情之想。由此先不思覺，率爾乍見而起有情想故，決定證知必有實我。彼又作如是思：若無我者，不應於一切心法、色法、不相應法中，先起思覺，方得有所造作。如我以眼，當見諸色，正見諸色，已見諸色；或復起心，我不當見如是等用，皆由我相爲其前導。又於善業、不善業、無記業等，或當造作，或當止息，亦由思覺爲先，方得作用。非彼五知五作等根能使如是，又非依於五知等根之識能使如是，亦非意識界中心所有法，若觸、若作意、若受、若想等位能使如是，要必有思，始能造作種種事業。思者云何？即所謂我。是故，必有實我，其理極成。

　　今當轉詰之曰：如公所説，爲即於所見事起有情想邪，爲異於所見事起有情想邪？若即於所見事起有情想者，公不應言即於形色等事計有有情，計有我者，是顛倒想；若異於所見事起有情想者，我有形量，不應道理，復有勝者劣者，或有支那人、日本人、印度人等，或有愚者智者、善人惡人，或有能見境界、能取境界等事，不應道理。所以者何？我非形色，亦非領受，亦非名號，亦非作業，亦非心識，不應與彼五蘊和合而稱爲我。若不和合，所謂我者，畢竟何在？又如，公等所説我想，爲惟由此法自體起此想邪，爲亦由餘體起此想邪？若惟由此法自體起此想者，即於所見而起我想，不應説此爲顛倒想；若亦由餘體起此想者，是則甲等境界反是乙等境界，想之正因，不應道理。又如，公意於無情中作有情想，於有情中作無情想，於甲有情中作乙有情想，此想爲起爲不起邪？若起者，是則無情即是有情，有情即是無情，此甲有情即是彼乙有情，不應道理；若不起者，世閒見有見石而認爲虎，見繩而認爲蛇者，亦有見彼決明、蜃蛤等物而認爲石子者，亦有見孔子而認爲陽貨者，公言此想不起，卽是遮撥見量，不應道理。又如，公意此有情想，爲取見量義，爲取比量義邪？若取見量義者，惟形色、領受、名號、作業、心識五事是見量得，而我非見量得，不應道理；若取比量義者，如彼嬰兒，未能思度，何緣率爾而起我想？又，今復有欲徵詰者，世閒造作事業，爲以思爲本因，爲以我爲本因？若以思爲本因者，但是思作，而非我作；若以我爲本因者，我既常住，不應更待思覺方能造作。若謂思在故我在，思卽是我者，是則無思之時，卽無有我，不應道理。又如，公意造作事業之本因，爲常爲無常邪？若無常者，此造作事業之本因，體是變異，而言我無變異，不應道理；若是常者，卽無變異，既無變異，卽不得有所造作，而言有所造作，不應道理。又如，公意爲有動作之我有所作邪，爲無動作之我有所作邪？若有動作之我能有所作者，我既是常，動卽常動，作亦常作，不應有時不作，有時而作；若無動作之我有所作者，無動作性，而有所作，不應道理。又如，公意爲有因，故我有所作，爲無因邪？若有因者，此我應由餘因策發，方有所作，是則於我之上，復立一我，不應道理；若無因者，應一切時作一切事，不應道理。又如，公意此我爲依自故能有所作，爲依他故能有所作？若依自者，此我卽常，而自作生滅病苦雜染等事，不應道理；若依他者，我有所依，則已失其我性，既非絕對，而能常住，不應道理。又如，公意爲卽於形色、領受、名號、作業、心識五蘊施說有我，爲於五蘊之中施設有我，爲於五蘊之外，復指餘處施設有我，爲不屬於此五蘊施設有我邪？若卽於五蘊施設我者，是我與五蘊無有差別，而計有我諦實常住，不應道理。若於五蘊中者，此我爲常爲無常邪？若是常者，常住之我爲諸苦樂之所損益，不應道理；若無損益而起染淨諸業，不應道理；若不起染淨諸業者，應此五蘊畢竟不起，又應不由功用，我常解脫。若無常者，離此五蘊之外，何處得有生住異滅相續流轉諸法，又於此滅壞後於他處不作而得？有大過失，亦不應理。若於五蘊之外，復指餘處者，公所計我，應是無爲，不應道理。若不屬於此五蘊者，我一切時應無染污，又我與身不應相屬，此不應理。又如，公意所計之我，爲卽見者相，爲離見者相？若卽見者相者，爲卽於見，假立此見者相；爲離於見，別立此見者相？若卽於見，假立此見者相，是則見者與見應無分別，而立我爲見者，不應道理。若離於見，別立此見者相，卽彼見法，爲是我所造成之業，爲是我所執持之器？若是我所造成之業者，假令我如種子，而見如幹莖華葉，種子既是無常，我亦應是無常；假令我如陶師，而見如甎瓦瓶甌，陶師之名本是假立，我亦應是假立，而言此我是常是實，不應道理。假令我如木人，中有機關，而見如歌舞等事，機關木人亦是無常假立，此亦如前，不應道理。假令我如大地，而見如動植等物，大地亦有成虧滅壞，不應見爲常住，又所計我，無如大地顯了作業，故不應理。何以故？見見大地，所作業用顯了，可得謂持萬物令有依止，我無是業顯了可得，故假令我如虛空，而見如一切色相。彼虛空者，本非實有，惟於色相不在之處，而假立爲虛空。是則，見是實有，我是假立，而計我爲諦實，不應道理。又，彼虛空雖是假有，然有業用分明，可得謂因有虛空，故一切萬物得起往來屈伸等業，而我望於見，不能有此業用。是故以見爲我所造成之業，不應道理。若是我所執持之器者，假令此見如彼鈎刀，有刈禾用，而離於鈎刀之外，餘物非無能斷業用，今離此見，更無餘物有瞭視用，不應道理。假令此見如彼燧火，有燒物用，見見世間諸火，雖無用火之人，而火自能燒物，以火例見，雖無用見之我，而見亦能了物，復計有我，不應道理。若離於見，別立此見者相，則所計我相，乖一切量，不應道理。又，公所計之我，爲與染淨相應而有染淨，爲不與染淨相應而有染淨邪？若與染淨相應而有染淨者，如彼湖水，有時點污，有時清潔，卽彼湖水，雖無有我，而說有染淨相應，如於外物。內身亦爾，雖無有我，染淨義成，是故，計我不應道理。若不與染淨相應而有染淨者，離染淨相，我有染淨，不應道理。又，公所計之我，爲與流轉相相應而有流轉止息，爲不與流轉相相應而有流轉止息邪？若與流轉相相應而有流轉止息者，世間見有五種流轉相可得：一曰有因，二曰可生，三曰可滅，四曰展轉相續生起，五曰有變異。如彼流水、燈焰、車輪等物，有此流轉作用，而彼諸物，雖無有我，亦能流轉，及能止息，何必於此假設丈夫之身，而橫計有我！爲若不與彼相相應而有流轉止息者，則所計我無流轉相，而有流轉止息，不應道理。又，公所計之我，爲由境界所生苦樂，及彼思業煩惱諸行之所變異，說爲受者作者及解脫者，爲不由彼變異，說爲受者等邪？若由彼變異者，是卽諸行是受者作者及解脫者，何須設我？設是我者，我應無常，不應道理。若不由彼變異者，我無變異，而是受者作者及解脫者，不應道理。又如，公意爲惟於我說爲作者，爲亦於餘法說爲作者？若惟於我，何故根識不具卽不能作？若亦於餘法，是卽說根識爲作者徒分別我，不應道理。又如，公意爲惟因我而建立我，爲亦因餘法而建立我？若惟因我，世間不應於假說丈夫之身，而立農牧工商等號；若亦因餘法者，是則惟於種種行相，假說有我，何須更執別有我爲。何以故？諸世間人，惟於假說丈夫之身起有情想，立有情名，及說自他有差別故。又如，公意計我之見爲善爲不善邪？若是善者，何故極愚癡人深起我見？不由方便，率爾而起，能令衆生怖畏解脫，又能增長諸惡過失，不應道理；若不善者，不應說正及非顛倒，若是邪倒所計之我體是實有，不應道理。又如，公意無我之見爲善爲不善邪？若言是善，於彼常住實有我，上見無有我而是善性，非顛倒計，不應道理；若言不善，而此無我之見，要由精勤方便方能生起，宣說無我，能令衆生不怖解脫，如實對治一切過惡，不應道理。又如，公意爲卽我性自計有我，爲由我見邪？若卽我性自計有我者，應一切時無無我想；若由我見者，雖無實我，由我見力故，於諸行中妄謂有我，是故定計實有我者，不應道理。如是，不覺爲先而起我想故，思覺爲先方有造作故，於五蘊中假施設故，由於彼相安立爲有故，建立雜染及清淨故，建立流轉及止息故，假立受者作者解脫者故，施設有作者故，施設言說故，施設見故，計有實我，皆不應理。

　　如上所說，徧計所執之我，業已瓦解。雖然，人莫不有我見，此不待邪執而後得之，則所謂依他起之我者，雖是幻有，要必依於真相。譬如長虹，雖非實物，亦必依於日光水氣而後見形，此日光水氣是真，此虹是幻。所謂我者，亦復如是。昔人惟以五蘊爲真，仍墮法執，又況五蘊各分別自成聚，豈無一物以統轄之者？故自阿賴耶識建立以後，乃知我相所依卽此根本臧識。此識含臧萬有，一切見相皆屬此識枝條，而未嘗自指爲我。於是，與此阿賴耶識展轉爲緣者，名爲意根，亦名爲末那識，念念執此阿賴耶識以爲自我。此不必有多證據，卽以人之自殺者觀之，亦可知已。夫自殺者，或以感受痛苦迫不欲生，而其所以趣死者，亦謂欲解我之痛苦耳。假使其人執著形體以爲我，則其所以救我者，乃適爲自亡其我之道，此人情所必無也。然則，自殺者之居心，必不以形體爲我，而別有所謂我者，斷可知矣。阿賴耶識之名，雖非人所盡知，而執此阿賴耶識之相卽以爲我者，則爲人所盡有。自殺者所執之我，亦卽此阿賴耶識耳。上之至於學者，希臘有斯多牙派哲學，印度有投灰墜巖各種外道，皆以自殺爲極其意，亦謂我爲世界所縛，以致一切舉動皆不自由，故惟自殺以求解脫，然後成爲完全自由之我。若執此形體爲我者，則欲使我脫世界之縛，而其我亦已無存。彼輩處心，亦必不爾，明其所謂我者，亦此幻形爲我之阿賴耶識而已。此方古志本有克己復禮爲仁之説，儒者優柔，故孔子專以循禮解之，推其本意，實未止此。傳曰克者何？能也。何能也？能殺也。是則，克己云者，謂能殺己云爾。倉頡作字，我字從手，手即古文殺字。推此，而克己之訓豁然著明。夫使執此形體以爲我，禮云仁云皆依我起，我既消滅，而何禮與仁之云云？故知其所謂我者，亦即阿賴耶識。彼雖不了此識，而未嘗不知識所幻變之我。其意固云，仁者我之實性，形體雖亡，而我不亡，故仁得依之而起。此數子者，或以求解憂愁而死，或以求脱塵網而死，或以求證實性而死，自無我之説觀之，則前一爲癡，後二爲慢。然我之不在根身，與我之不在名色，則借此可以證知。如是，阿賴耶識幻作我相之義，乃人人可曉矣。難者曰：見見世間自殺之事恒少，而營生卒歲者多。毀傷一體，殘破寸肌，則無不宛轉顧惜者，而謂世人不執形體爲我，無乃以少數蔽多數邪？答曰：知我與我所之説，則斯疑易破矣。自八識六根，以至一毛一孔，屬於内界者，假説爲我；自眷屬衣食，金錢田園，以至一切可以攝取受用之物，屬於外界者，説爲我所。而我與我所，又非一成不變也。若由外界以望内界，則外界爲我所，而内界惟稱爲我；若由内界以望最内之界，則根識形體亦爲我所，而惟阿賴耶識可稱爲我。除少數自殺之人，其餘營生卒歲者，凡攝取受用之物，偶有損傷猶悲悼不能自已，而況内界之根識形體乎？彼以攝取受用之我所，膠著於我而不能捨，損及我所，即無異損及於我。如人以木緊裹其身，鐵椎擊木，身亦隨痛，此所以宛轉顧惜也。人亦有言，百骸調適，忽忘我身，四肢弦緩，攝養乖方，微加針艾，即知有我，是故安閒鮮憂之日，我與我所殽雜難分，必至自殺而後見此阿賴耶識幻技所成單純之我，此無所致疑者也。難者曰：人之愛我所也，恒不如其愛我，而悲憤自殺者，多由我所被損而爲之，非由我自被損而爲之。

又,世人之於我所,亦有不愛直接於我之妙欲,而惟愛間接於我之金錢者,此又何也? 答曰: 此正見其愛我,非愛我所也。若我所與我絕不相附,則不成我所之名。如此極之海冰,於我何與? 言我所者,則既有攝取受用矣。所攝取受用者爲我所,能攝取受用者爲我,能所互紐結不可解,久之而喪其所者,亦卽自病其能。故世之悲憤自殺者,非以喪所而爲之,正以病能而爲之也。若夫同此我所,而其中復有疏遠鄰近之分,如五妙欲可直接者,則爲鄰近我所,如彼金錢但間接者,則爲疏遠我所。人何以有愛著疏遠而捨棄鄰近者? 則亦以愛我之故。觀世之慳夫,率以艱難無逸而致富厚,則不肯恣用金錢以易妙欲; 若夫膏粱之子,生而多金,乘堅策肥自快其意,則亦不欲遏絕妙欲以聚金錢。所以者何? 前之得富以勞力,而後之得富則不以勞力故。但就我所言之,則金錢爲疏遠,妙欲爲鄰近; 而以勞力較之妙欲,則勞力尤爲鄰近。妙欲自外至,爲境界受; 勞力自內發,爲自性受。人必不以鄰近易疏遠,亦必不以自性易境界。故慳夫之棄彼而愛此者,非不辨我所之親疏,正其愛我之至耳。昔魏徵論梁武帝云: 夫人之大欲在乎飲食男女,至於軒冕殿堂,非有切身之急。高祖屏除嗜欲,眷戀軒冕,得其所難而滯於所易,可謂神有所不達,智有所不通矣。由今論之,則亦易解。梁武之於軒冕殿堂也,以勞力而得之,而其於飲食男女也,則不以勞力而得之,棄彼則如敝屣,守此則如金城。由自愛我之勞力,而不暇辨我所之敝近疏遠也,奚足怪乎﹗ 非獨如是,雖父母之愛其子也,亦其愛我之深,非專以子爲我所而愛之也。夫人類既同情而肖貌,何以自愛其兒甚於鄰之赤子? 若云少小相依,其情最昵者,此亦一增上緣。乃何以兄弟之相愛也,必不如父母之於其子? 而父之於子也,又不如母之矜憐獨甚者? 凡諸兄弟,不必以勞力而得之,父之於子以勞力而得之,母之於子則復以種種痛苦之勞力而得之。以其愛我之深，而我能之被於我所者，亦以是甚愛之也。母之得子也以勞力，而子之得母也非勞力，故世間之慈母恆多，而孝子恆少者，亦以是故。然則，能證無我，而世間始有平等之大慈矣。

若如上說，我爲幻有，而阿賴耶識爲真。卽此阿賴耶識，亦名爲如來藏，特以清淨雜染之分異其名相。據實言之，正猶金與指環，兩無差別。而又不可與世俗言靈魂者，並爲一談。靈魂爲東西所共許，原其本義，特蠡爾呼吸之名，婆羅門之阿德門亦卽指此。其與阿賴耶識之異相，亦近人所能言。至阿賴耶識爲情界器界之本，非局限於一人，後由末那執著，乃成我相，而靈魂乃個人所獨有，此其分齊絕殊，不得無辨。若阿賴耶識，局在體中，則雖以百千妙語成立無我，不過言詞之異同，而實已暗認有我矣。若夫釋尊既立無我，而又成立輪迴，近世<u>黎斯迭韋氏</u>以爲二者互觸，故不得不說羯磨緣生以爲調和之術，<u>姉崎正治</u>亦宗其說。此實淺於解義者，無我之與輪迴，非特不互相抵觸，而適足以相成。所以者何？恒常之謂我，堅住之謂我，不可變壞之謂我，若其有我，則必不流轉以就輪迴，故<u>湼槃</u>之說，惟佛有常樂我淨，正唯無我，乃輪迴於六趣耳。若不解我之名義，非特無我與輪迴相觸，卽無我與羯磨亦不得不云自相違戾。所以者何？一切行業由我而起，我既實無，彼羯磨亦何所依止？縱說十二緣生，而與所緣相對者，不可無此能緣。如獮狙緣樹，蝸牛緣壁，樹與壁者爲其所緣，然不得無獮狙蝸牛爲其能緣之體。若無我者，則緣生亦不可成，雖說因果，而果待於因，因復待因，展轉相推，亦有無窮之過。惟知內典所遮之我，與尋常言我有殊，然後知無我者，卽輪迴之正因，初不待建立餘法以補苴其缺也。若依他起之我，則爲常人所共喩者，我非妙有，故不同於圓成，我非斷無，故不同於徧計。徧計所執之我，本是絕無，與空華石女兒同例；依他起之我，則非無量方便，不能摧其種子。<u>無性</u>論師<u>攝論釋</u>

曰：於此正法中，信解無我者，雖恒厭逆分別我見，然有俱生我見隨縛。此於何處？謂彼但於阿賴耶識，率爾聞聲，便執内我驚畏生故。由此證知，俱生我見亦有次第增長，一者我相，二者我名，三者復起氏族名字代表我者。而氏族名字既起於我相我名之上，復生一增益執。如有人名徐長卿，若於夢中聞呼徐長卿聲，即易驚覺，非聞呼王不留行聲而易驚覺；若於覺時，聞説徐長卿聲，易即審諦，非聞説王不留行聲而易審諦。然試取此徐長卿字一一剖析，於字體中，於音聲中，於義理中，何處有我，何處得與我相相應？又試取彼王不留行字剖析如前，何處有他人之我，何處得與他人之我相相應？然而驚覺審諦，彼此有殊，雖仲尼墨翟輩倡説無我於此，猶與常人不異，則知依他起之我，其難破爲最甚矣。必依他起之我相斷滅無餘，而圓成實自性赫然顯見，當爾所時，始可説有無我之我。先師嘗著此説於顯揚論成空品云：空性無有二相，一非有相，二我無故。人我、法我。二非無相，二無我有故。何以故？此二我無，即是二無我有，此二無我有，即是二我無故。案，自來執著有無者，不出四句：一有句，二無句，三非有非無句，四亦有亦無句。惟比能遠離四過，其句云何？曰無而有。

　　余前作建立宗教論，内地同志或謂，佛書梵語，暗昧難解，不甚適於衆生。余復自檢，梵語譯音之字，大略無幾，若阿賴耶之爲藏，末那之爲染污，奢摩他之爲止，此略讀書者所共曉，故下筆亦多隨意，其餘固漢語耳。古德譯義，或有參差，悉以奘公爲正。法相宗名詞深細，固非人人盡曉，有時亦或加注，其可以通俗語相代者，隨分增移，頗自矜慎。竊以報章之作，普示國民，震旦雖衰，碩學膚敏之士猶不遽絶，一二名詞豈遂爲其障礙？若欲取諸時俗，則獨非内典爲然，即他書亦多難解者。苟取便宜，失其本義，所不爲也。如日本邨上專精欲改因明之喻體喻依爲喻理喻事喻，較諸原文殊易了解，不知喻體本非是喻，今以理喻爲名，翻其反矣。至所以提倡佛學者，則自有説。民德衰頹，於今爲甚，姬孔遺言，無復挽回之力，卽理學亦不足以持世。且學説日新，智慧增長，而主張競爭者，流入害爲正法論；主張功利者，流入順世外道論。惡慧既深，道德日敗，矯弊者乃憬然於宗教之不可泯絶而崇拜天神，既近卑鄙，歸依淨土，亦非丈夫幹志之事。^{十住毗婆沙論既言之。}至欲步趣東土，使比丘納婦食肉，戒行既亡，尚何足爲軌範乎？自非法相之理，華嚴之行，必不能制惡見而清汙俗。若夫春秋遺訓，顔戴緒言，於社會制裁則有力，以言道德則纔足以相輔，使無大乘以爲維綱，則春秋亦摩挲法典，顔戴亦順世外道也。拳拳之心，獨在此耳。至如譚氏仁學之説，拉雜失倫，有同夢囈，則非所敢聞矣。

（同上）

三、頻伽精舍校刊大藏經序

大藏經八千餘卷，譯文始漢終元，而東方古德著述附焉。諸經本以般若發端，今從晚明旭大師所定，自華嚴始，則日本弘教書院印本也。故書文字參錯，主以麗藏，記其異同，校讎之功備矣。金山宗仰上人向以禪定蟄居退閒，愍今之沙門喜離文字而談實相，末流猥雜，不自墮於啞羊，則恣意爲矯亂論。弟子頻伽舍主承其師意，發憤庀工，重摹是本。經始弗極，彈指而成。雖處末法之中，而羣情歸慕如此，知正信之未衰也。

夫牟尼出世，人天之師，次有馬鳴、龍猛、無著三大士，窮幽體玄，發揚勝義，蕩蕩乎固無得而稱焉。教戒不可以發智，故開玄學以導迷，玄學不可以見心，故依靜慮以求證，靜慮不可以接物，故廣

萬法以應機。或乃次之宗教，云與基督、天方同班，高者亦云徒爲
倫理，斯所謂以牛蹄測大海也。夫佛陀者，譯言覺；般若者，譯言
智；瑜伽者，譯言相應。本所以趨道者，爲斷爾炎而證真如，豈真蝥
蠆以爲仁義哉﹗徒以大悲觀佛，斯已淺矣。所證者無境界可言，見
身者無自依之性，故云心佛衆生三無差別。亦云佛當在心中説法，
明以此方老聃之言，則衣養萬物而不爲主，夫何有宗教之封執者
乎﹗明其無主，故小乘大乘孰爲佛説，可以無諍也；明其求證，故六
趣升沈之談，苦樂酬業之事，可以勿語也。余向以三性三無性決擇
東西玄學，諸有凝滯，焕然理解。若夫末世緇衣之林，窮大失居，多
遠致而違近義，斯由不習五明，疏於文史，其過猶小小耳。觀今居
士長者之流，始隨陸王，終委蛇以趣佛乘。或有比合景教而言博愛
大同之趣，不然則傅合眩人幻術，稱以靈智，最下者惟言酬報，情希
福田，語皆非量，意惟大迷。此蓋末齊僧佉之所標落，王輔嗣、何平
叔之所不言，況三乘諸大論師乎﹗大懼正法之衰，不在謗佛，而在
昌言宗教。轉相隱蔽，障惑愈深，則圓音或幾乎息矣﹗

　　往者，經論不宣，學者以寡聞爲懼，縮印以成，流通始廣。然
則，密意了義，佛不自言，依義依文，定於比量，閎重之士，其超然自
悟於斯。佛湼槃後二千三百八十七年，震旦白衣章炳麟序。

（同上）

四、初步梵文典序

　　佛典自東漢初有譯録，自晉宋漸彰，猶多皮傅。留支、真諦術
語稍密，及唐玄奘、義淨諸師所述始嚴，乘合其本書。蓋定文若斯
之難也。宋初，施護、惟淨亦轉譯大乘經論無慮數十，宋子京與二

師時代相接，顧疑方等、般若諸部並由此方僞造，其源出於老莊，誠妄。要之譯述不善，使人疑。殆當漢世，安世高、支婁迦讖等已譯華嚴、寶積、般若之篇，支婁迦讖譯兜沙經一卷，卽華嚴中品目。又譯道行般若經十卷，卽般若中品目。安世高譯佛說寶積三昧文殊師利菩薩問法身經一卷，卽寶積中品目。世謂漢時無譯大乘者，其言甚妄，龍藏見存，盡往檢之。其人既出安息、月氏，於梵漢語則兩閡，漢朝儒先經術，雖通明，獨短哲學，斯筆授者亦拙，名身尚疏，何有於持論？故於全部，特抽數卷譯之，而其文近於論語孝經。及晉宋間，士大夫喜老莊言談，始利老莊於釋典，其術語誠弗能密切，時有相似，則僧肇、道安諸師，又往往傅以清言。然觀童受所譯智度、中、百、十二門、華嚴、成實諸論，其本文固弗取道家，反覆徵詰，能如其意。疏家或以老莊相傅，故前有成世英之疑，見慈恩傳。後有宋子京之惑。然則，論次梵文，蓋其要哉，夫求大義者，慮弗能離訓詁，內典之有翻譯名義，若儒書有說文、爾雅也。唐人說悉曇者多至百餘家，今皆晦蝕不可見。始湛然箸輔行傳已多支離，及宋世法雲撰翻譯名義集，譌舛尚衆。余每恨奘公不爲斯錄，而令疏慵者皮傅爲之也。廣州曼殊比丘既憂之，聞英人馬格斯、牟遷、圍林斯輩皆有梵語釋文，雖簡略不能盡大乘義，然於名相切合不鑿，乃删次其書，爲初步梵文典四卷，余每以爲可覽觀也。私謂內典所論四無礙解，故非一塗，於言音展轉訓釋，總持自在，斯名詞無礙解音義釋文是也；於能詮總持自在，斯名法無礙解文法句度是也。往者，震旦所釋多局於文身名身，而句身無專書，欲知梵語，必將尋文法，曼殊比丘既發露頭角，幸毅充之，得令成就矣。抑大乘經論以般若、瑜伽二宗爲上，其於外道六師，非直相攻，蓋攝取者亦多矣。六師雖偏執，其深細遠在柏拉圖、亞理斯多德上，惟獨逸。諸哲庶幾游於其藩，不窺六師之書，不知大乘所以閎遠。吾土所譯，獨僧佉有金七十論，韡世師有十句義耳。前者諸師，有優波

尼沙陀，後此<u>商羯羅</u>有<u>吠檀多</u>哲學，皆闕不傳。大乘孤行，無外道
與之校，則辯論廢而義漸微。<u>曼殊</u>比丘既知<u>梵</u>語，異日益進以譯諸
師之説，得與大乘相夾輔，亦幸自屬無安，肆逐浮名呻呻而已。<u>章
炳麟</u>序。

（同上）

五、齊物論釋

　　齊物者，"齊物"屬讀，舊訓皆同，<u>王安石</u>、<u>吕惠卿</u>始以"物論"屬讀，不悟是
篇先説喪我，終明物化，泯絶彼此，排遣是非，非專爲統一異論而作也，應從舊讀。
因物付物，所以爲齊，故與<u>許行</u>齊物不同。一往平等之談，詳其實義，非
獨等視有情，無所優劣，蓋離言説相，離名字相，離心緣相，畢
竟平等，乃合齊物之義；次卽般若所云：字平等性，語平等性
也。其文既破名家之執，而既泯絶人法，兼空見相，如是乃得
蕩然無閡。若其情存彼此，智有是非，雖復汎愛兼利，人我畢
足，封畛已分，乃奚齊之有哉？然則，兼愛爲大迂之談，偃兵則
造兵之本，豈虚言邪！夫託上神以爲禰，順帝則以游心，愛且
墍兼，兵亦苟偃，然其繩墨所出，斠然有量，工宰之用，依乎巫
師。苟人各有心，拂其條教，雖踐屍蹀血，猶曰秉之天討也。
夫然兼愛酷於仁義，仁義憯於法律，較然明矣。齊其不齊，下
士之鄙，執不齊而齊，上哲之玄談，自非滌除名相，其孰能與於
此？<u>老聃</u>曰："償驕而不可係者，其唯人心乎？"人心所起無過
相名分別三事，名映一切，執取轉深，是故以名遣名，斯爲至
妙。<u>瑜伽師地論</u>三十六曰：云何名爲四種尋思？一者名尋思，
謂於名唯見名；二者事尋思，謂於事唯見事；三者自性假立尋
思，謂於自性假立唯見自性假立；四者差別假立尋思，謂於差

別假立唯見差別假立。此諸菩薩，於彼名事，或離相觀，或合相觀，依止名事，合相觀，故通達二種自性假立、差別假立。云何名爲四如實智？一者名尋思所引如實智，謂於名尋思唯有名已，卽於此名如實了知；謂如是名爲如是義，於事假立，爲令世間起想、起見、起言説故。若於一切色等想事不假建立色等名者，無有能於色等想事起色等想。若無有想，則無有能起增益執；若無有執，則無言説。若能如是如實了知，是名名尋思所引如實智。二者事尋思所引如實智，謂於事尋思唯有事已，觀見一切色等想事性，離言説不可。若能如是如實了知，是名事尋思所引如實智。三者自性假立尋思所引如實智，謂於自性假立尋思唯有自性假立已，如實通達了知色等想事中所有自性假立，非彼事自性而似彼事自性顯現，又能了知彼事自性猶如變化影像、響應光影、水月燄火、夢幻相似顯現，而非彼體。若能如是如實了知最甚深義所行境界，是名自性假立尋思所引如實智。四者差別假立尋思所引如實智，謂於差別假立尋思唯有差別假立已，如實通達了知色等想事中差別假立不二之義，謂彼諸事非有性非無性。可言説性不成實，故非有性；離言説性實成立，故非無性。如是，由勝義諦，故非有色，於中無有諸色法故；由世俗諦，故非無色，於中説有諸色法故。如有性無性，有色無色，如是有見無見等差別假立門，由如是道理，一切皆應了知。若能如是如實了知差別假立不二之義，是名差別假立尋思所引如實智。此論“言非吹也”，“言者有言”，卽於名唯見名也。“以指喻指之非指，不若以非指喻指之非指也。以馬喻馬之非馬，不若以非馬喻馬之非馬也。”卽無執則無言説也。“既已爲一矣，且得有言乎？”卽於事唯見事，亦卽性離言説也。“隨其成心而師之，誰獨且無師乎？”卽於自性假立唯見自性假立也。"未成乎心，而有是非，是以無有爲有。"卽彼事自性相似顯現，而非彼體也。"有有也者，有無也者，有未始有無也者，有未始夫未始有無也者。"卽於差別假立唯見差別假立也。"俄而有無矣，而未知有無之果孰有孰無也。"卽可言說性非有，離言說性非無也。此徒舉其一例，華文深指，契此者多，別于當句解説。夫以論攝論，卽論非齊。所以者何？能總攝故，方謂之齊已與齊反。所以者何？遣不齊故。是故，寓言篇云："不言則齊，齊與言不齊，言與齊不齊也。"大般若經四百七十八云："若於是處，都無有性，亦無無性，亦不可説爲平等性，如是乃名法平等性當。知法平等性，既不可説，亦不可知，除平等性，無法可得，離一切法，無平等性。"又云："非一切法平等性中有戲論，若離戲論，乃可名爲法平等性。"此義正會寓言之旨，徒以迹存導化，非言不顯，而言説有，還滅性故。因言以寄實，卽彼所云："言無言。終身言，未嘗言。_{宋槧成玄英疏本，及纂圖互注本明世德堂本，皆作"未嘗不言"，王夫之解本作"未嘗言"。尋徵文義，舊本皆誤，今從王本。}終身不言，未嘗不言。"大乘入楞伽經云："我經中説我，與諸佛菩薩不説一字，不答一字，所以者何？一切諸法，離文字故，非不隨義而分別説。"是與寓言所説亦如符契。夫能上悟唯識，廣利有情，域中故籍，莫善於齊物論。天下篇云："内聖外王之道，鬱而不發"，爾則莊生箸書，非徒南面之術。蓋名家出於禮官，而惠施去尊；道家本以宰世，而莊周殘法，非與舊術相戾，故是捨局就通耳。老聃但説民多利器，國家滋昏，而猶未説聖人經國，復是天下利器，故國多利器，民亦滋昏也。老聃但説人之所教，我亦教之；強梁者不得其死，吾將以爲教父。唯是政教分離之説，而猶未説九洛之法監照下土，此謂上皇。其説出乎巫咸，乃因天運地處日月雲雨之故不可猝知，而起大禹箕子之疇，則以之塗民耳目而取神器也。夫然有君爲不得已，故其極至于無王；有聖或以利盜，故廓然未嘗立聖。論中言聖人者，但是隨俗之名。終擧世法差違。俗有都野，野者自安其陋，都者得意於嫺，兩不相傷，乃爲平等。小智自私，橫欲以己之間，奪人之陋。殺人劫賄，行若封豨，而反崇飾徽音，辭有枝葉，斯所以設堯伐三子之問，下觀晚世，如應斯言。使夫饕餮得以逞志者，非聖智尚文之辯，孰爲之哉？淵哉！若人用心，如砥斡蠱，德於上皇之年，杜蠹言於千載之下。故曰：道家者流，出於史官，其規摹閎遠矣。能仁之書，譯於東夏，園吏之籍，不至殊方。近世雖見譯述，然皆鄙生爲之。雲行雨施，則大秦之豪喪其夸，拂菻之士忘其纍，衣養萬物何遠之有？舊師章句分爲七首，堯問一章宜在最後，所以越在第三者，精入單微，還以致用，大人利見之致，其在於斯，宜依舊次，無取顚倒云爾。釋篇題竟。

南郭子綦隱几從李本。而坐，仰天而噓，答焉似喪其耦。顏成子游立侍乎前，曰：“何居乎？形固可使如槁木，而心固可使如死灰乎？今之隱几者，非昔之隱几者也。”子綦曰：“偃，不亦善乎，而問之也！今者吾喪我，女知之乎？女聞人籟而未聞地籟，女聞地籟而未聞天籟夫！”子游曰：“敢問其方。”子綦曰：“夫大塊噫氣，其名爲風。是唯無作，作則萬竅怒呺。而獨不聞之翏翏乎？山林之畏佳，大木百圍之竅穴，似鼻、似口、似耳、似枅、似圈、似臼、似洼者，似汙者；激者、謞者、叱者、吸者、叫者、譹者、宎者、咬者，前者唱于而隨者唱喁。泠風則小和，飄風則大和，厲風濟則衆竅爲虛。而獨不見之調調，之刀刀乎？”子游曰：地籟則衆竅是已，人籟則比竹是已，敢問天籟？子綦曰：“夫吹萬不同，而使其自己也。司馬彪注：已，止也。郭注：自己而然，則謂之天然，非役物使從己也。是司馬作已，郭作己今從郭。咸其自

取，怒者其誰邪」大知閑閑，小知閒閒；大言淡淡，從李本。小言詹
詹。其寐也魂交，其覺也形開，與接爲構，日以心鬬。縵者，窖者，
密者。小恐惴惴，大恐縵縵。其發若機栝，其司是非之謂也；其留
如詛盟，其守勝之謂也；其殺如秋冬，以言其日消也；其溺之所爲
之，不可使復之也；其厭也如緘，以言其老洫也；近死之心，莫使復
陽也。喜怒哀樂，慮嘆變慹，姚佚啟態；樂出虛，蒸成菌．日夜相代
乎前，而莫知其所萌。已乎，已乎」且莫得此，其所由以生乎」

　　齊物本以觀察名相會之一心，名相所依，則人我法我爲其
大地，是故先說喪我，爾後名相可空。子綦坐忘，自言喪我，若
依定境，則毗婆沙論八十四云，瑜伽師初解脫地，名空無邊處。
從此定出，必起相似空想現前，手覓自身最極，爲滅盡定。意
根中斷，我執不行，若依真證，則雙斷人我法我也。云何我可
自喪，故說地籟天籟明之。地籟則能吹所吹有別，天籟則能吹
所吹不殊。斯其喻旨，地籟中風，喻不覺念動，萬竅怒呺，各不
相似，喻相名分別各異，乃至游塵野馬，各有殊形，騰躍而起。
天籟中吹萬有喻藏識，萬喻藏識中一切種子。晚世或名原型
觀念，非獨籠罩名言，亦是相之本質，故曰"吹萬不同，使其自
己者"，謂依止藏識，乃有意根自執藏識而我之也。詳佛典說
第八識爲心體，名阿羅邪識，譯義爲藏，亦名阿陀那識，譯義爲
持。莊子書德充符言"靈府"，卽阿羅邪；說文：府，文書藏也。府、藏
同義。庚桑楚言"靈臺"，卽阿陀那。臺，本訓持，見淮南注及釋名。此
靈臺者，許叔重、郭子玄皆說爲心。釋文：靈臺謂心，有靈智，能任持也。庚桑
楚云："靈臺者有持，而不知其所持，而不可持者也；不見其誠
己而發，每發而不當，業入而不舍，每更爲失。"夫靈臺"有持"
者，阿陀那識持一切種子也；"不知其所持"者，此識所緣內執
受境，微細不可知也；"不可持者"，有情執此爲自內我卽是妄

執，若執唯識真實有者，亦是法執也；"不見其誠已而發"者，意根以阿陀那識爲真我，而阿陀那識不自見爲真我，然一切知見由之以發也；"每發而不當"者，三細與心不相應也；"業入而不舍"者，六麤第五爲起業相，白黑羯磨熏入本識，種不焦敗，由前異熟生後異熟，非至阿羅漢位不能捨藏識褵染也；"每更爲失"者，恆轉如暴流也。今此齊物論中言，使其自己，以意根執藏識爲我義，與庚桑楚篇參伍相成矣。自取者，攝大乘論無性釋曰：於一識中，有相有見，二分俱轉，相見二分，不卽不離。所取分名相，能取分名見。於一識中，一分變異似所取相，一分變異似能取相，是則自心還取自心，非有餘法。知其爾者，以現量取相時，不執相在根識以外，後以意識分別，乃謂在外。於諸量中，現量最勝，現量既不執相在外，故知所感定非外界，卽是自心現影。既無外界，則萬竅怒號，別無本體，故曰怒者其誰。尋知北游篇云："物物者與物無際，而物有際者，所謂物際者也；不際之際，際之不際者也。謂盈虛衰殺，彼爲盈虛非盈虛，彼爲衰殺非衰殺，彼爲本末非本末，彼爲積散非積散也。"物卽相分，物物者謂形成此相分者，卽是見分。相見二分，不卽不離，是名物物者與物無際；而彼相分自現方圓邊角，是名物有際；見分上之相分本無方隅，而現有是方隅，是名不際之際；卽此相分方隅之界，如實是無，是名際之不際。此皆義同攝論，與自取之説相明矣。解深密經云："若彼所行影像，卽與此心無有異者，云何此心還見此心？善男子，此中無有少法能見少法，然卽此心如是生時，卽有如是影像顯現。德充符篇云："以其知得其心，以其心得其常心。"徐無鬼篇云："以目視目，以耳聽耳，以心復心。"此雖真人獨喻之情，亦實庸衆共循之則，故彼經云："若諸有情，自性而住緣色等心，所行影像，彼與此心亦無有異，而諸愚夫由顛倒覺，於諸影像不能如實知唯是識，是皆自取無誰之義。”夫以己自己取者，即己我若是一，不應自取；我若是二，云何有我？則喪我不足怪矣。此上總義，略破人法大相，次復別明心量。“大知閑閑”，簡文云：“廣博之貌”，謂藏識同時兼知也。“小知閒閒”，簡文云：“有所閒別”，謂五識不能相代，意識同時不能有二想也。“大言淡淡”，老子云：“道之出口，淡乎其無味也”。“小言詹詹”，李云：“小辯之貌”是也。“其寐也魂交”，謂夢中獨頭意識也。“其覺也形開”，謂明了意識，及散位獨頭意識也。大毗婆沙論三十七曰：“夢所見事，皆是曾更。問：若爾，云何夢見有角人邪？豈曾有時見人有角？答：彼於覺時，異處見人，異處見角，夢中惛亂，見在一處，故無有失。”然則，“形開”即是異處別見，“魂交”即是見在一處也。“與接爲搆，日以心鬭”者，接猶觸受，謂能取所取交加而起，二者交加，則順違無窮，是名“日以心鬭”。庚桑楚篇云：“知者，接也；知者，謨也。”彼接亦謂觸受竝，即近人所謂感覺；彼謨從規摹義，即是想，想謂取像。彼謨從謀慮義，即是思。墨經說接爲親，是即現量；說謨爲説，是即比量。“縵者”，簡文云：“寬心”，應是散意，亦謂率爾墮心，不串習境，無欲等生。乍有所感，名率爾墮心也。“窖者”，簡文云：“深心”，此即是尋求心。“密者”，精心恆審思量，所謂慧也，即於思中有簡擇用，故與廣思不同。“小恐惴惴”，李云：“小心貌。”“大恐縵縵”，李云：“齊死生貌。”以小恐神志尚定，故有戰慄震怖諸相；大恐神志已奪，乃如惛醉也。“其發若機栝，其司是非之謂”者，謂作意。“其留如詛盟，其守勝之謂”者，勝亦讀如司，如司徒作勝屠。謂等流心，亦得謂定，皆有所司察也。除無想滅盡等定。“其殺如秋冬，以言其日消”者，謂等流心專緣一境，念念相續，久則心與境忘，乃似無所有也。"其溺之所爲之，不可使復之"者，謂等流心專趣一相，忽忘自身，若溺者陷沒不還也。"其厭也如緘，以言其老洫"者，厭讀爲壓，按也；洫讀爲侐，**静也**；此謂定心静慮，如老者形志衰而嗜欲息，無想滅盡二定亦在是矣。"近死之心，莫使復陽"者，謂生死位心悶絶位心也。"喜怒哀樂，慮嘆變慹，姚佚啟態"者，謂輕安心及煩懤心也。如上種種，略舉心及心所有法，然其能取，還即自取己心，非有外界。音樂出乎空虚，喻名言無自性也；菌芝成乎蒸溼，喻四大無自性也。雖爾日夜相代，莫知所始，能起有邊無邊之論時。若實有，即非唯識，天籟之義不成，故復應以旦莫得此，其所由生此者，即謂能自取識。大抵藏識流轉不駐，意識有時不起，起位亦流轉不駐，是故觸相生心，有觸作意受想思五位，受想思中復分率爾墮心、尋求心、決定心、染淨心、等流心五位。如是相續，即自位心證自位心，覺有現在；以自位心望前位心，覺有過去；以自位心望後位心，比知未來。是故，心起即有時分，心寂即無時分。若睡眠無夢位，雖更五夜不異刹那。近人多謂，因觀物化，故生時分之想，此非極成義也。如人專視一金，念念想此一金，念亦無變，金亦不化，而非於此位無時分前後覺。然則，時非實有，宛爾可知。知北游篇説：無古無今，無始無終；則陽篇説，與物無終無始，無幾無時；又説，除日無歲。大乘人楞伽經説，如來藏名藏識，有生滅四種習氣之所迷覆，而諸凡愚分別熏心，不能了知，起刹那見，皆此成證。但以衆同分心，悉有此相，世遂執箸爲實。是故秋水篇説，時無止；庚桑楚篇説，有長而無本剽者，宙也。皆順衆同分心爲言，終之甲乙二人，各有時分。如衆吹竽同度一調，和合似一，其實各各自有竽聲。所以者何？時由心變，甲乙二心界有別故。由此可知，時爲人人之私器，非衆人之公器。且又時分總相，有情似同，時分別相，彼我各異。童齔以往，覺時去遲，中年以來，覺時去速；淫樂戲忘者，少選而歲逝，春畦勤苦者，待限而不盈。復有種種別相，各各不同。說見知代下。亦猶人各吹竿，不度一調，或爲清角，或爲下徵，此應折楊，彼合下里，則無和合似一之相。雖復晷日望星，挈壺下漏，強爲契約，責其同然，然覺時去遲者，其覺日星壺漏之變亦遲；覺時去速者，其覺日星壺漏之變亦速。亦猶以尺比物，定其長短，然眼識汗漫者視物長，而尺亦長，眼識精諦者視物短，故尺亦短，竟無畢同之法。由斯以推，朝菌不知晦朔，惠蛄不知春秋，而冥靈大椿，壽逾千百，庸知小年者不自覺其長，大年者不自覺其短乎？然惟證無刹那者，始能曉了刹那。德充符篇說，才全之人，云使日夜無欲，而與物爲春，是接而生時於心者也。此明衆生所厯日夜，達者處之無有閒郤分際，是謂三世斷絶，不現刹那，而以衆生緣力交接而起，卽自心上有似時分相現，故得與物爲春。大毗婆沙論一百三十六說，壯士彈指頃，經六十四刹那。又說，世尊不說，實刹那量無有有情堪能知故。誠以時分最速，無過一瞬及一彈指，心生或速於此，然未有與刹那齊量者。一念心生，速疾回轉，齊一刹那，自非應真上士，孰與於斯？若卽一彈指頃，豪分不忘，此小年之所有，而大年之所無。不忘，故小年亦壽；忘之，故大年亦殤。消搖游篇郭注佀云：苟知其極，則豪分不可相跂，羨欲之纍可以自絶。此未了時由心造，其舒促亦由心變也。心不起滅，意識不續，中閒恆審思量亦悉伏斷，則時分銷亡，而流注相續之我自喪矣。

非彼無我，非我無所取。是亦近矣，而不知其所爲使。若有真宰，而特不得其朕。可行己信，而不見其形，有情而無形。百骸、九竅、六藏，賅而存焉，吾誰與爲親？女皆説之乎？其有私焉？如是皆有爲臣妾乎？其臣妾不足以相治乎？其遞相爲君臣乎？其有真君存焉？如求得其情與不得，無益損乎其真。一受其成形，不亡以待盡。與物相刃相靡，其行盡如馳，而莫之能止，不亦悲乎！終身役役而不見其成功，薾然疲役而不知其所歸，可不哀邪！人謂之不死，奚益！其形化，其心與之然，可不謂大哀乎！人之生也，固若是芒乎？其我獨芒，而人亦有不芒者乎？

此因喪我之説，而論真我幻我也。莊生子綦之道，以無我爲戶牖。此説喪我，消摇游云：至人無己，在宥云：頌論形軀，合乎大同，大同而無己。無己，惡乎得有有！天地云：忘乎物，忘乎天，其名爲忘己。皆説無我也。我苟素有，雖欲無之，固不可得；我若定無，證無我已，將如藥木枯臘邪！爲是，徵求我相，名色六處，我不可得；無我所顯真如，可指言我，乃與人我法我異矣。其辯曰：絶待無對，則不得自知有我，故曰“非彼無我”。若本無我，雖有彼相，誰爲能取？既無能取，即無所取，故曰“非我無所取”。由斯以談，彼我二覺，互爲因果，曾無先後，足知彼我皆空，知空則近於智矣。假令純空彼我，妄覺復依何處何者而生？故曰“不知其所爲使”。由是推尋，必有心體爲衆生所依止，故曰“若有真宰”。心體既爲衆生依止，何緣形相朕兆不可窺尋？如梵上諸師，或執我如稗子，或如米粒，或如拇指，皆由妄情計度，實無見此形埒者，故曰“不得其朕”。詳此所説，真宰即佛法中阿羅邪識，惟有意根恆審思量，執阿羅邪識以爲自我，而意識分別所不能見也。以恆審思量，故必不自覺爲幻，自疑爲斷進止屈伸，崔乎自任，故曰“可行已信。郭云：行者，信已可得行也。雖自信任，而此我相，爲朱爲白，爲方爲圓，終非意根所見，故曰“不見其形，有情而無形”。橫欲求形，惟是百骸、九竅、六藏之屬，且未知此數者誰爲真我。若云皆說之者，諸體散殊，我應非一，而現自覺是一；若云有所私者，餘體痛楚應若不知，而現不可捨置；若云皆爲臣妾者，誰復爲君？藉舉腦髓神經以爲共主，彼與臣妾等是筋肉膏肪，何因獨能調御？若云身無神經，其餘諸體不足相治者，現見單細胞物，具有識知，縱無神經，足得相治。況復艸蘇百卉，悉有情命，榦莖枝葉亦若人有百體，曾無見艸木有腦髓神經者，而百體足可相治，呼吸卽同，或有能啖蠅子，斯孰令爲之哉？如是，人鳥獸等，雖有腦髓神經，但可説爲傳達知識之具，猶鐵縷所以傳電，而電非鐵縷；馳道所以步馬，而馬非馳道。是則，觸受想思之體，非卽腦髓神經明矣。以此爲箴，諸義自壞。若云腦髓神經與百體遞爲君臣者，今欲令心受水穀，胃布血脈，耳視目聽，頭行髮持，終不可得，況能遞用？以是五義，展轉推度，則謂有真我在。蓋靈臺者任持根覺，梵名阿陀那，亦以含藏種子，名曰靈府，梵名阿羅邪，其體不生滅，而隨緣生滅者，佛典稱如來藏，正言不生滅體，亦云菴摩羅識，德充符説，以其知，得其心，以其心，得其常心。心卽阿陀那識，常心卽菴摩羅識。彼言常心，此乃謂之真君。心與常心，業相有別，自體無異。此中真宰真君，亦依別説。冢宰更代無常，喻阿陀那恆轉者；大君不可廢置，喻菴摩羅不變者，知非意識者，以熟眠位意識已斷，而異於死故。以比量知，非意識意根恆緣阿陀那以爲自我，雖難分別，但以行住坐臥作止語默雖不念我，而一向未曾疑爲非我故；據現量知，非意識由是寂静觀察，靈臺卽現執此恆轉如暴流者，以爲自我，猶是幻妄。唯證得菴摩羅識，斯爲真君，斯無我而顯我耳。是故，幻我本無而可喪，真我常徧而自存，而此菴摩羅識，本來自爾，非可修相，非可作相，畢竟無得，故曰"求得其情與不得，無益損乎其真"。不求則一受成形，不亡待盡，念念相續，如連錢波，前心已去，每更爲失。卽此膚肉骨髓，隨時代謝，十年故體悉爲灰塵。由此可知，卽一生時，已更九死，故曰"人謂之不死，奚益"也。此言真君，麻如來藏中真如相；次言其形化，其心與之然者，麻如來藏中隨緣用。既隨緣生滅，卽此如來藏轉名阿羅邪。子綦本言喪我，莊生佗篇皆言無己，獨此説有真君，猶佛典悉言無我，涅槃經獨言有我。蓋雙泯二我，則自性清淨始現，斯所以異於斷無也。言我芒人亦芒者，無量有情等是一識，若有一人不芒者，則不得現此情界器界也。郭子玄大宗師義云："人之生也，形雖七尺，乃舉天地以奉之，故天地萬物凡所有者，不可一日而相無也。一物不具，則生者無由得生。"義亦精審，能會斯旨。唐時法藏依此以立無盡緣起之説，詳在"萬物與我爲一"下。佛法或言無我，或言有我。言無我者，麻意根妄執阿陀那爲我，言有我者，見於涅槃經，卽指佛性，則清淨如來藏也。藏識既起，如來藏亦在生滅中，故名有通別矣。

夫隨其成心而師之，誰獨且無師乎？奚必知代而心自取者有之？愚者與有焉。未成乎心而有是非，是今日適越而昔至也。是以無有爲有。無有爲有，雖有神禹，且不能知，吾獨且奈何哉！夫言非吹也，言者有言，其所言者特未定也。果有言邪？其未嘗有言邪？其以爲異於鷇音，亦有辯乎，其無辯乎？道惡乎隱而有真偽？言惡乎隱而有是非？道惡乎往而不存？言惡乎存而不可？道隱於小成，言隱於榮華。故有儒墨之是非，以是其所非而非其所是。欲是其所非而非其所是，則莫若以明。物無非彼，物無非是。自彼則不見，自知則知之。故曰彼出於是，是亦因彼。彼是方生之説也，雖然，方生方死，方死方生；方可方不可，方不可方可；因是因非，因非因是。是以聖人不由而照之于天，亦因是也。是亦彼也，彼亦是也。

彼亦一是非，此亦一是非。果且有彼是乎哉？果且無彼是乎哉，彼是莫得其偶，謂之道樞。樞始得其環中，以應無窮。是亦一無窮，非亦一無窮也，故曰莫若以明。以指喻指之非指，不若以非指喻指之非指也；以馬喻馬之非馬，不若以非馬喻馬之非馬也。天地一指也，萬物一馬也。

此論藏識中種子，卽原型觀念也。色法無爲法外，大小乘皆立二十四種不相應行，近世康德立十二範疇。此皆緐碎，今舉三法大較應説第八藏識本有世識、處識、相識、數識、作用識、因果識世識、處識、數識，皆見攝大乘論。世謂現在、過去、未來，處謂點線面、體中邊方位，相謂色聲香味觸，數謂一二三等，作用謂有爲，因果謂彼由於此，由此有彼。其空間識卽是處識，而所感覺之真空乃屬相識。以真空亦有空一顯色。故大毗婆沙論七十五云：或有色無顯無形，謂空界色。又云：云何空界？謂鄰礙色。礙謂積聚，卽牆壁等。有色近此，名鄰礙色。如牆壁間空，叢林間空，樹葉間空，窗牖間空，往來處空，指間等空，是名空界。若方隅等位，在有顯色處説爲形色，在無顯色處説爲空間。大毗婆沙論七十五云：問：虛空空界，有何差別？答：虛空非色，空界是色。又云：若無虛空，一切有物應無容處；既有容受諸有物處，知有虛空。復作是説，以有往來聚處，故知有虛空。復作是説，若無虛空，應一切處皆有障礙，既現見有無障礙處，故知虛空決定實有，無障礙相是虛空故。此所説虛空者，卽今所謂空間。然虛空空間之名，實不可通。其實無障礙處之形，有障礙處之形，通得是名。天下篇舉名家説：無厚不可積也，其大千里。司馬紹統云：其有厚大者，其無厚亦大。墨經云：厚有所大也，説曰厚。惟無所大，是故有礙。但有形可量者，通謂之處，不當偏舉空間虛空爲名，乃與真空有色者相混。勝論立九種實空與方異，彼空卽空界真空，彼方卽虛空空間。命之爲方，與命之爲處，名實相應。虛空空閒，是亂名爾。第七意根，本有我識，人我執，法我執。其佗有無是非自共合散成壞等相，悉由此七種子支分觀待而生成。心卽是種子，種子者，心之礙相，一切障

礙，卽究竟覺。故轉此成心則成智，順此成心則解紛。成心之
爲物也，眼耳鼻舌身意六識未動，潛處藏識意根之中，六識既
動，應時顯現，不待告教，所謂隨其成心而師之也。此中且舉
世識一例，節序遞遷，是名爲代。夫現在必有未來，今日必有
明日，此誰所證明者，然嬰兒初生，狸鼠相遇，寧知代之名言
哉？兒啼號以索乳者，固知現在索之，未來可以得之也。鼠奔
軼以避狸者，亦知現在見狸，未來可以被噬也。此皆心所自
取，愚者與有。故大毗婆沙論十四云：若愚若智，內道外道，
世間論者，乃至童竪皆知有世。謂彼皆了有去來今。彼説疑三
世者爲冥身，則是小乘法執之説。此非取之原型觀念，何可得邪？若
夫有相分別，必待名言，諸想方起，無相分別，雖無名言，想亦
得成。瑜伽師地論二云：有相分別者，謂於先所受義，諸根成
熟，善名言者，所起分別。無相分別者，謂隨先所引及嬰兒等，
不善名言者，所有分別。攝大乘論亦稱此爲無覺徧計，世親
釋曰：謂牛羊等，雖有分別，然於文字不能解了。 印度合音爲字，
故文字卽名言。彼其知代取之種子，現於無相分別，故得有此。
又，今世説生物者，謂蟲獸艸木，種種毛羽、華色、香味，或爲自
保生命，或爲自求胤嗣，而現此相，然彼豈如人類能計度尋思
邪，非説無相分別，義不得成，以是證知，師其成心，愚者與
有，亦若日用不知焉。夫無相分別，意言亦無，一切有情經過
爾所，分別歷時相等；有相分別，卽有意言，若伺若尋，意中流
響，聲必相續。此則單音語人所歷時短，以經爾所分別，卽經
爾所聲故。複音語人所歷時長，以經爾所分別，必經爾所流注
聲故。如念“法”字，此土念“法”惟是一聲，印度念“達爾摩”乃
有三聲，轉相積聚，則經時長短相縣矣。是故，複音語人聲餘
於念，意中章句其成則遲；單音語人聲與念稱，意中章句其成

則速。念成遲，故覺時促，惜分陰，而近死地，望在隙身以後，故宗教之用興；念成速，故覺時舒，多暇日，而遠盡期，味箸有身之時，故宗教之用絀。前世雖有祈榮禱祝，然皆爲目前禍福，非爲死後。人情封略，亦觀世者所宜知也。次舉意根我識種子所支分者，爲是非見。若無是非之種，是非現識亦無；其在現識，若不忍許何者爲是，何者爲非，事之是非亦無。明證是非所印，宙合不同，悉由人心順違，以成串習，雖一人亦猶爾也。然則，係乎佗者，曲直與庸衆共之；存乎已者，正謬以當情爲主。近人所云，主觀客觀矣。寓言篇云："孔子行年六十而六十化，始時所是，卒而非之，未知今之所謂是之非五十九非也。"斯則五十九時所謂是者，固無非想。今以六十時見，非五十九時見，其事雖可，必云當五十九時已非，則爲倒論。所以者何？五十九時，自非之心未成故。又況道本無常，與世變易，執守一時之見，以今非古，以古非今，或以異域非宗國，以宗國非異域者，其例視此。此正顛倒之説。比於今日適越而昔至，斯善喻乎！世俗有守舊章，順進化者，其皆未喻斯旨也。外物篇云："夫流遁之志，決絶之行，噫，其非至知厚德之任與！覆墜而不反，火馳而不顧，雖相與爲君臣，時也，易世而無以相賤。故曰至人不留行焉"。順進化者以今非古，則誣言也。又曰："夫尊古而卑今，學者之流也。且以豨韋氏之流觀今之世，夫孰能不波？唯至人乃能游於世而不僻，順人而不失已。"守舊章者以古非今，是亦一孔之見矣。是云非云，不由天降，非自地作，此皆生於人心。心未生時而云是非素定，斯豈非以無有爲有邪？夫人雖有忮心，不怨飄瓦，以瓦無是非心，不可就此成心，論彼未成心也。然則，史書往事，昔人所印是非，亦與今人殊致。而多辯論枉直，校計功罪，猶以漢律論殷民，唐格選秦吏，何其不知類哉！老子云："道可道，非常道。"董仲舒云："天不變，道亦不變。"智愚相縣，乃至於此。言者是爲有相分別，依想取境，如其分齊，以成音均詘曲，自表所想，故謂之言。墨子經説云："言也者，諸口能之出民者也。民若畫俿也。"此則言得成義，吹非成義，其用固殊。然則，古今異語，方土殊音，其義則一，其言乃以十數。是知，言本無恆，非有定性，此所以興有言無言之疑，謂與㲉音無別也。則陽篇云："鷄鳴狗吠，是人之所知，雖有大知，不能以言讀其所自化，又不能以意其所將爲。"假令殊方異類，乍相逢遇，互聽所言，亦與是無異矣。隱，讀如隱几之隱字，正作㒦，所依據也。道何所依據，而有真僞，言何所依據，而有是非，向無定軌，惟心所取。詳前世論道，不依一軌，夷惠行殊，箕比志異，猶皆謂之至德，固知道之無常也。晚世以一端繩人，斯大方所不談矣。比其衰也，帝王之法依以爲公義，是道隱於小成；京雒之語依以爲雅言，是言隱於榮華。荀子正論曰："天下之大隆，是非之封界，分職名象之所起，王制是也。"故凡言議期命，以聖王爲師，此皆隨俗雅化，豈所語於致遠者乎！儒家法周，墨家法夏，二代嘗已小成榮華，而其是非相反，由是競生部執，如復重仇。還以其情，明其自繆，則曰物無非彼，言更相彼也，物無非是，言各自是也。無非彼，則天下無是；無非是，則天下無彼。用郭義。人皆自證而莫知彼，豈不亦了佗人有我？佗人之我，恆依計度推知，非恆審證知；故由此佗心及彼心所有法，亦以計度推知。飄忽之間，終有介爾障隔，依是起争，是非蠭午。夫其執有是非者，若無我覺，必不謂彼爲非，若無彼覺，亦不謂我爲是。所以者何？此皆比擬而成執見，向無比擬，卽以散心任運處之，其猶閭娵子都不與衆人共鑑，必不自謂美好。由斯以言，彼出於是，是亦因彼，曾無先後，而因果相生，則知彼是觀待而起,其性本空。彼是尚空,云何復容是非之論?以方生喻彼是者,一方生即一方滅,一方可即一方不可,因果同時,則觀待之説也。聖人無常心,以百姓心爲心,故不由而照之於天。知彼是之無分,則兩順而無對,如户有樞,旋轉環内,開闔進退,與時宜之。是非無窮,因應亦爾,所謂莫若以明也。或者難言:因時敷政,固無典常,制割大理,寧無真繆?應之曰:非謂是也。仁義之名,傳自古昔,儒墨同其名言,異其封界,斯非比量之所能明,亦非聲量之所能定,更相韋戾,惟是黨伐之言,則聖人不獨從也。若乃儒徵於人,墨徵於鬼,斯乃虚實易明,非莊生所論列矣。或復難言:行義無常,語言非定,此皆本乎情感,因乎串習,故不可據理以定是非;白黑之相,菽麥之姿,不待名言而生,辨異離言,自性豈可亂邪?應之曰:無相分別,如其自身,莊生固無遮撥。及在名言,白表白相,黑表黑相,菽表菽事,麥表麥事,俗詮有定,則亦隨順,故言斯爲照之於天,不因已制。是故,指鹿爲馬,以素爲玄,義所不許。所以者何?從俗則無争論,私意變更,是非即又蠭起,比於向日,囂訟滋多。是以,有德司契,本之約定俗成也。或欲引用殊文,自移舊貫,未悟文則鳥迹,言乃鷇音,等無是非,何間彼我?不曉習俗,可循而起是非之見,於是無非而謂非,於彼無是而謂是。木偶行尸,可與言哉!兹亦醉心於小成榮華者也。

指馬之義,乃破公孫龍説。指物篇云:"物莫非指,而指非指。指也者,天下之所無也;物也者,天下之所有也。以天下之所有,爲天下之所無,未可。"彼所謂指,上指謂所指者,即境;下指謂能指者,即識。物皆有對,故莫非境;識則無對,故識非境。無對故謂之無,有對故謂之有。以物爲境,即是以物爲識中之境,故公孫以爲未可。莊生則云,以境喻識之非境,不若以非境喻識之非境。蓋以境爲有對者，但是俗論方有所見。相見同生，二無內外，見亦不執，相在見外，故物亦非境也。物亦非境，識亦非境，則有無之爭自絕矣。白馬論云："馬者，所以命形也；白者，所以命色也。命色者，非命形也，故曰白馬非馬。"莊生則云，以馬喻白馬之非馬，不若以非馬喻白馬之非馬。所以者何？馬非所以命形。形者何邪？惟是句股曲直諸線，種種相狀，視覺所得其界止此，初非於此形色之外別有馬。覺意想分別，方名爲馬，馬爲計生之增語，而非擬形之法言。專取現量，真馬與石形如馬者，等無差別，而云馬以命形，此何所據！然則，命馬爲馬，亦且越出現量以外，則白馬與馬之爭，自絕矣。此皆所謂"莫若以明"也。廣論則天地本無體，萬物皆不生，由法執而計之，則乾坤不毀，由我執而計之，故品物流行，此皆意根徧計之妄也。或復通言，破指之義，誠無餘辯，破馬之義，但乘公孫言詞之隙，因而墮之。假令云，馬者所以命有情，白者所以命顯色，命顯色者非命有情，故曰白馬非馬，莊生其奚以破之邪？應之曰：此亦易破。鋸解馬體，後施研擣，猶故是有情否？此有情馬，本是地水火風種種微塵集合，云何可說爲有情數？若云地水火風亦是有情者，諸有情數合爲一有情數，雖説爲馬，惟是假名，此則馬亦非馬也。又公孫以堅曰爲二，堅白與石不可爲三，如是馬中亦有堅白，堅白可二，白馬不可爲二，説還自破。若云石莫不白，馬有不白者，馬有青驪，石亦自有黃黑，白非馬之自相，亦非石之自相。何故白與石不可離，而獨與馬可離？此皆破之之説也。

　　如上所論，皆説成心之義，應分三科：第一，明種子未成，不應倒責爲有；第二，明既有種子言議，是非或無定量；第三，明現量所得，計爲有實法實生者，卽是意根妄執也。

可乎可，不可乎不可。道行之而成，物謂之而然。惡乎然？然於然。惡乎不然？不然於不然。物固有所然，物固有所可。無物不然，無物不可。故爲是舉莛與楹，厲與西施，恢恑憰怪，道通爲一。其分也，成也；其成也，毁也。凡物無成與毁，復通爲一。唯達者知通爲一，爲是不用而寓諸庸。庸也者，用也；用也者，通也；通也者，得也；適得而幾矣。因是已。已而不知其然，謂之道。勞神明爲一而不知其同也，謂之朝三。何謂朝三？曰：狙公賦芧，曰：朝三而莫四。衆狙皆怒。曰：然則朝四而莫三，衆狙皆説。名實未虧，而喜怒爲用，亦因是也。是以聖人和之以是非，而休乎天鈞，是之謂兩行。

此破名守之拘，亦解作用道理，證成道理之滯，並空緣生。“道行之而成”，指作用，證成二理；“物謂之而然”，指名守，次皆遮撥之言。其言“惡乎然？然於然。惡乎不然？不然於不然”者，觀想精微，獨步千載，而舉世未知其解，今始證明。詳彼意根有人我法我二執，是卽原型觀念。以要言之，卽執一切皆有自性，名必求實，故有訓釋之詞。訓釋詞者，非古今方國代語之謂。一謂説其義界，此土訓釋文字者，兼有二事：如説文云：元始也，此爲代語；吏治人者也，此爲義界。求義界者，卽依我執法執而起；二謂責其因緣，以其如此，謂其先必當如彼，由如彼故得以如此，必不許無根極，求根極者，亦依我執法執而起；三謂尋其實質，以不許無成有，謂必有質，求實質者，亦依我執法執而起。故無意根，必無訓釋。攝大乘論曰：云何知有染汙？意謂此若無訓釋詞，亦不得有。世親釋曰：能思量，故説名爲意。此訓釋詞何所依止？非彼六識與無間識作所依止，應正道理已謝滅，故無性釋義亦同。然不以我執法執爲説，猶有未備。諸説義界，似盡邊際，然皆以義解義，以字解字，展轉推求其義其字，惟是更互相訓。如説一字，若求義界，當云二之半也，或云半之倍也；逮至説二字時，又當云一之倍，説半字時又當云一分爲二。二與半必待一而後解，是則説一字時，猶未了解二字半字之義，以其未解者爲解，與不解同。若初説一字義界時，問者責言：何者爲二？何者爲半？又當舉一之倍以明二，舉一分爲二以明半，斯非更互相訓邪？一二同聚，其更互相訓易知，其佗非同聚者，説單字時必以數字爲其義界，逮説彼數字時，復須數字爲之義界，如是展轉至盡，還卽更取前字爲最後字義界。何以故？不能捨字解字，捨義解義，故字數有盡，不得不互相解故。既互相解，寧能明了，知其義界？故曰："惡乎然？然於然。惡乎不然？不然於不然。"言捨本字更不能解本字也，諸責因緣推理之語是也。然責因實不可得。如有人言身中細胞皆動，問細胞何故動？卽云：萬物皆動，細胞是萬物中一分，故細胞動。問萬物何故皆動？卽云：皆含動力，故動。問：動力何故動？卽云：動力自然動。自爾語盡，無可復詰。且本所以問細胞何故動者，豈欲知其自然動邪？今追尋至竟，以自然動爲究極，是則動之依據還卽在動，非有因也。又如人言，知母苦參，能退熱病。問：此藥何故能退熱病？卽云：有某成分，勢能退熱，故卽能退熱病。問：諸退熱者，如冰如雪，服之非卽能退熱病，何故彼能退熱，卽能退熱病邪？卽云：彼自有能退熱病之力，非冰雪例。本所以問此藥何故能退熱病者，欲知其能退熱病之因，非徒欲知其能退熱病之力，今追尋至竟，以有能退熱病之力爲究極，是則能退熱病之依據，卽在能退熱病，非有因也。如是，井水現丹，朽骨發餤，尋其因緣，卽知井下有潰，骨中含粦。次問：潰能現丹，粦能發餤，復何因緣？不得不云自爾。故曰："惡乎然？然於然。惡乎不然？不然於不然。"言本無真因可求也。按，前世亞黎史陀德言論理學，謂前提未了者，轉留立量成。此前提如是，展轉相推分析，愈衆，然不悟窮智推求，還如其本。今世或以經驗成論理學，及問所經驗中各事，此有故彼有，此然故彼然，復依何義，則亦唯言自爾。或云驗已往皆然者，即知將來當然。及問已往何故皆然，復不得不言自爾。此皆所謂惡乎然，然於然也。反之，即惡乎，不然，不然於不然。諸尋實質，若立四大種子，阿耨、即極微義。鉢羅摩怒、即量義，亦通言極微。電子、原子是也。此有二說：一據有方分，言分析無盡，非種非原，故一家復說爲無方分。佛法假立四大種子，即是堅溼煖輕，亦云堅溼煖動，今取輕義，以動是表色，非觸故。由此假立造色種子，然離五識所感以外，而求堅溼煖輕之相，依何成立？又按，色聲香味觸五感，所得平等平等，今此堅溼煖輕，唯是觸分。何緣於五塵中獨取觸塵？爲彼自性。此與公孫龍說義正相似。堅白論云："堅未與石爲堅，而物兼；未與物爲堅，而堅必堅。其不堅石物而堅，天下未有若堅，而堅藏。白故不能自白，惡能白石物乎？若白者必白，則不白物而白焉，黃黑與之然。石其無有，惡取堅白石乎？故離也"。此謂堅觸在物未形成以前，而白色在物既形成以後，欲求不可感觸之堅，不得不說爲堅藏。然則，物未形成以前，何緣不可有白藏邪？此皆倒執之說也。近世亦立二說，若有方分，剖解不窮，本無至小之倪，何者爲原？誰爲最初之質？若無方分，此不可見聞臭嘗觸受，則非現量，此最偏性，則無比量。比量皆以通明局，以偏明陿，物界最偏，故無比量。庚桑楚篇云："知者，接也。知者，謨也。知者之所不知，猶睨也"。墨子經說云："知也者，以其知遇舊作過，從孫詒讓說正。物，而能貌之，若見。恕也者，以其知論物，而其知之也箸，若明。慮也者，以其知有求也，而不必得之，若睨。"二說同義。今計無方分之實質，非接非謨，本在知識以外，實不可得。原其言，此必先念萬物皆有實質，而彼念亦非隨於現量比量，惟是隨於原型觀念，惟是隨於法執，因是立鉢羅摩怒諸名。因是言有者，不可使無，無者不可使有。且有相者不可使無相，無相者不可使有相，**此由總集現量所得而説者也**。有質者不可使無質，無質者不可使有質，此依有方分物質言，義或可爾，若依無方分物質言，惟是非量。以無方分者無現量，非色非聲，非香非味，且非是觸，無現量故，亦無由成比量；凡成比量者，必不能純無現量，若得一分現量，猶可推以例佗，今此無方分之物質，雖求一分現量亦不可得，則無成比量法。亦不可説爲墮法處色，定中所見。墮法處色者，如定中所見水火山林等相，然亦尚有形色，即有方分。而世人言此者，惟由原型觀念法執所成，即此分別法執，所依惟是俱生法執，故曰："惡乎然？然於然。惡乎不然？不然於不然"。言更無現量可證，比量可推也。凡諸訓釋，惟是三端，名言義想，盡於斯矣。隨俗諦説，物固有所然，物固有所可依勝義，説訓釋三端不可得義，無義成義，則雖無物不然，無物不可可也。如上所論，一説義界，二責因緣，三尋實質，皆依分析之言成立自義，然當其成立時，亦即其毀破時。成即因明入正理論所謂能立，毀即因明入正理論所謂能破。 然彼就局義説，惟在比量，此就廣義説，兼三訓釋。成毀同時，復通爲一，故達者不用而寓諸庸，以終不能知其由然。故若乃執此三端以爲要妙，役神明於一義，不悟其所解者，還即與不解同，故以狙公賦芧爲喻。夫推論至極，還與本語不殊，刻爲當然，實無由然之理，此所謂名實未虧。世人皆謂能推能刻者爲智，不能推刻者爲愚，此所謂喜怒爲用。人之迷也，固已久矣，聖人内了無言，而外還順世。順世，故和之以是非；無言，故休乎天鈞。寓言篇云："卮言日出，和以天倪。"萬物皆種也，以不同形相禪，始卒若環，莫得其倫，是謂天均。天均者，天倪也。和以是非者，則假天鈞爲用，所謂隨順言説；休乎天鈞者，則觀天鈞自相，所謂性離言説。一語一默，無非至教，此之謂兩行也。詳此一解，金聲

玉振，高蹈太虛，本非諫政之談，從事之訓，而世人以爲任用機
權，尋其文義，既自不爾。又復兩行之道，聖哲皆然，自非深明
玄旨，何由尋其義趣！自子期子玄之倫，猶不憭悟，況玄英以
下乎！詳秋水篇述公孫龍語，自謂困百家之知，窮衆口之辯，
及聞莊子之言，無所開喙。省此數言，宜令公孫口呿舌舉，豈
若孔穿鄒衍之儕，以强辭相抵哉！既破比量爲無，因而純無比
量，惟依法執者，亦不許立，此乃所謂卮言，釋文引字略云：卮，圓酒
器也。是取圓義，猶言圓、言爾。圓徧一切者矣。又詳齊物大旨，多契
佛經，獨此一解，字未二百，大小乘中皆所未有。華嚴惟説，菩
薩心欲於一字中，一切法句言音差別皆悉具足；大般若經惟
説，善學一切語言皆入一字，善學於一字中攝一切字，一切字
中攝於一字，而不推明其故。若知字義惟是更互相訓，故一名
字中具有一切名字，彼亦輔萬物之自然，非有琦祕，亦自非强
爲也，自謂爽然四解，淪於不測，豈虛語乎！由無物不然，無物不可
之義求之，依三訓釋，從第一轉，佛法有陀羅尼；從第二轉，佛法有瞪視顯法、揚眉
動目等事；從第三轉，佛法有成所作智，皆非傀異，自平易近情爾。

　　復次，空緣生者，緣生則觀待道理，作用道理也。説此者，
亦是證成道理。云何空之，謂種種成就，皆依於動，動即行義。
結生相續，動無初期，動之前因，還即在動，成之前有，還即是
成，亦所謂"惡乎然？然於然。惡乎不然？不然於不然"也。此
生彼滅，成毀同時，是則，畢竟無生，亦復無滅。故爨真珠者，
珠滅而堊生，鎔北鐵者，液成而朴毀。如是，人雖展轉幻化，故
未化耳，若有化者，則不得無最前期也。達者知其如是，不厭
轉生，雖化爲鼠肝蟲臂，未見有殊，豈希圓寂而惡流轉哉？證無
生滅，示有生滅，此亦兩行也。若海羯爾有無成之説，執箸空
言，不可附合莊氏。大乘入楞伽經云：外道羣聚，共興惡見，

言從有無生一切法，非自執箸分別爲緣我説，諸法非有無生，故名無生。此學人所當知。

古之人，其知有所至矣。惡乎至？有以爲未始有物者，至矣，盡矣，不可以加矣！其次以爲有物矣，而未始有封也。其次以爲有封焉，而未始有是非也。是非之彰也，道之所以虧也。道之所以虧，愛之所以成。果且有成與虧乎哉？果且無成與虧乎哉？有成與虧，故昭氏之鼓琴也；無成與虧，故昭氏之不鼓琴也。昭文之鼓琴也，師曠之枝策也，惠子之據梧也，三子之知幾乎，皆其盛者也，故載之末年。惟其好之也，以異於彼，其好之也，欲以明之。彼非所明而明之，故以堅白之昧終。而其子又以文之綸終，終身無成。若是而可謂成乎？雖我亦成也。若是而不可謂成乎？物與我無成也。是故滑疑之燿，聖人之所圖也。爲是不用而寓諸庸，此之謂以明。

無物之見，即無我執法執也。有物、有封、有是非見，我法二執轉益堅定，見定，故愛自成。此皆徧計所執自性迷，依佗起自性生此種種愚妄，雖爾，圓成實性實無增減。故曰：“果且有成與虧乎哉？果且無成與虧乎哉？”故者，此也。義亦見墨子天志。“有成與虧，此昭氏之鼓琴也；無成與虧，此昭氏之不鼓琴也。”郭云：“夫聲不可勝舉。故吹管操弦，雖有繁手，遺聲多矣。而執籥鳴弦者，欲以彰聲也，彰聲而聲遺，不彰聲而聲全。”由是以談，一器之中，八十四調，法爾完具，然當其操弄，諸調不能同時並發。故知實性徧常，名想所計乃有損益增減。二執苟在不言之地，無爲之域，成虧雙泯，雖勝義亦無自性也。然審音持辯者，以其良道，載之末年，辯物之極，而求邊際，明律之至，而說元音，敵人所不能明，論主亦無以立。詳夫自悟悟佗，立説有異。悟佗者，必令三支無虧，立敵共許，義始極成，若違此者，便與獨語無異，故曰："若是而可謂成乎？雖我亦成也。"語隨法執，無現比量，非獨不可悟佗，己亦不能自了，故曰："若是而不可謂成乎？物與我無成也。"此解前破徧計所執，後破隨逐徧計之言。

今且有言於此，不知其與是類乎？其與是不類乎？類與不類，相與爲類，則與彼無以異矣。雖然，請嘗言之。有始也者，有未始有始也者，有未始有夫未始有始也者。有有也者，有無也者，有未始有無也者，有未始有夫未始有無也者。俄而有無矣，而未知有無之果孰有孰無也。今我則已有謂矣，而未知吾所謂之其果有謂乎，其果無謂乎？天下莫大於秋豪之末，而大山爲小；莫壽乎殤子，而彭祖爲夭。天地與我並生，而萬物與我爲一。既已爲一矣，且得有言乎？既已謂之一矣，且得無言乎？一與言爲二，二與一爲三。自此以往，巧歷不能得，而況其凡乎！故自無適有以至於三，而況自有適乎！無適焉，因是已。

言與義不相類，荀子正名云："名無固宜"是也。攝大乘論世親釋曰："若言，要待能詮之名於所詮義，有覺知起，爲遮此故，復說是言。非詮不同，以能詮名與所詮義，互不相稱，各異相故。"此卽明言與義不類也。若竟無言，則有相分別不成。攝大乘論世親釋曰："非離彼能詮智於所詮轉，由若不了能詮之名於所詮義，覺知不起。"此卽明言與義相類也。由是計之，言之與義，一方相類，一方不相類，二方和合輻湊，寄於意識，所謂類與不類相與爲類。如是，名言習氣轉生遂覺，言義無別，所謂與彼無以異也。攝大乘論世親釋曰："卽相應爲自性義，是所分別，非離於此"。意與莊生正會。問曰：云何能詮所詮互不相稱？答曰：當以三事明之：一者本名，二者引伸名，三者究竟名。云何本名？如水說爲水，火說爲火，尋其立名，本無所依。若夫由水言準，由火言毀，皆由本名孳乳，此似有所依者，然本名既無所依，所孳乳者竟何所恃？其猶畫空作絲，織爲羅縠而已，此名與義果不相稱也。且又州國殊言，一所詮上有多能詮，若誠相稱，能詮既多，所詮亦應非一，然無是事，一所詮上有多能詮，亦有彼此相違者。如初、哉、首、基皆訓爲始，然所以爲始不同。異域名言，轉相譯述，亦有相狀大同，材質各別者，說皆見後，然唯是引伸名。若本名初語，則無彼此相違之事，其有取相各殊者，後亦別論。以此知其必不相稱。云何引伸名？荀子正名云："名聞而實喻，名之用也。纍而成文，名之麗也。"如令長假借一能詮上有多所詮，此亦引伸之名。佗國語隨轉聲，與此土容有相異，若夫纍名相沓，取其引伸，異國亦多此類，故有顯目密詮之殊。如攝大乘論世親釋曰："言娑洛者，顯目堅實，密詮流散。殟波陀者，顯目生起，密詮拔足。波陀名足，殟名爲拔。貝戍尼者，顯目離閒語，密詮常勝空。貝者表勝，戍者表空，尼者表常。波魯師者，顯目麤惡語，密詮住彼岸。波表彼岸，魯師表住"。尋其意趣，本以纍名成語，然其所詮與彼二名有異，雖意相引伸，而現相有別。從二名之本義，卽是密詮；從纍名之現義，卽是顯目。以吾纍語計之，如言公主，顯目帝女，本義乃是平分燭焌。如言校尉，顯目偏將，本義乃是木囚火伸。如言列侯，顯目二十級爵，本義乃是解骨射侯。如言鴻臚，顯目主賓贊官，本義乃是大雁肥腹、苗本嘉穀。裔本衣裾，遠孫亦曰苗裔；酋本久酒，豪本豪豬，夷目亦曰酋豪。顯目密詮，相距卓遠，若斯之倫，不可殫舉。若本名與本義相稱，引伸名與現義卽當相違；若引伸名與現義相稱，本名與本義便亦相違。然用麗俱得，互不相礙，以此知其必不相稱。世人或謂，學術典言，有異恒語，此土名義，不能劃切，遠西卽無斯過。此亦不然。彼土學者，新立一義，無文可詮，即取希臘羅甸舊語，轉變成名，聊以別於世俗，猶是引伸名也。希臘舊語，或有詮表學術者，義亦不全。形學本言實爲測地，校其義界，通局有殊。乃至近世，電學得名，語因虎魄，化學得名，語因黑土，或云卽埃及補提異名。物理學名，語因藥品。或因轉語，或仍故名，何以言劏切乎？夫能取意念，所取事相，廣博無邊，而名言自有分齊，未足相稱，自其勢也。云何究竟名？尋求一實，詞不能副，如言道、言大極、言實在、言實際、言本體等。道本是路，今究竟名中，道字於所詮中徧一切地，云何可說爲道ⵑ大極本是大棟，棟有中義，今究竟名中，大極字於所詮中非支堂器，無內無外，云何可說爲大極？實在實際者，本以據方分故言在，有邊界故言際，今究竟名中，實在實際字於所詮中不住不箸，無有處所封畛，云何可說爲實在實際？本體者，本以有形質故言體，今究竟名中，本體字於所詮中非有質礙，不可搏挈，云何可說爲本體？惟真如名最爲精審，莊生猶言齊與言不齊，言與齊不齊也。然言說之極，唯是爲表。以此知能詮之究竟名，與所詮之究竟義，不能相稱，用此三端，證其不類。世人不了斯旨，非獨暗于眇義，亦乃拙于恒言，觀夫轉譯殊言，惟覺彼此同相，轉成誣繆，其過多矣。且如此土言赤，遠西英羯蘭言纍特，德意志言蘿帖，不知纍特、蘿帖與赤類邪，其不類邪？原夫始通殊域，求其語言者，聞纍特聲及蘿帖聲，猶未了解語者，或指丹沙紅藍染帛相示，是故得知此語是赤，展轉相授以爲不二。然此土人眼黑如純漆，彼土人眼曄爾漬藍，視色寧無差異？如人以眼從涅頗黎中窺物，赤色卽有增上黑相從，藍頗黎中窺物，赤色卽有增上藍相。增黑卽紫，增藍卽紺，如是有一眼如清泠水玉者，眼色惟是空一顯色，然後視赤無差，而此黑眼人所得赤色，如實是紫，藍眼人所得赤色，如實是紺，雖猶別有紫紺之相，以彼赤上所增黑藍，轉益加深。是故，等差增益，無有爽異。然今吾所得赤，固非真赤，而彼遠西人眼所取之相，名爲纍特、蘿帖者，又不當於此土人眼所取赤相，正相當於此土人眼所取淺紺之相，雖指物適同，而現相各異。指物同則類，現相異則不類，類與不類等是。依彼丹沙紅藍染帛相與爲類，是故譯赤爲纍特、蘿帖，亦譯纍特、蘿帖爲赤，遂若與彼無以異者，究其現相何得不相異邪？縱復刺取同類人語，用相比合，梵人黑眼，亦稱赤爲過蘿柯德，與彼纍特、蘿帖同根，然復不可相證，彼亦同依丹沙紅藍之屬語相流衍，猶是類與不類相與爲類也，夫焉足以相證乎？若夫引伸之義，各循其本，顯目則譯語同，密詮則根語異。如梵語稱字曰奢婆達，其本謂聲; 此土曰字，本謂孶乳。梵語稱惠曰求那，本謂增倍; 此土曰惠，其本謂得要。以名譯奢婆達，名卽書名正名之名，名本自命，亦言鳴也，有聲義。以多譯求那，戰功日多，與增倍義近，或譯功惠，猶近之。則隱顯皆容相應。言字言惠，顯目雖同，密詮自異，然諸隱顯無礙者，無過十之一二。是故諸譯語者，惟是隨順語，依語果不可得其語相語因。不喻此旨，轉相執箸，則互相障隔者多，而實不可轉譯。假令梵人言漢字非奢婆達，語本不謬，以本非幷音成文也。若轉譯云，漢字非字，此卽大謬。何者？本以孶乳而成，何得言非字邪？近人或舉遠西人言漢字非字，惟是符號，此皆不可轉譯之語，譯之遂成誣罔。非知齊物之旨，卽轉相欺點，還爲頌美者，多矣。若究竟名中，語義多有不齊。如莊生言靈臺，庚桑楚篇。臺有持義，釋文本謂心能任持，淮南俶真訓: 臺簡以游，大淸注: 臺，猶持也。釋名釋宮室云: 臺，持也，築土堅高，能自勝持也。墨子經說云: 必謂臺執者也。臺執亦卽持執之義。相當於梵語之阿陀那; 又言靈府，德充符篇。府有藏義，說文: 府，文書藏也。曲禮注: 府，謂寶藏貨賄之處也。天官宰夫: 府，掌官契以治藏。相當於梵語之阿羅邪，亦作阿賴邪、阿黎邪。此則意相會合者爾。若彼言阿德門，此譯爲我，乃至補特伽羅，遂無可譯，以我、己、吾、余、卬、陽諸名，無有稱彼數取趣義者。又，此言物，并包有生無生，而彼但有薄呼耆婆，祇言衆生，不兼無生之義。彼土或總言達爾摩，相賞於此法字，又於言物義不相稱。世人或言，東西聖人，心理不異，不悟真心固同，生滅心中所起事相，分理有異，言語亦殊，彼聖不易阿燄邪聲，此聖不易東西夏語，寧得奄如合符，泯無朕兆？精理故訓，容態自殊，隨順顯相，意趣相會，未有畢同之法也。夫語言者，惟是博棊五木旌旗之類，名實本不相依。執名爲實，名家之封囿；淫名異實，狂人之甍愚。殊涂同歸，兩皆不可。夫然將何以爲中道邪？墨子經説曰："二名一實，重同也。不外於兼，體同也。俱處於室，合同也。有以同，類同也。二必異，二也。不連屬，不體也。不同所，不合也。不有同，不類也。"但有一同，雖兼數異，且説爲同，其精審者，惟是同多異寡。墨子大取篇云："重同、具同、連同、同類之同、同名之同、丘同、鮒同、同是之同、同然之同、同根之同"。或兼數者有之，抑亦可以稱説矣。故曰："請嘗言之也。"攝大乘論所謂似法似義，有見意言。

夫斷割一期，故有始；長無本剽，故無始。心本不生，故未始有夫未始有始。計色故有，計空故無；離色空，故未始有無；離徧計，故未始有夫未始有無，此分部爲言也。不覺心動，忽然念起，遂生有無之見。計色爲有，離計孰證其有？計空爲無，離計孰證其無？故曰："俄而有無矣，而未知有無之果孰有孰無也"。然今之論者，現是有言，言既是有，所詮之有，寧得遮撥爲無？而此能詮誠合於所詮不，又無明證，故復説言："未知吾所謂之其果有謂乎？其果無謂乎？"攝大乘論無性釋曰："名於事爲容，事於名亦爾，非如一類"。謂名與義相稱而生，互相繫屬，名義既不相稱，雖有能詮之名，何與所詮之事？大乘人楞伽經説："雖無諸法，亦有言説。豈不現見龜毛兔角石女兒等，世人於中皆起言説，彼非有非非有，而有言説耳。"又云："非由言説，而有諸法。此世界中，蠅蟻等蟲，雖無言説，成自事故"。此則名事非獨相容，且或相離也。

夫如言而計，則大小壽夭之量，歷然有分，此但妄起分別，未悟處識世識爲幻也。就在處識世識之中，於此平議爲大小壽夭者，彼見或復相反。夫秋豪之體，排拒餘分；而大山之形，不辭土壤。惟自見爲大，故不待餘；惟自見爲小，故不辭餘也。殤子之念，任運相續；而彭祖之志，渴愛延年。任運自覺時長，渴愛乃覺時短矣。所以爾者，小不可令至無厚，大不可令至無外，一瞬不可令無生，住終古不可令有本剽。其猶一尺之捶，取半不竭，故雖等在處識世識之中，而別相卷舒，非絫隻壺箭所能定也。能見獨者，安妙高於豪端；體朝徹者，攝劫波於一念，亦無侅焉。末俗橫計處識世識爲實，謂天長地久者，先我而生，形隔器殊者，與我異分。今應問彼，卽我形內，爲復有水火金鐵不？若云無者，我身則無，若云有者，此非與天地竝起邪？縱令形敝壽斷，是等還與天地竝盡，勢不先亡。故非獨與天地竝生，乃亦與天地竝滅也。若計真心，卽無天地，亦無人我，是天地與我俱不生爾。故知北游篇説："冉求問於仲尼曰：未有天地，可知邪？仲尼曰：可。古猶今也。"無古無今，無始無終，明本未有生，卽無時分。雖據現在計未有，天地爲過去，而實卽是現在，亦不可説爲過去，説爲現在，以三世本空故。今隨形軀爲説，此卽竝生，而彼一一無生，有生諸行，非獨同類，其實本無自佗之異，故復説言："萬物與我爲一。"詳華嚴經云:"一切卽一,一卽一切。"法藏說爲諸緣互應。寓言篇云:"萬物皆種也,以不同形相禪。"義謂萬物無不相互爲種。大乘入楞伽經云:"應觀一種子與非種同印,一種一切種,是名心種種。"法藏立無盡緣起之義,與寓言篇意趣正同。彼作法界緣起章云:"本一有力爲持,多一無力爲依,容入既爾,多一有力爲持,本一無力爲依,容入亦爾。"其華嚴經指歸云:"此一華葉,理無孤起,必攝無量眷屬,圍繞此一華葉,其必舒己徧入一切,復能攝取彼一切法,令入己內"。義皆與寓言篇同。欲成一切卽一,一卽一切之義,法藏立十錢喻,及椽舍喻。見華嚴一乘教義分齊章。此但進位退位命分之義,然以說數自可以之,說事卽又不可。所以者何? 由此一數進位至十,遞進至百千萬億兆京垓正載,乃至無量;退位亦爾,以有退位故,知一亦緣成。若無小數之十,一不得成故。以有進位故,知一攝於十,謂此一數,卽是十數十分之一,非是佗數十分之一故。以有退位,故知十是緣成,若無一數,十不得成故。以有進位故,知十亦如一,十之進位望十,亦猶十之望一故。如是遞進遞退,無不皆爾。以有命分故,知一是緣成,謂一亦可命爲三六七九, 卽此一數是若三若六若七若九所緣成故;而三六七九亦可命之爲一,又此一數亦攝於三六七九。謂據三數,此一卽是三數三分之一,非佗數三分之一; 若據七數,此一卽是七數七分之一,非佗數七分之一故。如是更據六九,其義亦爾。三六七九,亦復如一,謂以三六七九爲一,如是復可倍爲三六七九。卽彼三六七九,望此三六七九還如一,故一於二四五八亦皆同例。良由一無定數,是故一卽一切,一切卽一。此以說數,義自可爾,說事卽不可者。事非清淨數量可了,有加行轉化所立名,有異分和合所立名。加行轉化所立名者,如彼十錢喻是。彼言向下數之，無十卽一不成，義自誠諦，然一數爲退位十數所緣成，一錢更無退位，若析一錢爲十，便不名錢。是故，一錢非十小數錢所緣成也。異分和合所立名者，如彼椽舍喻是。彼言椽卽是舍，若離於椽，舍卽不成故，若去一椽，卽破舍非好舍故。此雖成義，而墮因中有果之過，與説泥中有瓶相似。又云：本以緣成舍，名爲椽，不作舍，故無椽。此謂椽名由舍而起，若不作舍，祇名木梃，不名爲椽，義亦得通。然若例之版瓦，是亦有過舍雖因版瓦而有，版瓦不定作舍，此卽與椽有異。椽名緣舍而得，版瓦之名不緣舍得。以作几案榜牘棺椁者，亦名爲版；作瓶甌壺缶者，亦名爲瓦故。若椽卽是舍，版瓦不得非舍，而彼版瓦名實皆不因舍。**法藏**若言舍壞故不名版瓦，斯可謂款言游辭矣。是故，一分成立，一分不得成立，便非通例。若云椽可是舍，版瓦非舍者，便違一切卽一，一卽一切之義。蓋**法藏**未得名言善巧，故説多有過。如彼錢喻，易一錢十錢爲一銖銅十銖銅，義猶可救。由錢爲加行轉化之名，銅非加行轉化之名故。如椽舍喻，義無可救。由舍是異分和合之名，既名舍已，乃名舍中支構木梃爲椽。若版瓦名，非舍亦立，作舍無改。於椽成義，於版瓦卽不成義。縱復成舍以後，版或名搏，瓦或名甍，惟是依用成義，非依體相成義。雖此椽名，亦惟依用，其體相猶是木梃。故曰，**法藏**未得名言善巧，有類詭辯者也。如是，彼立二喻既不得成，若專以數爲量義故不破。今依**寓言**以解**齊物**，更立新量證成斯旨。凡説**物種**，起於無生諸行。大毗婆沙論一百三十六云：極微是最細色。　此依有方分言。其依無方分言者，彼論一百三十二云：極微更無細分。其實二義皆是假説，有方分者，無至細之倪，無方分者，非可知之境。然有方分猶近之。此七極微成一微塵，七微塵成一銅塵，俱舍論作金塵。七銅塵成一水塵。銅塵水塵，今所謂分子也；微塵，今所謂小分子，微分子；極微，乃今所謂原子。依有方分説原子。如一黃金分子，更非火齊所能分析，流黃消石勢用不行，然其度量非不可析。又，諸金類增以溫熱，分子張大，明其中間自有隙處爾，則此一分子更待無量微分乃得集成，而此黃金分子，非獨無量同性微分集成，亦有無量異性微分集成。所以者何？若無異性微分，即不得與異性親和。譬如牝牡相和，牡中非無牝分，牝中非無牡分，若牝若牡，皆是一牝一牡所生，故知即此一分，含有二分。若不含二，即無親和事故。又，若無有異性微分，即不得與異性相距。譬如牝牡好合，牡遇外牡，情即相妬，以單牝遇外牡，即不相妬，若不含二，即無相距事故。又，此黃金分子，體有質礙，色則是黃，黃之與礙，爲一爲二？若是一者，無緣黃礙相殊，是故知其爲二。世俗證言，諸有色者攝日光故，然此日光爲染不染？若不染者，黃則不成，若有染者，金中亦有日分。是故，金非純金，惟是集合。又，此黃金分子，雖名無生，其實有生。所以者何？有重能引佗物故。起信論言：依不覺故，生三種相：一者無明業相。以依不覺故心動，説名爲業，覺則不動，動則有苦，果不離因故。二者能見相。以依動故能見，不動則無見。三者境界相。以依能見故境界妄現，離見則無境界。一者名業識，二者名轉識，三者名現識。此三名細，與心不相應，故業識即當作意，轉識當觸，現識當受，竝與阿羅邪識相逐相隨。而言與心不相應者，明兼無情之物。依勝鬘經，煩惱有二，謂住地煩惱及起煩惱。起煩惱者，刹那刹那與心相應。無明住地，無始時來，心不相應。此與起信論足相證明。天下篇引關尹曰："在己無居，形物自箸。"無居即業識，形物自箸即依轉識所起現識。金有重性能引，此即業識；能觸佗物，此即轉識；或和或距，此即現識。是故，金亦有識，諸無生者皆爾。但以智識分別不現，隨俗説爲無生。往昔，唯識宗義不許四大名爲生物，佛法諸宗皆爾。分析言之，四大可説無命根，不可説無生。佛典説壽煖識三合爲命根，壽卽呼吸。四大無呼吸，是故無有命根；四大有業識，是故有生。然諸單細胞物，呼吸不行，而不可説無命根。則知以壽煖識和合稱命者，但據多數言耳，下劣微蟲，已不可概論矣。今應問彼：若但有識，何故觸有窒礙，身不能過？答言：身識不滅，不能證無窒礙，故不能過，非外有窒礙故。如是，雖能成立唯識，離諸過咎，然復問彼：金石相遇，亦不能過，此金爲復有身識不？若言無者，何故金石不能相徹，金不過石，石不過金，而言金石本無身識？如是，人觸窒礙，不能徹過，亦可説言人無身識？唯識義壞。是故，非説金石皆有身識，不能成唯識義。或復詰言：此金爲復有意根不？應答言：有。成此小體，卽是我見有力，能距依於我慢，若無意根，此云何成？若復難言：此金子分析無盡，何者名爲自體？應答彼言：以此金塵攝金微塵，以金微塵攝金極微，假説有方分者。方其在大，大者爲體，小者爲屬；方其在小，小者爲體，遞小爲屬。如人身中，有諸細胞，各有情命，人爲自體，細胞爲屬。如人死已，細胞或復化爲微蟲，此卽細胞自爲其體。以要言之，一有情者，必攝無量小有情者。是故，金分雖無窮盡，亦得隨其現有，説爲自體。問曰：若爾，云何説地水火風唯心變現？以彼既由自心變現，卽不得由佗心變現故。答曰：此中正因由彼自心變現色相，亦由各各佗心變現爲其助緣，寧獨金石，乃至人畜根身亦爾。若佗心無變現力，卽不能互相見觸，故死後不得尚現尸骸故。是故，地水火風各由佗心變現，而亦由彼自心變現，兩俱無礙。若爾，何故舊分情界器界？應答彼言：但依智慧高下，假爲分別。如珊瑚明珠等物，是情是器，本難質定，而可隨世説爲器界。是故，雖説金爲器界，不礙有生。此但依唯識俗諦爲言，若依真諦，即唯是識。黄礙諸相，唯是各各現量所得，互相爲增上緣，而實非有黄礙黄金。既是生物，即有進化，非以無方分之原子，現爲有方分相，説爲進化；亦不可云分至邊際，即現空相，由是集起，乃爲進化。所以者何？小不可令至無厚，分至邊際，必不能現空相故。是故，秋水篇云："河伯曰：世之議者皆云：至精無形，至大不可圍。是信情乎？北海若曰：夫自細視大者不盡，自大視細者不明。夫精，小之微也；垺，大之殷也；故異便。此勢之有也。夫精粗者，期於有形者也；無形者，數之所不能分也；不可圍者，數之所不能窮也。"此説至精者不能至無形，無形則更不爲至精，明無分至邊際便現空相之理。知北遊篇云："不形之形，形之不形，是人之所同知也，非將至之所務也"。明見無值。此説不形而爲有形者，庸衆所知，實無是義。所以者何？此既無對，明見者亦不見，故明無無方分之原子，現有方分之理，是故二者皆不可説進化。而此黄金現是有生一分子中，有無量同性異性集成，是故説爲進化也。如是轉上，以至集體顯現者，其間更互爲種，明了易知。轉至動物，如一人體，含有無始以來種種動物形性，至單細胞而止，依此人力，又能生起各種細胞，而彼細胞，唯是細胞果色。又食牛羊雞鶩肉者，此異性肉亦化爲人肌肉，菜果穀麥亦爾，虎豹蠱蛊食人嚼人，其化亦爾，非直血肉筋腱各種果色爲然。且如精子，亦由各種歙食展轉同化。如是，精子亦緣無量異性生命集成，其更相爲種益明。下逮金石，既亦含於人體，或啖雲母，或餐鍾乳，悉可攝受爲人身分，乃至礜石水銀，食之隕命，既有相害之能，即有相和之道。譬如緩觸即撫，急觸即槶，遠火即煖，逼火即焦，是故無不更相爲種也。以因量有隱顯故，果色亦有隱顯，依顯了説，即不同形，法藏所謂本一有力爲持，多一無力爲依是也。若依人力生一細胞，法藏所謂多一有力爲持，本一無力爲依是也。然諸小乘異宗亦能了此。大毗婆沙論一百三十一云：如堅物中，四大極微體數雖等，而其勢力地極微增，乃至動物，説亦如是。如一兩鹽和一兩麨，置於舌上，鹽生識猛，麨生識微，此亦如是。彼論十一又引諸法相隱，外道説諸有爲法，互相藏隱。明知依持隱顯之説，亦不始自華嚴。以有顯果，是故胡麻不生赤豆，稬稻不生小麥，形性無亂。若爾生人軀體，唯是四大集成，四大有識，轉作細胞，識具細胞，何地更容人之自識？此亦無礙，如彼白金，體自含電，而非於此白金縷上，不可傳聚餘電。是故，失命以後，本識不滅，更轉佗趣。庚桑楚篇云：“所惡乎分者，其分也以備。”言待一切方能成一也。所以惡乎備者，其有以備言已成顯果者，介然恃其一切具足故，更排拒佗物也。凡此萬物與我爲一之説，萬物皆種，以不同形相禪之説，無盡緣起之説，三者無分。雖爾，此無盡緣起説，惟依如來藏緣起説作第二位，若執是實展轉分析，勢無盡量，有無窮過。是故，要依藏識，説此微分惟是幻有。何者？彼彼皆我相分，而我亦是彼彼相分，若有少缺，勢不自成。斯在藏識，其用固然，復有意根，令其堅執。有乘剛之志，故觸礙幻生；懷競爽之心，故光采假現。而實唯是諸心相構，非有外塵，即知北遊篇所云：“際之不際”，本論所云：“咸其自取”，義始得通。沙門愚者，謂無盡緣起説視如來藏緣起説爲勝，此既顛倒心色，又不悟有無窮過也。又謂，如來藏緣起説視藏識緣起説爲勝，不悟藏識即如來藏，楞伽、密嚴嘗言之。且依幻有，説萬物與我爲一，若依圓成實性，唯是一如來藏，一向無有，人與萬物何形隔器殊之有乎！所謂一者何邪？般若經説：“諸法一性，即是無性；諸法無性，即是一性"。是故，一卽無見無相，何得有言？以藏識中有數識，旣見爲一，不得無一之名。呼此一聲爲能詮之名，對此一者爲所詮之事，是一與言爲二。識中一種，更與能詮所詮異分，是二與一爲三。本自無性而起三數，故曰："自無適有，以至於三。"無適者，不動之謂，一種一事一聲，泊爾皆寂，然後爲至。所因者何因？其本是一也。此說齊物之至，本自無齊，卽前引大般若經所謂不可說爲平等性，乃名平等性也。釋第一章竟。

■夫道未始有封，言未始有常，爲是而有畛也，請言其畛：有左，有右，有論，有議從崔本。有分，有辯，有競，有爭，此之謂八德。六合之外，聖人存而不論；六合之內，聖人論而不議。春秋經世先王之志，聖人議而不辯。故分也者，有不分也，辯也者，有不辯也。曰：何也？聖人懷之，衆人辯之以相示也。故曰：辯也者，有不見也。夫大道不稱，大辯不言，大仁不仁，大廉不嗛，大勇不忮。道昭而不道，言辯而不及，仁常而不成，廉清而不信，勇忮而不成。五者圜而幾向方矣，故知止其所不知，至矣！孰知不言之辯，不道之道若？有能知，此之謂天府。注焉而不滿，酌焉而不竭，而不知其所由來，此之謂葆光。

　　崔云：齊物七章。此連上章。而班固說在外篇。然則，此自別爲一章也，仍衍第一章意說齊物用。"道未始有封"者，郭云："冥然無不在也。""言未始有常"者，老子所謂"名可名，非常名也。""爲是而有畛"者，郭云："道無封，故萬物得恣其分域"也。"六合之外"，謂大宇之表；"六合之內"，謂卽此員輿。"春秋經世先王之志"，經世亦見外物篇，律歷志有世經，則歷譜世紀之書。其短促者，乃是紀年。春秋以十二公名篇，亦歷譜世紀也。志卽史志。慎子云："詩往志也，書往誥也，春秋往事也。"往事，卽先王之志，明非爲後王制法也。宇表事狀，不可臆知，知其非無，故存之；不可別別陳説，故不論列之也。宇内事亦無限，遠古之記，異域之傳，有可論列，人情既異，故不平訂是非也。春秋局在區中，而其時亦逝矣，有所臧否，祇隨成俗，<u>左氏</u>多稱君子，是其事類。第一章云：“未成乎心，而有是非，是今日適越而昔至也。”若夫加之王心，爲<u>漢</u>制法，斯則曲辯之言，非素王之志矣。詳夫物量無窮，天地未足以定至大之域，是固<u>莊生</u>所明。且聖人者，智周萬方，形充八極，故能不行而知，不見而名，豈遽不知六合以外哉！猶云存而不論者，持世之道，因乎常識，六合有外，人人可以比量知其總相，其外何狀，彼無現量，無由知其別相，存則無損減，不論則無增益，斯爲眇契中道。佛典多論世界形相，荒忽難知。近世言天文者，或云歲星之上有大海隄，熒惑之上有大鐵道，_{最怪者云，以遠鏡望}<u>熒惑</u>_{星，彼星亦有一人持鏡對望。夫望見鐵道可也，既見其人，又見其人所持遠鏡，然則，山川、城郭、邑屋之倫，大於人體、遠鏡多矣，何因反不能見？豈所謂明察秋豪，不見輿薪者乎？足知是妄}。此竝難求實相。就云遠鏡所晞，而其佗察天文者都未諦見，獨此一人見之何哉？卽此員輿以内，<u>鄒衍</u>説有八十一州，<u>淮南地形</u>亦説種種殊相，今竝無有。然<u>莊子</u>雜篇亦有闕奕、意修、危言、游鳧、子胥諸首，言多詭誕，或似<u>山海經</u>，或類占夢書者，_{見經典釋文序錄}。豈所謂論而不議？將<u>郭子玄</u>所云：“一曲之才，妄竄奇説”者乎！夫其風紀萬殊，政教各異，彼此擬議，率皆形外之言，雖其地望可周，省俗終不悉也。若夫春秋者，先王之陳迹，詳其行事，使民不忘故常，述其典禮，後生依以觀變，聖人之意，盡乎斯矣。天下篇曰：“春秋以道名分”。名定，故無君帝寧王之殊號；分得，故無漂杵衇磨之盈辭，斯其所以爲美。其佗懲惡勸善，率由舊章，若欲<u>私</u>徇齒牙，豫規王度，斯未知無方之傳，應物不窮，豈以<u>姬周</u>末世，而能妄臆嬴鑑之變哉⒈老子曰："前識者，道之華而愚之始"。明孔父本無是言，公羊曲學，成此大愚也。"大道不稱，大辯不言"，此二本義。"大仁不仁，大廉不嗛，大勇不忮"，此三譬稱之辭。圜者，司馬云：圓也。騖馳愈遠，本量愈乖，是爲畫圓成方也。"知止其所不知"者，卽不論不議之謂。孔子亦云："知之爲知之，不知爲不知，是知也"。又云："蓋有不知而作之者，我無是也。"釋迦稱一切知者，然於俗諦，唯是隨逐。梵土故言故說，史志方輿等事，多有不實，此則内外聖哲軌徹有殊者矣。詳夫徵事求因，自謂無所不了，然夫有形之方，長短可劑，而平方求弦，巧算之所不盡，兩自乘之數相等者，并之開方，不能適盡。大方函小，隸首之所不知。大方函小方，積數適相倍相半，而大方之廉，卽小方之弦，弦可盡則廉必不可盡。故知北遊篇云："物已死生方圓，莫知其根也，扁然而萬物自古以固存。"轉復觀之形物，鵠自然白，烏自然黑，孔雀文采，棘鍼銛刺，銑鐵必有慈石之用，石英必成六觚之形，縱復說爲想成，說爲業用，何故唯此而能如此？此但可說爲扁然固存者。夫規榘之審物曲之，近猶不可盡明，如是況其至遠者乎？故曰："不知其所由來"。葆光者，崔云："若有若無，謂之葆光。"謂事有象，而理難徵也。釋第二章竟。

❑故昔者堯問於舜曰："我欲伐宗、膾、胥敖，南面而不釋然，其故何也？"舜曰："夫三子者，猶存乎蓬艾之間。若不釋然，何哉？昔者十日竝出，萬物皆照，而況德之進乎日者乎⒈"

故爲發端之辭，舊有其例。禮運："故聖人參於天地"，"故人者其天地之德"，"故禮義也者，人之大端也"。正義皆別標一章，不承前語。易繫辭傳多言是故，亦與前文不屬，竝是更端之語。知此不連前爲一章也。宗膾、胥敖，司馬云："三國名也。"崔云："宗一也，膾二也，胥敖三也"。郭云："將寄明齊一之理於大聖，故發自怪之問以起對"。"夫物之所安無陋也，則蓬艾乃三子之妙處。""今欲奪蓬艾之願，而伐使從已，於至道豈弘哉？故不釋然神解耳。若乃物暢其性，各安其所安，無有遠近幽深，付之自若，皆得其極，則彼無不當而我無不怡也"。子玄斯解，獨會莊生之旨。原夫齊物之用，將以內存寂照，外利有情。世情不齊，文野異尚，亦各安其貫利，無所慕往。饗海鳥以大牢，樂斥鷃以鐘鼓，適令顛連取斃，斯亦衆情之所恆知。然志存兼并者，外辭蠶食之名，而方寄言高義。若云：使彼野人獲與文化。斯則文野不齊之見，爲桀跖之嚆矢明矣。若斯論箸之材，投畀有北，固將弗受。世無秦政，不能燔滅其書，斯仁者所以潸然流涕也。墨子雖有禁攻之義，及言天志明鬼，違之者則分當夷滅而不辭，斯固景教天方之所馳驟，亮不足道。孟子以善戰當服上刑，及舉葛伯仇餉之事，方云"非富天下"。尚考成湯伊尹之謀，蓋藉宗教以夷人國。誠知牛羊御米，非邦君所難供；放而不祀，非比鄰所得問。故陳調諷待，其熄言爾，乃遣衆往耕，使之疑怖，童子已戮，得以復仇爲名。今之伐國取邑者，所在皆是，以彼大儒，尚復蒙其眩惑，返觀莊生，則雖文明滅國之名，猶能破其隱慝也。二者之見，長短相校，豈直龍伯之與焦僥哉！或云：物相競爭，智力乃進。案，莊生外物篇固有其論，所謂"謀稽乎誸，知出乎爭"，"春雨日時，草木怒生，銚鎒於是乎始修，草木之到植者過半，而不知其然"。知之審矣。終不以彼易此者，物有自量，豈須增益？故寧絶聖棄知，而不可鄰傷也。向令齊物一篇方行，海表縱無減於攻戰，輿人之所不與，必不得藉爲口實，以收淫名明矣。王輔嗣易說曰："以文明之極，而觀至磧之物，暌之甚也。豕而負塗，穢莫過焉。至睽將合，至殊將通，恢恑憰怪，道將爲一。未

至於治，先見殊怪，故見豕負塗，甚可穢也。見鬼盈車，吁可怪
也。先張之弧，將攻害也；後說之弧，睽怪通也。"輔嗣斯義，豈
所謂莊生之素臣邪！或言齊物之用，廓然多塗，今獨以蓬艾爲
言何邪？答曰：文野之見，尤不易除。夫滅國者，假是爲名，此
是橋杌窮奇之志爾。如觀近世有言無政府者，自謂至平等也，
國邑州閭泯然無閒，貞廉詐佞一切都捐，而猶橫箸文野之見，
必令械器日工，餐服愈美，勞形苦身，以就是業，而謂民職宜
然，何其妄歟！故應物之論，以齊文野爲究極。此章總有六十
三字，辭旨淵博，含藏衆宜。馬蹄胠篋盜跖諸篇，皆依是出也。
釋第三章竟。

四齧缺問乎王倪曰："子知物之所同是乎？"曰："吾惡乎知之！"
"子知子之所不知邪？"曰："吾惡乎知之"！"然則物無知邪？"曰："吾
惡乎知之！"雖然，嘗試言之。庸巨從徐本。知吾所謂知之非不知邪？
庸巨知吾所謂不知之非知邪？且吾嘗試問乎女：民溼寢則腰疾偏
死，鰌然乎哉？木處則惴慄恂從班本。懼，猨猴然乎哉？三者孰知正
處？民食芻豢，麋鹿食薦，蝍且甘帶，鴟鴉耆鼠，四者孰知正味？猨
猵狙以爲雌，麋與鹿交，鰌與魚游。毛嬙麗姬，人之所美也，魚見之
深入，鳥見之高飛，麋鹿見之決驟，四者孰知天下之正色哉？自我
觀之，仁義之端，是非之塗，樊然殽亂，吾惡能知其辯！齧缺曰："子
不知利害，則至人固不知利害乎"？王倪曰："至人神矣！大澤焚而
不能熱，河海沍而不能寒，疾靁破山風振海而不能驚。若然者，乘
雲氣，騎日月，而游乎四海之外。死生無變於已，而況利害之端乎！

　　物所同是，謂衆同分所發觸受想思；子所不知，謂觸受想
思別別境界何緣而發？又若識及根塵，既由迷一法界而成，迷
本無恆，何故數限於六，不能有七？如第一問，已證圓成實性
而見依佗起性者，當能知之。如第二問，雖釋迦亦不能知也。

迷一法界乃成六識、六根、六塵，或欲强説云：猶平方一面，轉作立方六面，不可增令七面，不可減令五面，其勢自然。易有六爻，義亦取此。作易者，極深研幾，頗明此旨。爻者，爻亂之義；六爻者，即六亂相因于六亂識也。此説似是，然立方六面，不可減令至五，不可增令至七。若六識、六根外合六塵，此惟人及鳥獸爲然，蛤蚌介類不見有眼耳鼻等識根，外亦無彼三塵。然則，增之不可令七，減之非不可令五、令四、令三，與立方六面殊例。且縱依立方例，迷一法界何故依平方法？轉成六事何故依立方法？此終不可知者。庚桑楚篇曰："動以不得已之謂德，動無非我之謂治，名相反而實相順也。羿工乎中微而拙乎使人無己譽。聖人工乎天而拙乎人。夫工乎天而俍乎人者，惟全人能之。惟蟲能蟲，惟蟲能天。全人惡天？惡人之天？而況吾天乎人乎！""動以不得已"者，謂有根識卽不能無塵，又亦目視耳聽不能相爲也。"動無非我"者，謂本由迷一法界成此六事，迷者卽如來藏，如來藏此謂真我，次及無自主者，皆謂之動，以不得已有自主者，皆謂之動無非我。二者名固相反，實還相順。何以明之？由我自迷，故生六事，此則動無非我爲因，動不得已爲果；由此六事不能相爲，乃生勝解及慧，或則決定不可轉移，或則簡擇不可眩惑，此又動不得已爲因，動無非我爲果。近世塞楞柯調和必至自由二説，義正類此。然物類最劣者，唯是動不得已，金石悉然，蟲亦近之。委心任化，此謂惟蟲能蟲，心無勝解，此謂惟蟲能天。聖人樂天，亦效是爾。乃若全人則不然，知彼亂識因迷，故成是以惡天也。然且不壞法性，是謂工乎天；發心趣道，是謂俍乎人。又知迷悟不二，故都不辨天人也。夫然迷一成六義雖可知，迷一所成不過於六，此終不可知者。起信論解之曰：如人迷故，謂東爲西，方實不轉；衆生亦爾，無明迷故，謂心爲念，心實不動。又曰：猶如迷人，依方故迷，若離於方，則無有迷；衆生亦爾，依覺故迷，若離覺性，則無不覺。此謂方位本有，或分四正四隅，或析爲二十四，或析爲三百六十，迷者雖迷，終不出此數外。若爾，本覺心中，豈有眼耳鼻舌身意等六根、六識，及彼所取六塵，何故迷時乃有此數？此仍不能解也。物無知者，起信論所謂一切衆生不名爲覺，以從本來念念相續，未曾離念，故説無始無明，而實不覺，亦不可知。所以者何？迷亦是覺，物無不迷，故物無不覺。今云無知，雖一切知者，亦何能知之？然則，第二第三兩問，皆不可知，唯第一問容有可説。觸受想思唯是識妄，故知即不知也；達一法界心無分別，故不知即知也。次舉五感所取，任運分別，所得明見相，本無定法。夫冰寒火熱，世以爲塵性必然，然欵冬華於層冰，火鼠游乎赤餤，司馬紹統説火不熱，已引火鳥火蟲爲證。俱舍論九云：曾闍析破災炎鐵團，見其中有蟲生。今人亦見鎔白金者，以一種微菌同置鑪中，白金已鎔，菌猶故活，是皆其例。　則知冰未必寒，火未必熱。人所謂知，或應欵冬、火鼠所謂不知；即彼所知，此亦以爲不知；此之不知，又應彼所謂知矣。然則，物情既殊，以何爲質？世之驗者，輒以溳流升降審察寒煖，徒以白日曬光積燎流熮所熏之處，溳自上騰，而未知其果熱邪且非熱邪？司馬紹統説火不熱云：“金木加人則有楚痛，而金木非楚痛，則知火亦非熱。假令欲驗痛之微劇，橫刀決石，持篷打囊，觀其組裂難易，則於人楚痛深淺可知，而彼石囊曾無痛覺。夫然以溳驗熱，亦奚以異此邪」如是，勢用流轉，理亦同斯。夫索留薪於熾餤，餤無能留之薪；求恬羽於轉飈，飈無自恬之羽。此但人類依以爲驗，而火不焚水，風不吹光，毳布浣火而不焦，江豚逆風而無優，則知火不能焚，風不能盪也。所以者何？對於爾所能焚能盪，對於爾所不焚不盪，即不得説爲能焚能盪者。如彼牛羊視人爲能殺者，而人不能殺地水火風，則人實不爲能殺者。故發正處正味正色之問，明能覺者既殊，則所覺者非定，此亦所以破法執也。人與飛走，情用或殊。轉驗之人，蚔醢古人以爲至味，燔鼠粤人以爲上肴，易時異地，對之欲噦，亦不應說彼是野人，我有文化，以本無文野故。轉復驗之同時同地者，口之所適，則酸腐皆甘旨也，愛之所結，雖嫫母亦清揚也。此皆稱處恆人所執兩異，豈況仁義之端，是非之塗，而能有定齊哉？但當其所宜則，知避就取舍而已，必謂塵性自然，物感同爾，則爲一觭之論，非復齊物之談。若轉以彼之所感而責我之亦然，此亦曲士之見。是故，高言平等，還順俗情，所以異乎反人爲實，勝人爲名者也。若夫至人者，親證一如，卽無岐相。現覺無有，風靁寒熱尚何侵害之有？大毗婆沙論三十一云：傾動大捨，故名大悲，若佛安住大捨法時，假使十方諸有情類一時吹擊大角大鼓；或現靁震犖電辟歷，諸山大地傾覆動搖，不能令佛舉心視聽，此乃所謂至人。郭云："夫神全形具，而體與物冥者，雖涉至變，而未始非我，故蕩然無蔕介於胸中也"。釋第四章竟。

五 瞿鵲子問乎長梧子曰："吾聞諸夫子，聖人不從事於務，不就利，不違害，不喜求，不緣道；無謂有謂，有謂無謂，而游乎塵垢之外。夫子以爲孟浪之言，而我以爲妙道之行也。吾子以爲奚若"？長梧子曰："是皇帝之所聽熒也；而丘也何足以知之！且女亦大早計，見卵而求時夜，見彈而求鴞炙。予嘗爲女妄言之，女以妄聽之。奚旁日月，挾宇宙，爲其脗合，置其滑涽，以隸相尊。衆人役役，聖人愚芚，參萬歲而一成純。萬物盡然，而以是相蘊。予惡乎知說生之非惑邪？予惡乎知惡死之非弱喪而不知歸者邪？麗之姬，艾封人之子也。晉國之始得之也，涕泣沾襟；及其至於王所，與王同筐牀，食芻豢，而後悔其泣也。予惡乎知夫死者不悔其始之蘄生乎！

夢歡酒者,且而哭泣;夢哭泣者,且而田獵。方其夢也,不知其夢也。夢之中又占其夢焉,覺而後知其夢也。且有大覺而後知此其大夢也,而愚者自以爲覺,竊竊然知之。君乎,牧乎,固哉!丘也與女,皆夢也。予謂女夢,亦夢也。是其言也,其名爲弔詭。萬世之後而一遇大聖,知其解者,是旦莫遇之也。既使我與若辯矣,若勝我,我不若勝,若果是也,我果非也邪?我勝若,若不吾勝,我果是也,而果非也邪?其或是也,其或非也邪?其俱是也,其俱非也邪?我與若不能相知也,則人固受其黮闇。吾誰使正之?使同乎若者正之?既與若同矣,惡能正之?使同乎我者正之?既同乎我矣,惡能正之?使異乎我與若者正之,既異乎我與若矣,惡能正之?使同乎我與若者正之,既同乎我與若矣,惡能正之?然則,我與若與人俱不能相知也,而待彼也邪?何謂和之以天倪?曰:是不是,然不然。是若果是也,則是之異乎不是也亦無辯;然若果然也,則然之異乎不然也亦無辯。化聲之相待,若其不相待。和之以天倪,因之以曼衍,所以窮年也。忘年忘義,振於無竟,故寓諸無竟。"

　　此章初説生空,次説生空亦非辭辯可知,終説離言自證。"不就利,不違害"者,郭云:"任而直前"。"不喜求"者,謂不欲求長生,亦不欲求寂滅。"不緣道"者,謂知道不可緣,所證無有境界,若華嚴經説,無有少法爲智所入,亦無少智而入於法。故雖隨俗言緣,其實不緣也。"無謂有謂"者,寓言篇云:"終身不言,未嘗不言。""有謂無謂"者,寓言篇云:"終身言,未嘗言"也。"游乎塵垢之外"者,郭云:"凡非真性,皆塵垢也"。此本妙道之行,而長梧子方復以爲早計者,此理本在忘言之域,非及思議之間,不悟其因而求其果,終入徇瞀之塗,故嘗爲妄言,令隨順得入也。旁日月等,皆説生空,明所以不就利,不違害,不喜求之故。"旁日月"者,喻死生如晝夜。"挾宇宙"者,喻萬

物本一體。"脗合"者,郭云:"無波際之謂。""滑湣"者,向作
"汩湣",云:"未定之謂",此當喻亂體。隸者,田子方篇曰:"棄
隸者若棄泥塗,知身貴於隸也,貴在於我而不失於變。且萬化
而未始有極也"。 斯所謂我卽如來藏不變隨緣者也。詳其言
隸,以比四支百體總爲身根,"以隸相尊",卽佛法所謂薩迦邪
見。比言死生無異,萬物一如,於中妄箸亂相亂體,乃起薩迦
邪見。衆人馳流無已,而聖者愚屯若不知也。愚非誠愚,天地
篇云:"黃帝遺其玄珠,使知索之而不得,使離朱索之而不得,
使喫詬索之而不得。乃使象罔,象罔得之。"知北游篇云:"弗
知乃知乎,知乃不知乎!"竝是此義。夫愚屯者,其觀萬歲,猶
一純束之中纏縛不解,萬物盡然,以是薩迦邪見積起塵勞,斯
非知者所能知,乃不知則知之矣。如言而計說生惡死,寧知非
惑?喻以麗姬涕泣,此非以死爲得所,特矯說生之義;覺夢之
喻,亦非謂生夢死覺。大覺知大夢者,知生爲夢,故不求長生,
知生死皆夢,故亦不求寂滅。愚者不悟身爲臺隸,而顧君牧視
之,見有主宰,斯亦固矣。然長梧所論,亦非親證實相之談,故
必俟大聖於萬世, 庶知其解。次明雖俟大聖,亦不可定生空
義。何以明之?辯者證者,無過四句,雖復待之大聖,大聖有
自證之功,亦無證佗之語,以大聖語亦隨俗,不離四句故。夫
然則,有謂無謂,無謂有謂之爲妙道,於是斷可識矣。終說和
之以天倪者,以待大聖證成生空,則不如自證也。天倪者,郭
云:"自然之分。"諸有情數,始以尋思, 終以引生。如實智悉
依此量可以自內證知,如歠井者,知其鹹淡,非騁辯詭辭所能
變。然則,是異不是,然異不然,造次而決,豈勞脣舌而煩平定
哉!然諸自證,亦有真俗之殊。五感所得,言不可破,其間能
覺所覺,猶是更互相待。青黃甘苦諸相,果如是青黃甘苦否?

大宗師篇云:"夫知有所待而後當,其所待者特未定也"。此徒俗中自證,未爲真自證者,其真自證,乃以不知知之,如彼起信論説:若心起見,則有不見之相，心性離見,即是徧照法界義故"。大宗師篇云:"有真人而後有真知",此爲離絶相見對待之境,乃是真自證爾。而此真自證者,初依天倪爲量. 終後乃至離念境界,所證得者卽亦最勝天倪也。化聲者,卽謂似法似義有見意,言自非親證而待左證平議於人,言雖遇大聖獨不能絛理斯義,亦與不待無殊，何爲棲棲遠求萬世乎」"和之以天倪,因之以曼衍,所以窮年"者,寓言篇云:"重言十七,所以已言也,是爲耆艾。年先矣,而無經緯本末以期年耆者,是非先也。人而無以先人,無人道也;人而無人道,是之謂陳人。巵言日出,和以天倪,因以曼衍,所以窮年。"詳彼文義,謂依據故言,若因明所謂聖教量者,足以暫寧静論,止息人言。乍似可任,而非智者所服,惟和之自然之分,任其無極之化,則是非之境自泯,而性命之致自窮也。"忘年",謂前後際斷, 仲尼所謂"無古無今,無始無終",乃超乎窮年矣。"忘義",謂所知障斷, 老聃所謂"滌除玄覽",乃超乎和以天倪矣。忘年爲體, 窮年爲用,比其應化,則死生修短,惟所卷舒。故能止於常轉,不受漂蘯: 案於三世,不住窊光。詳荀子, 致士篇亦云"羡意延年",修身篇亦云"扁善之度,以治氣養生,則後彭祖,以修身自名,則配堯禹"。豈謂能使顏淵秀實,伯生考終哉」能見道者,善達生空,則存亡一致;已證道者,刹那相應,則舒促改觀。夫然,故知遊乎塵垢之外,非虚語也。

　　問曰:天倪之用,祇以自證生空邪? 答曰:非獨爾也。言天倪者,直訓其義,卽是自然之分。成唯識論云:如契經説,一切有情,無始時來,有種種界,如惡叉聚法爾而有。界卽種子差別名，故又引經說：無始時來，界一切法等，依界是因義，即種子識。然則，自然之分，即種種界法爾而有者也。彼種子義，說爲相名，分別習氣，而與色根器界有殊。令若廢詮談旨，色根器界，還即相分，自亦攝在種子之中。寓言篇云："萬物皆種也，以不同形相禪。始卒若環，莫得其倫，是謂天均。"天均者，天倪也。是則，所謂無盡緣起，色根器界，相名分別，悉號爲種，即天倪義。若就相名分別習氣計之，此即成心，此即原型觀念。一切情想思慧，騰掉無方，而繩䌖所限，不可竄軼。平議百家，莫不持此，所以者何？諸有知見，若淺若深，悉依此種子而現世識、處識、相識、數識、作用識、因果識，乃至我識。此七事者，情想之虎落，智術之垣苑。是故，有果無因，有相無體，現色不住於空閒，未來乃先於現在，爲人所不能念。自不故爲矯亂，及瘝語病狂者，凡諸儒林白衣，大匠祅師所論，縱無全是，必不全非邊見，但得中見一部，不能悉與中見反也。倒見但誤以倒爲正，不能竟與正見離也，故雖天麿珍說，隨其高下䫂瑕眚見，而亦終與三等俗諦相會，轉益增勝，還以自然種子角議。所以者何？一種子與多種子相攝，此種子與彼種子相傾。相攝非具，即此見具；相傾故礙，轉得無礙。故諸局於俗諦者，觀其會通，隨亦呈露真諦。然彼數輩，自未發蒙，必相與争明，則迫光成闇，苟納約自牖，而精象回旋，以此曉了，受者當無膏肓之疾。此說同異之辯，不能相正，獨有和以天倪。第一章說："和以是非，休乎天鈞，此謂兩行"，已示其耑萌矣。康德之批判哲學，華嚴之事理無礙，事事無礙，乃莊生所籠罩，自非天下至精，其孰能與於此爾！則天倪所證，寧獨生空固有法空？即彼我執法執，亦不離是。真妄一原，假實相盪，又非徒以自悟乃更爲悟佗之齊斧也。

問曰: 和以天倪，因以曼衍，則莊生自悟悟佗之本，將以導示羣倫，術盡於斯邪? 答曰: 是有孔顏心齊之義。人閒世説，顏回欲説衞君，仲尼告以心齊。回曰:"敢問心齊"。仲尼曰:"若一志，無聽之以耳而聽之以心，無聽之以心而聽之以氣¹聽止於耳，心止於符。氣也者，虛而待物者也。氣卽呼吸，呼吸之氣，外與諸方聲浪觸擊，雖在極迴，呼吸無不受其振蕩，心攝卽不能覺，心在至寂自能了別衆緣。唯道集虛。虛者，心齊也"。必依三昧，乃得以氣聽也。顏回曰:"回之未始得使，實自回也; 得使之也，未始有回也; 可謂虛乎?"夫子曰:"盡矣。吾語若，若能入遊其樊而無感其名，入則鳴，不入則止。無門無毒，一宅而寓於不得已，則幾矣。絕迹易，無行地難。爲人使易以僞，爲天使難以僞。聞以有翼飛者矣，未聞以無翼飛者也; 聞以有知知者矣，未聞以無知知者也。瞻彼闋者，虛室生白，吉祥止止。寂光所現，燭燿八極，云虛室生白。夫且不止，是之謂坐馳。止而不止，周流六虛，謂之坐馳。夫徇耳目內通，徇使也。而外於心和，以氣聽者，心無尋求，非都無分別也，而云外於心知者，必依無分別智，乃起此用。如佗心智亦然，以衆生緣力，令現似文似義諸相，而非不寂靜也。鬼神將來舍，而況人乎¹"尋此所説，卽釋典三輪中第二輪也。瑜伽師地論説爲三種神變教誡: 一、神力神變，二、記説神變，三、教導神變。記説神變者，謂依佗心智記別佗心，而記言説。如十地論義，以天耳通閒彼聲，以佗心智知彼意，方爲説法，是卽記説神變; 此云聽止於耳，心止於符，氣虛待物是也。此三神變，三乘聖者悉能用之，在佛卽稱三輪。十輪經説，如來及諸菩薩，所有神通，記説教誡三種勝輪，作用無礙。又云: 輪者，謂於諸法無所罣礙，猶如日光普照，一切隨其所宜，宣説正法。此云無行地，以無翼飛，與言無所罣礙同; 云虛室生白，吉祥止止，與言日光普照同; 云夫且不止，是謂坐

馳,與稱勝輪同。舊但以心齊爲禪定,雖因果相依,于教誡衡君之道則遠,且禪定則止耳,豈可云不止坐馳邪|當言依於三昧,得起神用,於義始愜。意意言流注口輔,或不盡宣暫起之意,又與初旨或相違反,自非天耳佗心二通,何由得其癥結|膚受而説,曾足以治療邪?故知顏回屢空而寂照,子貢億度而屢中,校其功用,相去懸矣。論稱孔子六十耳順,孫綽以爲廢聽,正與人閒世説相符。寓言篇云:"孔子行年六十而六十化","好惡是非直服人之口而已矣。使人乃以心服,而不敢蘁立,定天下之定"。足明耳順以還,教無不應,此乃堪化一切有情,非專調伏暴人也。苟無其實,雖察言觀色,上説下教,猶未知弈法而與人棊,暫或得志,直適然耳。然惟神變之道,此土聖哲之所罕言,是以莊生述此,文章深美,穆如清風,未嘗揚屬也。乃夫自悟悟佗之本,固在和以天倪,因以曼衍,寧有佗技焉|釋第五章竟。

六 罔兩問景曰:"曩子行,今子止;曩子坐,今子起,何其無持從或本。 操與"?景曰:"吾有待而然者邪|吾所待又有待而然者邪|吾待蛇蚹蜩翼邪?惡識所以然,惡識所以不然|"

釋文:景,映永反,本或作影。今按 景本訓光,當如字讀。罔兩,向云:景之景,蓋謂反射餘光。夫昱景遷馳,分陰不駐,此爲自無主宰,別有緣生,故發罔兩問景之端,責其緣起。世人皆云,光待日輪,或復待火,或復待電,亦云光所由傳,待諸游氣,轉上氣盡,別有伊態爾者,爲之傳引,此則日火電等爲其本因。餘悉外緣。然彼光熱電三,展轉相生,有無窮過,故曰:"吾有待而然者邪,吾所待又有待而然者邪|"光必相傳,故能破闇,十二門論所説,鐙不到闇,蓋已無效。然傳光待氣,世所證知,以頗黎瓶排令氣盡,光復得通,由此説言,復有精氣,名伊態爾,爲能傳光。而彼伊態爾者,誰所證得? 或説真空中有麩桼

盧雞，其無證亦同此。不驗之言，更無理喻，復云何知真空不能傳光？故曰："吾待蛇蚹蜩翼邪？"然則，光景駿流，人所恆覩，揣其由然，前者卽違比量，後者卽無現量，皆不極成，故曰："惡識所以然，惡識所以不然！"佛法立四種道理，若斯之流，不見作用道理，唯有觀待道理，不得證成道理，唯依法爾道理。且彼法爾道理者，卽猶老莊所謂自然；近人簫賓閭爾於轉化充足主義、忍識充足主義之外，別立存在充足主義，亦猶佛法之立法爾道理也。而彼自然，亦非莊生所能誠信。如全人惡天之說。言惡識所以然，惡識所以不然者，非信法爾道理，正破因果律耳。佛法立十二緣生，前有後有，推盪相轉，而更無第一因。大乘入楞伽經曰：大慧菩薩白佛言，佛說緣起是由作起，非自體起，外道亦說勝性自在時，我微塵生於諸法。今佛世尊，但以異名說作緣起，非義有別。外道亦說以作者，故從無生有；世尊亦說以因緣故，一切諸法本無而生，生已歸滅。如佛所說，無明緣行，乃至老死，此說無因，非說有因。世尊說，言此有故彼有，若一時建立，非次第相待者，其義不成。是故，外道說勝，非如來也。何以故？外道說因，不從緣生，而有所生；世尊所說，果待於因，因復待因，如是展轉，成無窮過。此卽莊生所破。又，此有故彼有者，則無有因，佛言，我了諸法唯心所現，無能取所取，說此有故彼有，非是無因及因緣過失。大慧若不了諸法唯心所現，計有能取及以所取，執箸外境，若有若無，彼有是過，非我所說。詳夫因緣及果，此三名者，隨俗說有，依唯心說，卽是心上種子，不可執箸說有。是故，緣生亦是假說，莊生云：惡識所以然，惡識所以不然，正謂此也。唐世沙門多謂莊生不達緣生之理。案，寓言篇云："莫知其所終，若之何其無命也？莫知其所始，若之何其有命也？"非無命，非有命，卽不得不說緣生。田子方篇云：

"日出東方而入於西極，萬物莫不比方，有目有趾者，待是而後成功，是出則存，是入則亡。萬物亦然，有待也而死，有待也而生。吾一受其成形，而不化以待盡，效物而動，日夜無隙，而不知其所終；薰然其成形，知命不能規乎其前，丘以是日徂"。此所引者，乃仲尼説明言死生有待。誰謂孔莊二哲，不達緣生？特無十二種名號耳。然依庚桑楚篇云："有生，黬也，披然曰移是。""請嘗言移是，是以生爲本，前有之生也。以知爲師，無明行識，三支通得，云知。因以乘是非；因識以起彼此之見，則心物宛殊矣。果有名實，名實即名色，亦兼六處。知爲因，名實爲果，即識緣名色，名色緣六處也。因以己爲質；己謂身根，因有名色六處，由是起觸，觸以身根爲質。使人以爲己節，節者，字本作卪，説文：卪，瑞信也。非彼無我，以觸彼故，方知有我，是使所觸者爲能觸者之符驗也，故次得受愛取有四支。因以死償節，償卪，猶持卪者尊已，則致卪也。觸受愛取有既了，所作成辦，乃以死償節，則更趣後有之生死二支。若然者，以用爲知，以不用爲愚，以徹爲名，以窮爲辱。知愚之見即惑，名辱之見即業，此總舉緣生之事。移是，今之人也，是蜩與學鳩同於同也"。向之移是爲今之人，今之移是爲後之人，雖因業所感取趣有殊，而因惑所成結生無異，故曰蜩與學鳩同於同也。此所引者，乃老聃説，與十二緣生大體相符，且譯者所用因果二名，尚因莊子。莊子所言果，與佛典之果同義，其言因者，則倒本前事之言，與佛典辭氣有差，義乃無異。輒以孔隙之明，妄非先達，驛執甚焉。又云：莊生不達唯心之理，詳此所謂成心，即是識中種子。德充符所言靈府，即是阿羅邪識；庚桑楚所言靈臺，即是阿陀那識。阿羅邪譯言藏，阿陀那譯言持義，皆密合。且其言持、言業、言不舍，非獨與大乘義趣相符，名相亦適相應。雖以玄奘窺基之辯，何能强立異同哉！然此章復破緣生，而作無因之論。寓言篇且云："生無所自"，説者不了，遂謂莊生純執自然，他無所曉，斯所謂

焦明已翔乎寥廓，獵者猶視乎藪澤也。**大宗師篇云:**"**孟孫氏
不知所以生，不知所以死**"，"**唯簡之而不得，夫已有所簡矣**"。
此謂不知生死所緣，非誠不能簡別也，徒以推究無窮，故簡之
而不得，斯亦莊生所以自喻。誠令專說緣生，果能避無窮過
乎? 説無因者，亦佛法最後了義。**大乘入楞伽經云:**世論婆羅
門，問我言無明愛業，爲因緣故，有三有邪，爲無因邪? 我言此
二，亦是世論。是則，緣生正是世論，無因無緣而生，亦是世
論。又云: 爲除有生執，成立無生義。我説無因論，非愚所能
了。一切法無生，亦非是無法。如乾城幻夢，雖有而無因，此
乃以無因論爲究竟。蓋諸法不生，因緣亦假，雖宣説無因，有
異常斷二見也。其以乾城幻夢喻，雖有而無因，語亦有過。乾城，具言乾闥
婆城，即此海市，亦以反影回射而成，其所依實，猶是對岸山巒城郭，非爲無因。
夢亦有因，樂彥輔説，夢是想，云未嘗夢擣齏啗鐵杵，乘車入鼠穴，以素無其想爾。
惟幻或可無因，然施幻術者亦即是因。大抵近事無有不從因緣生者，惟展轉推求
則不得其第一因耳。故雖有無因之義，於近事中無可舉例，展轉推求無非斯例。
又云: 隨俗假言説，因緣遞鉤瑣，若離因緣瑣，生義不可得。我
説惟鉤瑣，生無故不生，離諸外道過，非凡愚所了。若離緣鉤
瑣，別有生法者，是則無因論，破壞鉤瑣義。夫言別有生法者，
以其緣會衆多，無有主因可得，心既不了，由是説無因論，此愚
夫一切之見也。今説生之所因，還待前生展轉，相推第一生
因。唯心不覺，不覺故動，動則有生，而彼心體非從因緣和合
而生。所以爾者，世識三時，即心種子因果之識，亦心種子不以
前後因果而有。心唯依心而成前後因果，如是説無因論，乃成
無過假有，第一生期。此即唯是心動，更無佗因，雖依因果説，
不覺爲因，動爲其果，動復爲因，生爲其果，而實不覺即動，動
即是生，更無差別，故曰生無自也。問: 以緣會衆多而生無因

論者，其義云何？答言：凡言因果，其閒差別衆多。瑜伽唯識，並說十因五果，若專藉一因而成一果者，近事固鮮其例。今有一人，欲破因果之律，乃云世俗說言種瓜得瓜，爲問瓜子爲因，種者爲因？種具爲因？種事爲因？土田爲因？又如撞鐘成聲，爲問鐘體爲因？撞者爲因？撞具爲因？撞事爲因？種種不可相離，而不得謂因有爾所自體，是故說無因論。然此實是淺陋不學之見，所以者何？一果本非一因所成。大毗婆沙論二十一云：一法既與多法爲能作因，多法亦與一法爲能作因。今依法相，但說主因爲能生因，其餘諸緣可說爲方便。因瓜望瓜子爲生起因，瓜子望瓜爲等流果。種事望種者爲士用依處，種事望種具爲作用依處，種者種具望種事爲士用果，種事望瓜爲增上果，土田望瓜亦增上果。鐘聲望鐘爲生起因，其望撞具亦有一分爲生起因。鐘聲因鐘與椎和合得成，本是雜聲。鐘望鐘聲爲異熟果，撞具望鐘聲亦有一分爲異熟果。異熟果本不據無情爲說，然今借以成義，意趣相合。撞事望撞者爲士用依處，撞事望撞具爲作用依處，撞者撞具望撞事爲士用果，撞事望鐘聲爲增上果。本無疑義，徒以世人誤執一因一果，遂墮疑處。籧篨戚施爾詐爾虞皆不精解因果別相，何論苟談名理者乎！且種瓜得瓜，而撞鐘不能得鐘，唯得鐘聲，此則等流異熟果本不同。然種瓜唯是得瓜，雖以茜艸蝦蟇藍等種種汁色染入瓜子，能令瓜色有異，而不能令成非瓜。故卽生起因可說爲同類，因撞鐘所得亦是鐘聲，雖木椎敂發，雜有金木二音，金音固爲其主，縱令以磬撞鐘，能得鐘磬各半之聲，而不能令無鐘聲。故卽生起因，可說爲定異因也。然瑜伽師地論說，因是無常。大毗婆沙論二十一亦云：我說諸因，以作用爲果，非以實體爲果。又說：諸果以作用爲因，非以實體爲因，諸法實體恆無轉變，非因果故。今説瓜子土田與瓜，鐘體撞具與聲，相爲因果者，別言以有形相者爲實體，無形相者爲非實體；廣言卽一切形相，皆無實體，以有轉變，非不可壞，故説無實。雖至金鐵樸鋌，唯是一注，固者可化爲液，液者可化爲固，未有恆無轉變者，豈況雜集流形之品，而可説爲不變？如是，因果歷然，無所疑滯。不了者惟許有一主宰．今見主宰猥多，遂生無因之義。是故，等是一無因論 智愚之分，有若天壤者矣。沙門詰言：莊生庚桑楚篇云："萬物出乎無有。有不能以有爲有，必出乎無有，而無有一無有"，斯非斷滅之見邪？答曰：彼言有者，卽如近人所計，物質在五塵外，非現量得無形礙故，非比量得界最廣故。莊生意言，假令誠有物質者，物質不能自忍物質爲物質，誰忍之者？惟是心量。然以現量比量觀察物質，此中現量不能觸受，比量不能推度，惟是依於法執忍有物質，而彼法執卽是徧計，徧計所執自性本空，故知萬物出乎無質。質既是無，卽此萬物現相，有色、有聲、有香、有味、有觸者，唯是依佗起性，屬於幻有，故曰"無有一無有"也。老子亦云："天下萬物生於有，有生於無。"初語隨法我執，故云萬物生於本質；次語破法我執，故云本質生於無。無者云何？卽徧計所執自性，此性本無，無則不生。而言生於無者，欲以無之能生，證明有之爲幻，所謂正言者反者矣。又，天地篇云："泰初有無，無有無名，一之所起，有一而未形。物得以生，謂之德；未形者有分，且然無閒，謂之命；留動而生物，物成生理，謂之形；形體保神，各有儀則，謂之性。"郭子玄曰："一者，有之初，至妙者也。至妙，故未有物理之形耳。夫一之所起，起於至一，非起於無也。然莊子之所以屢稱無於初者，何哉？初者，未生而得生，得生之難，而猶上不資於無，下不待於知，突然而自得此生矣。"今案，彼言無者謂質，彼言一者謂心，亦卽一真法界。彼言"未形者有分，且然無閒，謂之命"，有分卽是藏識。成唯識論謂，上坐部經分別論者密意説，此藏識名有分識是也。能引諸界趣生異熟果故，説爲且然；無始時來一類相續無閒斷故，説爲無閒。是皆説物質本無，而不説心量本無，正契唯心勝義，寧同斷滅之見乎？近世達者，莫若簫賓閭爾，彼説物質常在之律，非實驗所能知，惟依先在觀念知之，然不悟此先在觀念，卽是法執，其去莊生之見，倜乎不及遠矣。若復問言：何由知莊生所謂無有者，卽指徧計所執自性？應答彼言：第一章中其義已了，今復再徵佗篇廣爲其驗。大宗師篇云："陰陽於人，不翅於父母，彼近吾死而我不聽，我則悍矣。"此似計陰陽爲有。庚桑楚篇乃云："寇莫大於陰陽，無所逃於天地之間。非陰陽賊之，心則使之也。"此明謂陰陽非有，惟心所使。達生篇云："凡有貌象聲色者，皆物也，物何以相遠？夫奚足以至乎先？是色而已。""通乎物之所造"，"物奚自入焉"。此明本無造色種子，造色者心也，證見心造，其物自空。如是，依佗徧計等義，本是莊生所有，但無其名。故知言無有者，亦指斥徧計所執自性也。烏虖！莊生振法言於七篇，列斯文於後世，所説"然於然"，"不然於不然"義，所待又有待而然者義，圓音勝諦，超越人天，如何褊識之！夫不尋微旨，但以近見破之，世無達者，乃令隋珠夜光，永薶塵翳。故伯牙寄弦於鍾生，斯人發歎於惠墓。信乎！臣之質死，曠二千年而不一悟也。悲夫！釋第六章竟。

🈯昔者莊周夢爲胡蝶，栩栩然胡蝶也，自喻適志與！不知周也。俄然覺，則蘧蘧然周也。不知周之夢爲胡蝶與，胡蝶之夢爲周與？周與胡蝶，則必有分矣。此之謂物化。

郭云："今之不知胡蝶，無異於夢之不知周也。而各適一時之志，則無以明胡蝶之不夢爲周矣。世有假寐而夢經百年者，則無以明今之百年非假寐之夢者也。”詳夫寤寐殊流，孰爲真妄，本無可知。康德謂，以有覺時，故知夢妄。此非了義之言。夢云覺云，計其時序，分處有生之半。若云以覺故知夢妄，亦可云以夢故知覺妄。或云：衆所共見爲真，己所別見爲妄，然則漂播南州，乃至冰海，倏見異獸，而佗人不窺者衆矣，何見彼之必真，此之必妄？然惑者以覺爲真，忍夢亦真；明者辨夢爲妄，知覺亦妄。但以覺時所得言說受想，皆依教誦串習而成；夢則宛爾自就，亦不能餘於覺外，故説覺爲本相，夢爲殘相，其閒亦有少許差別。夢覺境同者，如專看一物，瞑目惟覺此物現前；夢覺境異者，如專看絳色，瞑目乃覺綠色現前是也。若夫常在定者，覺時無妄，睡中亦無妄相，是以大宗師篇云：“古之真人，其寢不夢。”大毗婆沙論三十七，問：何等補特伽羅有夢？答：異生聖者，皆得有夢。聖者中從豫流果，乃至阿羅漢獨覺，亦皆有夢，唯除世尊。所以者何？夢似顛倒。佛於一切顛倒習氣皆已斷盡，故無有夢。如於覺時心心所法無顛倒轉，睡時亦爾。此正同大宗師說諸有夢者，皆由顛倒習氣未盡耳。然尋莊生多説輪回之義，此章本以夢爲同喩，非正説夢。大宗師篇云：“若人之形者，萬化而未始有極也。”養生主篇云：“適來，夫子時也；適去，夫子順也。”“指窮於爲薪，火傳也，不知其盡也。”知北游篇云：“生也死之徒，死也生之始。”田子方篇云：“生有所乎萌，死有所乎歸，始終相反乎無端，而莫知乎其所窮。”寓言篇云：“有以相應也，若之何其無鬼邪？無以相應也，若之何其有鬼邪？”非無鬼，非有鬼，離斷常見，則必議及輪回。而彼梵土，積喙相傳，有輪回義，非獨依於比量，亦由借彼重言。此土既無成證，鯀化黃熊，緩作秋柏，唯有一二事狀，而不能視其必然。質言。輪回既非恆人所見，轉近夸誣，故徒以夢化相擬，未嘗質言實爾。庚桑楚篇云："嘗言移是，非所言也。雖然，不可知者也。"大宗師篇云："方將化，惡知不化哉？方將不化，惡知已化哉？"此皆百姓與能之義，大人質要之言。所以者何？等之無有現量，唯有比量，親證不得，而可質言其有，斯乃近於專斷，就有重言，亦非聽睿質誠者所保信，應機徵事之文，不應爾也。佛法所説輪回異生，唯是分段生死不自主故，聖者乃有變易生死得自主故。如説老耼不知其盡，仲尼以是日徂，斯皆變易生死之類。而莊生亦無異文別擇，皆以衆所不徵，不容苟且建立，斯其所以爲厄言歟！外篇達生説："棄世則無累，無累則正平，正平則與彼更生，更生則幾矣"。"形精不虧，是謂能移；精而又精，反以相天。"言能移者，與汎説移是異；言與彼更生者，與汎説更生異旨可知也。至乃六趣升沈之説，善惡酬業之言，斯猶將形順理者無鼠憂之纍，耽色嗜醇者有疾疢之災。理有必至，而莊生無文焉，既以事無期驗，又亦不益勸懲。夫静然可以補病，貲媙可以休老，鹵莽其性者，至乎漂疽疥癰，內熱溲膏，此皆莊生所箸，醫經方術亦具言之。呂氏情欲篇且説，"大貴之生速盡。""胷中大擾，妄言想見，臨死之上，顛倒驚懼，不知所爲"。懲戒之切，乃至於是。顧世人從者幾何？若其渴望無已，攻取萬端，王章禁盜·非不屬也，而寋裳赴鑊者甘之；若薺噬膚滅鼻者，就死如飴。是故，鋌而走險，雖大威在前，猶不時避，又況形身變化，情之所隔，雖復當遭炮烙，其何憚哉？就有少畏執箸之念，轉成蓋如。鳩食桑葚，非不革饗，然其心亦醉矣。向之人非六趣升沈之所動，斯之人則六趣升沈之所封，以斯垂訓，誠無益也。達生但説人之所取畏者，衽席之上，飲食之間，而不知爲之戒者過也。智者推例，足以明之。輪回生死，亦是俗諦，然是依佗起性，而非徧計所執性。前章説無待，所以明真，此章説物化，所以通俗，其佗同異，固闕然不論焉。或云：輪回之義，莊生釋迦柏剌圖所同，佛法以輪回爲煩惱，莊生乃以輪回遣憂，何哉？答曰：觀莊生義，實無欣羨寂滅之情。德充符篇説王駘事云，以其知得其心，以其心得其常心，彼且擇日而登假，謂依六識現量證得八識自體，次依八識現量證得菴摩羅識自體。以一念相應慧，無明頓盡，於色究竟處，示一切世間最高大身也。此乃但説佛果，而亦不説涅槃。田子方篇説："老聃云：吾游心於物之初。孔子曰：何謂邪？老聃曰：心困焉而不能知，口辟焉而不能言。"此謂十地向盡，一念相應，覺心初起，心無初相，是爲究竟覺地，而亦無涅槃事。且云：貴在於我，而不失於變，且萬化而未始有極。直謂不思議業；隨處普現色身耳。唯大宗師篇説：卜梁倚參日外天下，七日外物，九日外生，次乃朝徹，次乃見獨，次乃無古今，次乃入於不死不生。則佛法所謂遠行地後之大士，不死不生，義與涅槃無異。然能不見生死者，雖復出入生死，而親證其本不生。起信論説初發心者，尚云離於妄見，不住生死，攝化衆生，不住涅槃，轉至窮盡。大乘入楞伽經指目菩薩一闡提云，諸菩薩以本願方便，願一切衆生悉入涅槃，若一衆生未涅槃者，我終不入。此亦住一闡提趣，此是無涅槃種性相，菩薩一闡提，知一切法本來涅槃，畢究不入。此蓋莊生所詣之地。云何知然？德充符説"人故無情"，謂本無煩惱障，五蘊自性不生，亦無有滅也。又説："吾所謂無情者，言人之不以好惡内傷其身，常因自然而不益生"。謂不怖畏生死，隨順法性，亦不爲生作增上緣也。是豈以輪轉遣憂邪？原夫大乘高致，唯在斷除爾燄，譯言斷所知障。此既斷已，何有生滅與非生滅之殊？德充符篇云："幸能正生，以正衆生。夫保始之徵，不懼之實。勇士一人，雄入於九軍。將求名而能自要者，而猶若是，而況官天地府萬物，直寓六骸，象耳目，一知之所知，而心未嘗死者乎！"莊生本不以輪轉生死遺憂，但欲人無封執，故語有機權爾。又其特别志願，本在内聖外王，哀生民之無拚，念刑政之苛殘，必令世無工宰，見無文野，人各自主，之謂王智無留礙，然後聖自非。順時利見，示現白衣，何能果此願哉！苟專以滅度衆生爲念，而忘中塗恫怨之情，何翅河清之難俟，陵谷變遷之不可豫期，雖抱大悲，猶未適於民意。夫齊物者，以百姓心爲心，故究極在此，而樂行在彼。王輔嗣易説曰："官有渝變，隨不失正。"明斯旨也，其何波瀾同異之辯乎！則陽篇云："憂乎知，而所行恆無幾時，其有止也若之何！"憂乎知，言欲斷所知障也；所行無盡時，即所謂不住涅槃。不住涅槃，云何言滅盡！"師天而不得師天，與物皆殉，其以爲事也若之何？"天即自然。此土無法性之名，故以天言之。言欲順法性無生，而事則恆是有生。與物皆殉，其自所有事者，復當如何？亦猶佛法既言超出三界，又言入胎出胎，成道轉法輪也。"聖人未始有天，未始有人，未始有始，未始有物，物，讀如物故之物字，正作歾，終也。與世偕行而不替，替，廢。一偏，下也。所行之備而不洫，洫，讀如邮，鮮、少也。其合之也若之何？"既無法執，而又具足無量功德，云何等同一味，唯一真如？設此三難，用相磑礳，以見内證聖智，與隨世示現之相，本自不同。是故，天地篇云："其與萬物接也，至無而供其求，時騁而要其宿，至無者，即二無我所現圓成實性也。供其求者，即示現利生也。時騁者，即不住涅槃也。要其宿者，即不墮生死也。大小，長短，修遠。"天下篇自序云："上與造物者游，莊生已明物皆自取，則不得更有造物者造物，即謂衆生心也。而下與外死生、無終始者爲友。其於本也，弘大而辟，深閎而肆；其於宗也，可謂稠適而上遂矣。雖然，其應於化而解於物也，其理不竭，其來不蛻，芒乎昧乎，未之盡者。”外死生、無終始，卽知一切法本來湼槃；應化不盡，卽畢竟不入湼槃也。余曩日作明見篇，猶以任運流轉，不求無上正覺爲莊生所短，由今觀之，是誠斥鴳之笑大鵬矣。

復次，莊生是菩薩一闡提，已證法身，無所住箸，不欣湼槃，隨順生死。其以自道，綽然有餘裕矣，以此示人，將非圓覺1所謂任病有殊，大乘軌物之言，此則不然，諒以東夏衆生，耽樂生趣，唯懼速死，豈憚漂流。以怖死之心，爲詒子之計，趣死轉速，務得亦多，而天下沈濁不可莊語。爲是，開示萬化無極樂不勝計，所以解其耽箸，遣此鄙吝。蓋與梵上有情受疢既異，發藥亦殊焉。既開示已，復懼人以展轉受生爲樂，故田子方篇復舉仲尼對顏回語，稱哀莫大於心死，而人死亦次之。夫心體常在，本無滅期，而心相波流，可得變壞，此所謂心死也。自非變易生死者，形軀徂隕，分段轉生，已失復得，其哀可緩。獨彼心相知見漂失，不可守司聰明，或復廢爲聾盲，睿博亦且易以頑鄙，斯雖九流上哲之士，能無惻然不怡乎？此二說者，展轉延進，始者猶初斷兒乳，雜華珍膳競與觀覽，止其嗁號；漸次猶醫治風痹，注艾下鍼，瘢痍粟起，爾乃得知痛苦耳。既延進已，由是達生所說示以能移，其說轉勝。　若乃所以徧度羣倫，偕詣極地者，消搖游已陳其說，離於大年小年，無有大知小知，一切無待，體自消搖，斯卽常樂我淨之謂。苟豪分有對，卽翳垢猶在，而法身未彰也。若斯諸論，纍級而上，漸至轉依，尋其梯隥，歷然可知，斯豈以分段生死，苟相尉薦而已1莊生所箸三十三篇，自昔未曾科判，輇材之士見其一隅，黨伐之言依以彈射。今者尋繹微旨，阡陌始通，寶藏無盡，以詒後生也。釋

第七章竟。

（據浙江圖書館校刊章氏叢書本齊物論釋定本）

〔附〕　齊物論釋序

昔者，蒼姬訖録，世道交喪，姦雄結軌於千里，烝民塗炭於九隅，其惟莊生覽聖知之禍，抗浮雲之情。蓋齊稷下先生三千餘人，孟子、孫卿、慎到、尹文皆在，而莊生不過焉。以爲隱居不可以利物，故託抱關之賤；南面不可以止盗，故辭楚相之禄；止足不可以無待，故泯死生之分；兼愛不可以宜衆，故建自取之辯；常道不可以致遠，故存造微之談。維綱所寄，其唯逍摇、齊物二篇，則非世俗所云自在平等也。體非形器，故自在而無對；理絶名言，故平等而咸適。齊物文旨華妙難知，魏晉以下解者亦衆，既少綜覈之用，乃多似象之辭。夫其所以括囊夷惠，炊累周召，等臭味於方外，致酸鹹於儒史，曠乎未有闓焉！作論者其有憂患乎？遠覩萬世之後，必有人與人相食者，而今適其會也。文王明夷，則主可知矣；仲尼旅人，則國可知矣。雖無昔人之睿，依於當仁，潤色微文，亦何多讓！執此大象，遂以臚言，儒墨諸流既有商榷，大小二乘猶多取攜。夫然義有相徵，非傅會而然也。往者，僧肇、道生摭内以明外，法藏、澄觀陰盗而陽憎。宋世諸儒，或云佛典多竊老莊，此固未明華楚殊言之理。至於法藏、澄觀竊取莊義以説華嚴，其迹自不可掩。自澄觀至于宗密，乃復剽剥老莊，其所引據，多是天師道士之言，而以詆汙前哲，其見下于生肇遠矣。然則，拘教者以異門致豐，達觀者以同出覽玄。且周髀、墨經本乎此域，解者猶引大秦之算，何者？一致百慮，則胡越同情；得意忘言，而符契自合。今之所迷，類例同兹。詩曰：“受小球大球，爲下國綴游。”咨惟先生，其足以與此哉！章炳麟序。

六、菿漢微言（選錄）

余自志學訖今，更事既多，觀其會通，時有新意。思想遷變之迹，約略可言。少時治經，謹守樸學，所疏通證明者，在文字器數之間；雖嘗博觀諸子，略識微言，亦隨順舊義耳。遭世衰微，不忘經國，尋求政術，歷覽前史，獨於荀卿韓非所說，謂不可易。自餘閎眇之旨，未暇深察；繼閱佛藏，涉獵華嚴法華涅槃諸經，義解漸深，卒未窺其究竟。及因繫上海，三歲不覿，專修慈氏世親之書。此一術也，以分析名相始，以排遣名相終。從入之涂，與平生樸學相似，易於契機；解此以還，乃達大乘深趣。私謂釋迦玄言，出過晚周諸子，不可計數；程朱以下，尤不足論。既出獄，東走日本，盡瘁光復之業。鞅掌餘閒，旁覽彼土所譯希臘德意志哲人之書。時有概述邬波尼沙陀及吠檀多哲學者，言不能詳，因從印度學士咨問。梵土大乘已亡，勝論數論傳習亦少，唯吠檀多哲學，今所盛行。其所稱述，多在常聞之外。以是數者，格以大乘，霍然察其利病，識其流變。而時諸生適請講說許書，余於段桂嚴王，未能滿志，因繙閱大徐本十數過，一旦解寤，的然見語言文字本原，於是初爲文始；而經典專崇古文記傳，刪定大義，往往可知，由是所見與箋疏瑣碎者殊矣。郤後爲諸生說莊子，閒以郭義敷釋，多不愜心，且夕比度，遂有所得，端居深觀，而釋齊物，乃與瑜迦華嚴相會。所謂摩尼現光，隨見異色，因陀帝網，攝入無礙，獨有莊生明之，而今始探其妙，千載之秘，覩於一曙。次及荀卿墨翟，莫不抽其微言。以爲仲尼之功，賢於堯舜，其玄遠終不敢望老莊矣。癸甲之際，厄於龍泉，始玩爻象，重籀論語，明作易之憂患，在於生生，生道濟生，而生終不可濟，飲食興訟，旋復無窮。故唯文王爲知憂患，唯孔子爲知文王，論語所説，理關盛衰，趙普稱半部治天下，非盡唐大無讓之談。又以莊證孔，而耳順絶四之指，居然可明，知其階位卓絶，誠非功濟生民而已。至於程朱陸王諸儒，終未足以厭望。頃來重繹莊書，眇覽齊物，芒刃不頓，而節族有閒。凡古近政俗之消息，社會都野之情狀，華梵聖哲之義諦，東西學人之所説，拘者執箸而鮮通，短者執中而居閒，卒之魯莽滅裂，而調合之效終未可覩。譬彼侏儒，解遘於兩大之閒，無術甚矣。余則操齊物以解紛，明天倪以爲量，割制大理，莫不孫順，程朱陸王之儔，蓋與王弼蔡謨孫綽李充伯仲。今若窺其内心，通其名相，宋儒言天理性命，誠有未諦，尋諸名言，要以表其所見，未可執箸。且此土玄談，多用假名，立破所持，或非一實，即老易諸書，尚當以此會之，所謂非常名也。雖不見全象，而謂其所見之非象則過矣。世故有疏通知遠，好爲玄談者；亦有文理密察，實事求是者。及夫主静主敬，皆足澄心，欲當爲理，宜於宰世；苟外能利物，内以遣憂，亦各從其志爾。漢宋爭執，焉用調人，喻以四民，各勤其業，瑕釁何爲而不息乎！下至天教執邪和華爲造物主，可謂迷妄，然格以天倪，所誤特在體相，其由果尋因之念固未誤也。諸如此類，不可盡説。執箸之見，不離天倪，和以天倪，則妄自破而紛亦解；所謂無物不然，無物不可，豈專爲圓滑，無所裁量者乎！自揣平生學術，始則轉俗成真，終乃回真向俗，世固有見諦轉勝者邪。後生可畏，安敢質言。秦漢以來，依違於彼是之閒，局促於一曲之内，蓋未嘗睹是也。乃若昔人所誚，專志精微，反致陸沈，窮研訓詁，遂成無用者，余雖無腆，固足以雪斯恥。

（選自浙江圖書館本章氏叢書菿漢微言）

七、自述學術次第（選錄）

余生亡清之末，少愗異族，未嘗應舉，故得汎覽典文，左右采獲。中年以後，著纂漸成，雖兼綜故籍，得諸精思者多，精要之言，不過四十萬字，而皆持之有故，言之成理，不好與儒先立異，亦不欲爲苟同。若齊物論釋、文始諸書，可謂一字千金矣。晚更患難，自知命不久長，深思所窺，大畜猶衆，既以中身而隕，不獲于禮堂寫定，傳之其人，故略錄學術次第，以告學者。……

余少年獨治經史通典諸書，旁及當代政書而已。不好宋學，尤無意於釋氏。三十歲頃，與宋平子交，平子勸讀佛書，始觀湼槃、維摩詰、起信論、華嚴、法華諸書，漸近玄門，而未有所專精也。遭禍繫獄，始專讀瑜伽師地論及因明論、唯識論，乃知瑜伽爲不可加。既東游日本，提倡改革，人事繁多，而暇輒讀藏經。又取魏譯楞伽及密嚴誦之，參以近代康德、蕭賓訶爾之書，益信玄理無過楞伽、瑜伽者。少雖好周秦諸子，于老莊未得統要，最後終日讀齊物論，知多與法相相涉，而郭象、成玄英諸家，悉含胡虛冗之言也。既爲齊物論釋，使莊生五千言，字字可解，日本諸沙門亦多慕之。適會武昌倡義，束裝欲歸，東方沙門諸宗三十餘人屬講佛學，一夕演其大義，與世論少有不同。東方人不信空宗，故于法相頗能聽受。而天台、華嚴、淨土諸鉅子，論難不已，悉爲疏通滯義，無不厭心。余治法相，以爲理極不可改更，而應機説法，于今尤適。桂伯華初好華嚴，不憙法相，末乃謂余曰：今世科學論理日益昌明，華嚴、天台將恐聽者藐藐，非法相不能引導矣。釋迦之後，彌勒當生，今其彌勒主運之時乎」又云：近世三百年來，學風與宋明絶異，漢學考證，則科學之先驅,科學又法相之先驅也。蓋其語必徵實,説必盡理, 性質相同爾。斯言可謂知學術之流勢者矣。余既解齊物,于老氏亦能推明。佛法雖高,不應用于政治社會,此則惟恃老莊也,儒家比之,邈焉不相逮矣。然自此亦兼許宋儒,頗以二程爲善,惟朱陸無取焉。二程之于玄學,間隔甚多,要之未嘗不下宜民物,參以戴氏,則在夷惠之間矣。至並世治佛典者,多以文飾膏粱,助長傲誕,上交則諂,下交則驕,余亦不欲與語。余以佛法不事天神,不當命爲宗教,于密宗亦不能信。

……

（選自章氏國學講習會印行本章太炎先生自述學術次第）

印　光

〔簡介〕　印光，法名聖量，號常慚（或常慚愧僧），生於公元一八六一年（清文宗咸豐十一年），死於公元一九四〇年（民國二十九年），陝西郃陽人，他幼年學習儒家典籍，二十一歲出家，從印海定律師受具戒。他是近代淨土宗的著名代表，自行化他，一以淨土爲歸，他並且積極鼓吹儒佛一貫，相依相成，認爲"儒佛二教，合之則雙美，離之則兩傷"（復安徽萬安校長書）。他的著作，有增廣印光法師文鈔等。

一、淨土決疑論

藥無貴賤，愈病者良；法無優劣，契機則妙。在昔之時，人根殊勝，知識如林，隨修一法，則皆可證道；卽今之世，人根陋劣，知識希少，若捨淨土，則莫由解脫。余自愧多生多劫，少種善根，福薄慧淺，障重業深，年當志學，不逢善友，未聞聖賢傳薪之道，爭服韓歐闢佛之毒，學問未成，業力先現。從茲病困數年，不能事事。諦思天地鬼神如此昭著，古今聖賢如此衆多，況佛法自無權力以脅人服從，必賴聖君賢相護持，方能流通天下耳？倘其法果如韓歐所言，悖叛聖道，爲害中國，豈但古今聖君賢相不能相容于世，而天地鬼神將亦誅滅無遺也久矣，又何待韓歐等託空言而闢之也耶！中庸謂，君子之道，夫婦之愚，可以與知與能。及其至也，雖聖人亦有所不知不能焉。韓歐雖賢，其去聖人遠甚，況聖人所不知不能者乎？佛法殆非凡情世智所能測度之法也。遂頓革先心，出家爲僧。自量己力，非仗如來宏誓願力，決難卽生定出生死，從玆唯佛是念，唯淨土是求。縱多年以來，濫厠講席，歷參禪匠，不過欲發明淨土第一義諦，以作上品往生資糧而已。所恨色力衰弱，行難勇猛，而信願堅固，非但世間禪講諸師不能稍移其操，卽諸佛現身令修餘法，亦不肯捨此取彼，違背初心。奈宿業所障，終未能得一心不亂，以親證夫念佛三昧，慚愧何如。

一日有一上座，久參禪宗，兼通教理，眼空四海，誓證一乘，效善財以徧參知識，至螺山以叩關余舍。時余適以彌陀要解文深理奧，不便童蒙，欲搜輯台教，逐條著鈔，俾初學之士易于進步，非敢效古德之宏闡道妙，聊以作後進之入勝因緣。喜彼之來，卽贈要解一本，且告以著鈔之意。上座因謂余曰：要解一書，吾昔曾一視之，見其詞曰：華嚴奧藏，法華祕髓，一切諸佛之心要，菩薩萬行之司南，皆不出於此矣。若此者不勝枚舉，直是抑遏宗教，過讚淨土，謗正法輪，疑悞衆生。不憶蕅益大師以千古希有之學識，不卽直指人心，宏揚止觀，反著斯解，以爲愚夫愚婦之護身符，俾舉世緇素，守一法以棄萬行，取蹄洿以捨巨海，同人迷途，永背覺路，斷滅佛種，罪過彌天矣。欲報佛恩者，當卽煅滅令盡，又何堪著鈔，以助其流通耶。憤心厲氣，若對讎仇。

余俟其氣平，徐謂之曰：汝以蕅益此解爲罪過藪者，但知其末流，而不知其本源，是逐塊之癡犬，非擇乳之鵝王也。須知其過實不在于蕅益此解，在于釋迦、彌陀及十方諸佛，與淨土三經，及華嚴、法嚴諸大乘經，文殊、普賢、馬鳴、龍樹、智者、善導、清涼、永明等諸大菩薩祖師也。汝若能爲大法王，正治其罪，庶汝之所言舉世奉行矣，否則卽是山野愚民妄稱皇帝，自制法律，背叛王章，不旋踵而滅門誅族矣！汝作是説，謗佛謗法謗僧，當卽生陷阿鼻地獄，永劫受苦，了無出期。恃宿世之微福，造窮劫之苦報，三世諸佛名爲可憐憫者，卽汝是也。

彼瞿然曰：師言罪在釋迦彌陀等者，何反常之若是也？請詳陳其故。若其理果勝，敢不依從。

余曰：如來爲一大事因緣故，出現於世。所謂大事因緣者，欲令衆生開示悟入佛之知見，直下成佛而已，豈有他哉？無奈衆生根有大小，迷有淺深，不能直下暢佛本懷。因兹隨機設教，對病發藥，爲實施權，開權顯實，于一乘法，作種種説。或有善根成熟者，令其誕登覺岸；其有惡業深厚者，令其漸出塵勞。曲垂接引，循循善誘，雖天地父母，不能喻其少分矣。又，以一切法門皆仗自力，縱令宿根深厚，徹悟自心，倘見思二惑稍有未盡，則生死輪迴依舊莫出。況既受胎陰，觸境生著，由覺至覺者少，從迷入迷者多。上根猶然如是，中下又何待言？斷見惑如斷四十里流，況思惑乎？了生脱死，豈易言哉！以是不能普被三根，暢佛本懷。唯念佛求生淨土一法，專仗彌陀宏誓願力，無論善根之熟與未熟，惡業之若輕若重，但肯生信發願，持佛名號，臨命終時，定蒙彌陀垂慈接引，往生淨土。俾善根熟者，頓圓佛果，卽惡業重者，亦預聖流，乃三世諸佛度生之要道，上聖下凡共修之妙法。由是諸大乘經，咸啓斯要，歷代祖師，莫不遵行。汝以禪教自負，而妄謂宏淨土者爲謗正法輪，斷滅佛種，足徵汝乃魔附其身，喪心病狂，認迷爲覺，指正爲邪之地獄種子耳！夫釋迦彌陀，于往劫中發大誓願，度脱衆生，一則示生穢土，以穢以苦折伏而發遣；一則安居淨土，以淨以樂攝受而鈎陶。汝只知愚夫愚婦亦能念佛，遂至藐視淨土，何不觀華嚴入法界品，善財于證齊諸佛之後，普賢菩薩乃教以發十大願王，回向往生西方極樂世界，以期圓滿佛果，且以此普勸華藏海衆乎！夫華藏海衆，無一凡夫二乘，乃四十一位法身大士同破無明，同證法性，悉能乘本願輪，于無佛世界現身作佛。又，華藏海中，淨土無量，而必回向往生西方極樂世界者，可知往生極樂，乃出苦之玄門，成佛之捷徑也。以故，自古迄今，所有禪教律叢林，無不朝暮持佛名號，求生西方也。汝歷參叢林，何日日修習而反生毀謗之若是也？儒書所謂習矣不察，日用不知者，莫汝爲甚也！夫華嚴爲諸經之王，王于三藏，華嚴不信，卽一闡提，縱不生陷阿鼻，報終定墮無間。吾欲離苦而求生淨土，汝欲得苦而毀謗華嚴。汝守汝志，吾行吾道，將軍不下馬，各自奔前程。道不同不相爲謀。汝去，吾不語汝。

彼曰：道貴宏通，疑須剖決，師何見拒之甚也？嘗聞毘盧遮那徧一切處，其佛所住，名常寂光，則但證法身，當處卽是寂光淨土，又何必以生滅心捨東取西，然後爲得也？

余曰：談何容易！寂光淨土，雖則當處卽是，然非智斷究竟，圓證毘盧法身者，不能徹底親得受用。圓教住、行、向、地、等覺、四十一位，尚是分證，汝若圓證毘盧法身，則不妨説當處便是寂光，其或未然，則是説食數寶，不免飢寒而死也。

彼曰：唯心淨土，自性彌陀，宗門常談，不應有錯。

余曰：宗門所説，專指理性，非論事修，所以然者，欲人先識不涉因果修證凡聖生佛之理，然後依此理以起修因證果，超凡入聖，卽衆生而成佛道之事。汝何事理儱侗，知見顚倒之若是也！又，汝以捨東取西爲生滅者，不知執東廢西乃斷滅也。夫未證妙覺，誰離取捨？三祇鍊行，百劫修因，上求下化，斷惑證眞，何一非取捨之事乎？須知如來欲令一切衆生速證法身，及與寂光，所以特勸持佛名號，求生西方也。

問：棗柏李長者華嚴合論謂，西方淨土，乃爲一分取相凡夫未信法空實理，以專憶念其心分淨，得生淨土，是權非實。何以華藏海衆，同願往生？棗柏現生證聖，神通智慧不可思議，定是華嚴會上菩薩示現，所有言説當無錯謬。

答：棗柏雖菩薩示現，以經未全來，不能預斷，故作此説。按棗柏造論，在唐玄宗開元年間，論成之後，隨即入滅。歷五十餘年，至德宗貞元十一年，南天竺烏荼國王方進普賢行願品四十卷之梵文，至十四年，始譯畢流通。其前之三十九卷，即八十華嚴之入法界品，而文義加詳。彼第八十，善財承普賢威神之力，所證與普賢等，與諸佛等，普賢乃爲説偈，稱讚如來勝妙功德。以文來未盡，故未結而終。及行願品來，第四十卷，普賢乃以十大願王，勸進善財，及與華藏海衆，令其回向往生西方極樂世界。説畢，如來，如來讚歎，大衆奉行，文方圓備。故古德以此一卷，續于八十卷後流通，欲後世學者，咸得受持全經云耳。古德謂，念佛求生淨土一法，唯佛與佛乃能究盡，登地菩薩不能知其少分者，即此是也。則一切上根利器，淨土總攝無遺矣。大集經云：末法億億人修行，罕一得道，唯依念佛，得度生死。則一切人天六道具縛凡夫，淨土亦總攝無遺矣。汝信棗柏而不信行願品、大集經，是遵縣令一時權宜之告示，而違皇帝萬古不易之勅旨，何不知尊卑輕重之若是也╷

問：彼既海衆示現，何待經來方知？

答：宏揚佛法，大非易事，須有證據，方能取信。華嚴一經，迥越羣典，無從引類，以自裁度。

問：涅槃全經未至，生公何以預倡闡提皆有佛性？將謂棗柏不及生公？

答：闡提原是衆生，一切衆生皆有佛性，闡提何得獨無？有智識者，皆可預斷。往生圓滿佛果，諸經絕未宣説，誰敢自出心裁，豎此奇義？二者事理絕不相侔，不可引以爲證。至于二公所證，則非吾輩博地凡夫可知，何敢戲論╷須知菩薩宏法，或順或逆，種種方便，不可思議，得非橐柏示以不知，以敦後世之信向耶！

問：禪宗諸師，多撥淨土，此又何説？

答：禪宗諸師，唯傳佛心，所有言説，皆歸向上。汝參禪有年，尚不知此，則汝之所解，皆破壞禪宗之惡知見也。

問：博地凡夫，豈敢自任，諸祖誠言，斷可依憑。六祖謂東方人造罪，念佛求生西方，西方人造罪，念佛求生何國？趙州云：佛之一字，吾不喜聞。又云：老僧念佛一聲，漱口三日。禪宗諸師，多有此等言句，則又何説？

答：六祖直指向上，令人識取自心，汝當作訓文釋義，辨論修持法門，所謂認驢鞍橋作阿爺下頷，幾許悞哉！汝須知西方之人，見思淨盡，進破塵沙，及與無明，祇有進修，絕無造罪之事，謂彼求生何國者？若在此間，未斷見思，仗佛慈力，帶業往生之人，則生凡聖同居淨土。一生彼土，則見思二惑徹底消滅，喻如洪鑪片雪，未至而化，德人覿面，鄙念全消。若是見思淨盡，則生方便有餘淨土；分破無明，則生實報無障礙淨土。無明淨盡，福慧圓滿，則生常寂光淨土，在此土現證者如是，在彼土進修者亦然，汝何過慮彼無生處，而自障障人，不肯求生，聞噎廢食？自喪性命，則天下癡人，莫汝若也！汝但知趙州佛之一字吾不喜聞，何不領取下文，僧問：和尚還爲人也無？州云：佛佛乎！但欲依念佛一聲漱口三日，何不依僧問：和尚受大王如是供養，以何報答？州云：念佛乎！又何不依僧問：十方諸佛，還有師也無？州云：有。問：如何是諸佛師？州云：阿彌陀佛，阿彌陀佛乎！汝謂禪宗諸師多有此等言句，不知禪家酬機之言，名爲機鋒，名爲轉語，問在答處，答在問處。不知返照回光，叩己而參，一向但嚼酒糟，逐土塊，有甚了期！吾出家三十餘年，漱口佛不喜聞之言，則衆口同宣。至于以佛佛爲人，以念佛報恩，以阿彌陀佛爲十方諸佛師，絕未聞一人説一句者。夫言出一口,既以彼爲實爲可依,則此亦是實是可依,何受損者即依,得益者即違? 一依一違,自相矛盾。夫趙州所言,總歸本分,佛不喜聞,與念佛等,皆屬轉語,若能直下識得自心,方知趙州道越常情,語出格外,當孜孜念佛,唯日不足矣。倘不能親見趙州,則寧可以念佛爲修持,不可依撥佛爲把柄。依念佛,則即生便出輪迴,將來定成佛道; 依撥佛,則謗佛謗法謗僧,現生則罪業山積,福慧冰消,命終則永墮阿鼻,長劫受苦。其利害得失,奚啻天淵! 總之,今人率皆福薄慧淺,業重障深,于得益者,皆若罔聞,于受損者,全身頂戴。得益受損,且約未悟錯會說,非古德所說之法,有益有損也。諸師酬機之言,悉皆如是,不勞備釋。汝謂諸祖誠言斷可依憑,何不依百丈云: 修行以念佛爲穩當乎! 又何不依百丈立祈禱病僧,化送亡僧之規,皆悉回向往生淨土乎! 將謂百丈唯令死者往生,不令生者求生乎? 又何不依西天第十四祖龍樹菩薩,如來預記往生,龍宮誦出華嚴,廣造諸論,偏讚西方? 如毗婆沙論,稱爲易行疾至之道乎! 又何不依第十二祖馬鳴菩薩,于起信論末後,示最勝方便,令人念佛求生西方,常侍彌陀,永不退轉乎! 又何不依二祖阿難,初祖迦葉,結集三藏,與淨土諸經乎! 倘淨土不足爲法,有害于世,彼何不知好歹,貽後世以罪藪乎? 又諸大乘經,皆讚淨土,而小乘經則無一字言及,將謂諸大乘經,不足爲法乎? 又佛説彌陀經時,六方恒河沙數諸佛,悉皆出廣長舌,勸信此經。將謂六方諸佛,亦貽人以罪藪乎! 如謂六祖、趙州等不可不信,則龍樹、馬鳴、阿難、迦葉、釋迦、彌陀、六方諸佛、諸大乘經,更爲不可不信! 若謂諸佛諸祖諸經皆不足信,又何有于六祖、趙州爲哉! 見近而不見遠,知小而不知大,如鄉民慕縣令之勢力,而不知皇帝之威德; 小兒見銅錢而即拾,遇摩尼寶珠而不顧也! 汝還知永明四料簡所示禪淨有無,利害得失乎? 夫永明乃彌陀化身,豈肯貽人罪藪,謗正法輪,疑悞衆生,斷滅佛種乎?

彼曰：永明料簡，語涉支離，不足爲法。何以言之？彼謂有禪有淨土，猶如戴角虎，現世爲人師，來生作佛祖。若如所説，則今之禪者，類多皆看念佛的是誰，又有住念佛堂，長年念佛者，彼皆現世能爲人師，來生即成佛祖乎？又云：無禪有淨土，萬修萬人去，若得見彌陀，何愁不開悟。今之愚夫愚婦，專念佛名者，處處皆有，未見幾人臨命終時，現諸瑞相，蒙佛接引，往生西方也。故知永明料簡，爲不足法。

余曰：汝何囫圇吞棗，不嘗滋味之若是也！夫永明料簡，乃大藏之綱宗，修持之龜鑑。先須認准如何是禪，如何是淨，如何是有，如何是無，然後逐文分剖，則知字字皆如天造地設，無一字不恰當，無一字能更移。吾數十年來，見禪講諸師所説，皆與汝言無少殊異，見地若是，宜其禪與淨土日見衰殘也。

問：何名禪淨，及與有無？請垂明誨。

答：禪者，即吾人本具之真如佛性，宗門所謂父母未生以前本來面目。宗門語不説破，令人參而自得，故其言如此。實即無能無所，即寂即照之離念靈知，純真心體也。離念靈知者，了無念慮，而洞悉前境也。淨土者，即信願持名，求生西方，非偏指唯心淨土，自性彌陀也。有禪者，即參究力極，念寂情亡，徹見父母未生前本來面目，明心見性也。有淨土者，即真實發菩提心，生信發願，持佛名號，求生西方也。禪與淨土，唯約教約理。有禪有淨土，乃約機約修，教理則恒然如是，佛不能增，凡不能減。機修須依教起行，行極證理，使其實有諸己也。二者文雖相似，實大不同，須細參詳，不可儱侗。倘參禪未悟，或悟而未徹，皆不得名爲有禪。倘念佛偏執唯心而無信願，或有信願而不真切，悠悠泛泛，敷衍故事；或行雖精進，心戀塵境；或求來生生富貴家，享五欲樂；或求生天，受天福樂；或求來生，出家爲僧，一聞千悟，得大總持，宏揚法道，普利衆生者，皆不得名爲有淨土矣。

問: 出家爲僧, 宏法利生, 又有何過, 而亦簡除?

答: 若是已斷見思, 已了生死, 乘大願輪, 示生濁世, 上宏下化, 度脱衆生者, 則可; 若或雖有智願, 未斷見思, 縱能不迷于受生之初, 亦復難保于畢生多世, 以雖能宏法, 未證無生, 情種尚在, 遇境逢緣, 難免迷惑。倘一隨境迷, 則能速覺悟者, 萬無一二。從迷入迷, 不能自拔, 永劫沈淪者, 實繁有徒矣。<u>如來爲此義故, 令人往生淨土, 見佛聞法, 證無生忍</u>。然後乘佛慈力, 及己願輪, 迴入娑婆, 度脱衆生, 則有進無退, 有得無失矣。未斷見思, 住此宏法, 他宗莫不如是, 淨宗斷斷不許也。世多謂參禪便爲有禪, 念佛便爲有淨土, 非但不知禪淨, 兼亦不知文義, 孤負<u>永明</u>古佛一番大慈悲心, 截斷後世行人一條出苦捷徑, 自悞悞人, 害豈有極。所謂錯認定盤星, 毫釐有差, 天地懸隔也。

彼曰: 禪淨有無, 略知旨趣, 四偈玄文, 請詳訓釋。

余曰: 有禪有淨土, 獨如戴角虎, 現世爲人師, 來生作佛祖者, 其人徹悟禪宗, 明心見性, 又復深入經藏, 備知<u>如來</u>權實法門。而于諸法之中, 又復唯以信願念佛一法, 以爲自利利他通途正行, 觀經上品上生, 讀誦大乘, 解第一義者, 即此是也。其人有大智慧, 有大辯才, 邪魔外道, 聞名喪膽, 如虎之戴角, 威猛無儔。有來學者, 隨機説法, 應以禪淨雙修接者, 則以禪淨雙修接之, 應以專修淨土接者, 則以專修淨土接之。無論上中下根, 無一不被其澤, 豈非人天導師乎! 至臨命終時, 蒙佛接引, 往生上品, 一彈指頃, 華開見佛, 證無生忍, 最下卽證圓教初住, 亦有頓超諸位, 至等覺者。圓教初住, 卽能現身百界作佛, 何況此後, 位位倍勝, 直至第四十一等覺位乎! 故曰: 來生作佛祖也。無禪有淨土, 萬修萬人去, 若得見<u>彌陀</u>, 何愁不開悟者, 其人雖未明心見性, 卻復決志求生西方, 以佛于往劫發大誓願，攝受衆生，如母憶子，衆生果能如子憶母，志誠念佛，則感應道交，即蒙攝受。力修定慧者，固得往生，即五逆十惡，臨終苦逼，發大慚愧，稱念佛名，或至十聲，或止一聲，直下命終，亦皆蒙佛化身接引往生，非萬修萬人去乎，然此雖念佛無幾，以極其猛烈，故能獲此巨益，不得以泛泛悠悠者校量其多少也。既生西方，見佛聞法雖有遲速不同，然已高預聖流，永不退轉，隨其根性淺深，或漸或頓，證諸果位。既得證果，則開悟不待言矣。所謂若得見彌陀，何愁不開悟也。有禪無淨土，十人九蹉路，陰境若現前，瞥爾隨他去者，其人雖徹悟禪宗，明心見性，而見思煩惱不易斷除，直須歷緣鍛鍊，令其淨盡無餘，則分段生死，方可出離。一毫未斷者姑勿論，即斷至一毫未能淨盡，六道輪迴依舊難逃。生死海深，菩提路遠，尚未歸家，即便命終。大悟之人，十人之中九人如是，故曰十人九蹉路。蹉者，蹉跎，即俗所謂擔閣也。陰境者，中陰身境，即臨命終時，現生及歷劫，善惡業力所現之境。此境一現，眨眼之間，隨其最猛烈之善惡業力，便去受生于善惡道中，一毫不能自作主宰。如人負債，強者先牽，心緒多端，重處偏墜。五祖戒再爲東坡，草堂清復作魯公，此猶其上焉者。故曰陰境若現前，瞥爾隨他去也。陰，音義與蔭同，蓋覆也，謂由此業力，蓋覆真性，不能顯現也。瞥，音撇，眨眼也。有以蹉爲錯，以陰境爲五陰魔境者，總因不識禪及有字，故致有此胡説巴道也。豈有大徹大悟者，十有九人錯走路頭？即隨五陰魔境而去，著魔發狂也。夫著魔發狂，乃不知教理，不明自心，盲修瞎鍊之增上慢種耳，何不識好歹以加于大徹大悟之人乎，所關甚大，不可不辯。無禪無淨土，鐵牀併銅柱，萬劫與千生，没箇人依怙者。有謂無禪無淨，即埋頭造業，不修善法者。大錯大錯，夫法門無量，唯禪與淨最爲當機，其人既未徹悟，又不求生，悠悠泛泛，修餘法門，既不能定慧均等，斷惑證真，又無從仗佛慈力，帶業往生，以畢生修持功德，感來生人天福報。現生既無正智，來生卽隨福轉，耽著五欲，廣造惡業，既造惡業，難逃惡報，一氣不來，卽墮地獄，以洞然之鐵牀銅柱，久經長劫，寢臥抱持，以償彼貪聲色、殺生命等種種惡業，諸佛菩薩，雖垂慈愍，惡業障故，不能得益。昔人謂修行之人，若無正信求生西方，泛修諸善，名爲第三世怨者，此之謂也。蓋以今生修行，來生享福，倚福作惡，卽獲墮落，樂暫得于來生，苦永貽于長劫，縱令地獄業消，又復轉生鬼畜，欲復人身，難之難矣，所以佛以手拈土，問阿難曰：我手土多，大地土多？阿難對佛：大地土多。佛言：得人身者，如手中土；失人身者，如大地土。萬劫與千生，没個人依怙，猶局于偈語，而淺近言之也。夫一切法門，專仗自力；淨土法門，專仗佛力。一切法門，惑業淨盡，方了生死；淨土法門，帶業往生，卽預聖流。永明大師恐世不知，故特料簡，以示將來。可謂迷津寶筏，險道導師。惜舉世之人，顢頇讀過，不加研窮，其衆生同分惡業之所感者歟，

彼曰：我昔何罪，早昧真詮，宿有何福，得聞出要？願廁門牆，執侍巾瓶。

余曰：余有何德，敢當此説？但余之所言，皆宗諸佛諸祖，汝但仰信佛祖，宏揚淨土，則無德不報，無罪不滅。昔天親菩薩，初謗大乘，後以宏大贖愆，汝能追彼芳蹤，我願捨身供養。

上座乃禮佛發願云：我某甲，從于今日，專修淨業，唯祈臨終，往生上品，見佛聞法，頓證無生。然後不違安養，徧入十方，逆順隱顯，種種方便，宏通此法，度脱衆生。盡未來際，無有間歇，虛空有盡，我願無窮。願釋迦彌陀，常住三寶，愍我愚誠，同垂攝受。

余曰：淨土事者，是大因緣，淨土理者，是祕密藏，汝能信受奉行，卽是以佛莊嚴而自莊嚴。上座唯唯而退。因録其問答，以爲不知此法者勸。

《選自浙江印刷公司民國十六年（1927年）再版增廣印光法師文鈔卷二》

二、宗教不宜混濫論_{因講經者每喜談宗而發}

　　如來説經，諸祖造論，宗教二門　原是一法，從無可分，亦無可合，隨機得益，隨益立名。上根一聞，頓了自心，圓修道品，即名爲宗；此約後世説，當初但只圓頓教耳。中下聞之，進修道品，漸悟真理，即名爲教。及至像季，法流此土，人根聰利，多得聞持，率以記誦講説爲事，衲僧本分。向上一著，實悟親證者少，説食數寶者多，以故達磨大師特地而來，闡直指人心之法，令人親見本來面目，後世名之曰宗。既見本來面目，然後看經修行，方知一大藏教，皆是自己家裏話，六度萬行，皆是自己家裏事。是以，宗之悟解爲目，教之修持爲足；非目則無由見道，非足則不能到家。是宗教之相需而不相悖，相合而不相離也。至于南嶽、天台，其究竟指歸，大略皆同。故傳燈指月二録，皆列二師于應化聖賢科中；而高僧傳不列于義解，而列于習禪，是古之具眼知識，以宗教爲一貫矣。及至曹溪以後，禪道大行，不立文字之文字廣播寰區，解路日開，悟門將塞，故南嶽青原諸祖，皆用機語接人，使佛祖現成語言，無從酬其所問，非真了當，莫測其説。以此勘驗，則金鍮立辨，玉石永分，無從假充，用閑法道，此機鋒轉語之所由來也。自後此法日盛，知識牽揚，唯恐落人窠臼，致成故套，疑悞學者，壞亂宗風，故其機用愈峻，轉變無方，令人無從摸索，故有呵佛罵祖，斥經教，撥淨土者。如此作用，南嶽思大師兩句道盡，曰：“超羣出衆太虛玄，指物傳心人不會。”認做實法，則罪同五逆矣。以此語言，勦人情見，塞人解路，根熟者直下知歸，徹悟向上，機生者真參力究，必至大徹大悟而後已。良以知識衆多，人根尚利，教理明白，生死心切，縱未能直下了悟，必不肯生下劣心，認爲實法故也。今人多是少讀儒書，不明世理，未窮教乘，不解佛法，纔一發心，便入宗門。在知識祇爲支持門庭，亦學古人舉揚，不論法道利害；在學者不下真實疑情，箇箇認爲實法。或有于今人舉處，古人錄中，以己意卜度出一番道理，總不出按文釋義之外，便自謂徹悟向上，參學事畢，卽處知識位，開導後學，守一門庭，恐人謂非通家。因兹禪講並宏，欲稱宗說兼通。談宗，則古德指歸向上之語，竟作釋義訓文之言；講教，則如來修因剋果之道，反成表法喻義之說。以教破宗，以宗破教，盲引盲衆，相牽入火。致使後輩不聞古人芳規，徒效其輕佛陵祖、排因撥果而已。古人語言，絶未曉了，衲僧本分，何曾夢見？今將宗教語言意致，略爲分別，用冀唯得其益，不受其病也。何謂宗？何謂教？演說之，宗教皆教；契悟之，宗教皆宗。教固有宗，宗亦有教。教家之宗，卽實相妙理，三德祕藏，乃宗家之衲僧本分，向上一著也。此對宗說，故以體爲宗。若就教論，卽名爲體。教中之宗，乃是入體之門，不堪與宗之向上一著對論。教家之教，卽經論所說文字語言，及法門行相，無不皆詮妙理，皆歸祕藏，亦猶宗家之機鋒轉語，種種作用也。但教則未悟亦令解了，宗則未悟不知所謂爲異耳。宗家之教，卽機鋒轉語，揚拳竪拂，或語或默，種種作用。皆悉就彼來機，指歸向上，是轉語等，乃標向上，真月之指，非轉語等，卽是向上真月。倘能依指觀月，則真月直下親見，所見真月，方是宗家之宗。今人以機鋒轉語爲宗，不求契悟，唯學會透，是認指爲月，不復知有真月矣。惜哉！又教則三根普被，利鈍全收，猶如聖帝明詔，萬國欽崇，智愚賢否，皆令曉了，皆須遵行，有一不遵者，則處以極刑。佛教有一不遵者，則墮于惡道。宗則獨被上根，不攝中下，猶如將軍密令，營內方知，營外之人，任憑智同生知，亦莫能曉。以此之故，方能全軍滅賊，天下太平。軍令一洩，三軍傾覆；祖印一洩，五宗喪亡。未悟以前，祇許參究話頭，不準翻閱禪書，誠恐錯會祖意，則以迷爲悟，以假亂真，卽名爲洩，其害甚大。大悟之後，必須廣閱祖錄，決擇見地，則差別智開，藥忌明了，尚須歷緣鍛鍊，必使行解相應，方可出世爲人，宏闡宗風。今人不教人力參，而爲人講演，使其開解路，起卜度，以己見會祖意，依稀彷彿，想箇義理，全體是錯，便謂就是，直饒不錯，只是泥龍畫餅，豈能致雨充飢？所以宗須真參，方有實益也。未開眼者，聞其講説，喜出望外，其有具眼者，必痛徹骨髓矣！如此宏宗，徒有大損，毫無實益，何異以軍令往告敵兵，相邀共戰，其不自殄滅者鮮矣！由是假充悟道者，不勝其多，壞亂佛法者，實繁有徒矣。又，教則以文顯義，依義修觀，觀成證理，令人由解了而入，故天台以三止三觀，傳佛心印也。宗則離文顯意，得意明心，明心起行，令人由參究而得，故禪宗以直指人心，傳佛心印也。又，經教所説因果修證，凡聖生佛，事理行相，歷歷分明，若能修因，自然證果，超凡入聖，卽衆生而成佛道矣。既得此事，則不涉因果修證凡聖生佛之理，豈待外求？宗門所説，總歸本分，不涉因果修證凡聖生佛，此理卽也。若得此意，此名字及觀行初心也。定然依此不涉因果修證凡聖生佛之理，而起修因證果，超凡入聖，卽衆生而成佛道之事矣。此觀行至究竟也。所以，古德大悟後，有三次七次閱大藏經者。汾州無業，三終大藏。育王知微，大慧杲門人，禁足於上塔院十餘年，七終大藏。見育王山志。有以坐看爲不恭，跪讀行披立誦者，棲賢湜三終大藏，皆如此。有畢生日持一部法華者，永明，壽，首山念。有看經唯恐打差，差音又，去聲，異也。貼帖子于方丈門首，曰看經時不許問話者，仰山寂。有持觀音聖號者，明教嵩，日誦十萬觀音，世出世間經書，不讀而知。又，華林覺常念觀音，遂感二虎常相依附。有持準提神呪者，金華俱胝和尚。有日課百八佛事者，永明壽，一部法華，亦在百八之數。有對立像不敢坐，對坐像不敢臥者，大通本。又凡食物以魚葷名者，卽不食。有一日不作，一日不食者百丈海。至于念佛求生西方，則多不勝數也。良以<u>百丈</u>乃<u>馬祖</u>傳道嫡子，其開示有云：修行以念佛爲穩當。又所立清規，凡祈禱病僧，化送亡僧，皆歸淨土。故五宗諸師，多事密修也，多有久歷年所，躬行苦行。<small>如<u>溈山</u>作典座，<u>雪峯</u>作飯頭之類。</small>無非欲圓滿六度，自利利他，類皆重法如寶，輕身似塵，絕不似今人之輕慢古今，褻黷經論也。是知宗爲前鋒，教爲後勁，其所辦是一事，其所説是一法。但以語言施設，門庭建立不同，門外漢不知其同而不可合，異而不可離之所以，妄用己見，强作主宰，不是互謗，便是混濫。互謗之過，愚或能知，混濫之愆，智猶難曉。蓋以歸元無二，方便多門，宗家方便，出于格外，所有語言，似乎掃蕩。未得意者，不體離言之旨，唯嚐出酒之糟，在宗則開一解路，不肯力參，在教則妄學圓融，破壞事相。唯大達之士，雙得其益。否則，醍醐甘露，貯于毒器，遂成砒霜鴆毒矣。教雖總明萬法唯心，然須就事論事，事理因果，毫無混濫，原始要終，不出唯心。宗家的實商量，亦復如是。若舉揚向上，雖指盡世間法法頭頭爲問，答時總歸本分，絕不就事論事。所謂問在答處，答在問處，縱有似乎就事説者，意則在彼而不在此。若認作就事者，即白雲萬里矣。的實商量者，禪書不錄，所錄者皆屬本分話，若欲知者，必須廣閲羣書，否則看<u>萬善同歸集</u>，及<u>淨土十要</u>中禪匠著述，亦可見其梗概矣。剋論佛法大體，不出真俗二諦，真諦則一法不立，所謂實際理地，不受一塵也；俗諦則無法不備，所謂佛事門中，不捨一法也。教則真俗并闡，而多就俗説；宗則即俗説真，而掃除俗相。須知真俗同體，並非二物，譬如大圓寶鏡，虛明洞徹，了無一物。然雖了無一物，又復胡來則胡現，<u>漢</u>來則<u>漢</u>現，森羅萬象俱來則俱現。雖復羣相俱現，仍然了無一物；雖復了無一物，不妨羣相俱現。宗則就彼羣相俱現處，專説了無一物；教則就彼了無一物處，詳談羣相俱現。是宗則于事修而明理性，不棄事修；教則于理性而論事修，還歸理性。正所謂稱性起修，全修在性，不變隨緣，隨緣不變，事理兩得，宗教不二矣。教雖中下猶能得益，非上上利根不能大通，以涉博故；宗雖中下難以措心，而上根便能大徹，以守約故。教則世法佛法，事理性相，悉皆通達，又須大開圓解，即宗門大徹大悟也。方可作人天導師；宗則參破一個話頭，親見本來，便能闡直指宗風。佛法大興之日，及佛法大通之人，宜依宗參究，喻如僧繇畫龍，一點睛則即時飛去；佛法衰弱之時，及凤根陋劣之士，宜依教修持，喻如拙工作器，廢繩墨則終無所成。教多顯談，宗多密説。宗之顯者，如達磨云："淨智妙圓，體自空寂。"馬祖云："即心即佛"，百丈云："靈光獨耀，迴脱根塵，體露真常，不拘文字。心性無染，本自圓成，但離妄念，即如如佛。"此則與法華、楞嚴諸大乘經，毫無異致。總之，六祖前多顯，六祖後多密。愚人不知宗教語言同異之致，每見宗師垂問，教家不能加答，遂高推禪宗，藐視教典，佛經視作故紙，祖語重愈綸音。綸音即聖旨。今之欲報佛恩，利有情者，在宗則專闡宗風，尚須教印；在教則力修觀行，無濫宗言。良以心通妙諦，遇緣即宗。柏樹子，乾屎橛，鴉鳴鵲噪，水流花放，欬唾掉臂，譏笑怒罵，法法頭頭，咸皆是宗，豈如來金口所説圓頓妙法，反不足以為宗耶？何須借人家扛子，撐自己門庭？自家梗楠豫章，何故棄而不用？須知法無勝劣，唯一道而常然；根有生熟，雖一法而益別。然則，教外別傳之説非歟？曰：言教外別傳者，令人于指外見月也。又，宗家提持，超越常格之外，名為教外別傳。然此四字，埋没多少豪傑！今為道破，對教説，則曰教外別傳，機鋒轉語等，亦是教；對宗説，則曰機鋒轉語外別傳，庶不至孤負佛祖，徒造口業矣。若真佛教不能傳佛心印，則已得別傳之迦葉、阿難、馬鳴、龍樹，當另宏別傳之法，何用結集三藏，註經造論為哉？宗須教印者，如木須從繩則正也。予嘗勸一狂僧念佛，彼言衲僧鼻孔，三世諸佛尚摸不著，用念佛作麼？予曰：若真摸著三世諸佛摸不著的鼻孔，尚須步步隨著三世諸佛脚後跟轉，倘不隨三世諸佛脚後跟轉，則摸著者非衲僧鼻孔，乃阿鼻地獄鐵牀銅柱上火孔也。達磨云："二百年後，明道者多，行道者少; 說理者多，通理者少。"智者示登五品，南嶽示證鐵輪。故知今人于宗教二門，開眼尚難，何況實證! 其有慈悲願深，生死心切者，宜隨遠公、智者、永明、蓮池，專致力于念佛求生淨土一門也。書至此，有傍不甘者呵曰：佛法廣大如法界，究竟如虛空，妙性圓明，離諸名相，安用汝許多落索，分疆立界爲？予應之曰：妙性雖離名相，名相豈礙妙性？虛空法界雖無疆界，疆界豈礙虛空法界？吾欲捨東往西，必須定南辨北，庶幾方向不迷，措足有地。又恐己見錯謬，欲請正于達人，是跛夫之路程，非輪王之輿版。 輿版卽地輿圖。若夫通方開士，過量大人，世法全是佛法，業道無非佛道，祖意教理，佛經禪錄，本自融通，有何混濫! 盡吾之智，不能測其境界; 竭吾之力，不能窺其藩籬。吾之鄙論，姑就吾之鄙機言耳，子何以迦樓羅王之飛騰，用責于蠓蜟蚊蚋，而令其齊驅也哉!

（選自浙江印刷公司民國十六年（1927年）再版增廣印光法師文鈔卷二）

三、儒釋一貫序

儒釋無二道，生佛無兩心，以人同此心，心同此理，一切有情皆禀真如佛性而得建立故。然復生佛迥殊，凡聖各異者，以因地之迷悟不同，修德之逆順各別也。由是儒釋聖人，各出於世，爲之倡導，俾一切衆生返迷歸悟，溯流窮源，以復其固有之本性而已。其發揮雖有權實淺深、方便究竟之不同，而其所宗之理體，所修之工夫，其大端固無二致也。佛以覺爲體，而覺有本覺、始覺、不覺。本覺者，卽生佛同具之天真佛性,乃性德也;始覺者,依本覺理,起真實修,對治煩惱習氣,令其消滅無餘之妙智,乃修德也;不覺者,迷背本覺,隨境生著,起貪瞋癡,造殺盜淫,認苦爲樂,以迷爲德,承佛性力,造生死業。一切在迷衆生,與不依正覺,錯亂修習者,皆是也。本覺凡聖平等,無有高下,始覺工夫淺深不一,悟證地位各別。由名字以至分證,歷外凡以至等覺,皆在始覺範圍之內。由等覺再破一分無明,則修德功極,性德圓彰,福慧具足,煩惑淨盡,圓滿菩提,歸無所得,方爲大覺世尊,方證始本合一之最上乘極致,方了修因證果之大丈夫事業。故華嚴云:一切衆生,皆具如來智慧,但因忘想執著,而不證得,若離妄想,則一切智、無礙智,則得現前。所言一切衆生皆具如來智慧者,本覺理性也;因忘想執著而不證得者,逆本覺而起惑造業,輪迴六道也。離妄想則智慧現前者,順本覺而修,漸至圓成佛果也。了此性修理致,則不肯自甘下愚,亦不敢以凡濫聖,而必以實修實悟,以期於實證而後已。儒者以誠明爲本,誠卽明德,明卽明明德之明,實則誠明,卽明明德也。明德乃吾心固有之真知,由有人欲之物,遂錮蔽而不能顯現,如雲遮天日,了不見其光相。欲明其明德,必須主敬存誠,克己復禮,則人欲之物,自無容身之地,而本有真知,全體顯露,如浮雲去而天日昭彰矣!真知旣顯,則主權得而使者聽命,故意之所念,心之所思,皆歸於真誠無妄,中正不偏矣。此孔子上承二帝三王,修己治人之大經大法。撮要述此,以作天下後世希聖希賢之洪範焉。若與佛法互證對釋,則誠也,明德也,乃本覺性德也;明也,明明德也,乃始覺修德也。物,卽忘想執著;格物,卽離妄想執著。離妄想執著,則得如來智慧。格人欲之物,自能徹底顯現吾心固有之良知與真知也。故曰其發揮淺深雖有不同,其理體工夫固無二致也。是以,古今聰明睿智之人,多皆學佛,因得佛之心法,而儒先聖人之心法,方得悉其底裏。

以儒者多主於事相，而不致力於悟明心性，若不得佛法爲之先導，則自己之心尚非所知，況聖人之心法乎？以故，泥迹之儒，多關佛教，以不知佛法雖爲出世間法，亦復具足世間一切善法，舉凡倫常修齊之道，固已極力宏闡，毫善弗遺。遇父言慈，遇子言孝，兄友弟恭，夫倡婦隨，隨己職分，各盡其義，固與世間聖人所說無異。然世間聖人，只教人盡義盡分，佛則詳示其盡與不盡之善惡果報。盡義盡分只能教於上智，不能普攝下愚，若知盡與不盡之善惡果報，縱屬下愚，亦必歆善報而懼惡果，雖不欲盡義盡分，亦必勉力盡義盡分矣。此如來普被上中下三根之法。每有徒矜知解，不務真修，妄謂因果爲小乘者，不知如來圓成佛道，衆生常淪生死，皆不出因果之外。唯當人一念心性，不屬因果，而復不離因果，欲迴超乎因果之外，非圓成佛道不可。未成佛而輒撥因果，則永失其善因善果，常造惡因，常受惡果，盡未來際，了無止期，可不哀哉！世固有不知佛而妄關佛者，亦有頗知佛而陰服膺以陽爲關駁者，此種行爲，皆由門庭知見太重，不能著實格物致知，以致意有所不誠，心有所不正也。其言皆足以瞎衆生之智眼，斷如來之慧命。古大人憂之，乘機破斥，使彼作此說者，與受其說之毒者，悉皆深知吾佛教人之所以然，不但與儒教不相悖戾，且大有發明儒教，輔弼儒教之至理極功焉。近來世道人心，陷溺已極，廢棄先聖之法，幾於無可救藥，凡屬憂世之士，莫不以提倡佛學爲急務。以佛學注重明心與因果報應。果能明自本心，決不至於錯因果；果能不錯因果，決可明自本心。既得明自本心，則儒先聖人之心，如來之心，亦可因之俱知矣。此儒釋一貫之大旨也。弘道居士，宿植德本，篤信佛乘，憫拘墟者所見之謬，輯彼古人破斥謬見、合會儒釋種種言論，以成一書，名之曰儒釋一貫，將欲排印流通，以光最初曾受韓歐之毒，而作一闡提者，因命作序，一以冀其自懲懲他，自傷傷他，一以冀其仗比因緣，以消滅其謗法之罪咎，以克遂夫往生之素志也。以故不揣固陋，勉述所知，雖文不足觀，而意有所本，願見聞者，同皆格物致知，以自明其明德，棄離妄想執著，同證如來智慧，則古人垂訓之至意，弘道輯録之深心，皆可大暢本懷，不至徒設，而世道人心之轉迴，於兹可以預斷矣，何幸如之。

（選自浙江印刷公司民國十六年（1927年）再版增廣印光法師文鈔卷三）

四、復安徽萬安校長書

貴校四語："盡性學佛，盡倫學孔，道學爲體，科學爲用。"實爲學道不易之宗旨。自儒者以詞章爲事，遂將學道之法，變作學藝，曷勝痛惜！而今之新學，多皆捨本逐末，能如貴校之宗旨者，實不多見。盡性學佛，方能盡倫學孔；盡倫學孔，方能盡性學佛。試觀古今之大忠大孝，與夫發揮儒教聖賢心法者，無不深研佛經，潛修密證也。儒佛二教，合之則雙美，離之則兩傷，以世無一人不在倫常之内，亦無一人能出心性之外。具此倫常心性，而以佛之諸惡莫作，衆善奉行，爲克己復禮，閑邪存誠，父慈子孝，兄友弟恭之助。由是父子兄弟等，相率而盡倫盡性，以去其幻妄之煩惑，以復其本具之佛性。非但體一，即用亦非有二也，此實也。所云佛化之儒宗，不過表示其實而已，有何不可！然在家學佛，必須深信因果，恪盡己分，戒殺護生，至心念佛，爲決定不易之修持。所言恪盡己分，即慈孝友恭等。然世之不治，國乏賢人，其根本皆由家庭無善教所致，而家庭之教，母之責任更重。是以光屢言教子爲治平之本，而教女爲尤要者，以此。倘常以此與學生説，俾同以此相倡導，則不患不見治平之世矣。

（選自浙江印刷公司民國十六年（1927年）再版增廣印光法師文鈔卷二）

歐　陽　漸

〔簡介〕　歐陽漸，字竟無，生於公元一八七一年(清穆宗同治十年)，死於公元一九四三年(民國三十二年)，江西宜黃人，近代著名佛學居士。他早歲治程朱理學，中日甲午戰爭後，感到國事日非，乃改治陸王，欲以補救時弊，而友人桂伯華勸他向佛。一九〇四年他三十四歲時，路過南京，謁見楊文會，對佛學信念益堅。一九〇七年他又一度赴南京從楊文會問學。越三年，一九一〇年，他四十歲時，乃決心捨身爲法，再次赴南京，依楊文會。第二年楊氏逝世，以金陵刻經處事相囑。

歐陽漸繼承楊文會的事業，亦以刻經和舉辦佛學教育爲其志願。他除了繼續主持金陵刻經處的刻經工作外，於一九一八年起即着手籌辦支那內學院，然直至一九二二年南京支那內學院才得正式開辦。在這裏他爲我國培養了一批具有高水平的佛學研究者。抗日戰爭期間，支那內學院遷至四川，在江津辦起了支那內學院蜀院，繼續講學、刻經不輟。在刻經方面，特別值得提出的是，在歐陽漸主持下輯印的藏要一書。此書在刊印的兩輯中，計收佛教重要經論五十餘種，每種均以梵文或巴利文、藏文等多種版本詳加校勘，歐陽漸並於每種經論前親作緒言，敍其源流及要旨，論說精審，堪稱迄今最佳之佛教經論選刊本。自他繼楊文會後，三十年間，在他主持下共刻成刊印佛典約二千卷，對近代佛學研究工作，作出了重要的貢獻。

歐陽漸在佛學理論上尊信唯識法相學，並有精深的研究。他

認爲，唯識與法相乃是不同的兩個學派，不容淆亂，對學者甚有啓
發。章太炎嘗謂，歐陽竟無言唯識法相唐以來並爲一字，其實通局
大小殊焉。余初驚怪其言，審思釋然，謂其識足以獨步千祀也。(支
那內學院緣起，見中國哲學第六輯)晚年，歐陽漸對大乘空宗中觀
理論也頗有興趣，進行了深入的研究，並試圖融瑜伽中觀於一境，
同時以攝儒家性天之義，提倡調和儒佛。他的著作很多，晚年曾自
訂所存者爲竟無內外學，凡二十六種。其中主要者有：藏要經敍、
藏要論敍、唯識決擇談、唯識研究次第、內學雜著、孔學雜著、心經
讀等。

一、佛法非宗教非哲學

今日承貴會要請，來此與諸位講演佛法，此是鄙人最願意事。
但是鄙人沒有學問，今日祇將我對於佛法一點意思說出，與大家共
同研究而已。

今日講演題目是，佛法非宗教非哲學而爲今時所必需，內中意
義向後再說，先將佛法名詞解釋一過。

何謂佛？何謂法？何謂佛法？按佛家有所謂三寶者：一佛寶，
二法寶，三僧寶。佛寶指人，法寶指事，僧者衆多弟子義；寶者有用
有益之義。言此三者能利益有情，故稱爲寶。已得無上正等菩提
的人，是稱爲佛。法則範圍最廣，凡一切真假事理，有爲無爲，都包
在內。但包含既如此其廣，豈不有散亂無章之弊耶？不然。此法
是指瑜伽所得的，瑜伽者相應義，以其於事於理，如如相應，不增不
減恰到好處，故稱爲法。此法爲正覺者之所證，此法爲求覺者之所
依，所以稱爲佛法。

宗教哲學二字，原係西洋名詞，譯過<u>中國</u>來，勉強比附在佛法上面。但彼二者，意義既各殊，範圍又極隘，如何能包含得此最廣大的佛法？正名定辭，所以宗教哲學二名都用不着，佛法就是佛法，佛法就稱佛法。

次言義。云何説佛法非宗教耶？答：世界所有宗教，其内容必具四個條件，而佛法都與之相反，故説佛法非宗教。何者為四？第一，凡宗教皆崇仰一神或多數神，及其開創彼教之教主，此之神與教主，號為神聖不可侵犯，而有無上威權，能主宰賞罰一切人物，人但當依賴他。而佛法則否。昔者佛入涅槃時，以四依教弟子。所謂四依者，一者、依法不依人，二者、依義不依語，三者、依了義經不依不了義經，四者、依智不依識。所謂依法不依人者，即是但當依持正法，苟於法不合，則雖是佛，亦在所不從。禪宗祖師，於天上地下唯我獨尊語而云，我若見時一棒打死與狗子喫。心佛衆生三無差別，即心即佛，非心非佛。前之諸佛但為吾之導師善友，絶無所謂權威賞罰之可言。是故，在宗教則不免屈抑人之個性，增長人之惰性，而在佛法中絶無有此。至於神我梵天種種謬談，則更早已破斥之，為人所共悉，此即不贅。

第二，凡一種宗教，必有其所守之聖經，此之聖經，但當信從，不許討論，一以自固其教義，一以把持人之信心，而在佛法則又異此。曾言依義不依語，依了義經，不依不了義經，即是其證。今且先解此二句名詞。實有其事曰義，但有言説曰語，無義之語是為虛語故不依之。了有二解：一、明了為了，二、了盡為了。不了義經者，權語略語；了義經者，實語盡語。不必凡是佛説皆可執為究竟語，是故盲從者非是，善簡擇而從其勝者佛所讚歎也。其容人思想之自由如此。但於此有人問曰：佛法既不同於宗教，云何復有聖言量？答：所謂聖言量者，非如綸音詔旨更不容人討論，蓋是已經證論，衆所公認共許之語耳。譬如幾何中之定義公理，直角必爲九十度，過之爲鈍角，不及爲銳角，兩邊等，兩角必等之類，事具如是，更又何必討論耶！此而不信，則數理沒從證明。又，聖言量者，卽因明中之因喻。因明定法，是用其先已成立共許之因喻，比而成其未成將立之宗，此而不信，則因明之學亦無從講起。要之，因明者，固純以科學證實之方法以立理破邪，其精實遠非今之論理學所及，固不必懼其迷信也。

三者，凡一宗教家，必有其必守之信條與必守之戒約，信條戒約卽其立教之根本，此而若犯，其教乃不成。其在佛法則又異此。佛法者，有其究竟唯一之目的，而他皆此之方便。所謂究竟目的者，大菩提是。何謂菩提？度諸衆生，共登正覺是也。正覺者，智慧也；智慧者，人人固有。但由二障，隱而不顯，一煩惱障，二所知障。此二障者，皆不寂淨，皆是擾攘昏蒙之相，故欲求智慧者，先必定其心，猶水澄清乃能照物耳。而欲水之定，必先止其鼓蕩此水者。故欲心之定，必先有於戒，戒者禁其外擾，防其内奸，以期此心之不亂耳。然則，定以慧爲目的，戒以定爲目的；定者慧之方便，戒又方便之方便耳。是故，持戒者菩提心爲根本，而大乘菩薩利物濟生，則雖十重律儀，權行不犯，退菩提心則犯。此其規模廣闊，心量宏遠，固不同拘拘於繩墨尺寸之中以自苦爲極者也。夫大乘固然，卽在小乘，而亦有不出家不薙髮不披袈裟而成阿羅漢者。（見俱舍論）佛法之根本有在，方便門多，率可知矣。

四者，凡宗教家類必有其宗教式之信仰。宗教式之信仰爲何？純粹感情的服從，而不容一毫理性之批評者是也。佛法異此，無上聖智要由自證得來，是故依自力而不純仗他力。依人説話，三世佛冤，盲從迷信，是乃不可度者。瑜伽師地論“四方發心，自力因力難退，他力方便力易退”是也。然或謂曰：汝言佛法既不重信仰，何乃修持次第資糧位中首列十信，五十一心所十一善中亦首列信數？答之曰：信有二種，一者愚人之盲從，一者智人之樂欲。前者是所鄙棄，後者是所尊崇。信有無上菩提，信有已得菩提之人，信自己與他人皆能得此菩提，此信圓滿金剛不動，由斯因緣始入十信。此而不信，永劫沉淪。又，諸善心所信爲其首者，由信起欲，由欲精進，故能被甲加行永無退轉。是乃丈夫勇往奮進之精神，吾人登峯造極之初基，與夫委己以依人者異也。

如上所言，一者崇卑而不平，一者平等無二致；一者思想極其錮陋，一者理性極其自由；一者拘苦而味原，一者宏闊而真證；一者屈己以從人，一者勇往以從己。二者之辨，皎若白黑，而烏可以區區之宗教與佛法相提並論哉！

所謂佛法非哲學者，按哲學之內容大約有三，而佛法一一與之相反，故佛法非哲學。何者爲三？

第一，哲學家唯一之要求在求真理，所謂真理者，執定必有一個甚麼東西爲一切事物之究竟本質，及一切事物之所從來者是也。原來，哲學家心思比尋常聰明，要求比尋常刻切。尋常的人見了某物某事便執定以爲某物某事，一例糊塗下去。譬如宗教家人說有上帝，這些庸人便承認以爲有上帝，牧師教人崇拜耶穌，這些人便崇拜耶穌，一味盲從，更不思索，千百年來祇是糊塗下去。自有哲學家以來，便不其然。你說有上帝，他便要問問上帝是個甚麼東西，眼可以看得見麼？耳可以聽得到麼？如謂世界人類都是上帝造的，上帝又是誰造的？上帝如果不待誰個造他，世界又何必要上帝造他？所以，自從有了哲學，一切人便不肯一味糊塗了。哲學家在破除迷信一方面，本來是很對的，是可崇拜的。但是，他一方面能夠破除迷信，他果真能不迷信麼？他能破人謬執，他果能不謬執麼？他天天求真理，他果能求得到真理麼？翻開一部西洋哲學史，中間大名鼎鼎的哲學家，如像破除有人格的上帝過後，便迷信一個無人格的上帝；破除獨神論過後，便迷執一種汎神論。不信唯物的便主張唯心，不信唯心的便主張唯事。笛加爾善於懷疑，於是便破壞世界一切事實，都以爲非真理，但隨即迷信一個我，以爲我既能懷疑一切非真，我便是真。到了現在的羅素，便說他那個我能懷疑，我固是真還靠不住。羅素既能破一切唯物唯心非真理，然而隨又執定一切現象是真。仔細想來，他那種現象是真，與笛加爾的我是真，有何分別呢？總而言之，西方一切哲學家對於世間一切事物，你猜過去我猜過來，紛紜擾攘，相非相謗，皆是執定實有一理。甲以爲理在此，乙以爲理在彼，別人誠都可破，自己却不能有個不可破的學說服人。破一立一，不過增加人許多不正確的見解而已。

問者曰：如你說世間既無真理，到底還有甚麼？如謂一切都無，則彼虛無主義無世界無人類豈非是唯一獨尊的學說嗎？答曰：虛無主義，尅實亦只是一種妄見，如說真理者一樣，但名辭不同耳。並且當知，此種見解爲害更大。彼輩計一切都無，趨向斷滅，主張破壞與自殺，使人橫生邪見，思慮顛倒，行爲悖亂，危於世界，蓋難盡言。諸君又當知，此種異說非但在現在的時候方有，從前印度亦復如是，所謂斷滅外道，所謂惡取空者皆是也。今復質問彼曰，如謂一切皆假，此假又何所從來？如謂一切都無，云何復有斷滅？且既一切無矣，何以你又起如是見，立如是論？又何以要懷疑？又何以要破壞？此種自語相違，自行矛盾，是爲誕妄之極。但其立說膚淺，也可不必多辨了。

問者曰：你謂哲學家之真理無有，又說真理不可求，而又不許人計空計滅，然則你們到底說甚麼作甚麼呢？答曰：佛法但是破執，一無所執便是佛也，故佛之說法，不說真理而說真如，真如者，如其法之量不增不減，不作擬議揣摩之謂。法如是，說亦如是，體則如其體，用則如其用，決不以一真理範圍一切事物，亦不以衆多事物奔赴於一真理。所謂在凡不減，在聖不增，當體卽是，但須證得，凡物皆然，瞬息不離者也。夫當體卽是，何待外求。如彼所計之真理本來無有，但屬虛妄，則又何可求耶？有則不必求，無則不可求，故云不求真理也。問曰：如你所説，既云真如卽吾本體，不待外求，云何又爲吾人所不知？且既當體卽真，物物不二矣，云何又有此虛妄耶？答曰：兹先設一喻：諸君夜静三更時，寢於床榻，忽生一夢，倏見山河草木宮室樓台，更有人物或親或怨，汝時感情激發，喜怒愛惡，或泣或歌，或欣或懼，及至醒時，了無一物。當汝夢中見山河人物時，汝能知其假否？當汝夢中喜怒悲懼時，汝能知汝妄否？然雖假雖妄而實不離心，如離汝心，汝又安能有夢？然又不可謂汝夢卽是真實。如謂汝夢卽真，醒時何以又知其顛倒不實？諸法真如亦復如是。未至真覺，終在夢中；既在夢中，虛妄顛倒，昏蔽纏心，云何得識真如本性」然雖不識真如本性，而此世間種種山河大地人禽動植，一切喜怒哀懼，一切心行語言，要皆不離真如本性。此雖不離真如本性，而又非卽真實，及成佛果，大覺菩提，始知當時顛倒有如昨夢。然雖大覺契證真如，此覺此如亦非從外而得，非從無忽有，仍亦卽汝當日自體。是故，既不可以不識而撥無，又不可以執假以爲實也。真如自性，如是如是。

問曰：真如既如所言，吾人又如何證得耶？答曰：此間有一句格言，聞者應深信受，卽所謂不用求真，但須息妄是也。夫本體既恒不失，自可不必徒勞，獨妄爲真障，是以當前不識，彼障既除，真體自現。譬之人處夢中亦能思慮察覺，然任汝若何推尋，終始總是夢中技倆；任汝推尋有獲，所得仍惟是夢。及一旦醒時，而昔之虛妄不求知自有知，今之真實不求覺而自覺。故吾人真欲了知真實，惟當息此虛妄，跳出此虛妄之範圍耳。

雖然，所謂息妄者，非一朝一夕所能成功。吾人歷劫以來，種種顛倒煩惱種子蒂固根深，豈能一期拔盡。園師藝園尚須時節，農人播穀且歷春秋，況欲跳此生死範圍，證得菩提碩果，而可不歷劫修持？但求速效，烏能濟也！故必境行果三明了無蔽，由聞而思，由思而修，三大僧祇，始登究竟。若不明此，徒以少數功德，片刻時光，見彼無成，退然思返，且謂無效，墮人信心，此乃愚癡謬妄，可悲可痛者也。

復次，所謂息妄，亦非如伐木拔草，斬斫芟夷。應知依他起性有相是空，空自不必除，有則不可除。但權衡審度，應識其機，用捨黜陟，唯辨其性，善者既伸，惡自無由，如秤兩頭低昂時等。此中妙用未可悉言，真發心人應自探討。

然又當知夫妄亦何過。妄本無過，過生於執。譬如吾人開目則妄見山河人物珠玉珍奇，此乃自識相分，妄而非實，不離自體。然眼識變現，任運起滅，都無執着，不生好惡，則雖此幻妄，抑不何害？唯彼俱時意識，尋思執着，認爲實有，而曰：此實山河也，此實人物也，此實珠玉珍奇也。又從而推究之曰：此實有山河種種者，必有其從來之真理也。持之而有故，言之而成理，執之而益深，遂爲天下之害根。所謂生於其心，害於其政，發於其政，害於其事者是也。蓋由執生愛，由愛生取，與愛相違，復生於瞋。由此，好惡逞情，爭訟斯起，相殺相婬，相盜相欺，惡業輪迴，終古不已。夫果何過，過生於執耳。苟能不執，物物聽他本來，起滅任其幻化，都無好惡，取捨不生，身語意業，悉歸烏有，云何異熟招感，而起生死輪迴？迷苦永消，登彼大覺。是故，執破爲佛，破執爲法，非別有佛，非別有法。

二者，哲學之所探討即知識問題，所謂知識之起源，知識之效力，知識本質，認識論中種種主張皆不出計度分別。佛法不然。前四依中說依智不依識。所謂識者，即吾人虛妄分別是也。所謂智者,智有二種:一者根本智,二者後得智。根本智者,親緣真如和合一味平等平等都無分別是也。後得智者,證真如已,復變依他與識相應,而緣俗諦以度羣生是也。此後得智既緣一切,是故真妄虛實、五法三自性、八識二無我、世間出世間,盡無不知,盡無不了。由斯建立法相學,由斯建立唯識學,由斯建立一切方便學。彼所謂認識論者,從彼之意俱可了達。如是設問知識之來源何如乎,則可答曰:有阿賴耶識含藏一切名言種子,(具受熏持種之性,而非是種,但是持種)無始傳來,種(種子)現(現行)熏習,八七六五展轉變現,能了能別,所謂知識由斯而起。彼不達此阿賴耶者,或謂知識出於先天,而先天爲是甚麽?不了其體,何以示人?又或謂出於經驗者,經驗何以存而不失?又復何以無端發此經驗?此疑不解,何以取信。其爲批評論者,則又不過調停兩是,捨百步之走而取五十步之走而已。然彼二既是徒虛,更何長短可説?今既了達賴耶,一者,識有自種爲生識因緣,故不同於經驗論但執法塵。二者,諸識現行復熏成種,復由此種能生後識,故不同於先天論但執一常。種生於現,現生於種,八識因依,執持含藏,理實事真,不復同彼調停兩可論但有言説。吾敢斷言之曰:若必談知識之本源,惟有佛法爲能知也。所謂知識之効力如何耶?在彼未達唯識者,則或以爲吾人知識無所不了,是謂獨斷論;其或以吾人之知識了無足恃、一無所能者,是爲懷疑論;其或以爲吾人之知識實有範圍,越此範圍則在所不悉,是謂積極論。今唯識家言,俱異於彼。一者,衆生之識,各局其量,詳彼哲學家知識之範圍體性,不出唯識家所謂之率爾尋求決定之六識也。六識局於法塵,八識七識之緣得着者,六識尚緣不着,況乎與淨識相應之四智之緣得着者,而謂六識能緣得着耶?恒河沙數世界外一滴之雨咸知頭數,而謂六識能知耶?故不同於獨斷論。二者,凡屬有情皆具八識五十一心所,此心心所由見相自證證自證四分成就。見緣相分，自證緣見，內二互緣，皆親所緣，皆現量得。雖或見分緣相有比有非，而自證緣彼亦屬現量，自證爲見果，證自證爲自證果，自證復爲證自證果，而皆現量。（柏格森直覺非現量，但是率爾尋求之獨頭意識）是故無無窮過。是以，無染無淨，無比無非，一入自證，悉成真實。七識執我雖爲非量，然若疏緣我影，任緣第八，而不執八爲我以我爲八，亦復無過。（六識徧計同此）過生於執，非生於緣，是故一切真實一切決定。以是理故，不同於懷疑論。彼積極論者，但爲調停兩可，而此於彼一切俱非，是故不同於彼積極論。所謂識之本質爲何耶？彼未了達唯識者，或謂知識本質唯吾觀念，或謂知識本質存於實在之物體，或謂非心非物但現象耳。了達唯識義者，始知凡識四分合成。一者見，謂能識。二者相，謂所識。三者自證，此見相二分皆依自證而起，此自證分是稱自體。此體若無，便無相見，亦無量果。四者證自證，此證自證分復爲自證分之量果，而復以彼以爲量果，俱如前説。如謂無相則無所緣，既無所緣即不成實，非於龜毛而生識故，是故不同於觀念論。如謂無見則無能緣，亦不成識，非彼虛空亦能了故，是故不同於實在論。如無自證即無相見，相見俱無即不成識，非無蝸頭起二角故，假依實有，現象依自體有，是故不同於彼現象論。從上説來，所謂知識問題，在彼則謬妄重重，乖舛莫定，在此則如實正智，金剛不搖。如何佛法同彼哲學？今之哲學非特不知知識之來源効力本質而已，即曰彼知，亦祇是知散亂意識之一部分耳，識量之廣大彼俱不知也。

問：人有此知識，止知有此知識可耳，更求識量之廣大有何必要耶？答：卽此知識，不能孤起，相繫相成，不能獨立，故有求識量廣大之必要。知識之本體名自性，自性之起必有所依，此依名根。**自性依根而起矣，起必有所及，此及名塵。一識之起必有其伴，此**

伴名心所。自性、所依、所及、所伴四者合，而識起之事得矣。然此識起亦非徒然而起，起必有所爲，此所爲名作業。必有此五事，而後知識之事始畢。此事雖畢，經數十年後復能記憶之，則必有攝藏此事者爲之攝藏，此攝藏名八識。知識自性名六識，與知識同起之眼耳鼻舌身名五識。五識有依根，六識亦有依根，名七識。此其識量之廣如是，而俱與知識有密切關係，知識不能離是而獨立也。是故獨隘一知識而求知識之來源効力本質，決不能得其真相也。是故，哲學者無結果之學也。（上來説理稍近專門，如欲求精詳，當研唯識。）

　　三者，哲學家之所探討爲對於宇宙之説明，在昔則有唯心唯物，一元二元論，後復有原子電子論；在今科學進步相對論出，始知宇宙非實物，不但識者玄學家之唯心論一元論無存在之理由，即物質實在論亦復難以成立。今之科學之所要求者唯方程式耳，世界之所實有者惟一項一項的事情，非一件一件的物質也。羅素之徒承風而起，由是分析物、分析心，物析而心，心析而物，但有現象不見本體。夫既無本體，現象復何由而生？且既執現象實有，亦是離識有境。此種論説，以較西方舊日，誠見高明，以彼西方學説舊無根柢，而科學勃興于二三百年間能有此成功，亦良足欽佩。然佛法之言，猶異夫此。兹以唯識之義略爲解釋於後。唯識家但説唯識，不言宇宙。心即識也，色亦識也。譬如於眼，能見於色是爲眼識，此色非離眼識實有，以離識不起故。相分不離自證，亦猶見分不離自證，是故色非實有，但有眼識。聲香味觸法亦復如是。一切色法，但爲識之相分。山河大地亦有本質，而此本質即爲八識相分。故曰三界唯心萬法唯識。故宇宙離識非是實有。復次，又當知此識亦即是妄，都無自性。何者？仗因托緣，方得起故。譬如眼識生時，非自然生，待因緣合，其數爲九；一者根，二者境，三者作意，四者空，五者明，六者分別依六識，七者染淨依七識，八者根本依八識，九者識自種子。如是，耳識生時因緣必八，鼻舌身識因緣需七，六識需五，七識需五，八識需四。既有所仗託和合而起，故非實有，但如幻耳。既無主宰，亦非自然，是爲依他起性。復次，又應當知此因緣，有亦不常。何者？以其頓生頓滅，剎那不停故。蓋識之生，衆緣既合，種起現行，現行起時，復熏成種，纔生卽滅，現謝滅已，種復生現，現又熏種，種又生現。如是剎那剎那，相續前後，於現生時，山河大地歷歷在目，生已卽滅，又復寂然。是故，吾人一日半日中，已不知歷盡許多新天地矣。或曰：既云頓生頓滅，何以吾人目視山河但見其生未見其滅？但見其有不見其無？曰：**此無可疑**，譬如電影，以彼電力迅速，遂乃見彼影像確然，前後始終宛若爲一，而不知彼數分鐘之間，頓滅頓生，舊去新來，已易百千底片矣。宇宙幻妄，頓滅頓生，亦復如是。復次，此雖幻有，而卽是識。識雖起滅無恒，而種子功能永無消滅。但有隱顯之殊，絕無生滅之事，既無有始，亦無有終。是故，不同彼現象論者謂無心有事，從無忽有；又不同彼斷滅論者，有已忽滅。雖則頓起頓滅，而實不生不滅。復次，當知一人八識，各有相見，是故山河大地有情各變，而非多情共一山河大地。以俗語表之，卽人各一宇宙是也。雖同居共處，而亘始亘終彼此不能相離。彼不能越出彼之宇宙，而攙雜此之宇宙；此亦不能越出此之宇宙，攙雜彼之宇宙。是故，對語一室而天地各殊，同寢一榻，而枕衾各異。此中妙理更復難言。或曰；既云彼此之天地各殊，何以復能共處一室而不相礙？又，有情所變既異，云何復能共證一物耶？答：**此亦設一喻**，譬如燈光，於一室中然彼多**燈**，一一燈光都非相礙，一一燈光都能照室。有情變相亦復如是，**業力既同，處所無異**，所變相似，不相障礙，如衆燈明，各徧似一，**光光相網**，胡爲相礙！業力既同，處所既一，故所緣雖別，亦互證而知。雖互證知，而實各證所知，非共證一知也。何者？以業力異者，雖同一處所證別故。如無病人與有病者共嘗一味，甘苦各別，由此故知境非實有，唯有心耳。復次，既知心外無境，大地山河與吾爲一，由此當悟吾人之身非復局於七尺之軀，吾人之心量廣闊，如同法界，徧於虛空。自從虛妄分列，徧計固執，遂乃把握七尺臭皮以爲自我，自此之外別爲他物。愛憎劫奪，橫起狂興，歷劫沈淪，永無超拔，棄捨瀛渤，認取浮漚。是故，佛告<u>文殊</u>：善男子，一切衆生，從無始來，種種顚倒，猶如迷人，四方易處，妄認四大爲自身，六塵緣影爲自心相。譬彼病目，見空中華，及第二月。善男子，空實無華，病者妄執，吾等衆生，無始時來，長處夢中，沉痾莫治，今當發無上菩提之心，息此一切虛妄，復吾本性，識取自身，是爲丈夫唯一大事。

總而言之，彼諸哲學家者所見所知，於地不過此世界，於時不過數十年間，不求多聞，故隘其量，故局其慧。若夫佛法，則異乎此。彼諸佛菩薩，自發起無上菩提心、廣大心、無邊心以來，其時則以一阿僧祇劫明決此事，二劫見之，三劫修滿而證之，然後隨身現化，普度有情，以彼真知，覺諸後起。其說爲三世諸佛所共證而莫或異，其地則自一世界至無量無邊世界而不可離。捨此不信，徒自暴絕，以螢火之光當日月之明，高下之辨不待言矣。

問者曰：如汝所云，頗爲常情所難了，亦爲世理所未經。汝斥宗教爲迷信，汝言得亦非迷信耶？曰：佛法之與宗教，其異既如上言，此即不辨。至佛法，亦有難信難解者，雖然，稍安無躁。世間難信難解之事理亦衆也，然勿謂其難信而遽斥其迷焉。譬如，物質實在，此亦常人之恆情也，然在<u>羅素</u>等，則謂無有物質，只有事情，吾人遽可以常理而斥彼迷信乎？又如萬有引力之定律，二百年來人所不敢否認者也，自<u>安斯坦</u>相對律出，而彼萬有引力之定律乃失其尊嚴，吾人遽可以舊日之見，而斥安斯坦之迷信耶？抑又如，任何三角形，三角之和必等於二直角，此亦自希臘以來人所公認之定理也，然近日新幾何出，復云三角之和有大於三直角者，亦有小於二直角者，吾人又安可以常情而斥其爲迷信耶？以一指翻動太平洋全體，人必曰此妄人也，此妄語也，然事有誠然，如將入此一指於太平洋中，其近指之水必排動其鄰近之容積而後能納之，此鄰近又必排其鄰近，則雖謂太平洋全體翻動亦可也。牽一髮而全身動，故必知三阿僧祇劫，然後知此一刹那也；故必知無量無邊世界，而後知此一世界也。是故，人智原有高下之不齊，而斷不可用常情以度，高明之所知。彼科學家哲學家與吾人同處夢中者耳，智慮不齊尚不可以常情測，佛與衆生一覺一夢，則又烏可以夢中人之知解，而妄測大覺者之真證耶！如真欲斥佛法之迷妄者，亦非不可，但必先讀其書，先達其旨，而後始可從事。苟於彼之書尚未曾讀，或尚未能讀，而動以逸出常情相非難，且將見笑於科學家矣，於佛法奚損毫髮耶！（以上言佛法與宗教哲學之異既盡）

　　恩洋按，上來所談，妙味重重，俱達問題深處。洋六月自北大來謁吾師，朝夕侍側，渥聞勝義，玄音一演，蒙妄頓消。始知昔日所治哲學種種迷執，有同説夢，安身立命，別有在也。晨鐘木鐸，更焉求之。由是踴躍，愛莫忍去。今以記錄之便，備以平日所聞，具列如上，以餉好學。嗟乎！同志盡其歸哉！

　　此篇係歐陽竟無先生在南京高等師範學校哲學研究會講演。由其弟子王君恩洋筆記。當時講題，係佛法非宗教非哲學而爲今時所必需。因限於時間，未畢其半。佛法爲今時所必需一段，係王君恩洋續成。附錄篇後。頃承歐陽先生郵寄來粵，特由同人印成單行本流布。（又，此篇曾付刊南京高師文哲月刊，後民鐸雜誌李石岑先生函索此稿，擬刊諸民鐸三卷三號。）刊者誌。

[附] 王恩洋: 佛法爲今時所必需

云何謂佛法爲今日所必需耶? 答: 此問題先需聲明幾句話。
便是一切有情但有覺迷兩途,出迷還覺,捨佛法別無二道,是故欲
出迷途必由佛法。佛法者非今日始需,非現在始需,又非特中國人
始需,又非特人類始需。佛告須菩提,諸菩薩摩訶薩應如是降伏其
心,所有一切衆生之類,若卵生、若胎生、若溼生、若化生、若有色、
若無色、若有想、若無想、若非有想、非無想, 我皆令入無餘涅槃而
滅度之。徧極大千沙界,窮極過現未來,一切一切,無量無邊,皆佛
法之所當覆,皆菩薩之所當度者。而於時間則分現在,於空間則分
中國,於衆生則分人類。而曰人類當學佛法,中國人必需佛法,現
在當宏佛法,若是捨棄菩薩大願, 是爲謗佛法非宏佛法也。然而,
謂佛法爲今日所必需者,謂夫時危勢急於今爲極,迫不及待不可稍
緩之謂耳。所以者何? 答曰; 縱觀千古,橫察大地, 今日非紛亂危
急之秋乎? 強凌弱,衆暴寡,武力專橫, 金錢驕縱, 殺人動以千萬
計,滅國動以數十計,陰慘橫裂,禍亂極矣。雖然, 此猶非所最痛,
亦非所最危。所謂最痛最危者,則人心失其所信,竟無安身立命之
方,異說肆其紛披, 竟無蕩蕩平平之路。莊生有云: "哀莫大於心
死,而身死次之。"心既失其所信,而無可適從,於是言語莫知所出,
手足不知所措,行爲不知所向。潦倒終古,醒海一生,如是而生,生
曷如死! 且夫人心不能無所用,不信於正則信於邪; 人身不能無所
動,不動於道則動於暴。如是,則盜竊姦詭,何惡不作矣! 然則,今
日世界之亂,特其果耳; 今日人心之亂,乃其因也。蓋彼西歐,自希
獵、羅馬之末,國勢危惴,學說陵夷,於是北方蠻族,劫其主權,復有
猶太耶教,劫其思想,千餘年間,是稱黑暗時代。然人心不能久蔽而

不顯，思想不能久屈而不伸。爰有哲學家破上帝造物之說，除迷信，研形而上學，而一元二元之論，唯心唯物之談，紛紜雜出；嗣有科學家，研物質學，創造極多，而利用厚生日用飲食之事，於茲大備。二者之間，科學盛行。持實驗主義者，既不迷信宗教，亦不空談玄學，以為人生不可一日離者，衣食住也，要當利用天然，以益人事，本科學之方法，謀人類之幸福耳。夫利用厚生，亦何可少，人類一日未離世間，一切有情，皆衣食住，是故科學家言，甚盛行也。雖然，人心不能無思，所思不能以此衣食住為限；人心必有所欲，所欲不必唯在物質之中。而欲人之盡棄哲學妙理而不談，而不思，而不欲，此大不可能之事也。又況唯是主張人生，於生從何來，殁從何去，一切不問，但以數十年寒暑之安樂為滿足，其或有鄙棄此數十年之寒暑為不足，而更思其永久者，則又將奈何？又況科學進步，物質實在之論既已不真，彼蓋安斯坦輩之所要求者唯一方程式耳，羅素輩目中所見之物非物也，所見之人非人也，一件一件的事情由論理學而組織之耳。由此以談，則所謂人者何？一方程式耳；物質者何？現象之結合耳。如是，一切虛幻，除虛幻更無有實。是人生之價值既已完全取消，又何必勞勞終日，苦心焦思，以事創造，以事進取耶？是故，今之哲學家言，科學家言，大勢所趨，必歸於懷疑論。然於此際有異軍起，一切哲學理智及科學方法論理學概念觀念廢而不用，以為此皆不足以求真，皆不足創造，而別有主張，號為直覺，謂此直覺但事內省，便可以得一切真，見一切實，便可以創造進步，使生命綿延於無窮，則所謂伯格森者是也。平心論之，人類之行為豈果出於理智？一舉一動而必問其所以然，而必推其結果，則天地雖大，實無所措其手足矣。是故，為行為之動力者，純屬感情，則欲事創造生活，良以直覺為當。雖羅素主張理性，而於行為則認衝動為本，故欲生命之綿延，柏氏主張誠非無見。又科學之組織，純以概念觀念爲具，以方程爲準。概念也，方程式也，皆名言也，皆假説也。名言所得，唯是名言；假説所得，唯是假説。欲求本體，親證真實，愈趨愈遠。是故，柏氏之反對科學，亦非無故。雖然，彼所主張之直覺，遂至當乎？遂無弊乎？當知吾人同在夢中，於此夢中，一切之意志、感情、知識都靠不住，則彼直覺亦胡可恃？蓋雜染種子，紛措混淆，隨緣執我，所得常爲非量故也。直覺之説非至當也，而彼主張理性主張科學者，又卽以修正此情感衝動之錯誤爲其理由。故羅素反對柏格森曰；文明人都由理智，野蠻人反之；人類都用理智，動物反之。如尚談直覺，則請回到山林中可也。以吾觀之，使今人準柏氏之道而行之，棄科學規律而不用，盲參瞎證，取舍任情，其不流入武斷派者鮮也。是故今日哲學界之大勢，一面爲羅素之現象論，一面爲柏氏之直覺論，由前之勢必走入懷疑，由後之道必走入獨斷。平心而論，羅氏柏氏果非昔日之懷疑派獨斷派乎？不過科學進步，其所憑藉以懷疑獨斷者根據既厚，以視昔之懷疑獨斷者爲有進步焉耳。然在昔懷疑獨斷風行一世之日，又豈非持之有故，言之成理，而莫可奪者？後之視今，亦猶今之視昔，二者之辨，相差何能以過也。抑又以理推之，今後之哲學當何如耶？吾意繼羅柏而起者，必有風行一世之虛無破壞斷滅派。何者？西方哲學於相反兩家學説之後，必有一調和派出現。而二氏之學，果有調和之餘地乎？以吾觀之，於善的一面都無調和之餘地，於壞的方面，則融洽乃至易也。何者？由羅氏之推論，歸於一切皆虛，然懷疑至極，終難捨我。要知我執至深，隨情卽發，縱理論若何深刻，此我終不能化，羅氏既於哲理一面破壞所謂人之實在也，然而仍復主張改造，主張進化，我既虛僞，改造奚爲，故知其非真能忘我也。由我見之存，則柏氏直覺之説卽可乘機而入。其必曰；一切皆假，唯我是實，但憑直覺，無爲不可。以羅氏之理論，加入柏氏之方法，自兹而後，由懷疑而武斷，由武斷復懷疑。於外物則一切皆非，於自我則一切皆是。又復加以科學發達以來，工業進步，一面殺人之具既精，一面貧富之差日遠，由茲怨毒潛伏，苦多樂少，抑鬱憤慨之氣，充塞人心，社會人羣既無可聊生，從而主張破壞，主張斷滅，機勢既順，奔壑朝東。是故吾謂二氏之後，必有風行一時之虛無破壞斷滅派出世也。諸君諸君，此時非遠，現已預見其倪，邪思而橫議，橫議而狂行，破壞家庭，破壞國家，破壞社會，破壞世界，獸性橫流，天性將絕，馴至父子無親，兄弟相猶，夫婦則獸合而禽離，朋友則利交而貨賣。當斯時也，不但諸佛正法滯礙不行，即堯舜周孔所持之世法亦滅亡净盡，人間地獄，天地鐵圍，危乎悲哉！吾人又當思之，宗教果無死灰復燃之日乎？吾意當彼支離滅裂之際，人心危脆，必有天魔者出，左手持經，右手持劍，如模罕默德之徒，芟夷斬伐，聚殲無辜；又必有若秦始皇坑焚之舉，今古文獻，蕩滅無餘，以行其崇奉一尊之信仰。何者？狂醉之思想，非宗教固不足以一之，紛亂之社會，非武力固不足以平之，而脆薄弱喪之人心，又至易以暴力宗教愒服之也。若是，則全球盡爲宗教暴力所壓服，而人類黑暗之時代復至矣。羅素在北京末次講演告我國人曰：“中國人切莫要單靠西方文明，依樣模倣的移殖過來。諸君要知，西方文明到現在已經走入末路了。近幾十年來，引入戰爭一天甚似一天，到得將來也許被他文明所引出的戰爭，將他那文明摧滅了。”此語之發，非無故也。吾人今日而不急起直追，破人類一切疑，解人類一切惑，除宗教上一切迷信，而與人類以正信；闢哲學上一切妄見，而與人類以正見，使人心有依，而塞未來之患，是即吾人之罪，遺子孫以無窮之大禍矣。諸君諸君，心其忍乎！

　　方今時勢之急，既有若此，然而求諸近代學説能有挽此狂瀾，預防大禍者，縱眼四顧，除佛法曾無有二。蓋佛法者，真能除宗教上一切迷信，而與人以正信者也；佛法者，真能除哲學上一切邪見，而與人以正見者也。何以故？宗教家之信仰唯依乎人，佛法則唯依於法；宗教以上帝爲萬能，佛法則以自心爲萬能；宗教以宇宙由上帝所造，佛法則三界唯心萬法唯識，山河大地與我一體，自識變現非有主宰；宗教於彼教主視爲至高無上，而佛法則種姓覬因唯屬自我，諸佛菩薩譬如良友但爲增上。又當知，卽心卽佛，卽心卽法，心佛衆生平等無二，從此則依賴之心去，而勇猛之志堅矣。仰又當知，彼諸宗教唯以天堂爲極樂，以自了爲究竟，實亦不能究竟；而佛法者，發大菩提心，發大悲心，自未得度而先度他，三大僧祇皆爲度衆。是故，菩薩不捨衆生不出世間，寧自入地獄而不願衆生無間受苦。然則，佛法與宗教之異非特真妄有殊，抑亦公私廣狹、博大卑陋永異矣。

復言佛法與哲學異。哲學家所言之真理乃屬虛妄，佛法言真如乃純親證；哲學家求真理不得便撥無真實，佛法則當體卽是更不待外求；哲學之言認識但知六識，佛法則八識五十一心所無不洞了；哲學家惟由六識計度，佛法則以正智親知；哲學家不走絕端則模糊兩是，佛法則如如相應，真實不虛；哲學家於宇宙則隔之爲二，佛法則與我爲一；哲學家則迷離而不知其所以然，佛法則親親切切起滅轉變一唯由我。以是之故，哲學家不走入懷疑而一切迷妄，則走入武斷而一切固執；佛法則真真實實，是是非非，有則説有，依他幻有圓成實有故；無則説無，徧計俱空故。由是，一切諸法，非有非無，亦有亦無，實有實無，不增不減，不迷不執，遠離二邊，契會中道。由上之故，一切哲學唯是説夢，於人事既無所關，於衆生且極危險，懷疑武斷易入邪見故。入邪見者，執斷執常，計有計無。計無之禍其害尤烈。何以故？一切虛幻都無所有，善既無功，惡亦無報，更何爲而修習功德？更何爲而濟度衆生？由彼之言，必至任情取奪，異見橫生，破壞一切世間出世間善法故。而在佛法則異乎此，所謂依他如幻，以因緣生故；如幻有相，相復有體，卽真如故。所謂一切唯識，但遮外境，而不遮識。當知一切有情，皆有八識五十一心所，無始以來與我光光相網，俱徧法界，必發大悲大願之心與之同出苦海，不似計滅者，竟至妄情背恩入險薄故。又當知，依他起性如幻起滅，而真如體如如不動，不增不減，無生滅故，現識雖復時起時滅，而八識持種永無壞故。由斯過去現在未來恆河沙劫永非無有，以是因緣當勤修學自利利他，善惡果報毫髮不爽故。故哲學爲危險之論，佛法爲真實之談，取捨從違，理斯準矣。

諸君應知，吾言佛法非宗教非哲學，非於佛法有所私，非於彼二有所惡也。當知一切宗教家哲學家皆吾兄弟，彼有信仰之誠，是吾所敬，彼有求真之心，尤吾所愛，惟彼不得其道，不知其方，是用痛心，欲其歸正。又應當知，佛法陵夷，於今爲極，諸信佛法者流不同二乘之顓愚，則同外道之橫議，坦坦大道，荊棘叢生。自近日西化東來，乃復依稀比附，或以擬彼宗教而類我佛於耶穌，或以擬彼哲學而類三藏於外道，婢膝奴顏，苟且圖活，此非所以宏佛法，是乃所以謗三寶也。諸君應知，天地在吾掌握，吾豈肯受宗教之束縛？萬法具吾一心，吾豈甘隨哲學而昏迷？一切有情，但有覺迷兩途，世間那有宗教哲學二物！當知我佛以三十二種大悲而出於世，三十二種大悲者，卽悲衆生起一切執，生一切見耳。一切見中，差別有五：一我我所見，二斷常見，三邪見，四見取，五戒禁取。見取者何？謂於諸見及所依蘊，執爲最勝一切鬥諍所依爲業。戒禁取者何？謂於隨順諸見戒禁及所依蘊，能得清淨無利勤苦所依爲業。所謂哲學，卽是見取，一切鬥諍之所由興故。所謂宗教，卽戒禁取，一切無利勤苦所由起故。是二取者，佛法之所當闢，而何復比附依違之地？

　　或復難曰：佛法誠高矣廣矣，雖然，當今之世有强權而無公理，使人皆學佛，則國不亡種不滅乎？又況乎佛法以出世爲歸，以厭世爲始，一切都是消極主義，於人類之生存，世道之混亂，有何關乎？答曰：凡此之難，如前所言，俱可解答。彼輩之惑盍？一則以宗教例佛法，一則以二乘目大乘故耳。今後總答此問，一者當知佛法根本乃菩提大願，二者當知佛法方便多門不拘形式，三者當知學佛要歷長劫。菩提大願者，求正覺而不求寂滅故，衆生不成佛，我誓不成佛故，由此大願以爲根本，曰定曰戒皆其方便。所謂方便多門不拘形式者，佛度衆生，其徒有四，曰比丘、比丘尼、優婆塞、優婆夷，在家出家俱無礙故。佛有三乘，曰人天乘、曰小乘、(中分二聲聞獨覺)曰大乘，種姓不定應機說法故。佛法制戒有大乘律有小乘律，大乘持戒菩提以爲根本，是以經權互用，利物濟生，犯而不犯故。所謂學佛要歷長劫者，佛由一切智智成；一切智智由大悲起，大悲由不捨衆生起。自未得度而先度人者菩薩發心，衆生成佛菩薩成佛，菩薩以他爲自故，他度爲自度故。以是因緣，菩薩不厭生死，不住涅槃，歷劫修行，俱在世間，化度愈宏，種姓斯生，馴而不已，卽成正覺。而三身化度窮未來際，是故佛不出世，佛不厭世，佛法非消極，佛法非退屈。治世禦侮，濟亂持危，亦菩薩之所有事也。總之，佛法之始，唯在正信，唯在正見，唯在正行，佛法之終，唯在正覺。然則，根本決定，金剛不搖，外此則隨時方便，豈執一也。然則，種種危懼，皆屬妄情，一切狐疑，非達佛旨。

　　如上所明，於佛法要畧示端倪，如欲求精詳，當專研經論。諸君諸君，今何世乎，衆生迷妄，大亂迫前，我不拔度，而誰拔度！又復當知，我佛大悲，說法良苦，諸大菩薩，慘淡經營。我國先哲，隋唐諸彥，傳譯纂記，垂統纂勞；宋明以來，大道微矣。奘師窺師之學，唯識法相之義，若浮若沉幾同絕響。是則，賢聖精神，擲諸虛牝，大道棄籥，漫無迪人。譬諸一家，其父析薪，其子弗克負荷。既內疚於神明，徒虛生於宇宙。誰有智者，而不奮然。以正法之宏揚爲己任，以衆生之危苦而疚心。先業中興，慧輪重耀，勃乎興起，是在丈夫。

　　恩洋按，此文吾師在南京高師哲學研究會之講演録也。師以局於時間，未盡其意，詞亦未畢其半，恩洋復以平日所受，備而録焉，以供同志研討。自"云何佛法爲今日所必需耶"以下，洋謬以己意續成之者。前後文詞未及修正，知不雅馴，閲者但求其意可耳。

　　（據中華民國十一年(1922年)四月廣州惠愛中路壬癸坊卽廬印行歐陽竟無先生講演佛法非宗教非哲學單行本）

吕　澂：佛法與世間

　　今講此題，意在正確説明此兩者間之關係。此題似平常而實複雜，因不能專尚理論，須兼顧事實，又佛家所談理論，表面上頗紛歧異趣也。兹就本人依據大乘佛法立場作基本看法，分三層説。先説佛法對于世間之解釋；次説佛法在世間之運用，卽如何應世；最後闡明其根據之所在。

　　初説佛法之解釋世間，凡有三類：卽行、有情、器三世間。總之，不外乎全體有情生存之一切。至世間之意義，應分就自相與實相而談。自相卽世之所以爲世者，世間之自相祇是言説之構想，染相之取著，業惑之繫縛而已。（此三層乃與三解脱門對立，非同泛泛）以故佛法斷言其不自在，而謂之爲苦。但自相者其表，案其實在，卽就實相言，則世間自性本寂，雖名言構想而實際離想，（此謂不以想爲自性，想應可離，故曰離也）雖染相取著而實際離取，雖業惑繫縛而實際離繫。由其構想取著繫縛而謂之爲苦，又以其自性離想離取離繫而狀之曰寂。大乘佛法即立足在此性寂上。蓋必先明實相而後有自相之意義，以術語解，自相猶俗諦，實相猶真諦，二諦原是一諦，並非相對。以俗之云諦，並非將就世間，乃以真諦爲批判之依據，若無離想離取離繫之實相爲據，又烏知世間自相是苦之何所指耶？故依大乘説，必以實相爲主。（後來中觀家説二諦，誤落到對待上，實是大錯）從龍樹以來，談此問題莫不强調“世間與涅槃平等”之義，龍樹在其最要著作中論上談及涅槃説，“世間與涅槃無有少分別”，反之，“涅槃與世間亦無少分別”，即明白標此宗旨。中論又釋兩者無別之所以曰，“涅槃之實際，及與世間際，如是二際者，無毫釐差別”。此義不可揣摩文字，以作本質分量上相等之解，應依大智度論“世間之真際即是涅槃際”之義解之。此非世間真際外別有涅槃兩兩相等也，但依智論著名之喻“破壁成空，空不離壁”而談，於世間履踐實際，即是涅槃；且即從實際意義而説世間性寂，此乃佛法對世間加以肯定處。有情之生存，事實固不能一筆抹煞也。在大乘根本經典法華經，開卷譬喻品有“三界無安，猶如火宅”之説，意使衆生知苦，似乎否定世間矣；但後分如來壽量品即説“如來如實知見三界之相無有生死，無退無出，亦無住世及涅槃者”，以此爲據，而後“種種説法佛事未曾暫廢”。由此經先後並提世間自相與實相，可知二者原來相貫也，佛法對世間之解釋如是。

　　次説佛法如何應世，即於世間起何功用。此可以“出世”二字表之。出字須善爲之解，此非去此之彼，有如常識空間上之意義，但是遠離之謂。遠離亦非棄絶，乃俱而不染，即相涉而又不相應也。小品寶積説：佛法如淤泥中蓮華，使在清水或虛空中必不能出生，此正以其出於淤泥，乃見其遠離，若居身九霄雲外，雖一塵不染，又何足道？故相涉而不相應，方真是不染。如何與世相涉耶？

必行世乃得與世相涉，猶蓮之植淤泥，乃有所吸收滋養也。華嚴末後離世間品卽說"心淨如虛空，永離一切有，行於世間事，其心無所依，究竟白淨行，亦令衆生然"。於此可見，佛法之應世，乃在起出世之用。一切有情生存於世，只是沈淪流轉，佛法則循世間實相，從世間興起，有所趨向，直往彼岸。此彼岸二字，又不可依常識作水流兩邊相對之解。涅槃經說，涅槃是彼岸，然無此岸，蓋祇示其趨向耳。隨波逐流永無皈宿卽此岸，能乘風破浪有所趨向卽到彼岸，此說彼岸之意義也。佛法之應世，依前說，世間有自相之苦義，卽不應染，有實相之寂義，卽應相涉，此其踐行之據也。於此可見佛法首着，亦不外指示有情生存之無倒趨向而已。所謂有情，如以人爲例，此卽關係人生問題。於此佛法亦卽解決人生，並不在人生問題以外；亦非於人生但提出生死問題已也。（談出世義 先應知此，果能出世，自然使世變質，所謂轉依，其說另詳）小乘人不知世間係全體有情共相維繫，漫欲獨自擺脫，以爲超出，安有此事？故佛說其解脫爲暫息化城也，若以化城爲究竟，更欲於此安立興起悲願重行入世之談，則益無據矣。

最後闡明其根據，佛法以此施設其教，自然出于佛之大智大覺，但此猶屬片面的；其切實根據仍在有情本身，卽不悖乎有情心性之一點。此應從有情生存事實上看其心性如何，平常對有情之生死，但知作十二有支解，此雖重要，但佛在另一方面又說"一切有情皆依食住"，其義更要（據南傳增一阿含經，佛嘗以一法概說世間，卽謂衆生皆依食住，又集異門足論首舉一法，亦卽有情皆依食住，可見此義之要），十二有支只解得生死相續，如知有情依食而住，食卽有所資取、希求，則生活可有開展向善之義乃顯著矣。食分段、觸、思、識四類，先有資長，次求安適，進而希望，而把握充實，莫非食也。一切有情依此四食，而後生活可有開展向上。佛法施設,根據於有情生存事實云者,卽着眼於此。因衆生由食住進而有常樂我淨之要求,更進而有自在解脫之要求,此卽有情生存之向善意欲也。(大乘入道,於三類緣起中,特以受用緣起爲轉樞,十八空觀始于內外空,而慈氏解之,爲能食所食空,菩薩地上十王大業,於佛三身中唯受用身之是修,而唐人譯之爲食身,食之於道,關係可見)此意欲以遍行之"思"爲主,而與別境之"欲"相結合,不屬於根本煩惱之"貪欲"。然在不得其道時,卽成爲四倒。佛法利益有情,卽根據其向善意欲而引導之,示以無倒之常樂我淨四德,非但取消四倒而已。然于此四德,如真認識真泯合於實際,亦卽自能超過相對看法,不執以爲常樂我淨,而行其所無事。故佛法非引導衆生使陷於幻滅也,乃先導之以不顛倒,而究竟於超乎四德,以泯合於實際也。此義仍可取證於法華,方便品云:"又諸大聖等,知一切世間,天人羣生類,深心之所欲,更以異方便,助顯第一義"。此卽表示佛法施設所據,在於有情之心欲。又譬喻品説,長者之使諸子離於火宅,乃以羊鹿牛車引之,三車以喻三乘,其合喻處卽謂三乘皆是聖所稱歎,自在無繫,無所依求,乘此三乘,以無漏根力等自娛,便得無量安隱快樂。佛法以此感動衆生,自必衆生原有此欲,要求自在,乃能投其所好,引之遠離,此爲佛法施設之根據,卽一切有情生存向善之內在希求也。(此卽是善法欲)於此可見,佛法非破壞世間,乃真正安立世間。般若二分佛母品謂,佛於衆生有恩如母,卽在能示世間相,其所示者非破壞世間無常苦等相,乃示之以世間寂滅相,無生滅增減染淨來去相,乃至空相無相相無願相,此卽佛對衆生之大恩。龍樹釋此,謂佛法中有處單説世間無常相者,爲小乘説法,(小亦不以此爲究竟,應由無常進而説空)大乘則不然,開始卽直接示以實相空,循此實相,衆生存在乃能有無倒趨向,直往彼岸,此佛所以於衆生有大恩也。故佛法施設,根據有情生存向善之意欲,非破壞世間,而正從實際安立世間也。(智論説,但破於世間執常無常,不破之間,此卽佛家"破想不破法"之通義也)法華經云:"我雖説涅槃,亦非是真滅,諸法從本來,常自寂滅相"。佛法究竟,亦只如實説此義而已。上來諸解,又豈自作主張妄爲之辨哉。

三十四年十一月十三日第六次院友會會講記録
(游于默記)

附識:今之談佛法者有三大病,若不及時對治,終必不可救藥。三病者何? 一曰泥跡,專講娑訶苦惱,生死可畏一套話頭,引人厭世躲閃。此從小乘出,卻毫未學得小乘之嚴肅深刻精神,只剩有渾身自私自利解數,此爲一大病。次曰蹈空,專唱高調,煩惱卽菩提,生死卽涅槃,説得一片響,完全不著邊際。反倒轉來,以涅槃菩提將就生死煩惱,由此引人向浮泛空虛,真同方廣道人,於佛法一無所得,此又爲一大病。三曰純任知解,無論説生道死,談空論有,概從知解上理會,只圖説得順口動聽,不管於自身受用如何,不問於他人利益如何,更不理會與此人世如何銜接得上,結果一場空話,竟與人生漠不相關,此又爲一大病。本講三層,有感而發,針對立言。先提清由實相根據,乃得世間是苦之真意味,使人於性寂處有着落,不是一味厭棄了事,經謂欣求涅槃而後厭苦是也。此治泥跡之病。其次,説明佛法用於行世,不離世間,所着重者不在世間卽涅槃之上,也不在世間實際是涅槃之上;乃着重於實踐世間之實際,而爲涅槃。涅槃應統實踐過程而言,應活用此語。佛法不外指示有情,只有此一種趨向方是道路,并且只有在此上走着,方是道路。此治蹈空之病。最後闡明佛法施設、運用,既不離於世間,卽應於世間有其根據;且應卽在尋常日用之間得之。菩薩之悲憫盈懷，不避苦難，有情之依皈洲渚，如渴似飢，苟非出於尋常生活中所流露之內在甚深向善要求，則一切佛法施設皆同兒戲沙城，空無基礎。故必把握得此，佛法之意味乃能親切，而非海上仙山可望不可即也。此治偏重知解之病。今世何世，豈更容空談性命，無補人羣？講者良心未死，雖古調獨彈，無人隨和，亦不忍絲毫曲解，而以佛法爲人情也。閱者諒之。

（選自民國三十六年（1947年）鉢水齋藏版學思文粹卷六）

二、唯識抉擇談

將談成唯識論之八段十義，先於本宗要義作十抉擇而談。時俗廢疾，略而起之，要其精義，絡繹隨文。

第一、抉擇體用談用義。無爲是體，有爲是用；非生滅是體，生滅是用；常是一體，因果轉變是用。有爲、生滅、因果，無漏功德，盡未來際法爾如是，非獨詮於有漏也。是故須知，有爲不可歇，生滅不可滅，而撥無因果之罪大。又復須知，一真法界不可說，凡法皆即用以顯體。又復須知，體則性同，心佛衆生，三無差別；用則修異，流轉還滅，語不同年。

第二、抉擇四涅槃談無住。佛爲一大事因緣出現於世，大事因緣者，所謂令無量衆生，我皆令入無餘涅槃而滅度之是也。遂有歧途曰：大事因緣，出離生死，灰身滅智。故唯識家言，雖則涅槃，而是無住。不住生死，不住涅槃，盡未來際作諸功德。然作功德，乃曰無住，而相寂然，仍曰涅槃。金剛不壞假名論，亦作是說。無餘涅槃者何義？謂了諸法無生，性空永息，一切有患諸蘊，資用無邊，希有功德，清淨色相，圓滿莊嚴，廣利羣生，妙業無盡。是則無餘涅槃者，決非灰身滅智之謂也。此大事因緣，亦即是佛唯一亦不二之教。諸有不知，説頓説漸，説半説滿，豈是圓音無非一妙，聞者識上，故局一偏。然子貢因論學而知詩，子夏因論詩而知禮，執詩執禮，世典且難，況於佛説？故初發心入資糧位曰順解脱分，金剛喻定曰無閒道，大覺極位得大菩提曰解脱道。問：教既是一無餘涅槃，然發心者不曰發涅槃心，而曰發菩提心，證果者不曰證解脱果，而曰證大覺果，何耶？答：涅槃是體，菩提是用，體不離用，用能顯體。卽體以求體，過則無邊，但用而顯體，善巧方便，用當而體現。能緣淨而所緣卽真，説菩提轉依卽涅槃轉依，唯識所以巧妙莫階也。諸佛與二乘解脱身同，牟尼法身不同，故不曰證解脱果。

第三、抉擇二智談後得。加行智，四尋思後四如實，見似非真，根本智入無分別，斯乃見道。然真見一三，又益之相見十六者，必後得智見乃周圓。真見自悟，相見悟他，有一衆生未成佛，終不於此取涅槃，菩薩以他爲自故。菩薩於何求？當於五明求。一切智智，五明是資，聞思所成，修慧引生。直往不迴心，趣異於初今，若入果位，所作獨攝。成所作智，唯後得智攝。餘三通二。圓鏡、平等、觀察三智，皆通根本後得。如理匪難，如量實繁，盡所有性，斯乃殊勝。此義引伸，讀菩薩藏經。問：唯識義是用義，於涅槃則無住，於菩提則後得。無住後得，證以後事，則依智不依識，何不曰唯智，而曰唯識耶？答：無漏智強識劣，識應其智，智實主之；有漏識強智劣，智應其識，識實主之。五位而及於資糧加行，百法而及於煩惱不定，作意在凡外小內故，法爲衆建故，舍智標識而曰唯識。

第四、抉擇二諦談俗義。空宗俗有真無，相宗則俗無真有。俗有真無者，於世俗諦一切皆有，於勝義諦一切皆空。般若所談，非義遮義，匪是其表。俗無真有者，於世俗諦瓶盆徧計一切皆無，於勝義諦一真法界圓成而實。然此真俗，唯是一重，若説依他，則四真俗，三科四諦及於二空，真之前三即後三俗，真俗皆有。俗則如幻，真則不空，是詮是表，非是其遮。瑜伽所説，不空空顯，如幻幻存，善巧絶倫，於斯觀止。空宗俗有，乃相宗初俗，是爲情有，情則有其徧計瓶盆也；空宗真無，乃相宗後真，是爲理無，理則無其徧計瓶盆，俱以一真法界不可名詮也。若夫真之前三，俗之後三，不可名而可名，不可言而可言，不了義經，烏乎齊量！

第五、抉擇三量談聖言。取捨從違，自憑現量。然真現量見道乃能，非應無漏，雖現而俗，據俗而評，患生不覺，故唯聖言，最初方便，馴至證真，縱橫由我。譬如五根，五識難緣，恃聖言量，以能發識比知有根；譬如賴耶，意識難知，恃聖言量，以能執持，比知有八。不信聖言，瓶智涸海，聖不我欺，言出乎現，問津指南，豈其失已。

第六、抉擇三性談依他。空宗以二諦爲宗，故談真絶對；相宗以三性爲宗，故因緣幻有。因緣幻有者，依他起也。他之言緣，顯非自性；緣之謂種，法爾新生起有漏種，法爾新生起無漏種，都爲其緣。有漏緣生曰染依他，無漏緣生曰淨依他，執爲實有曰徧計所執，空其所執曰圓成實。夫以成之爲言，乃一成不變義者，則是常義，即涅槃常樂我淨義；彼依他緣生則三法印者，無常義，無我義，苦義。若以成之爲言爲究竟斷染義者，則淨分依他是其所事。體徧而用亦徧，非虛而亦非染，圓實二義，依他別具。三界心心所是虛妄分別故，淨分依他攝屬圓成。若分別立名，唯目緣慮，則淨分染分皆依他攝。撥因緣無，黜依他有，彼惡取空流，諸佛説爲不可救藥者。

第七、抉擇五法談正智。真如是所緣，正智是能緣。能是其用，所是其體。詮法宗用，故主正智，熏習能生，無漏亦然。真如體義，不可説種，能熏所熏，都無其事。漏種法爾，無漏法爾，有種有因,斯乃無過。分別論者,無法爾種,心性本淨,離煩惱時,卽體清淨爲無漏因。如乳變酪,乳有酪性,是則以體爲用。體性既消,用性亦失。體爲其因,因是生義,豈是不生?自不能立,須待他體以爲其因,故用性失。過卽無邊,本論出過,備有八段,至文講釋。

分別論:心性本淨。一　客塵煩惱所染污,故名爲雜染。一一離煩惱時,轉成無漏。二

起信論:是心從本以來,自性清淨。一　而有無明,爲無明染,有其染心。一一　雖有染心,而常不變。中略所謂以有真如法故,能熏習無明。中略謂菩薩發心,勇猛速趣涅槃故。二

分別論:無爲法有九,第八緣起支無爲。緣起非卽無爲,然有無常生滅之理,是常是一。說名無爲,一　能令緣起諸支隔別有轉變故。一　一

起信論:以依真如法故,一　有於無明,則有妄心。

不覺念起現妄境界,造種種業,受一切身心等苦。一一熏習義者,如世間衣服實無於香,以香熏習則有香氣。世間衣香,同時同處而說熏習。淨染不相容,正智無明實不竝立,卽不得熏。若別說不思議熏者,則世間香熏非其同喻。又,兩物相離,使之相合,則有熏義,彼蘊此中,一則不能。如徧三性,已徧無明,刀不割刀,指不指指,縱不思議,從何安立?

第八、抉擇二無我談法無。執之異名爲我,煩惱障存則有人我,障其所知則有法執。大乘悲增,修一切智,十王大業,貫徹法空,三科緣起處非處根,六種善巧。法相所修,自性相應色及無爲,百法明門,一切唯識,相應如如,歸無所得,一極唱高,寧有容上」

第九、抉擇八識談第八。一、五教十理及於八證而立此識。此義在八段十義後,姑不必談。然顯揚先談建立,後說意業,讀者心朗,今雖不能詳談,亦必略表其目。其顯近易知者,更抉一二別續

而詳之。

五教大意：

五識無依義。

六識無攝藏義。

六識無執持法種，執受色根，執取結生相續義。

大衆根本識，上座有分識，化地窮生死蘊，有部愛樂欣喜阿賴耶。五教外之小教，皆談第八。

十理大略：

唯識十理：	瑜伽顯揚對法八證：
一、持種心。————	四、有種子性。
二、異熟心。————	六、身受差別。
三、趣生體。	
四、能執受。————	一、依止執受。
五、持壽煖。	
六、生死心。————	八、命終不離。
七、二法緣。	
八、依識食。	
九、識不離。————	七、二定不離。
十、染淨心。	
	二、竝不初起。
	三、竝則明了。
	五、業用差別。

二、唯識以識攝蘊而立此識。羯羅藍位五識不行，而名色，經言識緣名色，名色緣識，則七八仍行。受想行識之名及色爲五蘊，五蘊中之識爲名中識，但是六識，名色緣識之相依識，乃是八識。相依識與名中識，互爲其緣，是即八識與六識互爲其緣耳。法相以蘊

攝識，所被極廣，及於二乘。是故不善般若經，僻執聲聞藏，都但說六，信有五蘊，不信賴耶。時多邪慧，正學荒蕪，六識不足範圍，更恃誰何而堪折正？

三、深細不可知之識是此識。二定、無想天、睡眠與悶絕，此之五位六識不現，七八仍行。且談眠悶，粗顯免爭。死生一瘡寐閒耳，斯又何奇？瘡而復醒，仍依此身，死而又生，但身別易。身依容異，識有是同。但是細微極深無底，非若六識粗淺可知，若以深細不知而卽言無，無則現前粗細俱無。云何熟睡昏迷震驚仍覺？此意深長，烏容釋究。斯固知八識持種，六雖不現，種爲八持，斷而復續。職是之由，立有八識，夫然後理可通也。

四、不爲聲聞而立此識。攝論云：何故聲聞乘中不說此心名阿賴耶識，名阿陀那識？由此深細境所攝故。所以者何？由諸聲聞不能於一切境智處轉，是故於彼雖離此說，然智得成解脫成就，故不爲說。若離此識，不易證得一切智智。深密經云：阿陀那識甚深細，一切種子如暴流，我於凡愚不開演，恐彼分別執爲我。一則無用乎此，二則益其僻執，不立之由，誠如經論。

五、因爲人悲而立此識。云何而悲？觀衆生百一十苦而起大悲，觀衆生昧三十二法而起大悲。云何觀衆生而起大悲？無人無我無衆生，皆一心之差別。此識持一切種，周徧沙界，周沙界識網周沙界，相繫相維相與增上，觀乎衆生自然而悲。心穢則佛土穢，心淨則佛土淨。悲其穢矣，屬其心矣，必了心體，有斷然者。

第十、抉擇法相談唯識。一時極唱，性相兩輪，明了而談，一遮一表。都無自性故，所以必遮；相應如如故，所以必表。法相賅廣，五姓齊被，唯識精玄，唯被後二。詳見他叙，此姑不贅。　瑜伽論敍十義，真實品敍六義，參看法相攝阿毗達磨全經，唯識攝攝大乘一品；法相攝十二部經全部，唯識攝方廣一部。

民國十一年京院講演原稿
（據支那內學院蜀院中華民國三十年(1941年)刻本）

三、內學序十三年十二月

範圍之比例，因果之遞嬗，天然之模倣，天下古今，世出世學，盡在乎是，是不可以已乎﹗雖然，有說。今吾且問，立範圍者誰？寧不操柄而聽其命﹗範圍有量，量寧局是？範圍有數，是數以外，何獨無事？率爾操柄，是名武斷，武斷者不足以立範圍；聽命非創，非創者不足以立範圍。宛轉虛妄，無可憑據，吾復奈何而熒惑乎哉？因不以因起，是因以前因復有因，因則無窮；果不以果止，是果以後果更有果，果則無窮。無窮者莫可得而窮詰也，誰復有能疲薾神精媾結虛牝？如水呈形，如鏡呈影，攝前遺後，顯表晦裏，語不足闡義，跡不足達旨，扣槃捫燭，璞周鳳楚。悲夫﹗執一行一門者之汩汩沈沈無出期也，離諸根量宗因譬喻，我說因緣非第一義，三世佛冤，如言取義。是故，範圍之比例，因果之遞嬗，天然之模倣，學其所學，非吾黨學。

處處經中皆作是言，善男子，爾及諸菩薩摩訶薩應如是學。此復云何？現證而已矣。共所成立，不由審取，地唯是地，非水火風，苦唯是苦，非樂喜捨，是名世俗現證。諸法非實，如幻如化，如燄如夢，如影如響，水月鏡像，乾城虛空，是為勝義現證。云何為現？三界分別，自心所現；云何為證？不取於相，如如不動。世俗謂遊方以外，吾學謂還滅自內，應如是學勝義現證，是名內學。現證云者，不可以驟得，不可以一概。禹鼎神姦，一覽窮悉，如觀無常，五蘊無常，剎那集顯，是名現證。一真法界，周徧無外，應如是學，無外之内，是名内學。

　　吾所親愛，如一子地，寒暑陰陽，凌蔑失序，一舉一動，人之圖己，恐恐惴惴，光天無之。吾之愛矣，奈何勿悲？悲之甚矣，日夜迫切以思，求所以醫。豈秦人視越人之肥瘠，盡大地人皆吾一子，皆失其序，皆吾所悲，吾皆求醫。醫也者，學也。悲而後有學，憤而後有學，無可奈何而後有學，救亡圖存而後有學。不如是而有學，其施也不親，其由來也不真，其究也無歸，唐其智力精神，危乎冤哉！天下有如是學，吾其愈益悲也。夫人心理咸其一致，如理者事在一己，如量者發由乎人，不可以不審。聲聞緣覺，悲心微薄，是故聲聞出定，不識食鹽，緣覺化人，顯通無二，鈍之至矣，烏足以言佛！菩薩摩訶薩，生心動念，莫不皆悲，舉足下足，無非是學，牛溲馬勃，寶於芝苓，醫方工巧，因明聲明，但可致用，都非蕪菁，惑執無邊，慧解無邊，過患不已，功德不止。三阿僧祇，豈有終極，其悲也大，故其學也大。應如是學，大往大來，是名内學。吾嘗論之，亂之興也，自無悲始；治之萌也，自親愛起。生心動念，唯私一己，天下忘矣；一舉一動，環顧皆人，世界太平。食不摶飯，坐不橫肱，比丘立戒，二百五十，多視大衆，袪彼妨害。任教育者可以思矣，治學問者可以知矣。

　　現證者，學之自體，悲者，學之緣起。然吾病病，又烏知乎人之病？吾亦常樂我淨，又烏知乎無常苦空，無我寂静？吾亦徧計所執外物真實，又烏知乎幻化夢餤，影響虛空，水月鏡像，乾闥婆城？以是因緣，又復須知，方便者學之行軌。洪濤無梁，舟楫是從；徑路雖絕，風雲可通；親辨無因，同類有功；銅山西崩，響應洛鐘；火騰陽燧，水液方諸；菩薩摩訶薩無漏種隱，有大方便引發勝品。曰聖言量，至心歸命，危懼而不捨，不可得也，不此之往，又何之矣？攬已於其閒，不可得也；吾如足智，先已知矣。歸命曰信，一信以往，次解次行，大有事在。既非盲從，亦非肌度，研求有的，解無量也；

既非冥行，亦非説食，遵道守轍，行無量也。隨順現證，趣向現證，臨入現證，學之序也。多聞熏習熏此現證，如理尋思思此現證，修斷轉依依此現證，三慧漸頓，學之事也。無邊沙界平等現證，盡未來際一味現證，學之至也。如此而已矣。支那內學院刊一年內學，呈諸大雅，質諸同好。自今伊始歲其有。一星終矣，穟襃獲年。刊成，歐陽漸喜而叙。

（據支那內學院蜀院中華民國三十一年（1942年）刻內學雜著本）

四、與章行嚴書民國十四年八月

行嚴先生無恙耶﹗嘗於報紙觀見行事翊翊有生氣，凋瘵之國，若都如此，外侮内争其不可以熄乎﹗武人利器殺一圍，辯士政策殺一國，學説潛勢殺天下萬世，使人樂耽狂死而不悟，進化論是矣﹗門人景昌極許進化論生命及道德文頗切。甲午以還，奔走悽惶，無所托足，石埭楊居士講究竟學於寧，乃與桂伯華諸人相率以事之，不仕不葷，絶男女之慾，悉力精研者二十年，而後豁然淹貫，講學育才，將以移易乎天下萬世，此支那内學院之由來也。別調孤彈，宗教則屏爲世學，世學又屏爲宗教，舂糧且不能宿，蓋垂青者寡矣。十二年秋，公曾與太炎、印泉、右任諸公，謀所以攽内院者於滬商人而無效，公與印泉頗悶損。今者時機大至，公爲天下教宗，乃作支那内學院非宗教性質，是講學機關之文，將用以釋羣疑，呈請左右，必爲宣傳。嗚呼﹗如先生者，可謂上不負國，下不負友者歟﹗天下誰不竭誠盡忠，獻芹奉曝者，而況於漸乎﹗謹先陳支那内學院性質四條外，將一及乎教育之精神肝髓。

所稱支那内學院性質者何耶？一、所學之目的，求得如鏡之智,照一切事物能究竟,卽用爲拯拔羣衆苦迷之器具,而天下皆脱苦解迷。

宗教有悲無智,科哲學有智無悲,佛法則悲智雙運。然其悲亦非宗教之悲,以宗教悲人不爲善而生天堂,佛法則悲人不證不生不滅、平等自由之理。又其智亦非科哲學之智,科學因果律展轉比量,不能超量,物理推至原子電子而術窮;哲學之知識,或謂出先天,然不明先天爲何物,或謂由經驗,然何以突有經驗,更何以歷久長存,以故事物窮研每難結果。佛法鏡智但是現量,一刹那間如物而量,不用比證;一刹那間現前明了,不藉先天,現成卽是,不用經驗,以是佛法能得究竟。夫現量者,術語名無漏種發現,與常人日用行習思想邏輯之有漏種發現者,截然兩物。是故,佛法非宗教非科哲學,而別爲一學也。

二、求學之方法。假聖言量爲比量,多聞熏習,如理作意,以引生其他日之無漏。由聖言渾涵中推闡以極其致,詳前所略,整前所雜,或疏失之糾修,或他義之資助,以期思想之大發達。

聖言量者,非宗教之教條,但有服從而無探討,實若因明之因喻,幾何之公理也。宗教有結論無研究,哲學有研究無結論,佛法則於結論後而大加研究以極其趣,非待研究而希得其結論。是故,佛法於宗教哲學外,而別爲一學也。

三、現得之學理。一、羣衆三苦織然而後學與,一切所學,爲他而學。二、唯識法相學是兩種學,法相廣於唯識,非一慈恩宗所可概。三、法性法相是一種學,教止是談法相,龍樹無著實無性相之分。四、教以法義爲通途,無大小乘之畛域。五、教無進化之理,而有遞嬗之迹。六、理非佛説盡,而必從法印而生。七、世所棄幻相是真相,世所執實相是空相,道在空其所實而真其所幻。八、一切法相體用因果,法爾如是。九、法相不可亂,六根互用以耳爲見者,耳中具眼種，耳帶之發現，而實眼見。十、三性是一物，無別實物，但是緣起，故明依他起用義，而法界立。十一、不立無漏種説心性自生自滅者，墮外道説。十二、唯識學有今學古學之異。十三、今古學同尊無著世親之籍，而傳本各異，奘師承今學，譯名潤文，但存今學傳本之精，以西藏異譯勘無著世親原文，而古學傳本之精時見。十四、古以無不屬識爲唯，今以無不離識爲唯。十五、古唯受用緣起，今創自性緣起。十六、能緣挾帶所緣而起，古學就所緣種邊曰真如緣起，今學就因緣種邊曰正智緣起。十七、真如緣起説無漏則通，説一切不通。十八、諸行刹那頓起頓滅。十九、一切有情各自識變，各一宇宙。二十、各變宇宙，互不相礙，光光相網。

　　略述二十理，恐繁且止，而皆術語，不能詳析。他日内院學理書成，將以呈公，藉餉國人。此二十條中，一至六爲總得之理，七至十爲法相之理，十一至終爲唯識之理。其古今傳本之異，法相亦然。

　　佛法之晦，一晦於望風下拜之佛徒，有精理而不研，妄自蹈於一般迷信之曰；二晦於迷信科哲之學者，有精理而不研，妄自屏之門牆之外。若能研法相學，則無所謂宗教之神秘；若能研唯識學，則無所謂宗教之迷信感情。其精深有據，足以破儱侗支離；其超活如量，足以藥方隅固執。用科哲學之因果理智以爲治，而所趣不同。是故，佛法於宗教科哲學外，別爲一學也。

　　四、現學之科目：一、唯識學，二、法相學，三、因明學，四、印度哲學，五、印度歷史學，六、佛法律學，七、佛法心學，八、佛法美術學，九、梵藏英日文學，十、中國古文學。

　　心理學有與唯識意識中之一部分相似者，物理學有與唯識色法中一部分相似者，哲學有與唯識中多數部分相似者。然唯識學之因果緣依伴業所及，一物之起，實繁有緒，單純粗率決不能同。因明之三十三過十四類，以視近時邏輯學亦然。印度無史，依經比附，全賴佛徒，世史一任其殘，斯科乃不稱學。大乘之律，捨跡誅心，參其用意，足濟世間法律之窮，如何非學！化腐爲新，轉凡成聖，全恃觀力，豈有神奇？萬變唯心，組成緒統，如何非學！美術者，適當其可之象徵也。思想高邁，構結遂神，此中彫塑畫像，獨非學乎？周秦遙籍，毫不問津，內典深文，烏容涉迤？風騷雅頌已不敵呵呀呢嗎之聲久矣，留此羵羊，忍云非學！

所稱教育神髓者何耶？從民之慾望，趨時之潮流，始事而兆亂者，不得辭其過。然烏頭以治風，水來而土掩，因應復因應，亦復何時已乎！夫事有似迂而實神者，端本澄源之謂，遊刃於虛之謂也。教育不以興國爲的，而以民能充其所以爲人之量爲的，國可亡，天下不可亡，明不可失其所以爲人耳。夫人也者，仁也。克己之謂仁，無我之謂仁。生心動念，唯知有己，非人也；舉足下足，環顧皆人，人也。爲仁之方曰：己欲立而立人。己纔有其欲，而立之見爲事實者，即在乎人。孔子之教育也，今天下何能之不有？而朝野上下、賢否智愚，第一拳拳止知有己而不負責，豈獨武人？夫亦焉往而不滅之者哉！事已無可奈何，以故不得不創菩薩以他爲自之教育。無言之教，不行而至，華周杞梁之妻，善哭其夫而變國俗，陽明而後，誰其繼者？故須復宋明講學精神之教育，搗虛以實，去囂以樸，專門之學愈簡愈精，一藝一材必充其量，苟能分門別類，無學而不踐其實，而所謂虛驕夸誕之士氣，能長存而不變者，未之有也。以故，須趨重學術團體之教育。漸愚，止足知此，唯公裁之。

八月十五日，自南京支那內學院發。

（選自支那內學院蜀院刻本內學雜著）

五、今日之佛法研究

釋題分三:　一、佛法(研究境)

二、佛法研究(研究行)

三、今日之佛法研究(研究者隨分之果)

一、佛法者,其詳可列一表如次:

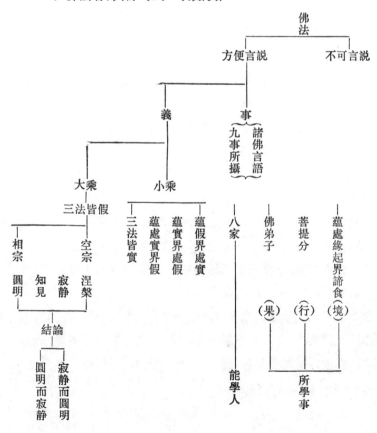

依表解釋，若説佛法實有勝法可學，即魔説而非佛説。佛法乃日常應用恰到好處之事，亦猶人生眠食起居，不足希奇。無論佛出世若不出世，法性安住，法住法界，法爾如是。佛有所説，但老實人説本分事而已，論其實固不可言説也。

然凡愚未可遽語於此也，凡外造三惡趣因，墮於有見；小乘偏執我空墮斷見，二皆增損，非老實，更不是説本分事。佛以大悲心憫凡愚迷惘，從旁面反面而爲説之，惟避忘諱不説正面。反面説者，如空宗説一切俱非而顯法性。旁面説者，如有宗以二空所顯而説真如。凡此皆方便之説也。

余二十年來，談空説有，談小談大，時若不能貫通，然今依教法，乃得文字上之一貫，悟佛説方便之法門。一貫之説無他，事義之分別而已。大小空有所依之事皆同，所謂諸佛語言九事所攝，又謂乘則有三，教則唯一也。然三乘於同依之事，説義即有不同。小乘解三法有假有實，乃隨少分所見以談，未能圓滿。大乘證見既周，乃説三法皆假。其中復具空有兩輪，不可傾動。不知空而言有，此乃空前法相，所謂毫髮不可氄者。二輪相依，不可缺一。然復分二空言之者，如云徧計一切非是，又云依圓一切皆是，比之是非一時不能並舉，並舉適以自違，以是各就一端言説，遂成兩面也。空宗説無餘涅槃，一切皆空，寂静不起，此指體言。若正説之，即錯同外道，故但從遮而顯。相宗説涅槃同時之菩提知見，相貌圓明，無一毫之欠缺，此就用言，故從善巧方便而説也。二宗之不相蒙如此。

由空有二宗以談佛法結論，則寂静而圓明，圓明而寂静二語而已。合圓明寂静爲一片，而後言寂静，不失於枯槁，言圓明又不失於浮囂。禪家所謂，月在上天諸品浄者，仿佛似之。然此皆言説事，學佛究竟，猶不可拘此言説也。

二、**佛法研究者**，因寂静圓明之境非世間衆生所知，必無漏人皆見得到，此境卽不可以世智相求，於是研究上有兩困難：

(一)苦無出世現量。(二)苦世智不足以範圍。

正面無路，乃不得不假借：

(一)假聖言量爲比量，此雖非現量，而是現量等流，可以因藉。爲此假借他人。

(二)信有無漏本種，久遠爲期，以是發心最應注意，此爲假借他日。

準是研究，有二要語應知：一切佛法研究，皆是結論後之研究，而非研究而後之結論。舉例釋之：如以佛說諸行無常爲結論，而研究得其因於生滅；又以有漏皆苦爲結論，而研究得其因于無常；又以諸法無我爲結論，而研究得其因於苦。如是輾轉相比，道理盡出，卽是研究。否則但知言苦，不詳因緣，他人何不可無因而言樂？故學佛者全須用心思惟，逕路絶而風雲通，學佛有之。然不先有結論，專憑世智思量，則亦漫無皈宿而已矣。

于是，又得一研究之重要方法曰：多聞聞持，其聞積集(比較會通)，熏生無漏。亦可易詞言之曰：多聞熏習(他力)，如理作意(自力)。

三、**今日佛法之研究者**，其事有二：

(一)　須明遞嬗之理。

A、佛在世說法隨機，當時未卽記載，但大小空有義理皆具。後來菩薩詳細發揮，不外其範圍。若並此一層亦不置信，則魔外無從分別。

B、佛滅度後，二十部小乘與淨，皆切實可資研究。今人對大乘立義，每有望塵莫及之歎；而小乘思想接近，可藉以引導也。

C、龍樹破小，此爲大小轉移之一關鍵。所云一切空者，空其可空,乃最得我佛之意。

D、無着詳大,此斷龍樹之說而圓滿之,故二家缺一不可。

E、唐人薈萃,此於無着以來各家學說皆得會通,然其後絶響及千餘載,今繼唐人,須大家擔當。

(二) 須知正期之事。

A、整理舊存。此有二事: 一、簡別真僞,在不輕置信,在細心讀書,終於引生無漏,知其相應與否。多聞爲其初基,多聞乃胆大、心細、眼明而有判斷。二、考訂散亂,舊存之書多有散亂,必考訂異譯,論其短長,爲之勘定,而後可讀。

B、發展新資。此亦有二事: 一、借助梵藏文,其中要籍未翻者極夥,參閲多所依據,立論乃確。二、廣採時賢論,時賢論議不必盡當,惟讀書有由反面而見正面者。如法相要義散漫難尋,昔年讀掌珍論駁相應論師數行,而得相宗大概; 又如因大乘非佛說而得研究途徑,證明大乘實在演繹佛說而成之義,皆其例也。

　　　(選自民國三十六年(1947年)鉢水齋藏版學思文粹卷六)

六、辨方便與僧制

不畏聖言,天下無是非,當前之糾謬不能,遂亦無希望於後日,而教之危險何可勝言? 漸既非比丘,亦未從政,又不與聞近時法事,然數十年讀書,是非則昭然明白,本其所知陳於當世,倬有不克匡正於現在者, 必將有救於未來。世尊之遺囑云何? 淪胥之悲願云何? 此固可已於一言乎? 故前於僧人藉佛教會名義請預國選事,嘗據出家根本僧制以斥之,乃有謂是考據家言耳,有謂是不知方便之言耳,又謂是偏於小乘不適潮流之言耳。而佛教報章競載諸文於其篇首不以爲異，以是知是非將淆亂於天下，乃不能已於言。夫聖言遺囑，但爲供考據家資料，斯言也吾不欲辨；若夫居革命時代而不知方便、不適潮流，其顛倒是非，動人聽聞者，非善巧絶倫乎？惟其善巧，斯又非辨之不可者也。初辨明方便，凡四：

一、團體創制之爲方便也。究竟爲方便，華嚴般若皆有此義。佛之知見爲方便，一切智智爲方便。法華有此義。方便者，佛法之極詣，非證果人，不足以言此。是故，用方便於團體者，惟佛乃能。釋迦牟尼於一燈明國，以菩薩爲僧，而於娑婆此土，觀衆生根器下劣，無堪任能，於是大行方便，於此娑婆國土，唯以聲聞爲僧。大智度論。以是佛法住持，乃住持於聲聞也。瑜伽師地論。佛法住持於聲聞，是團體方便佛爲已施於娑婆世界，烏容於方便之餘更用方便耶？今僧人請預國選，非個人權宜之舉，乃團體變制之爲。夫全體變制，此何如事？初不聞咨於四衆，訪於有知，討論研求至再至三，先事長時審擇所處，但忽爾報載勸人熱烈參加，忽爾報載政府已准所請。迨至大義相繩，乃曰是行方便。嗚呼！方便云乎哉？古德以個人方便益以團體，今人乃以團體方便益以個人，是之謂以劫奪之手段，行變制之妄爲，方便云乎哉？

二、利物利人之爲方便也。中國内地，僧尼約略總在百萬之數，其能知大法、辨悲智，堪住持稱比丘不愧者，誠寡若晨星。其大多數皆游手好閒，晨夕坐食，誠國家一大蠹蟲，但有無窮之害，而無一毫之利者。此如不整理、不嚴揀，誠爲革命時之一大遺憾。説者如具方便之心，應思此百萬之衆，如何俾以利國利民，不應但參加國選，即以爲利國利民也。漸以爲，應於百萬衆中精細嚴察，朝取一人拔其尤，暮取一人拔其尤，如是精嚴，至多不過數百人。夫以數百人較四萬萬民衆，不啻九牛之一毛，以是從國家乞揇，如裝師乞太宗揇基師之例，以爲專作住持大教之用，以爲教團真正比丘、真實宏教之用，以其清淨慈悲、超然無諍，爲諸大夫國人所矜式，國家萬無沮尼之理。蓋所捨之民少，而所得利國之益大故耳。其餘游民，則俾復公民之位，因以作其真正公民之事，若士、若農、若工、若商，日出而作，日入而息，則國家歲省百萬衆之耗食，歲收百萬衆之力作，夫然後乃得謂之爲方便也。今置此不圖，乃輕率徒衆參加國選，謂爲方便，方便云乎哉？在國家，未受公民之實，仍爲棄民；在教團，驟受公民之名，翻礙規法；進既不能補於國，退復不能安於團，疚心盲目，未之思耳。狼狽一至於此，方便云乎哉？

　　三、各族現身之爲方便也。佛法之住持聲聞者，其事云何耶？被袈裟，住蘭若，不婚宦，不與俗事而住持也，如是謂之比丘。白衣廛闠，婚宦務俗，如是謂之公民。各以其類，不可混淆，淆則非驢非馬，不可顯類。故比丘變相，以無其類而佛教以亡。夫佛化羣類現羣類身，觀音三十二應，亦各以其類而現其身。彌勒住覩史天，即亦現其天身。菩薩十王大業，初地現轉輪聖王身，乃至十地現摩醯首羅身，皆不以本身，皆同所化之身，此固善權方便，不欲衆生發生疑竇故也。說者果具方便真心，以其高等以視團衆，則應勸其捨比丘身，現公民身，以救世行化也。以其卑等以視團衆，則應戁其不足作比丘身，但可還其公民身，以各從其類之實也。乃說者以袈裟比丘之身，出而爲白衣公民之身，一身跨兩頭以爲方便，方便云乎哉？夫公民爲在家人，比丘已捨家而出家，今復爲公民，是又捨出家而反俗爲在家人也。藉曰不然，則又是騎牆蝙蝠，混沌窮奇，世無其類，立足何依。善巧之謂方便，拙笨至是，方便云乎哉？

　　四、引外入內之爲方便也。出家菩薩行四攝法，法有同事一條，非方便之證歟？然四攝之所謂攝者，由世間之外攝之入佛教之內也；比丘參加國選，由出世之內捨之入世間之外也。四攝之同行，正導之不入而誘掖之，誘掖之不入而鈎牽之，鈎牽之不入而同

化之，必目的之是達，一切手段之不擇，是何誠摯，是何善巧，是何
悲智，故曰方便行也。比丘參加國選，問何目的之是達，而唯手段
之不擇？誠摯善巧悲智之謂何？應於此判曰：引外入內是方便行，
捨內趨外是慕羶行。今説者於比丘參加國選之慕羶行，乃竟誤爲
方便行，方便云乎哉？曲當其情耶，除卻不以規矩，無一合語，方便
云乎哉？

次辨明僧制，凡四：

一、出家者應行頭陀居蘭若也。聲聞弟子少欲少事，此無論
矣，即以出家菩薩而言，應學應行，亦詳見龍樹無著寂天諸家同據
之寶積郁伽長者會。此經云：出家菩薩應作是念，我今應住於四聖
種，樂行頭陀。又云：出家菩薩見十利故，終不捨於阿練兒處。即阿
蘭若。可知頭陀蘭若，固出家者所應行也。出家何事？學佛而已。
自學未成，安能度衆？此義詳龍樹十住婆沙卷一。故如救頭然，專精三
學，一念而不可懈。行戒在頭陀，則龍樹之言也。十住婆沙卷十四。
修定先蘭若，則寂天之説也。集菩薩學論卷十三十四。出家菩薩爲利他
故，固可廣受施襯，亦可聽法化生伽藍入衆，然根本之行，不能廢頭
陀蘭若。勤行自度，即爲度他，超凡入聖，造端於是。龍樹大士不
厭反復説爲出家不共之行，其意深長，可思也。見十住婆沙。我佛在
世，游行宏化，不遑寧處，乞食露宿，時見經文。竹園祇洹之精舍，
集衆説法地，非常住也。後世僧制日壞，養尊處優，習於喧雜，故一
聞頭陀蘭若，輒目爲遺世絶俗，至舉迦葉頭陀第一之説相難，一若
此非餘人所得行者，何見之陋也。今出家者皆貌爲菩薩受梵綱戒
矣，常應二時頭陀冬夏坐禪，非梵綱明文耶，豈竝此亦可忘之耶？

二、出家者不應參預世事，又不應爲名利親近國王宰官也。出
家菩薩之異於在家者，以其無有攝受父母親屬，營農商估，事王業
等，種種艱辛遽務憂苦也。見瑜伽卷四十七。出家菩薩必免此攝受俗

事者，出入聚落，則見聞聲色諸根難攝，發起三毒，六度心薄，又與白衣從事，則利養垢染，發起煩惱，弱者不能以思力制心，或死或惱，或捨戒還俗也。十住婆沙卷六。是故，佛於大湼槃經中最後説戒：比丘不應畜財奴役，種植市易，談説俗事，又不應親近國王大臣。此等經律所制，皆是如來所説。經卷七。又説，息世譏嫌戒，不作販賣田宅種植，不畜財物，不觀軍陣，不作王家使命，乃至菩薩堅持是戒與重戒等。經卷十一。又説，聲聞弟子如修集在家世俗之事，又以稱譽親近國王王子，受使鄰國通致信命，如是之人，皆魔眷屬，非佛弟子。經卷二十六。由是可見，出家不與世事，不親國王宰官，聲聞固不必論，卽出家菩薩，亦懸爲厲禁。誠以出家務俗，必招譏嫌，既妨修道之專精，復失俗衆之信奉。此非自度度他之道，亦非住持大法之要也。佛囑護法有國王宰官，但必國王宰官之自來親附，非以僧徒趨奉爲合法也。贊寧有言：末代垢重，情移奉身，罕聞爲教而親近國王大臣者。僧史略卷中。自昔已然，於今爲烈。彼奔走權貴，自許國師之流，心地齷齪甚矣，豈可以爲教親近解之乎？且稽之佛傳，佛在世時，教化國王宰官，絕少親赴，説法或不廢王法正論，亦所以引俗入道，而與干政有別。如爲禹舍大臣説跋祇國七事難勝，同時以此喻誡弟子，有種種增長出家七法，不預世事、應居蘭若，皆在其數。見長阿含卷二。説者乃引七事爲出家參預俗務之證，可謂適得其反也。佛法東流，側重王護，歷代君王乃得以專制淫威，種種矯作，多不可爲法。有如羅什之依涼秦，一再毀戒，蓮華泥污，銜憾終身。高僧傳卷二。乃至玄奘，便殿周旋，內宮就譯，亦違本懷。奘傳卷九，表請入少林寺翻譯，可見一班。至於譯場限制，難盡譯家之能事，尤難勝論。今者國體已更，教法自主，乃不惜曲解史實，以求引僧入俗，大謬矣」

三、出家者不應服官，不應與考也。出家沙門，宏道利物，敝屣王侯，故能抗禮萬乘，高尚其事。六代而還，沙門不禮王者，論議不絕，此非各於一拜，乃所以重佛法護僧制，根本壁壘未可棄也。不居其實，即不受其名，故世俗爵秩亦未應施之方外。然南北朝因設僧官，弊端漸啟，帝王專制，必鄙視僧徒，如卿粗而後已。降至宋代，譯場諸僧，頫首稱臣，一無異辭，而僧格掃地以盡。然此猶止於虛秩也。乃若慧琳因宋文之幸，竊參機要，賄賂相繼，孔顗嘆爲黑衣宰相，冠履倒置，南史卷七十八。此正深惡其不倫也。今之說者，乃欲舉此爲僧徒楷模，可謂辱盡佛法矣。贊寧撰僧史略，摭取史實以資談助，不必盡爲典據，然其言曰：朝廷行爵，釋子競官，官階勿盡，貪愛無滿，胡不養其妻子跪拜君親？有識者於此無取焉。僧史略卷下。此誠快論也。一念之貪，非盡驅僧徒返俗不止，亦非返俗不能盡其官興也。說者知引贊寧之書，而不知贊寧之意，豈非大惑哉！至於國家考試制度，乃爲干祿從公技術人員而設，僧徒不赴考，宜也。必以舊日考試度僧相附會，彼亦秕政，不足爲訓。出家受戒，廣律本有專章，簡別嚴淨，而皆由僧團自主其事，不可以假手俗吏也。今之僧徒，淆雜浮濫，究其病源，即在不依律實行，故至爲逋逃藪爲卑田院，不可收拾，豈有關於考試哉？又豈足爲參預俗事之藉口哉？

四、出家參政，大違戒律，亦有礙世法也。出家離俗，自有其根本律儀，今三壇誓受，十方證明者，猶古之法，即所行持，亦必期古之人，不得藉口時代潮流，而自喪其信守。梵綱有言：正見經律，皆應受持。則如前舉寶積、湼槃諸經者，豈復有絲毫可以參政之餘地，必一切不顧，戒可毀，經可焚，俗事不可不爲？是不但自喪其僧格，抑亦無人格之尤也，何待他人剥奪之哉？且即就參選事論，國法以公民平等而不簡僧徒，與佛法放棄俗利而專志道業，兩不相強，本無所礙也。今之熱中者，不僅欲參選，且必欲獲選，故僧徒例同普通公民，本屬區域選舉之類。一二黠者乃不惜利用佛教會，欲附會於職業團體。然國選名額早經規定，職業團體亦已列舉，無所謂佛教會員也，僧徒必欲於其間分一杯羹，勢非枉法不止，此所謂大礙世法也。至於蒙藏僧徒，所奉之教乃顯密雜參，非盡出之釋迦教，史實學理皆有可考。日本遏羅之佛徒，以在家形式而干政，亦非此所論。但此數地，教非常軌，有待我先進，糾謬繩愆，導之正路，非可盲從顛倒所事也。説者藉口，又何足取哉！

（據支那内學院蜀院　中華民國三十一年（1942年）刻内學雜著本）

七、辨虛妄分別

虛妄分別，凡諸經論，如楞伽、瑜伽、顯揚、中邊，皆詮依他性；而以之詮一切法相，則辨中邊論與辨法法性論獨舉。藏傳彌勒五論，與奘師彌勒五論書不相同，是大問題，訖未解決。對於此事，安能遽爾率然？然譯者既從藏譯五論，則藏人談辨法法性時，與中邊相提竝論，謂其説依圓實有，而徧計實無，如隆都喇嘛集内，慈氏五法名數錄，即有此義，譯論者不應於此加之意歟！辨中邊論談一切法法相，以非空非不空爲宗，空是其無，不空詮有，蓋有無竝舉也。虛妄分別有，言亂識上見相二分是有也；於此二都無，言亂識上所無者是二取也；此中唯有空，言亂識上所有者是空性即法性也；於彼亦有此，言空性上所有者亦此亂識也。亂識從因緣有生，不從計執無生，其相如幻，其體是有，所謂其中少有亂識生是也。亂識非實有，亦非全無，許滅解脱故，謂於亂識相見分上，擇滅二取計執。解脱二取纏縛，種種聖道許以慮托，若亂識全無，安所慮托歟？所謂有無竝舉非耶！今譯辨法法性論，談一切法法相，詳其趨勢乃在無邊，蓋非有無竝舉，以宗其非空非不空也。實無而現，無義唯計，無而現有，無有別非一，有無無別非異。最是有無一異一頌，則竟以全無義邊談法相也。夫談唯識，偏對外境，無其外義而内識則唯；若談法相，則非談相之作用，而必談相之體性，體性之質實，體性之賅攝，必一一詳之。而辨法法性論乃詳無略有，何耶？若謂法性是有，法相止可談無邊者，何不舉法性真有，法相幻有義耶？若謂觀無乃可入真，幻有亦何礙於觀無義耶？是則談辨法法性論，一五論未解決，二法相異中邊義未解決也。此論梵文不存，根本無從研覈，徒憑重譯，輾轉相沿，又烏知其中所蘊何若？卻怪譯者曾不矜慎，匆匆重譯，又不署重譯之辭，而直書某某所譯，一若非譯藏文而直譯梵文者，一若原譯靡訶闍那等之責，皆可代負者，非所謂侮聖言，凌先哲，掩衆明者耶！

復次，分別與計度，或徧計之名詞，古不區別，初無異義。至先哲玄奘法師時，則界限精嚴，不容稍混。計度或徧計義，範圍甚狹，唯六七有，五八則無；分別義寬，既賅六七計度，亦攝五八任運也。成唯識論周徧計度，故名徧計。安慧八識皆能徧計，所據理教不能精確，犯過重重，護法破以十義，會以三事，而計度分別惟攝屬第六第七心品乃定。自是以從，辨理譯文莫不奉爲圭臬。是則計度之範圍至狹，不可概虛妄分別之全分也。瑜伽七分別，解家以任運分別，爲五七八識有，餘六分別，皆隨念計度所攝，計度唯六七識有，是則必三分別，或七分別，始攝得八種識盡，所謂分別義寬也。辨中邊論談分別，則悉舉五八六七識。曰：識生變似義，有情我及了。而辨法法性論談分別，譯者但以無義唯計爲分別，又申之曰：分別者，謂一切無唯計度耳，又引其師說：妄現爲有，妄執爲有，二種俱名分別者。以實一切境義唯自徧計分別故，師弟舉分別名詞，俱但舉計度一面，一若分別唯攝六七計度，不必攝五八不計度者。夫其談妄現妄執於義無失，而名詞有失。又使譯名詞於古時無失，於今時有失。其師是藏人，或以僻遠不讀中籍，無論矣；譯者是中土人，不讀中籍而爲中國譯典，可乎哉！譯家不閑千數百年輾轉辨別，最後定爲一尊之名詞，或閑故不用，而徒執先時混沌不分之名相以迷惑國人，又非所謂侮聖言，凌先哲，掩衆明者耶！

（據支那內學院蜀院中華民國三十一年（1942年）刻內學雜著本）

八、答熊子真書二十六年四月二日

子真來函，三性之説將依圓析成一片説去，一方是恒常，一方是生滅，反求諸心，無論如何總覺其不可通。非敢有立異之私也，亦求其安於心而已云云。此依凡夫妄心而批評神聖立教，不得已之悲，而不能已之於言。

聖教既於般若談二諦，而復於瑜伽談三性，以建立其兩輪者何耶？是有二義：一、圓滿詳盡，祛除險墮義；二、捨染趣淨，闡揚聖教，簡別魔外義。二諦簡無以顯有，三性更簡有中生滅虛妄之有，而顯有中湼槃真實之有。二諦之俗諦，即三性之依他，既稱爲諦，妄有非無。湼槃四諦品，不倒爲諦，顛倒爲四，據此則知俗而不諦，徧計無也，俗諦依他，非即無也。談二諦而不談依他者何耶？二諦直捷明體，不暇詳用，但俗之俱非，即真之頓顯。因此而知彼，頓之爲超悟境界也。然略依他之有，利根超悟無論矣。鈍不超悟，必墮惡取空，或別有所墮，馴至於是，一唯我執。上不知世尊，下不容論難，淪墮之險，可勝言哉！談依他之有，則由用以顯體，體既藉顯，用亦得盡其能。所謂漸義，由節節相應而圓滿相應，更何所墮歟？魔佛異，外内異，實染淨義異。教之所以爲教者，染淨義也，捨染取淨義也。趣向生滅之謂染，趣向湼槃之謂淨。染之爲流轉，淨之爲還滅，皆用中事。二諦直捷取體，一切皆淨，更不舉染，故略依他；三性則盡量詮用，必染淨雙談，故依他獨詳。然淨依他亦名圓成實，言與圓成實之爲圓成實義，各有異門兩不相涉。成實之圓，真如徧於一切也；依他之圓，勝用周徧耳。成實之實，諸法實性也；依他之實，離倒非染耳。至於成之爲義，成實則不生滅體常也，依他則捨染取淨，捨有漏之不究竟，取無漏之究竟，如是之爲成耳。由趣向而臨入，由臨入而現證，現證之正智緣如時，無術分指若者是智，若者是如，是故智如雖非是一，至此而不可分二。以不可分二故，而密意説常耳。是則，依他之常，趣向畢竟之常，仍説涅槃常，非説菩提常也。此有三義：一、舉果談因義，舉畢竟之後果，談必竟之起因故；二、將能作所義，將能智之緣如，作所如之融智故；三、概全説分義，此須喻明。喻如百步穿楊，楊喻涅槃常，步喻生滅無常，所發之矢經歷步步，而注射直趣於楊。夫此注射，直趣步步無常，卻步步不落於無常，且步步迫近於常；以所穿之畢竟是常，即可謂能穿之步步是常。此一段義，應參大般若經二分空性品始明也。是則淨分依他，亦爲圓成實者，菩提是也。境無識亦無，籐知如蛇知，生滅之染，教所捨也。諸佛如來，勸一切衆生發菩提心，示由菩提用顯涅槃體，教所取也。是則，三性談依他，建立捨染取淨之教也。於此生疑，不探經論，唯憑妄心倉卒斷言，無有是處，非愚則妄，云何而不遠即淪墮﹗雪山一偈，教之策源也；涅槃一經，教之竟委也。偈説諸行無常，是故流行不可説常；涅槃説佛性爲我。是故，不可説即流行即主宰。佛如是，孔亦何獨不然？大學知止，知涅槃常之爲止也；中庸改而止，改去汝生滅無常之止，而趣向汝涅槃常之止也。此亦教之趣向畢竟，而捨染取淨之旨也。孔書處處無非示人於流行用中而求其所依之體，月往則日來，日往則月來，欲人知感之無心耳；逝者如斯，不舍晝夜，欲人知循循然之相應於寂耳。言有宗，事有君，易有太極，宗也君也；是生兩儀，兩儀生四象，四象生八卦，八卦定吉凶，吉凶生大業，言也事也。天命之謂性，命而必繫於天，亦猶依他之淨也。維天之命，卽上天之載也，於穆不已，卽無聲無臭也，亦猶淨依他之相應於寂滅寂静也。與寂相應，不可説天命是生滅；畢竟空中天命仍在，不可説天命卽寂滅。謂之爲主宰者，指所應之寂也，其能應之寂，但如心所相應於心王亦稱爲心。而密意説言謂爲主宰也，豈卽流行卽主宰哉？不然，夫獨非以無常爲常，而不可通哉！五法三自性，八識二無我，釋迦一代設教，具有深意。五不可四，淆智如於一；三不可二，撥依他於無。智如淆一，如不獨尊；如不獨尊，趣歸無路。行果大亂，學何可爲？依他既無，染於何托？無托何捨，無捨何取？一任流轉，而無還滅，教何所施？滅教禍世，無有窮極，可勝痛哉！

（據支那内學院蜀院中華民國三十一年（1942年）刻内學雜著本）

九、辨二諦三性二十七年七月初與渝友談義

大乘有兩輪：曰二諦，曰三性。二諦以説法，中論諸佛以二諦爲衆生説法，一以世俗諦，二第一義諦是也。三性以立教，密嚴五法三自性，八識二無我，此卽是諸佛最後之教理是也。説法無二道，其極曰一眞法界；立教視機感，其極曰二空所顯。既已云一眞法界矣，而復曰二空所顯者，法界法爾，唯如是眞，增益固不得；法界法爾，有如是幻，損減亦不得也。不眞無體，幻滅無用也。依眞説法，依幻立教，此其所以立二諦復談三性歟！二諦詮眞，剋實唯遮世俗諦；三性詮幻，剋實唯詮依他起性。第一義諦周徧有也，依他起性少分有也；第一義諦如實有也，依他起性如幻有也。皆有也，

其爲無者，二諦中俗諦無，三性中計執無也。真俗以有無判，依圓以真幻判也。何謂二諦剋實，唯遮世俗諦耶？談二諦者，莫不依般若波羅蜜，龍樹有言：觀一切法實相慧，名之曰般若波羅蜜。一切法實相涅槃也，卽第一義諦也。第一義諦有，依之以觀一切法，則凡不與第一義諦相應者，無也，非也，不也。無色聲香味觸法，乃至無智無得等也，非常非樂非我非淨等也，不生不滅不增不減等也。此豈言一切法斷滅無哉？般若經言：如諸愚夫異生所執非一切法如是有故，應如無所有如是而有。若於無所有法不能了達，説爲無明生死三界。般若經又言：甚深般若波羅蜜多，非如是等諸法所攝，亦非不攝。如是所攝所不攝法，所有真如不虛妄性，不變異性，如所有性，如諸如來及佛弟子菩薩所見，是謂般若波羅蜜多。是蓋言第一義諦如實而有也。其所謂無者，乃計執之俗諦無也。以計執之俗諦無，立一切法畢竟空義。文殊龍樹清辨等而以爲宗。何謂三性剋實，唯詮依他起性耶？依他起上，若復起執，爲徧計所執性，卽二諦之俗諦，畢竟無有；依他起上，不復起執，爲圓成實性，卽二諦之真諦，如實而有。於二諦外別立一性，非無如計執，非有如圓成。而亦有亦無繫於一法，繼二諦而創立者，其唯依他起性乎？二分之謂識，雜以二取之謂亂。二分識上之二取亂，所謂境無識亦無也；二取亂上之二分識，所謂識體不滅之爲有也。此於變似，應得詳談。變之謂能，似之謂所，似於能邊謂之爲分，似於所邊謂之爲取，分取相錯，字爲亂識。亦有亦無，就識邊言，則所謂少分有也。此非獨影從見，如空中華，本無所有也，此由先種今緣，二分變現，不可云無也。云何立此亂識有耶？亂識之謂染，所謂染依他也；亂去之謂淨，所謂淨依他也。諸佛立教，莫不依於染淨，有染然後有淨，去染然後得淨。若染依他無，則識本無亂，何所爲去！去之云何，又何淨至？唯其有染，則有纏縛，乃有解脱。縛脱對治，染去淨存，是之謂教。法爾有亂識，法爾建立有，乃諸佛方便立教之深意歟！以依他之染性非真有非全無，立一切法非空非不空義。彌勒無著護法等而以爲宗。兩宗既立，共談一義，所趣不同。如共談計執無義，二諦唯詮二取之畢竟無也；三性則必詮二取之無於二分識上有也。如詮計執，密嚴經言諸法不生滅，不斷亦不常，不一亦不異，不來亦不去，妄立種種名，是爲徧計性。又言：諸法猶如幻如夢，與乾城陽燄，水中月，火輪雲電等，此中妄所取，是爲徧計性。二諦以不義詮，唯談計執無也；三性以如義詮，必談無其執於有上也。又如共談圓成真義，若二諦邊，以真諦有對俗諦無，則有無異也；若三性邊，圓成真有對依他幻有，則依圓同有，不以有無異，而以有上之真幻異也。兩宗既立，各詮其所詮，各極其所至，經言：文殊觀一切法平等平等，不見山河大地，瓦礫磽确是也。經言：若復一法超過湼槃，我亦說爲如幻如化是也。兩宗既立，各極其至，不可以相譏，法法不相知，不可以相淆，法法不相到。非彌勒不嫺般若，非文殊不審瑜伽，既各宗其宗，法相自不容或亂也。然宗雖各別，而道不相離，八萬四千門一妙清淨道故也。二諦遮執，三性詮染，宗不同也；歸極於真有，結果於湼槃，彼云第一義諦，此云圓成實性，道無異也。不達斯旨，般若瑜伽之上別立一宗，昧法平等。俯矙羣流，高居統攝，謂爲融治，理不可通，教其無據，是謂波旬。象恭滔天，一或不慎，喪慧失命，誠可哀矣！若欲徹底嫺般若瑜伽於一，是唯湼槃三德伊字，一語三玄，一玄三要，乃稱妙旨。須再詳談，今姑且止。故曰：今所宜闡揚者，般若瑜伽之教，龍樹無著之學，羅什玄奘之文。

附解惑四則：

前作辨虛妄分別，廣瑜伽法相辭典，叙末段之義，其根本之點，在辨法法性論說分別是無，與彌勒非空非不空宗有無竝舉不合，不得視爲彌勒學。此學說異也。而又五論未決，無梵可覈，更分別與計度譯名有違，故云翻譯不可不慎耳。文意至明，然猶有惑者，因復略解之。

一、論宗不合。彌勒一切法非空非不空宗，建立於中邊。中邊說虛妄分別，以二分爲有，又以空妄互有爲有，有故非空；以二取爲無，無故非不空。變現之自體，二分也，從因緣生，不可謂無；變現之所似，二取也，計所執境，不可謂有。因二分之現，乃有二取之執，安慧釋謂餘分別執爲二取，其體非有是也。攝論隨順中邊，說虛妄分別所攝諸識，由二性安立，唯識性。有相有見二識別故，此爲二分釋分別之所據。若云自證之義，實發見於陳那，不可以後難前，而責無著二分之不合也。徧計所執之能取所取二取也，能徧計之能取取與所取取，亦略云二取也。其成唯識論之說二取熏習，與由二取輪迴者，亦皆就二取取言。安慧護法翕然無諍，不可誤爲所執之二取具能熏流轉之用爲實有也。明分取義，則知中邊所說虛妄分別，有無竝舉，始能盡概，義不傾動。辨法法性論非有無竝舉，烏乎可立？論說法法性非一異處，據藏人所傳之世親注疏而釋，是謂虛妄分別法爲無，真如法性爲有，故法與法性非一，因法無而法性顯，故法與法性非異。又論說入轉依處，亦據藏傳以釋，是謂法性由法無而後顯，故法現則法性隱，法隱則法性現。此皆以無義談虛妄分別，乃達於極點，幾視依他與遍計爲一，空妄互有亦無以立，其與中邊不符，與彌勒非空非不空宗不合，猶待深論乎！

二、五論未決。奘傳五論見瑜伽倫記，爲瑜伽一系之舊說；藏傳五論，則超岩寺師子賢始顯現觀，大梅咀梨波始傳法性與實性，是乃無著以後六百年中顯密雜參之談。故奘傳純而藏傳駁，明明因時代先後而性質以易也。奘傳五論中金剛經論頌，藏譯乃不諳作者爲誰；藏傳五論中實性論，奘門始斷爲堅慧所造。又，奘傳謂金剛論、瑜伽、莊嚴、中邊皆彌勒爲無著所說，而藏傳則謂彌勒但說般若瑜伽，其莊嚴中邊及餘三書，乃彌勒自造，合爲五論。此奘藏兩傳，明明因時代先後而內容以變也。近人慈氏五論頌合刊序，於舊譯寶性，謂原題堅慧所造，於藏文瑜伽，謂非出慈尊所製，又謂藏文不聞有釋金剛頌云云，皆有誤。奘傳五論，皆無著世親傳之，至玄奘義淨不替；藏傳則法性寶性二論之師承，在宗喀巴一系卽有異說，或謂無著世親安慧等歷代相傳，與莊嚴中邊無異；或謂不然，無著後二論失傳，師子賢釋八千頌般若時，猶不知有其書，迨無著後六百年，大梅呾梨波始於荒塔得之，以遠承慈氏。此第五代達賴尊閣錄之說。由此可知，藏人謂法性論有兩種傳承者，乃對於一種譯本之異解而說耳，與譯本之同不同無涉。揆之史實，後說較信。是奘藏兩傳，又明明因時代先後而師承以改也。今旣溝通漢藏，兩傳變遷之故俱得而詳，詎不應善事抉擇，以期見彌勒學之真歟？不加抉擇，卽視法性與中邊一類，甚至疑爲分別瑜伽，欲以闌入奘譯之林，學統淆然，其烏乎可！

三、無梵可覈。從目錄家通例，書之云佚者，以竝世不見其本爲斷，流沙石室或有埋藏，非所問也。印度尼泊爾等地已發現之梵本，皆有目錄，皆不載辨法法性論，故謂梵本不存耳。今譯但有西藏本可據，而藏本異文雜出，摩訶闍那等初譯，爲散文本，北平刻藏文慈氏五論收之。寂賢等異譯，又另爲一散文本，摩訶闍那等再譯，又改爲頌文本。據傳世親注解指論文處，皆云如修姤路。修姤路是散文體，兼以寂賢異譯亦作散文，似散文本最在先出，然與藏傳彌勒餘論皆爲頌文者卽不侔。此底本有待刊定者也。婆闍那傳法性論入藏，授其子摩訶闍那譯之，所譯先後成散文頌文兩本，以一傳承而自歧其例，此又底本有待刊定者也。至三本文義出入，名相異同，亦有審訂必要，皆非稽之梵文不可。今梵本不存，研覈困難，翻譯可不慎之又慎歟？

四、譯名有違。分別有自性、計度、隨念三種，此本毗曇舊義，故分別與計度，名義寬狹各不同，護法許之，安慧亦許之。 見所糅雜集論。以其兩家俱許，護法乃能據以爲因，而與安慧靜八識之孰爲計度，孰能遍計。因明立量，因須極成，未有但自許是因，而可立義以曉他者。奘師唯識量因云自許，乃簡因中初三兩字，竝非簡因之全體，基疏釋之極詳。 卽在陳那法稱亦許之，因明論常說五識離隨念計度等分別是也。故從護法，不可混分別與計度爲一，卽從安慧陳那法稱，又何得淆分別計度爲一乎？此豈一家私言，而譯藏文可不必遵依者哉？舊譯名詞，精嚴未逮，自奘師刊定而後，百世譯宗，無可改轍。今猶欲概以計度譯分別，攝義不盡，所解全非，是亦不可以已歟！舊譯常以計度遍計爲分別，如能遍計譯能分別，遍計性譯分別性，皆以總詮別，故其說泛。新譯嚴其界畔，總說處必譯分別，如依他性之爲分別；別說處或譯遍計，如六七識之爲能遍計，各適其適，俾無異解。此固學說精研之由致，抑亦翻譯之例所應爾也。今譯虛妄分別義，於總說分別之處，而以別說計度義譯之，是則以別詮總，既異舊譯之以總詮別，復異新譯之以總詮總，以別詮別。新舊諸譯，皆無其例，顛倒解生，斷乎不可！又何涉於學說異同哉？故其譯札迦注解，既云五識無計度，又云五識唯自徧計分別爲境，前後乖反，殆亦計度分別二名察之未審，而譯之不當之故歟。札迦原書具在，可覆按矣。

（據支那内學院蜀院中華民國三十一年(1942年)刻内學雜著本）

十、辨唯識法相 二十七年八月初與院友談義

前辨二諦三性文，明二諦空宗爲文殊學，三性非空非不空宗爲彌勒學，而於彌勒學之内容未能剖判，今故繼述此文。蓋彌勒學者，發揮法相與唯識二事也。初但法相，後創唯識。彌勒瑜伽中詮法相於本事分，而詮唯識於抉擇分。是法平等曰法相，萬法統一曰

唯識，二事可相攝而不可相淆，亦復不可相亂，此彌勒學也。無著者，親近彌勒，此間以爲初地菩薩，藏中稱爲三地菩薩也。解深密經、攝大乘論者，相宗大匠皆據爲講彌勒學之經論也。作論有一定格式者，無著攝論，遵彌勒攝釋而刊定其法則也。無著攝大乘之言曰：若有欲造大乘法釋，略由三相應造其釋：一者由說緣起，二者由說從緣所生法相，三者由說語義。緣起者，本轉種子之唯識也；法相者，三性之一切法也；語義者，佛功德與菩薩行之大悲相也。蓋前二爲深義，後一爲廣義；或初一爲深義，後二爲廣義也。此唯識法相德義，論本及世親無性論釋發揮明晰，不可誣也。所以唯識法相必分爲二者，世尊義如是也。世尊於楞伽、密嚴既立五法三自性之法相矣，而又立八識二無我之唯識。密嚴以爲最勝之教理，衡量一切法，如稱如明鏡，照耀如明燈，試驗如金石，奈何淆而一之，或亂而易之哉？唯識法相德義之作論格式，試舉其例：初如攝大乘論，是唯識邊論，大乘對小乘，故適用尊勝也。於境則所知依立阿賴耶，由諸聲聞不於一切境智處轉故；於行則彼入因果立六度行，由諸聲聞但於三十七菩提分轉故；於果則彼果斷立無住涅槃，彼果智立法身，由諸聲聞但二涅槃解脫身轉故。唯識注重觀行，故於因果差別三學之先，提要特立入所知相分也。次如辨中邊論，是法相邊論，三乘莫不皆法，故適用平等義也。一切法者，賅染與淨，淨法是有，染法亦應是有，若染不立有，則何所滅而何所存耶？中邊談一切法中道，必立染有，先於相品辨亂識相爲少有，而染得生；次故於障品立五障九障十因三乘障之染有。若有若無，稱法而談，則染淨皆有其真實。故真實品立十種真實有，小乘對治三十七菩提分，小大分位共有十八，小乘得果恒有所得也。若無上乘則行果異小，正行十波羅蜜行，而修別有六，十波羅蜜之所緣，十波羅蜜之修證，皆廣大無邊也。凡此皆法相邊義也。又次，如大乘莊嚴經論，是德義邊論,不但攝乎大乘而已,而且莊嚴乎大乘,故適用廣大義也。瑜伽菩薩地詮菩薩行是廣大義,莊嚴品目悉不與異。然莊嚴意存光大,必較瑜伽菩薩地而更充盈,則瑜伽所無而必加補,瑜伽所略而必加詳,於是於德義邊,而亦賅攝乎唯識法相。如述求品詳談唯識,又加諸相也;如梵住品別説大悲有二十六門也,如菩提分品三十七菩提一一詳叙也。蓋瑜伽菩薩地於唯識法相義散見於前後諸地,而莊嚴則必聚於一處,直不嗇以一論而賅攝瑜伽,誠可謂大乘經之極莊嚴矣1故西域不熟莊嚴不能弘法,意誠當也。舉此三例,唯識法相德義體例各別,不相淆亂,彌勒學也,反此或淆或亂,非彌勒學也。復次,聽法衆生有樂廣文,有樂略文,故經論長行有前中後,嗢陀南以爲賅攝;而極略則在一經論之名。故世尊説一經竟,當機必請以何名此經,要使一望此經之名,而即知所説之事義若何也。論亦何復不然?攝大乘論十殊勝殊勝語,止是賅攝大乘,非是詳叙大乘。以少攝多,以統攝散,談唯識邊事義,一望其攝大乘名而即知梗概也。辨中邊論立虛妄分別有,乃有染有淨,是一切義普能決了三乘法故,非各局於一邊談法相事義,一望其辨中邊名而即知其梗概也。大乘莊嚴經論説經義,譬如蓮華開敷榮茂,非止賅攝,故於其初成大乘宗,而於中後即菩薩地而更詳之,談德義邊事義,一望其大乘經莊嚴名而即知其梗概也。即論名字,即論事義,此彌勒學也,反此,或義不與名合,或此名乃彼義用,非彌勒學也。

附解惑二則:

　　一切法者,百法明門攝無爲真如法,是知染法不足盡一切,染法之生死法更不足盡一切。處處經中談染法,皆指生滅而言,不第談生死,生死義狹生滅義廣故也。今辨法法性論名爲一切法,實則非一切法,但局於生死一法,名實異矣。又,生死涅槃相翻,通常法門亦平等法門,小乘解脱身相共,不足攝大乘法身,故亦不足盡一切法，而亦不足賅法性之量。今辨法法性論謂抉擇依大乘，而又説唯以生死涅槃，是詮參差異矣。又，二諦以遍計所執詮一切法，則凡與法性不相合者，皆不之無之，故可言一切法無，唯法性有也。三性以依他起詮一切法，空中固有此虛妄分別，故不可言一切法無，唯法性有也。試舉其例：大般若經四百七十八空性品，具壽問如來，永斷習氣，豈亦是化？佛言：諸法若與生滅相合，亦皆是化。涅槃不與生滅相合，是法非化。是則，菩提與不生滅相應，謂之轉依，而必與生滅相合，乃堪爲用，乃堪盡未來際作諸功德。是故，徧計談行談畢竟空，依他談行乃談善巧。善巧即與寂滅寂靜相應也，焉可云一切法無唯法性有也？今辨法法性論謂一切法無，唯法性有，不覺詮體而廢用，説豈能圓滿哉！今爲之説曰：若"法法性論"標"生死涅槃論"，則名實相符矣。乃内容生死，而外標一切法，一切法不足，與中邊談無欠缺者不同，故曰非彌勒學。

中邊虛妄分別，性是依他有，境是徧計無，而辨法法性論直是但詮徧計無耳。何也？攝大乘論徧計所執相，謂於無義，唯有識中似義顯現，法性論不過於此一句演爲一頌而已。現二及名言，實無而現故，以是爲虛妄，即似義顯現也。彼一切無義唯計故分別，即謂於無義，唯有識中也。不得但以現字計字附會中邊有，遂惑徧計作依他用也。故曰非彌勒學。

（據支那内學院蜀院中華民國三十一年（1942年）刻内學雜著本）

十一、孔佛概論之概論

佛學淵而廣，孔學簡而晦，概論所以需要也。顧概論亦難，今日且談概論中之概論。

毗盧遮那頂上行，六經皆我註腳，求人之所以爲人斯已耳，何佛之學？何孔之學？然聖人先得我心之所同然者，求然之同，故佛須學，孔須學。孔學是菩薩分學，佛學則全部分學也。斯義亦據聖言量耳，知必以聖言爲量，故不具四例不可以爲學。

一、不可以凡夫思想爲基，而必以等流無漏爲基也。有漏稱凡夫，雜故染故，無量劫來煩惱擾亂，識海汪洋充滿其種。譬如讀書，豈能一字一字如定者數息，終日不搖？處囊之錐，東西突出，空中樓閣，結撰奔馳。一息之條貫不能，萬里之蛛絲安索？監車之渾水無靈，塵刹之根株何鑒？以如是雜染心判斷不可思議無上法門，而曰聖言之量不如我思之量也，天下有如是理耶？若夫聖言，則等流無漏也，從心所欲不踰矩也。畏天命，畏大人，畏聖人之言，君子有三畏。小人則不知天命，而不畏也；狎大人，侮聖人之言，烏足以爲學。

二、不可主觀，而必客觀也。主觀心實，客觀心虛，主觀有對，客觀無對。實故不入，虛故能入，有對故封拒，無對故到處皆學。主觀者先有結論，但採納以爲敷佐，可利用則斷章節取，有何義之研討？客觀者先無結論，博學審問，慎思明辨，比較而擇善，舍己而從人。主觀有心，客觀無心。深山有寶，無心於寶者得之，故主觀不可以爲學。

三、不可宥於世聞見，而必超於不思議也。公孫宏曲學阿世無論矣，子誠齊人，但知管晏，且畏葸羲皇，況秕糠堯舜。是故順世外道，無當於理事；仲尼之徒，不道乎桓文。蓋身在山中，不識匡廬真面；欲窮千里，要知更上一層也。豪傑之士舉足下足自道場來，動念生心，無非尚友。臨濟觀佛有鼻有口，曰：我可作佛。他日竟作祖開宗。象山幼時思天際不得，讀古往今來，悟無窮無盡，遂爲南宋大儒。一鄉之迷傾一國，一國之迷傾天下。天下盡迷，誰傾之哉？如有，必爲聖人之志者，是必超於不可思議也。

四、不可以結論處置懷疑，而必以學問思辨解決懷疑也。天下有二種人：一盲從，蓋無知識不用思想者，此無論矣。二懷疑，是有知識能用思想者，學以是而入，亦以是而得也。疑必求析，若急於析，則稍相應必作結論，以是處置懷疑者。古之人、今之人，驅而內諸罟擭陷阱之中，蓋比比也。吾嘗終日而思矣，不如須臾之所學也。學不析則問，能問於不能，多問於寡，則無不可問矣。問而不析，又思，思日慎有矩有繩矣。思猶不析，則徹底而剖辨之，所謂明辨是也。分析必於極微，至教不可以人情也。以是而析疑，而疑可析，結論乃得焉。

四例既具，可學矣，可以談孔學佛學概論矣。略舉四義而談：一、寂滅寂靜義，二、用依於體義，三、相應不二義，四、捨染取淨義。四義皆本諸二家之經，佛家則凡大乘經，除疑僞者皆是；孔家則性道如中庸、大學、論語、周易皆是，文章如詩、書、三禮、春秋皆是。

一、寂滅寂靜義。　自韓歐諸文學家，誤解清淨寂滅以爲消極無物、世界淪亡之義，於是千有餘年讐棄根本，不識性命所歸，寧非冤痛！原夫宇宙人生，必有所依以爲命者，此爲依之物，舍寂之一字，誰堪其能？是則，寂之爲本體，無可移易之理也。寂非無物也。寂滅寂靜，卽是涅槃。燈滅爐存，垢盡衣存，煩惱滅除，一真清淨，所謂人欲淨盡，天理純全是也。欲明斯旨，佛家當讀大涅槃經、瑜伽師地論無餘依地也；孔家應讀學、庸、周易也。孔道概於學、庸，大學之道又綱領於“在止於至善”一句。至善卽寂滅寂靜是也。何謂善？一陰一陽之謂道，繼之者善也，成之者性也。就相應寂滅而言謂之道，成是無欠謂之性，繼此不斷謂之善。道也，性也，善也，其極一也。善而曰至，何耶？天命之謂性。於穆不已之謂天。無聲臭之謂於穆。上天之載，無聲無臭，至矣！則至善之謂無聲臭也。至善爲無聲臭，非寂滅寂静而何耶？明其明德，而在止至善，非歸極於寂滅寂静而何耶？不知寂滅寂静，是無本之學，何有於學，何有於佛學，何有於孔學？吾爲揭櫫孔學佛學之旨於經，而得二言焉。曰：古之欲明明德於天下者，我皆令入涅槃而滅度之。

二、用依於體義。　寂滅寂静，常也，不生不滅也，真如也，涅槃也，體也；變生萬有，無常也，生滅也，正智也，菩提也，用也。體則終古不動，用則畢竟是動。動非凝然，非凝然者不爲主宰，故動必依於不動，故用必依於體也。此依卽依他起之依，依他有淨卽菩提是，依他有染卽無明十二因緣是。蓋用之爲物，變動不居，非守故常。幻化而幻化之，是曰菩提；幻化而真執之，是曰無明也。用之性質有如此也，是故説用依體可也，有去來故也；説體隨緣不可也，祖父從來不出門也。大衍之數五十，其用四十有九，餘一不用也。不用者何也？與體相應也。何以必與體相應耶？蓋不用而後能生用，用根於不用，其用乃神。孔家肝髓，實在乎此。發而皆中節，根於未發之中；感而遂通天下之故，根於寂然不動。兩儀、四象、八卦，根於太極，皆是也。然此不用，非卽是體。何也？仍是五十内之數，數之性質猶在也。凡孔家言性、言命、言天，皆依體之用也。易之道廣矣、備矣，而命名爲易。易者，用也。曰交易，陰陽交而成卦也；曰變易，六爻發揮，惟變是適也；曰不易，與體相應，無思無爲，而能冒天下之道，所謂生生之謂易是也。吾嘗有言：孔學依體之用也，佛學則依體之用，而用滿之體也。

三、相應不二義。　用依於體而用猶在，不可説一，明明相依，不可説二，是故闡般若義者曰不二法門，是故闡瑜伽義者曰相應善巧。既曰相依矣，相應於一處矣，無孤立之寂，亦無獨行之智。而言無餘涅槃者，就寂而詮寂故也。獨陽不長，不可離陰而談陽也，而乾之爲卦，六爻純陽，就陽而詮陽也；孤陰不生，詮坤亦爾也。是故談涅槃者須知三德，伊字三點，不縱不橫，不卽不離，是涅槃也。唯有不二法門，唯有相應善巧之可談也。

　　四、捨染取淨義。　捨染取淨，立教之原，無著菩薩顯揚聖教，作顯揚聖教論，一部論旨唯明是義而已。扶陽抑陰，孔學之教。陽，善也、淨也、君子也；陰，惡也、染也、小人也。扶抑卽取捨，則孔亦捨染取淨也。易之夬垢復剝泰否六卦，於義尤顯，比而觀之，可以知要。

䷪夬　揚於王庭，孚號有厲。陰勢已微，猶揚猶號者，極其力而夬去之也。

䷫垢　女壯，勿用取女。陰之初起，侈而言之曰壯，厲而禁之曰勿用也。

䷗復　至日閉關，商旅不行，后不省方。養之令長如是。

䷖剝　碩果不食。珍之護惜如是。

䷊泰　小往大來。君子道長，小人道消。

䷋否　大往小來。君子道消，小人道長。往來消長而判泰否，其義又如是。

了此四義，可知人之所以爲人，天之所以爲天，孔佛無二，循序漸進，極深研幾，是在智者。

　　（選自支那內學院蜀院中華民國三十年（1941年）刻孔學雜著）

十二、覆蒙文通書三十二年二月一日

　　昨日得二十五函，更發此函，心中無限欣悅，不覺瑣瑣詹言也。云何喜耶？喜吾弟能以所學會友，孔門生趣將自此發動。昔以洙泗之傳期諸漱溟與弟，果不負所期哉！陳學源君相見於南京內院，頗多時日，今猶不倦所學，誠難得也。曾義甫君與弟同赴人日大會，雖未傾談，然挹德深矣。諸君子濟濟一堂，各以所得發明妙義，向往何已！蓋不減稷下諸賢而上毗鄒魯之盛也。嗚呼！足矣！漸老無用，得見諸君子之林，誠不爲不幸矣。欣悅之餘，乃將私見一陳於前可乎？道之不明也，於此數千年，究其原始，乃在孔子既没，無結集大儒，缺毗曇大教。秦火漢儀，安知道之攸寄，如阿難、迦葉之於佛教者。故佛學尚有典型，而孔學湮没無緒，可勝嘆哉！今欲不忘大教以正人心，應談最勝極最勝三事。

第一，道定於一尊。一則真，二則僞，孔一貫，孟一而已矣，經旨具在，而可誣哉！中國推至全球，唯有孔佛理義同一，餘則支離曼衍，不可爲道。陸量弘而程量隘，東海西海聖同心理，婬聲女色，强忌於先，識者知所判別矣。是故，欲尊孔而有力能者，當先握生天生地，唯一不二之權，乃可整頓乾坤，位育一世，雖有萬魔，無損毫末。孔道不行，式微中露，尚惕然哉！

第二，學得其根本。根本者，性道文章。性道仁也，文章禮也。性道略以易繫辭談性，曰：一陰一陽之謂道，一句。所謂天道，語言心行俱滅。繼之者善也，二句。善無準則，續乎天道爲則。成之者性也。三句。性非苟得，圓滿充足而完成。大學則談誠意，曰：毋自欺也。自即語言心行俱滅之天道。凡人皆具始念常見，不欺者，繼其始念也，所謂善也。孔學全在不已，在止於至善，止於不已而已也。天行健，所以爲天；自强不息，所以爲君子。如好好色，如惡惡臭，此之謂自慊。慊，快也，足也。則誠至於成也，所謂圓滿充足之性也，此之謂盡性。中庸則談誠之不已，曰：誠者自成也。易一句同。物之終始，不誠無物，是故君子誠之爲貴。物之終始即格物，無別格物。易二句同。誠者所以成物也，故至誠無息則無爲而成。易三句同。修道原於率性，既誠於道而可忽於性天哉？性天不可聞，子貢聞而歎息不置。猶佛書之得未曾有也，遂謂不談性天，豈理也哉！子罕言仁，亦不作口頭禪而已矣。文章不但禮，而禮爲幹。克己復禮，充之爲國以禮。居盧郊禘，見精神極其貫格；法制政刑，見巧便不離其宗。故性天爲未發之中，文章則中節之庸，仁融於心，而禮寄於事。自鄉黨以至朝庭，自小學以至大學，舉足下足，皆禮是蹈，禮之爲孔道之達哉！

第三，研學必革命。天下英雄，使君與操，世間霸圖，尚須包藏宇宙之機，囊括乾坤之量，況大道之所寄哉！毗盧頂上行，直探第一義，依文綴字，三世佛冤矣。曰古之人古之人，雖無文而猶興。在陳思魯，狂簡縈於夢寐矣，价闍黎須仔細。此何如事，與無擔當人商量乎？補清末所缺，事也非志也；比肩鄭馬，上溢董劉，事也非志也；極追游夏，猶事也非志也。删修大事，有德必有言，若使顏氏子在，安知不能贊一詞哉！顏曾思孟是一流人，不惡於志。顏淵曰：舜何人也，予何人也！有爲者亦若是。孟子曰：乃所願，則學孔子也。孔子曰：吾十有五而志於學。故必先定其志歟？孟子曰：士何事？曰尚志。無志失士名矣。宋明程朱陸王最足崇拜，在能尚志。觀唐虞夏商周於尚書，得伊尹周公之志，繼以詩，則記言記事之外，採風什雅感人音律。幽歌雅詠，胥見其志，見盛周之全也。詩亡然後春秋作，孔子志在春秋。春秋者，天子之事也。故必有志然後乃可言學。數千餘年學之衰弊，害於荀子。若必興孔，端在孟子。詩書春秋統歸而攝於禮，荀子禮論無創制之意。中庸本諸身徵諸人，皆制作之能。學荀未免爲弊人，學孟然後爲豪傑之士也。有志然後能文章，更能進於性天。禮須囊括宇宙，易則必超於六合之外；禮唯集中國之大成，易則必契般若瑜伽之妙，而得不可思議之神。中庸之素隱不已與修道，語語皆與涅槃寂靜相符，漸既揭之矣，而易之契般若瑜伽者，留待能者可乎！自來說經，唯易採道家語，而猶未能融佛氏理。蕅益禪解，八股時文，最足害人。發菩提心，超祖越佛者，干雲直上，唯見徧周沙界真幻一味，則必不遺易與瑜伽之參究者歟！三段私見，若解經家都願學孔，或不河漢視之。

（選自支那內學院蜀院刻本孔學雜著）

親教師歐陽先生事略　　　　呂　澂

師諱漸，字竟無，江西宜黃人，清同治十年十月初八日生。父仲孫公，官農部，歷念餘年，不得志。師六歲，仲孫公卽世。

師幼而攻苦，精制藝，年二十，入泮。薄舉業不爲，從叔宋卿公讀，由曾胡程朱諸家言，博涉經史，兼工天算，爲經訓書院高材生，時稱得風氣之先。

中東之戰既作，國事日非，師慨雜學無濟，專治陸王，欲以補救時弊。友人桂伯華自寧歸，勸師向佛，始知有究竟學。

年三十四，以優貢赴廷試，南旋，謁楊仁山老居士於寧，得開示，信念益堅。歸與正志學堂，斟酌科目，體用兼備，自編讀本課之。

年三十六，生母汪太夫人病逝，師在廣昌縣教諭任，遄返，僅得一訣。師本庶出，復幼孤，一嫂一姊皆寡而貧，來相依，霜陰之氣時充於庭，母病軀周旋，茹苦以卒。師哀慟逾恆，卽於母逝日斷肉食，絕色欲，杜仕進，歸心佛法，以求究竟解脱焉。

期年，赴寧從楊老居士遊。又渡東瀛數月，訪遺籍。返謀久學之資，任兩廣優級師範講席，病濕罷。與友李證剛謀，住九峯山，營農業，又大病瀕死。乃決捨身爲法，不復治家計，時年已四十矣。

歲庚戌，再赴寧，依楊老居士。越年，老居士示寂，以刻經處編校相屬。值革命軍攻寧急，師居危城中守經坊四十日，經版賴以保全。翌春，與李證剛等發起佛教會，撰緣起及説明書，并警告佛子文，勗僧徒自救，沈痛動人。以主張政教分離不果，解散。自是長住刻經處，專志聖言，不復問外事。

溯師四十年來，篤學力行，皆激於身心而出，無絲毫假借。嘗曰：悲憤而後有學，蓋切驗之談也。師既主編校，病刻經處規模未充，又乏資廣刊要典，乃設研究部，隻身走隴右，就同門蒯若木商刻費。比返，愛女蘭已病卒刻經處，哀傷悱憤，治瑜伽，常達旦不休。稿久，乃曉然法相與唯識兩宗本末各殊，未容淆亂。敍刻法相諸論，反復闡明，聞者駭怪，獨沈乙庵先生深贊之。每敍成，必赴滬謁沈，暢究其義而返。至民國七年，遵老居士遺囑，刻成瑜伽後五十卷，復爲長敍，發一本十支之奧蘊，慈宗正義，日麗中天，自奘師以來所未有也。

會友人符九銘來蘇省，掌教育，因籌設支那內學院以廣弘至教，刊布緣起章程，遷延數載未就。南遊滇，應唐蓂賡請講維摩攝論，北赴燕，爲蒯若木講唯識，稍稍得資助。民國十一年，內學院始成立，創講唯識決擇談，學人畢集。梁任公亦受業兼旬，病輒，報師書曰：自恨緣淺，不克久侍，然兩旬所受之熏，自信當一生受用不盡。於以見師教入人之深矣。由是廣刻唐人章疏，瑜伽唯識舊義皆出。

又就內學院開研究部試學班，及法相大學特科，大暢厥宗。立院訓曰：師悲教戒。揭在家衆堪以住持正法之説，教證鑿然，居士道場乃堅確不可動。及民國十六年，特科以兵事廢，同懷姊淑又病亡，師悲慨發願，循龍樹無著舊軌，治般若涅槃諸經，窮究竟義，次第敍成。其間更輯印藏要，經論二十餘種，各繫緒言，莫不直抉本源，得其綸貫。而尤致意揀除僞似，以真是真非所寄自信，一時浮説游談爲之屛迹。

自九一八事變以來，國難日亟，師忠義奮發，數爲文章，呼號救亡如不及。一二八抗旦軍興，師筮之吉，作釋詞，寫寄將士以資激

勵。繼刊四書讀心史，編詞品甲，寫正氣歌，撰夏聲説，所以振作民
氣者又無不至。於是發揮孔學精微，上承思孟，辨義利，絶鄉愿，返
之性天。以爲寂智相應，學之源泉，孔佛有究竟，必不能外是也。

　　民國二十六年夏，集門人講晚年定論，提無餘涅槃三德相應之
義，融瑜伽中觀於一境，且以攝學庸格物誠明。佛學究竟洞然，而
孔家真面目亦畢見矣。講畢，日寇入侵，師率院衆並運所刻經版徙
蜀，息影江津，建蜀院，仍舊貫，講學以刻經。先後著中庸傳，方便
般若讀（即般若經序卷三），五分般若讀，院訓釋教。以頓境漸行之
論，五科次第，立院學大綱。自謂由文字歷史求節節近真，不史不
實，不真不至，文字般若千餘年所不通者，至是乃畢通之。

　　民國二十九年，遘家難，矢志觀行，於心經默識幻真一味之旨，
夙夜參研，期以徹悟。三載，始著心經讀存其微言，蓋師最後精至
之作也。

　　師受楊老居士付囑，三十年間，刻成内典二千卷，校勘周詳，傳
播甚廣。及國難作，文獻散亡，國殤含痛，師又發願精刻大藏以慰
忠魂。選籍五千餘卷，芟夷疑偽，嚴別部居，欲一洗宋元陋習，以昭
蘇藏教，籌畫盡瘁。本年二月六日，感冒示疾，轉肺炎，體衰不能
復，然猶繫念般若不已。至二月二十三日晨七時，轉側右卧，安詳
而逝。享壽七十有三。

　　德配熊夫人，子格、東，女蘭，皆先卒。孫應一、應象，孫女筏
蘇、勃蘇，俱就學國外。由門人治其喪，權厝於蜀院院園。

　　師平生著作多以播遷散佚，晚年手訂所存者爲竟無内外學。
其目曰：内院院訓釋，大般若經敍，瑜伽師地論敍，大涅槃經敍，俱
舍論敍，藏要經敍，藏要論敍，法相諸論敍，五分般若讀，心經讀，唯
識抉擇談，唯識研究次第，内學雜著，中庸傳，孔學雜著，詩文，小
品，楞伽疏決，解節經真諦義，在家必讀内典，經論斷章讀，四書讀，

論孟課，毛詩課，詞品甲，詞品乙。凡二十六種，三十餘卷，悉由蜀院刊行之。

師之佛學，由楊老居士出。楞嚴起信，僞説流毒千年，老居士料簡未純，至師始毅然屏絶。莠稗務去，真實乃存，誠所以竟老居士之志也。初，師受刻經累囑，以如何守成問，老居士曰：毋然，爾法事千百倍於我，胡拘拘於是。故師宏法數十年，唯光大是務，最後作老居士傳，乃盛贊其始願之宏，垂模之遠焉。嗚呼！師亦可謂善於繼述者矣。弟子呂澂謹述。

澂侍師講席久，側聞緒論較多，師遷化後，輒思略敍列之以誌追仰，而悲懷難已，終不能就。然不可以無述，爰據師自訂年歷，稍加編次，有未審處，則就教於李證剛先生及幼濟世叔，并得同門陳證如、王化中二君糾正數條，僅乃成篇。觸處掛漏，固未能盡吾師行事之百一也。澂附記。

太　虛

〔簡介〕　太虛,法名唯心,號昧盦，俗姓呂,本名淦森,生於公元一八八九年(清德宗光緒十五年)，死於公元一九四七年(民國三十六年)，浙江崇德(今浙江桐鄉)人。他早年出家，師事寧波天童寺寄禪，後入楊文會創辦的"祇垣精舍"研究佛學，並從蘇曼殊學英文。之後,他積極主張改革佛教教理、教制、教產,鼓吹佛教復興運動,被視爲佛教新派代表人物,是民國時期一位很有影響的佛教活動家。

一九一八年,太虛在上海與陳元白、章太炎、王一亭等人創設"覺社",主編覺社叢刊,第二年改名爲海潮音月刊（以後又編有海潮音文庫）歷三十年未嘗中輟,是近代十分有影響的佛教專門刊物。一九二八年起,他又先後在武昌、厦門、重慶等地創辦佛學院,培養佛學人材。一九二五年,他曾率中國佛教代表團,出席在日本東京召開的"東亞佛教大會"。一九二八年,歷游英、法、德、荷、比、美等國,宣講佛學,並應法國學者建議,在巴黎籌組"世界佛學苑",是爲中國僧人到歐美傳播佛學之始。抗日戰爭期間,他曾率國際佛教代表團前往緬甸、印度、斯里蘭卡、新加坡等國訪問,爭取國際佛教徒對我國抗戰的同情。抗戰勝利後,他在重慶組織中國佛教整理委員會,被推爲主任。一九四七年由重慶返上海,病逝於上海玉佛寺。

太虛在佛學理論上,主要信奉和宣傳唯識法相宗,但與歐陽竟無的觀點有所不同（詳見竟無居士學說質疑等文）。他的 著 述 很多,方面也極廣,主要的有:整理僧伽制度論、釋新僧、新的唯識論、法相唯識學、真觀實量、太虛法師文鈔等。其全部遺著,由門人印順主編,彙集爲太虛大師全書。

一、破神執論

余昔者作無神論,率爾操觚,供某某兩報之需,義未甄擇也。頃聞有神教徒取以駁之者,不知其說如何,然余前論雖膚泛,要亦略有詮次,非僅知恃天寵愛者能了解耳。今從友人佩剛崑父請,取其義更審決之,題曰破神執論。論凡四分。欲令神教徒解,文務求易焉。

一、立界分

今論決遮破之神執,要和合三事成一者方是。三事奚指?（一）擬人實。人名之所謂曰人實,此與民法上所云人格者有異,與名學上人之界説略同。其所擬議者,見下出計分。（二）具天德。謂具自然性德,即唯一實在常住普徧也。（三）有神能。能父萬有,能主萬育。換言之,則兹所謂神,乃有形體、有情意,是一、是實、是常、是徧、而能造作宰制萬有之一大人,或大物,或大神也。不屬此三事,及不合此三事爲一者,非今所破神執。何者?今論決遮爲無之神,唯破愚人妄計之不平等因故。

獨計人實而不具天德不有神能者,則雖説別有爲吾人所不能交接而言動似人之類,或似人而又勝過乎吾人之類,然彼既非一實常徧,而一切物皆爲所生起所統治,則彼或此世界萬物中別有之一類,或異世界之高等人類耳。揆之萬物進化之理,世界無量,生物無量,固容有似吾人而勝過吾人者遞變爲種,相待成化,雖飯禮恭敬，而無異禮敬哲人君子，故此非不平等因也。是以，俗所敬事祖先鬼神，及佛教所謂天宮龍仙淨土賢聖等，非今論所遮之神也。

擬人實又計其天德而不有神能者，則不能作萬物及管萬物，雖具一實常徧性德，而非萬物之父之主，何爲妄施皈禮恭敬？且吾人與諸生物亦可自然具真常性德，然人等生物各各非能作萬物及管萬物者，而具性德者既即人等生物，故此非不平等因也。是以，俗言之靈魂，數論之神我，特嘉爾之意我，吠擅陀之汎神，及佛法補特伽羅真異熟識等，非今論所遮之神也。

獨計天德而不擬人實不有神能者，乃無異由吾人言思所立一種之理想之概念而已，則離人等生物，尚無神體情意自身，況能造作宰理萬有？故此非不平等因也。是以，學者所立元理，本性天道精神種種假說，及佛法真如法性等，非今論所遮之神也。

具天德又計有神能而不擬人實者，則雖恒一圓實而生變執持乎人等萬物，然離人等身心，別無神之身體情意，故不得云別有一是父是主之大人、或大物、或大神，必應皈禮恭敬。蓋是吾人與諸生物，或自有、或共有、或性具、或緣成之全體大用耳，故此非不平等因也。是以，佛法如來藏藏識等，非今論所遮之神也。

獨計神能而不擬人實不具天德者，則雖生化攝持，蓋是人等萬物自然鈎銷循環動盪變易，及輾轉順違拒受之調和結果而已，非別有一自在常存天父真宰之大神物，獨臨人等萬物之上，能造之制之者，故此非不平等因也。是以，學者以統一切精神生活全力，或萬物或人羣交互關攝之綜合生活力，假名之曰神，及佛法十二有支緣生義等，非今論所遮之神也。

有神功又計擬人實而不具天德者，則雖是能造作能制治之一大人物，既非唯一實在常恒普徧，則其能力必有限量，亦將如陶工能製器，牧豎能驅羊，對於陶器牧羊號之爲能作能制之巨靈而已，

非真能父一切物主一切物者，故此不成立不平等因也。是以，人之
父母師尹官宰臣工，及佛典所謂風神空神山神海神林神地神等，亦
非今論之所遮也。

　　故今論所決定遮破之神，即諸一神教所妄計唯一實在、常恒普
徧、能父萬有、能主萬有之大神物，非餘所謂神也。上列今論所不
遮之種種，非必理皆誠諦，尤不得以今論不遮而即執爲余之所認。
蓋以今論專破不平等因妄執，而餘種種雖虛實邪正精粗偏圓猶有
辨，較之一神教徒所執則爲近理，皆非不平等因，故不遮耳。

　　由是，今論所決遮爲無之神之分限，可得略示之矣：

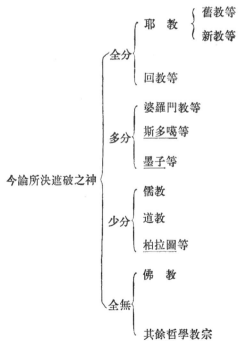

今論所決遮破之神

全分
　　耶教 — 舊教等 / 新教等
　　回教等

多分
　　婆羅門教等
　　斯多噶等
　　墨子等

少分
　　儒教
　　道教
　　柏拉圖等

全無
　　佛教
　　其餘哲學教宗

　　上表粗具其概，不能詳也。耶回二教根本義全唯尊奉一神帝，
正屬今論所遮不平等因，可知。婆羅門教流派最雜，有多神者，若

奉事各種禽獸水火鬼神等徒衆; 有汎神者，若新起之吠擅陀派謂萬物皆神等; 有無神者，若數論派、勝論派、順世派此者今之質力學者。瑜伽派。此專習世間九次第禪者，若釋迦從阿邏邏仙人學定等，當亦略近修神仙者。然婆羅門教最普通之根本教典，卽四吠陀論，其論稱是梵天所造，而執有一大自在天，或有一大梵天，或有二大梵天，此雖二神，實與一神大同。希臘古教二神，當亦如此。真實恒徧，能父一切物，主一切物者，此卽今之所遮，故居多分。斯多噶學派實緣起耶教，然斯多噶不全以奉一天神爲根本義，故但多分。墨子之根本義實唯天志明鬼，然其不以神權皆歸唯一天帝，而許衆多鬼神皆有威權，故但多分。若九流中儒家，本唯文史、政治、教育、藝術、倫理、心理等學，其"上帝臨汝，毋貳爾心"等，亦錄先王成言而已，非以爲根本教義也。然向來與陰陽家混，若明儒黃宗羲謂有獨一昊天上帝生宰萬物，見梨洲遺著破邪論則亦不平等因之一神也，故有少分。道家流宗主老莊等，法自然爲根本義，人與天地同法自然，本絕對黜去天神者，然後世亦混陰陽家，而天師道士之流，則且執自然亦是一具人體，而父兩儀、宰萬有之大神，故有少分。梭氏、柏氏、亞氏等則大略似老莊孔孟也。佛法俗諦說緣生義，雖萬類相懸，高至摩醯首羅天王，下至一蟻子，同爲緣會虛幻而生，自作自受，唯心唯識，絕對不容作萬物者、主萬物者，故全分無。其餘教派學派，於今所遮之神，或有全分，或有多分，或有少分，應知各別屬之耶教等類。其餘全分無者不遑細別，總名之其餘教派學派。若僅論世間資生事業之學說，非探萬有生化根源，執爲究竟之真理者，應知絕非今論之所關涉。而全分無今論所遮之神等學派教派，亦非卽許合正道理，但無今論所遮之神而已。

二、出計分

彼一神教師徒，對取所奉事者，計擬人實如何？彼徒雖無楷定之說，攷覈其計，必當略具六事：

（一）擬人之官肢形骸。彼必不許所事之神但空虛故，但空虛則應都無功能作用故，不得依之起執著故，故必計有形魄。而厥形魄，又必不計但似薪火，但似汙流，但似木石，但似蛇蟲，但似魚鱉，但似鳥獸，故必擬似人之官肢形骸。又必不許殘耳缺鼻，無手多足，不分牝牡之性，不正首尻之位，用頭頂步，用腳趾食，用腰脅鳴，用膝踝視，故必擬似完具端好人之官肢形骸，較吾人特高大壯姣而已。

（二）擬人之居處餐服。不然，應無所謂天國樂園，應不摘食樹果，應是裸形丐徒，故必計較吾人之居處餐服，爲優美芳甘豐華莊嚴富麗而已。

（三）擬人之言動工作。若所謂搏土爲人等，此則直擬同揑泥孩等玩具之技工而已，且不擬此，則不得有告誡使命等事。

（四）擬人之知覺思想。不然，應同用土木金石範鑄所成，而能自動能發聲之機器人。

（五）擬人之情感意志。不然，應不得起是非好惡之念，褒貶賞罰之事。

（六）擬人之政教刑賞。不然，應無帝之與魔對敵，應無所謂貶墜下界之事，應無所謂人類始祖罪貽子孫萬代之事，應無所謂末日審判之事。

雖然，諸一神教亦高下殊數也。其高者若婆羅門教之所擬議，則謂彼所事神有二種身，一者本身，執爲不可思議，不可名狀；二者化身，乃有擬似勝過人類諸事。彼教擬議其神勝似人間諸事，雖悠謬可嗤而亦較圓滿。惟最下劣若耶教者，始僅齊吾今所云耳。

彼一神教師徒，對取所奉事者，計具天德如何？攷覈其計，必有四義。凡此四德，彼計唯彼所奉之一天神所有，不許餘共。

一者、計神我我者，總舉彼天神有之自身者而言。唯一而無比無對，此其所以堅執唯自教所奉之一神爲萬有之主因，痛排多神，深嫉餘教，若耶回同奉一神，而二互仇殺。反斥生身之父母爲非真父母。歷史上實有功德，貽澤人羣之勝哲賢士，皆誣爲彼神之使徒，一切無真可歸依，真可尊敬之恩德。

二者、計神體真實而自有自在，此其所以堅執自教所奉之神，自有固有，永有實有，謂非一切人等說有說無可得搖動，而萬有皆原本彼神而有而存。故除彼神都無自在實有之體，唯彼一神無待乎萬有，而自在實有。

三者、計體性堅常而無始無終，此卽執彼神本來是一，不生不滅，不變不易，不少不老，不消不長，不斷不續，不增不減之物也。否者，縱較人類長壽，或如龜蛇金石，或如妖精仙靈，極如佛法所謂非想非非想處天人，長生八萬大劫，此假說之大劫，若用人間歲數較之，從京垓至正載，亦不能計算一大劫。一大劫且如此，況八萬大劫乎？此可見耶教等謂吾人所處之員輿，僅得有萬餘年，其思想之褊狹短拙，直同幼稚園中童話而已。　亦必有其始起終訖。然則，彼神且有始終起訖，無能自保，縱使餘時有彼代立之神，還應始終起訖，則此天主神父聖帝真宰已非永生，奉事者雖登天國而爲其臣僕婢妾子民，何從祈求乎永生哉！故彼教徒所執之神，必不容或缺此一天德也。

四者、計體用普徧而充空充有，不然，應不得起直接徧一切之全知全能。且若不充盈乎無邊空界，則應餘處有多並尊之神，不成一神而成多神。故彼教徒所執之神，必不容或缺此一天德也。

彼一神教師徒，對取所奉事者，計有神能如何？攷覈其計，亦應必有四事。凡此四能，彼計唯彼所奉之一天神所有，不許餘共。

一者、徧生一切物，而爲一切物天父，故彼教徒計之爲造物者。徧造一切物，則不獨物心形器是彼所造，物心體質亦彼所造，除彼所造，更無心物器質，否則凡百技工，各造所能造物，亦應是彼所奉造物者矣」

二者、全握一切物，而爲一切物神神取中心勢力、及主權、所有權之義。主，故彼教徒計之爲主權者。身心、祖宗、親友、禽獸、金木、水土及一切羣功總業等，皆是上帝所有，一切應取奉事上帝，凡有所得，皆是上帝所賜，常應感謝，猶臧獲事虐主，如臣妾侍暴君，恭順將事，無敢或違。何者？生命無自有權，而又勢不容改託第二主權者。且實無第二主權者，可得依賴之奴婢應然也。設彼神非全握有一切物，彼教徒卽奉之爲主權者，則蜈蚣有百足，亦應是彼所奉主權者矣。

三者、統治一切物，而爲一切物真宰，故彼教徒計所奉神，隨意能直接禍福賞罰一切人，然應不假往來升降。往來升降，則此作彼息故，亦應不假臣工役使；若仗臣工役使非直接故，非直接能懲勸處治，則臣使得偸矯其命。彼教徒祇奉間接之神，而不敬直接之使，求福賞或者應翻得禍罰，而彼神亦非唯一真實可依賴及必歸服者矣。故彼必應計一一物是神直接能統治者，方足令人無所逃遁於其偉掌之中，畏懼祇奉，莫敢稍逆其志，以顯真宰非人羣偽假工宰之比。

四者、盡知一切物，而爲一切物聖帝，聖有通達之義，帝有審諦之義。故彼教徒計所奉神，隨念能直接監察照臨一切人，然應不假俯仰向背。俯仰向背，則顧此失彼故，亦應不假胥吏偵探；若用胥吏偵探，非直接故，非直接能視聽諷刺，則必爲物欺蒙。且因人成事不是顯大丈夫能，則上帝僅如水毋依鰕而見耳。故彼必應計一一處是神直接能盡知者，方足令人無所隱匿於其巨靈之中，畏懼祇奉，莫敢稍逆其志，以顯聖帝非人羣凡俗皇帝之比。

右所出彼一神教徒所妄計之事義，彼等教典上所述者，或未能搆施設如是之完備，然在彼一神教，必應具爾所根本義，方能略有眉目，可供駁斥。思想最鄙劣之耶穌教義，近代由哲學科學家推演彼教諸說，已離彼教本旨，而非彼教義矣。若所謂因人類始祖亞當有罪於上帝，其罪貽留子孫，致今人亦尚受帝罰，則雖坐十族之秦法亦無其虐。又若所謂積數萬年陳死人鬼魂於塚墓中，至世界末日方爲審判，則雖極昏憒之官吏亦無其滯。又若所謂摶土爲人，呵氣爲魂，實兒戲耳。此皆牧豎孌婢所聚談謔笑者，稍具知識人，必不能紿令信徒，今論所不遑置辯也。

三、破 執 分

今且開爲十義，摧破彼一神教所執。

先應問彼：汝所執之神父天帝，亦是物耶？爲非物耶？非物則無自有體相作用，但是對物說爲非物，非是別有一個非物。譬如於無物處，說之爲空，非是別有一個空物；又如對有說無，但是無諸所有，非是別有一個無物。則汝天帝神父，唯是自心之一計度，唯是相傳之一言說，同乎龜毛兔角，都無實義，不應執著能主萬物能父萬物。若是能主能父，必是自有體相作用，苦是自有體相作用，則汝天帝神父，亦萬物中之一物耳。獨此一物能主能父萬物，都無道理。

此中有二比量：（一）汝所執神父天帝，此宗依也，亦曰有法。定無自體相作用，此宗體也，合宗依宗體則總名曰宗。許非物所攝故。因也。凡非是物所攝者，定無自體相作用，故汝所執天帝神父亦定無自體相作用。此喻體也。喻如龜毛兔角，但有言說，都無實義。此喻依也。（二）汝所執天神定是萬物中一物，許有自體相作用故。喻如人禽木石，亦可用亞里士大德之論理法，但無喻依而已。其式如下：凡有自體相作用者，必是一個物。例也。汝許天神有自體相作用，案也。故汝天神亦必是一個物。斷也。應知今論破彼之執，節節皆用若干比量，此出其例，不下一一，閱者可自勘耳。

更應問彼：汝執唯汝天神能造作、能生化一切事物，爲唯一天神，絕無餘物相待耶？抑有待乎餘物乃能生能作耶？唯一天神絕無餘物相待，則汝天神卽應無自無他、無內無外、無彼無此、無能無所，而與一切事物無有二相。忽然而有汝曹，忽然而有汝曹執此一神能作能生，執彼萬物是此一神所生所作，都無道理。若亦有待乎餘物乃能主能作，則如爐冶之能鎔卯，待乎炭銅；亦如工匠之能作器，待乎斤石。炭銅斤石固與爐冶工匠並存，非必爐冶工匠之所生起。汝執一切事物唯由汝一天神所生所作，都無道理，且爐冶工匠亦應是汝所奉之天神。

汝今設曰：汝神未作未生一切事物之前，唯一天神，絕無餘物相待，其作其生一切事物，唯神自作自生，亦非有待餘物乃能生作。今應問彼：汝之天神，亦有未生前耶？爲無未生前耶？汝神若是固有常存，而無未生前者，一切事物，既唯由汝天神而生而作，略不待餘而有，則是時有汝之天神，卽是時有一切事物，一切事物亦不應有未生未作之前。汝執一切事物有未生未作前，都無道理。若汝天神亦有未生前，則汝天神既生有所始，亦必滅有所終，而汝天神亦是起滅不自在之一物，無能自主，況能主餘一切？汝執汝神實有全能，都無道理。設汝轉計汝神雖屬固有常存，造化一切，雖不待餘，然待神心之樂欲者，則汝神既固有常存，汝神心之樂欲亦應固有常存，自然而然，不由待起，一切所造化者，仍應與神同爲固有常存。若汝神之樂欲亦由待起，如人之待金錢而愛，待愛金錢而盜竊者，則仍有待餘物。且汝神之造化一切，須待愛欲，汝神愛樂；須待餘物，或愛樂忽然而有無，不能自主，則汝神都無自由力。汝執汝神爲自在自由而全能，都無道理。

今更問汝曹，隨汝曹意答。汝執汝神造一切物，彼所造人，爲了了自知而能隨自心所欲者以造作耶？爲盲冥無知而忽然造作耶？若了知而隨心所欲以造作者，罪惡殘廢愚邪及不敬信彼神之人，既非彼神所欲，則非彼神所造。世間現多罪惡殘廢愚邪及不敬信彼神之人，汝執一切皆神所造，都無道理。若罪惡愚邪不敬信彼神之人，亦神所欲所造，神復貶之苦之罰之，不令常常同住樂園，都無道理。若不敬信彼神之人，亦神所欲造故，亦得同歸樂園，汝曹勸人必敬信神，乃可生天，都無道理。若汝神由盲冥無知而忽然造作一切物，非能隨心所欲而造，若父母生子女，雖欲生好子女，然所生子女或不肖，故神所造人亦善惡敬不敬參雜者，則神亦應不能徧了知一切人善惡，縱知善惡，亦應不能隨心所欲以賞罰苦樂一物人。汝曹謂信神必蒙神眷，得永生而居樂園者，都無道理。且汝神既盲冥無知，則汝執汝神十方三世而徧知，都無道理。

更應問汝：汝執一切世間物必由汝神所生造所宰治者，爲一切物必別有造者治者而得存立耶？爲不必別有造者治者亦得存立耶？若一切物存立必別有造者治者，則彼天神亦應別有造者治者，造治彼天神者復應別有造者治者，展轉上推，复無窮極。汝執唯汝一神爲造物治物者，都無道理。若汝天神非別有造者治者而自然得存立者，則一切物亦應能自然生化調和而存立，汝必執由汝神所生造所宰治，都無道理。且現見諸世間人物，自立自治，互生互化，人牛種稻粱亦還資人牛，父師傳子弟，子弟亦還爲父師，初無待乎別有一造作宰治者，故汝所執造萬物者，作萬物者，都無用處。又如汝曹所執之神，既全德全能而無不圓備，造作宰治一切事物，在彼亦必都無用處。

又汝執彼天神爲萬物父，爲實是父耶？爲假號之曰父耶？若實是父，父子必應同類，神爲人父，故神是人，神爲畜父，神應是畜，神爲蟲父，神應是蟲，神爲土父，神應是土。若但父人，不父餘物，則不得是一切物父，且人不獨父子相對，亦必父母相合而後能生子女，因生子女，乃有父名，非母則父固不能獨生子，而不得有父名，汝執唯一天父不待天母而能父人，豈有此理？若引夜光滴血等最劣動物，唯一物能生子而爲父者。然則，夜光滴血等最劣動物，必是汝所奉天父。且對之稱呼爲父者，必是彼直接所生之子女，若輾轉間接而生者，則亦曰祖而不曰父。汝曹執彼一神爲父，則應別無生身父母，否則汝親生父應卽是神，我親生父亦卽是神，一切人親生父皆卽是神。汝執唯親生汝者爲神父，要一切人皆棄其自親生父而奉汝之父爲父，豈有此理？若但假號之曰父者，則如戲剪白茅，假號曰劍，不得卽有斷切之用。汝執汝天父實能生化一切物，率人皈命恭敬禮拜祈禱，都無實義。

又汝執彼天神爲萬物主，爲實是主耶？爲假號之曰主耶？若實是主，同國權之主耶？同物權之主耶？同主賓之主耶？同主奴之主耶？所謂主者不外乎此，然皆交互更待變易無常者也。對賤爲主，對貴卽可爲奴；對此爲主，對彼卽可爲賓。現爲此物之主，轉瞬或非是主；今爲此國之主，疇昔或非是主。此如國權，或爲君主，或爲民主。卽君統之相傳，現在之爲主者，其先必是臣子。若離物等對待，則必不得有所謂主，汝執汝別有一天神常爲萬物主者，徧世間皆無理可求。若謂此非世間可談之理，汝曹應不在世間說，但應歸汝天國樂園中說。假號曰主，則同假號曰父，禮拜祈禱，都無實義。

又汝所執之神，既擬人事言動作爲，起居飲食，則宛然是一高等動物而已，然則必有形表，必有壽限。有形表則必非唯一普徧，有壽限則必非實有常住；有形表則必有外延之量，**必不得直接全知全能乎一切**；有壽限則必有壽命盡期，**必不得永久爲父爲主乎一切。**又**既唯一普徧實在常住，應更無餘**，應更無生，應更無依，應更無爲，**空間時間，**彌滿充塞，直是唯此天神而已。如何現前分明有**汝有我，**有人有物，有諸事業，有諸變化？即諸事物，應無分別，如**何復執別有一神高處天上？**如何復執別有一神能父能主，一切物皆爲彼所生化所宰治？復次，汝執汝神獨父獨主全知全能，如何未生造前，已有自身依正？且既唯一普徧實在常住，父何所父，主何所主，能何所能，知何所知？亦復何獨？亦復何全？故彼所執事義，自相矛盾牴牾，無一可以成立。

今更問彼：汝今執言有個天神，唯一實在常住普徧，獨父獨主、全知全能一切事物。汝爲斯言，何所依據而云然耶？若據現證，汝現是人，我亦是人，五官是同，覺亦是同。吾人眼耳鼻舌身根所現覺者，不外色聲香味觸塵集合所成萬物質象；内心自證知者，不外自心情想思念。自心則唯自證，既不得舉示人，即亦不得説是天神。且人皆有自證知之自心，如何説是唯一天神别居天上？若在所感覺物象中，是青是黄，是長是短，是香是臭，是冷是熱，汝今應可指出與衆共覺。然衆現感覺者，唯是色等諸物，縱到汝之天國，所感覺者，亦唯是色等諸物，**此等諸物，**固無一可當汝唯一實在、常住普徧、獨父獨主、全知全能一切事物之天神也，則汝言於現證略無依據，明矣！若據此推，如人身曾觸火覺熱，故今見火，雖未觸覺，亦即比知推念是熱，雖十方萬世之火，亦即得比知推念是熱。復如證知我有自心主見，故亦比知人人皆有自心主見。復如曾知往日皆有明日，故亦比知今日必有明日。復如曾見多人死亡，故亦比知我及現生諸人亦必有死。要必有一分之現證，方可比推，且比推所知者，不外以通量之事理，推斷局量事理。汝所執神既於現證都無依據，且冒一切物而一實徧常，其量最通，則汝言不得依據乎比推而立，明矣。若據傳聞，汝雖有汝傳布經書，汝執有神，我破汝執，汝之經書非我所信，猶之我今所說非汝所信。汝信我說，我信汝書，則無諍矣。故汝既與我諍，不得仍用汝之經書爲據。若據世間共傳文言，同汝說有個天神，一實徧常，獨父獨主、全知全能一切物事者，殆萬分無一分。汝不得據此最少分言以爲實，餘並爲虛，故汝言不能依據乎傳聞而立。凡立言建義之依據，不出此現證、比推、傳聞之三種，今汝言於此三種皆都無依據，故汝言必都無實義。若曰汝言無須依據而義自誠實，故我及世間人皆當信從者，則我今亦不用依據，建立我身是天神，是眞宰，一實徧常，獨父獨主、全知全能一切事物，汝今亦應信從，歸命恭敬而禮拜祈禱乎我身。設汝以我此言爲荒誕無據而不信，人之不信汝言亦然。汝曹誣世惑民而曉曉者，可以休矣。

且如汝教所執天神，十方萬世，彌滿充塞，既唯汝之天神，體相作用知能則應不容一切事物，卽諸事物亦應唯是汝之天神體相作用知能都無辨別。然則，應無我之與汝，應無人之與物。牛肉鳥糞，與汝同神，唯神食神，食卽不食，汝如何食牛肉不食鳥糞？猪羊父母，與汝同神，唯神殺神，殺卽不殺，汝如何殺猪羊不殺父母？既有全知全能上帝直接而賞罰宰制一切物，人間之倫理羣功政教學術等應皆可無，且不應有善惡是非。既有全知全能上帝直接而造作生成一切物，人間之父母夫婦農事工技等應皆可無，且不應有苦樂罪福。故依汝教，則世間一切之事業，概當廢絕，且如汝教所執天神，十方三世，彌滿充塞。既唯汝之天神，體相作用知能，則應無往不在，則應無所不是，敬卽不敬，信卽不信，神卽不神，人卽不人，汝奚從以必敬汝神勸人？天卽**不天**，地卽**不地**，生卽不生，死卽不死，汝奚從以永生天國**誘人**？**人亦卽神**，獸亦卽神，木亦卽神，土亦卽神，汝何偏執別有一神？古亦卽神，今亦卽神，東亦卽神，西亦卽神，汝何不執無非一神？且汝天神，直接自能治理教化，賞罰問答，來往上下，攻守拆攝，汝曹奚用堅結教團，建立經儀，向人傳播，向人勸導，向人靜鬬，向人攻殺？故依汝言，則汝教一切事業，先當廢絕。

由上種種詰責，以彼所執天神亦是**物**故，亦有待故，非全能故，非徧知故。所執造治之功，神物兩無用故；父主之稱，名義略無實故。諸事義，自不相容故；諸語據，了不可得故。如所執，則人間事業，皆當廢故；彼教事業，先應絕故。夫然，彼一神教師徒所執之神，都無道理可得存立，可容證明，可取研究，可生信仰，決矣！若彼徒曰：此是**全知上帝**所能解說，非彼能解說者，則汝曹以不知爲知，妄以自信信人。可知唯是迷信，唯是誣世惑民，世非易誣，民非易惑，雖我愚昧，亦不受欺，況諸聰慧者乎？亦可以關爾之蠢口，結爾之笨舌矣！嗟夫！違理妄求，勞目睛而現翳華，積迷成信，執翳華而希翳果。世紛紛而言破迷信，顧滔滔而皆投迷網，從迷入迷，展益深迷，**倒非爲是，淆僞爲誠**，有幾人能灼然見迷信之所在，而摧陷之廓清之哉！然大黃巴豆之劑，余蓋不獲已一用，非好爲鬬諍堅固辯論耳。

四、結　益　分

問曰：破彼一神教徒神執，有何利益？答曰：有二利益：一者、拔除不平等根，俾人道增進現世之安樂。云何現世？過去已無，未來未有，未來實現，卽成現世。以實現事，決唯現世，故云現世，非必局定一日一歲一積爲現世也。又現世者，居人類現行相續世間，而不求超越之謂，增進人間世之幸福安甯利樂，不外相教相養互愛互助之道。而擾亂破壞之使不成增進者，厥有二端，則壓制與戰鬬是也。壓制以各擾其内分，或一家之内，或一鄉，或一黨，或一族，極至於一國之内，或屬國之内。戰鬥以互擾其外分，或一家之外，乃至或屬國之外。　人道泯棼，乃無寧日。然壓制戰鬥，皆依因，文野、尊卑、貴賤、勝劣、強弱、親疎、利害諸不平等量起，而一神教則不平等之總根也。問曰：一神教何以爲不平等根？答曰：（一）徵事實。往者專國之君，君權卽是神權，固人人知之矣，雖今世猶莫不以神聖不可侵犯說明國君之尊嚴。此所以得成其壓制魔力者也。代天誅討，亦古昔爭國掠民者，一普通詞。墨子非攻篇下，辯禹湯武三王是誅而非攻者，皆藉天神爲詞。夫令民各知義，民行其義，以驅暴君，暴君自不能容，豈須妄竄餘說？若假借天神爲辯護，彼暴君亦何嘗不可藉詞？蓋天神固一空，名而毫釐無禁止，人不假借之實事故。雖今世諸國宣戰者，亦皆以上帝愛汝等，將令汝等爲國戰死而永生天，愚其軍民。案，此蓋近殺生祭神。能殺者、所殺者、及致祭者，皆得生天之殺，爲正法論。此所以得成其戰鬥魔力者也。不然，槍礮雖利，造之用之者仍藉乎民人，民人不服，彼國君非有特別之神力，能控之股下而驅之死地者也。此猶其間接者，更言直接，耶教據其勢力，壓制異教徒而燒殺者，蓋不知凡幾。而婆羅門教亦以人爲一神所生故，妄稱口生、腹生、膝生、足生，而分人爲四等，貴賤懸絶，雖居一地而互不相交通。其戰鬥者，若耶回教相戰互數十年，殺人盈數千萬。墨教大昌之時，路毀儒者車服，至令儒者不敢行旅。試問除此數個一神教外，徧繙古今東西歷史，尚有此種搗壞人道事乎？章太炎君謂耶墨等博愛擴互仇之量，非攻爲造兵之本，其言諒已。（二）徵理由。夫人道之羣功倫業，本由一切人積習所集起，雖或間生一二賢豪，獨擅其名，彼一二賢豪，無不合羣衆以成事者。而一神教謂，唯由彼一神之所造作宰治，豪者託之自擬以逞其虐，人間憑政權而生之一切擾亂破壞可恐怖事乃起。夫人道之教化文明，本由人心好真好善之性德而闡發，其道理可誠信，其行誼可敬仰，推四海皆準，歷萬世彌光。於是乎緣成爲宗師，好真故，其道理必容人研詰究論而自服，好善故，其行誼必容人宜時合俗而自勤。而一神教之根本義，都無理據，其制事亦強執堅窒，道理不容徵詰，行誼不容隨宜；則彼用以服人而勤人者，舍壓制鬭戰尚有何術哉？人間憑教宗而生之一切擾亂破壞可恐怖事乃起。不甯惟是，託上神以爲禰，順帝則以游心，而彼神者，唯是巫師所作空名，執此空名而爲之工宰者，唯是巫覡。情智既闇，封畛實深，循其繩墨，愛且蟄兼，兵亦苟偎，拂其條教，踐屍蹀血，猶曰天寵，而彼空名者固無從責之令任咎也。嗟夫！得吾説而誦之，庶幾人人心各自主，智無留礙也乎！彼一神教之根本義既盡摧破，則天不明而鬼不神，不平等之根拔，彼依附不平等根之枝葉而起之擾亂破壞人道安樂等魔事，亦無所假託而自枯落矣。於是，人道之安甯福樂乃漸成增進，循至實現禮運所謂大同之世，大學之明德、親民、至善義，物格、身修、天下平義，及無政府、共產主義、社會主義皆是，而真共和義亦附焉。然共和政制有二別：其主國權論者，所謂國權自體，亦仍用彼一神之説明而説明者也。全人世界而爲一家，唯相教相養互愛互助以謀人道之安樂。

　　二者，開示正因緣路，俾人道解脱出苦之障礙。此所謂苦，其量周徧一切生類。要有二種：（一）繫迫苦。細別爲八，所謂生苦、老苦、病苦、死苦、愛別離苦、怨憎會苦、求不得苦、捨不得苦是也。出離此苦，則得自由自在。（二）疑畏苦。出離此苦，則成圓覺圓德。諸修道者，皆願出離此之二苦，然不獲出離者，蓋有二種障礙：（一）煩惱障。爲諸業習之所擾濁，牽引流轉，莫從寂静。（二）迷茫障。爲諸境界之所惑亂，計度取著，莫由明悟。二苦二障，卽緣起彼一神教之因也。世間教學，大抵因此。但有求出離者，有不求出離者而已。彼見世人，在初本志爲善，後時或反違心爲惡；在初本求得樂，後時或反違情得苦，此繫迫苦。乃疑諸世間物，必應別有作者、生者、化者、主者，爲物公父，及物真宰，以憑臨制治乎天上。諸世間物盡爲彼所繫牽迫擾，莫可改越，莫得遁避，畏之懼之，乃恭敬服從祈禱彼，以冀彼之憐救，許爲依怙而免拘罰，此疑畏苦。不得解脫繫迫苦者，由煩惱障；不得脫疑畏苦者，由迷茫障。總之，則皆起於迷茫也。其志亦在乎求出離繫迫之苦。惜其二障深厚，不知出苦正因緣路，如蠶作繭，自投魔罥。不然，若耶墨等諸哲，誠愛勤勇，堅苦卓絕，傳彼教之徒亦不乏瑰操琦行，何至捄世反成擾世，福人反成禍人也哉！此真大士之所深悲者也。今既知彼所疑計者，全由迷惑而起，則可得而示出苦之正因緣矣。障既解脫，苦自出離，故唯當伏滅彼二障。一、須得真現量智而悟真性體。此義如何？即證萬法唯心是也。諸世間物，不出吾人五根識所得五塵相，當現量觸受感覺時，意未施設名相計度，但有如是色聲香味觸等境象，現起吾根識中而已。尚無內外，況計心外？故境象唯心也。離心識必無由證明物境存在與否，離物境非不能心自證知有心。以物無自證而心有自證，故物無體而唯心爲之體。識離施設名相所取物象，則離想念而頓現證，即心自性。一切物心真如性體，一相無相，一性無性，平等平等，言思莫及，了然現觀。萬法畢竟唯心所現，離心畢竟無有少法可得，則不向境追求本元，而自不計有天上神爲唯一主質矣。二、須得正比量智而識正因果。此義如何？即達萬物緣生是也。即佛法十二有支轉生還滅義，亦即如來藏生滅因緣義，及法界無盡緣起義。易之生生不息義，莊之物化義，萬物以不同形相禪義，顏之常變生化義，蓋皆近是。而達爾文物種由來，天演進化義，亦近之。然進化論說化爲進，必局定一物或若干物之時處。以昔如彼而今如此，故有進退可云。云進云退，皆據一偏，非萬物生化通量也。且彼以競爭爲進化之因，未悟進化或由競爭，而進化不皆由競爭，競爭亦或成退化，而不必皆成進化。用偏概全，用不定例必定，其不合論理法，近世學者蓋皆能言之矣。知各各之情世間，此情世間，即人生觀。由無始相續自業，無始相續他業，互愛互憎，互拒互攝，互纏互縛，互牽互引，如是生活，故不自由自在。知茫茫之器世間，此器世間，即界世觀。由無量衆生共業，無量諸生別業，相劑相調，相糅相雜，相違相順，相減相增，如是成住，故不自由自在。如是情器兩種世間生滅因果，深遠微奧，非能臆斷，但知果相變現必因業習，業習集起必因心識。將形順性，則無鼠憂之纍，耽色嗜醇，則有疾疢之災。依現事之固然，推公理之必至，以慎造乎善惡之業，能令物我來今得利益安甯福樂者爲善業，反是爲惡。但蓮業因而無着乎報果，所謂有義不義，無祥不祥，則不逐物轉移志行，而自不計有天上神爲唯一父性矣。由是，真現量智爲正因因，正比量智爲正緣因，隨順之而對治二障：一者，確立正信以伏滅迷茫障。正信略爲三義：一義，信真實理；此即真現量智證得，必須自覺自悟自信，了然無疑，矔踏滿志，一任天華亂墜，不可撼動，方是。毫釐有差，天地懸隔，絕無餘人可能代致。此非神教俗學能有者也。　二義，信真德處；父母爲恩德處，師友爲道德處，理教爲智德處，聖賢爲圓德處，孝順敬事，歸命服膺。三義，信真能事。心性真能具足功德，師友真能助成道業，聖人真能常樂清淨，大士真能慈悲救護。二者，勤修正行以伏滅煩惱障。正行亦爲三義：一義，正潔仁勇，公直和忍，息惡勤善而以修己利人；二義，空寂平等，澹定明静，澄妄融真而以體道備德；三義，學問思辨，諦觀審察，知權存誠而以稱理宜事。此第二第三義亦多分是神教俗學所不能有者也。由是，二障解脫，二苦出離，正因所果，即是圓覺圓德，謂之大悲般若；正緣所顯，即是自由自在，謂之常樂涅槃。常樂故充法界而圓究竟，大悲故度有情而盡未來，蓋利益莫妙乎此矣」故勸諸聰慧者，應於今論而善觀察。吾非於一神教師有所深惡也，亦敬其苦心而冀其共遊良道焉爾。見者聞者，讀者謗者，毋蔑人意，毋輕己靈。研之究之，思之擇之，未能信之，且置疑之。大疑大悟，深疑深悟，瞻彼先德，不乏前型。孰不好真，孰不好善，彼真丈夫，我何不然？降志天鬼，毋乃可恥，勝物非勝，勝我爲勝。我心魔神，當求降伏，我心劫賊，當求尅滅。我不勝我，勝不我勝，我勝無勝，勝我無我。無我真我，無勝真勝，能自舉者，真大勇士。能自勝者，真大丈夫，大丈夫性，最極勇猛。非男非女，非老非少，非黑非白，非壯非怯，非文非野，非道非俗。蓋人人皆具足者也，大道恢恢，大德巍巍，大丈夫兮休徘徊，盍無待而興乎來！

（選自中華民國七年（1918年）上海中華書局出版道學論衡下卷）

二、新舊問題的根本解決

現今中國的學者，於文化思潮上發生了一個新舊問題，紛紛爭辯不已，然考其所由爭辯之故，因以先有了兩方面不同的知見。一方面，則以凡較新者必較好，較舊者必較壞，故吾人唯當選擇孰爲較新者而取之，孰爲較舊者而棄之耳。又一方面，則以凡較舊者必較妥善，較新者必較危險，故吾人唯當依恃較舊者而趨之，閉拒較新者而避之耳。於是復有第三者產生，謂舊者既美惡雜糅，未嘗皆壞，新者亦良窳間錯，不能全好，故吾人當兼取新舊文化思潮爲材料，加以析別擇取的工作，乃能改造不危險而好的耳。

然此三者，皆有膠著於某某事件爲新的毛病。因之復生出一重爭辯，或爭歐戰後從西洋傳來的文化思潮爲新，而辯中國自己所有者一切皆舊，或爭中國先民所遺傳者既經現在的人所應用，則舊還是新，而辯西洋的文化思潮，亦皆從積古遺傳所發生，況展轉行到中國，則新亦成舊。依是，又生出一重爭辯，則謂西洋傳來的思潮，在西洋雖云已舊，然現今初流行到我中國，則卽爲新。顧反對一方面，則又謂中國自有的文化，在中國雖云已舊，若傳布到西洋各國，則亦卽爲新。甚或如新湖南、新潮等雜誌，指斥新中國雜誌爲假冒新招牌，抑若新之一字，乃爲某個某個事件專用品似的。以之戲論層出，糾繞無極。

夫某個某個事件，乃具體的實物，而新之與舊，則是抽象的假位，可偏附於一般具體的實物發現，而一一具體的實物，不能拘束彼抽象的假位，使專屬某個某個事件。且抽象的假位，唯由意識爲之分別安布，於同一事物亦可在彼爲新，在此爲舊。對較新的那一方面則爲舊，對較舊的這一方面則又爲新。而新之與舊，對於好不好，妥善不妥善，初無一定關係的，故在事不必爭辯。且新舊不專屬於一個一個的事件，而唯是各人意識於對境上分別安布的假位，故在理無可爭辯。然此不過是吾對於爭辯新舊的世論，觀察如此，未是吾於新舊問題的根本解決。

吾於新舊問題的根本解決，分述如下：

一、實無新舊。吾人嘗謂某人某物爲虛假僞妄者，亦以某物在此時雖暫如此，在彼時彼時則又如彼如彼，遷變而無一定；在此處雖特如此，在彼處彼處則又如彼如彼，差異而非一致，因此謂某人某物爲虛假僞妄耳。凡虛假僞妄的，必是不可靠，靠不住的。換言之，即是無價值的。不是虛假僞妄的，是有有價值的，則謂之真實。由此可知，凡真實的，必是沒有時世的遷變而恒常的，必是沒有空界的差異而普徧的。而新之與舊，皆是在時世的遷變上及空界的差異上前後彼此相對待而有的，唯是虛假僞妄的，故"普徧恒常的真實"中是從來沒有新舊的。故"新舊"原是不成問題的，原是沒有辯論價值的。

二、幻有新舊。夫新之與舊，誠不過吾心識上時世遷變、空界差異所分布的虛妄假相。然而，此不但新舊是如此的，即"吾人""吾心"亦是絕對沒有的。但此能否認"吾心"是絕對沒有的，依然是吾心，不是他物。更進一步言之，即忍可那"真實"的，亦依然是吾心,不是他物。故吾心雖然不離虛假偏妄的相,然"真實"亦不能離却吾心。故吾心又即是真實,而心外執取的對境上所計著的新舊,雖然與對境一般是虛妄的,是絕對沒有的。但吾心中分明顯現的新舊,即是吾心法相,却隨吾心一般是不離於真實的。是故,於所執離識的境而空,境本是空;於所現唯心的法而空,法實不空。此空而不空者,謂之幻有。所謂幻有者,不是絕無真實,但是於真實,曾經用心之幻力轉現爲如此如此而已。佛華嚴云:心如工畫師,善畫諸世間。又云:應觀法界性,一切唯心造。然既爲幻有,則亦無可堅執。一堅執,即同對境是虛妄故,是絕對沒有故。

三、有新無舊。夫心者,無空界的存在,十方推求,莫得其形。今證知有心者,以有現在續續轉起的一念耳。現前這一念的心,前滅後生,纔生即滅,一刹那頃,不暫停留。既以唯心幻有故,而有新舊一切諸法,則充滿大宇長宙間之一切"有法",<small>有法猶云存在之物。</small>皆不出吾現前的一念。從吾現前這一念心能知的見分,與所知的相分推之,本末相依,業果相續,因緣相資,主伴相縈,雖至於世界無邊衆生,無盡可也。然而十世古今,不離當念,恒沙刹土,總即吾心。夫新莫新於吾心當前的一念,而過去過去無始際來一切有法,無不依吾現前這一念心而有。然則,尚有何法之不簇嶄全新者?乃攻之爲舊,保之爲舊,豈非顚倒迷謬之尤歟!

四、依舊立新。在依持的能推的心,雖秖這現前的一念,但轉現的所推的古今刹土,却有種種時代的分位與種種方國的分位,區別安布。現在引未來的新,過去遺現在的舊,新舊歷然,不昧不爽。所以索過去於過去,過去未嘗無,索過去於現在,現在未嘗有,索現在於現在,現在未嘗無,索現在於過去,過去未嘗有。雖然,於此若猶未昧却現前一念的自在覺心,則垂垂不盡的舊物,何莫非新新不住的餘蔭哉!

五、有舊無新。然一般有情之類，從來沒有悟入那依持的能推的自在覺心，故祇認得那轉現的所推的客塵境界。且如那仲尼對顏回説的，吾與汝交一臂已非其故；又如那希臘額拉吉來圖説的，譬如濯足長流，推足便成逝水。要之既將現前這一念心的全體埋伏在無明無知中，則凡有所知，纔知是有，早已成爲過去，層層疊疊遞傳來的舊影了。未來既是未有的別名，然則凡所有者，不得不謂之唯是現在已過去的舊，絕無現在起將來的新，那避新趨新的，不皆是完全撲了個空麽。

六、析舊成新。我們埋伏在無明當中的人，祇能用後一念的心取前一念的心爲境，可憐那所取的境，早是鴻飛冥冥，僅留着一痕一痕的舊痕而已。但是，在我們沒有徹底覺悟過的人，其知識界中既除却一閃一閃所遺留的舊痕以外，更沒有旁的，則不知不覺便貪戀分別，將那捉得的舊痕，比較着一閃一閃的先後，析爲若干若干的時代。指着這一時代的遺痕謂之曰新，於是更指他那若干若干的時代謂之曰舊，新之又新，則新者亦成爲舊，舊之又舊，則舊者亦成爲新。但新來新去，總不過是些一痕一痕的舊痕。

七、戀舊怯新。跟着人心一種樂平和的性，遂對於已經捕住養服的所有事件，總抱持緊緊的要他永遠不遷流了去。一面恰虛虛地怕那沒有有過的衝出來，把這已經捕住養服的衝走了，使他失却依靠，且有不能捕住養服那新衝出來的恐怖。爲此，對於那未經捕住養服的新，便想堵塞他，使他永遠不會衝盪過來，把他已經捕住養服的舊，乃千重百匝的以爲固守之計。殊不知，他那已經捕住養服的，本是一閃一閃的謝影，那一閃一閃謝影的來，恰如長江波浪，如何能固守得牢？又如何能堵塞得住呢!

八、貪新惡舊。跟着人心一種樂知能的性，遂對於近纔生化施行的所有事件，總希望滾滾不斷的湧過來。一面氣憤憤地討厭那已經爛熟陳腐了的不速速讓開，翻一層一層的遮着那近纔生化施行的不快快過來，使不能早些得到他個明白，能够將他應付利用。爲此，對於那已經生化施行過的舊，便想排除他，使他烟消雲滅，不稍留遮障，却把那近纔生化施行的新，乃四方八面的以爲迎受之計。殊不知，他那近纔生化施行的新，亦是一閃一閃落謝的影子，那一閃一閃的謝影纔落到知識的門閾内，早已是没用的陳迹了，何況那過去的早已過去得和陳迹都没有了的，乃死死的對着他。愛之爲新，憎之爲舊，營營逐逐，膠膠擾擾，不幾似剥翳眼所見的空華，以求空華的華果麽？

九、新舊真空。從那好知能的性深深透進一層，不但傾向那纔生化來的事件，圍繞敬畏着他團團的轉，一味的歡迎他、崇拜他、懇親他、結識他，要他明白的表示出來，曉得他是什麽，須能怎樣的應付他，便算了事。簡直須不問他是舊的新的，和盤徹底的將他翻轉過來，一絲也不放鬆的當下要追究出的實在來。但是，可憐他本來祇是個石女的兒，那裏會有什麽實在可以追究出來呢？所以一擊百雜碎，便光光蕩蕩，竟毫無一些影踪了。到那時，便真真實實的還報你一聲：……空……空……空！

十、新舊妙法。徹底看透了這些新新舊舊的真實是空，且不見有什麽可以喚作自己的，何況那所有的種種事件呢？一個累累墜墜的世界身心重擔子，從來擔着他没有放下過的，今一旦脱然的豁掉了，何等輕爽，何等快活！是之謂真實安善樂。到此方滿足了那個樂和平的心性，自笑從前緊緊抱守怕他滅了失去依靠的非計。且這些新的舊的，不是看透了纔變做空的，乃原來是空的，乃畢竟是空的。所以，不唯那新的舊的原來是空的，畢竟是空的，且空亦原來就即那新的舊的，畢竟不離那新的舊的。所以空無始終故，新亦無始無終，舊亦無始無終；空無中邊故，新亦無中無邊，舊亦無中無

邊。一舊一切舊，覓一毛頭許不是舊的不可得；一新一切新，覓一
毛頭許不是新的不可得。不知則已，知則無不全知；不用則已，用
則無不全用。何等絕待，何等圓融！是之謂真實智用樂。到此方
滿足了那個樂知能的性，自笑從前向寒潭撈月的非計。

　　或曰：你寫了一大篇，竟不曾確確切切的解決那新舊問題，但
打些脫空的葛藤耳。答他道：如是如是，然而確切卻又最確切不過
了。何故呢？不見道，新舊卽空，空卽新舊麼？不見道，一新一切
新，一舊一切舊麼？不見道，光光蕩蕩，竟無一些影踪了麼？萬古
碧潭空界月，再三撈摝始應知！

　　（選自中華書局民國十六年(1927年)印行太虛法師文鈔初集第一編）

三、中華民國國民道德與佛教

　　自民國成立，朝野之士，固屢次以共和國之元素在乎道德爲
言，唱國民道德主義，以期改造國民之人格，使咸進於善。顧迄今
國俗民心，敗壞愈甚，雖欲退求一日之法治，亦不可得，此其故奚在
耶？曰：是皆矖道未真，建德無本，人心失所依歸，回遹馳蕩，輭弱脆
薄，末由立根深寧極之誠，是以卒無所謂道德其物者，應國民之需
要也。茲當國者又昌言道德矣，迺其徇僞迹昧真本也如故，非斥
直心，咸令大覺，則國民道德云者，其終付之於空談歟，中華民國國
民，其終泯梦淪胥以盡，而不能振歟！叩心所危，宣意之默，作中華
民國國民道德與佛教篇，布告中華民國國民。

一、道德之真本

　　人復真如之心，道之元也；心契本覺之性，德之全也。其致之
也庸易，要在內反而不外鶩耳。國民能反求諸己有，雖小國寡民，

亦必有以自立，況地廣人庶，承襲數千年政教學藝之化而維繫不墜，有若吾中華民國之國民者乎！條而貫之，整而理之，淬厲而振作之，磨礱而光明之，固將王百谷而鏡萬流，亹亹斐斐，雝雝和和，率宇內共躋於仁。至治上理，可操券待，寧至攘臂露肘，效彼未脫貴族乍入戰國者，逐逐金鐵功利之末，且欲求一日之富強，而圖存於列邦之間亦不獲哉！烏虖，國民！可知反矣。民人能反修諸躬行，則皆有以安其生，樂其業，遂其心，完其性，大同太平可端拱致，寧至制之以律，縶之以政，拘之以禮，別之以居，家庭也，聚落也，國邑也，皆別之以居者也。猶不能得一日之寧哉！烏虖，民人！可知反矣。人心能反，休之性覺，則諸法空而一心寂，疏觀乎宇宙萬有，靡不逍遙自在，通達平等，圓常普遍，本來如是，何至眩水火之相傾，駭物我之相統！烏乎！人心可反矣。雖然，是必於真唯心論，朗焉而悟，確焉而信，乃能有所宗依。夫古今東西之學宗繁矣，雖亦有標名唯心論者，胥未能究其本末，窮其真偽，使人繼除疑畏，解脫煩憂也。進至近頃來所崇之一元二行論，亦僅能成立真唯物論。論哲學之派別，其義詳見道學論衡。故除佛教之外，曾未有極成真唯心論者也。而真唯物論，亦真唯心論之一部分也。真唯心論，上證乎心如性覺，出其緒餘，足以陶鑄堯舜華盛頓，孔顏柏拉圖，老莊託爾斯泰。非是者，則唯有為造成大盜巨奸，妖媚巫覡之資耳。故道德之真本，必求之真唯心論，真唯心論，必求之佛教。

二、中華民國國民之道德

以內反諸己躬性，為真本之道德，在今日中華民國國民，不唯是應時之聖藥，抑亦中華民國國民性本來之特徵也。順而導之，穀而充之，以完其至真至美至善之量，故與緣飾塗傅者殊也。稽之古史，中華民國之國民性，一內聖外王之國民性也。離過絕非，智圓福備,之謂聖; 濟世救物,益羣利衆,之謂王。故隨之以發揚國民道德,極之唯一渾圓真覺之國民性,更不容有公私等種種之分別也。隨順國民之真性本能離過絕非故,斷除一切染心惡業苦事,則殺盜邪妄、貪嗔癡慢、驕諂嫉憂皆無矣。隨順國民之真性本能智圓福備故,則養成一切淨心善業樂事、仁慈義讓、溫良勇健、榮富壽康皆有矣。隨順國民之真性本能濟世救物益羣利衆故,則體國經野,惠民厚生,扶弱匡時,解紛排難, 哀不能而拯困窮, 流闓闓以馴服強暴,足以保傅人天,與圜地倫庶貞無盡之進化矣。此卽佛教實踐真唯心原理之三聚淨行,約之一心,施爲萬德。見之家族, 則家族親睦矣; 見之社會,則社會輯和矣; 見之國家,則國家安固矣; 見之國際,則國際妥洽矣; 見之世界,則世界康樂矣; 見之政治, 則政治清寧矣; 見之紀律,則紀律修明矣; 見之教育,則教育均平矣; 見之學藝,則學藝昌盛矣; 見之禮俗,則禮俗淳良矣; 見之財泉, 則財泉流通矣; 見之羣倫,則羣倫整齊矣; 見之庶類,則庶類繁榮矣。得其一而萬事畢,斯之謂也。廣見乎大藏中萬八千卷之經律論,欲詳之者可尋之也。

吾國民有不以國民道德一言,但作口頭譚門面語者乎? 幸於斯義益深思考之,勿視爲一家私説,或疑爲遠闊無當而河漢之。蓋國民道德未有庸常切近於是者矣。

（選自中華書局民國十六年（1927年）印行太虛法師文鈔初集第一編）

四、唯物科學與唯識宗學

三界唯心,萬法唯識,固聖教之決定量,佛理之根本義也。就十界依正之總相言之,則曰三界唯心; 就諸法體用之別相言之, 則曰萬法唯識。故唯識宗學，實爲大乘之始。自海西科學之功盛，以其所宗依者，在乎唯物哲論也，海西哲學諸宗，始於多元論二元論，於純正哲學未能極成也。進至一元之唯物論與唯心論，然唯物論未極成唯物論，唯心論亦未極成唯心論。以唯物論所云之原質皒相以爲一元，而物質精神爲二行。新近諸科學，大概均以此一元二行論爲依歸，驟之則此乃“真唯物論”耳。蓋所云物者，本指天地人物之和合連續假相中之現象，非謂物質精神。物質精神，則天地人物之現象上同時並著之二現象耳。此一元二行之真唯物論，頗近小乘俗諦。蓋小乘之俗諦，亦卽天地人物之和合連續假相，其緣起流轉因果義，亦説色心二行，卽“大微”之物質與“惑業”之精神是也；真諦則爲生空真如，卽和合連續之假相本來空寂，及緣起流轉之幻事，擇除還滅是也。然小乘之所重，固在由實踐哲學之道品論者也。一元二行論又近於大乘唯識現量性境，以其卽現對之天地人物爲一實元，以精神與物質爲行相，近似唯識論以前六同時親所緣緣之色塵爲實事，以四大極微等爲意識假想觀慧所緣緣影也。但此爲免違世間過，隨順世間世俗諦，姑縱許之耳。究之，乃是似現量似性境，所謂非量與帶質境，非真現量真性境也。何者？以真現量真性境中，無復和合連續假相之天地人物等故也。然無論爲現量性境，抑非量帶質境，此一天二行之真唯物論，卒不得不歸之大乘唯識真唯心論中之一部分也。其詳當閱佛教社出版之道學論衡楞嚴攝論。　遂畏聞大乘佛教之名。抑若一言大乘佛教，卽挾神權幻術俱至。不知大乘唯識論之成立，先嘗經過小乘及大乘之空宗，將邪僻唯心論 正名公神，或我神論。 之常見，與邪僻唯物論之斷見，同日摧蕩清理，乃開大乘唯識中道。故竺乾當日大乘唯識論之所緣起，正以勝論之多元或二元論等，天神汎神及數論之神我論等，順世論四大極微之物質論等，小乘之有論空論等，大乘之空宗等，探究玄奧，觀慧微密，皆極一時之盛，迫於人心之要求所不能自已，大乘唯識論乃應運興起。且彼時雖有小乘之正論，徒高超世表而不能普救羣生，與今日雖有科學所宗依之一元二行近真唯物論，徒嚴飾地球而不能獲人道之安樂亦恰相同。故唯識宗學，不但與微物科學關通甚切，案，中華隆唐間因研究竺乾外道小乘之學者頗盛，故此大乘唯識宗學因之昌明。由五代入宋元，各學衰微，唯識宗學遂亦因之湮没。相承者但禪宗及淨土宗耳。　正可因唯物科學大發達之時，闡明唯識宗學，抑亟須以唯識宗學救唯物科學之窮耳。

　　突然聞唯識無境物之言，似乎可驚，然未能細按唯識之義耳。言唯識者，識有四分：一者相分。卽識心上所明了分別之境象，如鏡中影。世間所言物質，不越乎此。二者見分。卽識心中能明了分別之功用，如鏡上明。世間所言精神，不越乎此。三者識自證分。卽識心不待他證明心有，而能自證明者。如境，象之有無，必待心爲證明，非心證明，卽爲虛妄無驗之言。 心自證知，故曾起心能自憶之，更不待他。此爲識心自體，喻如鏡面。四者證自證分。卽識心自體所證明之結果，及能證明識心自體者。此爲識心體實，喻如鏡身。後之二分，皆世間所未與知也。若知有"識自證分"者，則一元二行論之所謂"一元"者，不難見矣。否則雖立"一元"虛位，實無元耳，又曷嘗有所謂"一元"者哉⻊ 諸識心之一相分中，境凡有三：一者實境，此又有二：（一）一切法真如性境。此轉識成智時，第六第七第八識相應之無分別智了之；（二）一切法自相性境。此則六識及第八識與其心數了之，若現量所了一一色聲等離名言之自相是也。二者帶質境，此又有二：（一）以心緣心真帶質境。此第六第七識與其心數了之；（二）以心緣境似帶質境，此唯第六識與心數了之。卽現在天地人物等宇宙現象，乃和合連續如幻如夢之假相，亦謂之意言境，其根則在以心緣心之第七末那識執第八識相爲內自我體。法蘭西特嘉爾所謂"吾生始終，唯一意境"，殆亦有見於此。三者影像境。唯第六識與其心數了之，亦謂之意言境。略分爲二：（一）妄情執著境。 若執著無驗之原質爲實體等，又若執著造物主等;（二）隨念分別境。若念過去未來之境，及假想觀慧所觀之境等。未得無分別智親證，雖觀眞如亦影像境。復次，言唯識者，有二類識：一者本識，卽第八識，爲諸色法心法數法分位法作因，而又有自現行之四分心與心數者。二者轉識，各各有自識之現行四分心與心數，亦還熏習本識，增長本識功能而爲本識作因。復次，有二類識：一者有漏恆俱轉識，卽第七識與第八識。乃和合與連續二假相之根本，作生死依。二者不定恒俱轉識，卽前六識，依和合連續心倏起倏伏，亦還牽引有漏恒俱轉識，受生死輪。又唯識言，總含諸法，非謂一切絕無。色聲等法識變現故，眼識乃至藏識識自體故，觸欲信貪尋等識眷屬故，時方名數前後同異等前三分位故，眞如乃前四實性故，皆不離識，俱非心外，故名唯識。又唯識宗説人生世界之緣起，非謂一霎忽有。或異熟焉，或共共業力化成焉，或不共不共業力化成焉，或共不共業力化成焉，或不共共業力化成焉，十二有支，十五依處，三習四緣，十因五果，理趣宏深，茲難具述。不應聞言唯識，卽指器物，責心令造，要之種種業習因緣并所生果，皆非識外，俱不離心，故名唯識。以此圓淨成實眞唯心論，律一元二行之微物論學，抑而奪之，雖未知眞實義，縱而與之，固眞唯心論之一分。必明唯識宗學，諸唯物科學，乃能消歸自己成妙用焉。

　　唯物科學與唯識宗學相關通之處，不言其遠，卽就佛教大小乘共同之説以觀之。佛言身爲蟲衆，又言滴水有多微蟲，此雖佛及諸聖弟子天眼之所親見，然諸肉眼凡夫所不能見，故無證明，今得科學所製成之顯微鏡以觀之，則獲其親觀矣。又若四洲一日之所照臨，而互視有日夜之別，得今之天文學益明其指。又説色身之所生起，乃有起身根蟲，證以今之精蟲説而確驗。略舉數事，餘可類推。近頃以光學電學之進步，已能窺見宇宙諸存在物，皆是和合連續假相，絕無不透明空隙之固實質。刹那刹那，生滅流動，連續而現；展轉展轉，抵吸調劑，和合而起，是以一切無常無實，其實常者，正唯

"空"耳。蓋密邇小乘之生空觀矣! 第何緣而現起和合連續假相諸物,且有類別及恒軌乎?彼剎那生滅,展轉拒攝之微體,究爲何性?復依何現起乎?且平常見天地人物之時,既不見其爲剎那生滅,展轉抵吸之連續和合假相,逮藉光電,見爲剎那生滅,展轉抵吸之連續和合假相時,又失平常所見天地人物之相,則欲藉光電證明彼緣理性源,亦終爲不可能之事。然究實唯是一心真如性。藉光電猶見有生滅抵吸相者,仍在乎能見心上之有障礙耳。依此可知,空不定空,有不定有,但心明見臻何程度,卽心之境則成何狀。是以能從唯識宗學,如實修證,則得圓成五眼。此舉眼以總表六根,當知耳鼻舌聲意,亦各成五種。徧知者境,以人眼本日肉眼見天地人物,以天眼見透微遠預,以慧眼見常徧空寂,以法眼見緣起因果,以佛眼徹證唯是一心,更無二相可見而圓顯真如覺性。然五重境皆卽唯心真如覺性,故佛眼具前四眼,而前四眼不能具佛眼。藉光電所見者可准爲天眼慧眼之少分,修唯識宗學,則漸得成五眼,一念中平等了知五重境。知藉光電所見者,雖境界不同,實卽吾人平常之所見者;亦可推知,吾人妄造惑業,妄受生死之現行無明境界,卽如來之不動智光矣。道有可證,言非憑虛,思之思之,夫亦何遠之有!

嘗有二因明比量曰:(一)佛所說阿賴耶識,人人所能諦信,以可內自證知故;凡可內自證知者,必人人所能諦信;如人居闇中,皆審知所無自身。反之,則人人所不能諦信者,必是不可內自證知耳;如言天神上帝。(二)佛所說五眼六通,衆人皆能諦信,以有衆同分現量可得故;凡有衆同分現量可得者,必衆人皆能諦信;如質學化驗。反之,則衆人皆不能諦信者,必是無衆同分現量可得者耳;如言上帝創造天地。夫科學之可貴,在乎唯徵真理實事,不妄立一標格堅握之,以所知自封而拒所未知耳。若不求真是而妄排蔽,則與迷神教者亦復何異?習唯物科學者,若知佛乘唯識宗學,其貴理真事實，較唯物科學過無不及，則必不將佛教視同天魔畏途，而相戒不遊也！乃作此以忠告諸治唯物科學者。

（選自中華書局民國十六年（1927年）印行太虛法師文鈔初集第一編）

五、近代人生觀的評判

依照平常的做人習慣做去，在平常的人，對於做人本不發生什麼問題，所以也用不着什麼解決人生問題的人生觀。獨到了依照平常人習慣有些做不過去的時候，於是遂發生了做人是什樣的，做人是爲什麼的，何必要做人，人是個什麼，可以不做人嗎？這種種的做人問題既發生，便紛紛擾擾的不安起來，乃皆欲得一個解決此種疑難的人生觀。現今便正是這種的時候了。但是此不過指庸俗的人而言，若在憂深慮遠玄鑒妙悟的哲人，則隨時隨處皆自有其適當的人生觀。然一到紛擾不安的時候，則一般庸的人亦成了必要的需求。故此種人生觀，亦祇將隱伏在泛常知識中的，採集之顯出之而已。今各家所標立的人生觀，種種不一，由予觀之，循環單複，大約不出下列的四款。茲一一將他詮敍出來，亦可見近代各家人生觀的分齊了。

一、人本的人生觀

這人字含有人類、人倫、人道、人羣的意思。要之，凡以天地間人的現成生活爲基本所生起的人生意義，卽是此所謂人本的人生觀。此種人生觀，對於人何從生，何名爲人，但依據人類習常的情形行爲；指之曰人。生則稟之父母，死則歸之天地，此外卽無須推究。卽依此立地戴天的人類，目爲與天地並稱的三才。曰天地之性人爲貴，性亦性類，謂天地間芸芸萬類，以人爲貴。曰人爲萬物靈長。其所以翹異於萬有者，固由形體，尤在性行。辨之以性行，故恒以勉赴此人類的性行爲標準，惴惴然恐幾微之間墜失其性貴靈長的地位，下伍於禽獸也。然性行卽係之於人倫人羣人道，旣爲人類中之一人，依兹一人爲本位而觀其各方面的聯合關係。基之以始生終死的關係，有父母子女等一倫，兄弟等一倫；基之以承前啓後的關係，有夫妻等一倫；基之以分工互助的關係，有主從師資等一倫，朋友等一倫。於此各種關係之間，所有適如分宜的理性，謂之曰性。依此理性所起的行爲，謂之性行。依人類渾括此各種倫理的關係，和合言之，謂之曰人羣。人羣以同情心爲性，是謂之仁，仁之中又有信義禮智。蓋無仁不羣，無信義禮智，則羣不整理堅靳也。依此羣性所起的行爲，亦謂之性行。推人類的本然者，溥徧其羣性言之，謂之曰人道。人道以自由平等博愛爲性，依此理所起的行爲，亦得謂之性行。以此推之四海而皆準則普徧，俟之百世而不惑則常恆，得此常恆普徧之理，故其心泰然安也。但身命危脆，死滅短迫，旣遮撥鬼神之有，宜有以慰其長存永在之慕，於是舉出立德立功立言的三不朽，而以名物文史保留其痕迹，俾得垂久。全依理性所成的行爲，謂之立德，可與天地人俱久。不全合人的理性若唐太宗之類，頗有乖倫理性。或不關人的理性，若發明造成各類有益於人類的器用等。所成大有利益於人類人羣的事業，謂之立功。關於上二類，或其餘種種，但著之言語文字，未措之行事者，謂之立言，則隨人羣信用的高下以成久暫。此卽所謂經營人類的歷史生活者是也。此種歷史生活中所存在者，分別說之，則曰德、曰功、曰言、曰名，總之則言行的遺痕遺迹而已。其託之以存在者，雖在語文器象，而實賴於子孫民族人羣，合言之則社會的委形委蛻而已。故此種人生觀，其根底上必永遠的能保存人的社會不破滅，乃爲有意義有目的有價值，否則到底還是一場無結果。然在此人本的人生觀，既依固有的天地間固有的人而起義的，所以決不論思到未有人或人已無的際合外去的。此種人生觀即是世俗中庸常之理，能於此安得落心的，對於人生便也不成何種的問題了。中國孔門一流的人，雖微有側重人倫的傾向，於人羣人道未能發揮圓滿，然大致也便可以代表此一類的人生觀了。

二、物本的人生觀

物本的人生觀，約分三組：

（甲）　物質學的。若中國古來，或説爲陰陽二氣的，或説爲金木水火土五行的；印度若順世外道等説爲地水火風四大極微的。其説亦散見儒道諸子，以爲人生者氣之偶聚，偶聚偶散，渺渺漠漠。宋儒亦嘗論氣之全偏純駁，以爲得其全者爲聖傑，得其偏者爲凡庶，得其純者爲人類，得其駁者爲畜類。極成於近世的元子組識論。依此，則人與土石草本蟲魚禽獸固同其物質，但其元素的增減分合，其分量上有種種的不同而已。

（乙）　物種學的。中國古來，若列子所説的"青寧生程，程生馬，馬生人"，若莊子所説的"萬物以不同形相嬗"，若賈誼所説的"或化爲異類"。但其間似有"偶變的""進化的"二説，亦極成於近世的物種進化論與細胞生命論。依此，則人與一切動物，或與一切植物，乃至與一切礦物，亦但有地位的不同，或程度的不同而已。

（丙）　物類學的。中國古來，若莊子等，往往比人世爲蝸角，比人生爲朝菌，比人類爲微蟲，又若晉阮籍比人生天地間如蝨處褌。近世因天文學、地質學、物理學的進步，彼大地既爲太空無數星中的一星，地質積層既動以幾百萬年稱，而礦植動物之類亦以幾十百萬計，則此世間有歷史來的人類，不大足證實其爲蝸角、朝菌、微蟲嗎？

此物質、物種、物類，莫非唯物論的物。人生亦物中的一物，置人生於物中，而後有人生的名義，故皆謂之物本的人生觀。此種人生觀，或有因爲在此看透了沒有甚麼天神鬼我等事，壹心定志回轉到前面人本的人生觀，以專盡力於人羣的事業；或由之看輕了物質，別求非物質的本存在，進入下面神本的人生觀、我本的人生觀，或解脫的人生觀。但在此種人生觀的本位上説來，却是瑕瑜互見，短長相掩，使人觀念精深，心量遠大，能察破羣俗情僞，擺落功名富貴，得一較爲明確的理智系統，因任自然之巧，取宇宙萬有之利以爲人用。其弊也，則覺得人生無目的、無價值、無意義，遂百無聊賴，但縱放數十年的逸樂，聽數命，任運氣，惑恣逞其暴惡，而以能早死爲佳。蓋不徒可以摧陷廓清後面神本的、我本的人生觀，而前面人本的人生觀上，若三才三不朽等主要義，亦皆爲之搖拔而不能直立。則但有終必與蟻犬木石、大地羣星，同化爲游離太空的元氣，聚而散，散而聚，起而續，斷而滅。夫亦尚何道德責任之可言，與福樂目的之可論哉！（無因無果，無罪無福的虛無斷滅論）

三、神本的人生觀

先認定有一個無始終、無内外的宇宙本元創造者，及人生究竟主宰者的天神，由之遂説到宇宙人生的意義上來，謂之曰神本的人生觀。

這種的人生觀是從何而起的呢？大概也有許多由上面人本的，——若儒家的，天地祖先等種種祭祀；——物本的，——若懸揣默想質元生元，更有一唯一的本因真宰等——兩種人生觀，及下面我本的，——鬼靈神祇的唯一元因主宰等——人生觀，展轉積累成就的。但直接的緣因，大約兩種：一、是人生的意外獲得、意外巧遇，或不能如志、不能自由，遂想到必是另有一創造人、主宰人，在冥冥中擺布人的天神；二、是因見宇宙日月星辰、風雨雷電、山川海陸、草木禽蟲，及時節寒暑、陰晴變化等種種瑰特的情狀，森嚴的秩序，遂認定必有一創造宇宙、主宰宇宙、事事物物皆不能違越的天神，於是傾心盡意的向之歸依，而神的意思完全成立矣。

此中的"神"，在古書上或稱爲"上帝"，或稱爲"天"，或稱爲"天帝"，或稱爲"昊天上帝"，或稱爲"帝"，要皆主宰的意思，而絕少創造的意思。說得最明顯的，便爲墨子的天志，其餘道家的玉皇大帝、元始天尊等是，而極成於婆羅門的大梵天、大自在天，回教的真宰，基督教的耶和華。此則皆詳言創造及主宰者也。　此創造主宰的神，爲宇宙的本元與究竟，亦爲人生的本元與究竟，此各宗教的共同意義。則皆有此一"神"以爲奉戴，以爲依歸，以順從"神"所以生"人"的神意，孜孜做一個信順"神"的人，以邀"神"的恩眷，冀得到與"神"一般永久、一處快樂的效果。但其影響於人間有種種不同者：一、因各教各認天神所以生人的神意各有不同。若墨翟耶穌爲一類，以努力爲人類公益犧牲自己，便是得到神的天國的門路。儒家附此，以盡力於倫理性的德行，爲生天的門路，——忠孝節義等。——回教自爲一類，以能盡力於同族，戰爭傳播，自蓄自衛，以爲入天國的方法。婆羅門又爲一類，大約一方面自私自尊其族類，一方面解除人世種種煩累，以求與梵天冥合爲歸。道教又爲一類，以一方面煉自身的精氣神，使能脫卻死的肉軀，另成長生的神仙；一方面在人間做些與人有益的行爲，作膺受天封的因地。二、因各教各認"神"的主宰權力有不同。或集重於獨尊專制的，則此中的一神教也；或泛重於分散統御的，則此中的多神教也。一神教的顯者若耶穌教，多神教的顯者若道教。但此中卻無絕對一神教，或絕對的多神教者。何故呢？若絕對的唯是一神，則天子天使天魔、靈魂生天等義亦皆不應有故,有則此亦不得不謂之是"神",是神則神固不是唯一,特創造主宰的神是唯一而已。若並立的定有多神,則宇宙主宰者的意義應不能有,有宇宙主宰者,則非無一神之義,無宇宙主宰者,則便不能成立神本的人生觀。彷佛言之,則耶教等的天主,若獨裁政體的皇帝;道教等的天帝,若貴族政體的共主,或立憲政體的君主而已。至酋長式的多神教,則未足預選於此。

　　然近古以來,更有於"神"的本身上所認不定之點。若新婆羅門教,——吠檀陀——謂有幻的大梵、真的大梵,宇宙萬有皆幻的大梵所作,人能打破幻的大梵,始契合真的大梵,否則便爲幻的大梵所宰制,不得歸入真梵。若一契真梵,則也別無幻的大梵,及其所作的宇宙萬有,以皆即是真梵故。此則根本上取消人世,且幾乎根本上取消創造主宰宇宙的"神"——幻的大梵——其所謂真的大梵,則非復言思之境,而成爲一種解脱論矣。近世以各種自然科學的發達結果,既深致不滿於耶教等擬似人主人世的天帝天國,亦不以唯物的元子爲愜意,於是更從物的底裏進一層説,有非物的神爲本體。但"神"不是在宇宙萬有之外的,宇宙萬有皆即是神,皆即是神的本體的實現,實現萬有的歸宿皆即是神,成爲一種汎神論。在中國古書,若道書所謂大道渾成,先天地生,窅冥恍惚,有精有物;所謂天與之情,道與之貌;所謂天命之謂性等,及柏拉圖之説,皆近是。此皆以"神"爲本,而後乃有人生的意義可言者。

　　此中神本主義所賦與人的價值,亦各不同。大多看人類與其餘各種動物,或各種生物,乃至一切的物,不過程度與地位的不同,非無展轉相通變的可能性者,故此即有生死流轉的意義(輪迴論)。但耶教則特別看得人與他物絶然不同,獨許人乃有所謂靈魂者,得登天國同上帝永生,否則永貶地獄,究之亦不過斷割一期的永定説耳。若輪迴論,人生意義,或在兢兢積善業以求善報,或在取得一不退墮的地位；若永定論，人的意義，則在生天。其意義雖皆在乎超人的靈性之我，但要皆從"依""歸"那宇宙創造及主宰的神或宇宙實體的神乃有者，故非"我"本，而是"神"本。昔康德說形而上學所依據的理性觀念有三：一曰靈魂之觀念。即以絕對的統一供給於內的經驗者，而純理心理學上之根本觀念也；二曰以宇宙爲一體之觀念。即以絕對的統一供給於外的經驗者，而純理的世界論上之根本觀念也。三曰神之觀念。即究竟的統一供給於內外經驗之全體者，而純理神學上之根本觀念也。獨以"神"爲究竟統一的內外全體，可見"神"更爲"宇宙"及"靈魂"的根本。

四、我本的人生觀

此中所謂的我，即是自我，亦同近人所謂的"個性"。但於這個"我性"，要須涵有捨身受身、永續不斷的意義，或更加有普通自在的意義。在中國古書，莊子謂乘萬化而未始有極，樂不勝計；或謂物各一太極，人各一天地。又各個鬼神靈性的意義擴充到極端，不復認有造主宰宇宙的"唯一大神"，亦即成爲我本的人生觀。如此，則"人生"及是"神靈不滅的我性"的實現的一節，這實現的一節，亦並未割斷那我性的全體，而且也就是那我性的全體。人生所有之意義、之價值、之目旳胥在乎此。而於此亦有進化論、輪迴論、解脫論。以印度哲學的數論師爲我本的人生觀之正宗，若瑜伽派、勝論派，則尚依違於神本的物本的之間者也。

衡量既立，今且用以一評判現代的人生觀。

今尚在西歷二十世紀的初期，故現代的人生觀，大概不外十九世紀的餘勢與其反動。十九世紀來，乃物本的人生觀最發達的時代。在初，但與神本的人生觀盡力搏戰，神本的人生觀便漸漸的立不牢了。但人在物本上，尚有相對的地位，且益見趨重人羣的進步。依此進到了十九紀末二十紀初，從孔德、斯賓塞以來，便有些覺得人生的意義的價值也漸漸減到零度了，漸漸醞釀，遂反動出人本的人生觀與我本的人生觀。到近來，似乎都成了一種新的調和融化的人生觀。於這新的調和融化中，似乎德國的歐根 或譯倭鏗，稍側重於人本的；德國的柏格森稍側重於物本的；英國的羅素稍側重於我本的。於神本的，似乎俄國已故的託爾斯泰尚稍稍注重，於現在，其終不能再恢復耶穌教式的神本觀乎，之之或新婆羅門解脫的神本觀，或汎神的神本觀而已。審觀現代的趨勢，其在人本的人生觀代物本的而興起乎？其興起或卽在人道的充量實現乎？且東鱗西爪摘錄現代人關於人生觀的若干言説，以覘一斑。

　　一、人生在世個人是生滅無常的，社會是真實存在的。一、社會的文明幸福，是個人造的，也是個人應該享受的。一、社會是個人集成的，除去個人便沒有社會，所以個人的意志和快樂是應該尊重的。一、社會是個人的總壽命，社會散滅，個人死後，便沒有連續的記憶和知覺，所以社會的組織和秩序，是應該尊重的。一、執行意志，滿足欲望，是個人生存的根本理由，始終不變的。一、一切宗教、法律、道德、政治，不過是維持社會不得已的方法，非個人所以樂生的原意，可以隨著時勢變動的。一、人生幸福是人生自身出力造成的，非是上帝所賜的，也不是聽其自然所成就的。一、個人之在社會，好像細胞之在人身，生滅無常，新陳代謝，本是理所當然，絲毫不足恐怖。一、要享幸福，莫怕痛苦，現在個人的痛苦，有時可以造成未來個人的幸福。譬如有主義的戰爭所流的血，往往洗去人類或民族的污點；極大的疫癌，往往促成科學的發達。總而言之，人生在世，究竟爲的甚麼，究竟應該怎樣？我敢説道，個人生存的時候，當努力造成幸福，享受幸福，并且留在社會上後來的個人也能够享受，遞相授受，以至無窮。

右陳獨秀說的見新青年

反對物本的人生觀，爲沒有人生的目的及生人的價值，足以生縱欲任運厭世的三種不良結果。而以爲健全的人生觀，必基本於精神之我。有精神之我，而後有個性有人格可言。欲發展個性，必以一己之精神貫注於人羣，而後其精神滔滔汨汨，長流於人間，永不止息，隨社會之進化而俱長。此之謂自我實現，此之謂化小我爲大我，此之謂靈魂不滅。又曰：執於生者，適以自喪其生。一粒麥種，方其塊然，依然一粒，迨已腐爛，甲坼萌生，久之成熟，結實纍纍。且我之爲我，本屬羣我，我與大羣，息息相關，我之生命非我有，社會之委形也；我之人格非我有，社會之委蛻也。我既與社會無分，爲人即所以自爲，爲人即所以擴充自我。

右劉經庶說的見太平洋

一、人生以前有生活，死後也有生活，人生不滅。二、現世生活爲全體生活的一段。三、現世的生活有兩方面：（一）理性的生活，（二）肉體獸性的生活。理性的生活，承生前，啟死後，是無窮的；獸性的生活，有生有死，是有窮的。四、理性的生活，是博愛，是服務，是忘卻自己，是互助，是不畏死的。五、獸性的生活，是私己，是爭奪，是殘殺，是畏死的。（按肉獸性的生活，即是所反對的物本的人生）

右託爾斯泰的見新教育

一、人是具有體相質力和生命，而且能夠自覺的東西；或者可以說是，人是具有體相質力，和明瞭目的、意志的自動，主動的適應，急激的進化，而且能夠自覺的東西。二、人是爲精神與肉體，社會與個人，理想與現實，相一致的欲望，就是爲精神的、肉體的、社會的、個人的、理想的、現實的各種快樂，具足的快樂，亦是爲人類圓滿的、普遍的、永久的快樂。三、人要改造做工作的、創造的、博愛的、犧牲的、新自我，和自由的、公財的、共同的、科學的、新社會。總之，人應促進自覺改造新生活，以謀人類圓滿的、普通的、永久的快樂，及人人應該作工求學、擔任教育、撲滅強權，改造社會。

右沈仲九說的見教育潮

陳君的人生觀，乃物本的、人本的混合人生觀。其立足地猶在乎物，反對神本的，而與其餘各家於人本的，皆有一部分的反對。至劉經庶與託爾斯泰，皆反對物本的人生觀，而歸宿於人羣的、人道的人生觀。將人本的、物本的、神本的、我本的，選取調融入人道的人生觀，以沈君的說得最爲周密。但總是以這個物質世界上的人類、人羣、人道的生活爲根本依止的，所以我認爲，皆以被下面所引蔡君的言語駁掉了的。

蔡君元培曰：“人不能有生而無死，現世之幸福，臨死而消滅，人而僅僅以臨死消滅之幸福爲鵠的，則所謂人生者，有何等價值乎？國不能有存而無亡，世界不能有成而無毀，全國之人，全世界之人類，世世相傳以此不能不消滅之幸福爲鵠的，則所謂國民若人類者，有何等價值乎？”按，以此回視陳獨秀君諸說，將不知其所說爲主張人生有目的、有價值、有意義耶？抑爲主張人生無目的、無價值、無意義耶？由予觀之，直是主張人生究竟毫無意義、目的、價值者耳。故蔡君逼進一步，而認現世幸福爲不幸福之人類，到達於實體世界之一種作用，而懸無方體無始終的世界實體爲究竟之大目的。於是進乎“神本的”、“我本的”人生觀，在“超人類化”、“超世界化”的傾向上觀察之，其進程固應當由人本的進爲物本的宇宙的、神

本的人及宇宙的實體、我本的。個性自在的實體但陳獨秀君的雖進，至限
於天然因果律的物本人生觀而止；　而劉經庶託爾斯泰沈仲九三君
的，則皆能通至乎神本的、我本的人生觀者也。

太戈爾R.Tagore所著的自我之問題，謂一方面我與木石同居，
所以應該承認宇宙的條例，我生存的基礎，　便也深深的立定在那
兒，我們人的強力，也穩穩的潛伏在這萬有世界的懷抱裏，與眾物的
充滿量裏；又一方面則我是離開了萬物，我已擺脫了平等的牽制，
我是絕對的單一，我是我，我是不能比較的，　宇宙的重量也不能厭
碎我的這個"個性"，在外像方面"個性"是藐小的，在實際上"個性"
是極偉大的，比全世界更貴重的多。又曰，唯有無止的新與永久的
美，能給我們自我的唯一意義。要之，他於自我問題那一篇深廣周
詳的解答，卻所見由人本、物本而已進於神本、我本的人生觀。

然我以爲，爲人間的安樂計，則人本的、神本的人生觀爲較可；

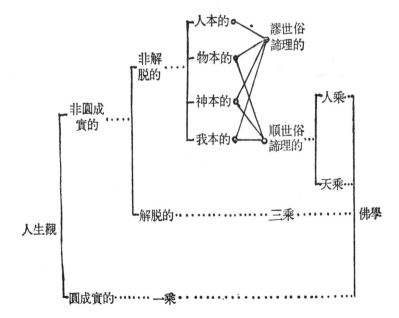

爲理性的真實計，則物本的、我本的人生觀爲較可。至於現代的適應上，孰爲最宜，則我以爲四種皆有用，而皆當有需乎擇去其迷謬偏蔽之處而已。兹不極論。

　　但是在佛學上，對於右所述的各種人生觀則又如何？吾以爲在佛學上，於右所述的各種人生觀，皆有所是，亦皆有所非，然尚無一能到達佛學的真際者。今不能詳分判，撮爲一表以見大略：

　　（選自中華書局民國十六年(1927年)印行太虚法師文鈔初集第一編）

六、以佛法批評社會主義

　　今以佛法批評社會主義，先分爲三段説之：

　　甲（一）社會主義之説明，略分二條：

　　乙（一）社會主義之主旨打破資本之壟斷生産，而平均支配生産所獲於社會羣衆。社會主義之名詞，在西歷十八世紀有英國人渦文始用於所作之社會改造論中，後聖西門等沿用之，其主旨即在改變社會之經濟制度。以資本家壟斷生産爲社會萬惡之源，資産階級不平，則罪惡滋生，貧民亦永受其苦。而生産所由爲資本家壟斷者，則因近世機器發明，巧奪人工，由是平民生活之途日狹，資本家之勢力日隆。因機器必爲資本家所有，貧民工人則隨機器而作工，有工可作，僅堪糊口，無工可作，即將凍餒。而生産之材料，全爲資本家所壟斷。如是，由羣處集合之社會，遂生兩種階級：（一）資本家，占有土地機器金錢之生産機關，而享有其所生之利；（二）貧民工人，日夜爲資本家作工，勞力多而博資少，遂至衣食不充，饑寒莫禦。昔者，各人勤儉，皆可樹立，今則爲資本家所逼害，無復生機。有此二因，遂成爲不平等之社會，而一般關心時局之學者，遂目此爲禍患之源，倡資産歸公主義。以一切土地機器等，凡能生産之物，皆歸於公，以使羣衆共同勞作，平均受用，而解貧民衣食住之困苦，以除資産階級之專橫。社會主義之派別雖多，而其主旨大概如是。

乙(二)　社會主義之派別：

丙(一)　集産與共産主義之區別，此就支配之方法上言者。以勞作之多少，能力之大小，而得其利益上之報酬，可歸私人受用，但衹限於本人之受用，本人死後，仍即歸公，則爲集産主義。共産主義則不但一切生産機關全歸公有，而不論其勞力之多少大小，其受用乃各滿其人人之需要，而勿許私人積蓄焉。

丙(二)　宗教與科學，此就思想之來源上言者。社會主義之起源，雖由機器生産之反動，而亦從宗教博愛平等的思想之導生，故基督教之聖西門，即爲最初之講社會主義者。以一切財産，人人應有平等之享用，不應有貴賤貧富之階級。後有應用科學之馬克斯出，以前來之言社會主義者，不過理想之空談，復以科學之方法，而推證社會本由羣衆之集合而成，羣衆生活之所需即財物。故無論若政治、宗教、文學、風俗、思想等等，皆由財産制度之變化而變化。古之時，用自然物爲價值標準，則宗教之所奉者亦爲自然物；後進爲金銀鈔票等，則所奉亦進爲最尊之神，或無人格之精神等。故知社會之現象，皆由財産制度而變遷，故改造社會，當從財産制度改造，財産制度改造好，則社會皆好。

丙(三)　有政府與無政府之區別。此就旁帶之關係上言者。有政府則依國家設政府以行集産，或共産事實，如俄羅斯則用政府以行共産者是。無政府則不立政府，人人各盡其力，各取其需，以政府恒爲資本家之護符，故主張推翻政府。因此兼及於國家、家庭、宗教亦完全推翻。

丙（四）激烈與溫和之區別。此就施用之手段上言者，即急進派與緩進派。急進則以暴動流血革命等求達其目的，或名之曰過激黨；緩進派則適應時機，以學說而漸化。

甲（二）佛法之批評，略分二條：

乙（一）目的之承認。推講社會主義者，一面由於見資本家之專橫而起嫉妒心，雖爲不善；一面由於見勞工之貧苦而起救濟心，則固甚善。而其希望之目的，亦未可非。古書禮運言大同之世，貨惡其棄於地，不必藏之己，此亦共產主義。若佛教中之出家者，則爲廢產無產，而十方常住之制，亦爲公有，平均受用，各盡所能，共取所需。更就理上言，此器世間一切所依所資之物，原爲共業所變。依唯識論云：一切器世間，皆多識共變。以共變故，則亦是共有。極至佛果，雖有自受用身土，而悉周遍無礙。但彼之社會主義，尚未能及此之深遠耳。

乙（二）手段之偏謬，略分四條：

丙（一）見環境而忘本身。彼之所注重者，純在改造環境，改造社會，而不從個人繕性修德以改造身心。古云：自天子以至於庶人，皆以修身爲本，身不修則家不齊，國不治，而社會亦無由平。

丙（二）專物產而遺心德。以爲環境之壞，由於物產之不平，遂專從物產之制度上改變，而不知物產上之有階級，亦由心上知識欲望等發達變化而來。

丙（三）齊現果而昧業因。凡人生所以有種種之階級，亦由先業爲因之所招感，業因不同，故報亦不同，若但知專從現果上剷平，而不知從業因上改造。如取消專制階級，資本階級，其意固善，但惡果既去，而未種善因，不轉瞬間，而軍閥專橫，暴民專橫，則亦等於換湯不換藥，烏有濟事哉！

丙（四）除我所而存我執。除一切之階級，一切之財產，故能忘其我所有法,但其私意,則在由此可縱情受用,則我執之心更甚。然我所由我執而有,我執不去,我所何可忘?結果或好逸惡勞,但用不作,百業廢而仍漸復其舊。

甲(三)補救之方法略說有四:

乙(一)改造本身。人人皆持五戒,行十善,則社會之分子既良,而社會之階級可平。佛云:平其心地,則世界平;儒云,克己復禮,天下歸仁,是也。

乙(二)究源心德。物產之變遷,推究亦由心力爲源。唯識云:彼能變爲三。謂第八第七及與前六識。故知凡變化皆由人之思想知識欲望,如前之工作用手工,而近變爲機器,亦由知識欲望發達而來也。故美惡好醜,大都由於心理之變現也。

乙(三)進善業因。善因得善果,惡業受惡報,彼不知業因,故爲頭痛治頭,腳痛治腳,結果則病遍全體,而反怪藥之不良。故欲治亂,必須施以五戒十善定慧之方,裕以慈悲喜捨之德,而使之正本清源,則支流自清也。

乙(四)伏斷我執。我所之不能除,以有我執,我執既甚,則爭奪之事興,利己損他之見,決不能除。

總上觀之,世界人類之所作所行,其希望皆是求善,雖有此望,而所作所行不能恰當,甚或倒行逆施,以致一着手去做,所得反較更壞。如修道者亦然,諸外道於無常計常,無我計我,非淨計淨,以苦爲樂,永不能達其常樂我淨之目的。佛法爲說明其無常無我非樂不淨,使解脫其所偏執,乃真達到所希望之常樂我淨。今對於社會主義亦如是。

(選自中華書局民國十六年(1927年)印行太虚法師文鈔初集第二編)

七、竟無居士學説質疑

予並世所知識者，最心折歐陽竟無居士與太炎居士之學問。曩昔讀太炎居士齊物論釋，於所説"上推緣生第一因不可得之自然"義，"器世間者土水等有末那識身識"義，與其他較小之二三義，（菿漢微言等尚未及讀）意頗非之。第以章君乃旁及佛言耳，故置之未有論。今不幸於竟無居士之所説，亦未能無所回惑。君既尚論佛法，爲海内佛學者之望，則何可緘默其所懷，不求剖決哉？予讀書好觀大略，使予有所言説，廬疏淺陋，誠不足以仰二君之精博淵雅，但有滯未通，則心不寧。恃居士之厚德，敬蘄采察而研討之。至君門下王君恩洋，於有情法界爲一爲異之問，毅然持法界定異之説，不知居士覽其説爲何若，故置未辨也。謹附識之。

一、質乘三教一

瑜伽真實品敍曰：法相三時説教，一雨普被，乘則有三，教唯是一。難之者曰：一時二時，有上有容，三時普被，高唱一極。判別顯然，云何言一？解此糾紛，當屬機感。有色無色，有想無想，及與俱非，我皆令入無餘湼槃而滅度之，是之謂教則唯一。托質圓音雖唯是一，聞者識者各變不同，瀛渤潢汙，率視其量，是之謂乘則有三，云云。

質曰：一往而談，理雖可爾，執爲定然，則猶有議。夫佛既無"獨語"及"不契機"之教，教豈離絶機感而獨有哉？基師法苑總料簡時利差別云："若據衆生機器及理，可有頓漸之教，若不約機，定判一爲經頓爲漸時增減者，頓漸不成。"此亦明不約機理則教不得獨有也。然則，機既有多，教寧唯一？故乘三則教亦可三，教一則乘亦可一也。應漸機故，教亦成三；應頓機及不定機故，乘亦爲一。至般若法華皆令入無餘涅槃及開悟佛之知見，此乃如來平等意樂，而"教乘"位於"如來平等意樂"與"衆生差別機感"之間，將順應"衆生差別機感"之"教乘"攝歸"如來平等意樂"，則教一乘亦一。法華之說一乘，除"應不定機"外，兼含此意，將流出"如來平等意樂"之"教乘"從屬"衆生差別機感"，則乘或一或三或多，教亦或一或三或多。既可應不定機會餘歸大而說一教一乘，亦可應頓悟機唯大無餘含餘於大而說一教一乘。應機說三說多可知。若云教雖係機，屬歸佛邊，佛邊之教仍非定一，以係機故；乘雖由佛，攝在機邊，機邊之乘仍非定異，以由佛故。且既可教一而乘異，亦應可乘一而教異。圓人觀法，無法不圓，聞粗語以悟心，聽淫詞而見性，非"教雖異"而"乘可一"之實例乎？故君乘三教一之說，僅偏據之義耳，智者當不執爲必然。

二、質法相唯識非一

君辨此非一，瑜伽敍設十義，真實敍設六義，文至閎肆精至，今不詳引。因執法相與唯識非一故，謂宗唯三，曰法性宗、曰法相宗、曰真言宗，以俱舍唯識華嚴俱屬之法相，今就質之。

質曰：法相之法，法相之相，都無不通，都無不詳，若然則固無詰非法相者，法相寧得爲宗？（若所云賢首宗慈恩宗之宗字，乃是一家一派之代名詞，異此中所云法性宗、法相宗爲標宗趣之宗也。）

按：賢首家嘗云：語之所尚曰宗。基師亦云：宗者，宗尊主要之義。夫一切法既無往非法相，必法相中之崇尊主要義，乃得云宗，泛爾法相，宗尚何在？故唯法性可得名宗，法相絕然不成宗義。真言亦爾。凡屬遮表言思所詮緣者，無非法相，一一法相，莫非唯識。故法相所宗持者曰唯識；而唯識之說明者曰法相。此就唯識宗言者也。若就法性宗言，亦可法相所宗持者曰法性，法性之説明者曰法相。故法相絕然不得以名宗。若名法相爲宗，則豈唯俱舍華嚴可屬法相宗，即大乘其餘各家，與小乘各派，外道各派，乃至世間小家珍説，孰不可屬法相宗哉？故須大乘所説一切法相所宗持者，乃得名宗，而不得别指有一通三乘之法相宗與唯識宗非一也。法相不得名宗，則大乘教法之所宗何别？予按基師嘗言大乘教法之宗，要唯有三：若多説有爲法，則宗唯識；若多説無漏行，則宗般若；（指無漏空慧爲般若）若多説無爲法，則宗真如。誠欲正名定分，宜依此爲圭臬。今依所見，略將支那大乘各派配屬三宗如下：

空慧宗………三論宗

唯識宗………唯識宗

（即法性宗）
真　如　宗
（或法界宗）
　　　　全體真如
　　　　　　　天台宗
　　　　　　　禪　宗
　　　　無垢真如
　　　　　　　真如相………華嚴宗
　　　　　　　真如用………真言宗

律與淨土分屬各家，無定所宗。或引賢首家言：三論種種所説，皆注重於破除法相，故名爲大乘破相宗；唯識種種所説，皆注重於説明法相，故名爲大乘法相宗；天台華嚴等種種所説，皆注重於顯示法性，故名爲大乘法性宗。此三宗義，較然爲各派語各所尚之宗旨，則歐陽居士三宗之説雖不對，而唯識宗固可名爲法相宗也。答曰：不然。依空慧破除法相而淨圓空慧，依唯識説明法相而成立唯識，應名空慧宗、唯識宗，不應名破相宗、法相宗也。然此二宗，於依他起性上或偏説不壞有之空，或偏説不礙空之有，聊區別爲大乘空宗大乘有宗，斯無不可。

（選自中華書局民國十六年（1927年）印行太虚法師文鈔初集第三編）

八、緣起性空之人生宇宙觀

久慕貴大學爲南方學府，太虛昨在南普陀寺，與諸教授相見，濟濟一堂，皆海內知名之士，良足欣幸。今日承邀講演，故願貢其一得之愚，以就正於諸位之前，講題爲緣起性空之人生宇宙觀。先將人生宇宙之界說略加說明，後以緣起性空而決擇之。

通常以人生二字，專屬於全人類，不及其他一切有機物。今此二字雖隨世沿用，而內包較廣，人類及以外之一切有生命者，如飛潛蠕動等皆屬之，即佛典所說有情世間者是也。宇宙本由時間空間交互組成，無具體之實物，今則以吾人所對一切有情除外之環境皆屬之，如礦植虛空等，即佛典所謂器世間是也。

此二種(人生宇宙)之起源爲如何？各家學說不同，在昔印度有主一神論者，如梵天派，則以一切萬有皆以梵天爲本源，與基督教等大同。有主二元論者，如僧佉派，以一切有情，各各有一自我，此我豎窮橫徧而無相，爲精神的；我之對面，有微隱而不可知的原素，略同中國所言太極，謂之自性。由此自我向自性要求享受，乃和合而起作用，轉變成人生宇宙形形色色之萬有，此則偏於精神方面，似西洋之唯心論。更有主張唯物者，從現實之萬有，仔細分析，分至不可分處，彼則以此爲萬有之本源，故有主張唯動煖堅溼之微子者，與近今之唯物的一元論略同。

綜觀上說，雖紛歧不同，然有一共同點，即皆從所生現實之果，而推究現實外能生之因不得，於是乃從現象因果以外，復立一本體爲萬有之起源。若以佛法觀之，雖各有相似道著之處，但落於偏見，未能徹底明了萬有之真相。惟佛法不從現象以外建立本體，但觀緣起現象而了其性空。緣即萬有現行所必需之關係條件，然不能確指一物，以萬有現象各別不同故。其所必需之關係條件，亦各別不同，萬有但從此各別不同之關係條件所起，非專從一天神，或自我自性，或地水火風等所生，其現象如何，即說明其爲如何，不再畫蛇添足，建立本體，故曰法爾如是。諸家不明此理，妄有所説，若衡以緣起之義，實無存在之性，是以佛陀興世，外道披靡也。

　　復次，一法生起，關係條件，多至不可紀極，仔細剖析，復有親疏不同。凡爲此法生起之主要條件者，謂之親因緣；凡助成此法之生起者，謂之增上緣。有情心法之生起，其增上緣中更有前後引生連持不斷之等無間緣，及爲能緣之所慮而托彼生起之所緣緣。由此親疏二緣論之，一法生起，表面雖似簡單，而内容至爲繁賾。如吾人渺小七尺之軀，淺識者但知從父母所生，不知父母但爲疏遠之增上緣，而構成人身之主要條件，爲過去精神活動之業識。而此精神活動，又各有其必需之自類條件，遞而上之，條件中更有條件，前前乃不見其始，而吾人現身之活動，又影響他種事物，爲構成他種事物之主要條件，或助成條件，推而下之，後後乃不見其終盡。故吾人之一舉一動，影響於社會人羣者，至爲重大。但由各箇人毅力之雄否，其結果有遲速之不同耳。非是强者得果而弱者消滅也！此但就人身主要條件，推其繁賾，若更從增上緣論之，父母所生成之吾身，又必有其資生必要條件，若衣食居處，若親戚朋友。而衣食居處親戚朋友等，又各有其自類條件，横而論之，無有邊際。故華嚴家講法界緣起，以一法生時，横而論之，與大宇内萬有諸法，皆有增上關係；豎而論之，過去過去，未來未來，皆有親因增上或無間關係，非此法決定從某時間，或依某法而單獨生起；以緣起法界，無始終，無内外，無中邊，光光相徧，互存無礙，**法爾如是**也。雖集各種關係條件而使此一法現前，而在各種關係上，實無此一法之實性，亦非有一大力創造者，主宰乎其間，故曰性空。明此性空之理，諸法但有因果條件關係，非離此法現象外，而另有一實體存在，此佛説所以異於外道説，而亦性空真勝義性之所在也。既知諸法性空，而大乘佛説復建立種種緣生因果相者，以愚昧者不了緣起性空之理，妄執一因不平等因，故佛方便假説，除其種種迷執，欲其證入圓明空海，得無上正徧知覺也。故以俗諦論之，法法全彰，因果不亂，以真諦論之，相相全空，因果俱泯。有真諦故，卽世離世，得成超人之正覺；有俗諦故，不捨世間，得成大悲之普渡。佛法無邊，二諦攝之，亦無不盡，但在各人善觀而自得耳。

今此所言，疎略殊甚，尚祈各位加以評判而指正之。

（在廈門大學講，常惺記）

（選自商務印書館民國二十五年（1936年）印行

釋太虚著述：法相唯識學下册）

九、文化人與阿賴耶識

諸位！今天是我們中華民國的國慶日。在此歡欣鼓舞的日子，到貴院來與諸位談談，使我得到分外的快慰，分外的榮幸。今天就與諸位談談文化罷。題目是文化人與阿賴耶識。去年我到德國的時候，在那裏有四種新的教育思潮，其中的一種，就是今天我要講的"文化人的教育思潮"。這種教育思潮的意義，簡而言之，就是"文化的人"。文化的人有兩方面的意義：一是歷史性的，一是社會性的。姑先就歷史性的來講，生長在現時代的人，無論是任何國的，任何種族的人，生成就有繼承以往古人所遺傳下來的文化的義務和權利的。如已盡了繼承以往文化的義務，享了繼承以往文化的權利了，那麼更當以這固有的文化爲根據爲利器，去開拓新的文化，而發揚之，光大之，使文化生生不已，雋永地在世界上光耀着。盡繼承以往文化的義務，享繼承以往文化的權利，而爲之開拓新道路，給文化以新生命者，卽歷史性的文化人也。

再就社會性來講：我們是中國人，生活在中國的社會裏，就受中國文化的陶鎔。中國固有的民族性，也就人人各得一分。假使我們生活在任何其他國的社會裏，也必受該國文化的陶鎔。我們固有的民族性，也就漸漸的以至於磨滅，而該民族的文化，便取而代之了。這是無可疑的。好比菜瓜浸在醬油裏，久久以後，醬油滲透了瓜的各部，菜瓜就變成醬瓜了。這醬油就比之於文化，醬菜瓜便等於經過文化陶鎔的人。這種只受局部空間文化陶鎔的人，還不能算是整個的社會性的文化人。再須擴而充之，去吸收世界各國的文化的長處，而不是生吞活剝的吸取，當根據本國固有文化，融會而變化之，使之充實，使之適應；同時，發揚至全民族，全人類，使全世界人類，無不主伴重重，涉入無盡，而確立其爲全人類的最高文化。

歷史性的與社會性的文化的總合結晶，就叫做“文化人”。那種教育思潮的目的，就在要造成功這莊嚴完美的“文化人”。未受教育的是素樸的文化人，因爲他生來具有繼承以往文化，吸取異空間的文化的長處，而能有總合發揚的才能的，這種教育思潮的目的，在造成功人人變爲“文化人”。歷史性和社會性總合起來，就是“宇宙性”。宇宙間事事物物的變化關係的條例，卽是文化。結合這變化關係條例的，就是“文化人”。因這是全宇宙古往今來縱橫上下的總合，所以也可說文化人就是宇宙人。總合全宇宙文化，而發揚光大之者，卽文化人。這種人與全宇宙全人類，有極密切關係的，他的生命是永續的，與世並存的。

現在再以貴院來講。抽象的縮小範圍講得近一點，不過是空間中的一所小小的學院；具體的擴大範圍講得遠一點，却是一個包羅一切總合宇宙文化的學院，因爲他是造成宇宙性的人格的學院。

再用文化人的教育思潮的本意，比較地來講佛學教育。文化人的教育思潮，據現在一般學者批評起來，都承認牠是世上最完美的教育思潮。這種教育主義，與吾國教育"促進世界大同"的宗旨，是非常相符的，文化人的阿賴耶識的意義，簡言之，就是佛學教育。全宇宙的一切有情衆生，每人都有阿賴耶識的，阿賴耶識的説明，可分時間和空間兩方面。阿賴耶識的時間性，可用"恒"、"轉"二字來闡明。因阿賴耶識是無始無終的，是永遠存在的，所以可名之曰"恒"。但阿賴耶識時時在轉變的，新生舊滅的變化，是無時或息的運動的，因此他永遠是新的。因阿賴耶識"永遠的新"，是依靠轉變的，所以可名之曰"轉"。阿賴耶識的空間性，可用"共"與"不共"二字來説明，阿賴耶識因有"不共"，才有"個性"；因有"共"，才有"通性"。在同空間，以共通性的聯合而普遍宇宙，但其共通之中，實含有"不共性"。比如，一間房子裏，燃上五盞燈，其光普照全室，以其有共通性也，而每盞燈的光線各異，以其有不共性含于共性中故也。社會世界是有情衆生的共同力量所創造的，因爲每人都有需要社會世界的共通性使之然者，而每人所希望或貢獻於社會世界的各各不同，以其"共"之中有"不共"在也。但在共變之中，仍有不共性，在區別之中，仍有共性。每箇人的變成，内中的一部分，是自變自有的箇性，而其餘多部分，是共通性，就是每人有不共的個性，和共通的世界性存乎其内也。就是素樸的文化人，雖未受教育，而此"不共"與"共"之性，生來是有的。因每阿賴耶識有時間上的"恒"與"轉"，空間上的"共"與"不共"，所以素樸的文化人，受了教育，即由"增上緣"的功用，便成爲一個完美莊嚴的文化人了。增上緣的意思，就如一株菜，種在田裏，用種種肥料去營養他，使他發榮滋長的意思，是一個樣子。也就是文化人的造就，須靠教育培養一樣。

我們如要稽考歷史上的偉人的思想和人格，固然要曉得他的時代背景，社會環境，但最要緊還是在明了他的特性，就是阿賴耶識。如孔子，大家都知道他是春秋戰國時代的人，因春秋戰亂的環境，才造成他偉大的思想和人格。那麼處在春秋戰國時代與孔子同時的人，爲什麼個個不成孔子？因這一問，我們就知道要稽考古人的思想，只明白他的生平和時代背景等條件，是不敷應用了。要徹底的考究，非明了他的阿賴耶識不可。因爲孔子的所以偉大，使中國自漢迄今的文化，皆爲孔化所統取的原因，是在他的不共性，即個性。他的阿賴耶識的"恒"與"轉"，與普通人不同；他所接觸的全宇宙的一切，比一般人繁複；他的學問上的造就，自然出類拔萃，超乎萬衆之上了。只要明了阿賴耶識，這種都不希奇。又如釋迦牟尼佛，大家都以爲他生長在氣候温暖，物産豐富，不憂明日的印度，因物質上已得到至高的享受，所以遂有求精神安慰的動機。更因外道在當時的發達，應響了他的思想，而成功今日的釋迦牟尼佛。但爲什麼與他同時，同地，同環境的人，個個不成普度衆生的釋迦牟尼呢？要解答這個問題，很直捷的可以説，是他的個性超羣的緣故，他以他的不共性，去共世界的共通性。他與衆生的關係，非常密切，因爲他是普度衆生的救世主。

文化人的共性，雖然與衆無異，而各有各的特性的。能發展不共性，而能互攝世界的共性的，就是文化人。文化人的阿賴耶識的意義，也就是這樣。貴院的名目，是文化二字，所以可實行文化人的教育主義，要實行文化人的教育，須深刻的去研究佛學中的阿賴耶識。我對諸位要講的，盡於此了。

（在漢口文化學院講，斯繼唐記）

（選自商務印書館民國二十五年（1936年）印

行釋太虛著述　法相唯識學下册）

十、從"無我""唯心"的宇宙觀到"平等""自由"的人生觀

泉州，在全中國的文物的地位上講，可稱"人文薈萃"的地方。雖然，在本地的人們，覺得有今不如昔之慨，但在我們來參觀遊覽的人看起來，還是很完美的泉州。今天承泉州各界的人士開歡迎會，很不敢當，但乘此機會，把我個人向來所研究的佛學，提出來和在座的各位討論，那是我個人最稱心快意的。

講到"佛學"牠的範圍非常大，所謂三藏十二部許多的書籍，不知從那裏講起。我就把今天委員會——民眾歡迎委員會——所發的宣言裏的"無我"、"唯心"的兩個名詞來談談吧。

怎樣叫作無我呢？——平常一般人所認爲"我"的，就是各個人的自身，假使這個我沒有了，那不是連各個人的身體都沒有嗎？故佛學所提出"無我"的問題，同平常一般人的常識是相反的。

佛學所講的無我道理，是很深是很有意義，合於科學而且是事實的。根據佛學或科學的無我，來推究一般人所認爲自我的，到底是指什麽東西呢？這樣一推究，一般人常識所認爲自我的就搖動了。例如，我們去問他——一般的人——以什麽爲自我？他就用指指自己的鼻子，意思就是認這個身體爲自我，鼻子是作全身的代表罷了。執定這身體爲自我的，依科學和佛學的實驗觀察來解剖一下如次：

依科學的生理學來講，這一般人所認爲自我的身體，不過是臟腑肝肺、骨格筋肉、呼吸血液……各機關所構成功的集合體。進一步講，這許多集合的機關，是由無數的一個一個細胞組合的各一部

分小集團,把這個整個的身體來觀察,乃是一個很大的很複雜的小集團所構成大團體罷了。這個團體不是固定的,牠的本身時時刻刻地把這團體以外的東西吸收進來,溶化成爲團體裏頭的成分;同時在這團體裏頭的成分,被排洩出去變成非自身團體的東西了。依物理化學來講,各個人的身體,乃是由十四種原素所組成的,無論什麼人的身體,沒有單元變成的。依佛學的名辭來講,是地水火風四大所假合的。而平常人執定自我的身,依化學及佛學的四大眼光來觀察,無非是各種原素集成,沒有固定自體的東西。

再稍爲詳細的來說明一下: 如我們各人身體生理上所發生的呼吸,這口氣未呼出去的時候,是自身裏頭的東西,一呼出去的時候,變成自身以外的東西了。假使認呼吸爲自我,那末這個自我就忽焉在內,忽焉在外了。而且一呼一吸,前後相續,沒有一口呼吸的氣是相同的。那末,不是更爲無數的我嗎? 再說生理機關所組成的血液細胞,本來生長在身體以外的一切營養料,被我吃進之後,經了胃腸化學的作用,不適宜的渣滓,排洩出去, 適宜的變成爲自己的血液細胞了。而成了細胞這東西以後,又不是一成不變的,全身的細胞,依生理學上的說明, 經過六七日全身的細胞已統改換過。假使認全身的細胞爲自我,前一刹那爲自我時,次一刹那就被排洩出去成爲非我了。平常不承認爲自我的營養料,一經吸收變成血液的時候,又成爲自我了。這樣,自我的忽成爲非我,非我的忽成爲自我,在這些我與非我之間,實不能指定那一種爲自我。

依化學原理來講,人體是十四種原素所組成的,但覺得太成爲專門的名辭了。我現在還是應用佛學所講的 “地”、“水”、“火”、“風”來說明。怎樣叫地? 凡是全身裏頭的固體,如毛髮爪齒骨骼等;水呢? 凡是周流全身的液體,如汗血涕淚唾便等; 怎樣叫火呢? 卽是全身的體溫熱度等; 風呢? 就是屈伸出入的運動呼吸等是。倘是固執地爲自我,則牆壁瓦礫等凡是固體的東西都爲自我了,那自我是不局于渺小的一身了;倘執水爲自我,那末洛陽江的水,和洛陽江以外的海洋的液體都爲自我了;執風執火爲自我時,除身以外的吹動的風和熱溫的火,也都爲自我了。其實,一般的人是不承認這些爲自我的。這真覺得奇怪了,因爲身上的地……等與身外的地……本沒有什麼區別的。在這沒區別中,却強生自我與非我分別的固執。試將我們全身的固體的地還與地大,液體的水還與水大,呼吸的風還與風大,溫熱的火還與火大,這個自我究竟在那兒站足呢? 所以,一般人認爲自我的,不過是常識上的"根本"謬誤。——一經科學與最淺近的佛學來推究,便不成立了。

進一步來講曾經過一番推論的哲學知識上所認爲自我的,這自我不是物質的而是精神的,或叫爲"靈魂"。但我們也可審問他:你所認爲精神的自我所指的是什麼東西? 假定他是這樣的說: 倘使沒有精神的我,誰來感覺苦痛和快樂啊? 這樣,我們來考察他所謂苦痛快樂的感覺,不過是心理的現象,沒有苦樂後面特有的自我,所以苦樂的感覺,就是苦樂的感覺。但有些人說: 能知道這苦樂感覺的爲自我。我們不妨也作再進一層的考察,這能知道苦或樂的,乃是知識,知識,亦是心理的一部分作用,知識後面沒有什麼這自我的存在。又有些人說:自我是能行善行惡的行爲,人生的行爲既有善有惡,故必有一個自我。其實,行善行惡的行爲是有的,而在行爲的後面,主持行爲的自我是沒有的。——所以哲學上所指的精神自我或靈魂等,都是沒有的。以佛學來分析,就是五蘊中的受想行識; 在科學的心理學上來解,唯有心理現象的感覺感情,以及知識的判斷,意志的作用,……而已。

照上面的推論,一般人所認爲的自我,和哲學知識論上所認爲的自我,在佛學的眼光來觀察,不過是地……四大色法的變動,與受想行識心法的作用; 用科學的方法去實驗,不過是物理生理心理三種的現象。無論依佛學或科學的説法,這些物質的或精神的東西,在時間上講,時時刻刻地新的生起舊的滅下去, 轉眼間全身全宇宙都重新變換過了。換句話來講,没有一個東西能占兩個刹那以上的,不過在這新舊變換前後相續罷了。在空間上講,這個單位的個體和其他的單位個體,時時刻刻地發生吸力和抗力的作用。由吸力的作用,故和其他的個體聚合攏來組織成爲一個團體; 同時因抗力的作用,又把其他的團體,或被其他的集團,分散開來。這一聚一散的前滅後生, 就是五蘊諸法離合變化的作用而已。所以彼此此彼,事實上是互相通變的,所謂天地一體, 萬物同根。平常人没有這覺悟的能力,誤認自己幾十年的相續,以爲是個固定的自我; 那裏知道這幾十年相續,不過同長片的電影很迅速的縱逝與前後相持的連續,不知者以爲是完整一個的活動。我們的人生,在這個大宇宙的幕上,不過呈其五蘊生滅幻影的連續,或物理的生理的心理的現象聚散變換而已,自我到底躲在那裏呢?

　　上面的話,都在講無我,現在要轉到唯心的問題去:

　　怎樣叫唯心呢? ——五蘊生滅幻影連續的人生,物理生理心理現象聚散變換的人生,究竟能使之連續,能使之聚散變換, 這偉大的權力, 操在什麼高能的手中呢? 這裏要注意——這偉大的權力不是離開生物以外的什麼神或超越的東西; 乃就是我們心理作用的活動力,是感覺感情意志,知識的集團所發生的活動力, 能够把生滅的東西連續起來,聚合的使之分散,分散的使之聚合。宇宙萬有的成壞變換動力的來源,都是依着心理作用爲中心點,爲出發點,爲歸宿點,——這就叫作一切法唯心。

　　有些人一聽到心的名辭,就聯想到我,以爲心就是我的別名,其實是不然的。所以説之爲心者,是指苦樂的受用, 愛憎的感情,善惡的意志……這些集合起來共同出發的力量而言，不但各個人的自心的集團的力量不能分開，就彼人與此人之心理作用的力量，也不能絕對的分開，所謂"一人向隅，舉坐爲之不歡"。可見，人與人之間心的作用，原是相通相應。再引用一句古話來講：就是"人同此心，心同此理"，沒有空間把牠隔住。就是這一刹那心起來，其來源很久，其影響於將來也是很長。故我們一起心動念之間，沒空間沒時間地普遍的影響到宇宙大集團的全體，各個的單位的一切。換言之，其他各個人們或生物的心理的力量，也同我們一樣的偉大。故這大宇宙間的一切的生物，一刹那一刹那的心，雖各各的儘管不同，而却各各都互有相感相應的，沒有滯呆固定的，故可以叫之爲無我的唯心，或唯心的無我。

從無我而唯心的理說來，對於唯心的問題，還要特別提出的講一下。例如，上面所講的"無我"是，事實祇有物理的、生理的、心理現象的存在；而"唯心"似乎祇有講到心理的現象。在這，是有兩重的理由：其一，現象就是彼此生滅的變化，其變化上雖有物理的生理的心理的現象不同，其變化的原動力都從心理的活動出發的，故物理生理的活動，是跟着心理的活動而活動。其二，現在我們在學問知識上所認爲一切事實現象的存在，皆是存在知識中的，知識這樣東西，不是剛繞說過是心理現象的一部分嗎？故物理生理的存在，也都存在在心理上。由上面的兩種理由，故談唯心，並不否認物理與生理，不過物理生理都是心理而已。

上講無我唯心的原理，即是一種無我唯心的宇宙觀。

拿這種宇宙觀的原理應用到人生實際的行爲，有什麽意義與價值呢？根據無我原理，應用到人生，就見到人生是最平等了。因爲一方面知道無我，同時又於各各假定的自身與自心，都彼此相通相應，互相變化聚合離散生滅相續的，由此故能成立爲平等的人生觀。通常社會上的人們所以有不平等的發生，就限定一個自我範圍，除自我外的爲非我。於是將自我抬高，把非我的壓伏下去，就形成了個人，家庭，國家，社會，種族等的不平等。與自我直接或間接有利益的關係，把牠抬高；非自我或與我有違損的，一起壓伏下去，由此產生種種爭鬥。倘使全世界的人們都能了達人生無我的原理，這抬高和壓伏的惡劇，就不會在人類的舞台開演了。——這是從無我的宇宙觀到平等的人生觀。

再拿唯心的宇宙觀應用到人生觀是怎樣呢？平常人以爲所要作的事業和創造事業的力量，都操在神或天的手中，於是人就要聽人以外的東西所指揮，人就失其自由的能力。不但神和天是這樣，就是這能力是存在於一切機械的物質東西裏面，那末這變成的大宇宙，亦不過是一部大機械而已，而所謂人者，是這大機械裏一個眇小機械的一份子耳，如自鳴鐘的一個小輪齒耳。這聽命於萬能的神或機械的物，都是知識上的謬誤。科學雖能打破第一種的謬誤，而牠的謬誤點，正是陷於第二者而不能自拔。依佛學的研究，物理生理的現象，是不離心理作用的活動，人們所要作的事業和創造力，是各人的自由，不但不聽命于神，而且不聽命於機械的物質。再進一步，這機械物質宇宙的萬有，運用人們心理的力量，去認識牠的真面目，同時依自然活動力的法則，去改善人生，改進宇宙，使我人所處的國家社會乃至全世界全宇宙，把不良的舊習慣一一的將牠消滅了，良善的美好的新習慣，儘量的發達，直至於究竟圓備無缺陷新人生新宇宙爲止境。——這是依唯心的宇宙觀的原理構成功爲自由的人生觀。

近代世界文明的進步，同這人類所大呼所希望的自由的平等的人生，成爲現代世界的大運動。但大都對於根據宇宙觀而來的人生觀出發點的原理，沒有看得清楚，所以還沒多大的效果。佛學的自由平等的人生觀，是從無我唯心的宇宙觀來，其出發的動力，就是各人的心理爲中心點。這樣去作自由平等的運動，纔有把握，不會落空。全世界的人們都能依着無我唯心的宇宙自然的法則去活動，平等自由的人生目的就會實現了。

今天所貢獻給諸君的是與人生有密切關係的，不是高談玄學，與實際的人生漠不相關的閑話。現在將他歸納起來，得如下的結論：

無我的唯心的宇宙觀之下，一個平等自由的人生觀。

（芝峯記）

（選自商務印書館民國二十五年（1936年）印

行釋太虚著述：法相唯識學下册）

〔附〕　太虚大師行略

大師諱唯心，字太虚，浙江崇德人，俗姓呂，生於遜清光緒十五年十二月十八日。幼孤露，體弱多病，撫養於外祖母家。外祖母奉佛唯勤，朝夕課梵，大師輒循聲朗誦，若夙習然。九歲隨外祖母禮九華，遍歷江南諸大刹，十三歲又隨朝普陀。自是厭俗懷出世想。曾一度習商，歎非大丈夫事，潛心高舉。

年十六（光緒三十年），決志去普陀出家，誤乘船至蘇州平望，頓憶夙所經處，乃趨小九華，求士達寬公披剃焉。寬公旋攜之四明，禮謁師祖奘年老人，一見知非常兒，多方攝護之。是年冬，依天童敬安寄禪和尚受具，同戒者數百衆，大師年最幼，問答律儀已最第一，寄公即以唐玄奘資質許之。初從水月岐昌法師習法華教觀宗旨及世諦文字，嘗聽道階、諦閑諸名宿講法華、楞嚴、天台四教諸部，間從寄公參究向上事，講筵禪席中，已使時流失色。

　　十八歲，閱藏經於慈谿<u>西方寺</u>。一日閱<u>大般若經</u>次，頓失身心世界，於泯然空寂中靈光湛湛，塵剎炳現，如凌虛影像，朗照無遺。坐經數小時，猶彈指頃，歷許多日，身心仍在輕清安悅中。自是閱讀諸大乘經，恍然如自心中流出，所蘊禪錄上疑團，亦頓然冰釋。凡所觸及之台、賢、法相與世諦文字，悉能自在活用。大師自謂："自此悟力倍深，而憶力稍減，雙眼亦成近視"云。

　　時當<u>清</u>末，西方新文化輸入，革命思潮，如火如荼。經樓同寮中有<u>華山</u>法師者，敬愛大師青年俊拔，器識恢弘，嘗告以當時之國是及世界之潮流，與夫有<u>清</u>以來佛教之流弊，應從振興僧學以求革新之道。時大師棲神玄慮，獨步天真，耽玩理境，不為所動。然<u>華山</u>法師鼓其燦蓮之舌，傾其攜篋所藏若<u>康有為</u>、<u>梁啟超</u>、<u>章炳麟</u>、<u>譚嗣同</u>之新著，<u>嚴復</u>之迻譯，强使披閱。大師讀及<u>譚嗣同</u>之<u>仁學</u>，愛不釋手，陡然激發佛學入世救世之弘願，遂趨迴真向俗入塵垂手之化途。故大師之生平，不甘逸放於山林，而以佛化救國救天下為己任，樹起人生佛教之旗幟者，實肇基於此。

　　<u>宣統</u>元年（二十一歲）冬，隨<u>寄禪</u>和尚參加<u>江蘇僧教育會</u>，是為從事佛教運動之始。翌年，聞<u>楊仁山</u>居士創<u>祇洹精舍</u>，欣然從遊者半年。秋，出任<u>普陀山</u>化雨小學教師。二十三歲，應請赴<u>廣州</u>宣揚佛法，被推為<u>白雲山雙溪寺</u>住持，就寺講<u>維摩經</u>。時與革命黨人過往甚密，經<u>黃花崗</u>之役，<u>清</u>廷防範黨人益嚴，大師以弔<u>黃花崗</u>詩招忌，索捕甚急，乃潛返<u>滬</u>垣。經此一度鍛煉，大師自謂："不僅能入佛，且敢以入魔，敢以入險。"

　　<u>民國</u>肇建（二十四歲），與<u>仁山</u>法師等創設<u>中國佛教協進會</u>於<u>南京</u>，但以<u>仁山</u>法師操之過急，激成<u>金山</u>之變。時<u>寄禪</u>和尚領導組織<u>中華佛教總會</u>，協進會即合併於<u>總會</u>。未幾，<u>寄禪</u>和尚殉教於<u>北京</u>，<u>滬</u>上開追悼會。大師已洞悉名剎住持於佛教本身，唯求消極保

護寺産，絕無積極進取之精神。故於追悼會中，提出"佛教教理革命，教制革命，教産革命"之獅吼聲，以抒悲憤。嗣卽漫遊紹興，識劉大白、陳誦洛、揚一放等。

民國二年，中華佛教總會以寄禪和尚之死，乃得北京政府之批准，正式於上海成立。然以主持總會者類多昏庸，雖有熊希齡居士等之護持，亦無能爲力。時大師被聘爲佛教月報總編輯，發表無神論、致私篇、宇宙真相等論，後以經費拮据，出至第四期停刊。

民國三年，大師再探禹域之古墟，蘭亭之幽勝，與文人墨士以詩相唱和，終覺文士習染，戲論綺語，有污道真，非經徹底透脫一番，尋行數墨，是佛冤家。故於是年秋，轉作活計，掩關於普陀之錫麟禪院。時印光、昱山諸尊宿，叩關談論，每清言竟日。大師在關中晨夕禪觀之餘，遍探台、賢、性、相、禪、律、淨、密諸部，於唯識、三論致力尤深。旁及古今東西之學，一一融攝於佛乘。於周易、荀、墨學説，都有專評；於西洋哲學，亦有所闡述；於嚴復所譯書，曾寫成訂天演宗等論文，總題曰嚴譯小辨。餘若楞嚴攝論、整理僧伽制度論、續弘明集、新弘明集、昧詩盦録、成大乘論、法界論、三明論、論理學、心理學等，或以先後刊行，或筆端緒，未克終篇，或全散佚，片楮無存。

大師在關中，一夕靜定次，聞前寺晚鐘聲，忽焉坐斷三際，寂然無住。追覺心初起，則音光洞朗，曠絕中邊，次第回復心身座舍，則前寺晨鐘發矣。大師自謂："每覺困倦或身體失調時，輕舒紙染翰，構思綴文，以代湯藥而驅小病。"

民國六年春，大師出關，漫游台灣、日本，考察維新以來之佛教，深受彼邦學者歡迎。就觀察所及，益信所著僧伽制度論，不唯暗合於日本佛教分宗制度之長，且有中樞以總其成，更基律儀以其袪弊。擷律藏之精華，一教理之真量，革舊制之腐習，適新潮之化導，建設中國之佛教，深覺捨此莫由。興闌歸來，編集在日之講演、詩文、遊記等題曰東瀛采真錄，交由台灣月眉山靈泉寺寺主善慧出版。

民國七年，受了餘和尚請，一度出任普陀前寺知衆，終以維持舊狀非心所許而引退。道學論衡、楞嚴攝論，先後付中華書局出版。

是年應陳元白居士請，到漢口講大乘起信論，聽者多爲居士。李隱塵（開佚）亦預聽席，讀道學論衡、楞嚴攝論，歎曰：“縱遇六祖，未必能度我輩，非得如是文字三昧，不能令我輩降伏。”於是生大信心。

是年與蔣雨巖（作賓）、黄葆蒼（元愷，後出家，名大慈）、陳元白（裕時）、章炳麟（太炎）、張季直（謇）、王一亭諸居士於滬上成立覺社，主編覺社叢書，假尚賢堂輪流作公開佛學演講。

覺社叢書，卽海潮音月刊之前身。大師秉堅韌一貫之精神，三十年如一日。是刊也，内鑄佛學真義，外融新學思潮，倡導整理僧制，軌正謬説邪論，護持大教，鼓吹僧學，本佛陀之宿懷，期建立人間佛教，以覺導羣倫。嗚呼！大師之宏深智悲，自有中國佛史以來所未有，其釋迦之使者歟！其彌勒之權現歟！爾後席不暇煖，化不停轍，如果日當空，光被四表，大雲注雨，澤及萬類。

民國八年，應張季直、江易園、費範九等約，講普門品於南通狼山觀音院，復應北京己未講經會約，講維摩經，法會極盛。更由李隱塵、吳璧華、夏壽康、熊希齡等發起，講起信論，聽衆有增無減。林宰平、梁漱溟、黎錦熙、胡適之等時來商討佛學各種問題，王虛亭、楊犖哉、馬冀平、陶冶公、胡子笏等皆從此生信。名宿新學，翕然從風。是時五四運動發生，文化新舊之爭正劇，佛教中緇素，間有囿於先入之言，扶舊拒新者，由此隱然起佛教新派舊派之分。

是年冬返滬，改覺社叢書爲海潮音月刊，移錫杭州淨梵院。民國九年正月，第一期海潮音問世。武昌李隱塵、陳元白、李馥庭領銜百餘人發起請講起信論，聽者擁擠。夏，應廣州庚申講經會邀，爲講佛乘宗要論。九月重蒞武漢，講楞嚴經，各界知名之士，聞法起信者極多，學佛風氣之盛空前未有。又應湖南省長趙炎午約，講學長沙，並成立長沙佛教正信會。冬回杭州，於車軌舟舷上，寫成新的唯識論。

民國十年春，大師住持淨慈寺，旋有惡僧與省會軍警機關，以鄉情相勾結，故示刁難，大師不願以寶貴精神與之周旋，次年春卽交退。

是年秋，北京諸居士發起辛酉講經會於廣濟寺，應邀講法華經。同時，別爲大勇、王虛亭等講金剛經。法華講演録及金剛義線，卽於是年刊行。段芝泉之信佛，亦起於是年一座談論之中。

民國十一年（三十四歲），武漢李隱塵、湯住心諸居士，以大師住持淨慈疊生故障，乃謀離開故舊叢林，別創闢一教育住持佛教基本僧伽之新道場。武昌佛學院卽發起籌備於是時。春夏之交，講圓覺經於漢陽歸元寺。漢口佛教正信會成立，數度傳授三皈，正信弟子愈衆。是夏，應中華大學暑期講學會約，講因明學，卽後刊行之因明大綱是。時梁任公、高一涵、傅侗亦分任講學，且與梁傅二君，於大學大禮堂作佛學公開之講演。校長陳叔澄，卽於是時皈依，執弟子禮。是秋，佛學院行開學禮，盛況空前，稱之爲新佛教紀元可也。年來佛教中之僧材，十九造就於此。是年冬，受馮山請任主持，經長沙、游宜昌、沙市、荆州，所至多宣化。

民國十二年，主住佛學院與講學外，對歐陽竟無居士爲主流之內學院，關於佛學上種種問題發生異論。如起信論真僞問題，相分同種別種問題，佛誕紀元問題。因歐陽居士之唯識抉擇談，大師出佛法總抉擇談以應之，博得有識者之彌深贊許。宋元以降，純佛學上研討之風，未有如此時之盛者。是年初夏，應黃陂縣知事謝鑄陳之邀，數萬民衆夾道瞻仰，宣講佛學數日。復與廬山大林寺，邀約李隱塵、張仲如、黃季剛、湯用彤等，就大林寺開暑期講演，使沉寂數百年之廬山佛教復活。

民國十三年，兼於武昌涵三宮講金剛經，錄成金剛經述記。是年對學院内學僧提示志行自述，以"志在整理僧伽制度，行在瑜伽菩薩戒本"，爲大師律己訓學之剛格。寫釋新僧，發表於海潮音，嗣後學僧中之新僧運動即根據於是。是夏，召開世界佛教聯合會於廬山大林寺，日本佛教學者到者獨多，集東西佛子於一堂，以謀國際佛教徒之合作。應常惺法師之邀，去泰州講維摩經，法會之盛，至今猶爲彼地人士所樂道。是年秋，佛學院續招第二期新生，且附設研究班。佛學女衆院亦於是秋開學。秋杪病胃，請善因法師代理院長，過滬抵甬，隱居巖洞，唯一役人種菜燒飯。住近三十日，寫成人生觀的科學，胃納漸佳，但身體已不復如往時。邀奘老人暢游雪竇、保國寺。於保國寺寫成大乘與人間兩般文化及起信督信論唯識釋。殘臘，歸武院。

民國十四年，於武昌中華大學大禮堂開講仁王護國經五日，薦善因法師代講，爲先已諾北京諸居士講仁王經，卽北上於中央公園社稷壇開講，刊行仁王護國經講錄。朝五台山，過太原受閻錫山邀留少住，講演佛學。是年遣大勇、大綱、法尊等入藏求密。夏初，於天童講楞伽經，錄成楞伽義記。秋杪，又講仁王經於蘇州。冬初，率中國佛教代表團出席日本召開之東亞佛教大會。抵東京時，學者名宿率青年學生列隊歡迎者萬餘人。大會畢，歷遊全國名勝古寺，月餘返國。

民國十五年元旦，著居家士女學佛程序。　設佛化教育社於上海，出心燈旬刊，專作佛化教育宣傳。是夏，在北京講佛學概論暨四十二章經。應星州講經之約，遍遊南洋羣島。回國時經廈門，爲常惺等強邀上岸，講演於廈門大學及閩南佛學院。時國民革命軍北伐，已席捲湘鄂，全國佛教悉處在驚人之狂濤中，大師據當時之情勢，寫成僧制今論，期作更進一步之新佛教運動。

民國十六年，受轉逢、常惺、會泉等請，住持廈門南普陀寺，兼長閩南佛學院。是時革命軍已入福州，全閩佛教寺產危甚。大師先經福州，晤方聲濤，於是全省僧寺遂獲稍安。閩南佛學院後經芝峯、大醒、亦幻等同心協力，一時成爲全國佛學院之冠。

中秋前，應蔣介石先生邀，徜徉於剡溪、雪竇水色山光中，談論頗得，爲講心經大意。是年受德國朗福特大學中國學院聘任院董。著自由史觀，且轉譯成英文刊行。

民國十七年春，蔣介石先生過訪於杭州靈隱寺，應請入京講佛陀學綱。大師爲健全佛教之組織，一方面謀推進佛教文化之運動，得蔡孑民、戴季陶等贊助，以李子寬、黃懺華、謝鑄陳等爲中堅，先創設中國佛學會於南京，同時發動籌組中國佛教會，以期僧制行政之完善。秋，放洋講學歐美，備受英、法、德、荷、比、美諸國學者歡迎，有寰遊記紀其事。應法國學者建議，發起籌組世界佛學苑於巴黎，法國政府且慨施基地，熱望其成。是實爲中國高僧弘法歐美之第一人。

民國十八年回國，出任中國佛教會常務委員。十九年，講學於北平、廈門等處，任北平柏林教理院院長，先後講大乘宗地圖釋於閩南、柏林兩學院。二十年，入川弘法。時國本初奠，邊陲未固，乃與劉湘等創辦漢藏教理院於重慶之北碚，用以溝通漢藏文化，融洽民族感情。二十一年，應蔣主席請，住持雪竇寺。時以籌組世界佛學苑基金鳩集不易，乃先定世苑地址於南京，而以武昌、閩南、柏林、漢藏諸學院及大林、雪竇、潙山三寺屬之，分系而並進焉。二十二年至二十五年，循迴講學於江、浙、贛、鄂、陝、鄭、粵等省，飛錫所至，化雨徧潤。刊行辨中邊論釋、大乘宗地圖釋、大乘唯識章講錄、藥師經講錄、講演集等。

　　民國二十六年秋，自廬山赴渝，處理漢藏教理院事。時抗戰軍興，大師悲心無已，數次函電告日本佛教徒書，勸勵其本佛陀大悲兼利之精神，聯合全國佛教徒向彼政府抗議，請息其殘暴之侵略。

　　民國二十七年，歷遊渝、蓉、黔、滇講學，教示佛徒以自救救國之道，參加抗建事業，指導籌組訓練僧眾救護隊，分發各戰區服務。所有護國言論，爲時人所遵依。

　　二十八年，受聘爲國民精神總動員會設計委員。秋，組中國佛教訪問團，由滇入緬，訪問印度，歷南洋羣島，隨處闡揚中樞抗建國策，備受海外千萬人之歡迎。先是日人於南方國際路線諸佛教國家，極力宣傳誣詆中國政府摧殘佛教，逐僧毀寺，欲以挑撥宗教情緒，遂其離間之陰謀。於是中樞領袖，商請大師出山，率中國佛教訪問團，以事實反證中國政府尊重人民信仰自由，尊重佛教，粉碎敵人之詭計，促進南方佛教國之同情，其詡贊國策，厥功至偉。是年，法相唯識學、潮音草舍詩存出版。

　　二十九年，自印度回國，受六十餘機關法團代表歡迎於陪都，報章雜誌争載訪問經過之報告。講真現實論於漢藏教理院。大師嘗總括其學行，著我怎麽樣判攝一切佛法及我的佛教改進運動略史二文以示學人。識者皆以爲自知甚明，婆心殊切焉。得教育部資助，遣法舫等至錫蘭、印度傳布大乘佛教，研究巴利文、梵文，以重謀中印文化進一步之合作。是冬，真現實論宗依編出版。

　　自民國三十年起，每逢夏季，在漢院講法性空慧學概論、中國佛學，春冬，則去重慶，籌商改組中國佛教會事，兼受各種文化團體延聘講學。三十二年，邀于斌、馮玉祥、白崇禧諸先生，組織中國宗教徒聯誼會。秋間，創辦大雄中學於北碚。本無畏精神，輕冒險地，弘法湘桂。

三十三年，著聯合國戰勝後之和平世界及中國今後之文化二文，先後發表於新中華與時代精神。秋，患輕度中風，體力驟衰。四衆弟子多懷隱憂，而大師唯國難教難爲念，未嘗一日爲己謀。勝利後，大師權衡時勢與各方之要求，出而組中國佛教會整理委員會。人生佛教出版。

民國三十五年元旦，受國府宗教領袖勝利勳章。爲推動全國佛教事業，遄回首都辦理會務。各方函電紛呈，仰爲宗導，咸期佛教之復興將自此始。大師往返京滬，於歷次緇素徒衆之歡迎席上，發揮儻論，大聲疾呼，喝出：社會道德之重建，貪污瀆法亟須剗除，人人應本佛陀犧牲自我之精神，爲大衆爲國家爲世界共謀永久之和平。是夏，於鎮江焦山，創辦中國佛教整委會會務人員訓練班，並推動中國佛學會京滬杭之次第復員。臘底，應甬上緇素要求，出席指導各縣支會會務，返雪竇小住，度歲鄞峯。

民國三十六年二月二日至五日，講菩薩學處於延慶寺，命弟子象賢記錄成帙，是實大師最後之説法，皈依者達三百餘人。是月六日至慈谿，受各界及佛徒四衆之歡迎，講楊慈湖與佛學，惜未經筆人記錄。十八日抵上海，擬待全國佛教整理工作次第完成，定佛誕日召開中國佛教徒代表大會於南京。不意三月十二日，於玉佛寺舊疾復發(中風)，弟子大醒、亦幻、塵空、李子寬、沈仲鈞、謝健、蘇慧純、張孝行、馮明政、楊樹海、胡聖輪、過聖嚴等聞訊四集，親侍湯藥，請中西醫悉心診治，特請余永珍、周載銘兩護士，輪流日夜看護。延至三月十七日(舊曆二月二十五日)下午一時又十五分，施救罔效，安詳而逝，享年五十晉九，戒臘四十三。不世出之人天導

師，永寂閴淨，歸真兜率，嗚呼悲哉,

　　時重慶法尊，河南淨嚴，杭州會覺、巨贊，陝西超一諸弟子等亦
先後集滬。十九日中午十二時封龕。封龕前，面色轉紅潤，端坐龕
中，慈祥如生，任千萬人瞻禮，由此起信者不知若干人。四月八日
茶毗，沿途扶龕行列，長達二里，爭覩茶毗典禮，預集海潮寺四圍
者，不知若干萬人。越日檢骨，得大小圓淨舍利三百餘粒，大者如
拇指，透明如水晶。心臟不壞，呈紫紅色，熠熠有光，外布細末舍
利，如鑲珠寶。海上新聞攝影記者，歎未曾有，競攝入鏡頭。十四
日由諸弟子護送靈骨入雪竇山，舍利將分布各處道場供養。

　　大師居甬延慶寺時，以菩薩學處開示諸弟子，重重囑累，以菩
薩學處一日未能實行卽其志一日未達，而佛教前途亦難有望。慈
切之誨，聞者肅然，益知大師畢生精神所寄。其示現人間也，扶釋
迦之遺教，爲萬衆師；其上生兜率也，垂瑜伽之真詮，爲慈氏輔。

　　大師往矣，必能乘願再來，此後圖建佛法之新猷，救人羣於火
宅，非力弘大師之道，將誰與歸？爰敬述大師行略如上。

　　　　　　　（選自漢藏教理院編輯出版太虛大師紀念集）

熊　十　力

〔簡介〕　熊十力，原名升恒，字子真，生於公元一八八四年（清德宗光緒十年），死於公元一九六八年，湖北黃岡人。他早年肄業於湖北陸軍學校，曾參加武昌起義。辛亥革命後，潛心於研究哲學。起始研讀王夫之著作，久之意猶未足，後入歐陽竟無創辦的支那內學院學佛法。其時蔡元培往支那內學院爲北京大學物色佛學人材，接談之後即延聘熊爲北京大學教師。抗戰期間，他講學於四川復性書院，解放後家居著書不輟。

熊十力在思想上出入儒釋，廣採博取。他對別人指責他在講佛教唯識學時雜引易、老、莊，以及宋明諸儒之語時，曾公開申明說："夫取精用弘，學問斯貴，博覽徧觀，唯虞孤陋。""融攝諸家，詎爲吾病!"（破破新唯識論）所以，當黃侃對熊說："宋明儒陽儒陰釋，公乃陽釋陰儒"，熊笑而不答。（見燕大明熊十力大師傳）新唯識論是熊十力早期代表作，是對歐陽竟無所信奉的傳統唯識學的批評。其中最重要之點是，他對護法、窺基於現象外立本有種子以爲本體，從而將體用截成兩片，提出批評。他認爲，藏識種子不是一實體，而只是一恒轉功能，體不離用，即用顯體，體用均是假有施設，強設名言。由此，熊氏以唯識論的分析、組織方法，提出了一套以易傳陰陽翕闢爲主、體用一如的思想體系。

當時，歐陽竟無對熊的這套新唯識論甚爲不滿，曾支持其門人劉衡如（定權）作破新唯識論批駁之，熊即作破破新唯識論反駁之。熊氏以後的主要著作，諸如體用論、明心篇等，都是上述基本思想的深入展開。

晚年，熊十力的思想則偏重於儒家，重要著作有乾坤衍、原儒、論六經等。他的其他重要著作尚有：佛家名相通釋、因明大疏删注、十力論學語要、十力語要、尊聞錄等。

一、新 唯 識 論（選錄）

部 甲

境　論

〔明宗〕今造此論，爲欲悟諸究玄學者，令知實體非是離自心外在境界，及非知識所行境界，唯是反求實證相應故。實證卽是自己認識自己，絶無一毫蒙蔽。是實證相應者，名之爲智，不同世間依慧立故。云何分別智慧？ 智義云者，自性覺故，本無倚故。吾人反觀，烱然一念明覺，正是自性呈露，故曰自性覺。實則覺卽自性，特累而成詞耳。又，自性一詞，乃實體之異語。賅宇宙萬有而言其本原，曰實體；剋就吾人當躬而言其本原，曰自性。從言雖異，所目非二故。無倚者，此覺不倚感官經驗，亦復不倚推論故。慧義云者，分別事物故，經驗起故。此言慧者，相當於俗云理智或知識。此二當辨，詳在量論，今此唯欲方便略顯體故。學者當知，世間談體，大氐向外尋求，各任彼慧，搆畫搏量，虛妄安立，此大惑也。真見體者，反諸内心，自他無間，徵物我之同源；内心之内，非對外之詞，假說爲内耳。此中心者，卽上所言自性。蓋心之一名，有指本體言者，有依作用言者，切不可混，學者宜隨文抉擇。語曰：一人向隅，滿座爲之不樂。此何以故？ 蓋滿座之人之心，卽是一人之心，元無自他間隔故耳。足知此心卽是物我同源處，乃所謂實體也。動靜一如，泯時空之分段。此心却是流行不息，而又湛寂不亂。於其流行不息，假以動名；於其湛寂不亂，假以靜名。卽動卽靜，無流轉相，時間無可安立；卽靜卽動，復無方所，空間不得安立。

至微而顯,至近而神,冲漠無朕,而萬象森然; 故云至微而顯。不起於坐,而徧周法界。華嚴偈云:隨緣赴感靡不周,而常處此菩提坐。此喻心雖近主乎一身,而實徧全宇宙無有不周也,故假以明至近而神之義。是故體萬物而不遺者,即唯此心,見心乃云見體。體萬物者,言即此心徧爲萬物實體,而無有一物得遺之以成其爲物者,故云爾。然此中直指心爲體,却是權説。參考明心章。然復應知,所言見心,即心自見故。非別以一心見一心也。中庸所謂誠者自成,易所謂自昭明德,論語所謂默而識之,皆卽心自見義。心者不化於物,此中義趣,若浮泛解去,便絶不相干。心之所以可説爲體者,正以其不物化耳。今於吾人生活上理會,只在生活力之剛健足以勝物而不爲物引處,可説這裏才是心,亦卽説這裏才是體。若其人陷於物欲不能自拔,卽是完全物質化,而消失生命,便不曾有心,便失掉了固有的本體,只是一堆死物質。故是照體獨立,而可名爲智矣。心既是不物質化的,所以是箇覺照精明之體,而獨立無倚的,因此把他名之曰智。吾人常能保任此智而勿失之,故乃自己認識自己,而無一毫錮蔽焉。云何自己認識自己? 以此認識,離能所內外同異等分別相,而實昭昭明明,內自識故。故非空洞無物,亦非混沌。故假説言,自己認識自己。自己亦是假設之詞。由斯義故,得言見心,亦云見體。由斯義故者,卽上所説自己認識自己義是也。今世之爲玄學者,棄智而任慧,智是人人所固有的,而不知所以保任之,故謂之棄。既棄之,故不了自家元來有此也。然此言棄智之智,與老氏所言棄智,絶非同物。老氏所棄之智,乃謂知識,卽吾所云慧。故其談體也,直以爲思議所行境界,思者思搆,議者論議。論議則有封畛,思搆則有影像。而所謂體者,固不可以影像求之,不可以封畛測之也。然而任慧者不悟,則且視爲思議所行之境。爲離自心外在境界。既以爲思議所行之境,便視爲離自心而外在的境界了。易言之,卽一往向外求理,如觀物然。自故其談體至此,明任慧乃如是也。所謂慧者,本是從向外看物而發展的。因爲吾人在日常生活的宇宙裏,把官能所感攝的,都看作自心以外的實在境物,從而辨別他、處理他,慧就是如此發展來。所以慧只是一種向外求理的工具。這箇工具,若僅用在日常生活的宇宙,卽物理的世界之內,當然不能謂之不當。但若不慎用之，而欲解決形而上的問題時，也用他作工具，而把實體當做外在的境物以推求其理，那就大錯而特錯了。明儒王陽明、黃梨洲，譏世儒爲求理於外，在他底玄學方面説，確有特見。而自來學者，多不了其立言自有不踰之範圍，亦大可惜。但此義詳談，當在畺論。而不悟此理唯在反求，反諸本心，昭然不容瞞昧，直是一毫爲己之私不許藏匿，此心惻然知其不可。故知此心至真至實，渾然與天地萬物同體，而所謂己私，原屬形氣上後起之妄，自與本體上了不相干。故反諸本心，即已見體矣。只堪自識。　自識者，即前云自己認識自己，所謂内證離言是也。遂乃搆畫搏量，虛妄安立，如一元二元及多元等論。以是馳逐戲論，至於没齒而不知反。宇宙既等空無，思議所搆的實體世界，同於捏目生華故。人生杳無根據，不見體，則人生亦是泡影。不亦大可哀耶！　然則，明慧用之有限，故似除知；慧只行於物理世界，其效用有限，而不可以見體。故在玄學上，不得不排除知識，而實非一往除知，故言是也。示玄覽之攸歸，宜崇本智。玄覽，老氏語，此借用爲玄學的窮究之意，與原義不必符。本智者，以智是根本，故名。善反，則當下便是，勿須窮索；反之一義，最宜深玩，止觀雙運，方名反求。順性，則現前即真，毋庸欣寂，其諸本論之宗極歟！　夫提示旨歸，如上略備，辯彰唯識，兹後宜詳，故次明宗，而談唯識。

〔唯識〕唐窺基法師序唯識曰：唯遮境有，執有者喪其真；識簡心空，此言成立識者，所以簡別於心空之見也。彼許識不空故，心亦識之異名。　滯空者乖其實。見成唯識論述記序。此非了義。夫妄執有實外境，誠爲喪真，不可無遮，而取境之識，是執心故，即妄非真，云何而可不空？若以妄識認爲真心，計此不空，是認賊作子，過莫大焉！今謂妄境唯依妄識故有，而實非境，觀識則了境無，於是遮境無過。此中境者，均謂所執外境。妄識亦依真心故有，而實乖真，識者，依作用得名，以作用幻現而無自體故，又雜習染故，所以説之爲妄。夫用依體起，故説妄識依真心故有，然用之起也，既不能無習染之雜，故至乖其真，而有妄執外境之咎。證真則了識幻，故應説識是空。真心依本體得名。見體，則可了知用之刹那幻現，本無實法可得，至習染無根，元爲虛誑。然不見體者，則直以作用之與習染夾雜流行者，認爲實在，此過之大也。由斯義趣，先以唯識遮境執，次乃除彼識執。

初遮境執。此在唯識舊師，盛有發明。古時外道小師，並執有實外境，離識獨存，小師謂小乘師。舊師一一破斥，乃令惡見之徒，見不正，名惡見。聞而失據。其辨證精嚴，稍見基師兩記，二十及三十論述記。名理斐然，猶資研討。綜觀外小境執，略檢二計，以相質定。曰應用不無計，此在實際生活方面，因應用事物之串習，而計有外在的實境，卽依妄計所由，以爲之名。曰極微計。此實從前計中別出言之，乃依所計爲名，極微是所計故。應用不無計者，謂或別計有瓶盆等法，離識實有；此雖俗計，然外小實根據於此。或總計有日用宇宙，離識實有。此依俗計，而鍛鍊較精，以爲吾人日用間所接觸的萬象，喚做宇宙，這是客觀存在的，不須靠著自識去識他才有他的，外小都屬此計。極微計者，於物質宇宙，推析其本，說有實微，亦離識有。極微亦省名微。近人立元子電子，亦其流也。故今依據舊師，逐駁如次：

應用不無計者，或計現前有多麤色境，如瓶等物。離識獨存，此卽俗計。不悟此境若離自識，便無有物。由分別起，境方起故，分別卽識。若離分別，此境卽無。如世所計瓶，視之而白，觸之而堅，卽由意綜合堅白等相，命之爲瓶。在計執麤色者，本謂瓶境離識實有，若乃實事求是，則此瓶境，設離其視觸綜合諸識相，果復有何物哉？故知瓶境，理實全無。或復難言：瓶等麤色，於理不無，視之有白，觸之有堅，故乃綜合堅白等相而得瓶，奚謂外瓶亡實，從識妄構耶？答曰：如汝所難，縱令堅白等相果屬外物，不卽在識，而此堅及白等，要自條然各別，從何可得整個之瓶？汝意綜合堅白等相以爲瓶境，卽此瓶境純由汝意虛妄構成，離識何曾有如是境！矧復以理推徵，堅白等相，屬外物否，極難置斷。如汝所計瓶白相，是誠在外，不從識現。若爾，此白應有定相，云何汝視或遠或近，白便差殊？況復多人並視，得白各異。是知白非外有，隨能視識而現其相。故瓶白在外，難得其徵。又汝謂瓶堅，不由識現，此復無據。堅若在外，亦應有定相，今汝觸瓶堅，少壯老衰，所得堅度，前後不同，一人之身，自少迄衰，前後屢易，實是無數人，但從其相續，而視爲一人耳。各人觸堅，更不一致。是知堅非外有，亦隨觸識而現其相。故堅相在外，如白無徵。據此，則堅白等相，均從識現，綜合爲瓶，純由意計。意識虛妄計度。外虧色境，理定不成。計有心外虧色境者，此於理不得成立故。

如上所破，雖遮俗計，復有知解精者，能不定執瓶等個別實物，終計離識實有外界。彼計日用宇宙自離識而實有。故或難言：瓶等虧色，許非實有，我亦無諍，堅白相等，雖從識現，豈無外因，而識得現？若無外因，識得現者，應不視時，識恒現白，亦不觸時，識恒現堅。今既不爾，堅白等相，自有外因，理當成立。應答彼言：識現堅白等相，有境爲因，是義可許。但此爲因之境，定不離識獨在。云何不離？以境與識爲一體故。一體，故得交感，由交感故，假說境於識有力爲因，令帶己相。帶者似義，見識論述記。己者，設爲境之自謂。此言由境有力爲因，方令識現似境之相也。如是言因，義應許有。今汝言外因，便不應理。何以故？汝計外因者，許離内識而獨在故。内外離隔，兩不相到，兩不相親，既無交感之方，焉有爲因之義？故汝計有外界爲因，得令内識現堅白相者，悉汝妄計，義不應許。僻執外界，與彼計執一一虧色境者，根柢無殊，妄習起故。

前所陳義，雖甚易知，然人情封著，難以滌除，恒滯近習，不達神恉。如往世小師，曾以現量證外境有，以爲諸法由量刊定有無。一切量中，現量爲勝，故舉此爲徵。如世人言，我今見色，乃至觸觸，下觸字，名詞，謂一切境界。若無離識實境，寧有此覺？我今現證如是境耶。其爲説如此。夫言法之有無，宜以現量楷準，此誠諦論。獨其所謂現量者，則以眼接色，乃至身觸觸，而有色等覺云爾，故亦説名現覺，斯則近似亂真之說也。據實言之，有色等覺時，卽能見已無，不名現量。所以者何？眼等識現量證境時，於境不執爲外，以無計度分別故。後時意識起，虛妄分別，乃執有外境。故色等覺，唯在意識。覺意識分別。與正見，感識現量。二時不俱，則此覺時，能見感識現量。已入過去，寧許有是現量證外境有？應立量云：起此覺時，必非現量，是散心位，意識散動，名以散心。能見已無故。如散心位緣過去百千劫事。緣者思慮。至我所謂現量，旣不執外，斯乃證外境無，異汝所云。

又，汝言現覺色等之時，其能見現識，於前刹那，成已滅無，卽所見現境，亦復與彼能見俱時謝落，故汝所云色等現覺，實已不及現境，此境已滅故。復立量言：起此覺時，必非現量，是散心位，境已無故。如散心位緣過去百千劫事。

又如夢等時，等謂幻覺。雖無外境，而亦得有此覺。我今現見如是色等，汝能以此許夢等時，實有色等外境否耶？汝若不許，則於餘時現覺，何因緣故，定執此境離識實有？餘時，謂非夢幻時也。

在昔大乘，如前遮詰，彼乃不伏，設難自救。一舉憶持，仍成現量，證外境有。憶持者，記憶之代語。謂由過去眼等識，於爾時現受外色等境，今時意識方能憶持，先若未受，今何所憶？由憶持故，應許過去世感識是有非無，卽此識於過去世現所受外境，亦決定有。由斯，許曾現識、現量曾有境，是義極成。曾者，過去義也。

次以夢徵，仍信有外境。夢覺二識，若同無外境者，世能自知夢境非有，其覺時境亦無，例應復自知。今故應詰，夢心無有境，覺時便知無，覺識境旣無，何不知非有。旣不自知覺境非有，寧復能知夢境定無？返復推徵，應信覺時識，外境定實有。

今勘彼二難，但逞膚談，不研理實。姑先釋初難。汝以今識憶持，決定由過去識於爾時現受外色等境者，是義不然。應知過去感識，緣非外境，我非不許。非外境者，以與識不離故。如世虛妄分別所執爲離識實境者，與此所謂境，不相應故。然過去識，緣非外境，刹那俱滅，識是刹那生滅，境亦刹那生滅，無有暫住法故。但由想力，有遺習故。想者，心所之一，詳明心下章。心緣境時，想與心相應，而於境取像，此想力用不唐捐故，必有習氣遺留，故所緣境之像，賴以保存也。今時意識，由念勢力，令習現起，習者，前念想之遺習。得憶前境，是名憶持，念者記憶，爲心所之一，見明心下章。非由曾時識緣外境故，後方有憶。汝以憶持，證先現見實有外境，理實不然。如實説者，汝舉憶持，但可證有過去現識，曾現受非外境，實無有如汝所計外境爲曾所現受故。故汝舉證，祇自唐勞。

　　復釋次難，夢境非心外實有，必覺時方知，如處夢中，終不自知夢境非有。其覺識境，亦非心外實有，必真覺時方知。世間虛妄分別，串習蒙昧，如在夢中，諸有所見，皆非實有。未得真覺，恒不自知，至真覺位，方能如實了知絶無如世所執外在實境。非不許有境，但不許有如世所執外在實境耳。既許眠夢得世覺時，知先夢境非有，應從虛妄得真覺時，知先妄習所執境亦無。義既相齊，何庸疑難？

　　上來酬對，已足匡迷，極微計者，復當勘定。梵方外道，本已創説極微，逮佛家小師，則其説益盛。今此雖不暇詳稽，要其大端相近，可以略言。諸立極微者，大抵執極微是團圓之相，而以七微合成阿耨色。中間一微，四方上下有六微。如是七微，復與餘多數的阿耨色。合，輾轉成几等或大地，乃至無量世界。毗婆沙師説諸極微無相觸義，無觸者，不得互相逼近故，距離遠故。如彼説者，吾今所憑之几，其所有阿耨色，實如無數日系，然吾身實憑焉而不憂其墜陷，其侅詭有如此。

　　大乘不許有實極微，詰難外小，恒以有無方分相逼。若言極微

有方分者，既有方分，應更可析，可析者便非實極微。若言微相圓故，所擬東非是東，西等亦爾，無有方分者。薩婆多作是計。此亦不然，極微無方分，卽非色法，遂立量云：極微應不成色，不可示其東西等故。猶如心法，成極微非色已。又汝麤色卽諸極微，麤色外無極微，極微外無麤色。當復立量云：汝麤色應不成色，體卽極微故。如汝極微非色，成麤色非色已。遂立量云：手觸壁等應無對礙，非色法故，如虛空等。如上三比量，返證極微定有方分。有方分故，必更可析，物之可析者，必無實自體。由此，汝説極微實有，義不得成。

當時小師，如古薩婆多師、經部師、正理師，是三師者，又主極微，或極微所成和合色，爲感識所親得之境，證成極微實在。至極微如何而直接成爲感識境，則薩婆、正理，解説互異，大乘復一一遮之。略如下述：

古薩婆多師，執實多微各別爲境。彼計衆多極微，皆有實體，云實多微。如瓶等爲眼識境時，實卽一一極微各別爲眼識境。所以者何？一一極微體是實有，若多微和合成瓶等麤顯境，但是和合假法。瓶等合多極微而成，卽無實自體，故名和合假。眼識緣實不緣假，須有實體方能引生眼識故。感識緣實不緣假，見明心章上。

大乘遮曰：各別極微，縱許得爲感識緣，彼計極微有實體，得爲引生感識之緣藉故，此姑縱之詞。定非感識所緣。非是感識所緣慮故。何以故？識於所緣起緣慮時，識上必現彼所緣境相故。今眼等識上無極微相，故知極微非感識所緣。

經部師執實多微和合爲境，一處相近名和，總成一物名合。此説一一實微，非眼等識境，眼等識上無極微相故。若多微和合而成瓶等麤顯境，體雖是假，眼等識上有此相故，故爲眼等識境。

大乘遮曰：汝和合色，於識非是緣。此言緣者藉義，識不孤生，必有緣藉。如青色爲緣，方引生了別青之眼識是也。此中意云，經部所謂和合色如瓶等者，圓非眼等識生起之緣。何以故？彼體實無故。彼者謂和合色，此無實體，是假法故。凡爲所緣緣者，必有實體，方能爲緣引生識故，非無體法得爲此緣故。參看後文所緣緣中。

正理師執實多微和集爲境，和義見前，不爲一體名集。此説諸極微一處相近，輾轉相資，各各成其大相。如多極微集成山等，多微相資，即一一微各有山等量相，故與眼等識作所緣緣。上緣字緣慮義，下緣字緣藉義。

大乘遮曰：極微和集位與不和集相資位，其體是一。如何相資能爲大物發生感識？量云：汝相資極微，應不與感識爲其所緣，即極微相故。如不和集相資時，又如汝説者，亦有量等相一過。如俱以一億極微作瓶甌，瓶甌相應同一，以極微頭數相資等故。今既瓶甌二相各別，故知非是相資量等方爲感識緣。

薩婆正理，並主極微爲感識所可親得。其持論初不本之實測，而出於思構，故大乘一一難破之，彼亦無以自救。或有問言：外小創發極微，頗近晚世科學思想，而大乘獨一往遮撥何耶？余曰：大乘本玄學之見地，以遮撥實微，固其宜也。外小若僅在世間極成之範圍內，假説極微實有，世間極成義者，即在實際生活方面或經驗界，假定萬象爲實有。略見大論眞實品。固亦與科學在經驗之範圍內，假定元子電子爲實有者，同其旨趣。顧自玄學言之，則對於世間或科學所假定爲實有之事物，不能不加以駁正。何則？玄學所求者爲絕對眞實，所謂實體。世間或科學所假定爲實有之事物，從玄學觀察，即泯除其實有性，而齊攝入絕對眞實中故也。若於現象而洞見其實體，即現象本非實有，只此實體是唯一實在。或曰：所謂極微或元子電子者，不可説爲實體歟？曰：惡，是何言！實體者，所謂太易未見氣也。本易乾鑿度。易具變易、不易二義，雖變動不居，而恒如其性，故即變易即不易也。佛家以不變不動言如，似偏顯不易義，而未若大易以卽變易卽不易言之爲更妙也。　此體本不可名，姑強以易名之耳。太者贊辭，未見氣者，此體至虛，而不屬於有。夫氣，則有之至希至微者也。氣之未見，所謂無聲無臭至焉者也。善談體者莫如易。玄奘上太宗表云：百物正名，未涉真如之境。以此議易，奘師實不解易也。虛而不可迹，不可以象象求。故無不充周，若有迹象，卽有方所，則不能充周也。圓滿之謂周，不息之謂充。　故徧爲萬有實體，充周故爲萬有實體。　其得以極微或元子電子言之耶？其得以實體爲細分之集聚耶？　勝論外道說極微亦名細分，彼計心物皆有極微，似卽以極微爲實體。吾國今日學子，甚傾心唯物之論，頗遇人言，實體不必說得玄妙，只是元子電子而已。

　　總前說而觀之，大乘遮撥外境，甚有義據。夫識對境彰名，纔言識，便有境，如何可言唯識無境耶？原夫境識以義用分，義用者，因其作用不一故，卽義分境與識。而實全體流行，非可截然析成兩片也。唯其非頑然之體，故幻現能所相貌。名識爲能，是能知故；名境爲所，是所知故。但就相貌言，則能所相待，不可說能生於所，亦不可說所生於能。然能所偕同而無封畛可得，尋不著境識間底界劃故。　則雖欲離析之而固無從也，所謂全體流行者以此。夫由吾自身，以迄日星大地，乃至他身，自身以外，有一切衆生身。皆境也。自身境與自識不離，夫人而知之；自身境者，以自身望自識，亦是境故，是所知故。日星大地，乃至他身等境，皆爲自識所涵攝流通而會成一體，初無內外可分，乃人盡昧焉。以爲此皆離自識而獨在者，果何據耶？日星高明，不離於吾視；大地博厚，不離於吾履；履卽觸識。他身繁然並處，不離於吾情思。是故一切境相，與識同體，感而遂通，其應如神，以其一體，本無離隔故也。據此，則唯識爲言，但遮外境，不謂境無。以境與識同體不離，故言唯識。唯者殊特義，非唯獨義。識能了境，力用殊特，說識名唯，義亦攝境，豈言唯識，便謂境無？然或有難言：信如境不離識者，則科學上所發見日用宇宙，卽自然界。所有定律公則等等，純爲

客觀事實，雖自識不曾了別及之，而此事實之爲信有，自若也。如
缺乏科學知識者，卽於科學上所發見底事實，多了別不及，而其事實之爲信有自若。
必言境不離識者，於義何取？ 余曰：理之難言，爲其多泥於一曲也。
唯識不謂無境，卽所云定律公則等等，何嘗不許有此事實？ 只是不
必問此事實耳。這些事實底研究，可以讓諸科學，故玄學不必問也。至若識於
當境了別，固名境不離識。當境者，當前之境故。然了別不及之境，要亦
識量所涵。但了別之部分，或因作意力故，而特別顯現，作意見明心
下。了別不及之部分，只沉隱於識野之陰，識徧照故，假言識野。陰者，形
容了別不顯現處。固非與識截然異體，不相通貫。如其作意尋求，此境
亦得豁然明著。以是徵知，凡所有境，當了別不及時，實未曾離識
獨在。汝以科學上定律公則等等，縱了別不及，其信有自若，以是
證成外境，毋亦未窺理要，而泥於一曲乎。夫境不離識義者，豈惟
梵方大乘，凤所創明？ 卽在中土先哲，蓋亦默識於斯，而不肯衍爲
論議耳。徵其微言，約略可見。合內外之道，中庸之了義也；合內外
者，卽是心境渾融之詣，蓋誠明之心，通感天下萬有而無礙，所謂境隨心轉，無有對待紛
擾之相。萬物皆備於我，子輿氏之密意也；會物歸己，正是唯識了義，若有物
與我爲對，則我亦是一物耳。既物莫非我，則我亦無待以立也。而言我者，假爲之名
耳。物我之相都亡，是立於無對者也。到此，方信得自家生命元來無限，若其落於物我
對待之中者，則是自喪其無限之生命，而成乎一物已耳。仁者渾然與物同體，程
伯子之實證也；伯子之言，同己於物，然與孟氏意同。宇宙不外吾心，陸象
山之懸解也。慈湖己易盛弘師説。逮於陽明，昌言心外無物，門下詰難，
片言解蔽。語録有云：先生遊南鎮，一友指巖中花樹問曰：天下無
心外之物，如此花樹在深山中，自開自落，於我心亦何相關？ 先生
曰：汝未看此花時，此花與汝心同歸於寂；汝來看此花時，則此花顏
色一時明白起來，便知此花不在汝心外。其持説精到如此。故知
理有同然，華梵哲人，所見不異。程陸王諸師，稍涉禪家語録，並不曾窺法

相唯識典籍，而所見適與之符。然大乘諸師，多流於分析名相，如二十等論，成立唯識，以遮外境，全用形式邏輯，雖復名理可觀，而空洞的論調嫌多，頗近詭辨。凡大乘論文，幾都不免此病。至中土諸師，不肯馳逐論議，其宏大淵微之蘊，偶流露於箋札語錄，雖單辭片語，往往意思深遠，玩索不盡，特非解人則莫之悟耳。原夫唯識了義，要在會物歸己，而實際復焉無待；物即是己，則己亦絕待也，特假名爲己耳。實際者，本體之代語，會物我於一原，即復絕而無待之本體於是乎顯現矣。人生之真實而非虛幻，即在此耳。攝所歸能，而智體炯然獨立。心能分別境，亦能改造境故，故說爲能。境但爲心之所分別，及隨心轉故，故說爲所。智體者，智即本體，故云智體。智義見明宗章。若切近言之，即本心是己。設問何謂本心，應答彼言，人人隱微間有箇自鑒之明，不可欺瞞者，即本心也。只此是人生所固有的神明，而不曾物質化的，故說爲本體。所以遮彼外執，執有外境，名以外執。欲令悟茲本根，本根即謂本體。執則內外紛歧，執有外境，則外塵與內心相對。外物與內我相對，而一切紛歧，不相連屬。悟則內外融釋。悟無外境，則一切紛歧之相，俱以泯除，故云融釋。言一切相，都消融釋散，而無有所執也。夫萬物皆感而遂通，萬有皆思之所及，故一言乎識，即已攝境，一言乎境，便不離識。境識爲不可分之全體，顯則俱顯，識於境分別顯現時，境亦與之俱顯。寂則俱寂，識於境不起分別時，是之謂寂，境亦與之俱寂。一體同流，豈可截然離之乎？必謂境離識而外在，是將自家生命與宇宙析成二片也，有是理乎？

夫境識同體，本無內外，然世皆計執有外境何耶？人生不能捨離實際生活，無弗資萬物以遂其生長者。郭子玄曰：人之生也，形雖七尺，乃舉天地以奉之。故天地萬物凡所有者，不可一日而相無也。一物不具，則生者無由得生。其言雖近，乃有遠旨。然人以資物爲養之故，遂乃習於取物，習字吃緊。而妄計物爲心外之境，役心以馳求之。迨串習既久，則即以習爲心，而逐物不反，無有厭足，其外物之執乃益堅。執之相貌，略分總別。別執有一一實物，如瓶盆等。方分空相，由斯而起；如依瓶而計執有東西等方位，此即空間相也。總執有實外界，所謂日用宇宙。混同空相，由斯而起。混同者，十方虛空，渾是空洞，而無異相故，故云混同。人心總執有實外界，遂計有個空空洞洞的空間，故萬有於中顯現。空相起故，時相卽俱，橫豎異故，假析時空。於橫的方面，計有空間相，於豎的方面，計有時間相。理實時相卽是空相，形式不異，過現未三世相，歷然溝分。猶復紀之以符號，如爲干支以紀時數。表之以器具，如鐘表上之分秒等。故分段時相，實空相之變形也。起外境執時，空時相定俱起；若不執有外瓶等實物者，則方分空相將於何起？若不執有實外界者，則混同空相亦自不起。空相無故，卽時相亦無。以理推徵，故知空時相，實隨外境之執以俱起也。空時相起故，外境執乃益堅。由有空時相故，更增外境以實在性。展轉增迷，人情所以無悟期也。

已遮境執，次除識執。夫執有外境，故假説唯識以遮之，不離識之境，理應許有，然世所執離識而獨存之外境，則本無有，特由妄識計執以爲有耳。故説外境唯識所現，假説者，以非實有識可唯故，其義見下。若復妄執內識爲實有者，則亦與執境同過。蓋識對境而得名，則其形著也，不唯祇作用幻現，凡言識或心者，本依作用立名，然復有別義，亦不妨假目本體。詳明心章。實乃與妄習恒俱。取境之識，恒挾妄習以俱起。習云妄者，以無根故耳。此識既雜妄習，所以亦成乎妄，而不得爲真心之流行也。此處吃緊。故識無自性，亦如外境空而無物。自性猶言自體。蓋所謂識者，非有獨立存在的自體故。或曰：外境實無，故説爲空，而識以作用幻現故名，卽非全無，云何亦説爲空耶？曰：外境以本無故，説之爲空；識以無自性故，説之爲空。空之情雖異，而其爲空則一也。故彼執識爲實有者，與執外境，等是迷謬。維昔大乘，雖説唯識，以破境執，然又慮夫執識爲實者，其過與前等也，故乃假説緣生，以明識相虛幻無實。緣者藉義，衆相互相藉待，故説爲緣；生者起義，識相不實而幻起故，姑説爲生。識相，卽是衆緣互待而詐現者，故説幻起。夫識若果爲實有者，卽是有實自體。有自體故，便無待而恒現成。今説緣生，既明識相卽衆緣相。易言之，卽此識相，唯是衆緣互待而詐現，拾此無別識相可得。詐現者，謂雖有相現，而不可執爲實故，故名之爲詐。故識者，有待而非現成，元無自性，自性見上。此非實有，義極決定。云何衆緣？曰因緣、因爲諸緣之一，而於諸緣爲最重要，故首列之。等無間緣、所緣緣、增上緣。今當以次釋諸緣義。

因緣者，舊説謂有爲法，親辦自果，方乃名因。見三十論七，及述記四十四第一葉已下。有爲法者，即斥爲因之法而言之，有能生力用，故名有爲。辦者，記云成辦，因親生果，如成辦事業，故云成辦也。詳此所云，因親辦果，是因於果，有創生義，親辦云者，即是因能親創果故。亦有決定義。即因於果，能決定成辦故，方云親辦。如是言因，固與科學上舊有之因果觀念，甚相脗合。其錯誤既已有正之者，可無贅論。今所當辯者，迹舊師樹義，本建種子爲因體。所謂因者，非空洞而無所指目之詞，故言因則必有此因的法體。三十論七，説此體有二，其一曰種子，詳述記四十四第一葉已下。今此中談識相緣生，故但舉種子爲因體云。彼計心識現起，厥有來由，心識合稱者，以取複詞便舉故。故立種子爲因，建立種子，以明心識來由。而以心識爲種子所親辦之果。三十論七因緣中，説種生現義，現者具稱現行，乃心識之代語，即言種子爲因而親生心識也。種子法爾分殊，彼計種子是個別的，法爾猶言自然。心識於焉差別，差別者不一義，彼説一人有八識，謂眼識耳識乃至賴耶識，此八爲各各獨立之體，即由其所從生之種子不同故。此所爲以親辦自果言因緣也。據彼所説，種子是個別的。必不許雜亂生果，故眼識種子爲因而親辦自家眼識果，耳識種子爲因而親辦自家耳識果，乃至賴耶識種子爲因而親辦自家賴耶識果。參考攝大乘世親釋種子六義引自果條。顧彼不悟心識爲流行無礙之全體，而妄析成八聚，此已有擬物之失，彼析心爲八個，如析物質爲分子等，是不悟心無方相，而妄以物質比擬之也。又復計心從種生，能所判分，其謬滋甚。舊説種子六義，其一曰果俱有，言種子是能生因，而心識是所生果，此果與因，同時並有，故云果俱有。詳此，即以心與種，判作能所兩法，若親與子爲兩體者焉，其謬不亦甚乎！吾於舊師種子論，既當辨正，詳功能章及明心上章末。故言因緣，亦不敢苟同。今改定因緣界訓曰: 心識現起, 現, 讀發現之現, 亦卽起義。元爲自動而不匱故, 假説因緣。不匱者, 動勢相續, 不憂匱乏也。非謂由有種故, 定能生識, 方予因名。非謂至此爲句。夫識者, 念念新新而起, 卽是念念新新而自動。念念新新云云者, 心法遷流不息, 念念滅故而生新, 故通前後而言之, 曰念念新新云云。何以言其爲自動耶? 識無方相, 無方所, 無形相。唯以了別爲特徵, 雖憑官體故起, 此言官體, 綜五官與神經系統而言。憑者憑藉, 心本至虛, 而資官體以運行, 故説爲憑藉。而實主宰乎官體, 故非官體副產物; 耳目等官, 接物而不足以亂其心者, 則以心爲官體之主宰故耳。以故不可説心作用爲腦筋底副產物。雖藉境界故起, 識起必有所緣境界。而足轉化乎境界, 色聲等境界, 皆不足以溺心, 而心實仗之以顯發其聰明之用, 是心於境界能轉化之而令其無礙。故非境界副產物。或言: 感官或神經, 系受色聲等境界刺激而起反應, 卽此反應, 説爲心作用, 其實無所謂心也。如此説者, 是心作用, 亦爲境界刺激力所生底副產物, 然心旣能轉境而不隨境轉, 徵其自在殊勝, 則此説之無理可知。是固驗知識起, 本卽自動。驗知者, 內自體驗而知之。忽乎莫測其端, 動無端故。茫乎莫見其形, 動無形故。廓然無物, 動而已矣, 無有實物可得, 故爲幻現。而又熾然非空。動勢猛熾, 雖幻而不空也。所以遮彼謬執心作用爲官境副產物者, 而説識起, 元爲自動, 自動之言, 正以對破謬執。卽依自動義故, 假説爲因。自動方是本因。若如舊立種子爲能生因者, 則是世俗執物之見, 何足明心? 世俗計稻等物, 皆從種生, 今計心法亦爾, 豈非大謬! 然復應知, 説識起是爲自動者, 原不謂心有自體, 若心有自體, 便等於世間所執神我靈魂, 同計有實物故。蓋且尅取動勢而名心識, 故是幻現而本無自體也。所謂心識者, 元來没有獨立的自體。易言之, 卽無實物, 他只是一種動的勢用而已。吾人內自體驗, 見得如此, 因把這箇動的勢用, 爲他安立名字, 就叫做心, 或亦名識。尅取云云者, 言此中但直取動的勢用而名心識, 元不涉及本體。易言之, 卽依作用以立心識之名, 而與明心章以本體言心識者, 涵義絶異。此等義理分際不同之處, 學者務隨文審擇焉可也。又蓋且者, 不徧之詞。本章所言識, 乃對境之識, 故且依作用而名之, 非一往如此説。或有難言：既云自動，疑有自體，若無自體，説誰自動？不悟自動之言，但顯此動勢，不從官體生，亦不從境界生。何以故？官境只是物質，不能以物質而産生非物質之作用故。若物質而能産生非物質的作用者，即物質便成神秘，而不成爲物質矣。故自動言，義兼遮表，不容立難。遮撥謬執此的勢用爲從官境生者，而動的勢用非物質之作用，即於此而表示明白，故云義兼遮表。

等無間緣者，謂識，前爲後緣，行相無間，等而開導，故立此緣。

云何前爲後緣？識者動而不居，前念識方滅，後念識即生，故説前識望後爲緣。

云何行相無間？識者動而趣境，雖體無封畛，而行相固殊。見色聞聲，乃至了法，各別行相，不相間礙，前滅引後，是事恆然。行相者，識行於境之相，即識於境起解之相也。如見色與聞聲不同，即識上行相之殊，非如舊説以眼等八識爲各各獨立之體。間者，隔礙義。無量行相，容俱起故，故名無間。此亦與舊言無間者迥異其恉。

云何等而開導？導之爲言，是招引義。開義有二：一避義，二與後處義。前法開避其處，招引後法令生，故成緣義。 由具開與導之兩義故，方成此緣。若兩義中隨缺一義者，即不名緣。此本舊説。復有難言：前法開避，即是已滅，彼滅無體，云何招引？應知前法正起位，即有望後招引之勢，非彼滅已，方爲招引。又，前念滅時，即後念生時，生滅中間，更無時分可容間斷。然則，變化密移，疇覺之歟！舊説識亦有間斷者，因依識之行相而剖析爲各各獨立之體，故妄計見色等行相不顯現時，即是眼等識間斷也。復言等者，即等流義。由前引後，平等而流，故置等言。

綜前所説，則知等無間緣，開前導後，方滅方生，心識所以遷流不息，唯有新新，都無故故。其德之至健，幾之至神者乎！設有不明開導，但計心識爲由過去至現在，復立趨未來者，則猶墮於常見，而未聞勝義也。

所緣緣者，略有四義：一有體法，二爲識所托，三爲識所帶，四爲識所慮。

有體法者，爲緣之法，必是有體，方有力用，能牽生識，如白色非空而無物，故能牽令眼識同時俱起。故成緣義。法若是無，何得爲緣？世俗有計瓶等得爲緣者，此倒見也。所謂頑然之瓶，世間本無此物，其以爲有者，特妄情所執耳。今試問汝儕所得於瓶者果何物，則必曰視之有白，乃至觸之有堅等也。若爾，汝眼識但得於白，不曾得瓶，乃至汝身識但得於堅等，亦不曾得瓶。誠以汝感識現量滅謝，散意識方起，遂追憶白及堅等境，妄構爲瓶等實物。散意識者，謂凡人意識散亂故。是故，白及堅等境，誠有非無，方得爲緣；妄情所執之瓶等，此非有體，緣義不成。

或復問言：若有體法方爲緣者，如意識緣空華時，豈非無所緣緣耶？應知意識此時現似所緣影像，妄作華解。華雖本無，識上所現似華境之影像，彰彰不無。卽此影像，以不無故，亦名有體，得隨境攝，成所緣緣，非無此緣識得生故。

又復有計，感識後念，以前念境爲所緣緣者，唐賢普光曾作是計。此亦非理。一切法頓起頓滅，無暫時住故。前念境卽於前念滅，何容留至後念爲後識境也？如眼識前念青境，實不至後，後念青境，乃是新生耳。誠以眼等識現量，刹那已入過去，一刹那頃，感識與所了境，同生同滅。後念意識，繼起迅速。由念勢力，念者，記憶。能憶前境，卽現似前境之影像而緣之。此影像卽心上所現，本非前境，而此心乃妄以自所現影作前境解。彼乃不辨，以爲猶是後念感識取於前境。此在因明乃云似現。實則前境已滅，卽非有體，如何成所緣緣？此說違理，故宜刊定。

爲識所托者，卽有體法，望能緣識，爲所仗托，令彼得生。彼者，謂能緣識。識不孤起，須托境故。如眼識，非仗托青等色境，必不孤起。感唯托塵，意則托影。必有所托，方得成緣。感識唯托塵境而起，謂眼識唯托色塵，耳識唯托聲塵，乃至身識唯托觸塵是也。至於意識籌度一切法時，嘗利用想與念，詐現似所緣境之影像以爲所托焉。想念皆心所法，見明心下章。

爲識所帶者，謂所緣境，爲彼能緣之所挾帶，能緣卽識。能緣冥入所緣，宛若一體，故名挾帶。如感識現量證境時，能緣所緣，渾爾而不可分。如眼識現見白色時，不起分別或推想，卽此見與白色，渾成一事，無能所可分。此由境爲緣，令彼能緣親挾己體故。己者，設爲境之自謂。挾帶義發於奘師，時正量部有般若毱多者，嘗難及大乘所緣緣義，戒日王請奘師，爲設十八無日遮大會，奘師造制惡見論破毱多，論中卽申挾帶義也。其文今不傳。

爲識所慮者，前之三義，不足成所緣緣。何以故？若有體法，但爲識所托所帶卽得成所緣緣者，則應外質望鏡等照用，作所緣緣，外質是有體法故，鏡等照用起時，亦以外質爲所托所帶故。鏡等照用依外質同時顯現，故有所托義，又親挾外質影像而起，故有所帶義。此若許然，卽境望識作所緣緣，與外質望鏡等作所緣緣，兩義齊等。由此，應許識亦猶如鏡等，以所緣緣義不異故。爲遮此失，復言所慮，由境有體，能引令識托彼帶彼，緣慮於彼，方許望識作所緣緣。上三彼字皆謂境，緣慮卽思慮。以所緣緣具所慮義，影顯識爲能慮，不同境等色法，故說唯識，不言唯境。於俗諦中，許有識，亦許有不離識境。但識爲能慮，境屬所慮，故特尊識，而說識名唯。

〔附識〕思慮作用乃心識之特徵，不可以官品與境界相互之關係，說明思慮。思慮若是官境之合所生，應非了知性故。昔者，印人有言鏡等能緣，猶如識者，今人亦有云照相器能見物，此皆戲論。鏡等與照像器，只能於所對境而現似其影像，然此影像，仍隨境攝，固無有思慮作用於其間也，何可等心識於色法乎？理本至明，而索之愈晦，凡情迷妄，往往如是。夫思慮屬心之行相，行相者，思解貌。此與心上所現影像，本不爲一事。世俗未能辨此，故說照相器能見物也。然唐人言唯識者，於此已有不了。**備云**: 但心清淨故，一切諸相於心顯，故名取境。見解深密經注六第七葉。**太賢云**: 相於心現，故名所慮。見成唯識論學記卷六第三十七葉。此皆不悟心之取境，有其行相，但云心上現影而已。若爾，鏡等能緣，照相器能見之說，又何可遮耶? 如斯膚妄之談，其當刊正久矣。

綜上四義，明定所緣緣界訓，庶幾無失。然舊於此緣判親疏者，其說原主八識分立，尋彼義據，不足極成。識所取境，皆不離識而有，但應許境於識作所緣緣，何須定判親疏? 然舊說主張八識爲各各獨立之體，則親疏遂分。如眼識親所緣緣，即自所變相分是也; 其疏所緣緣，即第八識相分，眼識托此以爲本質，而變自相分云。護法八識各各有相分本質爲親疏緣，名相瑣繁，此姑不述，述亦短難。若爲治舊學者解紛排難，當爲別録云爾。

增上緣者，略有二義: 增上猶言加上，舊訓爲扶助義，謂若此法雖不從彼法生，然必依彼法故有，即說彼法爲此法之增上緣。一者，有勝用。爲緣之法，必具勝用，方與果法而作增上。果法者，如彼法爲此法之增上緣，即說彼爲因法，此爲果法也。所謂勝用者，不徒於果法爲密邇之助，但不障者，即其力也。取徵近事，如吾立足於此，五步之內所有積土，固於吾立足，親爲增上。直接爲助，故言親也。即此五步之外，推之全地，乃至日局，亦皆與吾立足攸關。假令五步以外，山崩河決，又或餘緯越軌，衝碎員輿，斯皆障害吾之立足。故知吾今者立足於此，即由全地，乃至日局，俱有增上勝用。由不障害，即其勝用。準此，則增上緣者，寬廣無外，勢不勝窮。然求一事之增上因，增上緣望所增上法，而得因名。則恆取其切近，遺其疏遠，不定徧舉也。今即心法爲徵，如一念色識生時，其所待之增上緣何限? 感識了色，亦名色識，了聲，亦名聲識，乃至了觸，亦名觸識。然官緣，官者，謂眼官與神經系，乃色識所依以發現，故是增上緣。空緣，空者，空隙，亦色識增上緣，障隔則色識不行故。明緣，明者，光也，闕明緣，不能了諸色境故。習氣緣，色識生時，必有習氣與之增上，如乍見仇讎面目，即任運起嗔，便是舊習發現。蓋習氣卽是心所，故望心爲增上緣，能助心以取境故。參看明心章。則關係切至，在所必舉也。餘識生時，皆應準知。餘識，謂聲識乃至意識是也。聲識生時，必有耳官及習氣等爲增上緣，乃至意識獨起思搆時，亦必有習氣等爲增上緣。習氣種類無量，一切心生時，皆有習氣爲增上緣云。

〔附識〕增上緣義最精，世學謂如科學。所云因果，唯相當於此，以其但甄明事物相互之關係故也。頃有問言：若如公説增上緣者，則將隨舉一事，皆以全宇宙爲之因乎？曰：理實如是。但學者求一事之因，初不必計及全宇宙，恆自其最近者以爲推徵。設秤物之重量爲如干，若地心吸力，若氣壓，固皆爲其致此之因；卽至迴色之空，或太陽系統以外之他恆星，亦無不與此有關者，故曰一事而全宇宙爲之因也。然學者於此，但致詳其近緣，若地心吸力，若氣壓，以明此事之因，則能事已畢。吾人常能由一知二，或由甲知乙者，率此道也。

二者，能於餘法或順或違。餘法猶言他法。隨舉一事，以明此義。若霜雪於禾等增上，能牽令轉青色爲枯喪，轉者，改轉也。禾等枯喪之位，其以前青色皆滅。義説爲轉，非謂前青色不滅可轉爲後枯喪也。又枯喪之起，有自動因，霜雪於彼，但爲增上緣，故言牽也。世學談生物適應環境者，多忽略生物自身之動因，便爲大過。問：霜雪非青色滅之因耶？曰：凡法之滅也，法爾自滅，何待於因？滅若待因者，應不名滅。當説爲生，以有因便是生故。卽此霜雪，望枯喪爲順緣，望前青色作違緣，一順一違，幾之所不容測也。然復當知，此中義分順違。據實，違緣云者，非與滅法爲緣，如前所説，霜雪與枯喪爲緣時，前青色已滅。今云霜雪與前青色作違緣者，彼既滅無，望誰爲緣？由枯喪是前青色之相違法，既與枯喪爲緣，卽義説爲前青色之違緣。一事向背，義説爲二也。霜雪與枯喪爲增上緣，是爲一事。向背者，一事之兩面。與枯喪爲緣，是向義，既順枯喪令起，卽違前青色令不續起，是背義。由此二義，故説順違耳。例此而談，如善習爲心增上緣時，順生淨識，卽違染識令不生；惡習爲心增上緣時，順生染識，即違淨識令不現。順違之幾，其可忽歟！　淨識者，善心也；染識者，不善心也。心豈有不善耶，惡習發現，而蔽其心，以成其惡。此時心無權，而唯以惡習爲心焉，故説爲不善心也。若善習有力現起，以扶助本心之善，則違彼不善心而令不得起。

　　上述諸緣，由識起是自動義故，立因緣；心識者何？　只是一種動的勢用而已。這箇動的勢用，雖依精腦筋與外境底刺激力而發出，要不是物質底副產物，遂乃説爲自動。即以此義，假説因緣。由前念能引義故，立等無間緣；前念識能引生後念識故，故立此緣。由有所取境故，立所緣緣。於俗諦中，不謂無境，但不許有離識獨存之外境，而不離識之境非無，所以説識起必有所取境，而得立此緣。除前三外，依種種關係，立增上緣。如官體與習氣等等，皆於心識作用爲扶助故，故立此緣。詳此諸緣，本以分析心識，假説緣生。令知心識唯是幻現而非實有，若識果實有者，即有自體。或用心識複詞，或單言心，或單言識，唯隨文便，他處準知。今分析此識，而説爲衆緣互相藉待，幻現識相，則識無自體甚明。故緣生言，非表識由衆緣和合故生，乃對彼執識爲實有者，善爲遮遣。如對彼不了芭蕉無自體者，爲取蕉葉，一一披剝，令知非實。此義亦爾。或復有難：説緣生故，明識無自體，即識相空，然衆緣相，爲復空否？今答彼言：假設緣相，明識相空，識相空故，緣相亦空；衆緣相待，唯幻現故；如因緣相，便是動的勢用，這箇勢用，曾無暫住，非幻現而何？若等無間緣相，即謂前念識，此亦不暫住，非幻現而何？若所緣緣相，即色聲等境界，此實刹那生滅，固是幻現。若增上緣相，如官體等，既屬色法，即莫非刹那生滅，至習氣念念遷流，生滅不住，尤不待言，故知同屬幻現。夫諸緣相，唯幻現故，即無自體；無自體故，即是皆空。爰假施設，以遮執故。假設衆緣，乃對彼執識爲實有者而遮撥之也。夫言説有遮詮、表詮。表詮者，直表其事。如在暗室，而對彼不睹若處有几者，呼告之曰，若處有几。遮詮者，因有迷人，於暗中几，妄惑爲人爲怪，怪者，鬼怪。乃從所惑，而遣除之。即以種種事義，明其如何非人，以種種事義，明其如何無怪,而不復與直説是几,卒令彼人悟知是几。故緣生言,但對彼不悟識自性空者。自性,即自體之代語。方便遣執,因迷者執識實有故,故乃分析諸緣,而説衆緣互待,幻現識相,是名緣生。以此遣除其執,乃方便説法也。故是遮詮;對執而施破,所以爲遮詮。如或以爲表詮者,將謂緣生爲言,表示識由衆緣和合故生,是反墮於執物之見,寧非甚謬!俗計物體由分子集合而成,今若計識從衆緣和合故生者,便同一謬見。故知辭有遮表,不可無辯。詳夫玄學上之修辭,其資於遮詮之方式者爲至要,蓋玄學所詮之理,本爲總相,所謂妙萬物而爲言者是也。總相者,言其徧爲萬物實體;妙萬物者,言其不屬部分,不屬形質也。以其理之玄微,玄者,懸也。其理虚懸無所不冒,而不可以物求之也。微者,無方所,無形相,所謂神也。故名言困於表示。云困,則不止於難也。名言緣表物而興,字之本義,都是表示實物的,雖引申而爲極抽象之詞,總表示一種境象。今以表物之言,而求表超物之理,總相的理,是玄微的,是超物的。往往説似一物,兼懼聞者以滯物之情,滋生謬解。故玄學家言,特資方便,常有假於遮詮,此中奧隱曲折,誠有非一般人所可喻者。古今爲玄言者衆矣,其極遮詮之妙者,宜莫如釋氏,而空宗尤善巧。唯其見理洞徹,故其立辭無礙也。獨至有宗,始漸違遮詮之方式,而主於即用顯體,此其失不在小,吾今兹不能不略辨之。蓋云即用顯體者,固謂用亦實法,但不離體,乃即用而體顯。不知體上固無可建立,又安可於用上建立乎?設計用爲實法而可建立者,則用已與體對,談用何足顯體?有宗自無着肇興,談用猶以分析,如瑜伽論及辯中邊、雜集等論,其談蘊處界等法,皆屬談用,然只是分析而談,原與建立有異。至於世親,始立識爲能變,以之統攝諸法。下逮護法、窺基,衍世親之緒而大之,乃於能變因體加詳。能變因體即謂種子。要之,皆於用上建立,世親以一切法攝歸於識,而尊識爲能變。其所謂能變法者,即對不變之真如而名用。世親既立識以統攝諸法,便是於用上建立爲實有也。護基兩師,於種子義發揮加詳,蓋以識名現行,是乃有而非無,而種子則爲現行識所從生之因，亦卽爲現行識之體，是固明謂用有自體矣。此亦於用上建立，實根據世親之思想而衍之者也。　而不悟其有將體用截成兩片之失，世親等所謂現行識與其種子，是生滅法，是能變法，是用，而眞如是不生滅法，是不變法，是體，固明將體用打作兩片看。如何可言卽用顯體。既於用上建立，便把用說成實在了，從何顯得體來？故有宗之學，至護基而遂大，亦至護基而益差。差者，差失。竊謂，體不可以言說顯，而又不得不以言說顯，則亦毋妨於無可建立處而假有施設，卽於非名言安立處而強設名言。蓋乃假名以彰體，體不可名，而假爲之名以彰之。下章恆轉功能諸名，所由施設。稱體而用已賅。一稱夫體，而用卽賅備，豈其頑空可以名體哉？用之爲言，卽言乎體之流行，狀夫體之發現。發現非有物也，流行非有住也，故不可於用上有所建立，以所言用者，本無實法故。此中義趣，須細玩轉變章，始可得之。是故，權衡空有，監觀得失，豈其妄托知言，聊且自明微悟。因論緣生之爲遮詮，而縱言及此。

　　綜前所說，首遮境執，明色法之非外；此中色者，猶言物質，與眼識所取顏色之色，其涵義廣狹迥異。他處準知。　次除識執，明心法之無實。執緣境之心以爲實在，而不知其爲緣生如幻，世俗之大惑也。然色非外，而胡以復名爲色？如前所言，既不許有客觀存在的色界，則其所謂不離識之色者，根本不是色法。而胡爲復以色名之耶？心無實，而何乃復字以心？心非實有，則所云心者，但假名耳。然由何義而立此假名？俗之所許，眞豈無依，色法心法，皆世俗所許有者。然俗所共許，亦或有眞理爲所依托，否則不應憑空而許有色心萬象。　故次詳於轉變。

　　〔轉變〕蓋聞諸行閴其無物，行者，幻相遷流義，此作名詞用。色法心法，總稱諸行。滯迹者則見以爲有實，以爲有實物也。達理者姑且假說轉變。轉變一詞，見成唯識論述記。言轉變者，取複詞便稱耳，實則但舉一變字可也。然吾談變義，本不據前師，學者勿執舊說相會。夫動而不可禦，詭而不可測者，其唯變乎！此言動者，非俗所謂動，俗以物之移轉爲動，此則以忽然幻現爲動，非有實物

由此轉至彼處。誰爲能變？故設初問。如何是變？故設次問。變不從恆常
起，恆常非是能變故；觀夫萬變不窮，知非離此而別有恆常之體。古代梵天神我
諸計，要皆爲戲論。變不從空無生，空無莫爲能變故。無始時來，已刹那刹那
變而未有休歇。過去之變，無留迹也，故假說空無，豈復離此變而別有空無之一境爲變
之所從出哉？爰有大物，其名恆轉，大物者，非果有物，假名耳。如中庸所謂其
爲物不貳之物，亦假名也。恆言非斷，轉表非常，非斷非常，卽刹那刹那舍其故而創新
不已，此生理之至祕也。淵兮無待，無有因故。湛兮無先，非本無而後有，故云
無先，有先則是本無。處卑而不宰，卑者，狀其幽隱而無形相，非高卑之卑；不宰者，
以徧爲萬物實體，非超物而存，故不同神我梵天等邪計。守靜而弗衰，靜者，湛寂義；
弗衰者，非頑空故。此則爲能變者哉。能變者，狀詞，卽勉指轉變不息之實體
而强形容之以爲能耳，故未有所變與之爲對。宇宙元來只此新新無竭之變，何曾有，
所變物可得哉？答初問訖。變復云何？牒前次問。一翕一闢之謂變。兩一字
顯動力之殊勢耳，非謂翕闢各有自體，亦不可說先之以翕而後之以闢也。　原夫恆轉
之動也，相續不已。此言動者，變之別名耳。前一動方滅，後一動卽生，如電之一
閃一閃無有斷絕，是名相續，非以前動延至後時名相續也。動而不已者，元非浮
游無據，故恆攝聚。恆字吃緊。惟恆攝聚，乃不期而幻成無量動點，勢
若凝固，名之爲翕。俗不了動點，故執有實極微，或原子電子耳。凝固者，言其趣
勢有如此，而非果成凝固之質也。翕則疑於動而乖其本也。恆轉者，雖有而非
物，翕則勢若凝固而將成乎物矣。故知翕者，恆轉動而將失其自性也。　然俱時由翕
故，俱時者，謂與翕同時。常有力焉，健以自勝，而不肯化於翕，以恆轉畢
竟常如其性故。唯然，故知其有似主宰用，本無作意，因置似言。乃以
運乎翕之中而顯其至健，有戰勝之象焉。卽此運乎翕之中而顯其
至健者，名之爲闢。一翕一闢，若將故反之而以成乎變也。答次問訖。
夫翕，凝而近質，依此假說色法；夫闢，健而至神，依此假說心法。
以故色無實事，心無實事，只有此變。事者體義，色法心法，都無實自體故。
　　　〔附識〕翕闢理趣，深遠難言，茲更出筆札四則，繫之左方。

　　所謂恆轉，從他翕的勢上看，却似不守自性了，易言之，卽似物質化了。唯物論者所以錯認實體是物質的。同時，從他闢的勢上看，他確是順着他底自性流行，畢竟不曾物質化。那翕的勢，好似他要故意如此，以便顯出他唯一底闢的勢，不如此，便散漫無從表現了。說闢爲心，說翕爲色。色者，卽身軀與所接屬之萬物是也。若無這身和物，從何見得心來？由此便可理會翕闢之故。

　　漢儒談易，曰陽動而進，陰動而退。夫陽爲神爲心，陰爲質爲色，詳彼所云，則動而進者心也，動而退者色也。宋明諸師，言升降、上下、屈伸等者，義亦同符。今云翕闢，與進退義復相印證。翕則若將不守自性，而至於物化，此退義也；闢則恆不失其健行之自性，化無留迹而恆創，德以常新而可貞，故能轉物而不化於物，此進義也。

　　說翕爲色，說闢爲心。心主乎身，交乎物感，而不至爲形役以徇物，所謂闢以運翕，而不化於翕也。是則，翕唯從闢，色唯從心，翕闢畢竟無異勢，卽色心畢竟非二法。

　　造化之幾，不攝聚，則不至於翕；不翕，亦無以見闢，故攝聚者坤道也。坤道以順爲正，終以順其健行之本性也。夫本體上不容着纖毫之力，然而學者必有收攝保聚一段工夫，方得覿體承當，否則無由見體。故學者工夫，亦法坤也。

大哉變乎！頓起頓滅，曾無少法，可容暫住。言無些少實法可暫住也，無少云者，顯其全無。阿含經言：佛語諸比丘，諸行如幻，是壞滅法，是暫時法，此言暫時者，對執常住者而言之耳。實則亦無暫時可說，以不容於此起時分想故。剎那不住。此云剎那不住，故知上言暫時法者，非果許有暫時法也。今人羅素以暫時的爲真實，猶是計執耳。此義確爾不虛，俗情顧莫之省，尋檢義據，聊與徵明。一者，諸行相續流名起，若非纔生無間卽滅者，應無諸行相續流。相續流者，前滅後生而無斷絕之謂。相續流故，名之爲起，起者生義。

纔生即滅，不容稍住，故説無間。前不滅則後不生，故諸行若非纔生即滅者，便無相續流。若汝言，物有暫時住，次時則先者滅，後者起，故可名相續者。此亦不然，由暫住時，後起無故。自下數義，依據莊嚴經論而引申之。

二者，若汝言，諸行起已，得有住者，爲諸行自住，爲因他住？若諸行自住，何故不能恆住？若許諸行得自住者，則彼應常住不壞也。若因他住，非離諸行別有作者可説爲他，誰爲住因？二俱不爾。自住，因他二説俱不然也。故纔生即滅義成既不容住，故知纔生即滅。

三者，若汝執，住因雖無，壞因未至，是故得住。壞因若至，後時即滅，有如火變黑鐵者。後時者，對其先之暫住未滅時而言耳。此言變者，變壞義，喻意云，火爲鐵上黑相壞滅之因，此壞因未至，則黑相暫住，壞因若至，黑相便滅。世俗謂凡法之滅，必待於因，若未逢滅因，即得暫住也。此復不然，壞因畢竟無有體故，壞因無體者，易言之，即無壞因之謂耳。滅不待因，吾於前章談增上緣中已言之矣。火變鐵譬，我無此理。鐵與火合，黑相似滅，赤相似起，黑相滅時，即是赤相起時。能牽赤相似起，是火功用，實非以火壞鐵黑相。俗以火爲黑相之壞因，實乃大誤。黑相之滅，只是法爾自滅，非待火壞滅之也。唯火之起也，則赤相與之俱起，由此，説火有牽起赤相之功用可也，説火爲黑相之壞因，則不可也。又如煎水至極少位，後水不生，亦非火合，水方無體。水相之滅也只自滅耳，豈由火相滅之哉？由此，纔生即滅，義極決定，以滅不待因故。

四者，若汝言，若物纔生即滅，即是刹那刹那滅，便已墮邊見者。邊者偏執偏執滅故。不然，應知刹那刹那滅，實即刹那刹那生。一方説爲滅滅不停，一方説爲生生不息，理實如是，難可窮詰。

五者，若汝言，若物刹那刹那新生者，云何於中作舊物解？應鋭由相似隨轉，如前刹那法，纔生即滅，次刹那有似前法生起，亦即此刹那便滅，第三刹那以下，皆應準知。故刹那刹那，生滅不已，名爲相似隨轉。得作是知。由後起似前故，得起舊物之知。譬如燈燄，相似起故，起舊燄知，而實差別，實則前燄後燄，有差別也。前體無故。後燄起時，前燄之體已滅無故。若汝言，縱許燈燄念念滅，豈不現見燈炷如是住耶？應知汝見非見，汝所謂現見燈炷如是住者，實是忘識顛倒分別，固非現見也。由炷相續，剎那剎那，有壞有起，汝不如實知故。忽其剎那生滅相續之實，乃見爲住而不滅，卽不如實而知也。若汝言，諸行剎那如燈燄者，世人何故不知？應說諸行是顛倒物故，本無實色及實心法，而世人於此橫生計執，故說諸行是顛倒物也。相續剎那隨轉，此不可知，此理本不可以凡情推度而知。而實別別起。世人謂是前物，生顛倒知。

六者，若汝言，物之初起，非卽變異者？不然，內外法體，後邊不可得故。內法者，心法之異名；外法者，色法之異名。本無內外，但隨俗假說之耳凡法若得住而不滅者，應有後邊可得，今我此心，念念生滅，既無初端可尋，亦無後邊可得。色法亦然，析物至極微，更析之，則無所有，唯是相續不斷之變而已，何有後邊？由初起卽變，漸至明了。譬如乳至酪位，酪相方顯，而變相微細，難可了知，相似隨轉，謂是前物，以故纔生卽滅義得成。由乳位至酪位，非可一蹴而至也，中間經過無量剎那生滅和似隨轉，唯是相似之程度，則剎那剎那隨其俱起相依之諸法如熱如空氣等，逐漸微異。蓋凡後一剎那與其前一剎那，無有全肖者，至於酪位，則由多剎那微異之遞積，而其異相乃特著矣。世俗於此不察，以爲乳之初起便住不滅，後時成酪，乳相方滅。不知酪位以前之乳，已經無量生滅，原非一物，特由相似程度未驟形其懸殊，故猶謂是前物耳。

七者，若汝言，諸行往餘處名去，故知得住者。此言去者，猶俗所謂動也。凡物由此處轉至彼處，是名爲去，以有去故，知非纔生卽滅。若生已不住，依誰說去？世俗皆爲此計。不然，汝執諸行爲實物，能由此處轉至彼處，故名爲去。此言轉者，搬移義，非轉變之轉。此則以日常習用械器之見，推論法爾道理，迷離顛倒，抑何足談！如我所說，諸行唯是剎那剎那，生滅滅生，幻相宛然，無間相續，恆無間斷而相續也。假說名去，而實無去。由生滅無間相續故，假說多去，非有實物住而不滅，歷先後時，從此處轉至彼處也。故實無去。故汝言住，取證不成。

〔附識〕此言無去者，卽無動之謂，然不可以傅於世間哲學家積動成靜之說。彼執有實物，亦執有實時方，時者時間，方者空間，以爲物先時靜住於甲方，後時由甲轉至乙方，卽靜住於乙方，積先後之動，而實皆靜住，便不得謂之爲動，故飛箭雖行，其實不行也。此則展轉堅執，執時，執方，執有靜住之物，鑿執一團，不可救藥。難以語於無方無體之變矣！ 方者方所，體者形體，無方無體，猶言無實物也。吾宗方量既空，本無實方，俟詳量論。時量亦幻，吾宗所言刹那，非世俗時間義，亦詳量論。念念生滅，此云念者，非常途所謂之念，乃依生滅不斷，而假說每一生滅爲一念頃。實則生滅滅生，不可劃分間隙， 卽念念之間，無有間隙，不可以世俗時間觀念應用於此處也。何物動移？何物靜住？纔生卽滅，未有物也，依誰說動？依誰說住？凡計有動有住者，皆由妄執有時方及有實物故耳。 此所以迥異世間一切之見，學者必會吾說之全超然神解，方莫逆於斯耳。

八者，諸行必漸大圓滿。如心力由劣而勝，官品由簡而繁，皆漸大圓滿之象。若初起卽住不滅者，則一受其成形而無變，如何得有漸大圓滿？若汝言，不捨故而足創新，故積累以到今，今拓展而趨來，如轉雪球，益轉益大者。來者未來。此復不然，汝計有積留，卽已執物，豈足窺變？變者運而無所積，此言運者，遷流義、幻現義。有積則是死物，死物便無漸大圓滿。是故，應如我說，諸行不住，刹那刹那，脫故創新，變化密移，馴至殊勝。殊勝者，卽漸大圓滿之謂。

九者，若汝計執，諸行爲常爲斷，世俗之見，恆出入常斷二邊，如一木也。今昔恆見，則計爲常，忽焉覩其爐滅，遂又計爲斷。皆有大過。應知諸行纔生卽滅，念念盡，故非常，盡者滅盡。新新生，故非斷。一刹那頃，大地平沉，卽此刹那，山河盡異。此理平常；非同語怪。莊子大宗師云：夫藏舟於壑，藏山於澤，人謂之固矣，然而夜半有力者負之而走，昧者不知也。郭子玄釋之曰：夫無力之力，莫大於變化者也。故乃揭天地以趨新，負山嶽以舍故。故不暫停，忽已涉新，則天地萬物無時而不移也。世皆新矣，而目以爲故；舟日易矣，而視之若舊；山日更矣，而視之若前。今交一臂而失之，皆在冥中去矣。故向者之我，非復今我也。我與今俱往，豈常守故哉！而世莫之覺，謂今之所遇，可係而在，豈不昧哉！子玄斯解，泝達神旨，故不暫停一語，正吾宗所謂纔生即滅。大法東來，玄學先導，信非偶然已。

綜前所説，則知諸行儵忽生滅，等若空華，不可把捉。世俗執有實色實心，茲成戲論。遠西唯心論者執有實心，唯物論者執有實色。原夫色心諸行，都無自體。談其實性，乃云恆轉。色法者，恆轉之動而翕也；心法者，恆轉之動而闢也。翕闢本動勢之殊詭，蓋即變之不測，故乃生滅宛然，雖爾如幻，而實不空。奇哉奇哉！如是如是變。翕闢，皆動勢也。不一之謂殊詭，宛然者，幻現貌。吾舊著論，嘗以三義明變，略曰：一者非動義。此俗所謂之動，與吾所云變動之動異訓。世俗之言變也以動，動者，物由此方通過餘方，良由俗諦，起是妄執。變未始有物，即無方分可以斠畫，猶如吾手，轉趣前方，轉者轉移，趣者趣往，皆俗動義。實則只有刹那刹那，別別頓轉，無間似續，恆無間斷，相似相續。假説手轉，而無實手由此趣前。本無有實在之手，由此方以趣往前方也。云何神變，輒作動解？變本至神不測，何可作動想？中庸曰：不動而變，可謂深達奧奧。此當是晚周諸儒語，非漢人所能傅益。又，近人柏格森之言動也，以爲是乃渾一而不可分。世俗於動所經過方分，可以劃割，遂計此動亦可劃割，是其謬也云云。拍氏此論，不許雜劃割方分之想以言動，幾近於吾宗之談變，而異乎世俗之所謂動矣。然但言動爲渾一不可分，而不言刹那刹那生滅相續，則是動體能由前刹那轉至後刹那，此猶未免執物與計常之見耳，豈可附於吾説哉！此非只豪釐之差也。

二者活義。活之爲言，但遮頑空，不表有物，説是一物即不中。蓋略言之，無作者義是活義，作者猶云造物主。外道有計大梵天爲作者，有計神我爲作者，吾宗皆不許有。若有作者，當分染淨。若是其淨，不可作染，若是其染，不可作淨，染淨不俱，云何世間有二法可説？又，有作者，爲常無常？若是無常，不名作者，若是其常，常卽無作。又，若立作者成就諸法，卽此作者還待成就，展轉相待，過便無窮？又，凡作者，更須作具，倘有常模，便無妙用。反復推徵，作者義不得成。由此，變無適主，故活義成。幻有義是活義。雖無作者，而有功能，功能者，體是虛僞，猶如雲氣，功能者，無有實物可得，故以虛僞形容之耳。若自其清淨絕待，徧爲萬物實體而言，又當説爲真實。從言異路，義匪一端。　閴然流動，亦若風輪。此言流動者，幻現義，遷流不息義，然非實物，故云閴然。閴然者，無物之貌。雲峯幻似，刹那移形，唯活能爾，頓起頓滅；風力廣大，蕩海排山，唯活能爾，有大勢力。此中幻有，非與實有爲對待之詞。不固定故不可把捉故，説之爲幻。此幻字，不含勝義，亦不含劣義，學者切須如分而解。其實義是活義。大哉功能！徧爲萬物實體，極言其燦著，一華一法界，一葉一如來。法界，實體之異名。如來，本佛號之一，此則以目實體。　帝網重重，無非清淨本然，卽覿目而皆真實，非天下之至活，孰能與於此！帝網重重，以喻世界森羅萬象。　圓滿義是活義。洪變唯能，能者功能。　圓神不滯，秋毫待之成體，以莫不各足。無有一物得遺功能以成體者，雖秋毫且然，況其他乎！秋毫舉體卽功能，則秋毫非不足，他物可知已。蓋泯一切物相，而尅指其體，則同卽一大功能，而無不足也。宇宙無偏而不全之化理，王船山云：大化周流，如藥丸然，隨拋一丸，味味具足。此已有窺於圓滿之義。驗之生物，有戕其一部，其肢體仍得長育完具者，良有以爾。吾人思想所及，又無往不呈全體。吾人於一刹那頃，思想及於某種事理，在表面上若僅有某種意義，而不及全宇宙，實則此刹那之思想中，已是全宇宙呈顯，特於某種意義較明切耳。故乃於一字中持一切義，如一人字，必含一切人及一切非人，否則此字不立。故言人字時，卽已攝持全宇宙而表之，不能析爲斷片，謂此唯是此而無有彼也。若真可析，則非圓滿；以不可析故，圓滿義成。於一名中表一切義，準上可解。短復攝億劫於刹那，劫者，時也。涵無量於微點，都無虧欠，焉可溝分？了此活機，善息分別。交徧義是活義。神變莫測，物萬不齊，不齊而齊，以各如其所如，因説萬法皆如，彼此俱得，封畛奚施？太山與毫毛，厲與西施，其順變化之途，而各適己事，自得均也。區小大、別好醜，皆情計之妄耳，豈可與測變化之廣大哉。極物之繁，同處各徧，非如多馬，一處不容，乃若衆燈，交光相網。張人之宇宙，李人之宇宙，同在一處，各各徧滿，而不相礙。故我汝不一而非異，不一者，我之宇宙，汝不得入，汝之宇宙，我亦不得入，如我與汝羣盜，同在北京，實則我也，汝羣盜也，乃人人各一北京。我之北京，寂曠虛寧，羣盜不可入也；羣盜之北京，喧惱逼熱，我亦不可入也。非異者，我之北京，羣盜之北京，乃同處各徧而不相障也。高下遺蹤而咸適，唯活則然。世說大鵬高止乎天池，小鳥下搶楡枋之間，此徒自蹤以判高下耳。苟遺蹤而得理，則無高無下，固均於自適也。無盡義是活義。大用不匱，法爾萬殊，衆生無量，世界無量。一切不突爾而有，一切不突爾而無。是故諸有生物，終古任運，不知其盡。此就一切物之實體而言，斯非突有，亦不突無，故説無盡。如上略説活義粗罄。

　　三者不可思議義。此云不可，本遮遣之語，既非不能，又異不必。將明不可之由，必先了知思議相。思者心行相，議者言説相。心行者，心之所游履曰行；言説者，謂心之取像，如計此是青非非青等，斯卽言説相。此是染慧，卽意識取物之見。染慧謂俗智有雜染故，故當於世所謂理智。取物之取，猶執也。意識發起思議，必有構畫，若分析物件然，是謂執物。蓋在居常生養之需，意識思議所及，無往而不執物，所以爲染慧也。夫以取物之見，遂而推論無方之變，無方者，變未始有物，卽無方所。則恣爲戲論，顛倒滋甚。故不可思議之云，直以理之極至，非思議所可相應。易言之，卽須超出染慧範圍，唯由明解，可以理會云爾。明解卽無礙也，詳心所中。諸有不了變義是不可思議者，或計運轉若機械，或規大用有鵠的，此則邀變之輪廓而執爲物，邀者，有意期之也。變本無物，卽無輪廓，然以生滅相似隨轉，故幻似輪廓焉。愚者邀而執之以爲有物也。故回溯曾物，過去名曾。宛如機械重疊，逆臆來物，來者未來。儗若鵠的預定。自宇宙化理言之，固無所謂鵠的，法爾任運，無作意故。若就人生或生物以言，則其奮進於不測之長途中，仍隱或有要求美滿之趨向，可說爲鵠的。蓋鵠的者，卽其奮進所由耳。 斯乃以物觀變而變死，皆逞思議之過也。於所不可用處而用之，故曰逞。

〔附識〕此章爲全篇主腦，前後諸章，皆發明之。而吾與護法立說根本歧異，亦於此畢見。學者於護法學，或未疏討，卽不足以知吾說所由異者，故粗陳護公義恉，以資參校。護公建立八識，識亦名心也，彼以爲心者，蓋卽許多獨立體之組合耳。易言之，宇宙者，卽許多分子之積聚耳。又各分心所，心所者，心上所有之法。八識各各有相應之心所，此諸心所，亦各成獨立之體。而於每一心、每一心所，皆析以三分。護法談量，雖立四分，然其談變，仍用陳那三分義，故此但說三分。三分者，一相分、二見分、三自證分。試取耳識爲例: 聲，相分也；了聲之了，見分也；相見必有所依之體，是爲自證分。每一心，由相等三分合成，每一心所，亦由相等三分合成。唯是一切心、心所，通名現行。現行者，略釋之，則以相狀顯現故名。此得爲分名，亦得爲總名。分名者，隨一心、心所，得名現行是也；總名者，通一切心、心所，各各相等三分，森羅萬象，得總說爲現行界，略當於俗所謂現象界也。現行不無因而生，故復建立種子爲其因，每一現行心法，有自種子爲因，每一現行心所法，亦有自種子爲因。現行既有差別，現行八聚心心所，體相各別故。種子足徵萬殊。輕意菩薩意業論云: 無量諸種子，其數如雨滴，見瑜伽論記卷五十一第七頁。是也。種現既分，彼計種現各有自體。故其談變也，亦析爲二種。卽以種子爲因能變，由種子爲因，生起現行故。現體爲果能變，現體者通目一切心心所之自證分，此對因法種子而得果名也。果能變者，謂諸自證分各各能變現相見二分故。 此其大略也。成唯識論述記卷十二第十至十五頁，說因果二種能變，其卷二第十八至廿二頁，說識體變二分，同卷十二之果能變。迹護公立因果變，乃若剖析靜物，實於變義無所窺見。彼於因變中，則以種爲能變，現爲所變；於果變中，則以現體爲能變， 相見二分爲所變。總之，能所各別，猶若取已成之物從而析爲斷片者然，是何足以明變也哉!

彼唯用分析之術，乃不能不陷於有所謂已成之斷片相狀，而無以明無方之變，其操術固然。嘗謂護公持論，條理繁密，人髮魚網，猶不足方物。審其分析排比，分析者，如八識也、五十一心所也、三分也，皆析爲各各獨立之體，此一例也。餘義亦皆析如牛毛。排比者，如三分説，本爲量論上之問題，而護法則以主張一切心心所各各獨立之故，勢不得不排比整齊於是謂八識五十一心所，各各爲相見自證三分，此一例也。自餘法數，亦務爲穿鑿排比。鈎心鬥角，可謂極思議之能事。治其説者，非茫無頭緒，卽玩弄於紛繁之名相，而莫控維綱，縱深入其阻，又不易破陣而遊。斯學東來，未久遂墜，有以也夫！

（選自<u>浙江圖書館</u><u>中華民國</u>廿一年(1932年)刊行<u>新唯識論</u>初版本）

破破新唯識論

近由友人見示某君<u>破新唯識論</u>一册，署<u>内學</u>第六輯之一。其目曰：徵宗、破計、釋難。破計又分甲至辛八子目。偶爲檢視，覺其於吾書完全不求了解，橫施斥破。病榻無聊，因取彼文略爲酬正，名曰<u>破破新唯識論</u>。仍準彼目，曰：破徵宗、破破計、破釋難。<u>客</u>曰：宇宙至大，狂蜂有息，微蟻有聲。何況於人，焉得一一喻以吾意？余曰：子之言達已，而疑於玩世。<u>孟氏</u>有言：“予豈好辨哉！予不得已也”。此不得已之心，是何心歟？此不得已之辨，是何辨歟？以不得已之心，行不得已之辨，不容加上一毫作意，是則吾之所以自省。雖然，不得已之心，無窮也；不得已之辨，則亦有時而窮。挾勝心而不反，無知而難以理喻者，又惡從辨之哉？故<u>如來</u>有所不記猶言不答，<u>尼父</u>亦曰：“吾末如何！”

破　徵　宗

初閱**徵宗**之目，方冀於吾立論宗恉有所賜正。言有宗，事有君，無君不成乎事，無宗不成乎言，固也。不求其是，不體其真，入主出奴，以爲宗君。如是而事，無乃債事；如是而言，無乃妄也，吾於此凜之久矣。故破者徵宗，果中吾失，不憚馨香，以承雅命。乃閱破文，竟於吾書綱領旨趣全無所觸，遑論是非？而徒尋章摘句，揀取枝節，不深維義理得失，輕肆詆諆，此何與於徵宗事耶？審破者所陳辭義，本不須駁，然愍其迷執，仍復相酬。

一，來破云：熊君自當以諸佛爲宗矣。然三性之説，佛口覬宣，諸經備載。今談三性，則存善惡而廢無記，任情取捨，云云。須知説到本性，善不可名，惡亦奚立。然本性難以善名，却無妨説之爲善，經云清淨，亦卽善義。唯斷斷乎不可説爲惡耳。此須將佛家經論字字反之身心，辛辛苦苦做過一番工夫，方見自性清淨。願勿在名詞中作活計，以自誤畢生也。至佛家所云三性之性字，與吾上言本性之性字，原不同義。本性之性，卽謂本體。此三性之性字，可訓爲德性，乃言乎吾人習心所具之德性。此須詳玩吾書**功能**、**明心**兩章。德者得也，言此法之所以得成爲此法也。如云惻隱之心，卽此心以具如是善性而得成爲此一念善心法。如云貪心，卽此心以具如是惡性而得成爲此一念染心法。凡經論言三性者，皆就習心言，無有於本性上説善惡無記之三者。如不了此義，而自稱佛家正統，終是傍佛。此甚可懼也。吾所異夫舊説者，唯不許有無記耳。蓋非善非惡，方名無記。記者記別，於善惡兩無可記別，只是非善非惡，故名無記。吾意此或諸佛菩薩順俗之談，未爲了義。須知習心動處，不善卽惡，未有善惡兩非之境。曾滌生言："不爲聖賢，便爲禽獸。"此蓋本之**孟子**。**孟子**曰："庶民去之，君子存之。"如此之意，庶民去此幾希，卽是禽獸，實無有介於聖賢禽獸之間者。

不善卽惡，勢無中立，所謂道二，仁與不仁而已。<u>孟子</u>於人生，參透深切，自非真志乎爲己之學者，何足以語此。又，吾幼讀<u>孟子</u>，至<u>雞鳴而起</u>章，嘗發問曰：雞鳴而起，不孳孳爲利，亦不孳孳爲善者，其得爲<u>舜</u>之徒歟？若不許爲<u>舜</u>之徒，而又不許爲<u>蹠</u>之徒，則是有舜蹠中間之一流。此於世俗雖復可云，若衡諸真理，則凡不<u>舜</u>者，卽皆<u>蹠</u>之徒也。特其爲<u>蹠</u>之程度較低淺，而非與<u>蹠</u>爲性質之異也。故夫吾人念念之間，不善卽惡，未有中立之境。此理須於自身求之，宗佛與否，吾何問哉？設令諸佛現世，吾以此理求證，又安見其不蒙印可哉」

　　二、來破云：四智之說，佛所證得。今熊君挾私逞妄，於淨位中不許有四。吾請破者深心思維，智義云何，而可橫分爲四耶？大乘諸經雖言四智，讀者切須蕩滌胸懷，於言外會意。如彼長者，當明月夜，呼諸童穉，以指指月，令共觀玩。其聰慧者，不滯於指，故乃指外得月；其愚癡者，凝視指端，竟不觀月。凡夫讀經，執着名言，何異癡童指端困縛？須知經所言智，卽汝本心。此心至明，發之於五官取境，不蒙昧、不倒妄，名成所作智；發之於意識思維，於一切法，稱實而知，如理如量，名妙觀察智；不妄計我我所故，名平等性智；遠離無始戲論、言說習氣故，名大圓鏡智。大論說賴耶，卽是無始戲論、言說習氣。此所云戲論言說，含義甚深。別詳語錄。如是言四，但依義理分際，差別立名，而智體實非有四。如許有四，卽汝本心亦是分子集聚而成，寧非戲論？<u>世親</u>、<u>護法</u>諸師，於染位中妄分八識爲各各獨立之體，故於淨位亦析智成四。其立說系統雖復井然，而違真害理，則無可爲諱。難言哉智也」須做過鞭辟近裏切己工夫，自明自了，斷非守文之徒，依名辭訓釋可以相應。

　　三、來破云：業報不虛，佛所建立，今謂業力不隨形盡，理亦或然。或之云者，猶豫之詞。然則，<u>熊</u>君此語，在己實無定解。以此未能自信之説，立論詔人，寧非巨謬？今應詰問，吾書是否專爲業報立論？既全昧吾書論旨，而謂吾以此未能自信之説，立論詔人，是誰巨謬？夫業力不壞之義，吾固經幾度疑情，然最後則自信我願無盡、吾生無盡。但此理終存於信念上，而理論上則無法證成，以取必於人之共信，故寧或之，以冀人之自行起信而已。自問真實坦白，不作欺人之談。今請詰難我者，反躬自詰，其果於人生曾發深省歟？其果能篤信業報歟？即其言而瞀其心之所存，是如何根器，不必能瞞得過明眼人也。宣聖曰："吾誰欺？欺天乎！"

四、來破云：佛説積集名心，深密經中具有明文，而熊君任臆斥破，另加詮解。此但當問吾斥破爲有理否，另加詮解爲有理否。佛説在當年原是隨機，吾儕生於佛滅後數千年，由經文而會其妙義之存可也，若必字字曲與執着，則乃前喻所謂癡童觀指不觀月也。

五、來破云：熊君又云：昔者印人言世界緣起，約有二説：一轉變説，如數論是；二集聚説，如勝論是。學者參稽二説，而觀物以會其理焉可也。是則，熊君所謂創作，不過參稽二説；所謂實證，無非觀物會理。破者此段文字，蓋深可悼惜，而不足怪責也。破者此處所引，是吾書成色章文，此正説明器界。吾人於器界，如何不要觀物會理？即以佛説，後得智緣諸事境，一切如量，又豈不觀物會理耶！但此觀物會理，在世俗亦説名實證，然與佛家正智緣如之實證，特名詞之通用，而義解則絶不相侔。吾書中言實證者，絶不曾有絲毫朦混，姑就明宗章引一段爲證。明宗章曰："今造此論，爲欲悟諸究玄學者，令知實體非是離自心外在境界，及非知識所行境界，唯是反求實證相應故。"此下文繁，不具引。明宗章字字有來歷，含蓄深廣，破者掉以輕心，却是自絶於真理之門。凡吾書言實證處，破者須虛懷玩索，不必妄發議論。至若截取一節文字中參稽二説之語，以詆全書，尤屬無謂，稍讀書知學問者，何至作是語？且成色章動點之説甚有理據，願破者勿隨便置之。

六、來破云：熊君書中雜引易老莊、宋明諸儒之語，雖未顯標爲宗，迹其義趣，於彼尤近。蓋雜取中土儒道兩家之義，又旁採印度外道之談，懸揣佛法，臆當亦爾。遂摭拾唯識師義，用莊嚴其説，自如鑿枘之不相入。云云。夫取精用弘，學問斯貴，博覽徧觀，唯虞孤陋。吾友馬湛翁與人書曰：“恥爲一往之談，貴通天下之志。”此言若近，而有遠恉，融攝諸家，詎爲吾病。前過漢上，曾遇人言，佛家與此土諸宗，理當辨異，毋取融通。余曰：自昔有三教融通之談，吾亦唾之夙矣。其所謂融通，非融通也，直拉雜耳、比附耳。習比附者，絕望於懸解；喜拉雜者，長陷於横通。今古學人，免此者寡。如斯之流，公所弗尚，吾何取焉。若乃上智曠觀，百家之慮，雖各有條例，各成系統，而如其分理，不齊斯齊，會其玄極，同於大通。故乃涵萬象而爲宰，偏徵羣慮，而自有宗主，否則與拉雜、比附何異？　鼓鴻鑪而造化。所以異乎拉雜、比附者，爲其融會貫穿，新有所創，成爲化學的變化故也。同歸儘自殊塗，百慮何妨一致？斯固小知之所駭怪，一察之所不喻，宜其等華梵於天淵，比内外於矛盾。道隱小成，明窮户牖，其所患豈淺耶！昔羅什東來，覩遠論而嘆與經合，見肇文而欣其解符。此皆三玄之緒也，而什不以爲異，何哉？遠公著法性論，什覽而歎曰：“邊國人未有經，便闇與理合，豈不妙哉！”肇公四論，什見之曰：“吾解不謝子，文當相揖耳”。遠、肇兩師之學，其根柢只是三玄，什未嘗以爲異也。　夫學必析異以盡其偏曲，必一貫以覩其大純，知異而不知同，非所以爲學也。吾説未竟，而彼人欣然會心，故知世無宗匠，士溺近習，脱聞勝論，忍礙通塗。往者大乘諸師，蓋嘗融攝外教，道益恢宏；小師龂龂，猶不承大乘經爲佛説，然印以無我，彼亦息靜。今本論亦不違無我，如何臆斷，罪以乖宗，至疑本論托名唯識，假以莊嚴。如斯鄙淺，不獨未窺是書義蘊，適自表曝其爲學無誠。且本論初稿，實宗護法，講授北庠，聞者猶在。尋知護過，追及<u>世親</u>，救彼支離，始成新論。義既遠離唯物，悟亦上符般若。本論立翕闢成變之義，顯無實物、無實宇宙，即是般若照見五蘊皆空義。爰簡舊師，曰新唯識。舊師謂<u>世親</u>等。　製作既有原由，錫名應從事實，假用莊嚴，復成何說？

　　破者所舉各項，上來既一一答破。查破者首段文字既以徵宗爲目，而佛家宗悟云何，破者竟未標明，佛家派別紛繁，要自有公同之宗悟。則其詆吾以乖宗者，爲乖何如之宗？且吾書綱領旨趣如何，破者又未有見，但任意截取若干節目與古師不同者，斷爲乖宗。若爾，則佛家大小乘派別紛歧，不可紀極，其互相乖違之處，真不止千節萬目。然則，自佛滅後數千年間，大小宗派，無一而不乖宗者，其將一切不許爲佛家耶？

破　破　計

　　查破計中子目有八，今約爲子丑等項，以答破之。

　　〔子項〕案，來破甲目曰"一元之體"，乙目曰"衆生同源"，丙目曰"宇宙一體"，今併入子項而論之。竅破者此中議論，竟於吾書字句不能通曉，由其全無哲學的常識，故迷謬至此。吾本不欲說此直話，但欲不說而不忍。昔讀<u>五燈</u>，見宗門大德呵斥昏狂，不稍寬假；<u>奘</u>師拒諸道士之請譯老注，詞甚嚴峻，蓋皆從真實心中流出。人之有失，若己有之，不忍縱容令其藏護，非欲故與人以難堪也。查來破，首引吾書功能章文云：<u>熊君曰</u>：功能者，一切人物之統體，非各別。又曰：即宇宙生生不容已之大流。泊爾至虛，故能孕羣有而不滯；湛然純一，故能極萬變而不測。天得之以成天，地得之以成地，人得之以成人，物得之以成物。芸芸品類，萬有不齊，自光線微分，野馬細塵，乃至含識，壹是皆資始乎功能之一元。而成形凝命，莫不各足，莫不稱事，斯亦謬怪之極哉！　以上破者引吾文，而彼遂於次節施破云: 此乃以萬有爲所成者,功能爲能成者。能卽功能之能,成卽成形凝命之成,天地人物得之以成天地人物之成。今故應難曰: 力案,破者於本文之前引吾轉變章破作者一段文,以其無關,今略未引。若有能成者,當分染淨。若是其淨,不可成染; 若是其染,不可成淨。染淨不俱,云何世間有二法可説? 又,能成者爲常無常? 若是無常,不名成者; 若是其常,常卽無成。云云。此下不具述。據此,則將吾文中天得之以成天等句,竟誤解功能爲能成,天地人物爲所成。如此讀書,似不曾有眼目者,寧非怪事! 吾書此等文句,徵之古代哲學鉅典,其相類者不可勝舉。如韓非子解老云: 天得之以高,地得之以藏,維斗得之以成其威,日月得之以恒其光,五常得之以常其位,列星得之以端其行,四時得之以御其變氣,云云。此類文句,自古無有妄解道爲能成,天地萬物爲所成者。今例以破者之解,必將謂老子之所謂道者,同於宗教家所立能成天地萬物之上帝,此非古今未有之奇談耶? 又如易有太極,是生兩儀,如破者之解,亦必以太極爲能生,兩儀爲所生,豈不冤殺易繫作作? 又如佛地論言,諸經論説,法身,諸佛共有,徧一切法,云云。如破者解,必將以法身爲所有,諸佛爲能有。如兄弟多人共有田宅,而法身遂成諸佛身心以外之境界,便不得説爲實體,卽法身之名亦不得立。如此,豈不冤殺釋尊! 上來略舉數例,足明吾恉,而能成所成之謬解,宜不待博喻而後釋。至破者於丙目"衆生同源"下,復申前項迷謬之説,略云: 今應問熊君,萬物皆資始乎功能之一元,何以天得之但以成天,而不成地與人物? 廣説乃至何以物得之但以成物,而不成天地與人。須知能成所成之邪執既捨,於此自爾無疑,物各如其所如,故説如如。乾道變化,各正性命。乾道變化,各正性命,卽物各如其所如義。此等無上甚深義趣,破者自無從了知。但來破復云: 又彼號稱湛然純一之功能,既成天矣,何以又能成地與人物? 廣説乃至既成物矣,何以又能成天地與人，真所謂莫名其妙者矣｜此個莫名其妙，汝何獨難我？經不云乎，一切法亦如也，至於彌勒亦如也。汝試問釋尊，何故一切法皆如，彌勒亦如，釋尊必將大施一棒，殺汝狗命。狗命二字，正喻妄想，不是罵汝。須知現前如如的道理，用不着妄想推求。下文猶復有難，愈瑣愈迷，毋庸逐答。

破者不曉文句，已如前説，今更言其迷於義恉者。如來破云：首斥世之為玄學者，構畫搏量，虛妄安立，如一元、二元、多元等論，以是馳逐戲論，至於没齒而不知反。今乃謂萬有資始乎一元，是忽不自知甲墮入一元論中而他人是哀也。破者此等攻難，實無理之極。本書明宗章，首明玄學所窮究之本體，元非可看作客觀獨存之境界而尋索之。道在反求實證，故不以哲學家之構畫搏量，虛妄安立為然。其與哲學上一元論之不同，乃根本精神互異。讀者苟虛心詳玩吾書全體意思，甚為彰著。至功能章，顯神用之不測，而説萬有資始乎一元，此即瑜伽説圓成實性譬如無盡大寶藏之意。瑜伽卷七十四，取喻無盡寶藏者，顯神用無窮。彰其無待，假説為一；有待則不足於用矣。明其體物不遺，假説為元。所謂徧為萬法實體，而無有一物得遺之以成其為物者。此即方便顯示總相，何至誤會為與哲學上一元論同其旨趣耶。如徒截取一元二字而為武斷，則經論處處皆明無我，而涅槃四德乃曰常樂我淨。如破者解，此所言我，不亦陷於外道計我之見乎｜且評議人書者，必不可不通其書之大恉。本書以方便顯示本體之流行，但假有施設而實無建立，唯識章末云：竊謂體不可以言説顯，而又不得不以言説顯，則亦無妨於無可建立處而假有施設，即於非名言安立處而强設名言。又曰：體不可名，而假為之名以彰之，下章恆轉、功能諸名，所由施設。此標論趣，所謂空拳誑小兒者是也。見智度論。本體上不容著言説，唯證相應。然為彼來證者引令自證，故假興言説，以資引誘，而言談實無可執也。如持空拳誑引小兒，小兒既被引，空拳元無物。言説則亦空拳耳。至功能章末云：故乃從其熾然不空，强爲擬似，假詮恆轉，令悟遠離常斷，偽説功能，亦顯不屬有無。此則隨説隨掃，所謂不可爲典要者是也。理之極至，超絶言思，强以言表，切忌執滯。故本論實未曾有所建立，而破者妄計同於中世哲學上之一元論，何其無識一至此極」

　　來破又云：三藏十二部經中，固未嘗有以衆生爲同源，宇宙爲一體之説。吾不審破者此語果據何經，而敢爲如此背理之言，非至無慧，亦斷不猖狂至此。夫言乎習氣流轉，則衆生咸其自己，宇宙亦由其自業發現，固也。如君子坦蕩蕩，小人長戚戚，兩人底宇宙全異，由其作業異故。若論到衆生本性，則同此一極如如，焉得妄爲差別。衆生性體既無差別，卽心同今、法同今義成，又安得謂宇宙本來隔截互異哉」如前所説，君子小人宇宙各異，却非其本來如此。小人本來與君子同一坦蕩蕩的宇宙。心同今、法同今，詳見大論及百法論。今者類義，心相類似，曰心同今。否則他人有心，吾不得而忖度也。法相類似，曰法同今，如異洲土壤同是地故，異方品物同是物故。馬湛翁先生新論序曰：睽而知其類，異而知其通，非天下之至精，其孰能與於此。破者不主衆生同源，經説法身，諸佛共有，徧一切法，此作何解？又言：云何自證法，謂諸佛所證，我亦同證，不增不減。唐譯楞伽。如非衆生與諸佛同體，同源卽謂同體。何得成佛有同證事？破者若必以極端個人主義，推之於玄學領域，而謂衆生本源各別，則是本體界元屬衆多分子孤立，爲有數量，爲無數量？若言無者，犯無窮過；若言有者，既有定數，便是死局，而變化之道窮矣。此非以細人之衷測化者歟」須知人生限於形氣，囿於熏習，雖若千差萬別，而其恆性之大同者，終不容泯滅。佛説真如亦名徧行，謂無有一法而不在故。儒先説不爲堯存，不爲桀亡，亦符此恉，性者，萬物之一源，一切人所同具，故不爲堯存，不爲桀亡。言堯桀聖狂雖異，其性則同一。奚謂衆生而不同源？斯理之昭，其可誣哉」

　　來破丙目“宇宙一體”下，設難雖多，而實罕有理論上之價值，純是任臆矯亂，無足酬答。然念破者縛迷，仍爲略辨。查來破云：如熊君宇宙一體之計，推其設義，應無漸次可行大地之理，應下一足至一切處故。此難雖本之二十論，然在今日，理論期於精檢有據，不貴空言詭辨。縱如所云，若境界非一者，應許一微爲一境，或七微所成阿耨色爲一境。若爾，則下足時，即下一足便踏無量境界。云何得有漸次行大地義，是汝所陳，適足自陷。下文數番舉難，過患同前，瑣瑣空談，何須深辨！唯所謂一多皆就分位設施假立，云云。此在俗諦，吾非不許，而吾所謂宇宙一體者，則乃融俗入真，亦得云即俗詮真，現前即是無差別相，何事橫生對礙？此處吃緊。此天地萬物一體之説，與不壞假名而説實相之恉，實相即本體之異語。假名者，凡世語所謂天地萬物，所謂宇宙，所謂現象界，皆假名也。即於現象識得本體，所謂山河大地即是清淨本然。元非離現象而別求本體，故云不壞假名而説實相。並是稱理極談，不必妄分同異於其間也。然破者又否認絕對之一，有既言絕對，即不可謂之爲一之語。此病乃極不細。所謂一真法界之一，破者將作何解耶？智慮短淺，而敢於輕議，竊爲破者惜之。又查來破，復依吾書，檢舉七義以相難。一難交徧義爲一體。據轉變章注文，而難破云：觀此人人各一北京之言，明明説非一體，而又謂宇宙真爲一體者何耶？不知功能章據勝義，真諦理故，亦名勝義。成色章即俗詮真，故皆言一體，至若轉變章談活義處，則於一理齊平之中，而極盡分殊之妙。一理齊平者，理之極至，無上無容，言詮盡廢，故云爾。證真而不違俗，所以成其活義。破者闇於會通，故乃妄興攻詰。二難圓滿義爲一體。據轉變章注，引王船山大化周流如藥丸然，味味具足等語，而難破云：夫藥丸之味味具足，由先混合而後成，豈大化亦先混合萬有而成者歟！又，醫病製丸，非止製一，丸中縱具衆味，而此丸猶異彼丸也。故此所云，非真一體。破者此等攻難，乃絕無價

值。喻取少分，凡取喻，不能求其與所喻本義完全相合。諸論諸疏皆有明
文，善因明者，無不知此。今乃單就喻中翻駁，何其不守論軌至此
極耶﹗三難全分義爲一體。據成色章，分卽全之分，全卽分之全等
語，而難破云：全卽一體之異名，一體既待成立，則全亦非極成。全
不成故，分亦不成。如破者此說，全分俱不成，則爲絕待之一矣。是
既證成我義，何故下文又否認一體耶？若以萬物有逆異相攻便不得
爲一體者，當汝左手張弓而右手拒之之時，汝將謂兩手非汝一體
耶﹗四難中心義爲一體。據成色章萬方與中樞喻，而難破云：案彼
萬方中樞之言，明明非一，而謂一體，不解何謂？破者試思汝神經中
樞與汝四肢百骸亦是一體否。下文所難，陋劣更甚。所謂一體，元
非一合相，一體之中有分化，分化而成其一體。神變無方，焉可思
議﹗五難增上義爲一體。據成色章互相緊屬、互相通貫等語，而難
破云：案彼所計，以理詮釋，皆彼此增上義，非彼此一體義也。破
者此難，尤無意義。如非一體，便互相隔絕，何得增上？汝目視手持
足行，都是增上緣用，將謂汝目與手足既互相增上，便不得爲一體
耶？六難仁愛義爲一體。據明心章引羅念菴說及明宗章注一人向
隅，滿座爲之不樂等語，而難破云：案彼所計，但說疾痛相連，不說
肥瘠無關，數視侄疾，返輒安眠，雖賢者不免；世間幸菑樂禍，投井
下石者，又比比皆是也，烏足以證成衆人之心卽一人之心乎。破者
此段說話，真無忌憚矣。須知汝所云肥瘠無關及投井下石之心，此
乃因拘執形軀而起之染污習氣發現。　明心章下所列諸染心所法，
汝所云心者屬之。此心乃是後起，非本心也。本心廓然大公，便不
隨順軀殼起念，卽無間我汝，焉有肥瘠無關及投井下石之事？本心
真誠惻怛，無有作僞，焉有數視侄疾，返輒安眠之事？若其數視侄
疾，返輒安眠，與肥瘠無關；投井下石者，皆染污習心用事，而障其
本心者也。此處吃緊。此等處，須是真真切切做過反躬察識工夫，便

自見得。記曰："不能反躬，天理滅矣。"此語真是一擱一掌血，與佛家觀照義旨同符。今人絕不自反，放失本心，而遂以後起染污習氣爲心。世尊哀愍衆生顛倒，如處長夜，此真莫可如何也。來破又云：若須作宇宙一體觀，方能大悲，大悲無緣，作觀須緣，云何而能相應？此種設難，毫無道理。正以悲不待緣，驗知一體山爾。衆生苦，衆生不淨，即是佛自心中創痛，以衆生與佛本一體故。如吾手足瘡痕，便自痛楚，設有問故，答者必曰：手足其一體也，而能已於痛楚乎！斷無有妄人狂言曰：彼觀手足一體，然後痛楚也。佛法至真至實處，即在示人以反求本心。此義宏深，不是心理學所謂內省法。如其捨此，而多聞名相，固前人所譏爲入海數沙，即談空說有，矜玄炫妙，畢竟籠統無據。王船山所謂如鳥畫虛空，漫爾矜文章者是也。邇來國人言學，羣趨考據，則以外人有考古學而相率樂爲之。考據固學問之一塗，吾亦何可反對，然爲考據之業者，必非視言義理者，亦可順俗而曰言思想者。以爲不根之談，此則未免太蔽。破者自負讀過佛書，而猶不識得一心字，其忍不自反歟！七難唯識義爲一體。以謂唯識非唯一識，此固據舊師義以相難，不知他心既是自心所行境，即他心與自心的是一體通貫。如齊王不忍牛之縠悚，誰能隔絶之乎！至作業受果等等不同，則乃習氣乘權，是後起事，而非其本來如此也。來破又謂，吾於心之上，更增益一宇宙生生不容已之大流，並據明宗章注，此中直指心爲體，却是權説，與明心章上，心非即本體也等語，而謂吾於心之上增益一本體。不知吾所謂宇宙生生不容已之大流，即是恆轉異名，實將本心推出去説，却非於心上增益一物。此義在吾明心章上，不妨細玩。然又言心非即本體者，蓋一言乎心，便與物對，雖云本心之心，其義不與物對，然恐人執着名字，將純在動端上認體，而不知在動而無動處識體，故言心非即本體。欲明感物而動之心，非即本體，實非於心之上增益一本體。

馬祖既說卽心卽佛，而又說非心非佛，此是何義？仁者切須用過實功，勿遽尋思戲論。

〔丑項〕來破丁目反求實證。此段言說，全無聊賴。如云：熊君有言，十年來患腦病、胃墜、常漏髓、背脊苦虛，是則熊君是否已止觀雙運，實證本體者，豈非尚未能有以見信於世歟！此等戲謔，是否足言討論學術耶！且佛亦患背痛，見雜阿含經。人生不得無病，此何可怪！

來破又摘明宗章注一人向隅，滿座爲之不樂等語，而難破云：依據聖言，終不能親緣他心。不知親緣與否，在對境之識上說，猶足研討，當別爲文論之。若說到本心，此卽自性流行，元無自他間隔，所謂心佛衆生，三無差別是也。親緣與否，非此所論。誠知此義終非破者可喻，然世不乏有眼目人，故略及之。

又復當知，明宗章談本心，卽顯體上無差別，本心謂體。故就本體流行處，如所謂一人向隅，滿座不樂者，徵明座中衆人之心，卽是向隅之一人之心，元來無二無別。此是方便顯體，而破者始終不悟，乃引解深密經說識所緣，唯識所現，及無有少法能見少法等文，以相難云。據此聖言，凡是所緣，唯識所現，無有少法能見少法，如何今一反求，卽見衆人之心，卽是一人之心耶？如此設難，直令人憐其闇昧而未可如何。經言唯識道理，無實能取所取法，與此中直指本心，義理各有分際，如何可牽在一處，令相抵觸？吾更問汝，經言一切有情之類，皆有佛性。汝亦將曰：依據聖言，凡是所緣，唯識所現，無有少法能見少法，如何今者却見一切有情皆有佛性？豈不聖言自相違耶？須知衆人之心，卽是一人之心，無二無別。此實待反求而後見，不反求則終不得見。

〔寅項〕來破戊目真如爲體。其首段云：熊君言，真如一名，大乘舊以爲本體之形容詞，而以一翕一闢變成天地人物之功能爲本體，是則以一翕一闢爲眞如也。試問，凡讀佛書者，有此種一翕一闢之眞如乎？以予所據思維如性之聖言，則所謂如性者，卽如所有性。經云如所有性者，謂卽一切染淨法中所有眞如，是名此中如所有性。此復七種。一者流轉眞如，謂一切行無先後性，乃至七者正行眞如，謂我所説諸道聖諦，而熊君一切不知耶？破者此中所引經文，不知破者果解得否。七眞如名義見深密等經，餘處尚説有十眞如及六種無爲等。無爲亦眞如之代語。破者僅知此七，而乃謂我一切不知，豈不怪哉？吾不欲閒談名相，今詰破者，汝引經言如所有性云云釋眞如義，如所有性，究作何解？汝且平情靜氣，深心思惟，何謂如所有性，莫漫誦説成語，以不解爲解，自欺欺人也。須知如謂如常，表無變易，護法所釋，猶承經恉。護法只是在用上建立，所以差毫釐而卒至謬千里。若其訓釋眞如一詞，則猶本經義。但亦止訓釋不差而已，若謂實見此理，則由其學説之系統以求之，吾不敢許也。既了如義，卽無變易義，或省言不變，亦卽易之不易義。則如所有性之恉易明。經言如所有性者，謂卽一切染淨法中所有眞如，是名此中如所有性。此言眞如徧爲萬法實體，實體卽無變易，在淨法中常如其性，在染法中亦常如其性，程子不爲堯存，不爲桀亡之説，亦符此恉。不增不減。易言之，卽一切染淨法所本具實性，恆如常故，故説如所有性云云。然復當知，如上所説，亦只於變易法中見不變易，一切染淨法，皆屬變易法，曰一切染淨法中所有眞如，卽是於變易法中見不變易。卽説不變易名如，卽謂實體。昔者遠公著法性論曰：至極以不變爲宗，得性以體極爲則。得性猶云盡性。體極者，體乎不變之極方是盡性。設問何謂不變？曰：以化言之，萬變之繁，萬象之紛，皆有則而不可亂。此有則而不可亂者，易所謂至動而貞夫一也，卽此見不變也。以吾人生活言之，視聽萬變者也，而視恒明，聽恒聰。聰明者，天則也，亦至動而貞夫一之謂也，亦卽此而見夫不變也。若乃目盲於五色而失其明，耳聾於五聲而失其聰，是謂物化，則失其不變之極，卽失其性也。羅什三藏見之，嘆曰："邊國人未有經，便闇與理合，豈不妙哉！”故知此理非由外鑠，人人反求便自證知，實無奇特。至如七真如、十真如等等，只是隨義立名，非謂真如果有多種。恐厭煩文，此姑不述。

上來所説，於變易法中見不變易，即説不變易名如，元不曾懸空去想一箇不變易法以爲根底，來説明變易，此其所以無妄。此處吃緊。猶復當知，實體是怎樣的一箇物事。此不應設想，若作是想，便是妄想，便當受棒。故三藏十二部經中，從來没有道得實體是怎樣的一箇事物，只在變易法中見不變易，即説不變易名如，亦即名體而已。大易變易不易二義，亦是此惛。故如謂如常，本形容詞，而亦即以爲名詞。即以名本體故。此義甚深，難知，願破者勿以輕心掉過。

前來已釋經旨，今當解説吾書。查來破謂吾以一翕一闢變成天地人物之功能爲本體，破者須細玩唯識章末，斥責護法等於用上建立一段文字。蓋用上建立，便將體用截作兩片，所謂真俗條然，深乖理極。條然者，各別義。吾書則就本體之流行處立言，體不可直揭，而從其流行，强爲擬似。擬似猶言形容。頑空不可謂體，故必有用，假説流行，流行即是用之代語。流行即體，元非異體有別實物。流行者即是本體之流行，故不可説其異於體而別有實物。若認流行爲有實物者，便與體對待而成二片矣，此不應理。流者，不流之流，萬有波騰而常寂；行者，不行之行，衆象森羅而皆空。故乃即用即體，即轉變即不變。以此假説功能爲本體，立義似創，而恉不違經。來破又謂吾以一翕一闢爲真如，此則不了我義。一翕一闢所以成變，此即流行之妙也，即神用之不惻也。然但曰一翕一闢，則未可名如。真如亦省稱如。唯夫恒轉之一翕一闢，而翕若故反，故與闢反。以成乎物，疑於恒轉不守自性。恒轉即是功能異名。然同時則有闢之力，以戰翕而勝之，即闢以其至健，運乎翕而使之隨轉。翕隨闢轉。是則翕非果與闢反，而適以成其闢。於此可見，闢者爲恆轉自性力之顯發，而終不物化以失其自性。此足徵恆轉之常如其性，亦卽於變易中見不變易。故吾書實未嘗卽以一翕一闢名如，唯於一翕一闢之中，闢恆運翕，恆字吃緊。而常不失其恆轉之自性，常字吃緊。卽流行卽主宰，是乃所謂如也。此理非由外鑠，直須反諸本心，自明自了，向外求解，終不相應。佛家破主宰，破執有梵天神我等主宰耳。此等主宰意義是擬人的，故成邪妄，必須破斥。然亦僅可破擬人的主宰，若必謂一切無主宰，則吾心何以應萬感而恒寂然不昧，萬變萬象何以至賾而不可亂。故主宰者，卽於變易法中而見不變易，是名主宰，亦謂之如，亦卽謂本體。故主宰義卽是體義，乃佛家祕意。若不明乎此，將謂佛家一往遮撥主宰，豈其然乎！總之，吾以翕闢説明變易，而卽於變易中見不變易。名爲談變易，實則變易卽是不變易。至破者所引經文，本不涉及何謂變易，卽不能據此一段經文以難吾之翕闢成變義。破者須將此段經文如其本義而求解，於吾書亦依吾説之系統以理會之，但有其融通之義可言者。經云染淨法者，卽謂色、心諸行，此亦卽是變易法，而經言染淨法中所有真如云云，便是於變易法中見不變易，此卽吾與經旨相通處也。或復難曰：誠如公言，闢恒運翕云云者，則不應有染法，曰闢恒運翕者，言乎本體之流行也。染法者習氣，此與形俱始，乃屬後起。染法乘權時，其本體未嘗不在，特障而不顯耳。不然，胡謂染法中亦有真如耶！

　　來破又云：熊君以因緣説真如緣起，亦顯倍聖言。聖説真如緣起者，但有所緣緣緣起之義。蓋當正智以真如爲所緣緣而生起時，能引自無漏種爲因，親生一切無漏諸法，非謂以真如爲因緣能親生一切染淨諸法也。破者此段話，既不解我義，又不了經旨。吾書中何嘗以因緣説真如緣起耶？吾假施設功能以顯本體之流行，其義屢見前文。細按新論，新唯識論省稱。有以真如爲因緣義否？功能章明明曰：功能者，卽實性，非因緣。又曰：一切人物之統體，非各別。舊立賴耶含藏種子，便是各別爲因緣，今此功能則不爾。大義炳然，何堪誣亂。

破者誤會一翕一闢爲眞如，故作是計耳。至眞如於正智爲所緣緣之說，此雖大乘諸師所言，釋尊初無此說，可考阿含。　然善解亦自無病，若不善解，便是謗佛。汝以正智爲能緣，眞如爲所緣，是眞如成爲能緣心外之境，此非戲論而何？須知正智緣如之說，假名智爲能緣，卽此能緣，恆自明自識故，假說緣如，卽義說如爲所緣，而實無有能所可分。智卽是如，非謂異於正智而別有如體爲智所緣緣也。本書明宗章所謂自己認識自己，義本宗門，此卽正智緣如之的解。謂之自明自識自證均可。明心章上有一段談返緣義，亦可參會。須是本心呈露，方說此事，若純任習心作主，則本心障而不顯，憑何說自明自證事耶！學者不反求諸本心，但分析名相是務，乃言正智緣如亦有四分，四分義詳成唯識論述記。則眞如遂成爲所緣境相，等諸演若迷頭，實堪哀愍。至來破所謂當正智以眞如爲所緣緣而生起時，能引自無漏種爲因，親生一切無漏諸法，護法諸師有知，亦當呵斥。據護法義，正智緣如時，只是正智挾緣眞如體相，挾者逼附，挾緣卽是能緣入所緣，冥合若一。然雖云挾緣，畢竟說眞如體相作相分，說正智爲能緣見分，寬已分別能所。此時冥證如故，離諸法相，何所謂無漏種親生無漏諸法耶？豈以眞如爲無漏種新生之法乎？護法亦無此邪計。　護法所誤者，在以如爲相分耳。

〔卯項〕來破己目種子爲體。其首段文云：當知經論建立種子有其因緣，世間外道或執無因，或執不平等因，謂諸法皆共一因，而此一因不待餘因。如有執一大自在天、大梵、時、方、本際、自然、虛空、我等，體實徧常，能生諸法。是故世尊出現於世，宣說緣起正理，顯示諸法空相，謂一切法依他衆緣而得生起，因果平等，都無自性。是故不說一法爲諸法本，能生能成一切諸法。三乘聖教，中觀瑜伽，莫不如是，說唯識者亦以方便顯示緣起，表無我性。世親護法亦如是。云云。破者此中過失極大。一不了緣起說之變遷故，二不了種子義之變遷故。云何不了緣起説變遷耶？世尊爲愍衆生迷執無因、外因種種邪見，難入正法故，無因者，謂計執萬物無因而生；外因者，如計執從大自在天或大梵等等而生者，是謂外界有獨存之實法，而爲吾生之所自，故云外因。先於聲聞法中説十二緣生，令自觀生，非無因，亦非外因故。緣生亦名緣起，緣者由義，由此有故彼有，此生故彼生，説名緣生。十二緣生，見緣起經等。今説緣生故，非無因，然此緣生，即顯吾人生活內容，唯是種種作用相依有故，却無待於外故，故非外因。十二緣生者，所謂無明緣行，無明者，黑闇義，惑義，行者造作義。自意中審慮，至發爲身業語業，通名造作。有無明故，行乃得生，故説無明爲行之緣。衆生所有造作，皆依惑故有。伏曼客所謂萬事起於惑，亦此旨也。行緣識，識者分別。由惑而有造作，同時亦依造作而有虛妄分別。凡人於造作時，必有解釋與俱，然其解釋，即是虛妄分別，無正解也。識緣名色，有虛妄分別故，名色即俱有。名色一詞，今不及釋，舊説即謂五蘊。案，五蘊者，即賅吾人心身與世界而通名之耳。識亦在五蘊中，而別出言之，以分別力殊勝故。説識於名色爲緣，即別法望總法爲緣。名色緣六入，有名色故，六入即俱有。六入者，謂六根，取境力勝故，故特舉之。案，六入即是向外追取的六種工具。六入緣觸，有六入故，觸亦俱有。識依根取境時，領似其境而起變異，此即名爲觸。觸緣受，受者領納於境而有情味。由有觸故，即有受生，故説觸於受爲緣耳。受緣愛，由有受故，愛亦俱有，愛力滋潤生故。愛緣取，由有愛故，取即俱生。取者追求義，種種追求故。取緣有，即前行乃至受，爲愛與取所滋潤故，轉名爲有。有緣生，由有故，説有生。生緣老死。由有生故，便有老死。此十二緣生，亦名十二支，謂無明爲一支，行爲一支，乃至生爲一支，老死爲一支。又名十二因緣，即此十二支，以此有故彼有，此生故彼生，名因緣故。今此中略釋十二支名義，據緣起經等，與基師唯識述記四十七所説有異。基師據護法種子義及第八識而爲詮釋，此非元初本義，故不盡依之。明衆生如是結生相續，謂無明與行，乃至老死，此十二支相緣而有，所謂衆生生命，即此諸緣幻結而不散失，故相續不絕。乃純就人生論上立言，是爲緣起説最初本義。十二緣生説，大端極精切，學者須實體之身心之間。自後大乘諸師談緣起者，雖復不廢十二

緣生，然實別有闡明。大氏進於宇宙論上之觀察，而依據阿毗曇人
諸法從四緣生之說，明一切法緣起無自性，卽衆緣都空。以此方
便，顯無實宇宙。中論觀因緣品偈曰：“因緣次第緣，緣緣增上緣，
四緣生諸法，更無第五緣。”青目釋曰：一切所有緣，皆攝在四緣，
以是四緣，萬物得生，云云。此中所謂因緣，通色法心法皆有，所謂
次第緣、緣緣，唯心有法。次第緣者，謂前念心爲緣而能引生後念心故。緣緣
者，謂能緣心以境界爲所緣緣而得生故。青目釋緣緣通一切法，非正義。所謂增上
緣，亦通色法心法皆有。案，觀因緣品先敍述四緣，而後乃一一遮
撥，文繁不及引。原夫四緣之指，已明一切法依衆緣生故，都無自
性；卽由一切法無自性故，而衆緣亦都無自性。以衆緣唯是依一
切法假施設故，衆緣空故，一切法空；一切法空故，衆緣空。是則，
阿毗曇人所施設者，大乘猶從而遮撥。不施設四緣，無以成緣起
義；不遮撥四緣，更無以明緣起勝義。方設卽已含遮，雖遮亦何妨
於設。大乘依彼施設故遮，依阿毗曇人所施設，而故爲遮之。方顯緣起正
理，若有設無遮，卽有實衆緣和合而生諸法，是則成爲構造論，而深乖緣起正理。　　令
入法空，證知實相。實相卽實體之異語。此爲大乘緣起說。校以緣起
經所談，不得不謂爲一大變遷。緣起經止談十二緣生故。然大乘學至無
著世親與，始唱有論，而多與龍樹提婆立異。故其談緣起，亦顯背
中觀之旨。無著作攝論授世親，始建立實種子。彼之種子是實有的，故
說爲實種子。而別立賴耶識以含藏種子，遂說賴耶中種，與諸法互爲
因緣。諸法謂前七現行識。賴耶中種子與前七現行識作因緣，而生起前七現行識爲
果。然前七現行識熏發習氣，亦潛入賴耶而成爲新熏種子。是前七現行識又與賴耶中
種子作因緣，而新熏種子乃爲其果云。自無著至於護法，其言因緣，與以前說因緣者異
指，當別爲文詳之。又說八現行識，有增上等緣。現行者，現前顯現義，卽識之
異名，今聯識作複詞用。彼立八識，故云八現行識，現行識相望，互爲增上緣。複言等
者，等取所緣、無間二緣。自其立種現互爲緣生，而種子如衆粒集聚，現

行諸法亦如多數分子集聚。如是而談緣起，有立無遮，明明成集聚論，比元始阿毗曇人所言，更爲死煞。此義當別論之。若與中觀相較，則此真爲戲論矣。案，驗之<u>無著世親</u>立説系統，事實如此，其可視爲與已前大乘中觀説法竟同趣耶？自非入主出奴，何至有此見地！故緣起説，在大乘師自<u>無著世親</u>以後，乃不善變而失妙義。昔嘗與友人言，自無著迄於護法之種現緣起説，却虧他構造一個宇宙。而破者乃一切不曾留心考索，所謂不了緣起説變遷者此也。云何不了種子義變遷耶？<u>無著</u>以前諸大乘師，未説種子有實自體，有實自體者，猶言個別的實物。如<u>敦煌</u>出大乘稻芉經本，談十二因緣有云：識者以種子性爲因，業者以田性爲因。東晉譯本略同。此解釋行緣識義，行者業之異名，參看前十二緣生中。幾乎以種子爲識之況喻詞，非謂別有能生識之實法可名爲種也。自<u>無著攝論</u>盛彰種子六義，其一曰刹那滅，謂此種子前滅後生，非是恆常之體故；其三曰恆隨轉，謂此種子自類相續故。每一種子，皆是前滅後生而不斷絶。如吾昨日之我與今日之我，只是前滅後生，自類相續故，非是昨我不滅恒住至今。又，彼計不斷者，以不遇對治故。此條頌文在第三，想因文便，今以與第一義次比，故先第二義紋之。其二曰俱有，謂與所生果法俱時而有故。彼計種爲能生因，現行識是所生果。俱時猶言同時，因果二法同時有故。其四曰決定，謂此種子各別決定，不從一切一切得生，種子是個別的，故各別生果，決定不相雜亂，非謂一切種各各能徧生一切法。從此物種還生此物。此物種子，還生此物，而不生彼物，所以爲各別決定。其五曰待衆緣，謂此種子待自衆緣，方能生果，非一切時能生一切。若於是處是時遇自衆緣，即於此處此時自果得生。如眼識種子，必待空緣明緣及根依等，衆緣遇合而眼識種子方得生自家眼識果。其六曰引自果，謂此種子但引自果。如阿賴耶識種子，唯能引生阿賴耶識；如稻穀等，唯能引生稻穀等果。以上據世親釋。詳此六義，明明謂種子爲個別的實法，而與現行界作能生因。依彼所計，一人底全宇宙，即是八現行識聚，即此八現行識聚，得説爲現行界。能所條然，種子是能生，現行是所生。因果條然，種子是因法，現行是果法。不容淆亂。種子界與現行界，不可淆亂而併爲一談。種子個別，各生自果，都不容淆亂。上來所說，種子如衆粒集聚，現行諸法亦如多數分子集聚，義實如是，豈可矯誣。瑜伽第五，說有七種子，今此乃舉攝論者。瑜伽網羅宏富，種子義但是汎說及之，攝論首成立唯識，其談種子始成有系統之學說，故此歸本攝論。逮至護法，並建本有、新熏兩類種子。彼計一切種子底來源，有是法爾本有的，有是從現行識熏發而新生的，故爲兩類。其過尤重，俟後略談。故種子義，自無著以下，始建立爲實法，而穿鑿不嫌太過。前此大乘諸師，蓋未有如是說者。而破者絕不究其變遷之概，乃以無著派下之種現緣起說，謂與中觀同趣。曾不悟其以集聚之謬論，壞緣起之勝義，可毋辨哉！　可毋辨哉！　集聚論者，不獨昧於觀變，乃其無以入法空而證實相，則尤爲過失之大者。

　　來破又云：熊君計有恒轉實體，不從因生，能生萬有，違佛緣起性空之理，已同外道勝性邪說矣。此則完全不了我義。吾假說恆轉，以方便顯示本體之流行，此與數論勝性有何相似？彼實有所建立，此則但是假說。參看子項中破能成所成一段文，及破擬一元論一段文。彼立勝性，是妄構一恆常法爲根柢，以說明變化；此則於流行識體，此語吃緊。絕非懸空妄構。參看寅項談真如文。兩義判別，奚啻天壤，而破者乃一例詆爲邪說，惡乎可哉！至云違佛緣起性空之理，尤所未喻。諸佛菩薩說緣起者，在當時元是應機說法，若其真實義趣，只欲明諸行性空，令證實相而已。諸行者，色心諸法之都稱，諸行無自性故，即是性空。識得此意，即不沿用緣起說，而但無背於諸行性空之理，則不得不謂之違佛非法。況緣起說之內容，在大小乘已屢變，如前所述者耶。須知本書所說一翕一闢、刹那頓變義，翕闢即是變，此變頓起即滅，故是頓變，非漸變。刹那刹那，都是如此。自一方面言之，刹那翕闢，頓起頓滅，無實色法，無實心法，無實宇宙，即是諸行性空之理，何背中觀？又自一方面言之，刹那翕闢，頓起頓滅，即是不起不滅。頓起而即頓滅，不曾暫住，則未嘗起箇甚麼物事，故是不起。既不起矣，則何所滅耶？故云不滅。理實翕闢皆幻，元無起滅。參詳吾書轉變章及功能章末。故乃變而不變，行相空故，實相湛然。諸行之相既空，當下即證實相。湛然，不虛妄義。此實上符中觀了義，孰是有智，而忍詆以邪説哉！

來破謂余不了立種深意，遂生三誤：一誤現界以種子爲體，二誤現界以真如爲體，三誤兩體對待有若何關係。三誤蔽於中，妄言發於外，謂自護法説來，真如遂成戲論也，云云。破者遂乃分三端以破我，今亦準彼三端而答破之。

來破一曰，其誤現界以種子爲體者。彼以護法計有現行界，因更計有功能，沉隱而爲現界本根，字曰因緣。功能爲現界之因，隱而未顯；現界是功能之果，顯而非隱。兩相對待，判以二重，功能爲能生，其體實有，現界爲所生，其相顯著。截成兩片，故非一物。顯而著相者，其猶器乎；隱而有體者，其猶成器之工宰乎！案，熊君所陳護法大概，並非護法之旨。護法説現行生種，種起現行，種子前後自類相生，皆是因緣。功能、現行，互爲因果，互爲能生，互爲所生，皆待緣生，而豈但以功能爲現界本根，字曰因緣耶？而豈但以功能爲能生因，現界爲所生果耶？云云。破者此番辨難，於各箇問題全不分別，可謂籠統已極。須知現行生種，種起現行，種子前後自類相生，此是三箇問題，不容淆亂。今分別言之。云何種子前後自類相生？據護法等義，既已建立種子，爲現界本因，然則此種子爲如何之體？是恒常法歟？抑爲生滅法歟？解答此一問題，則説種子是生滅法，而非恒常法。每一顆種子皆是前後自類相生，故説前念種與後念種作因緣。如吾昨我方滅，今我方生，即是昨我與今我作因緣。云何種起現行？彼所爲建立種子者，本以説明現界，彼計現界必有實法作根柢，爲其所從生故，若不爾者，現界即無因而生，不應

理故。爲解決此一問題，故説種子能生起現行，故是種界與現界作
因緣。云何現行生種？彼既立種，復計種子當有來源，故説種有本
有始起。護法立此兩類。然本有者，法爾而有，此不容問。法爾猶言自然。
其始起者，於何而起？爲解答此一問題，故説現行生種，謂前七現
行識所熏習氣，潛入本識而成新種故，眼等識乃至第七識，對第八識而名前
七。本識者，賴耶之異名。故云現行與始起種子作因緣。如上三個問題，
分析明白，則吾於其間任取一個問題而加以評判時，脱有難者，自
應就該問題範圍以内討論，而不當牽入他問題，以致淆雜難理。吾
書就護法種起現行之一問題中而判決之，彼於此，的是以功能爲現
界本根，字曰因緣，彼之功能，卽其種子異名。　的是以功能爲能生之因，
現界爲所生之果。故如彼計，卽現界以種子爲體，是義決定。破者
援引彼義，明明曰種起現行。試問，現行既因種起，則種子非現行
界之本體而何？此其義實如是，焉可故意矯亂耶！三十論具在，一
切足徵吾無誤解，破者自誤耳。至汝所謂功能現行，互爲因果，互
爲能所，不外欲成其種現互爲緣起之説。然案彼立義，既將種界、
現界劃分爲二，卽前述種子六義已可見，三十論卷二説因果兩種能變，顯然兩重世
界。種界又是衆粒集聚，現界又是分子集聚，其碎雜游離如此。今
卽説互爲能所、因果，以穿紐於其間，亦只成就機械論，而何當於緣
起正理耶！中觀談緣起性空，果如是耶？

　　破者又言，護法種現互生之義，見成唯識論第七，有爲法親辦
自果之因緣，其體有二：一種子、二現行之言是也。辨論至此，有
一要義須先陳述，方可著説。所言要義者何也？蓋以體用之名，所
詮之義，印度與中國截然不同故也。中國體用之説固定，印度則不
固定，有以種現皆稱體者。識論第七，因緣之體有二，一種子、二現
行，種子現行統謂之體是也。是則，所謂體者，泛指法體而言，而豈
玄學中與現象相對之本體哉！有以本識爲體，種子爲用者，識論第

二分別種子云，此與本識及所生果，不一不異，體用因果，理應爾故。此中固以本識爲體，種子爲用，種子爲因，所生爲果是也。是則，種現相生，互爲因果，則種與現卽互爲其體，而豈獨種爲現之體而已哉！熊君體用之旨不明，無怪第一誤也，云云。破者此段話，真是謬妄不堪名狀，本不須置答，且料答亦難曉破者，然又不忍不答。

破者謂中國體用之説固定，印度則不固定，此真愚妄之談，毫無義據。須知名必有所表，故欲辨名所詮之義者，必從其所表之物。此物字係虛用，有物無物，通得言物。體用之名，大概有一般通用及玄學上所用之不同。今先言玄學上所用者，玄學用爲表示真實之詞，真實卽謂本體。則體用之名，似分而實不分，不分而又無妨於分。無用不名體，無用便是頑空，卽宇宙人生一切都無，如何説有實體耶！故纔言及體，已是卽用而言，如何可橫截體用爲二片，以成固定之説耶？體必有用，故所謂用，卽是本體流行，但不可認取流行以爲體，唯於流行中識主宰，方是識體，又何可爲固定之説，而體用全不分耶？中國宋明諸子説體用，大氐不外此旨，而王陽明尤透澈。印度佛家，除護法等誤將體用截成兩片外，十二部經具在，苟會其微，則古德所謂筒中若了全無事，體用何妨分不分者，説到實體，那可當作經驗界的物事去推觀耶？此意難索解人。何妨分不分者，卽上文所説義。庶幾得之。由此而言，卽謂中印體用之説，都不固定可也。然茲所云不固定者，蓋依真實義而説名體用，則此體用之名，似分而實不分，不分而又無妨於分，故説爲不固定。此與破者所謂不固定之意義乃全不相侔，至下當知。因論生論，哲學家言有實體與現象二名，儼然表有兩重世界，足以徵其妄執難除。東土哲人只言體用，便説得靈活，便極應理。識得此意，則所謂現象界者，元依大用流行而施設如是假名。易言之，萬有現象，卽依流行中的虛僞相貌而假名之耳，元非有如世俗所執宇宙或實物事可名爲現象界。元非，一氣貫下讀之。蓋乃蕩除一切所執，現象界即妄計所執。而觀於流行，乃即用以識體，亦不於流行之外覓體。是以體用之名，分而不分，不分而分，恰善形容**真實道理**。而破者乃絕不見及此，是大可慨事。上來已説體用名**之用於玄學上者**。今次當言一般通用處。所謂一般通用者，即此體用名，非依真實義立。若依真實義立者，則此體用名，乃最極普遍而無所不冒之名，所謂妙萬物而爲言者是也。今此一般通用者，略分甲乙兩類。甲類中，即如隨舉一法而斥其自相，皆可名之爲體，如云瓶體；隨舉一法而言其作用，皆可名之爲用，如云瓶有盛貯用。破者曾言，所謂體者，泛指法體而言，即此類也。乙類中，如思想所構種種分劑義相，亦得依其分劑義相，而設爲體用之目。若<u>三十論</u>卷七説因緣義，即出示因緣體相，體相者，複詞，實只一體字。此一例也。然破者於此誤解，俟下方明。至破者舉識論卷二説本識爲體，種子爲用者，亦是論主依彼所構此等分劑義相，而設爲體用之目，以表示彼此分劑義相有相互之關係。蓋種子與本識，在論主思想上説，此二名所表，各有其分劑義相，故乃各爲之名。既各爲之名，而一曰種子，一曰本識，以表其各種分劑義相，而又於此各種分劑義相之間，表其相互之關係，則乃以種子之名，望本識之名而更名爲用；彼計種子是本識相分故。以本識之名，望種子之名而更名爲體。彼計種子依止本識中，故説本識爲體，即以所依名體，謂種所依故，故於種爲體。此又一例也。如上等例，不可勝舉。大氐吾人思想所構，無往不有分劑義相。即如吾方作無想時，此無之所以異於有，而同時不能以無爲有者，此即無之分劑義相。亦即此分劑義相，説爲無之自體。若無而無其體者，則吾豈能作無想而不以爲有耶？夫無既有其體，則亦有其用可言。蓋無亦成其無之軌範，能令人於彼作無解而不誤以爲有者，此亦得説爲無之用。夫無且有體用可言，況其他無量分劑義相乎！總之，體云用云，在一般通用之情形之下，自可隨因法義，而指名其爲體或用，<small>法者即前所謂如瓶等，義者即前云分劑義相。</small>初不固定爲或種法義之專稱。破者所謂印度體用之説不固定者，其意亦如此，故與吾前所談不固定之旨，絶不侔也。然破者之所謂不固定，在**中國**又何遽不爾？即如吾儕**中國**人常語，於瓶言瓶之體，豈此體字遂固定爲瓶之專稱，不得以言人體或杯體等等耶？用亦準知，不勞煩説。唯破者此中辨體用名，僅略就一般通用言之，又毫無條貫，而於**玄學**上所謂體用，竟全無理會。此其失不在小，不可不自反也。且破者所舉識論説因緣體之例，大概屬尋常論理與文法範圍，而猶不通，不亦異乎！

破者據識論第七談因緣文，而謂有以種現皆稱體者。識論第七，因緣之體有二：一種子、二現行，種子現行統謂之體是也。破者如此誤解論文，不得無辨。佛家諸論，系統精嚴，每樹一義，必令在其全系統中定有明晰之義界，而使人易於明瞭。識論亦循此軌，故彼論每標一義，即先出體，論説因緣云：謂有爲法親辦自果。<small>言因緣者，以其能親成辦自果法故，故得名因。</small>述記疏云：此即總出體訖。論復繼言：此體有二：一種子、二現行。述記疏云：此別出體。案，出體者，具云出示體相。<small>體相複詞。</small>彼既立因緣，則必規定因緣之義界，不然，因緣一詞便模糊籠統，何以成其爲因緣，亦何以令人生解？既定因緣義界，即説此義界名因緣體。故彼論説及因緣時，必先出示因緣之體。初以親辦自果，總出因緣體，次又以種子現行，別出因緣體，以種子現行皆得爲因緣故。<small>義亦見前。</small>據論言此體有二，此字明謂因緣，述記疏爲別出體，亦甚分明。蓋謂因緣之體，又別爲種現二種。故此中規定種現二法爲因緣之體，却非以種現皆稱體。須知説以種現皆稱體，與説規定種現二法爲因緣之體，此二詞内容之分別甚大，不可混淆以失論恉。吾本不欲爲此等處費筆墨，但以佛家論籍，致嚴出體，而不肯少涉含糊籠統，此其所關甚大。彼其因明、聲明諸學之發達，與其哲學上理論之深宏，即於此可徵，故乘便及之云耳。

破者不承認護法建立種界以爲現界之本體，而不知由護法之立說以刊定之，彼實已鑄成此等大錯，而無可爲辨。夫論定古人之學，莫要於析其條理，以觀其貫通；莫忌於籠統而膠執。析條理、觀貫通，則其有無矛盾與他種錯誤可立見也，籠統膠執，則無可與言是非矣。破者不肯承〔認〕護法以種界爲現界本體，本體亦有言體。今應詰汝，依據護法等所立八現行識聚而言，則俗所謂宇宙者無他，實只此八現行識聚而已矣。此說汝亦首肯否？若汝於此不能有異，吾更詰汝，護法等不說種起現行耶？料汝亦曰，彼等固云種起現行。然則，現界既因種界而得生起，何故不肯承〔認〕種界爲現界之體耶！案，識論卷二，說能變有二種：一因能變，二果能變。其所謂因能變者，即謂種子是能變，由此爲因而起現行，故說種名因能變。太賢學記卷二第二十四頁：因變，種子生現行。此解與論文合。基師 述記卷十二，解因變便支離。余昔在北京大學所撰唯識講義曾辨正之，後閱了義燈，知當時已有辨也。所謂果能變者，謂現行識自體分上變現相見二分。如眼識所緣色境，即是眼識相分，而了別色境者，即眼識見分。此相見二分所依之體，名眼識自體分，由現行眼識自體分上變現相見二分，即是於一體之上現起二用。眼識如是，耳識乃至第八賴耶識，皆可類推。果之爲言，即目現行識之自體分。此現行識從種生故，故望種而名果。種望現而名因，現望種而名果。現行識從種生已而有自體，即於其自體分上變現二分，注見上文。故說現行識自體分名果能變。自體分亦名自證分。據此，則護法等明明將種現劃爲二重世界。種爲能變而起現行，現行自體復爲能變，而現相見。據種子六義中果俱有義，現從種生時，即自變現相見二分，不可說因果二變有次第也。如此二重世界，分析明白。唯現因種起，畢竟種界是根柢，故說種界爲現界之體，理實如是，豈堪誣亂！又復當知，護法本衍世親之緒，世親出入外小，晚乃向大，嘗爲金七十頌造長行，足知其受影響於數論者甚深。數論立勝性以爲變易之根，世親立種爲現變之因，頗與相類。但有不同者，則不以種爲恒常法，而又爲賴耶所攝持耳。要其大端甚似，則無可掩。至其種爲個別，現亦析爲複雜分子，既析八識，每一識又分心與心所，而諸心心所法，又各各析成三分乃至四分。則又與集聚論者，如勝論師，同其色彩。余以爲世親護法諸師之學，大抵融冶勝數兩大學派之説爲多。基師述記，於此二宗亦特別甄詳，隱爲推迹，可謂善作述者已。學者稍理世親護法一派之脈絡，則其有立種以爲現界本體之嫌，雖起彼等質之，諒亦無可自解。況護法更立本有種。本有種者，法爾成就，不由後起。既建此以爲生起現界之因，則雖欲不説種爲現之體，而亦不可得矣。吾故恒言，護法等在用上建立，實違般若諸行無自性之旨。以此徵其未見真如，寧爲輕薄古哲耶」彼既誤立種爲現之體，而又不能不説真如爲體，則真如焉得不成爲戲論耶？來破第二謂余誤計現界以真如爲體，而妄斷吾書以一翕一闢爲真如。此實不解我義，既已酬正如前，茲可勿贅。但現界之實體卽如，具云真如。此義如何可説爲誤？想破者實隱持種爲現體之邪見耶。此處注意。來破第三謂余誤計兩體對待有若何關係。護法明明説真如卽是識之實性，凡言識者，有對所緣而言者，有綜全現界而言者，此則目現界。而又立種爲現之體，真俗條然，無可融釋，云何不應問彼兩體對待若何關係？或謂立種爲現之體者，是俗諦義故，若入真諦，則唯説真如名體，兩不相妨。不知如此説法，便是真俗條然，無可圓融，云何理應？須知順俗而無所建立，故得真俗圓融。順俗者，隨順世俗而談諸法相，天亦名天，地亦名地，萬物亦名萬物是也。無所建立者，不於俗諦中建立實法，令悟天地萬物無實自性，卽是諸行性空，方乃融俗入真，而卽俗全真矣。今護法等於俗諦中建立種現兩重世界，而又以種界爲現界之根源，俗中既建立實有，更無從融俗入真，卽真俗條然各別，成爲兩重實在。護法的是如此。破者又謂余務以一法爲先物之實體，此則始終不了吾假説恒轉之深意。吾書明明主張於流行識體，焉得有一法爲先物之實體耶！破者又謂護法動依緣起，説諸法無自性。蓋始終膠執種現互爲緣生，及互爲其體之説。不知護法等既建立兩重世界，一爲衆粒集聚之種界，一爲複雜分子集聚之現界，而又假緣起説以自文，乃説種現互爲緣生。若以此爲彼兩重世界之穿紐則可耳，而何當於緣起正理耶！

　　新論第六十九葉注云：當反觀時，便自見得有箇充實而光明的體段在。破者駁曰：此種昭昭明明境界，正禪宗所訶之光影門頭。吾以誠言正告破者，如何是光影門頭，須用過一番苦工再説，莫漫判決別人境界也。

　　〔辰項〕來破庚目一翕一闢。破者摘明心章上，恒轉者至靜而動，本未始有物也一大段文，而橫破云：案，熊君以自性爲闢爲心，以顯自性之資具爲翕爲色，皆恆轉所幻者。詳其由來，與太極圖説相似。昔人考太極圖説，道家授受之物，與孔易大不相侔，而熊君襲之。其恒轉云云者，即無極而太極句意也；其闢云云者，即太極動而生陽句意也；其翕云云者，即動極而靜，靜而生陰句意也；其翕闢云云者，即一動一靜，互爲其根，分陰分陽句意也。不過熊君以翕顯闢爲稍異耳。又，翕色闢心之義，不外襲橫渠正蒙之餘唾。破者此段話，不獨不了我義，而實未了太極圖説。如能了圖説者，何至出此混亂語哉？謂圖説出於方士傳授者，此本朱子發，而於其持論，猶未加評議。獨朱晦翁極力彰闡其義，視與六經同尊。朱子亦自持之有故，容別論之。陸梭山起而非之，以爲此當是僞托周子，不然，或是周子少時之作，而其後蓋已不道之。晦翁不然梭山，象山復是梭山而與晦翁抗辯。其所靜大詆在無極而太極一語。朱陸對揚，旗鼓斯烈，莫能相伏。然吾儕今日依文究義，終以梭山、象山之説爲是。案，圖説與易悖者，不止無極二字，其言陰陽動靜，尤爲乖謬。**漢儒言易**，曰陽動而進，陰動而退，是陰陽皆以動言之也。徵之乾曰行健，坤曰行地無疆，**程傳亦行健義**。可謂深得**易**理。今圖說曰，太極動而生陽，靜而生陰，是以動靜分陰陽，明與**易**反。**宋**以後儒者，大氐受此說影響，皆以動言陽，以靜言陰，其昧於化理亦甚矣。夫乾坤皆言動而不及靜者，非無靜也，言動而靜在其中也。動而貞夫一，卽動而靜也，故不離動而言靜也。圖說離動靜而二之，乃曰太極動而生陽，動極而靜，靜而生陰。靜極復動。一動一靜，互爲其根，分陰分陽，兩儀立焉。詳此所云，動極而靜，靜極復動，則方動固無靜，待動之極而後靜；方靜固無動，待靜極而後動。若爾，卽當其動而生陽時，陽爲孤陽，及其靜而生陰時，陰又爲孤陰，豈有此偏至之化理耶？且太極不可說是一物，又寧有動而不靜，或靜而不動之時哉！**周子通書**有云：動而無靜，靜而無動，物也；**意謂物件是死的東西，如有使他動移，他只是動，便沒靜，如任他靜止，他只是靜，便沒動。**動而無動，**卽動卽靜**。靜而無靜，**卽靜卽動**。神也。此說明明與圖說相反，可謂深於知化。惜乎二**陸**當時與**朱子**靜，竟未及此也。吾茲不暇深詳，**且**止斯事。破者若了圖說，則何至妄誣吾之翕闢義與彼有關耶？吾書**轉變章**談翕闢一段文中，有重要義，破者須明。蓋首言翕闢只是動力之殊勢，**只是兩種動勢，故曰殊勢。**翕似幻成乎物，而實無物，故不能作靜象觀。此與圖說言靜而生陰者根本異恉。**陰者以言乎物也，圖說於物言靜象觀，而不觀動勢，故言靜而生陰。**此則吾言翕闢兩種動勢，却是同時。**翕闢非有次第，故假說同時，實則無所謂時間。**若不同時俱有，便是孤獨成變，無有此理。此與圖說絕對無可牽附，而破者乃曰，其闢云云者，卽太極動而生陽句意也；其翕云云者，卽動極而靜，靜而生陰句意也；其翕闢云云者，卽一動一靜，互爲其根，分陰分陽句意也。不知彼以陰陽分屬動靜，而吾之翕闢則皆就動言，何可拉雜而談！彼明明曰，動極而靜，靜極復動，其動靜陰陽確不同時，彼離動靜而二之，故云非同時。與吾言翕闢爲同時，以反而相成者，義旨自絕不相侔。又，彼動靜異時，不獨孤陰孤陽難以語變，就令主張以前後相反而成變，而其前之孤行也，既逞極端，其後之反而孤行也，必將爲其已甚。此於人事中固有之，而以此測大化之流行，則是衆生顛倒見也。以顛倒見測化理，益執爲固然，斯顛倒無已時也。此處吃緊。吾以翕闢同時言變，闢必備翕，若令故反；翕實順闢，而非果反。如是成變，是於法爾道理，如實觀察而後敢言。此豈可以圖説動極而靜，靜極復動，分陰分陽者誣之耶，稍有智者，而肯如此妄語耶，破者又曰：恆轉云云，卽無極而太極句意。不知此句朱陸相諍，後之學者猶未有定論，破者又未自標一解，然則彼句尚無定義，憑何妄斷吾言恒轉卽彼句意耶？破者於圖説與吾書都不通曉，徒欲厚誣吾書，敢出妄語，此非學人所宜，輒爲悼惜。至云翕色闢心襲正蒙餘唾，尤爲狂謬。破者既未明徵正蒙何義，橫誣襲唾，此不成語。橫渠精思固足多，然其慮封於有取，論墮於支離，與吾翕闢義元無合處。夫理在目前，往往不容儵獲；學期徵實，每每積累有得。吾於翕闢義，固非率爾偶立，蓋略言之，自吾有知，冥窺物變，榮枯生死，待而成化，雖在童年，駭然怪嘆，受書已後，思唯此義，猶不舍旃。二十年前，曾有一小文記其事。洎夫稍長，始獲三玄。道以反動，一二及三，老氏之緒言也；有宗兄省吾者，昔嘗暢談此義，今其墓木拱矣，思之彌痛。日夜相代乎前，而莫知其所萌，莊生之深於觀化也；乾坤相盪，陰疑於陽必戰，大易之妙於語變也。以彼玄言，驗之吾所仰觀俯察，近取遠觀之際，頗有神契。然猶藉聞熏，習聞書策而啓發故。未足語於真自得也。弱冠以還，躬與改革，人事蕃變，涉履彌覿。但覺群力交推，屈申相報，衆流匯激，正反迭乘。蓋翛然曠觀，而深有味乎事變之奇，爰以人事推明天化。道因反動，變不孤行，是事恒爾，決定決定。及乎年已不惑，臥疾湖山，悠悠數載，孤遊冥搜，深窮心物問題，益悟宇宙無實。心物都無實自性，即是無實宇宙故。自反而知，此心只是剎那頓現，無住而突進，强名爲闢。無住者，剎那頓起頓滅故；突進者，前剎那方滅，後剎那卽又頓起故。又進之爲言，顯其力用盛大開發不息故。於是諦察一切物事，都不作靜物觀。不作靜止的物事看。審知物象，實是一種動勢，幻現似物，而實無物。此幻現似物之勢，卽名爲翕。如此觀變，庶幾儒先所謂鳶飛魚躍，只是活潑潑地意思。萬象繁然，求其公則，要亦唯變所適，而不可執定象以爲楷準，變無不活故也。變無窮故，故幻作萬象。萬象互相依緣，而不凌亂，故有公則。求此公則，非可執定象以爲準。所謂定象，本無實故，唯隨變所之，幻現衆象，會而有則耳。故達變者，乃循物則而不泥，此意甚深，幸勿忽之。至此，已謂如實諦觀，不同浮泛知見。忽爾自覺，如上所云，反觀內心，只是剎那頓闢，起不暫住；外詧物事，唯動而翕，幻現似物，亦無物得住。雖復及此，終是內外乖分，不得融一。蓋久之蕩然默識，而後遣內外相，恍然吾心通萬有爲一體。此中心謂本體，非與物對之心。翕非離闢而孤現，闢乃故翕而成用。奇哉翕闢！相反相成，徹內徹外，只此翕闢之流，而實無有內外可分。自此實悟，無所謂小己，無所謂宇宙，只此翕闢之流，剎那剎那，頓起頓滅，剎那剎那，頓滅頓起，如此流行不息。猶如閃電，至活無迹，此語吃緊。然猶有見於變，無見於不變。久而益反之，當躬，而得夫闢恒運翕而不肯物化者，於此見自性之恒如。參看新論談翕闢處，及此篇前文談翕闢各處。而灼然於流行中識主宰，當下承當而無疑也。以此印之般若中觀空諸行相而證實相，以此印之涅槃常樂我淨，非無主宰，都無不合。於是新論之作，乃由變化之觀察，而一反世親護法等之集聚論。此非故爲立異，直自言其所可自信者而已。

來破有言，案熊君以乖本成物爲翕，以如性成心爲闢，心轉物而不爲物轉，爲闢之勝於翕者。勝敗之數，視轉與被轉，更視其數之多寡。熊君以礦物植物動物及大多數之人類爲被轉，其爲轉者不過人類中極少數之出類拔萃者。多寡之數判然矣，判之爲戰敗可也，而謂戰勝，誰歟？破者此段話，混亂至極。夫所謂心轉物而不爲物轉，爲關之戰勝於禽者，此是何義？若會得時，三藏十二部經，無非説此事而已。戰勝之言，即形容心能轉物而不爲物轉之意，若此義不成，又有何佛法可説耶？言理者，主其大常而已，天下豈無反常之事？若無反常事，即亦不説有真常道理也。心轉物而不爲物轉，此是真常之理。然不能遂謂有生之類都能爾爾。若誠爾者，又何須説心轉物而不爲物轉之理耶！無反常事，即不顯真常理，愚者自不了此。破者謂余以礦物植物動物及大多數之人類爲被轉云云，此全違我義，徒矯亂吾書文旨，橫摘字句，令成衝突。不知立言各有分際，吾書明心章上第六十一葉，談生命力之顯發一段文，略謂生命力以憑物而顯故，亦常淪於物質之中，膠固而不得解脱，此徵之植物與動物而可見者，云云。繁不具引，並無礦物字。又言，雖人之中，除極少數出類拔萃者外，自餘總總沄沄，其心亦常放而易墜於物，然使勇決提撕，當下即是，大易所謂不遠復也。此段義旨，須就本段上下文而如其分際以了解之。蓋此中直從生命力之顯發而言，因生命力之憑物而顯，遂有爲物質所繮鋦之懼。然而有生之類，則正以此故，而其心力乃有從物質繮鋦中而得戰勝之殊績。若根本不至受物質繮鋦，則又説甚心能轉物而不爲物轉哉！此前所謂無反常事即不顯真常道理也。故此中從植物動物，説到人類，徵明心力逐漸開展，動物雖不遠過植物，而固已云過之。參看新論。至人類，則心能特著，一提便醒，如何不是心轉物而不爲物轉耶？如何不是心力終能破物質之繮鋦而戰勝耶？經論所謂破相縛者，亦即此義。此又何所衝突耶？且佛説衆生皆有佛性，而又説衆生顛倒，由破者見地言之，不亦佛語自衝突耶！破者混亂之談滿紙皆是，直是使人短趣，以此費筆語，真不值得。至破者下文所舉，其劣又甚。如云，熊君既主張闢以勝翕，却又教人法坤。法坤見吾書二十七葉，轉變章附識。吾之翕義，本與易之坤道爲近，翕之收攝凝聚固與闢反，而有物化之嫌矣，但非有收攝凝聚，則亦何以顯闢乎！坤之承乾，亦謂其收凝而有顯乾之功耳。學者若一任流散，而不法坤以作收攝保聚工夫者，則本心日以放失，焉得自識真體而不物化以殆盡耶？汝讀佛書，所學何事，而於此絶無知曉耶？又云：既信奉生物進化，却又教人復初，不知生物進化到人類，其靈明乃盛啓，其天性乃得顯。觀於植物，只有生機表現於外，幾無所謂內部生活；動物似有內部生活可言，然甚曖昧；唯人則靈光獨曜，迥非動植之比，是能發揮其天性固有之良者也。復初者，卽謂發揮其天性固有之良耳。生品下者，其生命力受物質之纏錮，卽其天性固有之良不得發展也。故復初説與進化説，無所抵觸。破者又言，既説渾然一體，却又説分化以顯。查破者於上語注云五十八葉，於下語注云五十六葉。按，五十八葉係明心章上，此中無渾然一體四字。但該葉中文義，則言本心周徧，無在無不在，不有彼我，不限時空而已。破者以意撮言渾然一體，猶難相應。至五十六葉，係成色章下，亦無分化以顯四字。但文中談及身體爲器界之一部分，故説身於器爲分化。查此二葉文字，一談本體，一談色法，義理各有分際，破者乃牽在一處而發詰難，可謂奇創。若云身體既分化，卽不應説身體與器界爲一體者。應知所謂一體，不是一合相，已如前説。見子項中。汝頭不履，汝足不語，汝頭足豈不於汝全體中分化耶！破者又言，既説不能以求之人者概之於物，却又説一人一物之心卽是天地萬物之心。查上語見吾書五十九葉明心章上，下語見同葉同章小注。破者完全斷字取義，不顧上下文氣，如此手眼，未免太劣。注就本體言心，故説心無差別。猶云一切眾生皆有佛性。至所謂不能以求之人者概之於物者，則以人物雖同此本心，而有顯發與不能顯發之異。以物類尚未進化至人類，其生命力猶受物質之纏錮而不得顯發。易言之，即其心力爲根境所拘蔽故也，根者根身，境者境界。所謂相縛者近此。儒者亦云氣拘物蔽。佛說衆生皆有佛性，而又說有闡提不能成佛者，爲其障重，亦含有此意也。破者讀書絕不深思，此病不細。

〔己項〕來破辛目能習差違，計有七辨。其一辨能掍爲習，謂因明例，先須選定立敵共許之名詞，以爲辨論之用，不然，犯不極成過。又，名詞須與恉義皆極成，不能以敵之名，改用自立之義，不然，則名亦不極成。功能、習氣、種子，此三名詞原無差別，熊君强分習氣與功能爲二，是立敵所用之名詞不極成，而有所云云，過尤叢集。破者此段話，似不曾讀過佛書者，怪哉怪哉！大乘諸經論，廣破外小，有立量者，有不立量者，汝若曾讀佛書，不應於此不知。若立量破，則被破者審其量有過，即出彼過；若施破方面非是立量，而被破方面豈能無端謂其有違因明法例耶？至云因明例，先須選定立敵共許之名詞，破者所知止此耶，還知有自許他不許、他許自不許等等，簡別法例否？因明例極精詳，自破者說來，遂成含混。若爾，則可以對敵申量者幾何？又云：名詞須與恉義皆極成，不能以敵之名，改用自立之義。此語不知何解？如數論立我是思，此其宗中有法我，名詞與恉義在數論固極成，而敵者佛家能極成否？又如佛家對數論立量云：汝我非思。其我仍用敵名，但以汝言簡耳。佛家亦許有思心所，而不許說爲我，宗之後陳曰非思，則以敵之名改用自立之義矣。若如汝說，佛家只有承認數論立我是思，而何辯論之有耶！不知汝是否讀過因明書，而妄造不通之例如此。若乃護法功能，明明分本有與新熏兩類。其新熏亦云始起，彼謂即是前七現行識熏發習氣，潛入第八識而成新熏功能，其說如是。我今亦假説功能，但與彼絶不同其義旨，書中甚明。至如習氣，則我亦許有，但謂習氣自爲習氣，不宜捃稱功能，而解釋亦因之不必盡符，書中亦説得明白。如謂能習等名既是舊有，不應仍彼之名而改用自義者，吾且問汝，外道立我爲實體，而佛家涅槃乃亦言我德。涅槃亦實體之代語。特佛家所謂我者，與外道絶不同其義旨耳。汝能謂我之一名既外道所立，佛家不應仍彼名而改用自義否？又，大小乘亦互相爲敵也，而大則幾於全仍小宗之名，改用自義，汝能以汝所謂因明法例者繩之否？

二辨業爲或然又爲定論。其説曰：熊君既言吾人有生已來經無量劫、業勢等流，其徇形軀之私而起者，必皆有遺痕，成有漏習，其循理而動者，必皆有遺痕，成無漏習。是以決定決定説習氣矣。然何以又説，有情業力不隨形盡，理亦或然？詳功能章。不知吾人一切造作，造作者即業之異名。必皆有餘勢續流，名爲習氣，而幻成一團勢力，乃至不隨形骸同盡，此固理之所可信者。然必下斷定之詞以詔人，則又無可取證，何如稍存謹慎態度之爲愈耶！且習氣定有，吾人過去經驗不亡失，又嘗爲習慣所限制，皆可徵習氣定有。就現世説，亦非不通，何所謂必然或然之違反耶？

三辨本來面目。其説曰：熊君言，成形稟氣之始，忽執形氣而昧其本來面目者，是之謂惑。本來面目是不落形氣的，是無私的，是無所染執的。案，成形稟氣之言，不過爲此一期最初之時也，然熊君前云，有生以來，經無量劫，則此所云本來面目者，不僅在一期初生之時，而實在無量劫先，人且未生之前。破者此段話，直是不堪教責。查所舉經無量劫之言，見吾書四十二葉功能章談習氣處，謂吾人有生以來，經無量劫，一切造作，皆有餘勢續流，名爲習氣。其説如是。而本來面目云云，見六十二葉明心章上正文及小注，如何在彼章斷字取義，又在此章斷字取義，而牽連在一處，令生衝突

耶？天下有如是卑劣手眼，而可以難破人之書者耶！凡破人書者，
自須尋着大問題，須成一派理論，而何可如是矯亂字句耶？當知經
無量劫一言，不過形容長時之詞，何曾推到無量劫先，人且未生之
前耶？又復應知，即汝當此一期現生之時，元是刹那生死，豈不經
無量劫耶！汝讀佛書，猶未了刹那生死義耶！本來面目是何等義，
豈可向無量劫先，人且未生前索耶！此豈有時間性耶！汝若當下
虛心，自知己過，便是汝本來面目呈顯，否則汝本來面目剝喪盡矣！
本來面目一詞，世俗習聞，幾成濫調，實則此詞乃本體之代語，深廣極矣。而直指人心，
尤爲親切有味。障重者不能自識，只好就發用處指點。若其是非之心亦泯，便是一闡
提也。

　　四辨捫天爲人。其説曰：熊君又言，習氣後起，不可捫同功能，
能習有天人之辨。衆生儲留其無始來之成能，以自造爲一己之生
命者，謂之爲人。功能者天事也，習氣者人能也。以人捫天，則將
蔽於形氣而昧厥本來。案，此明明以生命力爲人矣，何以又謂斯人
性具生命力？性具者，謂先天之稟。所謂以人捫天之迷謬，實在熊
君。破者此處文義，不甚分曉。勉譯其意，似謂熊某既曾説人能即
是生命力，而他處又説生命力爲先天之稟，則是以人捫天也。意似
如此。實則破者此處葛藤，與前辨本來面目文中同一愚妄。查破
者所舉斯人性具生命力云云，見吾書六十一葉明心章上正文及小
注。此所謂生命力，即功能與性之代話，此非舊師所謂功能，須參看吾書功
能章。假銓本體之流行，則曰功能；以其爲吾人所以生之理，則曰性。名雖不一，所目
非二。應就本文而隨其上下文義，恰如其分際以了解之。至四十葉
功能章正文及注，以人能言習氣，而注中似以人能言生命，即似以
習氣説爲生命者何耶？須知吾人生命本即固有功能，所謂天性是
也。明心章上所謂斯人性具生命力者，即謂此也。然人既有生，則遂有自成
之能，而其所成之能，點點滴滴儲留不散，乃即利用之以益擴其自

造之能。實卽以此爲其一己之生命，所謂習氣是也。習氣本非生命，而乃説爲生命者，則以其勢用盛大，能於吾人本來生命，卽謂天性。或爲順承，或爲侵蝕。善習則順乎性者也，染習則逆性，如豪奴奪主。吾人乃恒迷失其本來生命，而卽以染污習氣爲其生命，故於此説習爲生命者，習氣亦有言習。正毀責之詞。文旨甚明，何乃誤會爲以習與本來生命相混，而謂之以人混天耶！此理須於自家生活上切實理會，在文字上静論無益。

五辨習伐其性。其説曰：熊君言，性卽是凝成此氣質者，但氣質之凝成，變化萬殊，難以齊一。且既已凝成，亦自有權能，雖爲本性表現之資具，而不能無偏，固不得悉如其性矣。今應問彼，何以純淨無染之性，凝成氣質，乃有萬殊難齊，甚美不美之分。且既已凝成，何以又自有權能，乃至習伐其性？是等論調，豈非福音之再見乎？云云。查破者所舉性卽是凝成此氣質者等語，見吾書四十四葉功能章中附識，此中因人論及儒先所謂義理之性與氣質之性，而以習氣爲氣質。余因辨習氣與氣質之分，進而言氣質之性卽是義理之性，元無二本。其文有云：氣質非卽性也，而氣質所以凝成之理，便謂之性。自注云：此中理字，隱目本體。此下文繁不引。而後文乃有性卽是凝成此氣質者等語，如破者所舉，前已敍訖。夫氣質無自體，其體卽性，故説氣質所以凝成之理卽謂之性，所謂形色卽天性是也。此乃了義之談，而破者竟詆爲神教，何乃無知至是。性卽是凝成此氣質者一語，正顯性卽氣質實體，非氣質與性爲二物。有如海漚，舉體卽大海水，非漚與大海水可別爲二，然氣質既已凝成，卽自有權能，固不得悉如其性。此理却須虚懷理會。無已，仍前喻顯。如漚流動有爲，有爲者，言其有翻轉等用。豈得悉如其停畜之本體耶？本體卽謂大海水，漚之本體元是停畜。停畜者，止聚義，深寂義。故氣質儘有變化萬殊，而其本性則恆自如如，此若漚相流動萬變，而其本體卽大海水，恒如其性。停畜如常。理實如是，何所駭怪。破者難聞勝義，竟有上帝造羣魔等等瞽説，不知於此有何相涉也。至破者所舉習伐其性一語，見吾書七十七葉明心章上。吾書明言習氣與氣質有分，而破者猶不能了，乃拉雜而談，豈非怪事。

六辨捨習之疑。其説曰：熊君又言，習氣雖屬後起，而恒展轉隨增，力用盛大。吾人生活内容，莫非習氣；吾人日常宇宙，亦莫非習氣。若捨習而談，此處有如是案乎，無如是案乎？便有許多疑問在。案熊君既謂宇宙人生莫非習氣，則又何必於習氣之外，增益其所謂功能。又謂捨習而談，便有許多疑問。熊君既謂疑爲別境心所是習氣之一，既捨習矣，許多疑問又何從而有哉？破者此段話，甚可駭怪。凡錄破者語，均全錄。觀破者捨習之難，似於吾書字句完全不得通曉。查四十四葉功能章正文有云：吾人日常宇宙，亦莫非習氣。自注略云，如吾人認定當前有固定之物，名以書案，卽由乎習。若捨習而談，此處有如是案乎，無如是案乎？便有許多疑問在。此注明白已極，似無難解，而破者乃難破曰：既捨習矣，許多疑問又從何而有哉？破者果解吾注，何至有此怪難？夫注中若捨習云云者，明置若言，則非謂其真捨斷也，而難曰，既捨習矣云云，此何謂耶？又，若捨習云云，明明承上文而言，卽是認定當前有固定物之習。參合上下文看，詞義甚明，絶無隱晦。豈捨習之言，便謂捨一切習，而將疑心所亦捨掉耶！然則，經論所謂斷有漏種者，應初地卽斷一切，何須十地乎！破者愚昧至此，吾雖欲答汝何故於習氣外更説功能，亦既無可談之機。吾但詰破者，玩諸經論，一方面説宇宙人生皆是虛妄，一方面又説一切真實，是否於虛妄法外，增益真實耶？此處若亂猜，罪該萬死！

七辨疑爲悟機。謂余不應將本惑之疑，移入別境。夫疑果可一切説爲本惑乎？釋尊始從外道出家，若一往信彼而自不知疑，又焉得自證菩提而成佛耶！疑之可説爲惑者，唯一向孤疑而無有抉擇者，是斷智種，應各爲惑耳。

破　釋　難

釋難之目，自是破者爲舊師解釋妨難。然觀所陳述，乃甚雜碎而無關宏恉，所謂碎義逃難是也。此本無須答破，姑略酬之。

一事，來破曰：熊君言，八識之談，大乘初興，便已首唱，本不始於無著，但其爲説，以識與諸法平列，云云。今應問彼，所謂大乘初興，首唱八識與諸法平列之説者，若指世尊所説之經，則三乘聖教皆佛所説，所謂大乘初興之言爲無意義。阿毗達磨本聲聞一切智義，詳敍諸法種種，説藴處界三科，而至華嚴唯心所現之言，深密唯識所現之訓，則抉擇唯識，特別以立義，又曷嘗與諸法平列耶。若指菩薩所造之論，則除起信等僞書外，大乘初興時，龍樹菩薩等所造論中，固亦未見有首唱八識與諸法平列者也。破者此中所云，又故作矯亂論。查所舉大乘初興云云者，見吾書七十葉明心章上。而以識與諸法平列下，有注云：如説五藴，則識藴與色藴等平列；説十八界，則六識界與六根六塵諸界平列。此中文意，本謂最初大乘師雖於小宗六識外更説以二，而爲八識，但確不曾組成爲有系統之唯識論，故識與諸法平列而談。如破者所舉阿毗達磨説藴處界三科，於五藴中，豈不以識與餘四藴平列耶？乃至於十八界中，豈不以識界與根塵諸界平列耶？曷嘗以識統攝諸法耶！華嚴、深密、楞伽諸經，雖皆有唯心之言，要祇可視爲唯識論之導源而已。諸經皆廣説法要，隨説隨遣，不立定準。若謂其建立唯識，則謗經亦已甚矣。至龍樹菩薩等所造論，直顯諸行無自性，豈更説識各唯？若乃法相諸要典，自大論迄於中邊雜集，乃至五藴，皆以識與諸法平列而談，未嘗獨尊識之一法，以統攝諸法。故無所建立，猶與龍樹菩

薩等諸法性空之恉相會。故無著之學，除攝論外，從其大體觀之，
猶與以前大乘學説無極大變異也。

二事，來破曰：熊君言，逮於無著，始成第八識，引世親捨小入
大，此爲接引初機，固猶未堪深議。夫八識之談，不始無著，君有明
言，乃又謂無著始成第八識，不知君之密意云何。意者，大乘初興，
但唱而未成，必逮無著始克成之歟？但唱成之義，兩不孤立，不成
如何能唱？古德豈亦但懸無因之虛宗以立言，如後世臆説亂想家，
想到那裏説到那裏耶？破者此段話，全不了學問之意義。學問上
之所謂成立一説者，其意義甚嚴格。必也此説非但爲其散著之一
義，而實本之以組成嚴密之系統，爲其學説全體中之根本觀點所
在，如成唯識論，以唯識相，唯識性，唯識位三分成立，論疏皆有明文，卽唯識乃爲其
根本觀點所在，而唯識論實有嚴密之系統。此就唯識舉例耳，一切學問皆然。否則
不名成立。八識之談，不始無著。無著於他種著作中亦非不及八
識，要至作攝論授世親，則特舉第八識爲殊勝義。自是八識義益堅，
第八既成，第七亦俱成，如是則不止小宗所説六識，而八識之義乃堅立不搖。種子六
義亦決定，六義見前。遂開世親建立唯識之先河，故説無著始成第八
識。此徵諸唯識説演進之史實，無可矯亂。攝論已前，無論小宗祇
説六識，大乘增説八識，要之皆不特尊識以統攝諸法，不曾組成有
系統之唯識論，則謂但唱而未成也固然。汝云，不成如何能唱？不
知小宗二十部，大乘空有諸宗，其所成之説，皆推本釋尊。謂釋尊
有唱於先，而諸師成之於後可也，至言古德豈亦但懸無因之虛宗以
立言云云者，不知由何義而着此一語。

三事，來破曰：熊君言，世親以前諸大乘師，將識與諸法一例認
爲無自性，卽是看作皆空。到世親成立唯識，以識統攝諸法，則將
識之一法看得較實。且據彼種子義而推之，識既從種生，則識爲有
自性之實法矣。案，此是閉眼亂説。如熊君所舉之百法明門論，開

卷標宗，明明引如世尊言，一切法無我。全書始終釋此一義，則世親明明如以前諸大乘師，將識與諸法一例認爲無自性也。世親又不但説識從種生，並説一切有爲法如色聲等，皆從種生，亦皆是緣起，是故皆無自性。今熊君何以但就識從種生以推，又何以從種生故，即可推得爲有自性之實法，真所謂邪謬不堪究詰者矣。破者此中所云，又未了吾書字句。查汝所舉吾語，見七十葉明心章上小注。吾言世親成立唯識，以識統攝諸法，將識之一法看得較實者。此中較實二字，甚當注意。雖略不及色聲等法，而實已影顯色聲等法，在世親亦認爲實有。特其視識之一法，乃較色聲等法更爲實在耳。何以言之？據世親義，識爲能變，色聲等法是識所變。所變法者，非徧計所執，即是實有。所執者，謂由意想妄有所執，而實無此法。徧計者，意識周徧計度，故云爾。其義如此。故較實之言，影顯色聲等法實有，又正顯識法獨尊，較色聲等法更屬實中之實，是能變故。此等詞語，包含多義，破者全不求解，惡乎可哉！又，破者言，世親並説一切有爲法，如色聲等，皆從種生，皆是緣。玩其語意，蓋主相見別種。舊説八識各各又分心與心所，而每一心、每一心所，各各又析成相見二分，於是談種子者，有主相與見爲同一種而生，有説相見種子各別。然此自是後師研討之義。吾談世親不當濫入後師之説，故注文云，據彼種子義而推之，識既從種生，則識爲有自性之實法矣。此中識言，自攝色聲等法，以色聲等法，是識所變故，是識相分故，亦從識攝，而名唯識。攝相從見，攝所歸能，總名唯識。古義足徵，非吾臆説。故言識種者，即已攝色聲等法種，此語注意。而不顯言相見同種或別種者，以此問題，却至後師始嚴析故。凡理論文字，每下一詞，必顧及全系統與各種關係，破者自不會此意，故又誤疑吾言識種不攝色聲諸法種。此實汝誤，何關我失？夫識既從種生，即種是識之體，如何可説識無自性？緣起之談，尤爲謬戾，此義詳前破破計中卯項，可以覆按。至謂百法標宗，明明引如世尊言，一切法無我云云，彼雖稱述聖言以爲宗本，無如其自所搆畫安立，都與聖説了義相背，吾儕何可不辨？小宗豈不承聖言量耶？而大乘必破之，何哉？

四事，來破引經論説心心所不一不異，而謂余以分析咎護法爲非是。但據世親護法義，本説一切心心所各各有自種子，既已析成碎片，而又稱述經惰，以不一不異掩其支離，此實自爲矛盾耳。

五事，來破曰：世尊一代設教，破外爲多，破外之具，首憑分析。而熊君乃云，分析之能事，雖或有見於散殊，然致曲之過，其弊爲計。破者此中所云，又不了吾義。吾何嘗反對分析法耶？吾書六十七葉明心章上有曰：夫分析術者，科學固恃爲利器，卽在玄學，其所爲明倫察物，亦何嘗不有資於是，云云。此固明明説玄學亦須用分析術也。夫分析法，解析事相，曲盡隱微，精檢疑似，畫而不渾，事端易見，此其所長。但分析不可以證體。以其術終不外計度，外觀散殊，縱云如量。而當外向計度時，便已離本體矣。證體則外緣不起，如體而住，湛寂無功，無作用曰無功。自證離言，恆自識故曰自證，離分別故曰離言。此謂反證。亦云體認。故在玄學，反證法與非反證法，如分析法。直須分用而不可缺一，此義當詳量論。吾不主張專恃分析法以爲唯一之利器者，其理由在是。破者不解何謂反證，而復不解何謂分析，但謂世尊破外之具，首憑分析。夫世尊豈徒以分析爲破外之具耶！其深觀諸法相，稱實而知，所謂後得有分別智，何嘗不是分析耶？此豈無關自悟，但爲破外而設耶！然又當知，分析法固重要，但運用此法必具基本條件，略説以二：一曰依據事實。唯實事求是，故所解析不爲虛妄，否則懸空搆畫，經緯萬端，終不與事實相應，漫爾空想。空想與玄想絶殊。玄想則超然神解，觀其會通，所謂冒天下之道，如是而已者也。空想卽懸空搆畫，既非玄解，而徒爲無據之思辨，諺云空中樓閣是也。二曰於萬象唯觀察動勢。

此言動者，變動義，謂有勢用幻現故，故非俗所謂動。俗以由此至彼爲動，此不爾故。盛哉大化，變起無端，本來無物，而幻作衆象。卽此衆象，互相依緣而不陵亂，宛爾有則。故夫觀察萬象而求其公則者，應觀察動勢，得其活機，必不可執定象以爲楷準。萬象無實，唯隨變所之，幻現衆象，會而有則。會者，言衆象間有相互關係故，故有公則可言。故察變者，乃能率循物則，分析如量，而無有泥。萬象本不固定，卽物則無可泥執也。否則，執有定象以分析靜物，分析愈密，愈乖化理。此二基本條件，爲運用分析法所必資。持此以衡世親護法諸師，則其運用分析法似不能無失。彼乃觀靜物而不觀動勢，如前所說，世親護法一派之學，所以成其爲集聚論者，正以其於諸法唯作靜止的物事看故。如其說種子爲個別，說現行爲二分或三分，乃至四分，說種爲能，說現爲所，如此等等，都是從看慣了靜止的物事，才作如此搆畫。任意刻畫而不根事實，就其談種子與賴耶之關係言，種子爲能生，賴耶爲所生，因果同時而有；種子爲能藏，賴耶爲所藏，能所相依；種子爲賴耶所緣之相分，賴耶爲種子所依之體。種種刻畫，不可勝窮。此特就種子賴耶之間略爲舉例耳，其他搆畫之密，更無從說起。吾嘗言，若以賴耶一詞顯示吾人無始以來無量習氣幻結，而不必作上述種種搆畫，此則不遠事實。須知吾人生活大氐是一團習氣流行，稍能自反而於人生有體驗者，必不反對斯言。夫本心之運，豈有泯絕！然在一般人，則純是習氣乘權，其本心受障而幾於泯絕矣。明儒顧涇陽曾記一事，一日講會中，有問，如諸君過孔廟便下轎，過堯舜廟卽不下，此是本心否？座中無能答者。實則過孔廟下轎亦不是本心。蓋當時朝廷功令如此，彼乃奉行成習，自然率行，非必出於尊聖之本心也。如真出於尊聖之本心，則無論過孔廟、堯舜廟，當一律自動下轎矣。以此例徵，吾人自念慮之微，至行事之著，何往不是習氣流行！故嘗謂賴耶若但寬泛講，而以之表示習氣幻結，便不乖事實，若如世親護法種種刻畫，鉤心鬥角，如蛛造網，便成戲論矣。上來言之不覺其蔓，要之世親立說已是過於思搆，至護法而尤甚矣。適與前述分析法所資之二根本條件完全相反。吾故以護法等之分析爲病者，大意如此。雖然，世親護法諸師之學，要自規模廣遠，條理茂密。後人議

前哲甚易，而了解前哲之真價值則大難。察前哲之短而違之，會前
哲之大義而神明變通之，則難之尤難。至於志涉玄津，願皈大乘，
終必由奘、基、護法，世親、無著，以上窮龍樹、提婆，歸諸雜阿含、般
若、華嚴、涅槃諸經。基師序唯識所宗六經，無雜阿含，自宜增入。雜阿含不唯
是法相導源，而其記述不尚理論鋪張，許多真切處，直啟宗門之緒，容當別爲紀錄。是
則研討攸資，程序不易，如其厭支離而直尋易簡者，恐其易簡非真
易簡也。

　　六事，來破摘吾書七十一葉談心意識三名處，説意有定向云
云，謂吾立主宰之自我，是墮二執。實則此中分別心意識三種名
義，甚有冲旨，非反躬切己體認，未有能喻者也。此所謂意，非以心
之發用名意，書中既已明言，此意卽心有定向之謂。此心不是心理學上
所說之心，參考吾書七十一葉。定向者，卽是恒順其生生不息之本性以
發展，而不肯物化之謂。書中説得何等明白，何等真切，而汝猶不
能悟，吾復何説哉! 須知生命不是機械性，而確有定向。定向者，
自在義，自在猶言自由。而不曰自由者，自在義更深故。恒不捨自性故，恒不
物化故。定向者，活義，恒無墮沒故，恒奮進向上故。應知所云定
向卽是生命，若無定向，便無生命可説故。外道迷妄之我執，在所
必破。若除彼迷妄，依於自性，假説爲我，理不應遮，此中自性，卽上所
謂生命。涅槃、華嚴，汝須參究。

　　七事，來破曰: 熊君言，夫習氣千條萬緒，儲積而不散，繁賾而
不亂，其現起則名之心所，其潛藏亦可謂之種子。又云: 原夫無量
種界，勢用詭異，隱現倏忽，其變多端。每一念心起，俱時必有多數
種之同一聯繫者，從潛伏中倏爾現起，而與心相應，以顯發其種種
勢。卽依如是種種勢用，析其名狀，説爲一一心所法。是熊君不
但自許心所可分爲多，且謂種子亦無量矣。何以熊君又曰，迹護法
功能又名種子，析爲個別，攝以賴耶? 不悟種子取義既有擬物之

失,又亦與極微論者隱相符順。外道小宗,計有實微,其數衆多,此亦計有實種,數復無量。宇宙豈微分之合,人生詎多元之聚？故彼功能,終成戲論。熊君於此所云,不知何以自解。破者此番詰難,由於護法義及我義兩無所曉,故妄有詰難。護法功能亦名種子,其種子義是用義。須知所謂用者,卽言乎本體之流行,狀夫本體之發現。發現非有物也,無實物故。流行非有住也,非有住在的物事故。故不可說用有自體,若許用有自體者,安得更有實體可假名真如乎？今護法等談用,並建種現爲實有,復以種爲用中之體,護法種現雖皆是用,然種爲現因,故種是用中之體。擬諸物種,類似極微。如是談用,明明用有自體,深乖至理,何可無遮？至若我說習氣隱而未現亦得名種子者,此則分明不就用上立說。此處吃緊。種子既是習氣未現起之名,習氣與形氣俱始。詳功能章。唯其展轉隨增,類聚而不雜亂,頭數衆多,互以類聚,不雜亂也。固結而不散失,故說爲無量。此是後起虛僞法,非本來有故,名虛僞。本與形氣相得,而成爲機括。習氣這箇機括,念念發動。但有隱現之分,習氣現起而與心相俱以取境,便名心所法,其隱而未現卽名種子。參考吾書明心章上。實無能所之別,何所謂擬物？物種如豆生苗,有能所故,此種現起卽名心所法,不可說心所爲所生種,爲能生故。故此言種,無擬物過。何類於極微？外道極微是實法,此種雖幻有,而無實故。總之,吾與護法雖均言種,而種義則彼此根本不同,猶之大乘與外小雖均說極微,而極微義則彼此根本不同。設有難大乘曰:汝既遮外小極微,而仍析色至微何耶？則其愚不可解,必當受棒無疑矣。至如心所法者,卽是習氣現起之名。護法心所,亦卽是用,彼心所法,卽從現行識聚中分析而說爲獨立法,合之則同名現行識聚。據彼立義,現行是用,故心所卽是用。與我義迥別。我說心所卽習氣現起故。用則流行無間,不可分爲多體,故彼說心所法各各獨立,便有大過。習氣者卽串習餘勢,類聚而成爲聯繫以現起,非卽非離,不可說爲各各獨立之體,亦不可說是一相,是故無過。

八事，來破曰：熊君謂意識作用不唯外緣，而亦返緣。返緣略説以二：一者於外緣時，自知知故。如方緣色，而識自知知色之知故。熊君既許識有自知知色之知，是則色者相分，知者見分，自知者自證分也，又何以不許就此三體無別中，以理推徵説有三分耶？破者此所云云，極是邪計。吾書明明説識有返緣之用，返緣只是自知，朱子所謂非別以一心來見一心是也。舊師三分義，明明説作三分，能量所量不爲一體。如相分爲所量，見分爲能量，而見分望自證分又爲所量，自證分望見分乃爲能量，能所分得明白，如何説是無別？此與我説返緣義，何可併爲一談耶！

九事，來破曰：熊君既云，聰明覺了者心也，此心乃體物而不遺。而又云，以本體言心，簡異知覺運動非卽心故，覺了之覺，知覺之覺，等一覺字，何以懸絶不同？又何以聰明覺了爲心，而知覺運動爲非心？破者此所設難，深堪悼惜。汝既治佛學，何乃無知一至此極耶？如來藏心之心字，與賴耶以集起名心之心字，豈不等一心字，而胡爲懸絶不同耶？此等字例，非獨在佛書中不可勝舉，卽世典中又可勝舉耶？達磨説作用見性，故聰明覺了可説爲心，然在凡夫，不能護持正念，守護根門，則其發爲知覺運動者，皆雜染習氣之順形而轉，不可謂之心也。吾書六十四葉談知覺運動非卽心處，有小注一段，汝豈未讀耶？吾望汝切實諷味雜阿含經，再理會古德語録可也。

十事，來破曰：熊君又言，種子現起而爲心所之部分，與其未現起而仍潛伏爲種之部分，只有隱顯之殊，自無層級之隔。或計種子潛伏，宜若與彼現起爲心所者，當有上下層級之分，此甚誤也。無量習心行相，恒自平鋪，其現起之部分，則因實際生活需要，與偏於或種趣向之故，而此部分特別增盛，與識俱轉，自餘部分，則沈隱而不顯發，云云。熊君於上下之義既斥之矣，然又何以作升沈之言？升非上，沈非下耶？破者此中又顯其斷字取義之本領。吾文中明明未有以種與心所爲升沈相對之詞，但説種爲沈隱而不顯發。夫沈隱而不顯發一詞，何至便是對升上而言耶？如吾案中各種書籍，本是平列，無分案上案下。然吾頃憶陶詩，則陶詩遂現起眼前，餘籍便沈隱不顯。豈是餘籍置案下耶？又豈是陶詩從案下而升至案上耶？陶詩與餘籍，其始終平列此案間，自若也，特隱顯異耳。

十一事，來破曰：熊君又言，大乘之旨，賴耶深細，藏密而不顯，前六則麤顯極矣。疑於表裏隔絶，故應建立末那以介於其間。大論五十一説，由有本識，故有末那。其義可玩已。案，大論文，云何建立互爲緣性轉相，云云。論之爲義，是根依義。五以各自根爲根依，六以七爲根依，七以八爲根依也。且五六七皆以八爲根本依，又安有表裏隔絶之言耶？破者此中所云，由其平日讀書尋行數墨，不通神旨。前六麤動，第八深細，表裏本自懸絶，如不建立第七，一方爲第八根依，一方爲意識根依，則表裏何由通達耶！

十二事，來破曰：熊君又言，大乘所立八識，約分三重：初重爲六識，次重爲末那識，三重爲賴耶。受熏持種，動而無爲。案諸經論，賴耶有爲法，絶無動而無爲之理。既已無爲，則無生滅，又何能動，而云動而無爲？此雖略涉内典，亦皆了解斯義，不解熊君何反不知？破者此中所舉，見吾書六十六葉明心章上。其文明明曰：受熏持種，動而無爲。下更有注云：恒轉如流，是動也；惟受惟持，何爲乎？此中詞義，本自明白，而破者乃以無爲則無生滅相難，豈不怪哉！斷取無爲二字，而置動字不顧。動非生滅而何？況注釋動曰：恒轉如流，非生滅而何？至無爲一言，則申明惟受惟持之旨，顯第八自身無所造作，不同前七有能熏勢用，能引果故。破者謂此乖大乘旨，誠所未喻。

十三事,來破謂吾以種子聯繫統一説賴耶,猶依稀髣髴可言;以説末那,則相去天淵,直是亂談。破者於此,又不了吾意。須知舊説賴耶與末那互爲根依,六識不現行時,賴耶末那互相依住,若無末那,又焉有賴耶相可説耶? 故吾將此二識相貌,總略言之。

　　上來一一答破訖。新論具云新唯識論義幽而文簡,理博而辭約,讀者若以粗心承之,必漠然一無所獲。夫村豎覩衆寶而不知其爲寶者,無辨識之素養故也。卽在具神鑒者,得寶物而率爾忽視,略不留玩,亦將失寶。況夫預存偏見,樂崇素守,而深惡人之達己? 兼鄙無聞,而不信愚者有得,則將冀其共投於真理之懷抱,而欣合無間者,固必不可得之數矣。余之答破,盡吾忠誠。

(據一九三三年北京大學出版部排印本)

〔附〕 劉定權:破新唯識論

歐陽漸序

　　三年之喪,不肖者仰而及,賢者俯而就,此聖言量之所以須要也,方便之所以爲究竟也。心精飇舉,馳騁風雲,豈不遑快一時? 而堤決垣逾,滔天靡極,遂使乳臭牅闖。惟非堯舜薄湯武是事,大道絕徑,誰之咎歟! 六十年來閱人多矣,愈聰明者,愈逞才智,愈棄道遠。過猶不及,賢者昧之,而過之至於滅棄聖言量者,惟子真爲尤。衡如駁之甚是,應降心猛省以相從。割舌之誠,證明得定,執見之捨,皆大涅槃。嗚呼子真! 其猶在古人後哉! 歐陽漸民國二十一年十二月

甲、一元之體

乙、衆生同源

丙、宇宙一體

丁、反求實證

戊、真如爲體

己、種子爲體

庚、一翕一闢

辛、能習差違

釋　難

徵　宗

黃岡熊君十力造新唯識論，謂由實證，矜爲創作。而其書中屢稱“吾宗”。“吾宗”一語，容有二解：一者，吾所信之宗；二者，吾所創之宗。尋熊君所言：“最上了義，諸佛冥證，吾亦印持，吾不能自乖於宗極”，云云。據此，熊君自當以諸佛爲宗矣。然三性之説，佛口親宣，諸經備載。今談三性，則存善惡而廢無記，任情取捨，非所謂不乖宗極也。四智之説，佛所證得。今熊君挾私逞妄，於淨位中不許有四，是其自待已賢於釋迦矣。尚曰不乖宗極，其誰欺乎？業報不虛，佛所建立，既言不乖宗極，卽應淨信無疑。今謂業力不隨形盡，理亦或然。或之云者，猶豫之辭，然則熊君此言，不唯自乖宗極，在己實無定解。以此未能自信之説，立論詔人，寧非巨謬！佛説積集名心，深密經中具有明文。而熊君任臆斥破，另加詮解，是已顯與佛説刺謬，而尚以不乖宗極表襮於人。試問，必如何乃謂之乖於宗極耶？熊君又云：“昔者，印人言世界緣起，約有二説：一、轉變説，如數論是；二、集聚説，如勝論是。學者參稽二説，而觀物以會其理焉可也。”是則，熊君所謂創作，不過參稽二説，所謂實證，無非觀物會理。夫諸佛如來,必得正智,親證真如,乃能如實無倒,説法度人。今熊君以參稽外論爲創作,以觀物會理爲實證,其果於自信,殊堪駭詫。熊君書中又雜引易、老、莊、宋明諸儒之語,雖未顯標爲宗,迹其義趣,於彼尤近。若誠如是,則熊君之過矣。彼蓋雜取中土儒道兩家之義,又旁采印度外道之談,懸揣佛法,臆當亦爾,遂摭拾唯識師義,用莊嚴其説,自如鑿枘之不相入。於是,順者取之,違者棄之,匪唯棄之,又復詆之。遂使無著、世親、護法於千載之後,遭意外之謗,不亦過乎」且淆亂是非,任意雌黄,令世之有志斯學者莫別真似,靡有依歸,是尤不可不辨。

破　　計

甲、一元之體

　　熊君計"有大物,其名恒轉"。"恆轉者,功能也。""功能者,即實性,非因緣。""截然與護法殊恉"。"異以天淵者,即在於斯。""護法唯未見體,故其持論,種種迷謬。""吾宗千言萬語,不外方便顯體。"所謂體者何耶? 熊君曰:"斥體爲目,即恆轉也,功能也。""功能者,一切人物之統體,非各別。""即宇宙生生不容已之大流。泊爾至虚,故能孕羣有而不滯;湛然純一,故能極萬變而不測。天得之以成天,地得之以成地,人得之以成人,物得之以成物。芸芸品類,萬有不齊,自光線微分、野馬細塵、乃至含識,壹是皆資始乎功能之一元。而成形凝命,莫不各足,莫不稱事,斯亦譎怪之極哉!"案,此係熊君所計一元之義也。然彼論端,首斥"世之爲玄學者,搆畫搏量,虚妄安立。如一元、二元、多元等論,以是馳逞戲論,至於没齒而不知反"。今乃謂萬有皆資始乎一元,是忽不自知早墮入一元論中,而他人是哀也。斯真所謂譎怪之極哉」

　　又,熊君破作者云:"若有作者,當分染淨。若是其淨,不可作染; 若是其染, 不可作淨。染淨不俱, 云何世間有二法可說? 又, 有作者, 爲常無常? 若是無常, 不名作者; 若是其常, 常卽無作。又, 若立作者成就諸法, 卽此作者還待成就, 展轉相待, 過便無窮。又, 凡作者更須作具, 倘有常模, 便無妙用, 反復推徵, 作者義不得成"。而乃以萬有爲所成者, 功能爲能成者, 能卽功能之能, 成卽成形凝命之成, 天地人物得之以成天地人物之成。設若有人依此論例以相質曰: 若有能成者, 當分染淨。若是其淨, 不可成染; 若是其染, 不可成淨。染淨不俱, 云何世間有二法可說? 又, 能成者, 爲常無常? 若是無常, 不名成者; 若是其常, 常卽無成。又, 若立成者成就諸法, 卽此成者還待成就, 展轉相待, 過便無窮。又, 凡成者更須成具, 倘有常模, 便無妙用, 反復推徵, 能成者義不得成。以子之矛, 攻子之盾。試問熊君, 將何爲答? 然則, 護法云何? 曰: 誠如熊君所言, "護法之立功能也, 固不以衆生爲同源, 宇宙爲一體"。匪唯護法, 三藏十二部經中, 固未嘗有以衆生爲同源, 宇宙爲一體之說也。

乙、衆生同源

今應問熊君, 萬有皆資始乎功能之一元, 何以天得之但以成天, 而不成地與人物? 廣說乃至何以物得之但以成物, 而不成天地與人? 又, 彼號稱湛然純一之功能, 既成天矣, 何以又能成地與人物? 廣說乃至既成物矣, 何以又能成天地與人? 真所謂莫名其妙者矣! 且彼功能之一元, 既能成天, 則應隨時隨處皆唯成天。廣說乃至既能成物, 則應隨時隨處皆唯成物。以其云湛然純一故, 又應一時一處天地人物萬有頓成; 以其云萬有皆資始乎一元故, 不許違理, 許便違事。故彼所執, 進退不成。

丙、宇宙一體

如熊君宇宙一體之計, 推其設義, 應無漸次可行大地之理, 應一下足至一切處故; 又應同時於此處於彼處無至不至之理, 爲此一物在一時不應有得未得之異義故。又，此一義其體渾然，不應於一方處兩物中間有間隙事，此處有一亦卽有餘，云何此彼有差別之辨？如何可於此一處有至有不至，於其中間見有空處？又，此一義亦應無大小物之別，水蟲細物與彼巖物同在一處，量應等故。若謂此彼之別但由相故，則定應許此差別物展轉分析成多極微，此相有方分故。故彼所執一體不成。

　　是故，當知一體多體，皆就分位施設假立。一可分多，多可合一，都無自性，不可執實。然既假立，亦一成不變。又，法相釐然，更不可亂。譬如世人有家，就其家邊言，八口爲一體，八家爲多體；就其人邊言，則家中之一人爲一體，合家之八口爲多體。又，此家義，若就井言，則八家成井，又以八爲一體，不以八爲多體矣。故知一多者，隨意假立者也。

　　若就卽義言，一家卽多人，一人卽多蘊；多家卽一井，多井卽一鄉。順逆推之，皆無窮盡，亦可謂之一多相卽，重重無盡矣。至華嚴之所謂一多相卽者，觀十六卷及四十四卷所載，雖皆就所聞教法了解而言，與此不同。然亦非謂一人卽多人，多家卽一家，故遠世間，徒增顚倒，以自矜深玄也。

　　復次，彼之計一以爲絕對之一者，當知唯識所變之宇宙，無量無邊，本不可以假立之分位量度之也。故此假立之一多分位，順逆推之，皆無窮盡。雖甚大之數，終非無數，猶可倍之；雖甚小之數，終非無數，猶可分之。故至小之極微既是假立，則至大之宇宙亦是假立。不可謂極微不可分，宇宙不可倍，故其一者爲絕對。既言絕對，卽不可謂之爲一。由前理故，既稱爲數，世間蓋無至小與至大之數，卽無所謂絕對之數也。

　　是故，若就假立而言，則統目宇宙爲一體，固無不可；分指萬有謂爲多體，亦無不可。今奈何執護法不說宇宙一體，以爲指摘耶？

復次進問，熊君究以何義而謂宇宙爲一體者？檢其書中，凡有多説：

一、交徧義爲一體。“極物之繁，同處各徧。非如多馬，一處不容，乃若衆燈，交光相網，故我汝不一而非異”。夫光縱相網，而燈則非一，豈非異義成，非一義不必成乎？況律以近世光粒之説，一燈之光，固非真徧一室，餘燈之光，遂可參入其間。彼諸光粒，亦如多馬，一處並不容也。故此譬喻，爲證不成。又，我汝不一之言，自註：“不一者，我之宇宙，汝不得入，汝之宇宙，我亦不得入。如我與汝、羣盜，同在北京，實則我也，汝、羣盜也，乃人人各一北京。我之北京，寂曠虛寥，羣盜不可入也；羣盜之北京，喧惱逼熱，我亦不可入也”。云云。觀此人人各一北京之言，明明説非一體，而又謂宇宙真爲一體者，何耶？

二、圓滿義爲一體。“王船山云：大化周流，如藥丸然，隨拋一丸，味味具足。此已有窺於圓滿之義”。夫藥丸之味味具足，由先混合各味而成，豈大化亦先混合萬有而成者歟？豈萬有在先，大化在後歟？又，醫病製丸，非止製一，丸中縱具衆味，而此丸猶異彼丸也。故此所云，非真一體。

三、全分義爲一體。“世俗或以己身爲自然界之一斷片，而不知己身實賅攝自然，本爲一體同流。雖復説有全分之殊，其實分卽全也，分卽全之分故；全卽分也，全卽分之全故。氣脈自爾流通，攻取何妨異用”。熊君此義，與印度吠檀多宗梵我合一之説，喻以瓶內之空卽太虛之空者，極相符順。然全分之義，實不足以證成一體。因全卽一體之異名，一體既待成立，則全亦非極成。全不成故，分亦不成，況熊君自註云：“萬物有和同而相取者，有逆異而相攻者，作用詭異，要以會成全體之妙。”夫萬物至於逆異相攻，無論如何詭異，其非真爲一體，亦可知矣。

　　四、中心義爲一體。"此如大一統之國然，其萬方争自效以達於中樞，其中樞復發號施令以布之萬方。若乃萬方視聽隨中樞而更化，一如身動而令四周境物從之易態，故身之部分，乃於大器而爲其中心。東土建言有之：天地設而人位其中，亦此意也。"案，彼萬方中樞之言，明明非一，而謂一體，不解何謂？又，熊君下文卽云："夫身器相連屬而爲全體，此前所已明者。然使見於其全而忽於其分，則近取諸身之謂何？顧可於此不察乎？蓋一身雖通於大全，而身固分化也，分化則獨也。"案彼身器之大全，獨身之分化，明明自説非一，而又自説一體，不解何謂？

　　五、增上義爲一體。熊君餘處所説："互相繫屬，互相通貫。""相爲資藉，相爲攝持"。"相容攝，相維繫"。案彼所計，以理詮釋，皆彼此增上義，非彼此一體義也。熊君自謂增上緣義最精，吾人率此道常能由一知二，由甲知乙，則宇宙是增上，非一體。又，明明自説非一，而又自説一體，不解何謂？世親、護法源本聖教，顯示緣起，就中增上緣義，至爲寬廣，則又何嘗如熊君所誣，以諸法爲各各孤立之斷片！但不應執著諸法實爲一體而已。

　　六、仁愛義爲一體。"如嚮往古哲，與夫四海疾痛相連，以及親親仁民愛物之切至，凡此皆足以證明此心不有彼我，不限時空，渾然無二無別，無窮無盡。斯所謂内自證知不虛不妄者乎？""語曰：一人向隅，滿座爲之不樂。蓋滿座之人之心，卽是一人之心，元無自他間隔故耳。足知此心卽是物我同源處，乃所謂實體也。"案，彼所計，但説疾痛相連，不説肥瘠無關，則明明非一矣。數視姪疾，返輒安眠，雖賢者不能免；世間幸菑樂禍，投井下石者，又比比皆是也，烏足以證成衆人之心卽一人之心乎？若衆人之心卽一人之心，則新唯識論之書大可不作。蓋當熊君止觀雙運，本資反求時，十方三世一切衆生皆已體認懸解故也。何復誣説古德如護法，尚素乏證解，未曾自識本心耶？因論生論，設有問言：菩薩菩提悲所建立，若非宇宙一體，云何能起大悲？若不作宇宙一體觀，又云何能起大悲？應答之云：若宇宙原來一體，人人自能大悲，云何世間現見有缺悲之人？若須作宇宙一體觀方能大悲，大悲無緣，作觀須緣，云何而能相應？以予所見，菩薩名哀愍者，大悲種子法爾具有，見諸有情墮在百一十種極大苦蘊，悲種即為現行。又復於諸法遠離分別與悲俱心而為發現，當知即此名無緣悲，其相不共一切聲聞獨覺及諸外道。是豈假宇宙一體以自解始能起悲，而謂之無緣大悲哉？況如子夏喪子喪明，華周杞梁之妻善哭其夫而變國俗，當時豈將父子夫婦作一體觀而後能如是耶？實出於情之所至，不得不然耳。若待作一體觀而後能悲，其為情也亦薄矣！

七、唯識義為一體。熊君傾倒羅念菴，引其言曰："縱吾之目，而天地不滿於吾視；傾吾之耳，而天地不出於吾聽；冥吾之心，而天地不逃於吾思。"夫吾人所視能視，所聽能聽，所思能思，唯識變現似為一體。然唯識言，非唯一識。若唯一識，寧有十方凡聖尊卑因果等別？誰為誰說，何法何求？一作業時，一切應作；一受果時，一切應受；一得解脫時，一切應解脫，便成大過。復次，熊君既"知聰明覺了者心也"，遂用以證成"此心乃體物而不遺"，亦已足矣，又何必於心之上，更增益一宇宙生生不容已之大流哉？熊君雖訶"大乘諸師成立唯識，全用形式邏輯，空洞論調嫌多，頗近詭辨"，然熊君當成立唯識時，仍不能不依據舊師，遂又不能不讚其"辨證精嚴，名理斐然"矣。及至證成"妄境唯依妄識故有"之後，又謂"妄識亦依真心故有，而實乖真"。"若以妄識認為真心，計此不空是認賊作子，過莫大焉。"而"真心依本體得名"，雖"亦可說心即本體"，而"此中直指心為體卻是權說"。"心非即本體也"。今應問彼，云何證知有此本體？熊君曰："自性覺故"，"內自識故"，是本體自覺自識也。夫本體而能自覺自識，即謂之心可也，何必更在此心之上，增益一本體哉？遠西學者多假唯心論以證成其上帝，如巴克烈以存在即被知之義證成唯心以後，終乃增益一上帝之心。東方學者則假唯心論以證成其所謂本體。雖一爲神學，一爲玄學，而其説不平等因爲增益執，則無以異，皆須所謂屋干剃刀者，一一劃除之也。

丁、反求實證

熊君開卷明宗即正告讀者，言其所謂實體，"唯是反求實證相應"。"善反，則當下便是，勿須窮索。反之一義，最宜深玩，止觀雙運，方名反求"。"苟能一旦反求其本心焉，則生機油然充之矣。遂有所開發創新，而不爲物化。蓋生理暢而日新，德盛之至。用物而不必絕物，自然物皆順其天則，而莫非生理流行，所謂形色即天性也"云云。熊君此言，豈非以物順天則，生理流行，方爲止觀雙運，方爲實證本體，決定決定歟？豈非以未能生理流行，物順天則者，皆不得謂爲止觀雙運，實證本體歟？熊君有言，方今"世變日亟"，"北京羣盜喧惱逼熱"，"疾病交摧"。雖"近有轉機"，而"十年來患腦病、胃墜，常漏髓，背脊苦虛"。是豈非自認物之未順天則，生理之未流行歟？是則，熊君是否已止觀雙運，實證本體者，豈未尚未能有以見信於世歟？何以遽言有所開發創新而不爲物化歟？既不能創新而不爲物化，而嘐嘐作新唯識論，大言欺世，復何解歟？

熊君又言："真見體者，反諸内心，自他無間，徵物我之同源。蓋滿座之人之心，即是一人之心，元無自他間隔。此心即是物我同源處，乃所謂實體也。"此説非是。依據聖言，無論何人，無論修何止觀，無論如何反求，終不能親緣他心，此亦事理之無可疑者，如何可言可自他無間，滿座之人之心，即是一人之心耶？

又，應進問：熊君自謂"自書於佛家元屬創作"，不識其所謂止觀者，於佛家是否創作歟？若猶是佛説之止觀者，解深密經云：慈氏菩薩復白佛言：世尊，諸毗鉢舍那三摩地所行影像，彼與此心當言有異，當言無異？佛告慈氏菩薩曰：善男子，當言無異。何以故？由彼影像唯是識故。善男子，我說識所緣唯識所現故。世尊，若彼所行影像即與此心無有異者，云何此心還見此心？善男子，此中無有少法能見少法，然即此心如是生時，即有如是影像顯現。據此聖言，凡是所緣唯識所現，無有少法能見少法，如何今一反求，即見眾人之心即是一人之心耶？

經又云：世尊，齊何當言菩薩奢摩他毗鉢舍那和合俱轉？善男子，若正思惟心一境性。世尊，云何心一境性？善男子，謂通達三摩地所行影像唯是其識，或通達此心已，復思惟如性。據此聖言，止觀俱轉，通達三摩地所行影像唯是其識，如何可言今一反求，即見他心即我心耶？

戊、真如爲體

熊君言："真如一名，大乘舊以爲本體之形容詞"，而以一翕一闢變成天地人物之功能爲本體，是則以一翕一闢爲真如也。試問凡讀佛書者，有此種一翕一闢之真如乎？以予所據思惟如性之聖言，則所謂如性者，即如所有性。經云：如所有性者，謂即一切染淨法中所有真如，是名此中如所有性。此復七種：一者流轉真如，謂一切行無先後性；二者相真如，謂一切法補特伽羅無我性及法無我性；三者了別真如，謂一切行唯是識性；四者安立真如，謂我所說諸苦聖諦；五者邪行真如，謂我所說諸集聖諦；六者清淨真如，謂我所說諸滅聖諦；七者正行真如，謂我所說諸道聖諦。案，此七種真如，無非顯示諸行無先後，顯示二無我，顯示唯識，及顯示四諦，而熊君一切不知，何耶？

復次，當知熊君以因緣說真如緣起，亦顯倍聖言。聖說真如緣起者，但有所緣緣緣起之義。蓋當正智以真如爲所緣緣而生起時，能引自無漏種爲因,親生一切無漏諸法,非謂以真如爲因緣,能親生一切染淨諸法也。

　　己、種子爲體

　　復次,當知經論建立種子,有其因緣。世間外道,或執無因,或執不平等因,謂諸法皆共一因,而此一因不待餘因。如有執一大自在天大梵時,方本際自然虛空我等體,實徧常能生諸法。是故,世尊出現於世,宣說緣起正理,顯示諸法空性,謂一切法依他衆緣而得生起,因果平等,都無自性,除彼計執,斷彼衆惑,令獲正知,令順解脱。是故,不説一法爲諸法本,能生能成一切諸法。三乘聖教,中觀、瑜伽,莫不如是。異乎此者,卽非佛法,卽是外道。説唯識者,亦以方便顯示緣起,表無我性。世親如是,護法亦如是也。

　　熊君計有恒轉實體,不從因生,能生萬有,違佛緣起性空之理,已同外道勝性邪説矣。不明立種深意,於是緣起之義遂昧;緣起之理不彰,於是外道之説斯起。一誤現界以種子爲體,二誤現界以真如爲體,三誤兩體對待有若何關係。三誤蔽於中,妄言作於外,謂"自護法説來,真如遂成戲論也"。今爲一一敍而闢之。

　　其誤現界以種子爲體者。彼以"護法計有現行果,因更計有功能,沉隱而爲現界本根,字曰因緣。功能爲現界之因,隱而未顯;現界是功能之果,顯而非隱。兩相對待,判以二重;功能爲能生,其體實有;現界爲所生,其相現著。截成兩片,故非一物。顯而著相者,其猶器乎?隱而有體者,其猶成器之工宰乎?"案,熊君所陳護法大概,並非護法之旨。護法説現行生種,種起現行,種子前後自類相生,皆是因緣。功能現行,互爲因果,互爲能生,互爲所生。皆待緣生,而豈但以功能爲現界本根,字曰因緣耶?而豈但以功能爲能生之因,現界爲所生之果耶?護法種現互生之義,見成唯識論第七有爲法,親辦自果之因緣,其體有二:一種子,二現行之言是也。辨論至此，有一極要義須先陳述，方可著説。所言要義者，何也？蓋以體用之名所詮之義，印度與中國截然不同故也。中國體用之説固定，印度則不固定。有以種現皆稱體者，識論第七，因緣之體有二：一種子，二現行。種子現行統謂之體是也。是則，所謂體者，泛指法體而言，而豈玄學中所謂與現象相對之本體哉？有以本識爲體，種子爲用者，識論第二，分別種子云：此與本識及所生果不一不異，體用因果理應爾故。此中，固以本識爲體，種子爲用，種子爲因，所生爲果是也。是則，種現相生，互爲因果，則種與現即互爲其體，而豈獨種爲現之體而已哉？熊君體用之旨不明，無怪第一誤也。

其誤現界以真如爲體者。即前辨真如爲體中所舉彼言：舊以真如爲本體之形容詞，本體一翕一闢變成天地人物之現界。然非理也。真如之義，如前引經已明，唯是諸法實相，是無爲法。無爲法者，非有生住異滅諸有爲相之謂，又何所謂變？何所謂變成天地人物之現界？熊君真如無爲之義不明，無怪第二誤也。

其誤兩體對待若何關係者。彼以“護法唯未見體，故其持論種種迷謬。本説真如爲體，又立功能爲現界之體，兩體對待，將成若何關係乎？”案，護法既未嘗以功能爲現界之體，又未嘗以真如爲變成萬物之體，何所謂兩體對待之關係耶？總之，護法動依緣起説諸法無自性，而熊君必務以一法爲先物之實體。邪正之不侔，又無怪其第三誤也。

夫護法學雖與餘唯識諸師頗有出入，然其明緣起理，顯無我性，實與世尊説法之意極相隨順。是則，“彈正護法，獲罪宿德”云云者，實彈正世尊，獲罪諸佛也。

復次，熊君常引禪宗語録，然熊君云：“當反觀時，便自見得有箇充實而光明的體段在。”此種昭昭明明境界，正禪宗所訶之光影門頭。熊君心中猶有這箇在，書中又葛藤牽繞，不知其於古尊宿爲何如也。既有個充實光明的體段橫梗心中，即是法執，差此一間，即是外道。印度諸外道，豈真一無所見哉？但未達一間耳。有這箇在，即非真無所得，即有罣礙，即未證真解脫，即不得大自在，即五百劫墮落野狐。多所言說，亦野狐之鳴鳴亂鳴而已。

原夫緣起性空之理，佛口親宣，三乘共秉。中觀則多談性空，性空故緣起，所謂應無所住而生其心也。瑜伽乃多談緣起，緣起故性空，所謂不壞假名而說實相也。小乘明緣起性空之理而偏求解脫，大乘明緣起性空之理而廣興功德。三乘聖教，如是而已。是故，若知緣起性空，則真如亦是假施設名，衆生即說衆生，宇宙即說宇宙。不可定說一異，亦非自作他作共作及無因所作，緣所生故，無自性故。所謂若佛出世，若不出世，安住法性，法住法界是也。是故，不一不異，不增不減，遠離二邊，即是中道也。又，既知都無自性，但從緣生，則罣礙全無，轉依可證，無邊功德，何法不可辦？利樂有情，何事不能為？是真解脫，是大自在，天上地下，唯我獨尊，三世諸佛，平等平等，又奚必假萬物一體以自廣，待天人合德始中程哉？

譬如壯士，健旺無疾，非無耳目口鼻也，而忘其有耳目口鼻。雖忘其有耳目口鼻也，而耳目口鼻自若，行其職任亦自若。由前句言，般若空義，根本智義；由後句言，瑜伽有義，後得智義。合前後句義，為宗門證得義。若稍覺耳有其耳，目有其目，便是病到。況非耳說耳，非目說目哉？是為大病不治，倉扁窮術也。是為般若執空，瑜伽執有，宗門弄光影虛玄，神聖亦莫可如何也。熊君增益立義，何以異是？

庚、一翕一闢

翕闢之論，為熊君說法立義之肝髓，應詳敘而辨之。

一、立翕闢說之由來。熊君謂以恒轉而翕闢，恒轉已破，何翕闢之可言?（破義見一元之體段，又分見各段，尋讀自知，不贅。）然其翕闢之由來，不能不揭示世人，使知其盡向外門轉也。熊君之言曰："恒轉者，至静而動，本未始有物也。然動而不能不攝聚，故乃翕而幻成乎物。其翕而成物也，因以爲資具，而顯其自性力。故行之至健，常物物而不物於物也。夫是行健以物物而不物於物之自性力，對翕而言，則謂之闢；對物而言，則謂之心。恒轉幻現翕闢，而形成心物相待，其妙如此。"案，熊君以自性爲闢爲心，以顯自性之資具爲翕爲色，皆恒轉所幻者。詳其由來，與太極圖説相似，而豈涉唯識之夢哉? 昔人考太極圖説，道家授受之物，與孔易大不相伴。繫辭易有太極一段，誤解者皆道家之流也，而熊君襲之。其恒轉云云者，即無極而太極句意也；其闢云云者，即太極動而生陽句意也；其翕云云者，即動極而静，静而生陰句意也；其翕闢云云者，即一動一静，互爲其根，分陰分陽句意也。不過熊君以翕顯闢爲稍異耳。熊君闢翕義，尚不足孔家妙義，況唯識家言哉? 偷襲後世方士之一二，遂乃稱雄於古往今來，一切不顧，多見其太不知量也。又翕色闢心之義，不外襲橫渠正蒙之餘唾。

二、闢之戰勝於翕。翕闢且不欲問，何闢勝於翕之可言? 然邪説誣民，遂使人不能不作寃枉之曉曉也。熊君之言曰："翕則疑於動而乖其本也。然倶時由翕故，常有力焉，健以自勝，而不肯化於翕，以恒轉畢竟常如其性故。唯然，故知其有似主宰用，乃以運乎翕之中而顯其至健，有戰勝之象焉。即此運乎翕之中而顯其至健者，名之爲闢。"案，熊君以乖本成物爲翕，以如性成心爲闢。心轉物而不爲物轉，爲闢之戰勝於翕者。勝敗之數，視轉與被轉，更視其數之多寡。熊君以礦物、植物、動物，及大多數之人類爲被轉，其爲轉者，不過人類中極少數之出類拔萃者。多寡之數，較然矣! 判之爲戰敗可也，而謂戰勝，誰欺?

熊君既主張"闢以勝翕",却又教人"法坤";既信奉"生物進化",却又教人"復初";既說"渾然一體",却又說"分化以顯";既說"分化以顯",却又責人"不說一體";既說"不能以求之人者概之於物",却又說"一人一物之心,即是天地萬物之心"。處處犯自語相違過,故不論其說爲是爲非,而此自語相違,失心瘋言,已童豎戲也。

　　　辛、能習差違

　　能習差違,此有七辨。

　　一、辨能捆爲習。因明例,先須選定立敵共許之名詞,以爲辨論之用,故立有極成之言,而不然者,犯不極成過。又,名詞須與指義皆極成,不能以敵之名,改用自立之義,而不然者,則名亦不極成。名詞且不極成,所資以置辨者又安在哉?原夫功能、習氣、種子,此三名詞,原無差別。論言種子者,本識中親生自果之功能,則功能即種子也;論言種子既是習氣異名,則習氣又即種子也。熊君強分習氣與功能爲二,是立敵所用之名不極成,而有所云云,過尤叢集。依因明例,本無更辨之理由也。然原誣古人,蒙蔽世人,又不得不爲例外之曉言。熊君云:"護法立說最謬者,莫如捆習氣爲功能也。"夫能習不分,非始護法,熊君謂護法捆,一謬也;能習分二,但熊君謬,用隨一言,以出人過,二謬也;數千年後,憑空亂說孔子非仲尼,而責數千年前之古德何以捆孔仲爲一人,愚悍如是,曷一自審是誰愚悍,三謬也。

　　二、辨業爲或然又爲定論。熊君既言:"吾人有生以來經無量劫,業勢等流。其徇形軀之私而起者,必皆有遺痕,成有漏習;其循理而動者,必皆有遺痕,成無漏習。"是以決定決定說習氣矣。然何以又說:"有情業力不隨形盡,理亦或然。"或然即必然耶?必然即或然耶?何其自語相違若是耶?

　　三、辨本來面目。熊君又言:"成形稟氣之始,忽執形器而昧其本來面目者,是之謂惑。本來面目是不落形氣的,是無私的,是無所染執的。"案,成形稟氣之言,不過爲此一期最初之時也。然熊君前云:"有生以來,經無量劫。"則此所云本來面目者,不僅在一期初生之時,而實在無量劫先,人且未生之前。是則,所謂本來面目者,熊君果證見之耶?是則,今之熊君,乃是無量劫先,人且未生之前之人。人耶,非人耶?若言是人,人且未生;若言非人,明明熊君。

四、辨捉天爲人。熊君又言:"習氣後起,不可捉同功能,能習有天人之辨。衆生儲留其無始來之成能,以自造爲一己之生命者,謂之爲人。功能者,天事也;習氣者,人能也。以人捉天,則將蔽於形氣而昧厥本來。悠悠千祀,迷謬相承,良殷悼歎。"案,此明明以生命力爲人矣。何以又謂:"斯人性具生命力。性具者,謂先天之稟。"所謂以人捉天之迷謬,實在熊君。良殷悼歎之言,非指千祀,實自寫照也。

五、辨習伐其性。熊君之言曰:"心者卽性,是本來故。心所卽習,是後起故。本來任運,後起有爲;本來純淨無染,後起便通善染。"又曰:"性卽是凝成此氣質者。但氣質之凝成,變化萬殊,難以齊一。且既已凝成,亦自有權能。雖爲本性表現之資具,而不能無偏,固不得悉如其性矣。"今應問彼,何以純淨無染之性,凝成氣質乃有萬殊難齊,甚美不美之分?且既凝成,何以又自有權能,乃至"習伐其性"?是等論調,豈非福音之再見乎?萬能仁慈之上帝,既造衆人,又造羣魔而降伏之,以顯上帝之威力。但羣魔既被造成,卽亦自有權能,不唯誘惑衆人,甚至侵伐上帝。其爲不通,亦此之類也。

六、辨捨習之疑。熊君又言:"習氣雖屬後起,而恒展轉隨增,力用盛大。吾人生活內容,莫非習氣;吾人日常宇宙,亦莫非習氣。

若捨習而談，此處有如是案乎？無如是案乎？便有許多疑問在。"案，熊君既謂宇宙人生莫非習氣，則又何必於習氣之外，增益其所謂功能？又謂捨習而談，便有許多疑問。熊君既謂疑爲別境心所是習氣之一，既捨習矣，許多疑問又何從而有哉？

七、辨疑爲悟幾。熊君言心所中之最謬者，莫如將本惑之疑，移入別境。蓋承西哲笛卡兒之謬，所謂以懷疑態度治學者是也。不知吾人治學之始，凡遇一義，不當不加抉擇，漫然從之，應以勝慧於所觀境，簡擇推求，於是德失俱非明白決定。或有當存而不論者，不知爲不知是知也，非疑也。而疑數者，於諸論理猶豫爲性，既不能簡擇推求，故於德失俱非皆不敢加以決斷，徘徊瞻顧，莫決從違。故有疑者，不唯不生勝慧，反能令慧不決。諸聖教中但説能障善品，未聞爲悟之幾。觀信數之爲善，則疑數之爲惑可知矣。今熊君偶拾以疑治學之俗説，漫然不加抉擇而從之，又非真能實行其所謂以疑治學者矣。

釋難

熊君之言曰："唯識諸師，如護法等，唯分析是務，理論愈進而加密，真意屢傳而漸乖。""八識之談，大乘初興，便已首唱，本不始於無著，但其爲説，以識與諸法平列"云云。今應問彼，所謂大乘初興，首唱八識與諸法平列之説者，指世尊所説之經耶？抑指菩薩所造之論耶？若指世尊所説之經，則三乘聖教皆佛所説，所謂大乘初興之言爲無意義。阿毗達磨本聲聞一切智義，詳敍諸法種種説蘊處界三科。而至華嚴唯心所現之言，深密唯識所現之訓，則抉擇唯識特列以立義，又曷嘗與諸法平列耶？若指菩薩所造之論，則除起信等僞書外，大乘初興時龍樹菩薩等所造論中，固亦未見有首唱八識與諸法平列之説也。

熊君又言："迨於無著始成第八識，引世親捨小入大，此爲接引初機，固猶未堪深議。”夫八識之談，不始無著，君有明言，乃又謂逮於無著始成第八識，不知君之密意云何？意者，大乘初興，但唱而未成，必逮於無著，始克成之歟？但唱成之義，兩不孤立，不成如何能唱？古德豈亦但懸無因之虛宗以立言，如後世臆說亂想家，想到那裏說到那裏耶？至於接引初機之說，當年世親位證明得尚是初機，未知今世誰爲超過世親之熟機，熊君乃不惜以其超過八識之義，所謂最上了義者，廣爲之宣說耶？但熊君以第八識之說爲接引初機者，不知其何以解於阿毗達磨經中“一切種子識，勝者我開示”；及深密經中“阿陀那識甚深細，我於凡愚不開演”之說耶！

熊君又言：“及世親造百法等論，並三十頌，遂乃建立識暉，而以一切法皆不離識爲宗。唯之爲言，顯其殊特，而成立識法非空。蓋世親以前諸大乘師，將識與諸法一例認爲無自性，即是看作皆空。到世親成立唯識，以識統攝諸法，則將識之一法看得較實。且據彼種子義而推之，識既從種生，則識爲有自性之實法矣。”案，此當面造謠，閉眼亂說，豈謂古人已死無對證耶？古人不在，古書具在。即如熊君所舉之百法明門論，開卷標宗明明引如世尊言一切法無我，全書始終明明皆釋此一義，則世親明明如以前諸大乘師，將識與諸法一例認爲無自性也。世親又不但說識從種生，並說一切有爲法，如色聲等，皆從種生，皆是緣起，是故皆無自性。今熊君何以但就識從種生以推，又何以從種生故，即可推得爲有自性之實法？真所謂邪謬不堪究詰者矣。

熊君又言：“護法建立八識，又各分心所，而於每一心每一心所，皆析以三分。彼唯用分析之術，乃不能不陷於有所謂已成之斷片相狀。”案，蘊處界法，佛口親宣，三乘共許，雖或六或八，有多有寡，而其共許不唯一識，不唯一心所，昭昭然也。況成唯識論備引種種聖言，而可一概抹殺耶？**識論第七云：八識自性不可言定一，**

行相所依緣相應異故。又，一滅時餘不滅故，能所熏等相各異故。亦非定異，經說八識如水波等無差別故。定異應非因果性故，如幻事等無定性故。如前所說識差別相依理世俗，非真勝義，真勝義中心言絕故。如伽他說：心意識八種，俗故相有別，真故相無別，相所相無故。又說：心所云，應說離心有別自性，此依世俗，若依勝義，心所與心，非離非即。諸識相望，應知亦然，是謂大乘真俗妙理。又第二，心心所各有三分，引集量論伽他中說：似境相所量，能取相自證，即能量及果，此三體無別。引契經伽他中說：衆生心二性，內外一切分，所取能取纏，見種種差別。又云：或攝爲一，體無別故。如入楞伽伽他中說：由自心執著，心似外境轉，彼所見非有，是故說唯心。此一心言，亦攝心所。詳此所引諸說，則妄訶護法惟恃分析法創設心心所異，及三分異者，直是黑膽包天，昏眼迷地矣！

　　且夫分析之爲用大矣哉！世尊一代設教，破外爲多，破外之具，首憑分析。是善巧方便之極，所謂方便爲究竟是也，經言種種名相，惟佛爲能建立是也。而熊君乃云：“分析之能事，雖或有見於散殊，然致曲之過，其弊爲計”。又，佛世尊爲入我空析六二法，爲執麤色有實體者，說極微令其除析。而熊君乃云：“析心至種，如析色至微，是謂戲論。”怪哉，怪哉！

　　夫我法二執，率由計常計一之見而起。我佛世尊，析色至極微以破一，析時至刹那以破常。非色真有極微也，方便也；非時真有刹那也，方便也。今熊君必以方便爲非究竟，而求其所謂真實爲究竟者；視分析法爲病而不用，用其所謂會歸有極之玄學方法以爲求，遂爾立有主宰之自我。熊君之言曰：“夫心即性也，以其爲吾一身之主宰，則對身而名心焉。然心體萬物而無不在，本不限於一身也。不限於一身者，謂在我者亦在天地萬物也。今反求其在我者，乃淵然恒有定向，於此言之，則謂之意矣。定向云何？謂恆順其生生不息之本性以發展，而不肯物化者是也。故此有定向者，卽生命也，卽獨體也。依此而立自我，雖萬變而貞於一，有主宰之謂也。"嗚呼！熊君名稱唯識學者，奈何竟立主宰之自我者乎？夫計有主宰之自我者，是我執也；計有一法爲我及天地萬物之所資始者，是法執也。既爲二執所縛，則以世尊之方便爲戲論，亦勢所必至矣。

然而熊君亦曰："如實義者，心乃渾然不可分之全體，然不妨從各方面以形容之，則將隨其分殊取義，而名亦滋多矣。"又曰："感識亦得分言之，而云眼識耳識，乃至身識。"又曰："夫習氣千條萬緒，儲積而不散，繁頤而不亂，其現起則名之心所，其潛藏亦可謂之種子。"又曰："原夫無量種界，勢用詭異，隱現倏忽，其變多端。每一念心起，俱時必有多數之同一聯繫者，從潛伏中倏爾現起，而與心相應，以顯發其種種勢用。卽依如是種種勢用，析其名狀，說爲一一心所法。"是熊君不但自許心心所可分爲多，且謂種子亦無量矣。何以熊君又曰："迹護法功能又名種子，析爲個別，攝以賴耶。不悟種子取義，既有擬物之失，又亦與極微論者隱相符順。外道小宗，計有實微，其數衆多，此亦計有實種，數復無量。宇宙豈微分之合，人生詎多元之聚？故彼功能終成戲論。"不知熊君何以自解！熊君書中言有所謂"感情邏輯"者，熊君迨亦用感情邏輯者歟？

又，熊君謂："意識作用，不唯外緣，而亦返緣。返緣略說以二：一者，於外緣時，自知知故。如方緣色，而識自知知色之知故。"熊君既許識有自知知色之知，是則，色者相分，知者見分，自知者自證分也。又何以不許就此之體無別中，以理推徵，說有三分耶？

復次，熊君既云："聰明覺了者心也，此心乃體物而不遺。"而又云："以本體言心，簡異知覺運動非卽心故。"覺了之覺，知覺之覺，等一覺字，何以懸絕不同？又何以聰明覺了爲心，而知覺運動爲非心？殆又用所謂感情邏輯者歟？

熊君又言:"種子現起而爲心所之部分，與其未現起而仍潛伏爲種之部份，只有隱顯之殊，自無層級之隔。或計種子潛伏,宜若與彼現起爲心所者，當有上下層級之分，此甚誤也。無量習心行相,恆自平鋪,其現起之部分，則因實際生活需要，與偏於或種趨向之故，而此部分特別增盛，與識俱轉,自餘部分,則沈隱而不顯發。"云云。案，經論中未嘗見有將種子現行顯爲上下層級之分者。然卽爲此分別，亦不過狀其隱顯之義，而非甚誤也。熊君於上下之義,既斥之矣,然又何以作升沈之言？升非上，沈非下耶？止許自家説升沈,而不許人説上下,何耶？

熊君又言:"世親之析識爲八聚也,若但據染位妄識假析,固亦無妨,然彼實通淨位而言之矣。夫淨位則本心呈露,是所謂至神而無方相者也。今亦析成斷斷片片,則根本不曾識得此心,過莫大於斯矣。"案,淨位析爲四智,佛地經中世尊之所説也。豈佛亦根本不曾識得此心乎？自家不識佛旨,已不免墮莫大之過中矣,而又以莫大之過加諸世親,輩上造輩,誠所不解。

熊君又言: 大乘之旨,"賴耶深細藏密而不顯，前六則麤顯極矣。疑於表裏隔絶，故應建立第七末那以介於其間。大論五十一説,由有本識,故有末那。其義可玩已。"案,大論文,云何建立互爲緣性轉相？謂阿賴耶識與諸轉識作二緣性,一爲彼種子故,二爲彼所依故。爲所依者,謂由阿賴耶識執受色根,五種識身依之而轉,非無執受。又,由有阿賴耶識，故得有末那。由此末那爲依止,故意識得轉。譬如依止眼根等五根五識,身轉非無五根,意識亦爾,非無意根。論之爲義,是根依義。五以各自根爲根依,六以七爲根依,七以八爲根依也。且五六七皆以八爲根本依,又安有表裏隔絶之言耶？反覆論義,是立七識無表裏隔絶介於其間之邪謬。讀書不清而亂説,何耶？

熊君著書體例，有"承舊名而變其義"一條，其所謂變者，變他義而顯自義也。若非顯已而但敍他，而亦輒變改其言，是直造謠而已，是直誣謗而已。熊君又言："大乘所立八識，約分三重：初重爲六識，次重爲末那識，三重爲賴耶，受熏持種，動而無爲。"案，諸經論，賴耶有爲法，絕無動而無爲之理。既已無爲，則無生滅，又何能動，而云動而無爲？此雖略涉內典，亦皆了解斯義，不解熊君何反不知？

又，熊君言："無量種子，各有恆性，各有緣用，又各以氣類相從，以功用相需，而形成許多不同之聯繫。卽此許多不同之聯繫，更互相依持，自不期而具有統一之形式。古大乘師所謂賴耶、末那，或卽緣此假立。"云云。案，此以種子聯繫統一爲七八建立之由來，誣爲古大乘義，不知其據古大乘師何部論中而談，大乘書在，未見有如是謬論也。蓋以種子聯繫統一說賴耶，猶依稀髣髴可言也，以說末那，則相去天淵，直是亂談。

統前所談，熊君於唯識學幾於全無所曉，而其緒言中乃曰："此書評議舊義處，首敍彼計，必求文簡而義賅，欲使讀者雖未研舊學，亦得於此索其條貫，識其旨歸，方了然於新義之所以立。"案，所謂義賅，實不能賅，且非其義。但欺未學而阱以新，亦不讀書而徒逞肊見，粗辟獷野之爲害也。然吾知熊君不悟也。愚意熊君誠能以十年著書之功，易爲十年讀書，窮研舊學，儻得索其條貫，識其旨歸，方了然於新義之所以不當立。

（據內學第六輯之一單行本）

三、佛家名相通釋撰述大意

本書略分二卷。卷上，依據五蘊論，綜述法相體系；卷下，依據

<u>百法</u>等論,綜述唯識體系。

　　疏釋名相,只取唯識法相,何耶?佛家宗派雖多,總其大別,不外空有兩輪。諸小宗談空者紛然矣,至<u>龍樹</u><u>提婆</u>,談空究竟,是爲大乘空宗;諸小宗談有者紛然矣,至<u>無着</u><u>世親</u>,談有善巧,是爲大乘有宗。<small>大乘有宗,雖亦未盡善巧,然比較小乘,則不能不謂之善巧。如以賴耶代替外道神我説,又破實極微,而仍不妨假説極微,皆較小乘爲善巧。此例不勝舉也。</small>若嚴核之,法相是<u>無着</u>學,唯識是<u>世親</u>學。疏釋名相,何故取此二師學耶?二師成立大有,<small>對小宗執有者而曰大有。</small>資於小有;<small>小乘諸部執有者曰小有。</small>鑒於小空,<small>小乘諸部執空者曰小空。</small>又對大空,<small>龍樹談空,超過小師,始稱大乘,是謂大空。</small>而成大有。破人法二我故,不同小有;<small>人法二我解,見下卷。</small>遮惡取空故,卽救大空末流之弊。<small>惡取空者,謂執一切皆空。於俗諦中,不施設有,於真諦中,真理亦無。如此沉空,便爲惡取。</small>故唯識法相,淵源廣遠,資藉博厚,而其爲書也,又條件分明,<small>如法相書。</small>統系嚴整,<small>如唯識書。</small>佛家哲學方面名詞,蓋亦大備於唯識法相諸要典,撮要而釋之,則可以讀其書而通其學。大有之學既通,而諸小有、小空,爰及大空,一切經論,無不可讀。築室有基,操舟有楫,治斯學者,詎可無依?

　　大乘有宗學,爲佛學發展至最後階段之産物。今疏釋名相,不先小宗,而遽首大乘,是將令研究佛學者不循次第,其故何歟?余向主張由小入大,<u>十力語要卷一第四十八至五十四頁答薛生書</u>言之備矣。但今日學子,於科學哲學,若有相當素養,其思攷力,曾受訓練,則逕治法相唯識諸書,自無不可。若已見得法相唯識意思,而欲詳其淵源所自,與演變之序,則溯洄<u>釋迦</u>本旨,迄小乘大乘諸派,順序切實理會一番,便見端的。如治儒學者,先讀<u>陽明</u>或<u>朱子</u>書,然後上追<u>孔</u><u>孟</u>,中逮羣儒,以次分別研究,自然有得。大氐學者用功,只從某一大派精心結撰之著作苦心探索,由此養出自家見地,再進而尋求此派來源,與其他各種有關的思想,則不至茫然無所执擇矣。余今昔主張，未嘗牴牾也。

坊間故有唯識開蒙，與相宗綱要一類書籍，皆爲初學津梁而出，然嘗聞學者持此等書，反覆覽觀，卒無一逕可通。甚矣！其勞而無功也。緣此等書，全無意匠經營，只是粗列若干條目，而鹵莽滅裂，雜取經論疏記等陳語分綴之。夫經論本文，自有條貫，而學者猶不能通，況割裂其詞，綴爲單條，既非釋辭之編，又異成章之論，將欲始學之徒，階此而究聖言，是何異教孺子學步，而務縶其足耶？

然則，佛學自昔已無門逕書歟？是事不然，如五蘊論，則法相門逕書也；如百法論，其云百法明門。則唯識門逕書也。既有門逕，應由之而得矣。然雖綜舉衆名，根極理要，顧其名相辭義，略無訓釋，絕不可通，初學開卷，茫然面牆，其將奈何？教學以來，極感此困，頃乃就五蘊百法等論，抉擇旨歸，搜尋義蘊，分條析理，而爲叙述。名相爲經，衆義爲緯，純本哲學之觀點，力避空想之浮辭。佛家自釋迦阿含以後，大小乘師，皆好爲懸空與繁瑣的分析，而有宗尤甚。卽如唯識述記一書，本佛家哲學方面之鉅典，然每閱治西洋哲學者讀之，總覺滿紙是廢話。蓋其玄微深遠之旨，輒爲繁瑣浮詞所掩，非精鑒者則莫能有得。根底無易其故，治古學，不可變亂其本旨。裁斷必出於己，治古學者，貴其能得古人之精神，與其思想脈絡，而於其持説，可加以裁斷。故於稽古之中，而自成其學。否則記誦而已，抄胥而已，無關學問。品節既詳，統系斯整。雖爾釋辭之書，何殊專著之績，規矩固踵乎五蘊百法，義恉實通於羣經諸論。後有達者，覽而鑒諸。

上來略明撰述意思，更有誠言，爲讀者告。

吾嘗言，今日治哲學者，於中國、印度西洋三方面，必不可偏廢，十力語要卷一，答薛生書，已言及此。此意容當別論。佛家於内心之照察，與人生之體驗，宇宙之解析，真理之證會，此云真理，卽謂實體。皆有其特殊獨到處。卽其注意邏輯之精神，於中土所偏，尤堪匡救。

中國學問，何故不尚邏輯，語要卷一，時有所明，但言簡意賅。恐讀者忽而不察。自大法東來，什、肇、奘、基既盡吸收之能；後詳。華台宗門，皆成創造之業。華嚴天台禪家，各立宗派，雖本大乘，而實皆中土創造。魏晉融佛於三玄，雖失則縱，非佛之過，曹魏流蕩之餘毒也。光武戀新莽之變，以名教束士人，其後士相黨附，而飾節義，固已外強中乾。曹氏父子，懷篡奪之志，務反名教。操求不仁不孝而有術略者；丕植兄弟，以文學宏獎風流，士薄防檢，而中無實質，以空文相煽，而中夏始為胡。又，自此而有所謂名士一流，其風迄今未已，華胄之不競，有以也哉！宋明融佛於四子，雖失則迂，非佛之過，東漢名教之流弊也。宋承五代之昏亂，故孫、石、程、張、司馬、文、范諸公，復興東漢名教，南渡諸儒繼之，明儒尚守其風。若陸子靜兄弟，及鄧牧、王船山、黃黎洲諸儒，皆有民治思想，則其說亦不足行於世。揆之往事，中人融會印度佛家思想，常因緣會多違，而未善其用。今自西洋文化東來，而吾科學未興，物質未啓，顧乃猖狂從欲，自取覆亡。使吾果懷自存，而且為全人類幸福計者，則導欲從理，而情莫不暢，人皆發展其佔有衝動，終古黑暗，而無合理的生活，如何勿悲？本心宰物，而用無不利，現代人之生活，只努力物質的追求，而忽略自心之修養，貪瞋癡發展，佔有衝動發展，心為物役，而成人相食之局。直不知有自心，不曾於自心作過照察的工夫。異生皆適於性海，異生，猶言眾生。性者，萬物之一原，故喻如海，見華嚴。人皆見性，即皆相得於一體，而各泯為己之私，世乃大同。人類各足於分願，大同之世，人人以善道相與，而無相攘奪，故分願各足也。其必有待中印西洋三方思想之調和，而為未來世界新文化植其根。然則，佛學顧可廢而不講歟。此意，容當別為專論。

印度佛學，亡絕已久，今欲求佛學之真，必於中國。東土多大乘根器，佛有懸記，徵驗不爽。奈何今之人，一切自鄙夷其所固有，輒疑中土佛書猶不足據。不知吾國佛書，雖浩如煙海，但從大體言之，仍以性相兩宗典籍為主要，其數量亦最多。性宗典籍，則由什師主譯，相宗典籍，則由奘師主譯。奘師留印年久，又值佛法正盛，而乃博訪師資，徧治羣學，精通三藏，印度人尊之爲大乘天，史實具在，豈堪誣蔑？不信奘師，而將誰信？奘師譯書，選擇甚精，不唯大乘也，小宗談有者，其鉅典已備譯，即勝論之十句論亦譯出。唯小空傳譯較少，然小空最勝者，莫如成實論，什師已譯，故奘師於此方面可省也。什師産於天竺，博學多通，深窮大乘，神智幽遠，靡得而稱。弘化東來，於皇漢語文，無不精諳深造。本傳云："自大法東來，始漢歷晉，經論漸多，而支竺所出，多滯文格義。什既至止，姚興請譯衆經。什既率多諳誦，無不究盡，轉能漢言，音譯流便，既覽舊經，義多紕繆，皆由先譯失旨，不與梵本相應。姚興使僧肇等八百餘人，諮受什旨，凡所出經論，三百餘卷。臨終，自云：今於衆前，發誠實誓，若所傳無謬者，當使焚身之後，舌不焦爛。及焚屍已，薪滅形碎，唯舌不灰。"詳此所云，什師既能漢語，又於譯事備極忠實，觀其臨終之詞，可謂信誓旦旦。又，遠法師傳，稱什師見所著法性論，嘆曰：邊國人未有經，什以印度爲中，故稱中夏爲邊。便闇與理合，豈不妙哉！又，肇法師傳云：著般若無知論，什覽之曰：吾解不謝子，文當相揖耳。夫遠肇二師之文，古今能讀者無幾，而什師能欣賞焉，其於漢文深造可知。又，什師自作漢文偈頌，皆以藻蔚之詞，達淵妙之旨。如贈法和云：心山育明德，流薰萬由延，哀鸞孤桐上，清音徹九天。其他皆類此。什師道業既崇，漢文工妙，若彼傳譯羣籍，謂不足信，其將誰信？今之學子，言佛學，亦輕其所固有，而必以梵語爲足徵。不悟佛學自是佛學，梵語自是梵語，吾國人於論語學而章皆能讀誦訓詁，然試問學是何等義？時習是何等工夫？悅是何等境界？自康成以迄清儒，果誰解此？而況其凡乎！以此類推，通梵語者，雖能誦梵本佛書，要於學理，不必能通。學者誠有志佛學，當以中國譯籍爲本。中譯雖多，必考信於玄奘羅什，即中人自著之書，或自創之説，若持與佛家本旨相較，亦唯什奘二師學可爲質正之準則。容當別論。舍此不圖，而欲以博習梵語爲能，則業梵語可也，毋言佛學。雖然，吾非謂讀中國佛書者，不當博攻梵語，但須於中國書中，精求義解，學有其基，則梵文頗堪參較。近人治內籍者，亦多注意藏文。藏地固中國之一部分，其文字，亦中國文字之別枝也，誠當研習。然晚世藏學，乃顯密雜糅，非印度大乘真面目。無著之學盛傳於玄奘，龍樹之學宏敷於羅什，故性相二宗之真，盡在中國，非求之奘什二師譯籍不可。

讀佛書有四要：分析與綜會，踏實與凌空。名相紛繁，必分析求之，而不憚煩瑣；又必於千條萬緒中，綜會而尋其統系，得其通理。然分析，必由踏實。於繁瑣名相，欲一一而析窮其差別義，則必將論主之經驗與思路，在自家腦蓋演過一番，始能一一得其實解，論主，猶言著者。縱由懸空想像而施設之名相，但此等想像，在其思路中，必非無故而然，況其有據而非空想者乎！此謂踏實。若只隨文生解，不曾切實理會其來歷，是則浮泛不實，爲學大忌。凌空者，擲下書，無佛說，無世間種種說，亦無己意可說。其唯於一切相，都無取著，取著意義極難言，學者須反觀始得。脫爾神解，機應自然，心無所得，而真理昭然現前。此心纔有所得，便是取著境相，即與真理相違。此種境地，吾無以名之，強曰凌空。如上四要，讀佛書者缺一不得。吾常求此於人，杳然無遇，慨此甘露，知飲者希，孤懷寥寂，誰與爲論？什師頌云：哀鸞孤桐上，清音徹九天。

佛家哲學，以今哲學上術語言之，不妨說爲心理主義。所謂心理主義者，非謂是心理學，乃謂其哲學從心理學出發故。今案其說，在宇宙論方面，則攝物歸心，所謂三界唯心，萬法唯識是也。非不承認有物，只是物不離心而外在故。然心物互爲緣生，刹那刹那，新新頓起，都不暫住，都無定實。在人生論方面，則於染淨察識分明，而以此心捨染得淨，轉識成智，離苦得樂，爲人生最高蘄向。識者，虛妄分別，名識。在本體論方面，則即心是涅槃。涅槃者，以具常樂我淨四德，故名涅槃，即真如之別名，亦即本體之別名。在認識論方面，則由解析而歸趣證會。初假尋思，而終於心行路絕。心行者，心之所游履曰行。人心思維一切義境，如有所游履然，故曰心行。心行路絕者，謂真理不可以知解推度，纔起推度與想像，便與真理乖離。故知就真理言，則心行之路，至此而絕也。其所以然者，則於自心起執相貌。起執二字，宜深味。心知纔起，便計有如是如是義相，此相，卽是自心所執，故云起執。由慧解析，慧卽俗云理智。知其無實，心知所計爲如彼如此等等義境，此決不與真理相應，俱妄識所搆之相，故云無實。漸入觀行，卽觀卽行，説名觀行，此卽正智。冥契真理，契者證會。卽超過尋思與知解境地，所謂證會是已。吾以爲言哲學者，果欲離戲論而得真理，則佛家在認識論上儘有特別貢獻，應當留心參學。今西洋哲學，理智與反理智二派互不相容，而佛學則可一爐而治。向欲於作量論時，備明此旨，惜年來攖攘，又迫病患，憚爲深思，竟未知何時能執筆。然西學於此所以無緣融會者，以無佛家觀心與治心一段工夫故耳。西學只作知解工夫，其心尚淪於有取，更何望其空能取之執，亡知而冥應乎？此意難言。新論明心章，於此頗具苦心。明心章下，談染心所處，廣明惑相，談善心所處，於進修工夫次第，指示精嚴，須與本書上卷受想行三蘊參看。要之，佛家哲學，持較西洋，別有一種精神，別是一種面目。其於中國，在修證上尚有相通之處；其於西洋，在理論上亦自有可通，而根本精神俱不相似也。此意，容當別論。讀佛書者，必須知此，而後有所抉擇。

凡佛家書，皆文如鈎瑣，義若連環，初學讀之，必循環往復，至再至三。每讀一次，於所未詳，必謹缺疑，而無放失。此最吃緊。缺疑者，其疑問常在心頭，故乃觸處求解。若所不知，卽便放失，則終其身爲盲人矣。學問之事，成於缺疑，廢於放失，寄語來學，其慎於斯。

凡佛家書，有宗論籍，只是鋪陳名相，空宗論籍，如宗經之作，若中論等宗經而作。只是三支法式，讀其書者，切宜言外得意，若滯在言中，便覺毫無義趣。須知中國、印度，哲家筆著，皆意在言外，意

餘於言。所貴奸學深思，心知其意。科學書籍，叙述事理，無言外意，而哲
學思想之作，則不當如此，以其所談之理，極普徧、玄微、深妙，而難以言宣也。若哲學
書而亦義盡言中，則其無深解可知。

　　讀佛書，必先讀論。讀論，必先唯識法相，而次以空宗。然只
讀空有諸論，猶不足見佛學之廣大淵微，淵者淵深，微者微妙。必也，博
習羣經，始覺豁人神智。及其諷味涵茹之久，則神智日益而不自
知。然非廣研論籍，精熟條理者，又斷斷不可讀經。使渾沌未鑿者
讀之，不唯不喻經旨，反益增其混亂。論以析義，而經之說理也，極
爲深渾。深者深妙，渾者渾全。凡讀書，不可求快，而讀佛家書，尤須
沈潛往復，從容含玩，否則必難悟入。吾常言，學人所以少深造者，
卽由讀書喜爲涉獵，不務精探之故。如歷史上名人傳記，所載目數
行下，或一目十行，與過目不忘等等者，不可勝數。秉筆者本稱美
其人閱覽明快，而實則此等人，在當時不過一名士，絶少有在學術
界得成爲學問家者。宣聖曰：仁者先難後獲。天下事無倖成之功।
學問是何等工夫，奚容以輕浮心，輒爲淺嘗耶।日本學人治中國學術，
勤於搜集材料，考據較精，然於哲學思想方面，殊乏窮大致精、極深研幾之功。觀其著
述，如敍述其家學說，往往粗立若干條目，而任意割裂其書中文句，以編綴之，至爲浮
亂。其於先哲思想系統，及廣大淵深微妙之旨，全没理會。吾國學人，自清末以來，亦
被其風，此甚可懼。

　　至言不止於俚耳，莊子卑陋之心，於大道必無堪任，無所堪能任
受。故儒者言爲學之要，必曰立志；佛氏言爲學之本，必曰發心。未
有心志不正大，不清明，不真切，而可與於窮理盡性之學也。玄奘
大師，譯大般若經，既成，每竊嘆此經義境太高，恐此土衆生，智量
狹小，難於領受，輒不勝其嗟惋。向也不究此旨，今乃知其言之悲
也。願讀佛書者，時取奘師此等話頭參對，庶有以自激其憤悱之幾
歟।

吾所欲言,略如前説。復次,關於本書,尚有略及者二事:一、本書所由作,實因授新論時,諸生以參讀舊籍爲難,而友人湯錫予,適主哲系,亦謂佛學無門徑書,不可無作,兼有他緣,如序中説。率爾起草。但因新論參稽之便,故書中於要領所在,時下批評,並舉新論以相對照。雖着筆不多,而吾思想所由變遷,亦大略可見。

二、本書引用書名,多從省稱。如成唯識論,省稱三十論,亦省稱識論;成唯識論述記,省稱述記;他論亦有述記,則加二字以別之。如雜集論述記,則云雜集述記;二十論述記,則云二十述記之類。瑜伽師地論,省云大論,亦云瑜伽;遁倫記,省云倫記。諸如此類,讀者宜知。

又,拙著新唯識論,省云新論;破破新唯識論,省稱破破論;十力語要,省稱語要。

（選自國立北京大學出版組民國二十六年(1937 年)

印行佛家名相通釋本）

〔附〕　燕大明:熊十力大師傳

師與吾同里。其曾祖某,木工。曾祖母華,乞食,膳其孫子讀書,遂成諸生,卽師之父其相先生也。師幼年自負,嘗曰:舉頭天外望,無我這般人。弱冠從戎,肄業湖北陸軍學校,參加革命,謀刺張彪。張彪者,張之洞所屬之統制,握全省兵符。事覺,亡命鄂西施南諸山中。事後,歸鄉授徒。辛亥起義,任湖北督軍府參謀。退役,遷居江西德安烏石門盧塘畈。襄兄弟躬耕,仍不廢學。始悉嚴復所譯書,初與歐西資本主義文化接觸,對舊文化多異詞。復專精王夫之學,王書卷帙浩繁,詞旨繁複,多能成誦。王書大旨在張子正蒙注及周易内外傳諸篇。其人生觀根本精神是這樣:個人精氣與宇宙貫通融合爲一,改造個人或擴充個人精神直與宇宙融通,卽改造宇宙,改造人類社會。船山有這樣一段話:"揮清剛粹美之氣於兩間,陰以爲功於造化,聖人盡人事以成天功之極致,唯此爲務焉。"又曰:"吾雖貧賤,亦有予於人者,亦有取於人者,勿見可爲而卽爲,可欲而卽欲,則孤月之明,炳於長夜,充之可以任天下。"這些意義係由周易所引申。又言曰:"潛龍勿用,陽氣潛藏;見龍在田,天下之明;終日乾乾,與時偕行。潛之爲言也,隱而未見,行而未成,是以君子弗用也。……"師嘗稱道"陰以爲功於造化"的意義。後來仍不能快然自得。同邑有何季達先生者,師之信友,曾贈師詩:"何物貞生(師原號子貞)與季子,飛來並向人間止,正乘今已廿餘年,欲向死中求不死。……"探究人生本原,與死中求不死,是師向所繫念者。於南京內學院學佛,蓋萌於此。

　　內學院係宜黃歐陽漸竟無先生所創立。歐陽先生出石埭楊仁山居士門。居士精力過人,凡書一目卽記解無遺,不事再讀。意若曰:不足讀矣。一日,於舊書店翻閱佛經,却不了解。乃專事鑽研,遂通三藏,皈依釋迦。其畢生受用處,只是"揚宗賢首,行在彌陀"。傳學與歐陽先生。

　　歐陽先生則專精唯識宗,著瑜伽師地論序。章太炎先生見之,謂其識獨步千祀。

　　佛説宗派多門,唯識宗其一也。其所論列者爲眼、耳、鼻、舌、身、意、末那、阿奈耶等八識。阿奈耶是人生本原,同時又是世界本原。由其説解來,並無所謂物質世界,只是阿奈耶識所詐現。人各一阿奈耶,人各一世界,世界相似,譬如衆燈共明,徧照非一。其説甚詭。

　　師教授北大時,著新唯識論,反歐陽先生舊學。歐陽先生授意劉衡如作破新唯識論,師又作破破新唯識論以報。嗣後分道揚鑣,各是所是,成爲中國佛教史上一大公案。

新唯識論内容如何，不暇具論。唯黃侃語師曰："宋明儒陽儒陰釋，公乃陽釋陰儒。"師大笑而不答。

先此，師每書成，必函授，因知其所學梗概。師晚年著原儒，通行海内，獨不函授，蓋以大明年老孤僻，視爲叛徒故也。

師於性命之學，始求之船山，繼求之宜黃(歐陽竟無)，七進七出，皆無所得，而反求諸儒，則是事實。一九五三年寓師所，師常語予："秦漢以後無學問。"則其於儒術造詣可想。大抵去世前，所學愈自信，愈自珍惜；而信奉之者愈寡，亦是事實。

師處世接物，坦率誠篤，從無欺隱。朋輩有過常面責，此雖不快，久之彌念。馬一浮謂其"真氣感人"，有以也。其爲學，獨抒己見，從不傍人門户。四川陶闓士稱爲"奇男子"，贈詩頌詩；師答詩有云："君詩頌我非知我，往古來今一念持。"又，師稱歐陽先生高視闊步，以氣勝；吾則獨步，以神勝耳。

辛亥之冬，吳壽田、劉子通、李四光與師皆黃岡人，同聚武昌雄楚樓，共出一紙，各言所志。吳寫舊詩一首："問君何故居碧山，笑而不答心自閑。高山流水渺然去，别有天地非人間。"劉云："持而不有，爲而不恃，成功而弗居；若有心，若無心，飄飄然飛過數十寒暑。"李云："雄視三楚。"師則云："天上地下，唯我獨尊。"吳參加辛亥革命，後窮病孤獨，死於上海。劉曾留學日本，亦曾研究佛學，忽棄去，於武昌組織共産黨，同時任湖北女子師範學校教員，鼓動學生，驅逐校長，時王占元爲湖北督軍，乃將之驅逐出境，窮病北京，歸鄉死。由今看來，四人所言各斷定其終身，蓋讖語也。

師交遊遍海内，同里有陳新門先生者，論年則吾父執，而下交於予。善談名理，嘗問先生：何謂"現量"？答：符到奉行。問：何謂"符到奉行"？答：全無分曉。陳常與賭徒爲伍，參僧道求食，又奇窮，其妻行乞，不羞也。人皆賤之，師獨樂與游，謂爲柳下惠之遺風也。沔陽張難先先生，師辛亥前老友，鄉居種菜牧猪自給，師每稱道，引以教育後生。師居西湖廣化寺，與馬一浮過從，馬亦曉儒佛之説，有合有不合。歐陽先生門下，若呂澂、陶開士、劉衡如、陳銘樞輩，與師友誼各有淺深，大抵重視師所學者近是。師聞名後，稱門人後學者不可勝數，不暇品題。

師事兄仲甫先生如嚴父，愛護侄輩如己子，念及老姊必哭泣。予每有患難，師則挺身多方將助，於學術及操行，提撕含茹，數十年如一日。蓋篤於孝悌，信於友生，人無間言。予閱世久矣，幾見斯人，

師長人倫鑒，一言片語，斷定終身。獨謂予曰："汝不能官，當以著述顯，然違才易務亦不能致也。"予繕稿多種，尤其三統術發微一書，補劉歆之缺，糾錢大昕、李鋭之誤，皆有數理可據而非信口雌黄，所謂紹兩千年絶業。貯之笈簏，從無過問而好之者，其不顯可知矣。然師鑒術不効，抑違才易務所致耶？傳師至此，爲之擱筆發一長嘆。

師著有尊聞録、因明大疏、新唯識論、破破新唯識論、原儒等。

一九七六年十月六日 學生燕大明謹傳於武昌紫陽澤畔之寄廬。時年八十有四。

〔補　記〕

梁漱溟謂師曰："夜半初覺，一顆柔嫩之心便是仁。"師曰："非也。論語：'剛毅木訥近乎仁。''士不可以不弘毅，任重而道遠。仁以爲己任，不亦重乎，死而後已，不亦遠乎，''剛毅'、'弘毅'方是仁。"

論語十九："孟氏使陽膚爲士師，問於曾子。曾子曰：上失其道，民散久矣。如得其情，則哀矜而勿喜。"船山論之曰："以千條

萬緒之惡，不堪含潤也。"師曰："船山諸佛理。士師得情，如不以哀矜之心臨之而喜得其情，則於阿奈耶中散播種子，滋蔓蕃衍，便淪無底，永不得拔。"

師不言詩，善論詩。嘗問師：白樂天"離離原上草，一歲一枯榮，野火燒不盡，春風吹又生。"沈佺期嘗之者何也？師曰：善其生生不息之意。又問師：船山謂"日暮天無雲，春風扇微和"，想見陶令當時胸坎。其意何諸？答曰：船山見是；但尤在於春和太息並運於懷。念花月不久，諸行無常，刹那生滅也。淵明原詩："日暮天無雲，春風扇微和。佳人美清夜，達曙酣且歌。歌竟長太息，持此感人多。皎皎人中月，灼灼葉中花。豈無一時好，不久當如何。"

師鄙視唐宋八大家諸文人，尤其於韓愈，曰直當以足踢之耳。

師於鄉先賢特推崇熊襄愍公，痛惡東林黨。襄愍棄市獻詞，係東林黨徒鄒元棟標附閹人魏忠賢所爲。每言之憤怒。

諸葛武侯誡外甥書，師每引以教育後學。謂其"靜以修身，儉以養德，淡泊明志，寧以致遠"，原自老莊，惡枯落不接世，與斯人爲徒之義也。若不遇昭烈，躬耕以老南陽，與淵明詩酒柴桑，其分量有間矣。

跡師言行學術，不欺則溫公，光明則皎日，貫通儒佛，別開生面，則登東山登泰山，小魯小天下。直當正告天下百世。

一九七六年十一月二十三日學生燕大明補述。

（選自香港中報月刊第十一期）

印　順

〔簡介〕　印順，約生於一九〇二年左右，浙江海寧人，現代著名學僧。他在民國十六年(一九二七年)開始閱讀佛典，不久即出家(二十五歲)，受學於太虛法師。後在太虛創辦的各佛學院任講師。他曾以專著中國禪宗史獲日本大正大學文學博士，在國內外均有很高聲譽。之後，他歷任太虛大師全書主編、香港佛教聯合會會長、海潮音月刊社社長、香港善導寺主持等。他還在臺灣新竹創設福嚴精舍，並弘法海外。

印順在佛教理論上主要推崇大乘空宗的性空說。　他曾自述道：“在師友中，我是被看作研究三論或空宗的。”又說：“我不能屬於空宗的任何學派，但對於空宗的根本大義，確有廣泛的同情。”(中觀今論自序)他“確信性空爲佛法的根本教義”，認爲“空爲佛法的特質所在，不問大乘與小乘，說有與說空，都不能缺此，缺了即不成究竟的佛教。”(性空學探源)

印順學識廣博，著述宏富，主要的著作有：中觀今論性空學探源、唯識學探源、中國禪宗史、印度之佛教、一切有部論書與論師之研究、原始佛教聖典集成等。

一、性空學探源（選録）

——民國三十三秋在北碚漢藏教理院説

第一章　　　引論

第一節　　泛論空爲佛法之宗極

第一目　　空爲佛法之特質

“性空”，根原於阿含經，孕育於（廣義的）阿毘曇論；大乘空相應經，始發爲雄渾博大的深觀；聖龍樹承受了“大分深義”，直探阿含經的本義，陶鍊阿毘曇，樹立中道的性空論。所以，不讀大乘空相應經與中論，難於如實悟解性空的真義；不上尋阿含與毘曇，即不能知性空的源遠流長，不知性空的緣起中道確爲根本佛教的心髓。

空爲佛法的特質所在：不問大乘與小乘，説有與説空，都不能缺此，缺了即不成究竟的佛教。佛法的目的，在轉迷啓悟，轉染還淨。從現實的人生出發，覺悟到人生之所以有重重的痛苦不自由，由於所行的不正；行爲的所以不能合乎正道，由於所見不正，對於人生真相缺乏正確的悟解。佛法乃針對此點，勘破虛妄以見真實，遠離邊邪而歸中道；必如此，始得解放而自在。　這解脱自在的佛法，可由悟理、修行、證果上去説明。但有一共同要點，即無論爲悟理、修行與證果，都要求一番革新，要求對於固有的否定（太虛大師曾作大乘之革命，即據空立論）。一般人以爲如此，以爲應該如此，今一一給予勘破、否定，並不如此，不應該如此。表示遮妄離邪的否定，可有種種的名稱，而最適當的就是空。從悟解與證入説，不但空爲虛妄戲論的遮遣，也卽是如實寂滅的開顯；遮情與顯理統一。遮情、顯理，不是徒托於名句的論辨，而是從篤行中去體驗的。釋尊本教，與大乘空相應經及中觀論，莫不如此。如雜阿含八〇經（依大正藏經編次）卽曾作如此説：

“心樂淸淨解脱，故名爲空。”

總之，佛法提供一種“不主故常”的超世間的大事。實踐此大事，必需空過一番，卽對世間固有的下一否定。空，不是抹煞一切，是陶汰；依現代的術語説，是揚棄。是從思想與行爲的改革中，摧破情執中心的人生，建立正覺中心的人生。空，不是什麼都沒有的“無見”，反而因爲空，才能實現覺悟的、自在的、純善的、淸淨的。假使行爲見解一切都安於現狀，世人如此，我亦如此，那又何需乎佛法？必需面對現實，否定而超越他，才見到佛法的特質，見到性空爲佛法唯一的特質。所以只要是佛法，不論大乘小乘，此宗彼派，都不能不明空。因此，聖龍樹是特別詳盡而正確發揮空義的大家，但空却不限龍樹學。如唯識，必須明無境，明徧計所執無性，就是空義。聲聞學者明無我無我所，空無相無願，都無非是空義。就是強調一切有者，也不能不談這些。所以，我們應該知道：空是佛法中最通遍最重要的大事，是大小學派所共的，不過有程度上的深淺偏圓，或正確與錯誤吧了！

第二目　　　空宗

空爲佛法共同的特質，但佛法又有不共的空宗，卽與有宗對立的空宗。論到空宗，應該記着：佛教中任何學派，不能不説空，也不能不説有，所以並非説空卽是空宗。更應該承認：空宗與有宗的分流，是佛教史上不可否認的事實。雖然真空不空，妙有非有的真常論者,可以高唱空有二宗的無諍而融會他;虛妄唯識者,可以根據自宗的徧計空與依圓有去貫通他; 但有宗還是有宗,空宗還是空宗,並不因此而融貫得了。從佛教思想發展史去看,早在聲聞學派中,形成此空有二流。後代的中觀與唯識宗,不過承此學流而深化之,或者說分別得明白一點而已。空有的分化,無論如何的錯綜,互相融攝對方,而根本的不同,始終存在。所以,自派分流以來,佛教中儼然的成爲兩大陣營,徹始徹終的存在;與西洋哲學中唯物與唯心的對立一樣。這是不可否認的事實,必須加以承認,不應預存成見而抹煞事實,應虛心的探求彼此差別的根源。

那末,誰是有宗? 誰是空宗? 佛法以空爲特質,不僅聲聞學者以涅槃空寂爲宗極,大乘佛法亦立基於此, 如說:“阿字本不生”;“菩薩不爲阿耨多羅三藐三菩提故發菩提心,爲一切法本性空故發菩提心”。所以針對世間的戲論實執, 創樹佛教,佛教即是空宗。佛教初分爲四大派,隱然的形成兩大流,可以說: 大衆系與分別說系是空宗,犢子系與說一切有系是有宗。此兩大流的發展,引出大乘小乘的分化,小乘是有宗,大乘(經)即是空宗,大乘是必然廣明法性空的。等到大乘分化,如虛妄唯識者的依他自相有,真常唯心者的真如實不空,即是有宗;而龍樹學系,始爲徹底的空宗(空宗並非不說有)。從世間凡情的實有爲宗,到佛法智證的性空爲宗,存有種種的層級。所以,空宗與有宗,可說唯上智與下愚不移,而中間的有而兼空、空而不徹底的學派,應隨觀待的對方而判別他。

何爲空宗? 何爲有宗? 此義極明白而又極難說。根本的說,空宗與有宗,在乎方法論的不同。凡主張“他空”,即以“此法是空,餘法不空”爲立論原則,即是主張空者不有,有者不空的,雖說空而歸結到有,是有宗。凡主張“自性空”,即以“此法有故,此法即空”爲立論原則,即是有而即空,空而即有的,雖說有而歸結到空,是空宗。依着此項原則,在認識論上,"緣有故知"是有宗,"無實亦知"是空宗。在因果依存的現象論上,"假必依實"是有宗,"以有空義故,一切法得成"是空宗。此等空有分宗的差別,在大乘中充分發揮;而思想的根源,早已在阿含經與毘曇論中顯出他的不同。所以對於空義的研究,雖應以大乘空相應經及中觀論爲中心。但能從阿含及毘曇中去探求,更能明確地把握空與有的根本分流處,更能理解大乘空義的真相,不被有宗學者所惑亂。本論卽是想在這方面給以概略的研究。

第二節　　　空有之關涉

第一目　　　依有明空

一提到空,便關連到有。佛法不能不談空,佛法也就不能不説有。無論説的是實有、幻有或妙有,總都是有;所以要明空,應該依有明空。依佛法,修學的程序,應該先學"有"。這不是什麼"先學唯識,後學中觀"的先學有,是説對於緣起因果法相之"有",必須先有個認識。從否定虛妄的空義説,絕不能離有去憑空否定,必在具體法(有)上去勘破一般人的錯誤認識。從深入法性的空理説,這空理——空性,也必須在具體法相上去顯示它。聲聞乘經説的"諸行空、常空、我空、我所空",不都是從具體的"行"(有爲法)而顯示其空的嗎? 就是大乘經,如般若心經的"照見五蘊皆空",也是從具體的五蘊法上照見其空。在行爲上説,要離邊邪,就必須拿正確的行爲來代替,不是什麼都不做就算了事。要解脱生死,必須先有信、戒、聞、施等善行做方便,也不是什麼都不要。所以無論是理解、是行爲,從有以達空,是必然的過程。雜阿含三四七經説:

"先知法住,後知涅槃。"

先有通達緣起法相的法住智,然後才證得涅槃智,這是必然不可超越的次第; 超越了就有流弊。一般學空的無方便者, 每覺得空義的深刻精微, 對因果事理的嚴密、反覺到無足輕重, 這是大大的錯誤!

第二目　　　知空不卽能知有

一般以爲能理會緣起不礙性空、性空不礙緣起, 便算是不忽略有, 善於知有了。其實, 凡是正確的從空明有, 當然能够體會到性空緣起的無礙不衝突。但明理不卽能達事, 體空不卽能知有。如桌上的瓶, 如確乎是有, 我們觀察它是因緣和合的幻有, 是無常、無我、無自性、空的; 雖空而緣起假瓶的形色、作用還是有。這樣的依有明空, 是緣起性空無礙; 可是, 桌子上到底是不是有瓶? 是怎樣的有? 甚至那邊屋裏是不是有香爐等等, 則須另用世俗智才能了解, 不是明白這總相的空理就可明白事相的一切有。佛弟子周利槃陀伽, 證了阿羅漢果, 對於空理不能說不了達, 了達的也不能說是錯誤, 可是他不能說法, 因爲缺乏了知有的世俗智。多少講空者, 說到性空不礙緣起, 以爲什麼都可以有, 而不注意事實。結果, 空理儘管說得好聽, 而思想行爲儘可與那最庸俗最下流的巫術混做一團。所以究竟是有沒有, 究竟有何作用, 究竟對於身心行爲, 人類社會有否利益, 究竟障不障礙出世解脫──這些問題, 不是偏於談空所能了解的。

根本佛教與後來的一分大乘學者, 有點不同。他說, 必須先得世俗法住智, 對緣起法相得到正確認識, 然後再去體驗真理而明空。但後來的學者, 不能事先深切決了世俗, 下手就空, 每每爲空所障。偏滯於總相空義, 不能善見緣起, 往往流於懷疑或邪正混濫的惡果。應該記着: 知空不卽能知有, 空並不能證明有的正確與否。

　　不過，佛法的知有，不是對世間一切的有都知道；主要在對無始來的生命緣起有個正確認識。明白了這樣的有，依以通達空性而證解脫。至於菩薩的無邊廣大智，及世間的一切事物，即使不知道，並不障礙解脫。佛法在因果緣起上所顯發的空理，是一種普遍的必然理則。所以說無常，必普遍的說"諸行無常"；說無我，必普遍的說"諸法無我"；說空，必普遍的說"一切法空"。這如哲學上的最基本最一般的原理。它遍於一切法，一切法都不能違反它。能體驗得這個必然理則，就能解脫，所以對其他問題，"不要故不說"。從有情自身出發，直捷地求解脫生死，並不需要知得太廣大。至於菩薩的廣大智，遍學一切法門去化導衆生，則必需另加世俗智的研求。空有空的意義，不容許誇大了去包辦一切、解決一切。

第三目　　　沉空滯寂

　　有人說：佛法講空太多，使人都沉空滯寂而消極了，所以今後不應再多說空了。實則，空與沉空滯寂是有些不同的。沉空滯寂，本是大乘對小乘的一種批評。到底小乘是不是開口閉口講空呢？事實上大大不然。不說一切有部，單說談空知名的成實論者，及大衆、分別說系他們，也大分還在說有。說有儘管說有，始終是免不了落個沉空滯寂的批評，這是什麼緣故呢？因爲他們從無常門出發，厭離一切，既缺乏悲願，又愛好禪定，於是急急的自求解脫，甚至法也不說一句的去住阿蘭若，這才真正的沉空滯寂。這種消極，並不是說空說壞了的；相反的，大乘的說空，就是要對治這般人的。因爲空重知見、重慧學，可以給這般重定者一種改變。沉空滯寂，絕不是空病，病在他們對於有的方面用心不夠，悲願不足，偏好禪定，急求證入。經中說的阿蘭若比丘或辟支佛，就是他們——從自心清淨解脫上說，獨善也大有可取，不過不能發揚而弘濟世間，不足以稱佛本懷吧了——。悲願較切的聖者們，依這個空，不但消極的自己解脱，還注重宣教利人，空、無我，正可以增長其同情衆生痛苦的大悲心，加强其入世的力量。大乘批評小乘不能善巧用空，缺乏世俗智，所以一入空就轉不出來了。大乘善用空者、不沉空滯寂者，還是這個空。所以沉空滯寂，不是空的錯誤，空是不錯誤的，只是他們不能領會佛陀中道的意趣，還不能實現菩薩的甚深空義。所以，沉空滯寂與惡取空不同，惡取空是對於空的謬解，不但不成菩薩，也不能證聲聞果。

說到這裏，我們應該特別認清：第一、説空並不就會使佛法消極；第二，只求自己解脱而不教化衆生則已，要化他，就不單是明空而已。空固然是佛法的要旨，但須與其他一切事相配合起來的。單談理性，不與實際行爲配合起來，説空是要沉空滯寂的。不僅如此，專重真常妙有的理性而忽略事行，也還是一樣的要沉滯消極。獨善與兼濟的分別，不在於解理，主要在於行爲的不同。

第三節　　　空義之研究

對於空義，第一、不要站在宗派見解上來研究。空是遍於佛法的特質，大家都在説空，並不限於什麽三論宗或應成派。各方面説的有不同，我們應該抉擇而條貫之，攝取而闡發之，使它更接近空的真義，不要形成宗派與其他宗派對立起來。到底是佛法，縱使空得不徹底，總還有點空的氣息，總還是佛法，不要以宗見而排拒之。

第二、佛乘的空義，本以生命爲中心，擴而至於一切法空。一切法空，空徧一切法，依以明空的有，也就包括一切法了。這"有"的一切法，爲對於有情而存在的世間，善惡邪正不可混。而事相，古人大都限於現實時空而説的，世間以爲有，佛也就以爲有。可是這有的一切，是不斷在隨時代而進步改變的。歐陽竟無說：“闡空或易，說有維難”。具體事實的條理法則是難得知道的，何況還要與法性相應﹗說有實不易。對這具體的有，必須在不礙空義中，另以世間的智光來觀察他。現代各種學術的進步，對“有”的說明是更微細精確了﹗學空的人，應該好好的注意採用。雜含三七經中佛說：

> “世間與我諍，我不與世間諍。世間智者言有，我亦言有；世間智者言無，我亦言無。”

佛法的目的，並不在與世間諍辯這些有的現象，而是在這有的現象上去掘發其普遍必然的真理，從智慧的證知去得解脫。所以我們研究佛法，應該注重他的思想原理，借現代世間智者以爲有的一切事物，相應而闡發之，這才能使佛法發生新的作用。

　　第三、古德雖極力說明性空的不礙緣有，但實際是對於有發揮得太少了﹗大都依有明空，忽略反轉身來，從空去建立正確合理的有——一切實際的思想行爲。今後應該在這方面特別注重發揮；否則空者忽略有，而談有者又不能圓解空義，使佛法不能得到健全的開展，汩沒佛法的覺世大用。

　　（選自性空學探源，據中華民國三十九年五月，香港正聞學社版）

二、中觀今論自序

一

　　在師友中，我是被看作研究三論或空宗的。我在爲性空者辨中，曾說到：我不能屬於空宗的任何學派，但對於空宗的根本大義，確有廣泛的同情﹗

　　空宗——聖龍樹的論典，對於我，可説是有緣的。早在民國十六年，我開始閱讀佛典的時候，第一部即是中論。中論的内容，我什麼都不明白，但一種莫明其妙的愛好，使我趨向佛法，終於出了家。出家後，曾一度留意唯識，但不久即回歸空宗——嘉祥的三論宗。抗戰開始，我西遊四川，接觸到西藏傳的空宗。那時，我對於佛法的理解，發生重大的變革，不再以玄談爲滿足，而從初期聖典中，領略到佛法的精神。由於這一番思想的改變，對於空宗，也得到一番新的體認，加深了我對於空宗的讚仰。卅一二年，時斷時續的講説中論，由演培筆記，整理成中論講記的初稿。關於初期——阿含、毘曇——聖典的空觀，曾作廣泛的考察。三十三年秋，爲妙欽、續明等説，由妙欽記出。這可以名爲性空學探源，與我另一作品——唯識學探源同一性質。經這一番考察，對於性空的理解，增明不少，確信性空爲佛法的根本教義。三十五年春，曾以“性空導論”爲題，開講於漢藏教理院。原擬定分性空的發展史略，性空的方法論，性空的實踐三編。但爲了忽促的東歸，連“性空的發展史略”部分，都沒有完成，這是非常可惜的。三十六年冬，在雪竇寺編纂太虛大師全書，應海潮音社的稿約，決以“中觀今論”爲題，隨講隨刊，聽衆能聽懂的，僅有續明與星森二人。我本想寫（或講）一“性空思想史”，上編爲阿含之空，阿毘曇之空；中編爲性空大乘經之空，中觀論之空；下編爲真常者之空，唯識者之空，中觀者之空；共爲七章。性空學探源，即初編約十萬字；後五章，非五六十萬字不可。處在這社會極度動亂的時代，學友時常勸我，要我略談中觀正義，所以先摘取中觀論之空而講爲中觀今論。但體裁不同，不免簡略得多了。今論並不代表空宗的某一派，是以龍樹中論爲本，智論爲助，出入諸家而自成一完整的體系。本論完成於社會變動日急的今日，回想中論與我的因緣，二十多年來給我的法喜，不覺分外的歡喜。

二

中觀學值得稱述的精義,莫過於"大小共貫"、"真俗無礙"。龍樹論以爲:有情的生死,以無明爲根源,自性見爲戲論的根本。解脫生死的三乘聖者,體悟同一的法性空寂,同觀無我無我所而得悟;三法印即是一實相印,三解脫門同緣實相。這樣的三乘共空,對於從來的大小相靜,可得一合理的論斷。聲聞三藏與摩訶衍——大乘,一向被靜論著。一分聲聞學者,以阿含等三藏爲佛説,斥大乘爲非佛説;現在流行於錫蘭、暹羅、緬甸的佛教,還是如此。一分大乘學者,自以爲不共二乘,斥聲聞爲小乘;指阿含經爲小乘經,以爲大乘別有法源。如唯識學者,在"愛非愛緣起"外,別立大乘不共的"自性緣起";以爲菩薩所證法性空,是聲聞所不能證的。中國的台、賢、禪、淨,在大乘法中,還自以爲勝他一層,何況乎小乘! 這樣,對大小的同源異流,由於宗派的偏見,再也不能正確的把握! 今依龍樹論説:三藏確是多説無我的,但無我與空,並非性質有什麼不同。大乘從空門入,多説不生不滅,但生滅與不生滅,其實是一。"緣起性空"的佛法真義,啟示了佛教思想發展的實相。釋尊本是多説無常無我的,但依於緣起的無常無我,即體見緣起空寂的。這所以緣起甚深,而緣起的寂滅性更甚深;這所以緣起被稱爲"空相應緣起",被讚爲"法性法住法界"。一分學者,重視事相,偏執生滅無常與無我。一分學者特別重視理性,發揮不生不滅的性空。這才互不相諒而尖鋭的對立起來! 他們同源而異流,應該是共同的教源,有此不即不離的相對性,由於偏重發展而弄到對立。本來,初期的大乘經,如十地經以悟無生法忍爲同於二乘的;般若經以無生法忍能攝二乘智斷的,以先尼的因信得解來證明大乘的現觀;金剛經以"若以色見我"頌明佛身等,都確認三乘聖者成立於同一的理證——法性空寂，那裏如執小執大者所說？所以中論的抉擇阿含經義；智論的引佛爲長爪梵志說法，衆義經偈——義品——等來明第一義諦，不是呵斥聲聞，不是偏讚大乘，是引導學者復歸於釋尊本義的運動。惟有從這樣的思想中，能看出大小乘的分化由來，能指斥那些畸形發展而遺失釋尊本義的亂說！中觀學能抉擇釋尊教義的真相，能有助於佛教思想發展史的理解，這是怎樣的值得我們尊重！

三

如果有人說：佛法偏於理性，偏於出世；那佛弟子會一致的出來否認，因爲佛法是真俗無礙的。真俗無礙，是生死卽涅槃，世間卽出世的解說。獨善的、隱遁的，甚至不樂功德，不想說法的學者，沉醉於自淨其心的涅槃，忽略自他和樂、依正莊嚴的一切。在他們，世間與出世間，是那樣的隔別！釋尊的正覺內容，受到苦行厭離時機的歪曲！一分學者起來貶斥他，揭示佛法真俗無礙的正義。真俗無礙，可從解行兩方面說：解卽俗事與真理，是怎樣的卽俗而恆真，又真而不礙俗。行卽事行與理證，怎樣的依世間福智事行的進修而能悟入真性，契入真性而能不廢世間的福智事行。無論是理論、實踐，都要貫澈真俗而不相礙。依中觀者說：緣起法是相依相成而無自性的，極無自性而又因果宛然的。所以，依卽空的緣起有，安立世間事相；也依卽有的緣起空，顯示出世。得這真俗相依的無礙解，才能起真俗相成的無礙行。所以菩薩入世利生，門門都是解脫門。緣起法是"處中之說"，不偏於事，不偏於理；事相差別而不礙理事平等，理性一如而不礙事相差別。在同一的緣起法中，成立事相與理性，而能不將差別去說理，不將平等去說事，這才能恰合事理的樣子而如實知。一般自以爲真俗無礙的學者，不知"處中之説”，談心説性，每不免偏於“相即”，偏於“理同”。這或者忽略事行；或者執理廢事；或者破壞事相的差別性，時空的局限性，落入破壞緣起事——是非、善惡、因果等——的大混沌」自以爲無礙，而不知早是一邊」不知緣起法，不能從緣起中去統貫真俗，這也難怪要不偏於事，即偏於理了」

　　近來有人——好像是牟宗三——説：辨證法但於本體論有用。這只是説得一邊，與唯物論者的辨證法，偏於事相一樣。須知緣起法，近於辨證法，但這是處中而貫徹事理的。從正而反而綜合的過程，即順於世俗假名的緣起法，開展生滅（變）的和合，相續的相對界。即反而正而超越（反的雙遮）的開顯，即順於勝義性空的緣起法，契合無生的無常無我的絕對界。相對的緣起相，絕對的緣起性，不即不離，相依相成而不相奪，這真是能開顯事理的無礙」如法則而偏於事相，或偏於理性，或事理各有一套，這那裏能理會得事理的真相」對於這，中觀能抉擇釋尊的中道，達到完成，使我們相信得這真是一切智者的正覺」

四

　　智慧與慈悲，爲佛法的宗本，而同基於緣起的正覺。從智慧——真——説：一切是緣起的存在；展轉相依，刹那流變，即是無我的緣起。無我，即否定實在性，及所含攝得的不變性與獨存性。宇宙的一切，沒有這樣的存在，所以否認創造神，也應該否定絕對理性或絕對精神等形而上的任何實在自體。唯神、唯我、唯理、唯心，這些，都根源於錯覺——自性見——的不同構想，本質並沒有差別。緣起無我（空）的中觀，澈底否定這些，這才悟了一切是相對的，依存的，流變的存在。相對的存在——假有，爲人類所能——可能經驗到的；極無自性而宛然現前的，不能想像有什麼實體，但也不

能抹煞這現實的一切。從德行——善——說：緣起是無我的，人生
爲身心依存的相續流，也是自他依存的和合衆。佛法不否認相對
的個性，而一般强烈的自我實在感——含攝得不變、獨存、主宰
——即神我論者的自由意志，是根本錯誤，是思想與行爲的罪惡根
源。否定這樣的自我中心的主宰欲，才能體貼得有情的同體平等，
於一切行爲中，消極的不害他，積極的救護他。自私本質的神我論
者，沒有爲他的德行，什麼都不過爲了自己。唯有無我，才有慈悲，
從身心相依、自他共存，物我互資的緣起正覺中，涌出無我的真情。
真智慧與真慈悲，即緣起正覺的内容。

五

　　緣起性空，本於生滅的不有不無、不常不斷、不一不異、不來不
出。生滅的因果諸行，是性空的緣起，緣起的性空。這在一般有
情，是不能正確理解的，一般總是倒覺爲自性實有，或由實有而假
有。所以，佛說一切從緣有，一切畢竟空，會被一般人大驚小怪起
來。甚至佛法中，也有有宗起來，與空宗對立，反指責空宗爲不了
義，爲惡取空。有宗與空宗，有他認識論的根本不同處，所以對於
兩宗認識的方法論，今論特別的給以指出來。中國學者一向是調
合空有的，但必需對這一根本不同，經一番深刻的考察，不能再泛
泛的和會下去。如根本問題不解決，一切似是而非的和會，終歸於
徒然。我是同情空宗的，但也主張融會空有；不過所融會的空有，
不是空宗與有宗，是從即空而有，即有而空的中觀中，使真妄、事
理、性相、空有、平等與差別等，能得到相依而不相礙的總貫。本論
末後幾章，即着重於此。我覺得和會空有，空宗是最能負起這個責
任的。即有而空，即空而有，這是怎樣的融通無礙！在這根本的特
見中，一切學派的契機契理的教說，無不可以一以貫之！這有待於

中觀者的不斷努力!

　　三十八年五月二日，在廈門南普陀寺大覺講社校讀畢，附序。

　　（選自中觀今論，據中華民國三十九年一月，香港正聞學社版）

附　　録

李　石　岑

〔簡介〕　李石岑,生於公元一八九二年(清德宗光緒十八年),死於公元一九三四年（民國二十三年),湖南醴陵人。他早年留學日本,畢業於東京高師。後又留學德、英、美諸國,專門研究哲學。歷任上海商務印書館教育雜誌和民鐸雜誌主編,上海大夏大學、復旦大學、光華大學及南京各大學教授。

李石岑早年信奉柏格森、尼采哲學,並曾向歐陽竟無請教佛學,主張調和佛學與科學、哲學。他説:"我以爲佛學的提倡,不特對於科學毫無抵觸之處,而且能使科學的方法,加上一層精密,科學的分類上,加上一層正確,科學的效用上,加上一層保證。"(佛學與人生)一九三〇年他從歐洲回國後,思想上較大的變化。他與學生郭大力一起翻譯朗格唯物論史,並先後發表了新世界觀之確立、未來的哲學、辯證法還是形式邏輯等文章,積極宣傳辯證唯物主義和歷史唯物主義。可惜的是不久他就病逝了。他的主要著作有:人生哲學、人生之價值與意義、西洋哲學史、中國哲學十講、李石岑論文集、講演集等。

佛學與人生

(在上海商科大學佛學研究會講演)

今天承貴會招請講演,得與諸君有商量佛學的機會,榮幸何加。佛學在我國歷史雖久，但在最近幾年内，可就愈提倡而愈失其真面目了。近來無論那一省，都漸漸有佛學研究會、佛教講演會的設立，并且人人口頭上都會連上幾個"真如"、"湼槃"等等名詞，尤其是那些萬惡的軍人，也都有歸依佛法的傾向，這何嘗不是一種可喜的現象。其實，佛法經這麽一熱鬧，倒弄糟了。他們所談的佛法，所提倡的佛法，所歸依的佛法，簡直不是那麽一回事。他們心目中的真如、湼槃等等，也完全是些杜撰的東西。更可笑的，近來新文化大搖大擺之時，他們恐怕佛法站不住脚，於是拿着"真如"、"湼槃"等等名詞，牽强附會到新文化上去，想藉此機會和新文化並駕齊驅，你看這種用心，何等可笑! 因爲他們第一是找不清楚究竟甚麽是佛法的真面目，第二是并佛學和佛教的區別，也未暇留意及之。試問這樣跟跟蹌蹌的去凑熱鬧，佛法焉得不糟? 我雖是頗曉得此中情形，但我於佛學却是外行。去歲我在南京支那内學院和歐陽竟無先生談到此層，很想有個機會把那些瞎凑熱鬧的地方揭破揭破，并且提出一點由歐陽先生得來的真佛法，今日可謂適逢其會。所以我今天到貴會講演，比到他處講演尤其興致濃厚些。

　　有些人以爲提倡佛學，是於現在的中國不相宜的，是與現在急需提倡的科學相抵觸的。其實在我看來，都是些不明佛學内容的外行話。我以爲佛學的提倡，不特對於科學毫無抵觸之處，而且能使科學的方法上，加一層精密，科學的分類上，加一層正確，科學的效用上，加一層保證。這無須大家客氣，也不用大家辯争，有佛學具在。設使我所認定的佛學終有昌明之一日，便自然會顯示他那種特殊的功用。還有一層，我國目下宜急於提倡科學，固是天經地義，但對於提倡科學的熱望，在真懂得佛學的人，不會比從事科學的人熱度減少。因爲佛學裏面，正有不少碰到科學上的問題而不能愉快解釋的地方，所以更切望科學昌明，以助他們一臂之力。事固有着似相反而實相成的，我們又安能預定其結果？如果佛學真有價值，那就科學縱在大吹大擂之下，佛學仍可以從容從後臺出演。我這段話的本意，是在表明學術昌明的時候，無論對於何種學術，只看那種學術本身的價值，不宜以人意而作左右袒，這纔是提倡學術的正當態度。我因爲這段話頗關重要，故在講演"佛學與人生"之前，插説幾句，以後專講本題。

"佛學與人生"這個題目，認真説起來，要把他當作一部書講。今日因時間關係，只能講個大概，并且只能就各方面最共通的地方説一説。我今年在山東講演人生哲學，其中有一節專論佛法的人生觀的，今日只好參照那篇説説佛學與人生的大意。佛家的思想，全由人生發端。要談到他的人生，須要看他對於人生如何解釋。佛學全用一種分析的方法，解釋一切。什麽叫做"人"，又什麽叫做"生"，一分析了便看不出實實在在的"人"在那裏，也找不着實實在在的"生"在那裏。我們平常都執死了有這麽一回事，而後有開拓"人生"種種的説話，到此時都不免失掉根據了。然而生起那樣的執着，也非毫無原因；説没有"人"，却有使我們執着爲"人"的種種相貌，説没有"生"，却有使我們執着爲"生"的種種相貌。這種種相貌，究竟是些什麽東西呢？這便是生滅不停又如幻不實的法相。待我分條講明。

爲甚麽説没有"人"，但有相貌呢？所謂人，乃是對於非人的一種分別，自覺是人，又是我和我所(屬我所有的意思)的一種分別，其中主宰一切的乃在於"我"。"我"是什麽？將構成"我"的東西一一拆散了，無非是各部分的身體，各部分的心思，以至各方面相關係的精神事實，何處尋出個"我"來？分開了固没有"我"，合了起來也没有我，不過有互相關係的身體心思共同合作的一種相貌而已。凡有自性，不從他物湊合的東西，乃是實實在在的東西，而所謂

“我”，不過是這樣這樣湊合的一個名詞，其爲不實可知。這一層是推人而至於法，假説人空而法有。如進一步論到法，法也待着種種因緣而後起，也没有自性，没有實體，於是法又成了湊合的一個名詞。這一層是推法而至於相，假説法空而相有。至論到相，那是瞬息全非，一刹那生，一刹那滅，流轉不息，變化無端，有如流水，要指何部分爲何地之水，竟不可得。這樣的相，都是幻起，非有實物可指，故説相亦假有。

爲甚麽説没有“生”，但有相貌呢？人生的事實，分析開來，也是一分一分的法，法又是假有的相，本來“實有的生活”，是無處安足的。我們“生”的種種，結果都落在種種的相裏面，相并不限定表示在外面的，卽隱在内面的，也有隱在内面的一種相。我們看見天明，有一種天明的相，我們不看見的黑暗，也有一種黑暗的相，我們把意思發表在言語，有一種言語的相，我們把意思隱藏在腦中，也有一種隱藏的相。吳稚暉先生所説的黑漆一團，就有黑漆一團的相，日人吉田静致所説的同圓異中心，就有同圓異中心的相，所以我們“生”的種種，結果只不過是種種相貌。但相是幻有，而其爲幻決不是無中生有，幻正有幻的條理，就是受一定因果律的支配。有因必有果，無因則無果，於是幻相大有可言。因並不是死的，因只是一種功能，——唯識家也稱作種子——如果功能永久是一樣，則永久應有他結果的現象起來，但其實不然，可知他是刻刻變化生滅的。如果有了結果的現象，而功能便没有了，則那樣現象仍是無因而生。（因他只存在的一刹那可説得是生，在以前和以後都没有的。）所以現象存在的當時，功能也存在，所謂因果同時。功能既不因生結果而斷絶，也不因生了而斷絶，所以向後仍繼續存在。但功能何以會變化到生結果的一步，又何以結果不常生，這就是有外緣的關係。一切法都不是單獨存在的，則其發見必待其他的容順幫助，這都是增上的功能。那些增上的又各待其他的增上，所以仍有其變化。如此變化的因緣，而使一切法相不常不斷，而其間又爲有條有理的開展，這就是一般"人生"的執着所由起，其實則相續的幻相而已。

在此處有一層須明白，就是幻相相續有待因緣。這因緣決不是自然的湊合，也決不是受着自由意志的支配，乃是法相的必然。因着因緣生果相續的法則而爲必然的，佛家也叫做"法爾如是"。因那樣的法，就是那樣的相。因那樣的原因，就起那樣的相，有那樣的因，又爲了以後的因緣而起相續的相。有了一個執字，而一切相續的相，脫不了迷惘苦惱，有了一個覺字，而相續的相，又到處是光明無礙。所謂執，所謂覺，又各自有其因緣。故一切法相都無主宰。

在此處還有一層須明白。依着因緣生果法則（佛家術語爲緣生覺理）的一切法相，正各有其系統，一絲不亂。因爲相的存在，是被分別的結果。沒有能分別的事，則有無此相，何從得知？然而相宛然是幻有的，這是賴一種分別的功能而存。但功能何嘗不是幻，何嘗不有相，又何嘗不被其他分別功能所分別？所以可說，在一切幻有的法相裏，法爾有這兩部分，一部是能分別的，一部是被分別的，兩部不離而相續，故各有其系統不亂。那能分別的部分便是識，一切不離識而生，故說唯識。因唯識而法相井然。

因世間只有相並無實人實法，所以佛家說不應爲迷惘的幻生活；因法相的有條理有系統，所以又說應爲覺悟的幻生活。同是一樣的幻，何以一種不應主張，一種轉宜主張呢？因爲迷惘的幻生活，是昧幻爲實，明明是一種騙局，他却信以爲真，所以處處都受束縛，處處都是苦惱。正如春蠶作繭自縛一般。至於覺悟的幻生活便不然，知幻爲幻，而任運以盡其幻之用，處處是光明大道，正如看活動影戲一般。講到此處，可知佛家分人生的途向爲二，一種是迷惘的，也可以説是流轉的；一種是覺悟的，也可以説是還滅的。流轉不外於輪迴，而還滅終歸於湼槃。

輪迴是因果法則必然的現象，是在一切法相的因緣裏很有勢力的一種緣，叫做業。因爲業是改變種種法相開展的方向的。他的勢力足以撼動其他功能，使他們現起結果。他或者是善，則凡和善的性類有關係的一切法相都藉着他的助力而逐漸現起；他如果是惡，則凡和惡相隨順的諸法相也能以次顯起。因這一顯起的緣故，又種下了以後的種子。功能是不磨滅的，因業的招感而使他們有不斷的現起，業雖不一一法都去招感，他却能招感一切法相的總系統，因他的力而一切法相的系統總在一定的位置中。而由業所顯起的人天鬼，就在這些位置上常常一期一期的反覆實現，這就叫輪迴。其實業也沒有實體，也不會常住，但功能因緣的法則上有如此一種現象，如此一種公例，遂使功能生果有一定的軌道。

再説湼槃。湼槃是幻的實性，却不是"虛無"、"滅絶"，幻便幻了，有何實性可言？但幻衹是相，而相必有依，就是空華的幻象，也須依着太空。所以一切幻相，都各有其所依。於是假説爲"法性"，又有時也説爲"真如"。以這是幻相所依，所以説是不幻。這衹是遮詞，究竟那是真是如，是安不上名詞的，也不容想像的。佛家全副的精神，佛學全般的精義，只是一個"遮"字，而"遮"即寓"表"於其中，由法相的幻看出法性的不幻。覺悟的生活，必須到這一步，覺悟了法性，而後知法相，而後知用幻而不爲幻所困，什麼病都去了。

由迷惘如何走到覺悟？這全憑一點自覺，一點信心。能自覺方知對於人生苦惱而力求解脱，能信方有實事求是的精神，反此則欲免去苦惱而苦惱愈甚。但人間世固有不少具此自覺與信心者，所以推到一切法相的能力裏面，本有有漏無漏兩方面，有漏是夾着

苦惱的，無漏是不夾着苦惱的。關於這上面的話，説來甚長，暫不
具引。

佛一代説教，都是以涅槃爲指歸。從前的人講錯了，佛教徒一
部分也講錯了，以爲涅槃是"廢滅"，是"寂無"，什麽束縛，什麽苦
惱，到此都絶滅了根株。枯木寒灰，連木也化爲煙，灰也化爲塵，什
麽事都没有了。實則何嘗如是。佛教人以涅槃，不過證得法性常
住，便知法相如幻，而後有事可做，而後纔能做事，而後不做寃枉
事。所以佛的無盡功德，就從涅槃而來。不過衆生的根性，有種種
的分別，就是那一一系統的功能的堪任性各有差別，對於這涅槃的
證得而後的境界也不同，對於證得涅槃所用的工夫也不同。所以
又有三乘的區別。

聲聞乘的衆生因聞聲教而悟道，緣覺乘獨自静觀而悟道，他們
祇知自利自覺，惟有菩薩乘（也説佛乘）自悟悟他，並行不悖，求得
一切智智，無所不知，也就六度（施、戒、勤、忍、禪、慧）萬行，無所不
行。最緊要的一件事，是在發菩提心，求無上菩提（覺）之心，并還
不退這種發心，以這發心不退爲據，則事事皆爲菩提行，不必改現
在社會的組織，不必削除鬚髮，而無害其行菩提之行。一切人事無
不可行，但以存菩提心爲限，這是何等圓滿周遍的説法呢！但因爲
一切系統的一切法，都是有關係的，所以一系統的生活必有關係於
其他系統，更必以其他系統之生活改正，爲自己生活改正之一條
件。以是菩薩對於一切衆生，不自覺有大悲之心，而他的行事，總
是視人如己。佛法的人生，乃是這樣的一種生活。關於這上面的
話，今日爲時間所限，不能詳説。歐陽竟無先生不久當來滬，我當介
紹到此地講演一次，那就諸位研究佛學的熱望，不難圓滿達到了。

（選自上海商務印書館中華民國十三年（1924 年）初版
李石岑講演集第壹輯）

王　季　同

〔簡介〕　王季同，字小徐，約生於清穆宗同治年間（公元一八六二——一八七四年），死於公元一九四八年（民國三十七年），江蘇蘇州人。他是清末赴英留學生，攻讀電機工程及數學，曾任教於北京大學，在電機工程理論與製造方面均有很多成績。他起始認為，神祕的宗教，不可以科學説明，因而深閉固拒。後來，他結識了學佛的朋友，又讀了一些大乘經論，轉而認為，佛法圓融，既"不是其他宗教和近代西洋哲學所可比擬，也決非科學知識所能推翻。"（唯識研究序）由是成了佛學的堅信者。由于他是一位著名的科學家而兼研佛學，曾在學術界引起很大的注意，是當時學術界那種調和佛學（宗教）與科學傾向的代表人物。

　　一九三三年，他應好友周美權（叔弢）之請，為周叔迦的唯識研究一書作序，他以科學與佛學相互發明，並竭力鼓吹佛教辯證法比黑格爾、馬克思的辯證法更為澈底。此文刊出後受到學術界的一些批評，他於是又寫了一篇佛教與科學的文章作答，胡適曾對此文提出批評。王季同有關佛學著作，主要的還有：佛法省要、佛學與科學的比較研究等。

唯識研究序

　　我少年時代喜研究數理科學，讀明季利瑪竇、徐光啓到清季江南製造局底譯本書。周美權先生與我有同好，四十年前，我們二人就因為討論數學結為朋友。對於神祕的宗教，不可以科學説明的，也同抱不信任的心,而深閉固拒。後來,我認識了學佛的朋友,又讀了大乘經論,纔知道佛法圓融,實在不是其他宗教和近代的西洋哲學所可比擬,也決非科學知識所能推翻,於是纔發了堅固的信心。而不久,聽見美權先生也發心了,這是六年前的事。

新近美權先生來,把他底從弟叔迦先生在北京大學教授唯識哲學底講義——唯識研究——給我看,並且告訴我:叔迦先生先在同濟學工科,畢業後曾自辦工業,本來不信佛法,也不十分聰明,後來遇密宗傳法某大師,受持密呪,智慧大開,各宗經典豁然貫通,並且感佛現像,他自己和在旁的人一同看見。尊翁緝之先生先也不信佛法,從此也就長齋念佛了,佛法實在不可思議!

我讀了一遍,見他把百法明門論和成唯識論底大意,總括在不滿五萬字的一本小册子裏,旁通真諦,天台,賢首,禪,淨,密,律,諸宗;而且淺顯通俗,人人可懂;也認爲確是唯識入門第一部好書。

美權先生已與商務印書館約定,把這本書鑄板流通。又因爲中間宇宙觀一章和現在的天文學有不同的地方,恐怕讀者疑惑,託我做一篇解釋。我以爲,要明白佛教宇宙觀底地位,不可不對於佛教底基本問題先有相當的認識。這本書所講的雖是佛教底唯識宗,然而有三個原因,我認爲有另外講幾句底必要:第一,讀這本書的人或者未讀正文,先讀我這篇序;或者未讀完正文,倒過來讀我這篇序,所以我有先講幾句底必要。第二,這本書底主旨,祇是講唯識一宗,別的宗派不過和唯識宗互相比較,略講一些,所以我有補講幾句底必要。第三,這本書底內容,重在把唯識宗底名和義理,具體而微地用通俗的語言說明大意,和我所要特別說明的幾點性質不同,所以我有重講幾句底必要。

甚麼是佛教底基本問題呢? 便是革命的哲學家黑格兒 (Hegel)所創立,科學的社會主義底始祖馬克斯 (Karl Marx) 所極口

稱揚，現在社會科學界最時髦的科學方法——辯證法（Diale-
ctics）。然而黑格兒和馬克斯雖然是辯證法底祖宗，他們底辯證法
仍不徹底；反之，三千年前底佛教卻是澈底的辯證法。讀者不信，
聽我道來。

　　孔德(Comte)把人類底進化分爲三級：神學，玄學，科學。然
而這三級底定義，他們中間的界線，很不易劃定。黑格兒和馬克斯
以爲宇宙間一切的一切都是流動的，不是静止的。這樣研究一切
問題便是辯證法的，便是他們所認爲科學的。反之，把一切事物看
做永久不變而研究，便是他們所認爲玄學的。把數學來説，普通的
代數衹是玄學的數學，微積分卻是辯證法的數學。又如生物學家
林南 (Karl von Liune) 以爲生物底種是永久不變的。馬的祖宗
永遠就是馬，牛的祖宗永遠就是牛。到了達爾文 (Charles R. Da-
rwin)看見地質學找到許多古生物底遺骸，他們大多數的生理構造
和現在的生物不同，而且年代愈遠的，構造也愈別致，證明生物底
種是逐漸改變的。又從生物地理學及比較解剖學等，可知生物底
變種都是受環境底影響。他就得一個結論，説：現在生物界那許多
不同的種並非從不同的祖宗傳下來。同一種古生物底子孫，一支
生息在某一系環境底下，就逐漸變成現在的某一種生物；另外一
支生息在另外一系環境底下，就逐漸變成現在的另外一種生物了。
所以林南是玄學的生物學家，達爾文是辯證法的生物學家。

　　然而黑格兒和馬克斯底辯證法比上文所舉的例更進一步。上
文底例衹顯示知識底對象——數學底量，生物學生物底種——是
變的。黑格兒底辯證法是糾正亞里士多德(Aristotle)底邏輯底缺
點，和補充他。亞里士多德底邏輯築在思想底三原始定律上；就是
同一律：若甲是乙那麼甲是乙；矛盾律：若甲是乙那麼甲不能非乙；
排中律；甲或是乙或非乙，二者必居其一。這三個原始定律底確

實，全憑“甲”和“非甲”，“乙”和“非乙”之間有一個清清楚楚的界
線。然而，事實上清楚的界線，祇在我們語言思想裏底名辭上有，
實際名辭“甲”所代表的事物，往往可以再細分作種種等級，和名辭
“非甲”所代表的事物連續不斷，中間毫無固定的界線可尋。因此，
這三個原始定律，以及亞里士多德底邏輯常發生問題。黑格兒底
辯證法就在這地方應運而生。我們無論研究何種學科，他底發展
差不多有一定的公式。研究底第一步，從某某時代，某某地域，或
者在某種條件底下，得一結論，似乎是某學科底一個定律，一個命
題(Thesis)；然而進一步研究，從別的時代，別的地域，或者在別種
條件底下，又發見某某事實，得一個推翻前面的定律底結論，一個
反命題 (Antithesis)。這二個結論雖互相矛盾，然而各有他底價
值。更進一步，綜合這二個結論，就得一個新結論，一個綜合命題
(Synthesis)。這樣反覆着正，反，合三個步驟，便是知識進展底公
式。依這個公式研究問題，便是黑格兒底辯證法。所以黑格兒底
辯證法非但着眼在知識底對象底變遷，而且着眼在研究對象的知
識本身底變遷。

　　黑格兒是唯心論者，馬克斯卻是唯物論者。他的理論和達爾
文底進化論同一個出發點，就是生存競爭。達爾文以爲生物底肢
體官骸是因他們底生活條件而進化的，馬克斯以爲特種生物——
人類——底知識也是因他們底生活條件而進化的。所以馬克斯
説：“決定人類生存的不是人類底意識，反之，人類社會底生存決定
他們底意識。”換句話説，生活需要的物質使人類底精神進化，決
定人類底精神。這是馬克斯所以稱爲唯物論者底理由。馬克斯又
説：“在黑格兒，辯證法是倒立着的。我們爲着要在神祕的外殼中
發見合理的核心，不得不把這個倒立着的辯證法調過頭來。”這話
底意思是説他把黑格兒底唯心的辯證法改爲唯物的。

馬克斯特別是應用辯證法在社會科學上底人。不像自然科學，社會科學底對象，尤其如政治，經濟，法律，一向就無人認爲不變的。然而社會科學知識底本身，如政治原理，經濟原理，法理等，卻被從前的社會科學認作永久不變的。所以馬克斯底辯證法便是說明這些知識也不是永久不變，也是隨人類底生活條件而進化。也和黑格兒底辯證法一樣，非但着眼在知識底對象底變遷，而且還着眼在研究對象的知識本身底變遷。

如何說他們底辯證法不澈底呢？玄學的方法生來滿意於現狀，是保守性的，建設的，固守的，主張的。辯證法的方法生來不滿意於現狀，是進取性的，革命的，進攻的，反對的。然而思想家不能衹有反對而無主張，實行家不能衹有革命而無建設，衹有攻而無守；於是乎辯證法就在這些地方自己站不住了。玄學的哲學家以爲矛盾是錯誤底證據。黑格兒說："矛盾引導前進。"玄學的哲學家立了種種抽象的結論，認爲都是真理。黑格兒說："沒有抽象的真理，真理是具體的。"（俄人查爾內謝夫斯基曾經用比喻來說明黑格兒這個理論，大意說：譬如在播種之後下五個鐘頭的雨，這是非常的好雨；但若在開始收穫穀物的時期繼續下一個星期的大雨，這就是有害的。所以我們不能抽象地說，雨是有利的呢？還是有害的呢？）這樣，黑格兒底辯證法一古腦兒駁倒了玄學的哲學家無數的結論。然而黑格兒自己如何呢？他這幾句結論難道還不算抽象嗎？是否真理呢？他自己站不住了。爲甚麼站不住了？因爲他底辯證法不澈底。

馬克斯是無產階級革命底倡導者。他當然要利用這個革命底武器，辯證法。所有現行的法律，經濟，宗教，道德，風俗，習慣，無一非產生在封建時代到資本主義時代那一個期間。大部分有利於資產階級，極少是有利於無產階級的，所以是無產階級革命很大的阻力。現在馬克斯有了這犀利的武器，便能毫不費力地把這些勞什子一古腦兒推翻了。這是無產階級革命底何等痛快的一椿事？難怪馬克斯把他看做共產主義底一件法寶了！然而攻破了資本主義，革了資本主義底命，怎樣守？怎樣建設呢？馬克斯在資本論第二版序裏説："辯證法對於資產階級及他們底空論的代辯人卻是一種苦惱，一種恐怖。因爲辯證法在現存事物底肯定的理解之中，要對現存事物否定，就是同時又包含着他底必然的没落底理解之故。"這就是我前面説的，辯證法是革命的，進攻的。然而辯證法對於無產階級，對於他們底共產主義如何呢？"因爲辯證法在現存事物底肯定的理解之中，同時又包含着他底必然的没落底理解之故"，"對於資產階級及他們底空論的代辯人"是"一種苦惱，一種恐怖。"然而"因爲辯證法在現存事物底肯定的理解之中，同時又包含着他底必然的没落底理解之故"，對於無產階級底共產主義是否"一種苦惱，一種恐怖"呢？這時候，馬克斯把辯證法忘記了。他十分歡樂。他在哲學之貧困第二章説："勞動階級解放的條件，是一切階級底廢止。……僅在再没有階級與階級對立的狀態内，社會進化才是不會有政治革命。"又在新時代第九卷第一部裏，更躊躇滿志地説："到了由於分業的各個人底隸屬，並精神的勞動與肉體的勞動底對立消滅了，勞動不僅是生活的手段，且變成他自身第一的生存慾，伴隨個人一切方面的發展，生產力亦同時增大起來，以及共同組合的一切財富底源泉能滚滚不斷地流出的共產主義社會底更高度的階段時——此時才是完全的超越狹隘的資產階級底權利的眼界，且社會是在其旗幟上高高地寫着：各盡所能，各取所需。"因爲他認爲到那時候，"在現存事物底肯定的理解之中"，同時不復"包含着他底必然的没落底理解"之故；所以他還不惜把全世界人類幾十年的長期戰禍做代價，來博取他底理想的辯證法底唯一例外的共產主義。試看他在自由貿易問題演講結句説："總而言之,商業的自由制度,促進了社會革命。諸君,只有在這種革命的意義上我是贊成自由貿易。"又在凱崙共產黨事件(一九一四柏林版)裏説："我們要向工人們説,諸君不單是要變更周圍的環境,而且還要變化諸君自身,這就必要經過十年,二十年,五十年之久的國內戰争及國際戰争。"可見他對於共産主義,毫不"因爲辯證法在現存事物底肯定的理解之中,同時又包含着他底必然的没落底理解之故",而感到一些"苦惱","一些恐怖"。可見他底辯證法也和黑格兒底一樣地不澈底。

如何説佛教卻是澈底的辯證法呢? 這個問題應分兩步説明:第一,佛教何以是辯證法? 第二,佛教何以是徹底的辯證法?

佛教何以是辯證法? 佛教底世界觀總括在湟槃經諸行無常偈上半偈"諸行無常,是生滅法"二句中,別處不過發揮這兩句的意思。把這兩句譯成現在通行的文字,諸行便是一切精神現象自然現象底總名; 常便是永久不變。所以,諸行無常句便是説一切精神現象自然現象都不是永久不變的,和上文所説辯證法的世界觀一般。生滅是"生住異滅"四相底省文。生便是發生; 住和異便是發展。住是互相適應的發展,異是互相矛盾的發展。滅便是消滅。又和馬克斯主義者蒲列哈諾夫 (Plekhanov) 所説"辯證法是在發生,發展,消滅上觀察現象底方法"(史的一元論第五章)符合。又各派玄學的哲學家和宗教家各有他們底理論,或説宇宙是二元的,或説宇宙是一元的; 或説宇宙是唯物的,或説宇宙是唯心的; 或説有絕對真理,或説無絕對真理; 或説本體和現象是同,或説本體和現象是異。他們都認自派底理論爲是,敵派底理論爲非,基於亞里士多德底邏輯,思想底三原始定律。佛教總稱這些理論爲"邊見",(參看本書第十六章第二節)惟有遠離一切邊見的才是正見。一切邊見都是玄學的，遠離一切邊見的正見，卻是超乎思想三原始定律的辯證法的。

佛教何以是澈底的辯證法？依辯證法没有抽象的真理。然而，無論哲學家，自然科學家，社會科學家，他們的企圖無非是要從他們所研究的對象裏面求出種種定律。這些定律便是他們所認爲真理，而且没有不是抽象的，所以都不能不和辯證法矛盾。不但别的哲學科學如是，辯證法底本身也不能不和他自己矛盾。這是<u>黑格兒</u>，<u>馬克斯</u>，以及任何哲學家，科學家都不免於辯證法地不澈底的緣故。無論怎樣地描寫，怎樣地思維，都不能免於辯證法地不澈底。所以澈底的辯證法決不能用語言文字描寫，決不能用意識思維。這個便是佛教底“無分别智”。（參看本書第二十章“慧學”）無分别智是不能用語言文字描寫，不能用意識思維的，所以佛教是澈底的辯證法。

然而佛教和佛教底無分别智，既不能用語言文字描寫，不能用意識思維，那麽除了一個空名之外還有甚麽？這個無分别智還有甚麽用處呢？不，無分别智雖不能用語言文字描寫，不能用意識思維，卻不止是一個空名。我們可以依佛教底方法，訓練自己的身心，有一天工夫到家，那個無分别智就了了現前。至於訓練的法門，大旨雖都是一樣，細别尚有種種不同。誰應該如何訓練？是要看他底個性而定的。本書第十七章資糧位底三種磨鍊，加行位底四種尋思，就是許多法門之一。另外還有無數的别的法門，有的是偏的漸的，有的是圓的頓的。這裏面至圓至頓，然而卻至不容易不發生誤會的，是禪宗參禪底法門，就是把一切問題放下，一心參究這“不能用語言文字描寫，不能用意識思維的澈底的辯證法”，到底是甚麽？我們底辯證法所以永遠不能澈底，病根全在我們一天到晚被語言文字意識底羅網罩住了，不能擺脱。現在祇要依這個法門參究，參來參去，參到火候純熟，便能突然透過語言文字意識底羅網，澈底的辯證法就現前了。爲何這個法門不容易不發生誤會呢？因爲我們一向在語言文字意識底羅網裏慣了；非但透不過這個網，而且還不容易認識這個網。黑格兒、馬克斯向前面一看，認識這個網了，然而向他們自己脚底下一看還不認識。他們自以爲透出網外了，其實依舊站在網裏，所以他們底辯證法不澈底。參禪底人，一百個之中，有九十九個自己以爲透出網外了，其實還在網裏，還是被語言文字意識罩住，所以道不容易不發生誤會。讀者當知，我雖竭力描寫透網，但我底描寫仍是語言文字，仍不過是網，所以真透網底境界，也透過我底描寫。這樣就叫頓悟。頓悟的人，雖不能把他自己底境界用語言文字告訴別人，然而見地高超，機鋒敏捷。別人固然及不來他，他自己也前後判若兩人，這是禪宗頓悟底最普通的一種效驗。修別的法門也可以得同樣的效驗，然而參禪得悟底人尤其多。

總之，語言文字，科學，是相對的，玄學的；現實的宇宙，哲學，是絕對的，辯證法的。西洋哲學家或立二元論，或立一元論，或立唯物論，或立唯心論，無非想把科學的知識，玄學的方法，說明辯證法的宇宙。圓鑿方柄，無怪聚訟紛紜，莫衷一是。我們從澈底地辯證法的佛教底眼光看來，真是笑話。近代自然科學特別發達，自然科學是物質的科學，用物質的科學底知識測度哲學，這個哲學不消說是唯物的。他們便貿貿然根據這種見解立無神論，反對一切宗教，說宗教和科學矛盾，斷定他們是錯誤的。機械的唯物論者不要說起，標榜辯證法的馬克斯也攻擊宗教，也立辯證法的唯物論。殊不知辯證法便不唯物論，唯物論便不辯證法了。

說到宗教和科學矛盾，這其間有二種矛盾，不可混爲一談。如創世記說上帝六日間創造世界日月星辰動植及人，顯然與現在天文學和地質學底證據矛盾。這可以説宗教和科學矛盾。如自然科學家祇研究質和能。他們雖然也研究有機化學和解剖學，然而有機化學和解剖學所研究的仍不過質和能。雖然也研究實驗心理學，然而實驗心理學所研究的仍不過外面的質和能對於感官底刺激，和肢體對於外面的質和能底行爲，以及刺激和行爲底相互關係。總之他們本來祇研究物質，並不研究精神。現在他們武斷地立唯物論，這實在是科學家底空想和哲學矛盾，並非哲學或宗教和科學矛盾。現在説到佛教，除了第二種矛盾之外，很少和科學矛盾的地方，並且有許多地方和科學不謀而合。不過佛教是宗教，他底目的和科學不同，所以内容可以互相比較的地方本來不多。我曾經詳細研究，他們彼此重疊的區域大概屬於哲學，天文學，和生理學三科。

　　佛教底哲學，最重要的便是上文説過的辯證法。佛教非但和黑格兒哲學不謀而合，卻比黑格兒哲學更澈底。此外還有佛教底"真如"，就是斯賓挪莎(Spinoza)底實體(Substantia)，康德(Kant)底物如(Ding an Sich)，謝林(Schelling)底絶對，黑格兒底理性。他也和他們幾位哲學家所説的一樣，是萬有底本體，又是絶對，又是理性，又是真理。然而哲學家對於這個，不過是推測，佛教入"見道位"(參看本書第十七章)卻是親證真如。(教佛用這證字意思和見字得字差不多。並非作推論解。)所以佛教哲學大旨和近代西洋哲學彷彿，而精密過西洋哲學好幾倍。限於篇幅，我不能詳述了。

　　佛教底天文學，稱我們所居之地叫"四天下"。四天下之中有"須彌山"，須彌山四面有東南西北四大洲，最外有"鐵圍山"。日月衆星繞行須彌山腰，日光被須彌山遮成夜。日在須彌山南，北洲夜半，東洲日没，南洲日中，西洲日出；日在他處類推。南洲人底西方，西洲人以爲東方；西洲人底西方，北洲人以爲東方；北洲人底西方,東洲人以爲東方；東洲人底西方,南洲人以爲東方。我們倘使把須彌山當地球,須彌山頂當北極,須彌山腰當赤道,鐵圍山當南極講,那麼上面説的,就和新知識一般無二。佛經上又説,大地依水輪,水依風輪,風依空輪。倘使把我們住的一點算地的上面,經過地心到地球對面的一點算地的下面,那麼地球就好像安放在對面的海水上面,海水又安放在對面的空氣層上面,空氣層安放在真空中。水輪風輪可當水球空氣球講。又,前面講的日月繞行須彌山腰,下有一句説明,因衆生業力持日等令不墜；這裏講的水依風輪下亦有説明,衆生業力持令不流散。佛教説自然定律是衆生共業,所以第一説可以作離心力講,第二説可以作地吸力講,這樣也完全和新知識合符。

又,佛教一千個四天下叫"小千世界",一千個小千世界叫"中千世界",一千個中千世界叫"三千大千世界"。我們這個三千大千世界叫"娑婆世界",娑婆世界之外還有無量無邊的三千大千世界。現在天文學説：一顆顆恆星都是太陽,都被行星圍繞。一顆顆行星都是地球。佛教雖未曾這樣明説,然而四天下既明明是地球,那麼小千世界差不多是太陽系。因爲我們底太陽系有九個行星和幾百個小行星,別的恆星週圍或許有更多的行星,所以這樣講是很妥當的。中千世界應當是許多太陽系底小集團,現在天文學雖然還沒有這樣的證明,卻也没有這種小集團不存在底反證。三千大千世界明明就是天河全恆星系統,而無量無邊的別的三千大千世界明明就是別的星雲。佛並且説世界不是永久不變的,他有成住壞空四個時期。成的時候空中先起大重雲,注大洪雨,經過極長時期,有大風吹水生泡沫,成須彌山等,和康德底星雲説恰合。大重雲便是氣體的星雲,大洪雨便是一部分氣體凝成的液體,風吹水成泡沫便是液體凝成固體的地球等。

生理學是物質底科學，然而佛教是綜合物質和精神底宗教，所以我發見有和生理學不謀而合的地方。自然科學所研究的質和能，佛教稱“色法”，（參看本書第二章）這個宇宙或自然界，佛教稱“器界”，我們底身體佛教稱“根身”。器界和根身都是“阿賴耶識底相分”。（參看本書第八章）“根”就是感官。“眼根”就是眼睛，“耳根”就是耳朵，餘類推。然而佛教說根還有二種：一種是別人看得見的，譬如像葡萄的眼，像荷葉的耳，叫做“扶塵根”，不能發識，（就是不能生感覺）一種是別人看不見，卻能發識，叫做“淨色根”。（參看本書第十章）我們把唯識哲學和生理學一比，可見淨色根便是感覺神經，（參看本書第二章）因爲他們是色法，（物質）能發識，（生感覺）而別人看不見。又，佛教說八個識生的時候都有四分。（參看本書第六章）現在單講“前五識”底相分。前五識（即五種感覺）生時，依五淨色根，（即五種感覺神經）緣阿賴耶識相分器界（即自然現象）爲“本質”，即“疏所緣緣”，變起“影像”爲五識相分，即“親所緣緣”。（參看本書第十一章末節）此處五識相分即五識親所緣緣，明明是指眼睛裏網膜上底倒影，耳朵裏毛細胞底震動響應等。因爲是依五種感覺神經，託自然現象做本質，變起的影像，說得很明白的緣故。

上面所舉都是從佛說的經和菩薩造的論上摘下來的重要證據，確確鑿鑿同新知識不謀而合，一些不牽強附會。另外還有一句兩句的，不勝屈指，從略。天文學上哥白尼（Copernicus）創地繞太陽之說，牛頓（Newton）又創天體力學說明他，還不過是理論。而一八四六年法人來勿利爾（Leverier）從天王星底運動算出未發見的新行星軌道，柏林天文台助理迦勒（Galle）依他所算的結果，在離算出的經緯度不及一度的天空尋得海王星。這是哥白尼和牛頓底理論底鐵證，科學家所稱道不置的。現在我舉出佛教和新知識不謀而合的這些證據，——尤其前五識相分明明説出是自然現象本質上底影像——實在不比天體力學底算出海王星遜色。可見佛菩薩底神通決不是假話。

至於佛教和新知識不合的地方，固然也不是完全没有。最説不通的是北洲福報，人壽千歲，無有中天等。我上面證明須彌山是地球，四洲在一個地球上。然而，本書第十四章説，現在的五大洲只是一個南洲。幾年前，讀興慈法師底二課合解，也説四洲是四個球，不知此説何人所創。猜這位先生底意思，大概就是避免北洲福報和現在事實底矛盾。然而避去了這一個矛盾，卻把許多本來不謀而合的地方都變矛盾了。記得從前有批評人把好文章改壞的，説點金成鐵。現在把一洲作一個地球講，未免點金成鐵了。所以我不贊成這個講法。我以爲上文許多證據已足彀表示佛教底價值了。至於少數矛盾的地方像北洲福報之類，可以下面幾種理由解釋他們。

第一，佛雖有神通，無所不知，然而他是對當時羣衆説法，自然不能不理會當時羣衆底知識。前面講須彌山和四洲，雖然我們用新的眼光看它，覺得和地球繞太陽底理論很貼切。但是就用舊的眼光看它，以爲地是平的，也不覺有甚衝突。這是所謂佛底善巧方便，又叫做密意。倘使佛不這樣説法，卻説地像一個橘子，浮在太虛中，上下周圍都有人住，祇怕當時立刻就有極大多數的人不相信他了。所以他底話不過影射一些新知識，並不能明明白白地照現在的話説。這樣遷就聽衆的演講，我們平常亦常用，比仿普通力學講没有重量，絕對堅硬的桿，就是這個道理。

第二，現在的知識，也不過是現在短期間的知識。例如哥白尼以前的人都以爲地是不動的，日月星是繞地運行的。自從哥白尼創了地球繞太陽底新説，後來的人就説地是動的，太陽才是不動的。再後來又有人發見太陽和恆星彼此底地位關係也有變更，又說太陽也是動的。然而愛因斯坦(Einstain)創新相對論說明動靜祇是相對的。於是乎岸上的人看見船動說船動，雖然不錯，而船裏的人看見岸動說岸動，也比說船動妥當些。同樣，地球上的人看見日月星東昇西沒說日月星繞地運行，也比說地繞日運行妥當些。因此，倘使佛明說地繞日運行，也祇能使哥白尼以後，愛因斯坦以前，四百年間的人認爲妥當。哥白尼以前的人固然不表同情，愛因斯坦以後的人也不表同情。其餘一切科學理論也不免一樣的時代性。所以三千年前的佛所說的法，當然不能完全和現在短期間的知識相合。

　　第三，佛本非大學教授，他的動機不是要教人學天文地理。所以不能把現在的天文學，天體力學，天體物理學，地文學，地質學，甚至一切的自然科學一古腦兒搬出來。他偶爾談天說地，無非爲宣教起見。和文學家做詩，藝術家繪畫一樣，不妨一回兒用科學新知識做資料，一回兒又用神話舊傳說做資料。因爲他沒有這個需要，所以不必完全照現在的新知識說法。

　　第四，佛經是佛說出來，大衆聽在耳朵裏，等到佛入寂之後，大衆重開法會，結集下來的。但那時候還沒有印刷術，輾轉鈔寫很不容易，況且再要經過繙譯方始傳到中國，裏面錯誤的地方當然難免。並且和別的古書一樣，被人妄改，甚至於造僞經攙進去，都在意中。如許多部經，曾經先後譯過幾次的，往往幾個譯本互有出入。可見必有錯誤攙改的地方。又如尊者世親造俱舍論，（小乘論)分別世品說器世間，並存諸師異說，而甚少引佛說的地方。可見現在阿含部經(小乘經)說器世間安立，是否全出佛口親宣，亦不敢說定。

　　有上述的四種理由，所以這和新知識矛盾底少數地方，決不至於影響佛教底真價值。這是我應<u>美權</u>先生之命，對於佛教宇宙觀底解釋。我底意見然否？還請<u>美權</u>先生昆仲和讀者指教。

王季同

廿二、十二、七日

（選自<u>上海商務印書館中華民國</u>二十三年（1934 年）

出版<u>周叔迦</u>著唯識研究）

科學之根本問題

<u>歐克里得</u>著幾何原本（Euclids"Elememts"），推論精確，爲後世以科學方法治學之始祖。顧其公論十二（Axiom 12）不爲後世多數學者所滿意，猶如偉大建築物營於流沙之上，未免根本動搖。故<u>羅巴怯夫斯基</u>（Lobatchewsky）等得撤去此公論，別演爲非<u>歐克里得</u>幾何（Non-Euclideam Geometry）。雖然，生也有涯，而知也無涯，吾人學問固莫不以常識爲基礎。蓋所謂科學方法者，無非依邏輯（Logic）規律，據提案以求斷案耳。所得之斷案，爲新學説，爲新發明。所據之提案，非爲常識卽爲他人先得之斷案。然先得之斷案，仍必據他提案以得之，故其最初之基本提案，終必爲常識無疑。至於常識究屬何物，雖有時亦得藉科學以回溯一步，而其方法仍不外據他常識爲提案，以求此常識之斷案，以爲此常識之説明，其不能窮常識之源可知。故關於時（Time）、空（Space）、量（Quantity）、質（Mass）等常識，其爲自然科學之基本提案，實與<u>幾何原本</u>之公論無殊。且其不能使人滿意，未必愈於<u>幾何原本</u>之公論十二。故今日之自然科學，雖發達已至可驚之程度，當知其基礎仍築在此未有滿意説明之諸常識之上。更端以言之，則今日之科學可稱爲<u>歐克里得</u>式之科學。而撤去此諸常識，亦仍可別演爲非<u>歐克里得</u>式之科學也。

　　非歐克里得式之科學如何? 三千年前印度淨飯王家悉達太子
所立之佛教是也。夫歐克里得幾何基於一直線上同平面之諸垂
線,無論如何引長,其距離恒不變之常識; 而非歐克里得幾何則基
於認此諸垂線爲或漸湊近,或漸遠離之條件。今自然科學基於物
我對待之常識,而佛教則立萬法唯識。萬法者,一切心理、生理、物
理現象。上文所謂常識,與立於此常識基礎上之種種科學問題,皆
是唯識者,言其唯是心理作用也。然心體本來空寂,生識乃由於
迷,因迷造業,因業感報。同業感總報, 異業感別報。種種科學問
題,與其所基之常識,皆不過吾人夙生同業所感之總報而已。而卽
此業報亦無實體,唯是心識,故曰萬法唯識。故曰今日之自然科學
爲歐克里得式之科學,而佛教爲非歐克里得式之科學也。

　　或曰: 常識雖非可以邏輯證明,然爲人類之良知,至誠無忘,彼
違反常識之非歐克里得幾何,不過等於游戲問題,無裨實用。佛教
既爲非歐克里得式之學問,則亦安足研究乎? 曰: 人類心習,驟視
之似良知,細考之而知其不然者,不勝縷指。大地平衍,似良知也;
地體靜定,星日運行,似良知也; 物質依平行線墜落,似良知也。若
謂違反常識者不足研究,然則力學、天文學證明物質相吸, 及地球
繞日, 科學家何以信爲的論乎? 又如物質永存 (Conservation of
matter)、能力永存(Conservation of Energy), 皆與常識遠反者,
而今則已成爲科學上顛撲不破之原則矣。至於時間與三乘之空間
(Three-dimensional Space)互爲獨立,此吾人極堅固之心習也,而
愛恩斯坦(Einstein)據天文學之記録, 及高深之數學, 證明時間與
空間相涉, 成一四乘之幾何。又以物質散佈其間, 更使此四乘幾
何,由歐克里得的變爲非歐克里得的。爲物質相吸之説明,非但違
反常識,抑且有類於代數學中之幻量 (Imaginary quantity), 迥非
吾人心力之所能想像矣。然自其説出後,舉世科學家方交口頌之,

未嘗以其違反常識而鄙爲不足研究也。何獨於此萬法唯識之論，乃以違反常識疑之乎！

或曰：物質相吸，地球繞日，乃至愛恩斯坦之相對論，皆積精密之實驗與計算，以證明普通見解之矛盾，與夫科學新説之密合，而後乃以學説易常識。今欲以萬法唯識之論代物我對待之常識，有何理由乎？曰：解剖學證明，人之見物，不過眼底網膜(Retina)起化學變化；其聞聲，不過耳内毛細胞(Hair cell)之震顫。然則，我之見性聞性，未越網膜毛細胞一步，縱有與我對待之物，我何嘗能見聞之？不特此也，我固未嘗自見我之網膜毛細胞，何況其與我對待之物所印之遺跡？更何況於能印此遺跡之物？然則，物我對待之見解，果有何種根據乎？至於萬法唯識，固佛與地上菩薩，得無分別智者之所親證。子自未修觀行，而不信佛説，此何異於不學無術之徒，自未習自然科學，行科學實驗，演科學計算，乃斥物質相吸、地球繞日、物質永存、能力永存，及愛恩斯坦相對論等爲無稽，子其認爲知言乎？

或曰：然則，子已得無分別智，證唯識實性否？曰：不佞雖未親證唯識，然閲三藏十二分教，理由充足，信其決非妄語耳。子信科學，豈曾於科學中種種問題，一一自行實驗，自行推算證明乎？抑大多數仍據前人記録，聞前人説明，認爲理由充足而信之耶？

或曰：子之言辯矣。雖然，學以致用爲貴，科學發達纔一二百年耳，而其增進人類之愉樂便利，固有實事可徵也。反觀佛説，利樂有情，未有實證，無乃徒屬理想乎？曰：所謂苦樂者，以人心之欣厭爲準則乎？抑僅以物質之精粗豐儉爲準則耶？若謂人生在世，不問心中感想之如何，而唯隨事物以流轉，是説也，恐無人肯承認之。然則，苦樂固當以人心之欣厭爲準則無疑也。故簞瓢陋巷，有不勝其樂者存焉；而高樓汽車，有難言之苦者存焉。且今世物質文明教人以任性縱欲，然世間之物力有限，吾人之所欲無窮，分配勢不能均，而競爭殺戮之禍乃愈烈。今其成績已可覩矣，增進愉樂之效，固如是乎？竊願學問界之先進，對此根本問題一潛心研究，毋徒墨守此不澈底之科學家言，而故步自封也。

（選自<u>民國</u>十六年<u>聶氏家言旬刊社</u>印本<u>學佛六篇</u>附）

梁 漱 溟

〔簡介〕 梁漱溟,字煥鼎,生於公元一八九三年(清德宗光緒十九年),廣西桂林人,現代學者。

據梁漱溟自述,他的思想經歷了三個不同時期:一、近代西洋功利主義,二、古印度人的出世思想(佛學),三、中國古時的儒家思想。他曾説:"漱溟自元年(指民國元年)以來,謬慕釋氏,語及人生大道必歸宗天竺。"(思親記,見中國哲學第一輯三三九頁) 又説:"我自二十歲後,思想折入佛家一路,專心佛典者四五年。"(究元決疑論附記)

他是從思考人生苦樂問題而轉向並傾心於佛學的。一九一六年,他發表長篇論文究元決疑論,得到了包括歐陽竟無在内的許多人的贊賞。他也因此受聘爲北京大學哲學系教員,於一九一七年起講授並出版印度哲學史等。這些著作是他這一時期研究佛學的代表作。之後,梁漱溟思想折入儒家,一九二一年作東西文化及其哲學是其標誌。 同時他對究元決疑論也表示很不滿意。但是,佛學在他思想中亦仍有一定影響。一九七八年他在爲自述早年思想之再轉再變一文作補述時,就説到:"對於人生苦樂的留心觀察,是我出世思想的開竅由來,從而奠定了此後一生歸宿於佛法。"(見中國哲學第一輯)由此可見,瞭解梁氏佛學思想,是研究他整個思想結構的重要方面。他的重要著作還有唯識述義、漱溟三十年前文錄、漱溟三十年後文錄、中國文化要義等。

究元決疑論

論曰：譬有親族、戚黨、友好，或乃陌路逢植之人，陷大憂惱病苦，則我等必思如何將以慰解而後卽安。又若獲大園林，清妙殊勝，則我等必思如何而將親族、戚黨、友好，乃至逢値之人，相共娛樂而後乃快。今舉法喻人者，亦復如是。此世間者多憂、多惱、多病、多苦，而我所信唯法得解，則我面値於人而欲貢其誠款，唯有説法。又，此世間有種憂惱、病苦，最大最烈，不以乏少財寶事物而致，亦非其所得解。此義云何？此世間是大秘密、是大怪異，我人遭處其間，恐怖猶疑，不得安穩而住。以是故，有聖智人究宣其義，而示理法，或少或多，或似或非，我人懷次若有所主，得暫安穩。積漸此少多似非，暴露省察，又滋疑怖，待更智人而示理法，如是常有嬗變。少慧之氓，蒙昧趣生，不識不知。有等聰慧之倫，善能疑議思量，於爾世理法輕蔑不取。於爾所時，舊執既失，勝義未獲，憂惶煩惱，不得自拔。或生邪思邪見，或縱浪淫樂（遠生想影録所謂，苟爲旦夕無聊之樂），或成狂易，或取自經（想影録所謂，精神病之增多，緣此自殺者亦多）。如此者，非財寶事物之所得解，唯法得解。此憂惱狂易，論者身所經歷（辛亥之冬，壬子之冬，兩度幾取自殺）。今我得解，如何面値其人而不爲説法，使相悅以解，獲大安穩？以是義故，我而面人，貢吾誠款，唯有説法。然此法者，是殊勝法，是超絕法，不如世間諸法易得詮説。我常發願造論，曰新發心論，閲稔不曾得成。而面人時，尤恐倉卒出口，所明不逮所晦，以故裹褱篤念，終不宣吐。迨與違遠，則中心悢悢，如負歉疚（吾於遠生君實深褱此恨者也）。積恨如山，亟思一償，因雜取諸家之説，乃及舊篇，先集此論。而其結構，略同新發心論之所擬度，所謂佛學如實論與佛學方便論之二部。前者，將以究宣元真，今命之曰"究元第一"; 後者, 將以決行止之疑, 今命曰"決疑第二."。世之所急, 常在決疑, 又智力劣故, 不任究元, 以是避諱玄談, 得少爲足, 且不論其所得爲似爲非。究理而先自畫, 如何得契宇宙之真? 不異於立說之前, 自暴其不足爲據。欲得決疑, 要先究元。述造論因緣竟。

究元第一　　佛學如實論

欲究元者, 略有二途: 一者性宗, 一者相宗。性宗之義, 求於西土, 唯法蘭西人魯滂博士之爲說, 彷彿似之。吾舊見其說, 曾以佛語爲之詮釋, 今舉舊稿, 聊省撰構。

乙卯年, 楞嚴精舍日記云:"魯滂博士(Le Bon, Cr. G) 造物質新論(The Evolution of Matter), 余尚未備其書。閱東方雜誌十二卷第四五號, 黃士恒譯篇, 最舉大意, 其詞簡約, 不過萬言, 而其精深宏博, 已可想見。爲說本之甄驗物質, 而不期乃契佛旨。余深憾皈依三寶者, 多膚受盲從, 不則恣爲矯亂論, 概昧道真。不圖魯君貌離, 乃能神合, 得之警喜。因摘原譯, 加以圈識, 並附所見。

魯君舉八則爲根本:

一、物質昔雖假定不滅, 而實則其形成之原子, 由連續不絕之解體而漸歸消滅。

二、物質之變爲非物質, 其間遂產出一種之物。據從來科學主張, 物體有重, 而以太無重, 二者如鴻溝; 今茲所明, 乃位於二者之間者。

三、物質常認爲無自動力, 故以爲必加外力而始動。然此說適得其反, 蓋物質爲力之貯蓄所, 初無待於供給, 而自能消費之。

四、宇宙力之大部分, 如電氣日熱, 均由物質解體時所發散原子內之力而生者也。

五、力與物質同一物而異其形式。物質者, 卽原子內力之安定的形式; 若光熱電氣, 爲原子內力之不安定形式。

六、總之, 原子之解體與物質之變非物質, 不外力之定的形式變爲不定的形式。凡物質皆如是不絶而變其力也。

七、適用於生物進化之原則, 亦可適用於原子。化學的種族與生物的種族, 均非不變者也。

八、力亦與其所從出之質同, 非不滅者。

魯云: "原子者, 乃由以太之渦動而形成者也。非物質之以太, 能變成巖石鋼鐵。""凡物質之堅脆, 由迴轉速度之緩急。""運動止, 則物質歸於以太而消滅。"

又云: "光者, 不過有顫動特性之以太之失平衡者, 復其平則滅。""宇宙之力, 以質力二者失其平衡生, 以復平滅。"

又云: "物質有生命, 且易感應。""物質化非物質者, 今所獲有六種, 質漸分解, 歸於萬物第一本體不可思議之以太者也。""物體因燃燒或其他方法而破壞, 斯爲變化, 而非滅, 可由天平不減其分量驗之。而所謂滅, 乃一切消失。"

又云: "此以太之渦動, 與由此而生之力, 如何而失其自性, 而消歸於以太乎? 如液中旋渦以失平遂顫動, 放射周圍, 轉瞬而消滅於液中。"

又云: "宇宙無休息, 縱有休息之所, 非吾人所住之世界, 而其間亦必無生物。死非休息也。"

又總括之云: "一、翕聚其力於物質之形之下, 二、其力復漸消滅, 此爲一循環; 幾千萬年更爲新輪迴。"(按, 此則猜度之談。)

漱溟曰: 魯滂所謂第一本體不可思議之以太者, 略當佛之如來藏或阿賴耶。起信論云: "不生不滅, 與生滅和合, 非一非異, 能攝一切法生一切法"者是也。魯君所護雖精, 不能如佛窮了, 此際亦未容細辨。以太渦動形成原子, 而成此世界, 此渦動卽所謂忽然念起。何由而動，菩薩不能盡究，故魯君亦莫能知莫能言也。世有問無明何自來者，此渦動便是無明，其何自則非所得言。渦動不離以太，無明不離真心；渦動形成世界，心生種種法生。然雖成世界，猶是以太，故起信論云："是心從本已來，自性清淨而有無明，爲無明所染，有其染心，雖有染心，而常恒不變。"又云："衆生本來常住涅槃，菩提之法非可修相，非可作相，畢竟無得。"又云："因無明風動，心與無明俱無形相，不相捨離，而心非動性，無明滅，相續則滅。"比相續卽質力不滅之律。然渦動失則質力隨滅，故無明滅，相續則滅也。"然所言滅者，唯心相滅，非心體滅。如風依水而有動相，若水滅者，則風相斷絶，無所依止。以水不滅，風相相續，唯風滅，故動相隨滅，非是水滅。"（起信論）蓋滅者，謂質力之相續滅，而消歸於以太，非以太滅。楞嚴云："如水成冰，冰還成水。"般若云："色卽是空，空卽是色。"色謂質礙，卽此之物質。唯魯君亦曰："非物質之以太能變成巖石鋼鐵。"又曰："力與物質同一物而異其形式。"楞嚴正脈疏云："權外多計性爲空理，而不知內有空色相融。"又云："深談如來藏中渾涵未發，色空融一如此。"魯君亦可爲能深談者矣。

　　佛云："厭生死苦，樂求涅槃"；又云："生死長夜"。唯魯君亦曰："宇宙無休息，縱有休息之所，亦非吾人所住之世界；而其間亦必無生物。死非休息也。"此無休息，卽質力之變化，亦曰因果律，亦曰輪迴。死本變化中事，不爲逃免。出離此大苦海，唯修無生；相續相滅，乃曰出世間。世有游棲山林，自以爲遯世者，非可爲遯矣。然無明無始，無明非真，生滅真如，了不相異，畢竟不增不減。楞嚴云："性真常中求於去來，迷悟生死了無所得。"故魯君亦曰："如液中旋渦以失平，遂顫動放射周圍，轉瞬而消滅於液中。"

　　楞嚴尅就根性，直指真心，乃至五陰、六入、十二處、十八界、七大、一切世間諸所有物，皆卽菩提妙明元心。正脈疏云："前言寂常妙明之心，最親切處現具根中，故尅就根性，（補注：根即 Organ，如眼耳鼻舌等）直指真心。然雖近具根中，而量周法界，徧爲萬法實體。"試問，此除却以太，尚有何物？ 印以魯君之說，權位菩薩不須疑怖矣。更即其至顯極明者明之，如受陰云："又掌出故，合則掌知，離則觸入，臂腕骨髓應亦覺知入時蹤跡；必有覺心知出知入，自有一物身中往來，何待合知，要名爲觸？"又如火光云："日鏡相遠，非和非合，不應火光無從自有。"（皆楞嚴經）夫此受陰，何以不覺蹤跡往來而有？ 火光何以不待日鏡和合而有？ 此非習知所謂以太者邪？ 即此以太，便是的的真如法性，經文所謂："本非因緣，非自然性，清淨本然，周徧法界"者。取而審諦之，躍然可見。佛說固以魯君之言而益明，而魯君之所標舉，更藉佛證其不誣焉。

正脈疏又云："凡小觀物非心，權教謂物爲妄，今悟全物皆心，純真無妄也。"按，此語可謂明顯之至。凡小觀物非心，即世俗見物實有，與此心對；權教謂物爲妄，意指唯識之宗，亦即西土唯心家言；全物皆心，純真無妄，乃釋迦實教，法性宗是，西土則唯魯君彷彿得之。

此中所表是何種義？ 謂所究元者，不離當處。"本非因緣，非自然性，清淨本然，周徧法界"。魯君之所謂以太是也。

復次，相宗者，吾舉三無性義。摘取三無性論及佛性論：

"一切有爲法，不出此分別（徧計所執性）、依他（依他起性）兩性。此兩性既真實無相無生，由此理故，一切諸法同一無性。是故真實性（圓成實性），以無性爲性"。

"分別性者，無有體相，但有名無義。世間於義中立名，凡夫執名分別義性，謂名即義性。此分別是虛妄執，此名及義，兩互爲客故，由三義故，此理可知。一者，先於名智不生，如世所立名。若此名即是義體性者，未聞名時即不應得義，既見未得名時先已得義。

又若名卽是義，得義之時卽應得名。無此義故，故知是客。二者，一義有多名，故若名卽義性，或爲一物有多種名，隨多名故，應有多體，若隨多名卽有多體，則相違法一處得立，此義證量所違。無此義故，故知是客。三者，名不定故，若名卽是義性，名既不定，義體亦應不定。何以故？或此物名目於彼物，故知名則不定，物不如此，故知但是客。復次，汝言此名在於義中。云何在義？爲在有義，爲在無義？若在有義，前此難還成；若在無義，名義俱客。"（三無性論）

"分別性由緣相名相，應故得顯現。"（佛性論）

"由僻執熏習本識種子能生起依他性爲未來果，此僻執卽是分別性，能爲未來依他因也。分別性是惑緣，依他正是惑體。此性不但以言說爲體，言說必有所依故。若不依亂識品類名言得立，無有是處。 若不爾所依品類既無有，所說名言則不得立（東於分別性）。"（三無性論）

"依他性緣執分別故得顯現。依他性者有而不實，由亂識根境故是有，以非真如故不實。"（佛性論）

茲更摘此土白衣章炳麟建立宗教論之說依他性云：

"第二自性，由第八阿賴邪識，第七末那識與眼耳鼻舌身等五識，虛妄分別而成。（中略）賴邪唯以自識見分緣自識中一切種子以爲相分，故其心不必現行，而其境可以常住。末那唯以自識見分緣阿賴邪以爲相分，卽此相分便執爲我，或執爲法，心不現行，境得常在，亦阿賴邪識無異。（因爾不得省知其妄）五識唯以自識見分緣色及空以爲相分，心緣境起，非現行則不相續，境依心起，非感覺則無所存。而此五識對色及空，不作色空等想。末那雖執賴邪以此爲我，以此爲法，而無現行我法等想；賴邪雖緣色空，自他內外，能所體用，一異有無，生滅斷常，來去因果以爲其境。而此數者，各有自相,未嘗更互相屬。其緣此自相者,亦唯緣此自相種子,而無現行色空,能所體用,一異有無,生滅斷常,來去因果等想。此數識者,非如意識之周徧計度,執著名言也,(因無想故)即依此識而起見分相分二者。其境雖無,其相幻有,是爲依他起性。"

此中所表是何種義?謂所究元者,唯是無性。唯此無性,是其真實自性。分別性者,但有名言,多能遮遣,唯依他性少智人所不能省。若離依他,便證圓成,自佛而後,乃得究宣。合前義言,所云周徧法界者,一切諸法同一無性之謂也。

二說既陳,緣得建立三種義:一者不可思議義,一者自然(Natural)軌則不可得義,一者德行(Moral)軌則不可得義。

不可思議義云何?謂所究元者以無性故,則百不是:非色、非空、非自、非他、非內、非外、非能、非所、非體、非用、非一、非異、非有、非無、非生、非滅、非斷、非常、非來、非去、非因、非果。以周徧法界故,則莫不是:即色、即空,乃至即因、即果。夫莫不是而百不是,斯真絕對者。世間凡百專物,皆爲有對。蓋"人心之思,歷異始覺,故一言水,必有其非水者,一言風草木,必有其非風、非草、非木者與之爲對,而後可言可思。"(嚴譯穆勒名學)若果爲無對者,"則其別既泯,其覺遂亡,覺且不能,何從思議?"(同上名學)以是故,如來常說不可思議,不可説,不可念,非邪見之所能思量,非凡情之所能計度。以是故,我常説凡夫究元,非藉正法(佛法)不得窮了。所以者何?亡其覺故,云何而得窮了?要待窮了,須得證得。世有勇猛大心之士,不應甘於劣小也。

此不可思議義,西士明哲頗復知之:如康德所謂現象可知,物如不可知。叔本華亦曰,形而上學家好問"何以","何從",不知"何以"之義等於"以何因緣",而空間時間之外,安得有因果?人類智靈不離因果律,則此等超乎空間時間以外之事,安得而知邪?斯賓塞亦有時間不可知,空間不可知,力不可知,物質不可知,流轉不可知等。赫胥黎亦云,物之無對待而不可以根塵接者,本爲思議所不可及。略舉其例,似尚不止此。而有凡夫妄人,於此最元,以世間法共相詰難。或云"無明無始,詎有終邪? 阿賴邪含藏萬有,無明亦在其中,豈突起可滅之物邪? 一心具真如生滅二用,果能劢甲而絶乙邪?"或云: "生滅由無明,然無明果何自起?"(陳獨秀、藍公武之説如此,尚不止此二人)縱有謹嚴邏輯,終爲無當。所以者何? "其物皆不二而最初,無由推證其所以然。"(穆勒名學)"雖信之而無所以信者之可言。"(同上名學)非復名學所有事,是以十四邪問,佛制不答。

自然軌則不可得義云何? 謂無性者云何有法,世間不曾有軌則可得。所以者何? 一切無性故。又者,所究元不可思議,卽宇宙不可思議。宇宙不可思議,卽一事一物皆是不可思議。不可思議,云何而可説有軌則? 以是義故,我常説世間種種學術,我不曾見其有可安立。如斯賓塞言既種種不可知,而其學術又不離此而得建立,則所謂學術者,又云何而爲可知? 然則,若是者,學術不異構畫虛空邪? 曰: 是誠不遠。三無性論云:"言説必有所依,故若不依,亂識品類,名言得立,無有是處。"又釋云: "此中言名言決有所依止,以依他性爲所依; 由有依他性故,得立名言。"學術云者,以有依他性而後得立,依他幻有,學術云何得實? 如魯滂言以太渦動而生種種變化,學術云者,以有變化而後得立。變化非真,學術云何得實? 方變化,方不變化(滅則不變化),云何而得於中畫取一界,以爲學術之基? 此土石埭長老有言,所謂窮理者,正執取計名二相也(論宋儒理學)。今所云愛智者,正不異此。康德雖言三大原理爲庶物現象之所循由,而不可避,而物如亦循此否,則謂未可知,以物如不可得知故。使吾人若有確見物如之時,則三定理者不爲真理,亦未可知。且三理者，謂凡吾考察能及之物莫不循之云爾，雖然，我之所實驗者未足以盡物之全，或所未及者猶多多焉，亦未可知，則是猶不能執著者。輓近發明，而往世所立軌則，多以破壞，正以往之以爲莫不循之者，而今乃得其竟不循之者。以吾所測，後此破壞益多，將成窮露。此即無可安立之義也。

　　德行軌則不可得義云何？（此軌則非規矩之謂，卽俗云倫理學原理）德行唯是世間所有事，世間不真，如何而有其軌則可得？其所憑依而有，唯是依他，不異自然。所云良知直覺，主宰制裁，唯是識心所現，虛妄不真。比聞輓世心理學家之説明，謂心實無“道德感”之能力，雖足遣往世之執，要亦妄談，不曾得真。茲爲扶其根本，其餘浮談不遣自空。根本云何？所謂自由（Free will）與有定（Determinism）是。（此爲心理學倫理學根本問題）若心自由者，則能柬擇善惡等而取舍之，以是故，德行得立。若心範圍於有定者，則不能柬擇取舍，以是故，德行則不得立。夫有定云者，此卽有自然軌則不可避之義也。前義既陳，此説決定不成。自由云者，合前不可思議義，亦不得説云自由不自由。而況於此輪迴世中，妄法之心，云何而可説爲自由？康德所立真我自由之義，但是虛誣。所以者何？彼以德行責任反證必有自由，德行責任未定有無，於此唯是假設。假設所證，亦唯是假，豈成定論？又，其既言自由之義，而又云“苟有人焉，爲精密之調査，舉吾人之持論，吾人之情念，一切比較實驗之，尋出所循公例，則於吾人欲發何言，欲爲何事，必可豫知之不爽毫髮，如天文家之豫測彗星，豫測日月食者然。”夫既自由，則發言作事要待其自由柬擇，如何又循公例而可豫測？相違法一處得立，不應道理。（按，此錄康德語，本於梁卓如之述康德學説。梁於其間多以佛義相比附，紕繆百出，不可勝言。其於此處，舉佛一切衆生有起一念者我悉知之之言爲注，以爲佛之治物理學較深於吾輩耳，無知妄談，不可不辨。蓋佛言唯是六通照察之意，與世間人求軌則者一真一妄，截然不同。故佛知未來與衆生自由不自由無涉。康德之言，則非衆生不自由必不得成，所以純是妄想也。）是故當知，自由有定，兩俱不成，若能雙遣，亦能俱成。輪迴世間，不得解脫，是不自由義；發心趨道，卽證菩提，是不有定義。綜核其言，唯是不可思議，云何而德行軌則可得安立？至於良知直覺，識心所現，本來不真，而不可謂無。彼土心理家未嘗證真，而說爲無，亦妄言耳。至於樹功利之義，以爲德行之原，虛妄分別，更劣於此。

　　究元既竟，有爲世人所當省者，則所有東西哲學、心理學、德行學家言，以未曾證覺本元故，種種言說無非戲論。聚訟百世而不絕者，取此相較，不值一笑。唯彼土苴，何足珍饌？撥雲霧而見青天，舍釋迦之教，其誰能？嗚呼！希有！希有！（種種聚訟，非常之多，誠了三義，不遣自空。然爲破世惑故，當另爲論，一一刊落之。）

決疑第二　佛學方便論

　　既究元者，則知無有中，幻有世間。所謂忽然念起，因果相續，遷流不住，以至於今。此遷流相續者，魯滂所謂變化無休息，達爾文、斯賓塞所謂進化，叔本華所謂求生之欲，柏格森所謂生活，所謂生成進化，莫不是此。而柏格森（Bergson　卽想影錄之別克遜）之所明，尤極可驚可喜。今欲說世間者，因取以入吾論。

　　生活者，知識緣以得有之原。又，自然界緣以得有象有序，爲知識所取之原也。哲學之所事，要在科學所不能爲，卽究宣此生活而已。此生活之原動力，此生活所隱默推行之不息轉變，進化此慧性，使認取物質世界，而又予物質以礧實不假時間之現象，布露於空間。故真元者，非此礧實之物質，亦非有想之人心，但生活而已，生成進化而已。（The philosophy of change. by H. Wildon Carr.

十四葉）

慧性之於心，猶眼耳之於身，當於進化程中，（按，此柏之生成進化 Creative Evolution 不廑如進化論者之所云）此身受有五根，使得領納真實外界之所現示，同時限制此現示之區界及法式。故慧性者所以專予乎心，使知見外界之真實而亦同時限制其所能爲之區界，與其性格者也。（同上二十二葉）

此進化之第一步大分派，卽植物與動物。其一趨於不能動而無知，其一趨於能動而有知。繼更分有脊骨動物，以吾人類造其極；無脊骨動物，以蟻與蜂臻其最高之發展。此進化之兩大派，成兩法式之行爲：一則性能(Instinct)，一則智能 (Intelligence)也。（同上七十九葉）

然則，物質者何？云何而現？其實但邅流而已。然非如科學及常識個個物皆流行轉變之意也。此謂流行轉變，便是此個個之物，而更無其他也。實未嘗有物去流行轉變，但個個物卽是流行轉變而已。流動斯現，不動則不現。今日雖束縛於物質實在之物質科學，亦莫不歸向此論焉。（以下爲說，略同魯滂）（同上二十九葉）

此中所表是何種義？謂一切生物之慧性，卽人之八種識心，但是隱默推行之不息轉變，所謂進化者之所生成。而識心所取之現象，又卽是此不息之轉變。此不異爲佛學解說其依他性所由立也。云何依他幻有？此生成之識心與所現之物象，不得直撥爲無故，有此隱默推行之不息轉變以爲其本故。故善說世間者，莫柏格森若也。然說世間愈明，世間之妄愈磽。柏氏舉一切歸納之於不息轉變，以爲唯此是真，而求其原動力則不得。此無他，彼未嘗證得圓成實性（卽真如卽涅槃），故不了其爲依他故，不了其爲清净本然之真心（卽魯滂之以太）之忽然念起也。依他必待證得圓成始了，此其所以難。而知諸外道異教之說世間爲妄者，亦但姑妄言之耳。

常見世間凡夫頗有舉人生目的以相揚搉者，或云德行，或云快樂，或云利他，或云功名，或云蕃衍子姓，或云克祀祖宗。姑不論其所樹唯是愚執，目的之云，本謂行趣之所取。今人生就其全歷史而言，已數萬千年，就個體言，已數十年。譬猶趣行既遠，忽而審議此行爲何所取？卽此揚搉之一念，已暴露其本無目的。藉使揚搉而後有所定歸，則已非此行之目的，故人生唯是無目的。夫無目的之趣行，云何而可追憶其行趣之緣何而有？彼凡夫疑正法者，究問緣何忽然念起？緣何無明得起？正不異此。亦卽以此忽然念起，所以爲妄。無目的之行爲，俗所謂無意識之舉動，無一毫之價值者，而卽此號稱最高最靈之人類，數千年之所爲者是矣！不亦哀哉！人生如是，世間如是，然則我當云何行？云何住？此所謂決疑也。於是略得兩義：一者出世間義，一者隨順世間義。

出世間義云何？謂既了人世唯是從清淨本然中虛妄而成，云何而不舍妄取真？如來一代大教，唯是出世間義而已。然世間凡夫耽著五欲，又見世間峙然環立，信此爲實，出世爲虛，雖語之正法，常生違距。或者以爲藉使世間妄有，而無始以來既已如此，未來更連緜未已，斷妄云何可成？或者以爲藉使世間妄有，而無始以來既已如此，何必定求真者？今爲樹出世間義故，決當取而決之。

一者，斷妄云何可成說。夫妄之云何而成，唯是不可思議，則離妄成真云何而可思議？問斷妄云何可成，與問妄云何而成者，正無有異。若知從真中竟可成妄，則知從妄中定可成真。是故問者既容認世間是妄，卽不當設此難。諸佛親證云何不成，乃至軼世或並世中亦有有證詣者，如石埭長老去來自如，世難未發，先已照見（長老於辛亥八月十七日圓寂之事，世人多知之，近人筆記亦載）。其餘眼通、耳通、未來通，世間頗有其事。蓋真心本量周法界，自妄還真，其事至順。山河大地雖峙然而立，合以魯滂、柏格森之義，流動斯現，不動斯滅，衆生妄斷，大地亦空。佛語自始無一分之虛也。

一者，何必求真說。夫求真而云何必，其人之庸猥劣下，已不足言矣。然此徒以貪世間之樂而不肯吉耳。取彼所迷爲樂者，而詒之以唯是苦，庶其發勇猛心，趣菩提路邪？真妄之義，本不易了，苦樂迫切心身，辨思所始，究討有獲，出世想生，自來莫不然矣。吾未冠而好窮世相，苦樂之真，得之彌早。餘杭有俱分進化論，其言苦樂駢進，略相脗合。近讀英人馬格雷所述叔本華學說，具言其有得於東方文化，而審其立義，不出吾曩日之舊，猶未愜心。求適吾用，仍追憶昔所思菁而敷陳之。（間採兩家言辭及今義釋之）於此，吾嘗立四者以爲根本：

一、欲賅感覺言。　感覺謂五根之所領納，如目悅美，身感痛。領納之先，雖不曾起求美距痛等想，唯是潛伏不露。要得說爲欲。今叔本華之說欲，視此更廣，舉無機物之力，如石落水流，亦歸內於此，而喻之云："黎明時之微曙，要與中午皓皓之光同享日光之名也。"合柏格森生成進化之義，植物之有感，動物之有欲，固非異物也。

二、苦樂唯因欲有，若無欲時，亦無苦樂。　因有欲，（賅感覺）乃有苦樂等受，若無欲，（賅感覺）自無苦樂等受。

三、苦者欲不得遂之謂，此外無他義；苦之輕重，視其欲之切否。　苦賅括一切煩惱、憂悲、病痛言之。審所由生，唯因有所欲而不得而然；若無此欲，不生此苦。苦之定義如此，不許更有他義。所欲篤切而不得遂，則苦亦重；所欲不切，雖不遂，苦亦輕，此即常情可得。

四、樂者欲得遂之謂，此外無他義；樂之薄甚，視其欲之切否。同前釋而反之，其義可得。樂亦包一切表樂之名而言。

此平平無奇，盡人可識之四條件，實已將世間說苦樂之浮瞖掃蕩無遺;（此浮翳雖餘杭、叔本華未免）而吾卽據此建種種義,舉世間一切聖賢、才智、凡庸終身不解之惑而摧破之。種種義云何?

一、欲念無已時。　此欲專謂有念之欲。潛伏之欲,所謂感覺者,固莫得而已之,卽有念之欲,亦生生無已。此固餘杭、叔氏所有言,而彼莫能詳其説。此取前所設據,可明也。假使有人,種種具足,一時不得可欲念者,必起煩惱,以覺官(五根)無所攝受故。其苦與憂惱無異,無念之欲不得遂故,無念欲(感覺)與有念欲無異故。當此無攝受苦成時,立迫此心作念,求所以攝受者。故方其悶時,猶是無念欲,迨其煩時,已是有念欲。以是義故,欲念生生無已,不得暫息。然亦因人而稍不同,聰明人(覺官靈敏)無念欲切,則無攝受苦亦重,其迫之生有念欲更急。反之,魯鈍人(覺官遲鈍)無攝受苦不甚迫切,欲念常紆緩而少也。此叔氏所曾言,而莫詳其所以者。

二、世間苦量多於樂量。　欲念生生無已,不可計較,則苦樂之量亦不可計數。然通計欲不遂者,遠過於得遂者,則苦量遠過於樂量。又,正欲念時,預計得遂則生忻慕樂,預計不遂則生憂慮苦。不遂既常多,則慮亦多於忻。並此而計之,苦量多於樂量遠矣。

三、世間所認爲樂境,如富貴、平安等,與認爲苦境,如貧賤、亂離等,其苦樂之量皆相等,無毫釐之差。更合前義言之,其苦量皆多於樂量。樂境、苦境,賅括甚廣,無論個人多人,所認其爲如是者皆屬之。今明其一,其餘自了。貧子慕千金之家而以爲樂者,謂其有此千金也,而不知彼方且慕萬金之家而耻不逮及,其欲已不在此,云何而有其樂?（本前第一設據）貧子之執以爲樂者,在彼則已猒之矣。故説千金之家爲樂亦非,説千金之家爲苦亦非,千金之家自始與苦樂之情不相涉。取一例餘,凡舉某何之境遇爲樂,某何之境遇爲苦,皆不得成立。故知境遇自始與苦樂不相涉,若欲較量苦樂,此毫不相涉之境遇,不得羼入熒惑其間,則彼貧子富家既同其有欲,同其欲念生生無已,同其或遂或不遂,自亦同其苦苦樂樂,而未有毫釐之差別。

四、世間所希望之樂境,如文明進化、大同平等,不第與富貴同其惑妄,且爾世苦量必過於今。　此希望之樂境亦賺括甚廣,如社會之義,無政府主義,康德之民主國,尼采之聖人。(謝無量君述其説於大中華)以吾所測,皆非不能實現者。合以頃所立義,樂境本不成名詞,與世俗之執富貴同其惑妄。餘杭俱分進化論遮撥進化論者之希望進化,表苦樂駢進之義云:"一、感官愈敏,應時觸發,其感樂則愈切,其感苦亦愈切;二、衛生愈善,無少毀傷,其感樂則愈久,其感苦亦愈久;三、思想愈精,利害較著,其思未來之樂愈審,其慮未來之苦亦愈審;四、資具愈多,悉爲己有,其得樂之處愈廣,其得苦之處亦愈廣;五、好尚愈高,執著不捨,其器所引之樂愈深,其器所引之苦亦愈深。"條具甚備。扼要而言,後此進化,人類聰明必過於今日;(此無可疑)而聰明愈進,欲念愈奢,(如所立第一義)苦樂之量愈大。如頃立苦多於樂之比,後此之苦必有大過於今日者。夫今世往世多有聰明敏慧之倫,以感苦劇甚,不勝其死灰槁木之思,至取自經,則今之希慕由魯鈍進聰明者,迨彼其時必有其悔恨不勝者矣!

此所立義,不過由世間現相比量而得,初無勝義之足云,而聖強鋭利,已摧破一切世間諸有爲教,使無得立足。彼大聖大哲者尚不了苦樂在欲,而窮力於構畫其理想之世界,以圖安樂祛苦,則於如來實教,更何曾夢見?而世間人乃舉以與如來大法相爲比儗附會,如今之割取大悲之旨,張其大同之説,昔之儒釋同原異途同歸等論。又,或主張去欲淨盡,而又不捨其率性爲道之教,依違莫測,支離失據,如彼宋明之學者,尤足齒冷耳!

　　世間既無可耽著如此，則彼其不勝其死灰槁木之思，而自取裁決者果是歟？是甚不然。叔本華於此有言曰："自裁者之決去生命，正以其未能決去欲念耳。蓋方其捐生，正謂將去有生之苦，獲無生之樂，此正是極強之欲念也。"此言雖似，而要當知生死本變化中事，自裁無解於變化，斯即無所逃。出世之義要如如來之教乃完，一切外道邪修，無非悖妄，不獨自決已也。世有清明之士，誠無惑於世法，則經藏具在，可自求耳。

　　嬲所明如來如實之教，乃至此之遮遣世間百家之義，一法不立，凡小聞之莫不驚怖而失守，以是頗生其違距之念。如此土凡夫熊升恆云："佛道了盡空無，使人流蕩失守，未能解縛，先自踰閑，其害不可勝言。"不知宇宙本無一法之可安立，彼諸不了義之教，假設種種之法，有漏非真，今日已不猒人心。如謂"現代思潮不以宗教倫理爲目的"者，(遠生想影錄)正此有漏非真之窮露，而不復爲人所信。假使非有我佛宣說了義，而示所依歸，則吾人乃真流蕩失守，莫知所依止耳！歸依云何？出世間是。出世間義立，而後乃無疑無怖，不縱浪淫樂，不成狂易，不取自經，戒律百千，清淨自守，彼世間德行尚不能比擬其萬一，更何踰閑之可得？若其既不能硜硜固據其世間之禮教，又不能皈依正法以出世，而唯貪著五欲，不捨世間，竊無違礙之談，飾其放逸之行，則是點猾之所爲，非吾釋子之所有。

　　隨順世間義云何？爲世間人不能盡以出世期之，衆生成佛，要非今日可辦，則方便門中，種種法皆得安立。釋迦設教，上契無生，下教十善，德行之義，若知爲隨順而有，非其本有，則云何不可？寬隨順之途，亦所以嚴出世之教，如來措置，莫不得宜。況以吾世智所測，成佛大願，將來必成。蓋人羣之進，由圖騰而宗法，而軍國，而以社會主義圓滿爲其終局。追彼其時，人類聰明已造其極，感苦至劇，而從境遇謀救苦之方已窮，如來大法，舉世同情矣。此覘於歐土佛化之興，與人羣變化所趨，可信其不虛者也。然則，今之隨順世間，促進進化者，亦所以促佛法之成功，亦未有違反耳。

此二義者，可任人自擇。出世間固無論，卽使不然，能常親正法，獲聞了義，雖住世間亦得安穩而住。彼聰慧善疑之倫，思而不得，則顚倒憂苦以爲無能解決。自吾觀之，唯是疑而不肯究討，若不爾者，云何如來大法近在眼前，而不知求？（想影錄所譯新思想論無一語及佛）又或雖聞正法，方有疑沮，便爾違距，甘於自棄，復何言焉。（如藍公武之流）夫善疑者辨思所尚，然要在疑而勇於究討，若徒疑焉，則亦終成絕物而已！東土學術，凡百晦塞，卓絕光明，唯在佛法。瞰彼西方，曾不足數，云何摩尼在裹，而行乞於遠？論者獲參勝義，匊心披肝，唯將此以示人，不知其他，不見有他。

余欲造新發心論久而未就，比見黃君遠生想影錄，悲心潰涌，不能自勝，亟草此篇，願爲世間拔諸疑惑苦惱，惜遠生不能見矣！遠生嘗自滬遺書，信我爲誠篤君子，可謂得之。蓋吾爲人無他，但只一個誠心而已。然此誠心，却不曾獻於遠生，此可恨也！漱冥跋。

究元決疑論是民國五年，我二十四歲時作的一篇文章，於是年五、六、七月分之東方雜誌發表的。我自二十歲後思想折入佛家一路，專心佛典者四五年，同時復常從友人張申府（崧年）假得幾種小本西文哲學書讀之。至此篇發表，可以算是四五年來思想上的一小結果。當時，自己固甚滿意，而在他人尤多稱道傳誦，引起許多位先生的注意，至今好些朋友關係，還是從這篇文字發生出來的。卽我到北京大學擔任講席，也是因我經范靜生先生的介紹，而以此文爲贄去訪蔡先生，蔡先生看了此文，就商同陳仲甫先生，以印度哲學一課相屬。（但當時因在司法部任祕書，未能承應，而轉推許季上先生，至翌年，許先生病辭，乃繼其任）直到五六年後——民國十年——陳嘉異先生在東方雜誌發表的一篇談東西文化的文章，還舉此文以爲印度思想代表，而要大家去參看。實則，這篇東西現在看起來直是荒謬糊塗，足以誤人，我自己早十分後悔了。

此文在今日既已悔悟其非，便不當再印行流布，但我想我便不印，而外間終免不了有人傳觀，反不如徑自印布，而將其謬誤處批註明白、聲敍知悔的好些。醫學上有所謂"免疫性"，如某種傳染病，犯過一次之後便可不再染疫，因此有利用輕度染疫以取得免疫性的，例如種牛痘便是這個意思。我現在這個辦法，説句笑話，便是要大家取得一種思想上的免疫性。以下我即將此文謬誤各點指摘出來。

此文原分究元和決疑二部，究元又分性宗相宗兩段去説，決疑則以論苦樂一段爲重要，而謬誤的大端也就在這三段。

（一）敍性宗義一段　此段以魯滂的物質新論和佛家的楞嚴經、起信論來比附，立論最是不當。且不論魯滂的話可靠不可靠，亦不論自安斯坦的發明以來，物質的觀念變更，從前科學上假定的"以太"取消，而此以"以太"立説者能否成立，根本上這種以相彷彿的話頭來比附立論，是使人思想混沌的一條路，是學術上的大障，萬要不得的。而且"以太渦動"附會"忽然念起"也實在可笑的。我們求知，首當致謹於方法，而若魯滂物質新論的主張，是否從謹嚴的方法求得來的，蓋其難言。至若起信論的宇宙緣起説，其方法更難言了。無方法而講話，則衹是亂講而已，其是非誠否，未從而辨也。所以這一全段話，內中的是是非非，直無可説，通體要不得。

(二)敍相宗義一段　此段前半摘録三無性論等，後半證引太炎先生的文章，以説明無性之義。其實三無性論、佛性論等，在相宗典籍中，其價值如何，是很待商的；而太炎先生的文章，尤多錯誤杜撰之處。相宗無性之義，殊未易談，此段中全不曾弄得明白。

(三)論苦樂一段　此段話頗動聽，雖有些意思，但可惜也是没方法的亂談。現在且不暇言方法，只先指出他推論結果是錯誤。照此處對苦樂問題的究討，其結果是無論何人其苦樂都是平等，都是苦多於樂。而人類進步，都是日進於苦，要没有苦，須得没有感覺和欲念。我卽從這種推論結果，而歸心於佛家的大解脱主義，出世主義，無生主義。到後來，我這種人生觀變了，其故則以發覺前頭的究討含藏着一極大的假定在内，而這個假定則是錯誤的，所以推論結果自亦錯誤。我且聲明他的錯誤在此，至其所以然，則三十自述一文中頗詳之。

大約謬誤的大端，不外這三段，至其他零碎的小錯，如翻譯柏格森學説的幾小段，似都有不妥之點，（譯名之不合於現在普通所用的，則以當時還不曾有人翻譯之故）而文中濫用“有爲”“有漏”等名詞，皆去佛典原義甚遠，則尤爲可笑的了。餘不一一。十二年五月，漱冥記。

(據一九二五年商務印書館東方文庫本三版)